앙리 뒤낭, 그가 진 십자가

최초 노벨 평화상 수상자의 일대기

코린 샤포니에르

이민주 옮김

앙리 뒤낭, 그가 진 십자가

최초 노벨 평화상 수상자의 일대기

발행일 | 2024년 12월 15일 초판 1쇄

지은이 | 코린 샤포니에르
번역 | 이민주
편집 | 마담쿠, 코디정
표지 디자인 | 서승연
본문 디자인 | 마하린
행정 지원 | 우섭결
프로젝트 지원 | 대한적십자사 인도법연구소

펴낸곳 | 이소노미아
　　　　서울시 종로구 율곡로 2길7 서머셋팰리스 303호
　　　　T | 010 2607 5523　　F | 02-568-2502
　　　　Contact | h.ku@isonomiabook.com
펴낸이 | 구명진

ISBN 979-11-90844-57-4 (03990)

이 책은 대한적십자사 인도법연구소의 지원을 받았습니다.

CONTENTS

앙리 뒤낭, 그가 진 십자가

서문

역사학자 알랭 코르뱅은 전기 장르에 대한 비판을 되짚어 보는 논의를 하면서 플로베르의 소설 속 인물인 부바르와 페퀴셰의 사례를 언급한 바 있다. 이 두 인물은 앙굴렘 공작의 전기를 쓰려고 준비하는 과정에서 공작의 초상화 두 작품을 확보하였는데, 그 두 초상화에서 '공작의 얼굴이 다르다'는 걸 확인하고는 집필을 포기하고 만다. 부바르와 페퀴셰가 넘으려 들지 않은 사람과 인물 사이의 거리, 즉 한 사람과 이야기의 주인공 사이에 존재하는 이 간극이야말로, 우리가 이제 읽게 될 뒤낭의 전기에 흥미를 한층 더해주는 요소다. 이 전기를 통해 독자들이 접할 수 있는 건, 근대 인도주의의 아버지로 역사에 남게 된 『솔페리노의 회상』의 저자이자, 불운한 사업가요, 칭송을 받은 인본주의자이며, 유럽 귀족 사회를 숭상했고, 노예제에 반대했던 인물의 삶에 대한 그저 교훈적인 이야기가 아니다. 이 책의 크나큰 장점은 부르디외가 '전기의 착각'이라고 분석한 바 있는 함정을 잘 피해갔다는 점이다. 그러므로 독자는 이 책을 통해, 뒤낭이 정녕 위의 묘사에 다 걸맞은 사람이었고, 심지어 이를 넘어선 인물이었으며, 그런 면모가 연대기적인 흐름에 따른 맥락에 따라 드러나기보다는, 비연속적이며 일관되지 않은 모습으로 나타난다는 점을 이해하게 된다. 지금까지 남아있는 기록과 문서들을 통해 접근할 수 있는 뒤낭의 삶 속 선택들, 감정들 그리고 사실들을 이 책은 모호성을 그대로 둔 채 묘사하며, 단지 저자가 원하는 대로 부합되게끔 억지로 일관성을 추구하지 않는다. 다만 독자는 온갖 종류의 사업과 일을 벌였음에도 대부분은 실패로 돌아간 사람, 뒤돌아 보건대 오직 적십자와 제1차 제네바 협약만이 무사히 살아남은 한 사람의 생애를 엿보게 될 따름이다. 이 책에서 뒤낭이라는 인물을 읽어나가는 실마리가 하나 있다면, 뒤낭 본인이 끊임없이 자신의 위대함을 추구하였다는 점이라 하겠다. 뒤낭은 외부 이미지를 만들어내는 데 실로 큰 노력을 기울였다. 충신 루돌프 뮐러의 이름을 빌려 사실은 본인이 쓴 글을 출판하게 함으로써, 적십자 창립에 있어 자신의 역할을 칭송하는 동시에, 좀 더 효과적으로 다른 창립자들의 역할을 마멸시킨 예를 들 수 있겠다. 뒤낭은 생계를 위해 일할 생각은 전혀 한 적이 없었던 걸로 보인다. 오직 사회의 명사들을 등에 업고 일확천금을 꿈꾸는 일에는 노력을 아끼지 않았으나, 이는 아무 소용이 없었다. 그는 지인들과 지지자들을 기만하였으며, 그나마 자신의 자가당착을 수치스러워했다. 1901년 제1회 노벨평화상 공동 수상이라는 뒤늦은 영예를 누리기 전까지, 뒤낭은 주변사람들에게 의지하여 살면서 비참함을 면치 못했다. 독자들이 노벨평화상 수상이라는 해피엔딩을 이미 알고 있다 하더라도, 그 상을 받기까지 뒤낭이 얼마나 계산을 하고 작전을 세웠는지는 잘 알지 못했으리라. 산속 마을에 칩거하면서도, 또 쇠약한 육체와 심리적인 불안에 시달림에도 불구하고, 그는 허술해지는 틈조차 찾아볼 수 없는 끈기를 발휘했다.

본 머리말은 이 책 한 권을 요약하거나 독자의 읽는 방향을 잡아주고자 하는 글이 아니다. 다만 인도주의 구호 분야에 몸을 담고 있다는 이유로 인해 뒤낭을 비롯한 적십자의 창립자들의 먼 후손 쯤으로 볼 수 있는, 한 사람의 독자로서 받은 인상을 전달하고자 할 뿐이다. 그러한 의미에서 개인의 장점에 대한 논의나 그에 대한 비판이나 판단보다는, 적십자라는 프로젝트 자체의 모호한 요소들이 흥미롭게 여겨진다. 대량 살상이 관례인 전쟁의 현장에 "인간다운 오아시스"를 두어서, 폭력을 행사하지 않는 이들 즉 민간인, 또는 더 이상 폭력을 행사할 수 없는 이들 즉 부상병, 병자 또는 포로가 폭력을 면하게끔 해주자는 원칙이다. 일련의 제네바 협약에 서명한 국가들, 나아가 그 누가 되었든 전쟁의 당사자들은 바로 그러한 의무 규칙을 실천하겠노라 서약하는 셈이다. 뒤낭은 『전장에서의 자비』에서 "만약 전쟁이 불가피하다면, 최소한으로 야만적이어야만 한다."고 적은 바 있다. 이 문장이 요약해 주는 도덕적 차원의 소망은 최초의 인도주의 외교 회의에서 현실이 되었고, 이어진 회의들을 통해서 점점 더 구체화되었다. 뒤낭의 문장은 또한 그 소망의 한계를 명시해 주기도 한다. 그렇다면 '최소한으로 야만적'이라는 건 대체 어느 기준에 빗댄 건가? 부상자가 '고작' 2만 명밖에 안 되었다거나, 당대의 의술로서 가능한 온갖 방법을 동원해서 간호를 했더라면 과연 솔페리노 전투가 덜 끔찍했을까? 짚어보아야 할 점이 있다면, 말년에 쓴 강렬한 저서 『피투성이 미래』에서 뒤낭이 파괴와 살상의 도구를 끊임없이 첨단화하는 데 큰 노력을 기울이는 유럽의 현실을 논하며, '과학의 야만성'을 비난한 바 있다는 사실이다. 그 책에서 호전성과 폭력이 맹위를 떨치는 세상이 올거라 예견하는 글을 남긴 뒤낭, 아마도 복음주의 성격의 종말론에서 영감을 얻었겠지만, 그러한 그의 묘사가 얼마나 예언적인 성격을 가졌었는지를 확인할 수 있는 우리는 상당히 뒤흔들게 된다.

뒤낭이 '주동자' 역할을 한 1864년 최초의 제네바 협약은 정부들이 제공하는 '고도의 보호' 하에 전쟁 중인 병사들을 위해 투입된 보조 구호 조직들에게만 해당되었다는 사실을 기억하자. 당시 협약을 통해 도입된 진정으로 신선한 요소는 구호 자체가 아니었다. 실로 새로웠던 건 다음의 두 측면이다. 한편으로는 부상자의 중립성이라는 개념, 즉 전투에서 제외된 이들 및 간호 공간을 전투 행위에서 배제한다는 점과 함께 독특한 상징 즉 하얀 바탕에 붉은색 십자가를 도입하여 구호요원들을 구분한다는 점이었다. 또 다른 한편으로 여러 국가들이 외교 협약으로 약속된 이러한 원칙들을 존중하겠다는 항구적인 차원의 서약을 평화 시기에 이미 해두었다는 사실이다. 추후에 이어진 제네바 협약들은 범위를 점차 넓혀가며 비전투군, 포로, 해상 난파를 겪은 자, 민간인, 점령된 땅의 민간인들을 포함하게 되었다. 여전히 제네바법이라 불리는 이 '전쟁 안의 법'에다 추후 헤이그법이라는 별칭을 지닌 전쟁 당사자들의 행위를 다루는 '전쟁법'이 동반하게 되었다. 국제 인도주의 법률은 여전히 군사 갈등 속에서 활동해야 하는 인도주의 단체들의 활동에 근간이 되면서도, 1864년 도입 이후 쉬지 않고 발전해 왔다. 오토와 협약이라 불리는 1999년의 대인지뢰금지협약 도입은 인도주의 활동의 당사자들이 이러한 끊임없는 변화와 발전의 역학 관계를 여전히 이어가고 있다는 걸 증명할 뿐 아니라, 수많은 국가가 이에 참여하고자 하는 의지를 재천명해 주었다.

사람들이 '전쟁을 교화하고자' 하는 이러한 야심찬 일에 찬동할 법하다. 바로 우리 인도주의자들 같은 경우가 그러하다. 하지만 의도에 동의하면서도 그 같은 야망이 내포하는 모순, 도저히 극복할 수 없는 모순을 명확히 인지하는 것 또한 가능한 일이다. 부상병구호협회가 설립된 바로 그해에 미국의 링컨 대통령은 당시 남북전쟁에서 교전 중인 군대들이 전투에 임하는 데 있어 일련의 행동 방침을 제시하는 규정을 도입했다. 작성자인 법률가 프랜시스 리버의 이름을 따라 〈리버 법규〉라고 알려진 이 군법에는 전쟁 피해자의 숫자를 제한하고자 하는 의도가 전반에 드러난다. 인도주의 법률 전문가들은 리버 법규가 해당 분야의 주요 발전이 이루어지기 시작하는 기원이라고 보고 있다. 이로 인해 전쟁 중 행동 방침을 다루는 규정들이 형태를 잡아가기 시작했고, 1868년 상트페테르부르크에서 최초로 폭발성 탄환의 사용을 금지하는 협약이 도입되었다.[1] 상트페테르부르크 선언이라는 이름으로 알려진 이 협약의 전문은 "전쟁 중인 국가가 내세울 수 있는 유일한 정당한 목적은 적국의 군사력을 약화시키는 것 뿐이다."라고 명시하고 있다. 위에서 언급한 모순을 명백히 드러내기는 하지만, 이러한 협약의 도입은 신체 안에서 폭발하게끔 고안된 십자탄과 같은 신무기의 등장으로 더욱 강화된 폭력성을 억제하고자 한다는 점에서 환영을 받아 마땅하다. 그러한 맥락에서 위 상트페테르부르크 선언을 통해 십사탄은 사용이 금지되었지만, '맹수 사냥과 식민 전쟁의 경우를 제외'하는 조항을 두었다.[2] 적십자를 복음주의에 기반한 도덕성과 개화의 산물이라 믿었던 공동 창립자 귀스타브 무아니에에게 그와 같은 유보 조항을 둔 사실은 놀랄 일이 아니었다. 무아니에가 생각하기에 폭력성을 제한하기 위한 이같은 발전은 '여전히 식인을 행하고 (중략) 과도하게 전쟁을 일삼으며 난폭한 본능에 그저 순응하는 야만족들'에게는 허용할 수 없는 것이었다. 무아니에는 '반면에 개화된 국가들은 전쟁을 최대한 인간적인 방식으로 행하고자 하기 때문에 전쟁 중에 벌어지는 일이라고 해서 모두 적

---

1 한스 하우크 및 앙리뒤낭연구소 편, 『국제적십자 및 적신월 운동』, 하울트 출판사, 베른, 1993. 502쪽.

2 미셸 마르자노가 책임편집한 『신체사전』(PUF 출판사, 파리, 2007년 출간)에 실린 제라르 라르셰의 글 〈전쟁〉편에서 인용한 라에스메랄다의 논문에서 가져옴. 라에스메랄다, 〈적의 야수화와 동물화〉, 콰지모도 8호, 2005년, 231~244쪽.

법하지는 않다는 걸 이러한 협약을 통해 고백[3]하는 거라고 보았다.

실제로 당시의 여러 인도주의 협약은 특정 전쟁들에 한정되어 있었다. '마르텐스 조항'이라는 별칭으로 잘 알려진, 1907년 헤이그 협약 전문의 항목에 빗대어 말하자면, '개화된 국가들 사이에 갖춰져 있는 관례나 인간 세상의 법칙 또 공공의 양심이 요구하는 바 등과 같은 요소들을 통해 도출될 수 있는 사람들의 권리의 원칙들'이, 식민 전쟁 또는 좀 더 전반적으로 보았을 때 식민주의 자체 및 이에 동반하는 폭력 행위에는 적용되지 않았다는 이야기다. 이 머리글의 의도는 뒤늦게 식민주의를 비난하는 게 아니다. 다만 인도주의 원칙들이 그 이름에 내포된 미덕 만으로 당대의 지배적인 대표 세력들이나 정치 구조를 필히 벗어날 수 있었던 건 아니었음을 강조하고자 할 뿐이다. 뒤낭이 수많은 프로젝트에 뛰어들었던 동기이면서 또 인도주의 국제법의 특성이라 할 수 있는 보편주의에 대한 열망은 바로 그 열망이 논의되고 규정되는 맥락, 즉 평등과 해방의 논의이면서도 지배와 파괴의 양상이라는 틀 안에서 이해해야만 한다. 신대륙의 백인 문명의 역사를 좋은 소식 혹은 공포스런 서사로 이해했던 토크빌을 논하는 글에서, 철학자 알랭 브로사는 "새로운 보편 규율, 모두를 위한 새로운 원칙이 서술되는 바로 그 자리에는 동시에 한 영토가 그려지게 된다. 그러니 당연히 경계가 정해지게 되고, '내부'와 '외부' 그리고 '우리'와 '그들'이 생겨나는 것"이라고 지적했다.[4] 『미국의 민주주의』의 저자 토크빌은 이렇게 말했다. "세상에서 벌어지는 일을 보건대, 유럽인들과 다른 인종들의 관계는 마치 인간과 동물들 사이의 관계와 같은 게 아닌가 싶다. 유럽인은 다른 인종들을 유럽의 관례에 쓸모있게끔 만들고, 만약 그렇게 복종시킬 수 없다면 그들을 파괴시키기 때문이다."[5] 미국의 민주주의가 성립되는 과정에서 주요한 요소였던 미국 인디언 문명의 파괴 및 흑인 노예제를 통해 드러나는 극도의 폭력성을 토크빌은 실로 꿰뚫어 보았다. 본 저자는 이러한 점을 미국 건국사에서 중요한 또 하나의 사건인 남북전쟁과 빗대어 보고자 한다.

리버 법규는 폭력 자체 그리고 순전히 군사적인 용도로서의 무력 사용을 억제하고자 하는 의지를 표명하면서도, 전쟁 진행 상황에 입각하여 '각자의 판단에 따라' 해당 규정을 무시해도 되게끔 연합군 사령관들에게 여지를 남겨두었다. 그러다보니 리버 법규에 대해 전쟁 자체에 일종의 도덕적인 치장을 해두었으니, 아무 걱정 없

3 알랭 데스텍스의 글 재인용. 귀스타브 무아니에, 『적십자의 원인과 성공』, 윤리 및 정치학술원 발행, 파리, 1888. 알랭 데스텍스, 『불가능한 인도주의 혹은 2세기에 걸친 모호성』, 아르망콜랭 출판사, 파리, 1993.
4 알랭 브로사, 『재난이라는 시금석 - 20세기와 수용소』, 알뱅미셸 출판사, 파리, 1996. 25쪽.
5 도미니크 콜라 재인용. 도미니크 콜라, 『플라톤부터 데리다까지 인종과 인종주의 - 비평선집』, 플롱 출판사, 파리, 2004.

이 살상을 범해도 되게끔 해놓은 선전 도구에 불과하다고 평가하는 이들이 존재한다.[6] 리버 법규를 비판하는 이들은 셔먼 장군의 행보를 논거로 제시한다. 북군 사령관이자 남북전쟁의 영웅으로 유명한 셔먼 장군은 연대 책임 및 '초토화' 정책을 능란하게 이용하여 남부군과 민간인 여성, 아이들, 농토와 가축을 무자비하게 몰살하고 파괴해버리는 전략을 사용했던 지휘관이다. 자신의 지휘 하에 일어난 잔혹 행위들로 인해 경력이 위협받은 일도 일절 없었다. 셔먼은 추후 총사령관으로 임명된 데다 1865년 '좋은' 쪽 군대의 승리에 자신의 이름을 분명히 새기게 되었다(게다가 세상에서 가장 큰 나무로 알려진 캘리포니아의 세쿼이아 나무에 미국을 통합시킨 이를 기념하는 의미로 셔먼 장군이라는 이름이 붙기도 했다). 미국의 남북전쟁은 리버 법규가 없었다고 해서 덜 잔혹했을 리도 없다. 다만 인정해야 할 점이 있다면, 반드시 승리해야만 한다는 명제 앞에서는 리버 법규의 존재가 별 영향을 주지 못했다는 사실이다. 오히려 리버 법규의 존재는 이 법규를 주창한 이들에게 전면전의 가능성을 완전히 열어두면서도 자신들의 자비심과 인간성을 세상에 공고히 밝혀두는 특권을 허락해 준 셈이 되었다.

19세기 말 당시, 그렇게 인도주의 법률을 기회주의적으로 이용한 사례는 차고도 넘쳤다. 인도주의 법률은 세상이 개화되었음을 더욱 제대로 실증하기 위해 내세워졌음에도, 이를 통해 면할 수 있었어야 하는 폭력이 사람들에게 휘몰아치는 걸 막아주지 못했다. 여기서 1870년 프로이센-프랑스 전쟁과 1871년 파리 코뮌을 상기해보자. 아마도 직접 목격하지 못했을 테지만, 솔페리노의 전투의 잔인한 현장과 영웅담을 생생히 그려냈던 뒤낭이 이번에는 마침 그 현장에 있었던 실제 목격자였다. 나폴레옹 3세 하에 인도주의 외교 회의를 적극 지지했던 프랑스는 당시 프로이센과 격돌하면서 그러한 인도주의 협약의 규정들을 무시했던 반면, 프로이센은 그래도 좀 더 성실히 그러한 규정을 존중했다. 하지만 코린 샤포니에르의 책을 읽으면서 무엇보다 놀란 부분이 있다면, 뒤낭 본인이 파리 코뮌 진압에 대해, 특히 수 만 명의 코뮌 가담자들이 학살당한 피의 일주일에 대해 상당한 거리를 두었다는 사실이다. 같은 맥락에서, 뒤낭이 수차례에 걸쳐 체류한 바 있는 알제리 이야기도 꺼내보자. 뒤낭은 아브델카데르 태수의 저항에 맞선 알제리 정복 전쟁 중에 프랑스가 벌인 수많은 학살 사건이나, 식민 총독 뷔조가 1840년대부터 이용하기 시작한 초토화 전략, 식민 지배 공권력의 명령으로 알제리 민간인들이 강제 이주를 당한 끝에 빈곤 상태로 전락하는 등의 현실을 도외시한 듯하다.

---

6 토머스 딜로렌조, "민간인 겨냥하기", 2001년 9월 17일 인터넷 기사.
https://www.lewrockwell.com/2001/09/thomas-dilorenzo/targeting-civilians/. 이 문제에 대해 미국에서 여전히 이어지고 있는 논란에 대해 남부군의 시선을 반영한 논객의 글이다.

여러 동료들과 함께 이끈 뒤낭의 프로젝트는 20세기 내내 수많은 전쟁과 격변을 겪으며 우리가 익히 알고 있는 성공을 거두었다. 하얀 바탕에 그려진 붉은색 십자가는 (여기에 오스만 제국의 요청으로 붉은색 초승달이 추가되었다) 전 세계에 널리 알려진 상징이 되었고, 그 적십자라는 이름을 내건 운동은 세계 각국에 퍼져 나가서 인도주의 구호 활동이 벌어지는 거의 모든 지역을 아우르게 되었다. 현대 인도주의 활동은 적십자의 기원이 된 '5인 위원회'가 상상하던 모습과는 매우 달라졌다. 되돌아 보건대, 이미 그 당시부터 눈에 띄었던 애매모호함과 모순의 요소들은 지금까지도 끈질기게 이어지고 있다. 전쟁을 조금이나마 덜 잔혹하게 하고자 하는 의도의 초창기 계획은 무위로 돌아가거나, 심지어 가증스러운 일같이 보이기도 한다. 뒤낭 본인 역시 말년에 가서는 바로 그런 생각을 하기 시작한 걸로 추정된다. 실제로 무력 충돌에 가담하지 않거나 더 이상 가담할 수 없게 된 이들을 폭력의 현장에서 끌어내고자 하는 의무 의식에 온전히 기대어 만들어진 인도주의 법률은, 세상에 나오기가 무섭게 전쟁의 양상이 변화하면서, 궁지에 몰리고 말았다. 에릭 홉스봄의 표현대로 '극단의 시대'였던 20세기 전반은 내전과 국가 간의 전쟁, 그리고 전 세계 차원의 전쟁이 난무한 시대였다. 이 시기부터 제네바법의 근간인 교전자를 구별해 내는 일조차 불가능해지기 시작했다. 온 국가가 전쟁에 동원되는 무력 갈등 중에, 또 온 인구의 저항에 부딪치는 정복 사업에서 민간인은 어디 있고 교전자는 대체 어디 있겠는가? 한 국가의 군대가 본국의 시민 일부와 대결하는 전쟁이라면, 그러한 구분이 무슨 소용이겠는가? 한마디로, 20세기의 대규모 격변의 사건들이 그러했듯이, 정치 자체가 전쟁의 얼굴을 하고 있는 상황에서 대체 제네바의 원칙을 어찌 내세울 수 있겠는가?

알랭 브로사는 "인도주의의 시간은 정치적인 개인, 그리고 법적이고 도덕적인 주체로서의 한 사람의 권리가 이미 상실된 후에야 도래한다. 인도주의 활동은 그러한 재난이 발생했음을 기억하여, (중략) 규제적인 행동과 조치, 그리고 담화가 형성되는 장에서 대참사가 고려 대상이 되게끔 하는 역할을 한다."[7] 본인은 철학자 브로사의 이러한 고찰에 동의하면서도, 다만 추신 차원에서 첨언을 하고자 한다. 일단 재난이 발생하고 난 후에 그 자리에 선다는 건, 그 재난의 흐름을 조금이나마 바꾸어 보고자 얼마간의 수단을 동원한다는 일이고, 공통의 인간성이라는 원칙을 행동으로 옮겨낸다는 뜻이며, 또한 권력자들의 조치를 우회하려 노력하고 때로는 성공적으로 저지하는 일이기도 하다. 우리 인도주의자들은 아마도 뒤낭의 후계자들이 맞으리라. 다만 후계자로서의 유산을 가지고 우리가 어떻게 행동해야 하는지에 대해서는 그 어떤 유언장에도 명시된 바가 없다. 인도주의의 별칭이기도 한 '최소의 악'

---

7 알랭 브로사, 『재난이라는 시금석』, 107쪽.

이라는 정책은 권력에 순응하는 '온정에 의존한 보수주의'의 가짜 양심으로 요약되어선 안 된다. 인도주의란 군사적 폭력행위와 '세계화된 세상'의 금융 경제가 부적응자 혹은 잉여자로 치부해버린 이들이 저 깊은 망각의 세계로 묻혀버릴 위험에 맞서 저항하는 일이기 때문이다. 뒤낭은 그러한 현실 속에 갈피를 잡을 수 있을까? 아마도 그럴 것이다.

로니 브로만

의사, 수필가, 국경없는의사회재단 연구책임자, 파리정치대학(시앙스포) 객원교수, 1997년 앙리뒤낭상 수상자

들어가며

앙리 뒤낭은 장자크 루소와 함께 전 세계에 가장 잘 알려진 스위스 사람이라고 할
수 있다. 그가 세상을 뜬 지 백 년이 지난 지금, 세월이 흘렀어도 그의 업적은 바래
지 않았다. 그의 삶을 둘러싼 수수께끼도 여전하다.

이미 생전에도 적십자 창립자 뒤낭은 논란을 일으키는 인물이었다. 그를 둘러싼 찬
반 진영은 그가 세상을 뜬 후에도 화해는커녕, 비방하는 사람들의 목소리는 더 커
졌고, 그를 지지하는 사람들의 열성도 더 뜨거워졌다. 앙리 뒤낭에 대해 그 누가 무
심할 수 있겠는가? 그는 실로 방대하고 결정적인 업적을 남겼다. 앙리 뒤낭은 전쟁
논리에 형제애라는 대전제를 도입함으로써 인류가 더 나은 길로 한 발자국 나아가
게끔 해준 몇 안되는 위인의 반열에 들어섰다. 그런데 그가 가져온 인류 진전의 기
원에는 ─ 역사 속에 종종 있는 이야기처럼 ─ 의도하지 않은 사건에 우연히 맞닥
뜨려 발휘된 어느 한 사람의 특별한 천재성이 자리한다. 그 우연한 일이 발생한 건
1859년 6월 이탈리아 북부 솔페리노라는 작은 마을 근처에서였다. 문제의 사건은
무엇이었나? 피비린내 나는 전투 다음 날의 광경이었다. 우연히 지나가던 이는 누
구였나? 바로 앙리 뒤낭이라는 이름의 제네바 사람이었다. 뒤낭 이전에도 이미 수
만, 아니 수십만 명의 사람이 전쟁이라는 참상을 목도하였다. 어째서 바로 이 사람,
뒤낭이야말로 그러한 참상에서 교훈을 이끌어 내고, 또 그 교훈을 행동으로 옮길
생각을 하게 되었을까? 적십자를 연구하는 역사학자들은 바로 그 질문에 답하기 위
해 지난 150여 년간 애써왔다.

모든 이의 일생은 아동기, 학생시기, 활발한 사회생활을 하는 청장년 시기, 완숙기,
노년기로 이어지는 변함없는 일종의 목차를 따라 진행된다. 뒤낭의 삶에는 이러한
보편적으로 나누는 시기 외에도 다른 구분 기준을 더해야 한다. 우선 당연히 솔페
리노 이전과 이후가 있다. 하지만 파산 이전과 이후의 삶도 있다. 행복했던 시절의
제네바가 있고, 치욕을 안겨준 제네바가 있다. 자랑스러운 적십자가 있는가 하면,
원한을 상징하는 적십자가 있다. 사회 참여를 실천한 기독교인이 있는가 하면, 분
개한 기독교인이 있다. 마지막으로는 사람들로부터 잊힌 채 빈궁에 빠진 삶이 있었
는가 하면, 부활한 듯 다시금 영예를 누린 시기가 있었다.

분명한 건, 적십자와 그 창립자 뒤낭이 함께한 역사가 실로 짧았다는 점이다. 영웅
의 실제 삶이 전설에 완전히 부합하는 경우는 매우 드물지 않은가. 카스틸리오네에
서 전쟁의 참상을 목격한 충격에서부터 제네바 협약의 서명이 있기까지는 짧디짧
은 5년의 기간이었지만, 뒤낭에게는 그를 유명하게 만든 붉은 십자가를 고안해 내
고, 그 대부로 자리매김하기에 충분한 시간이었다. 그러나 그 동일 인물이 그 후 40

년의 세월 동안 또 다른 붉은 십자가를 져야했다. 마치 파산 당시 적자를 상징하는 붉은색, 낙인을 상징하는 붉은색, 그리고 여생 동안 뒤낭을 따라다닌 치욕과 분노와 증오심을 상징하는 붉은색의 십자가를 의미한다. 허나 그 두 번째 십자가는, 누구도 비할 데 없는 진짜 뒤낭, '위인' 뒤낭의 전혀 중요치 않은 면모인 것처럼, 저 적십자의 십자가 뒤에 숨겨져 그저 슬쩍 엿보일 뿐이다.

본 전기는 철저하게 시간의 흐름을 따라 집필했다. 또한 책에서 다루는 전체 주제들을, 그리고 각 부분의 무게를 최대한 공평하게 분배하려고 노력했다. 적십자라는 대모험 말고도 다른 실마리들이 서사의 흐름을 따라 드러나겠지만, 그중에도 세 가지를 들어가는 글에서 미리 언급할 필요가 있다고 생각한다.

1828년 제네바의 부르주아 계층 가정에서 태어났다는 점은 이미 다음과 같은 분명한 견식을 내포하게 한 요소였다. 뒤낭은 어렸을 때부터 가족과 주변 환경 속에서 제네바라는 도시 자체의 개신교 신앙에 깊이 물든 삶을 살았다. 이로 인해 19세기 대다수의 아이들이 그랬듯이 그는 그저 종교에 기반한 세계관만이 아닌, 진정한 신앙에서 비롯된 세계관을 갖게 되었음을 의미한다. 개신교와 가톨릭교회 사이에서 발생한 기독교 세계의 분열은 당시 제네바에서 특히나 단호하게 드러나는 현실이었다. 비록 말년에 완전히 생각이 뒤집히기는 했어도, 세상을 이해하는 태도에서든 동맹 관계 및 불신 사이를 오가는 복잡한 인간사에서든, 뒤낭은 이러한 이분법적 구별 방식을 거의 평생. 동안 떨쳐내지 못했다. 1859년 솔페리노에서 만난 부상병들에 대한 그의 태도에서부터 목사의 접견을 거부한 임종의 순간에 이르기까지, 앙리 뒤낭은 그가 태어난 시대와, 그를 둘러싼 환경, 그리고 고향 제네바 특유의 고유한 종교성으로 인해 아주 내밀하게 영향을 받은 인물이다. 이런 점이야말로 그의 일생을 관통하는 가장 확고하게 일관된 요소 중 하나다.

우리 모두와 마찬가지로, 앙리 뒤낭은 문화적이고 역사적인 존재이자 '사회적인 동물'이요, 세상에서 하나뿐인 개인이기도 하다. 그런데 사회적 동물이라는 측면은 뒤낭의 운명에서 가장 중요한 차원의 역할을 한다. 인간 관계를 만들어 내고 유지하고 상황에 맞게 잘 활용하는 특출난 재능이 뒤낭에게 없었더라면, 그의 이름이 기독교청년회의 역사에서 기억되지 못했을 것이고, 아마도 제네바 협약은 존재조차 못했을 것이다. 이는 뒤낭의 당대 사람들뿐 아니라 역사가들도 모두 인정하는 부분이다. 하지만 그의 인생 후반부에 불행이 계속해서 닥쳐왔을 때, 가장 고초를 겪은 사람 역시 개인으로서의 뒤낭보다는 사회적 동물로서의 뒤낭이었다. 뒤낭은 자신의 다양한 '인맥'을 기반으로 모든 성과를 이루어 냈다. 그런 뒤낭은 자신의 영락을 견뎌내야만 했던 시기에도 같은 방식으로 상황을 바라보았다. 자신를 괴롭히는 적들을 하나의 네트워크로, 불가사의하면서 권모술수를 쓰는 조직으로 보았다. 즉 뒤낭은 그런 조직이 가능한 온갖 방법을 동원하여 자신을 핍박하려 든다고 생각할 수밖에 없는 사람이었다는 뜻이다. 이렇듯 그의 인생을 두 시기로 나누어 보면, 전반과 후반이 극명하게 대조된다. 뒤낭을 온전하게 이해하기 위해서는 반드시 이 양면을 다 파악해야 한다. 그의 밝음과 그의 어둠을, 사교성이 넘치면서도 염세주의자였던 그의 양면을 모두 이해해야 함을 의미한다.

마지막으로 세상에서 하나뿐인 개인으로서의 뒤낭이다. 그는 우연을 운명으로 탈바꿈시킬 줄 알았던 인물이었다. 즉 한나절의 격한 감정에서 시작한 일을 강대국들의 합의로 이끌어 내어, 결국 역사상 유례가 없는 국제협약에 이르게 한 인물이다. 뒤낭의 독특함은 그만의 인도적인 사고방식에만 기인하는 것이 아니요, 공상에 가까운 일이 실현되는 시점을 정확히 알아차리는 그만의 놀라운 기회 포착 능력에만 유래한 것도 아니다. 뒤낭 고유의 천재성은 그런 재능들과 더불어, 기독교청년회에서부터 노벨평화상 수상에 이르기까지 그가 시도한 모든 일에서 분명히 드러나는 방법론을 통해 설명할 수 있다. 그 방법론을 세 마디로 요약하자면, '바란다, 설득한다, 확산한다'라고 할 수 있다. 뒤낭은 뛰어난 통찰력과 신앙, 그리고 끈기와 의욕이 가득했던 만큼이나 그 누구와도 견줄 수 없는 선전 능력을 지닌 사람이기도 했다. 그런 능력이 없었더라면 앞에서 언급한 그 모든 장점은 아무 소용이 없었을 게 분명하다.

이렇듯 앙리 뒤낭의 일생을 살펴보면, 그의 삶을 논할 때 흔히 그어져있는 선 너머로 여러 다른 추이가 드러난다. 만약 솔페리노에서부터 제네바 협약에 이르는 놀라운 직선이 그 업적의 보편성으로 승리의 영광을 맛보게 해주었다면, 온통 갈짓자 걸음이 가득한 그 이후 뒤낭의 여생은 당대 특유의 패악 앞에 미약하며 쉽게 과오를 범하는 지극히 인간다움을 보여준다. 앙리 뒤낭은 이러한 모든 면모를 동시에 품고 있는 사람이었다. 통찰력 있는 천재이자, 도망자이자 소외된 자였고, 항상 위대하지는 않은 위인이었으며, 그가 살았던 시대를 고스란히 드러내는 상징과도 같았고, 더 이상은 극적인 사건을 추가할 필요도 없이 예측 불허로 전개되는 소설의 주인공 같은 인물이기도 했다. 정말이지 뒤낭의 삶에는 예측하기 어려운 사건들이 후하게도 발생했으니 말이다.

1

첫째 아들의 행복했던 유년 시절

1828~1847

언덕 자락에서

1828년 당시, 스위스 연방에 합류한 지 13년밖에 되지 않은 소도시 제네바[1]에는 지형을 통해 사회 계급을 파악할 수 있는 중세 시대 특유의 단순한 마을 구조가 그대로 남아있었다. 호수변 곶의 정상에는 중세 시대 요새 대신에 생피에르 교회가 자리한다. 그리고 교회 주변과 그 주변을 둘러싼 건물들은 고위층 가문의 자택으로, 제네바의 고위층은 은행가나 법률가, 의사, 목사, 교수들로 이루어진 명가들이다. 실제로 제네바는 유럽 전역에서 핍박을 피해 '종교 개혁의 로마'인 제네바로 몰려든 개신교도들을 통해 새로운 지식과 재능이 수렴되게끔 해준 자신의 교회를 매우 소중히 생각한다. 적어도 부분적으로는 제네바의 번영이 교회의 공인데 어찌 신앙의 열정을 보이지 않을 수 있겠는가?

제네바의 고지대는 그다지 규모가 넓지 않고, 거기 자리잡은 지배 계층은 단지 십여 개 가문밖에 되지 않는다. 이들은 18세기까지만 해도 이 작은 도시를 독점 지배했던 이들의 직계 후손이다. 정상 주변을 둘러싸면서 언덕의 측면으로 계단식 지형이 길게 내려온다. 이는 제네바의 사회 계층과 동일하게 하향 구조를 보인다고 보면 되겠다. 언덕 아래 구역에는 하층 소시민 계급, 즉 상인들과 수공업자들과 일용 노동자들이 자리한다.

뒤낭은 바로 이 언덕 측면에서, 정확히 말하자면 윗마을과 아랫마을의 중간쯤에서 1828년 5월 8일에 태어났다. 결혼식을 올린 지 채 1년도 되지 않아 대를 이을 아들을 보게 된 그의 부모는 실로 크게 기뻤다! 앙리 뒤낭의 출생은 워낙 약혼 기간이 짧았던 터라 가까워질 틈도 없었던 부부 사이의 금슬이 한층 좋아지는 계기로 작용했다.

당시 대부분의 결혼과 마찬가지로 뒤낭의 부모는 중매결혼을 한 사이였다. 그러지 않고서야 그 둘이 어떻게 만날 수나 있었을까? 앙리 뒤낭의 아버지 장자크 뒤낭은 18세 이후로 온 세상을 누비고 다녔던 사람이다. 공부를 별로 잘하지 못했던 그는 턱수염이 처음 나기 시작할 무렵에 이미 제네바를 떠나 프랑스 마르세유에서 식민지 물품 거래상을 하던 삼촌 댁으로 가서 일을 배우기 시작했다. 바다와 육지를 누

---

1 스위스의 서남쪽 끝에 있는 제네바는 보, 뇌사텔 등의 인근 지역과 함께 프랑스어권 도시로, 동북쪽의 취리히, 아펜첼 등의 독일어권 도시와는 멀리 떨어져 있다. 앙리 뒤낭은 제네바에서 태어나 아펜첼에 위치한 마을 하이덴에서 죽었다.

비며 온갖 고생을 한 장자크는 찬 겨울 바다의 폭풍우와 여름 바다의 사이클론을 모두 겪었다. 그런 후에 자기만의 사업을 일으켜서 결혼하기 십 년 전부터 이미 마르세유에서 어떻게든 운영을 해오고 있었다.

그러던 어느 날 장자크 뒤낭은 말년에 외로울지도 모른다는 두려움에 사로잡혔다. 사업은 제대로 돌아가지 않아 수입원이 불확실했으며 지중해 너머로 바라본 자신의 미래가 점점 더 암울해 보이기 시작했다. 그와 함께 사업을 시작한 동업자가 등을 돌리기도 했다. 당시에 장자크 뒤낭은 숙부에게 이렇게 고백했다. "전 아직도 총각입니다. 미리부터 결혼에 대한 생각을 하지 않은 건 제 잘못일지도 모른다는 생각이 드네요. 진작에 결혼을 했더라면 좀 더 안정되고 야심 차게 살고 있을지 모르지요."[A1]

> 저자 주석 A1: 뮈첸베르크의 『숙명을 타고난 자 앙리 뒤낭』에서 인용한 편지. 뒤낭의 어린 시절과 관련된 기타 인용문과 세부 사항 역시 앙리 뒤낭의 젊은 시절과 가족 배경을 주로 다룬 뮈첸베르크의 책에서 온 것이다.

장자크가 이런 고백을 했다는 얘기가 그런 말이 나오기만을 기다리던 제네바에 있는 누이들 귀에 들어간 게 분명하다. 이미 본가에서는 가문의 대를 이어 뒤낭이라는 성을 물려주는 문제에 대해 걱정을 하기 시작했기 때문이다. 장자크에게 형이 있긴 했지만 도무지 신뢰를 할 수 없는 괴짜였고, 심지어 부인은 당시 제네바에서는 최악의 이단 취급을 받았던 천주교 신자였다. 그러다 보니 차남인 장자크가 확고한 독신 의지를 조금이나마 굽히는 듯한 모습을 보이자마자 온 가족이 기회를 포착하려 드는 게 당연할 수밖에 없었다.

막내 여동생 안잔 뒤낭이 포문을 열었다. 1823년에 그녀는 "오빠, 꼭 제네바로 돌아와서 부인감을 골랐으면 좋겠어. 하지만 오빠가 여기에 정착해도 될 만큼 재산이 있는 여자여야 해."라는 편지를 띄웠다. 계속해서 서신이 오가며 누이들의 의도는 점점 더 분명해졌다. 이들은 장자크를 결혼시켜야 할 뿐 아니라 동시에 장자크가 아예 제네바로 돌아와 정착하기를 원했다. 그렇기에 누이들의 사명은 장자크가 마르세유 사업을 아예 접는 걸 고려할 수 있을 만큼 여유 있는 가문의 제네바 여인을 찾는 일이었다. 6개월 후에 안잔은 제네바 출신 여인들의 이름을 열거한 편지를 보내면서 각자에 대한 설명을 덧붙였다. 이 후보자들 중에 콜라동 가문의 규수가 있었으니, 미인은 아니었으나 유리하게 작용할 확실한 장점이 몇 가지나 되는 스물네 살의 수수한 여인이었다. 마드무아젤 콜라동은 바느질도 할 줄 알고, 가사일에 능하며, 가축을 돌볼 줄 알았고, 피아노를 칠 줄 알았으며 심지어 어느 정도 영어도 구사했다.

하지만 장자크는 여전히 뜸을 들였다. 부자가 되려는 꿈을 좇았던 도시 마르세유를 뒤로 한다는 건 그에게 쉬운 결정이 아니었다. 이쯤 되니 이제 장자크의 누나 소피가 나섰다. 소피는 제네바 사람이 싫으면 마르세유에서라도 아내를 찾으라고 권유하기 시작하였다. 하지만 1825년경 마르세유에서 부인감 찾기도 별 진전이 없어 보이자 소피가 다시 발 벗고 나섰다. 그녀는 남동생 장자크에게 "만약 네가 제네바 여인을 부인으로 맞고 싶은 생각이 있다면 이 어여쁜 여성들을 다 놓쳐서는 안될 텐데!"라며 강한 어조의 서신을 보냈다.

1826년 초 장자크가 누이들의 초대에 응해 제네바로 돌아온 건 모친의 별세와도 관계가 있었을 것이다. 바로 이때부터 일이 바쁘게 돌아가기 시작했다. 1827년 봄이 끝나갈 무렵 뒤낭가와 콜라동가는 제네바 근교에서 장자크과 안앙투아네트의 결혼을 성사시켰다.

뒤낭과 콜라동 두 집안 모두에게 매우 기쁜 일이었다. 물론 당시 제네바 사회 계층 지형도를 보면 콜라동 가가 뒤낭 가에 비해 훨씬 '언덕 위'에 자리잡은 게 사실이다. 신부의 아버지는 중등학교의 교사였다가, 시 의회와 주 의회에서 의장을 맡은 바 있으며, 제네바 근교 한 마을의 장으로 40년째 재직하고 있었다. 안앙투아네트의 남동생 다니엘 콜라동은 과학 분야에서 가장 유망한 제네바 출신 학자 중 하나로 유명했다. 그러니 콜라동 가문은 분명 각 자녀에게 훌륭한 배필을 찾을 수 있으리라 기대했을 법하다.

그러나 좋은 집안끼리의 혼사만이 성공적인 결혼 생활을 약속하는 요소는 아니다. 다니엘 콜라동은 자신의 숙부에게 "제 첫 느낌은 '놀람'이었으나, 이내 놀라운 감정은 안심으로 변모하였습니다."는 편지를 보냈다. "낸시 누나가 독신으로 지낼까 봐 정말로 걱정을 했답니다. 사랑이 넘치고 아주 섬세한 성격인 누나는 가족에 대한 사랑과 배우자의 다정함이 반드시 필요한 사람이니까요. 그런 부분이 채워지지 않으면 궁극적으로는 누나의 성격조차 변했을 겁니다." 사실 처녀의 나이가 25세가 넘으면 당사자와 가족의 요구 사항이 조금은 누그러지던 게 당시의 현실이었다. 그 나이까지는 이상형의 배우자를 기대한다 해도, 25세가 넘으면 남편감인 사람에게 이상형을 맞추게 되어 있다. 콜라동 가문도 예외는 아니었다.

장자크와 안앙투아네트 부부는 신부가 지참금조로 가져온 자택에 신혼살림을 꾸렸다. 이 집이 위치한 곳은 구시가지의 급경사면에 있는 길 중에서 하나였다. 당시 제네바에 친영국 바람이 불고 있었기에 가까운 이들이 모두 낸시Nancy라고 불렀던 안앙투아네트는 매우 흡족해했다. 장자크의 누이들이 처음 말을 꺼냈을 때부터 낸시는 장자크를 남편감으로 바랐기 때문이다. 2년이라는 긴 세월 동안 낸시는 끈기 있게 장자크가 자신을 택해 주기를 기다렸다. 그러니 결혼식을 올린 지 불과 1년 만에 장남이 태어나자 낸시의 행복은 극에 달했다. 부부는 이 아이에게 장앙리라는 이름을 붙여주었다.[A2]

저자 주석 A2: 앙리 뒤낭 출생 당시 본명은 장앙리 뒤낭이었다. 그는 나중에 자신의 이름 장앙리를 앙리로 줄이고 철자를 바꾸었다. 그러므로 본 전기는 뒤낭 본인이 영어식 철자법으로 자신의 이름을 개명한 시점부터 뒤낭의 이름을 원래 철자 Henri가 아닌 Henry라고 기록하였다.

앙리 뒤낭의 부모 장자크 뒤낭과 안앙투아네트 뒤낭(결혼 전 성 콜라동이며 지인들로부터 낸시라 불렸다)

행복한 나날

코르나뱅 성문 바로 근처 베르덴오프티사코네 거리에 있던 신혼집에 살던 그의 가족은 앙리가 걸음마도 떼지 못했을 무렵, 이번에는 뒤낭가의 도움으로 구한 라모네라는 이름의 멋진 농가로 이사를 갔다. 택지가 상당히 넓어서 과일수도 여러 그루 있었고, 레만 호수와 알프스가 훤히 보이는 위치였다. 쥐라 산맥을 바라보는 방향으로는 온 가족의 번잡함에서 벗어나 홀로 시간을 보낼 수 있는 아늑하고 이끼에 덮인 비밀스런 공간들도 꽤 있었다. 앙리의 아버지 장자크는 젊은 시절부터 여행을 하며 아름다운 나무에 대한 관심이 깊어져서 정원에 희귀 수종을 여러 그루 심었고, 그 덕에 라모네의 정원에는 어렴풋하게 이국적인 느낌이 났다.

정원의 한 켠으로는 로잔을 오가는 합승 마차가 지나는 것을 볼 수 있었고 그 반대편으로는 파리를 오가는 우편 마차도 보였다. 날씨가 좋을 때면 낸시는 아기를 데리고 테라스에 자리잡고서 파리에서 명성을 더해가는 집안의 자랑인 천재 동생 다니엘이 돌아오기만을 애타게 기다렸다. 낸시는 결혼한 지 얼마 안된 새신부로서, 또 오동통한 볼을 자랑하는 예쁜 아기의 엄마로서의 삶을 아주 자랑스러워했다.

"네 오동통한 조카에 대해 말해줘야겠지. 이 아이는 정말 귀여워. 짙고 커다란 눈으로 사랑 가득 나를 바라볼 때면 여기가 어디인지도 잊어버릴 지경이란다." 아주 학자다운 남동생 다니엘에게, 매우 박식한 친정아버지에게, 그리고 무엇보다 집에 좀더 있어주었으면 하고 바라던 방랑벽 있는 남편에게 편지를 보낼 때마다 낸시는 앙리의 아주 사소한 변화와 옹알이까지도 일일이 보고했다. 누이들의 설득에 못 이긴 장자크 뒤낭이 제네바에 정착하기로 했지만, 지중해에서 벌여놓은 사업을 완전히 접겠다는 결정까지 내린 것은 아니었다. 그렇기에 그는 프랑스에 수시로 드나들 수밖에 없었고, 이는 젊은 새댁 낸시를 우울감에 빠뜨렸다. 그럼에도 뒤낭가의 수는 빠른 속도로 불어났다. 앙리는 이후 6년의 기간 동안 어느덧 귀한 첫째이자 외동아들에서 다섯 형제자매의 장남으로 자리를 옮겨갔다.

뒤낭 가족이 살던 라모네는 공간이 아주 풍족했지만, 수입은 씀씀이에 못 미치는 적이 많았다. 정육점 청구서에 비길 만큼 돈이 많이 들어간 부분이 있다면 그건 몸과 마음이 모두 병약했던 낸시를 헌신적으로 돌보는 셴 의사 선생님을 걸핏하면 불러들이는 바람에 들어가는 왕진비였다. 가계부 타산 맞추기란 불안불안한 일이었다. 한편으로는 제네바 시내에 장자크 뒤낭이 소유하고 있던 아파트 몇 채의 임대료로 생활비를 충당하였고, 다른 한편으로는 마르세유에서의 무역업을 통한 벌이가 있었지만 그 수입은 항상 불안정했다.

허나 이러한 물질적인 부분에 대한 근심은 상관이 없다. 어린 시절의 행복을 가늠하는 최고의 기준이 있다면, 당시를 추억할 때 우리가 느끼는 감각적인 부분이다. 앙리에게 라모네의 기억은 '즙이 가득하고 달콤한 분홍빛 렌클로드 자두의 맛'이었다. 또한 이끼 밑에서 올라오는 향기로운 바이올렛의 꽃향기이며, '멀리서 들려오기에 무뎌진' 우편 마차의 나팔 소리이자, 또 청명한 날이면 라모네의 테라스에서 애쓰지 않아도 완벽한 모습을 볼 수 있었던 몽블랑에 대한 기억이기도 하다.

아빌리 외가댁에서의 추억은 이보다도 훨씬 감각적으로 풍성했다. 투르트와 메르베유, 온갖 단 과자로 푸짐했던 간식 시간의 추억이 있고, 큼직한 딸기가 열리는 화단과 레드커런트, 산딸기, 블랙커런트, 오디열매가 열리는 관목들이 있어 아이들이 언제든 손을 뻗어 따먹을 수 있는 곳이 앙리의 외가였다. 무엇보다 외할아버지와 제니 외할머니가 딸 낸시에게 보여주던 사려 깊은 애정은 매년 하나씩 늘어난 손자 손녀들을 향한 아주 자연스러운 내리사랑으로 이어졌다.

아빌리는 외할아버지가 1815년경에 주인 자택과 농장을 포함한 방대한 영지를 취득한 제네바 근교 시골 마을의 이름이다. 앙리의 어머니는 그곳에서 그녀가 깊이 사랑하는 부모님과 남동생으로부터 소중하게 대우받으며 청소년기와 미혼 여성 시절을 보냈다. 라모네와 아빌리를 오가려면 한 시간은 족히 이동해야 했음에도 불구하고, 엄마가 된 이후에도 낸시는 자신이 자라면서 경험한 가족 간의 밀접한 관계를 다시 느끼고 싶은 마음이 들 때마다 혼자 아이들을 이끌고 아빌리를 오가곤 했다.

아이 앙리의 세계에서 아빌리는, 그러니까 외가 쪽에서 가장 고결한 부분들이 집약된 기억이다. 부유함을 말하는 게 아니라 그보다 백배 천배 나은 가치였다. 이미 가지고 있는 자산이 생산을 이어갈 때 나오는 안정성이요, 사이가 좋은 가족 간의 화목함이자, 생각하는 엘리트로서의 정신적인 고양이며, 사회로부터 받은 것은 돌려주어야 한다고 생각하는 지도층이 보여주는 박애정신을 의미한다. 제네바시 구호 담당 부서로부터 일인당 일정 비용을 받기는 했지만, 앙리의 외할아버지는 어린 고아들을 돌보는 일을 하면서 그 아이들의 교육과 복지에 진정 어린 관심을 기울였다. 그러니 개신교 전통의 정수를 이어가는 아빌리 외가의 가풍 속에서 뒤낭은 분명 인류애와 이해관계를 통합하는 것이 가능함을 배웠으리라. 외할아버지 앙리 콜라동이 진정한 사회봉사 기질을 지녔다는 점에 대해서는 의심의 여지가 없다. 또한

1830년 경에 유감스럽게도 투자 실패로 재정적인 문제가 있었다는 점 또한 분명하다. 그래도 여전한 사실은 앙리 뒤낭은 열 살이 되기까지 아빌리 외가댁에 다니면서 외할아버지가 돌보던 고아들을 가까이서든 멀리서든 접하며 다음의 세 가지를 깊이 생각해볼 여유가 있었다는 점이다. 첫째로 사회 계층의 사다리 중 정확히 어느 위치에 있던지 뒤낭 자신은 유리한 쪽에서 태어난 게 맞다는 점, 두 번째는 다른 수많은 사람은 그 정도의 운을 타고나지 못했다는 사실이며, 마지막으로는 그러한 이들에게 도움을 주면 — 그 도움의 행위를 무보수로 하건 대가를 받건 간에 — 지원을 받는 이들의 삶이 변화될 수 있다는 점이었다.

고양의 시간

앙리는 가만히 보니파스 선생님의 교장실 문을 닫았다. 운동장에는 방학식을 만끽하는 친구들이 소란스레 놀고 있었다. 앙리는 친구들에게 가지 않았다. 그 누구의 눈에도 띄지 않고 구시가지까지 가기 위해서 뒤쪽 계단을 통해 학교를 나선 후, 콜레주 건물에 인접한 제네바 감옥의 담벽을 따라 걸었다.

앙리는 생각에 잠겼다. 얼른 생각하자. 엄마가 걱정하시지 않게 하려면 도합 45분의 말미가 있었다. 즉 최악의 상황을 피할 방법을 찾는 데 45분의 시간이 있다는 뜻이다. 눈물바다와 센 의사 선생님의 긴급 호출을 막기 위한 방법 말이다. 앙리의 눈 앞에는 그러한 장면이 줄지어 펼쳐졌다. 이런 상상이 그저 상상에 그치는 게 아니란 걸 앙리는 잘 알고 있었다. 극적인 상황이 벌어질 게 뻔했다.

엎친 데 덮친 격으로 날씨도 화창했다. 나쁜 소식을 전할 날씨가 아니라 승전고를 울려야 어울릴 법한 날씨였다. 최대한으로 귀가 시간을 늦춰보기 위해 앙리는 왼쪽으로 틀어 트레이유 거리로 들어섰다. 이 길에 늘어선 밤나무들은 한여름의 이파리보다는 연한 아직 수줍은 녹색 빛깔이긴 해도 잎사귀가 완전히 우거져 있었다. 물론 진작에 분위기를 조성해 두었어야 했다. 이미 학교생활이 위태위태하다는 것을 앙리 자신은 알고 있었으니 말이다. 미리부터 어머니에게 걱정이 된다고, 불안하다고, 재차 낙제할지도 모른다는 신호를 해두었어야 했다. 대체 왜 아무 말도 해놓지 않았을까? 아마 스스로도 설마 그런 일이 벌어지리라고는 생각지 않았기 때문이리라. 이미 작년에 유급을 했는데 올해 또 카트리엠 학년[2] 낙제를 한다는 건 앙리 본인

---

2   스위스 학제에서 카트리엠 quatrième은 중학교 3학년 정도에 해당한다.

을 포함해서 그 누구도 생각지 못한 일이었다! 허나 오늘 통보를 받았다. 제네바 콜레주가 앙리에게 제적 처분을 내린 것이다. 보니파스 선생님은 방금 전에 가시 돋친 말투로 작년에 이미 두 번째 기회를 준 게 아니었느냐고 지적했다. 대체 왜 그랬을까, 어디서 발을 잘못 딛고 비틀거리게 된 것인지조차 파악하지 못한 채 앙리는 그 두 번째 기회를 그냥 망쳐버렸다.

앙리는 이제 막 14살이 된 참이다. 이제 그의 앞에는 절망적일 정도로 백지 상태의 미래가 펼쳐졌고, 그러한 미래를 생각하니 갑작스레 현기증이 느껴졌다. 앙리는 요새를 따라 테라스처럼 조성된 공간에 설치된 커다란 벤치에 털썩 주저앉았다. 그 자리에서는 점심시간이면 앙리를 반겨주던 프로므나드데바스티옹 거리가 보였다. 그때만 해도 아직 걱정거리가 없었다. 아니, 오히려 외할아버지처럼 이름을 알리는 길을 가리라 확신하고 있었을 때다. 심지어 다니엘 외삼촌 수준으로 입신양명의 길로 들어서리라고 생각했다. 이날 오후 프로므나드는 전혀 달라 보였다. 늘어선 가로수들이 산책길 사이로 말도 안되게 커다란 그림자를 드리운 탓에 잔디밭과 화단에 거대한 잉크빛 얼룩이 진 듯 보였다. 이렇게 어둡게 드리운 그림자 밑에 앉은 앙리는 점점 더 암울한 생각으로 빠져들었다. 감옥살이를 했던 친할아버지 베르나르, 치욕스런 파산을 겪은 다비드 삼촌, 빈번하게 사업상 어려움을 겪어온 아버지 등등이 떠올랐다. 지식인, 현자, 정치인을 꿈꾸던 앙리 본인도 이제 이런 지경에 이르다니!

앙리가 라모네로 돌아왔을 때는 날이 이미 어둑어둑해지고 있었다. 위층에서 그를 부르는 목소리가 들려오자 앙리는 콜레주 하교를 알리는 종이 울린 시각부터 어머니가 그가 돌아오기만을 기다리고 있었음을 바로 알아차렸다. 어머니는 마치 뭔가에 마음의 준비를 하듯 느릿느릿 계단을 내려왔다. 이토록 연약하고 어쩔 줄 몰라하는 어머니의 모습을 보자마자 앙리는 울음을 터뜨리며 달려가 그녀의 품에 안겼다. 하굣길에 어떻게 제적 소식을 전해야 할지 엄청나게 고민하면서 구체적으로 구상해 두었던 이야기는 날아가버렸다. 이렇게 아무 말 없이 딸꾹질을 할 정도로 어린아이처럼 울며 엄마의 품에 안긴다는 건 앙리가 준비한 방법이 아니었다. 허나 이보다 더 나은 방도는 없었을 것이다. 앙리가 이렇게 나오는데 그 누가 극적으로 나오겠는가? 그 누가 분노하며 질책하겠는가? 앙리의 어머니는 무슨 일인지를 바로 눈치챘다. 그녀는 함께 울면서 앙리를 꼭 안아주었다.

좁은 문

1843년 가을, 반쯤은 우연처럼 앙리는 자신의 생가로 돌아왔다. 이제 콜레주에서 쫓겨났으니 뭔가 다른 해결책을 찾아야만 했다. 여전히 앙리의 부모님 소유였던 베르덴 거리의 집에 세 들어 살던 이들 가운데 젊은 목사 부부가 있었다. 부인이 교사인지라 이 부부는 기숙 학생을 받아 개인 교습을 하면서 부수입을 충당하고 있었다. 앙리에게 필요한 바로 그런 방법이었다. 앙리 본인도 가족 중 그 누구도 15살에 바로 직업 전선에 뛰어든다는 건 생각조차 하지 않았기 때문이다.

니콜 부부의 개인 교습을 통해 제네바 콜레주의 결정이 사실 옳았다는 게 판명되었다. 콜라동 가문의 방향을 따라가리라 기대하기에는 소년 앙리 뒤낭은 공부머리가 아예 없었다! 반면에 앙리가 조숙하게도 품고 있던 열정은 확고해지고 점점 더 커져갔다. 콜레주 2년차에도 상을 받았고, 3년차와 4년차에는 1등상을 받았던 과목, 바로 종교 과목에서 앙리는 즉각적이고 천부적이며 직관적이면서도 심오한 이해력을 보여주었다. 앙리는 이 영역에 모든 열정과 열의를 쏟아부었다. 학교 성적이 워낙 나빠서 대학 진학은 불가능할지언정, 그의 신앙이 다른 운명의 길을 열어주리라.

1843년 9월의 한 온화한 저녁, 앙리는 공부를 마친 후 오라투아르 예배당으로 직행했다. 불과 몇 분 걸리는 여정이었다. 베르덴 거리에 있는 집에서 가장 빠른 지름길은 부르드푸르 광장을 가로지른 후 벨피유 거리를 따라 올라가서 예배당이 위치한 타바쟁 거리로 우회전하면 되었다.

앙리는 이 얼마 안되는 길을 걸어가는 순간순간을 만끽했다. 중학교 제적이란 버젓한 직업을 가질 수 있는 직행로를 포기해야 한다는 뜻이었을 뿐 아니라, 친구 관계에도 분명 문제가 생긴다는 걸 의미했다. 학교를 다닐 때는 매일 아침, 또 새학년이 시작할 때마다, 제네바 언덕 위쪽 상류 계급의 아이들과 함께 자연스레 인연을 맺고 친해질 수 있었는데, 사실 그런 상황이 얼마나 큰 특권인지를 학교를 다니던 동안에는 한순간도 생각해 본 적이 없었다. 이제 앙리가 매일 확실히 친교를 이어갈 수 있는 유일한 또래 친구는 니콜 목사 댁에서 함께 기숙 생활을 하는 꺽다리 루이, 무기력한 외젠, 그리고 열세 살밖에 안된 덩치가 작고 음험한 르네, 이렇게 세 명뿐이다! 그렇기에 오라투아르 예배당을 드나들면서 새로운 친구들을 만나는 게 앙리에게 특히나 소중한 일이 되었다. 다니엘과 에밀 이자크 형제, 에르만 필리케, 그리고 가스파르 필리올 같은 친구들을 또 만나는구나 하는 생각을 하면, 앙리는 외로움을 덜 느끼게 됐고, 또래와의 이질감도 조금은 덜 수 있었다.

새로운 건물 축에 드는 오라투아르 예배당은 1834년부터 복음주의 교단의 신자들이 모이는 곳이었다. 1834년 당시 아주 어렸기 때문에 앙리는 제네바 개신교 사회를 뒤흔든 폭풍 같은 사건을 직접 겪지는 않았지만, 나중에 소피 고모가 당시 상황을 상세히 다 이야기해 주었다.

콜레주에 다니던 4년 내내 앙리는 집과 학교 사이 왕복 한 시간 반이라는 시간을 아끼기 위해 생피에르 교회에서 불과 몇 미터 떨어진, 그러니까 콜레주에서 5분 거리에 살던 고모 댁에서 점심을 해결했다. 마침 소피 고모는 설립된 지 얼마 안된 이 복음주의 협회의 신도였다. 순전히 편의상 그러기로 한 일이었지만, 이렇게 매일 고모와 보내는 점심시간은 앙리에게 평온을 가져다 주었다. 게다가 날씨가 좋을 때면 점심을 얼른 먹고 나서 고모는 말린 과일 몇 점을 디저트로 들고서 앙리를 바깥으로 데려가곤 했는데, 이럴 때는 마치 지복의 순간처럼 느껴졌다. 소피 고모와 앙리는 요새 기슭까지 5분 정도 걸어가서 프로므나드데바스티옹에 비치된 벤치에 자리를 잡곤 했다. 거기서 나눈 고모와의 대화는 좀 더 내밀하고도 진지했다. 그렇기에 고모는 이 주의 깊은 조카에게 복음주의 교단에서 자신의 역할에 대해 충분히 이야기를 해줄 수 있었다. 워낙 타고나기를 종교적인 문제에 관심이 많던 앙리는 '부흥' 운동과 '부흥한 이들', '예수 안에서의 형제 자매', 그리고 '거부할 수 없는 은총'[3] 같은 어휘만으로도 자신을 매혹시키는 소피 고모의 공동체 이야기, 그러니까 예정설, 원죄, 그리스도의 신성 같은 논의에 깊이 빠져들었다. 복음주의로 개종한 지 얼마 되지 않은 신도답게 태연자약했기 때문인지, 소피는 그러한 표현들이 기묘할 수 있다는 것도, 어린 제자이자 조카인 앙리를 신학적으로 어느 수준까지 끌어올리고 있는지도 전혀 인지하지 못했다. 이렇게 해서 4년이라는 세월 동안 앙리는 조금씩 소피 고모를 따라가게 되었다. 좀 더 문자 그대로의 해석을 따르는 열렬한 개신교의 이름으로 스위스 국가교회에 분열을 가져왔던 이 '모미에[4] 운동'에 휩쓸려 들어간 것이다.

오라투아르 예배당 가까이 도착한 앙리는 갖고 있던 건포도 마지막 한 주먹을 입에 털어넣고는 가을 오후 특유의 차분한 햇빛 아래 서서 옛날에 고모가 하신 말씀을

---

3 grâce efficiente. 유효적 은총이라고도 하는 개념으로, 신께서 구원하기로 선택한 사람은 그 은혜가 온전히 효과적으로 주어지기 때문에, 저항을 하더라도 결국 신앙을 갖게 된다는 칼뱅주의 기독교 교리.
4 Mômier. 스위스 19세기 개신교의 한 종파를 가리키는 단어였으나, 광신도라고 비꼬는 표현으로 사용되었다.

다시 상기했다.

"물론이지, 우린 모두 개신교도야." 벤치에서 일어나면서 고모는 주변에 모여든 새들에게 치마에 떨어져 있던 빵 부스러기를 뿌려주며 앙리에게 설명했다. "하지만 다 같은 방식을 따르는 건 아니란다. 우리 중 일부는 머리로 신앙을 체험하고, 또 어떤 이들은 가슴과 믿음으로 신앙을 체험한단다. 누구는 이성, 신학자들의 박식한 개론 덕으로 하나님을 이해하고, 또 다른 누구는 자신만의 방식으로 하나님에게 다가갈 수 있다고 믿는 거지. 성경을 읽거나, 기도에 힘쓰거나, 이웃에 대한 사랑의 실천, 또 삶의 모든 순간에 그리스도를 섬기는 방식으로 말이야."

앙리가 좀 더 큰 후에, 그러니까 한 열셋에서 열네 살 정도 되었을 때, 그는 고모에게 그 유명한 복음주의 교회의 창립자 고센 목사의 설교를 듣고 싶으니 자기도 데려가 달라고 부탁했다. 고센 목사는 누구 말을 듣느냐에 따라 적그리스도이거나 구원자였고, 현자거나 광신자였으며, 또 예언자이거나 미친 사람이기도 한 인물이었다. 목사협회에서 퇴출된 지 얼마 되지 않았기 때문에, 박해받는 자라는 영예가 마치 후광처럼 고센을 둘러싸고 있던 참이었다. 그래서인지 더욱 앙리는 그를 직접 보고 싶어하였다. 이때 고센 목사의 설교를 들은 경험은 하나의 이미지와 소리로 확고하게 뒤엉킨 채 앙리의 기억 속에 결코 잊을 수 없는 순간으로 남았다.

우선은 고센 목사의 얼굴이었다. 화살코에 훤한 이마, 헝클어진 머리카락, 그리고 마치 하나님이 눈앞에 있는 듯 정면을 향한 그의 시선이 기억에 생생했다.

그리고 그의 설교였다. 고센 목사의 설교는 한편으로는 온화롭고 또 한편으로는 권위가 있었으며, 유려하다가도 인정사정없는 격렬함이 있었다. 고센 목사는 듣는 이의 상상력을 자극하게끔 이미지가 가득한 화법을 구사하며, 성경에 나오는 이야기를 '바로 그 자리'에 가져다 놓는 특출난 재능을 지녔다. 그의 설교를 듣고 있노라면, 청중은 모세, 이사야, 아모스나 바울의 시대로 이동한 듯 얼이 빠지곤 했다. 게다가 고센 목사는 무시무시한 종말론 혹은 구세주 대망론에 기반한 예언을 하는 데도 거침이 없었다. 그는 다니엘서나 요한계시록을 인용하면서 오스만 제국이 곧 멸망하리라 선언하는가 하면, 라틴 민족의 타락을 점치거나, 유대인들이 약속의 땅으로 돌아가리라고 예언하였다.

고센 목사와의 첫 만남 이후 앙리는 예전과 완전히 달라졌다. 그 만남으로 인해 오늘도 오라투아르 예배당을 향해 가고 있는 게 아니던가. 예배당의 대문을 지나자마자 건물 안쪽 대강당으로부터 이제는 참으로 익숙한 고센 목사의 목소리가 들려왔다. 앙리가 뒤쪽 벤치에 자리를 잡을 때, 청년 두 명이 그를 향해 고개를 까딱하며 인사를 했다. 앙리를 복음주의 공동체로 끌어들이면서 소피 고모는 그에게 가슴과 마음으로 이어진 새로운 가족을 선사하였고, 또 다른 관점에서는 미래에 대한 가능성을 제시해 준 셈이었다.

소귀족

청소년기에 무척 중요한 소속감이라는 측면을 복음주의 공동체가 충족시켜 주기는 했지만 그래도 앙리는 상류 사회의 무도회를 소홀히 여기지 않았다. 이는 인맥을 형성하는 데 있어 똑같이 중요한 요소였다. 1845년 9월 어느 날 저녁, 앙리는 검은색 바지에 흰색 새 조끼를 차려입고 할머니가 선물해 주신 새틴 소재의 멋진 넥타이에 금색 핀을 꽂은 후, 두 번째 댄스부터는 무척이나 아플 게 틀림없는 새로 산 무도회용 구두를 신었다. 발이 좀 아픈 것쯤은 상관없었다! 그날 무도회는 아주 멋졌다. 삼백 명은 족히 참석한 듯했고, 이들은 줄지어 있는 접대 공간에서 느긋한 시간을 즐겼다. 초대 손님들이 첫 댄스 몇 번을 추는 동안 수수하게 피아노 한 대가 반주를 맡았고, 그러는 동안 청년들은 점점 활기를 띠었다. 그러고 나서 부부 손님들이 자리를 잡고 있던 대연회실로 향하는 복도 쪽으로부터 다른 음악 소리가 들려왔다. 손님들은 머뭇거렸고, 신사들은 함께 춤을 추던 숙녀의 허리춤에서 손을 떼었다. 모두 새로운 음악 소리가 들려오는 방향으로 몸을 돌렸다. 이제 불쌍한 피아노 연주자가 잊혀지는 순간이었다! 지금부터 적어도 열 명은 족히 되는 연주자들이 이들의 무도회 음악을 책임질 것이다. 두말할 필요도 없이 어느새 손님들은 초칠을 해서 아주 매끈한 대연회장의 마루 위로 자연스레 미끄러지며 춤을 추기 시작했다. 앙리는 춤 교습을 받은 경험을 살려 몇 가지 까다로운 춤사위를 자랑했다. 폴카가 되었든 마주르카가 되었든 앙리는 단 한 번의 실수도 하지 않아 아주 자랑스러웠다.

그날 이후 또 다른 무도회 초대를 받은 앙리는 제네바에서 약 20여 킬로미터 거리의 레만 호수를 둘러싼 언덕 비탈에 자리한 우아한 시골 저택으로 향하게 되었다. 이날 저녁이 마무리될 즈음은 제네바 시가로 들어가는 문이 이미 굳게 잠긴 지 한참 지난 시각이었다. 이 저택의 주인 내외는 앙리와 또 한 명의 청년 손님인 귀스타브 무아니에에게 하룻밤 묵고 가라고 청했다. 뒤낭은 다소 위축되었다. 무아니에의 아버지는 제네바 정부 고위 인사란 걸 알고 있었기 때문이다. 하지만 앙리보다 두 살 위였던 귀스타브 무아니에는 앙리를 무척 친절하게 대했다. 이들은 온실 바로 위층에 있는 방에 묵게 되었고 서로 더 이야기를 나눌 틈도 없이 순식간에 잠이 들었다.

여러 해가 흐른 후 앙리 뒤낭은 "열 살 때의 나는 귀족 사회의 가장 존경스러울 법한 미덕을 모두 갖춘 작은 귀족이었다."라고 추억하였다. 그는 자신이 고향 제네바에서 최고 계층에 속한다는 것을 의심한 적이 없다. 물론 제네바 상류 사회를 이루는 몇몇 가문이 지닌 엄청난 재산에 비하면 뒤낭의 가문은 형편이 그렇게 좋지는 않았다. 하지만 평생을 따라다닌 이러한 차이점을 제외하면, 앙리는 제네바 특유의 공화주의적 상류 사회를 특징짓는 도덕관, 원칙 그리고 미덕의 요소를 자신이 모두 갖추었다고 믿었다.

예를 들자면 이렇다. 한 은행가가 개최한 무도회에서 마주르카를 추는 건 그리스도인으로서 성실히 자선을 행하는 걸 방해하는 게 아니라, 오히려 내포하는 일이다. 이러한 19세기 제네바 사회에서는 제네바 고지대에 사는 특권층의 넉넉한 인심을 바탕으로 세워진 '자선협회'[5]가 저지대 빈민들의 점점 커져만 가는 고충을 최대한 합리적인 방식으로 덜어주기 위해 애쓰고 있었다. 앙리 뒤낭의 모친이야말로 종종 허리띠를 졸라매야 하는 가계에도 불구하고 자선 활동을 당연시했던 사람이었다. 모친은 앙리가 아주 어렸을 때부터 론강의 우안, 그러니까 일용노동자들과 실업자들, 장애인들과 고아들이 춥고 배고픈 환경 속에 모여 사는 빈민 지역으로 데려가서 자선 활동을 했고, 앙리는 가능하다면 꼭 이러한 어머니의 외출에 동반하곤 했다.

"나는 점차 어둠컴컴한 골목길이나 어쩌면 마굿간에 비견될 법한 숙소에 드리운 불행과 빈곤을 알게 되었다. 자기 소유라고는 아무것도 없고 수없이 잇따라 몰아치는 고통에 꼼짝없이 족쇄가 채워진 듯이 살아가는 이들을 내 눈으로 보았다."[A3]
저자 주석 A3: 모리스 뒤낭, 『프랑스 적십자의 시작』, 5쪽. 명구로 사용한 앙리 뒤낭의 인용문은 이탤릭체[6]로 표기하였다.

한참이 지난 후에 그는 당시를 위와 같이 회상했다. 어렸을 때부터 인간 세상에 존재하는 곤궁과 불의를 보면 그의 내면에는 무언가가 꿈틀거렸던 것이다. 이는 기

---

5   제네바 자선협회는 1827년에 프랑수아 앙리 목사의 가르침에 영감을 얻은 10대 청년들이 주도하여 시작된 개신교 계열의 자선 단체로 1945년까지 활동했다.

6   한국어와 로마자 알파벳의 차이를 고려하여, 이 책에서는 기울임 서체를 사용하지는 않았다.

존 세상의 질서에 대한 저항 의식과는 달랐다. 앙리 뒤낭은 그 당시였든 나중이었든 기존의 질서를 뒤흔들 생각을 가진 사람이 아니었다. 무엇보다도, 뒤낭은 대단히 섬세한 감수성의 소유자였다. 그는 자신이 마주치는 불행에 대해 당장, 지금 바로, 그리고 가능하다면 본인이 직접 개입함으로써 해결책을 찾고자 하는 조급한 동정심과 아주 예민한 감수성으로 가득한 사람이었다.

앙리 뒤낭은 스무 살도 채 되지 않았을 때 모친을 따라 제네바의 자선협회 회원이 되었다. 어린 시절의 '소귀족' 앙리가 모친과 빈민가를 방문하던 시절 이후로, 제네바의 모습은 많이 변해 있었다. 위에서 언급한 상류층이 1846년 권력에서 쫓겨났고, 그와 동시에 앙리가 온 정성을 다해 동화되려 했던 제네바 상류 사회는 영예로움과 장래성을 송두리째 잃어버렸다. 제네바의 새로운 체제에 대해 골수 반대파였던 보수 부르주아 계층 중에서도 청년들은 크게 당황했다. 이들은 더 이상 세상에서 자신들의 위치가 어디인지, 대체 어떠한 모범을 따라야 할지, 심지어 어떤 직업을 택해야 할지도 모르는 혼란에 빠졌다. 그러다 보니 종교가 이들의 가치관과 유대감이 지탱되게끔 해주는 은신처 역할을 하게 되었다. 당시 수년 동안 마침 제네바에서는 신앙의 부흥이 일어나던 참이었다. 훌륭한 그리스도인의 의무로서 개인의 이웃 사랑은 그렇기에 다시금 중요성을 띠게 되었는데, 이는 제네바의 새 정권이 일반화하려고 애쓰던 정부 차원의 세속적인 사회 복지 활동과 구분되는 가치로 여겨졌기 때문이다. 변해버린 세상의 흔적이라 할 수 있는 자선협회는 여전히 변한 건 아무것도 없다는 희망을 심어주었다. 뒤낭은 어머니가 가르쳐 주신 방식 그대로, 또한 추후에 자신의 회고록에서 다음과 같이 추억한 방식 그대로 이웃 사랑을 여전히 실천할 수 있다는 희망이었다.

"활동 중인 회원에게는 각자 자신이 맡아 방문하는 빈민들과 장애인들이 있었다. (중략) 의욕에 넘쳤던 나는 점차 상당히 많은 수의 불구자들과 신체가 마비된 불쌍한 무연고 빈민 노파들을 돌보게 되었다. (후략)"^A4
> 저자 주석 A4: 뒤낭의 『회고록』 24쪽. 별도의 언급이 없다면 이 책에서 '회고록'이라고 인용하는 내용은 1897년 슈투트가르트에서 독일어로 『Entstehungsgeschichte des Roten Kreuz und der Genfer Konvention』로 처음 출간된 루돌프 뮐러의 저서 『적십자와 제네바 협약의 생성사』 집필을 위해 앙리 뒤낭이 마련해 준 자전적인 노트들을 의미한다. 뒤낭이 뮐러의 책의 실질적인 저자라는 사실은 1978년 J. D. 캉도가 결정적으로 밝혀냈다. 이 노트들은 베르나르 가뉴뱅이 뒤낭의 『회고록』으로 수합하여 1971년 로잔에서 최초 출간하였고, 본 저서에서는 이 가뉴뱅의 책을 인용한다.

같은 시기에 앙리는 일요일 오후마다 제네바 감옥에 가서 죄수들에게 성경을 읽어

주는 일을 하였다. 이 봉사 활동을 위해 간수들은 기꺼이 그에게 관내 소예배당의 문을 열어주곤 했다. 정식 목사가 아닐 뿐이지, 청년 앙리 뒤낭의 이웃 사랑은 목회 활동과 아주 흡사했다.

신앙이 개인적인 고백이면서도 제네바 시민다움을 상징하다시피 한 당시 제네바 환경에서, 수많은 또래 청년과 마찬가지로 스무 살의 앙리는 열렬하게, 망설임 없이 예수 그리스도를 섬기는 일에 열과 성을 다하리라 결심했다. 물론 형편이 넉넉하지 못해서 신앙 관련 활동이 유일한 직업일 수는 없었고, 또 신학 학위도 없었기 때문에 직업 목회자도 아니었지만, 이때부터 5년이라는 기간 동안 뒤낭은 실제 그러한 결심을 실천하였다.

2

기독교청년회의 탄생

1847~1854

목요일 저녁 모임

당시의 여러 상황들, 즉 제네바의 정치 환경과 경건주의 '부흥' 운동과 가정교육, 이 모든 요소의 영향으로 앙리 뒤낭은 독실한 신앙생활을 하게 되었다. 그러던 가운데 1847년 여름, 그의 신앙생활의 양상을 완전히 바꿔놓는 사건이 발생했다. 두 명의 친구와 함께 며칠간 알프스 산중을 걷다가 마침 '고개 넘기' 체험을 하게 된 것이다. 이는 산 정상에 올라 느끼는 일종의 도취감으로, 어떻게 구분 지을 수 없는 느낌이었다. 그러나 신비주의적인 체험이 아니라, 오히려 새로운 소명, 새로운 확신, 새롭게 형성된 신앙공동체로서의 경험이었다고 한다.

낭만주의 사조를 통해 알프스 산속 풍경의 비밀스런 아름다움이 이미 온 세상에 알려져 있던 19세기 사회에서 뒤낭의 이러한 체험은 얼핏 생각하면 지극히 뻔한 일이라 보기 쉽다. 하지만 알프스에서만 겪을 수 있는 이 '숭고함'의 체험을 앙리와 두 친구가 당연히 자신들의 신앙의 틀에서 해석했기 때문에, 이들은 그 경험을 통해 하나님의 위대함과 창조 세계의 완벽함을 분간해 내었다. 저녁이 되면 세 청년은 여름밤 산속에서만 느낄 수 있는 고요함에 둘러싸인 채 하나님의 능력과 사랑을 찬양하는 예배를 드렸다. 세 사람이 제네바에 돌아온 후 일주일에 한 번, 목요일 저녁마다 모임을 계속하기로 결정한 걸 보면, 당시 알프스 산중에서의 경험은 그때까지 겪지 못한 지복의 순간이었으리라는 짐작이 가능하다. 그런데 뭘 하러 모인다는 건가? 지금이라면 의문이 생길 일이지만, 당시 1847년 제네바에서 왜 모이는지는 자명한 일이었다. 이들의 모임은 당연히 함께 성경을 읽고 기도를 하기 위해서였다.

지금보다 당시가 전반적으로 훨씬 독실한 사회이기도 했지만, '부흥' 운동에 속하는 개신교도들은 '공식' 교회인 스위스 국가교회의 뜨뜻미지근함에 반발하여 생겨난 만큼 평균보다도 훨씬 부단한 신앙을 가진 사람들이었다. 건장한 스무 살 청년들이 목사도 없이 매주 모여서 성경을 읽고 기도하고 함께 시편을 낭송한다? 십 년 전만 해도 상상조차 못할 그런 일이 당시 제네바에서는 대수롭지 않았다. 비슷한 소규모 모임이 이미 대여섯 개 있을 정도였다. 뒤낭과 두 친구들이 결성한 모임은 점점 규모가 커졌고, 이내 처음 모임을 하던 가정집에서는 인원을 감당할 수 없게 되었다. 이때 그들에게 제공된 새 장소를 보면 이들이 어떤 영적 계보에 속하는지를 확실히 파악할 수 있다. 복음주의 협회가 이들에 대해 남긴 기록을 보면 1849년부터 이미 '오라투아르 예배당의 강당에서 목요일 저녁마다 모이는 청년 형제들'이 있다고 적혀 있다. 그리고 그 모임에 참석하는 청년들이 더 이상 세 명이 아니었다.

다섯 명도 아니고 열 명도 아니요, 이미 스물여섯 명에 달했다.

알프스 여행을 함께한 세 사람의 경험은 당사자의 말대로 '개종改宗'의 체험과도 매우 비슷했다. 한 세기 반 이상 시간 거리를 두고 있는 지금의 우리가 이해하기에는 세 청년의 경험에 대해 개종이라는 표현을 사용하는 건 지나치다고 볼 수도 있다. 칼뱅의 도시 제네바 출신이자 워낙 독실했던 이 청년들의 경우, 기독교든 개신교든 심지어 칼뱅파 개신교든, 신앙을 저버린 게 아니라 오히려 정반대로 더욱 신실하고 열렬하게 신앙의 정수로 회귀하고자 한 것이었기 때문이다. 이 표현은 다른 종류의 '개종'으로 인해 당시 제네바가 공포에 떨고 있었기에 더욱 부적절한 말일 수 있다. 통계상이기는 해도 제네바 캉통의 인구 중 1816년 이후 프랑스와 사르데냐'로부터 이주한 가톨릭계 주민의 숫자가 증가 추세였기 때문이다. 이런 점들을 고려한다고 해도, 1850년 복음주의 운동의 관점에서 보자면, 개신교 계열 스위스 국가교회 신자가 부흥 신학을 따르게 되면 사실상 그건 개종이라고 간주된 것이 사실이다. 복음주의 원칙이 지닌 단순성은 특유의 강경한 성향을 드러내는데, 뒤낭은 다음과 같은 말로 그 누구보다 복음주의 신학의 지령을 잘 포착하였다. "복음이 한 사람을 온전하게, 즉 몸과 영혼과 정신 모두를 장악해야만 한다." 이렇게 '개종'을 체험한 사람은 더 이상 삶 속에 이런저런 운이라든지 관습에 따른 신앙생활의 습관 혹은 이성이라는 착각에 의해 휘둘리지 않는다. 이제 복음이 모든 걸 결정하며, 모든 판단은 복음의 이름으로 내려지게 된다.

부흥 운동은 또한 전도의 의무를 강조하기 때문에 어중간해서는 '개종'이 아니다. 부흥 신학을 따르는 이들은 내면에 잘 괴어진 소심한 신앙에 만족하지 못한다. 이들은 가능한 한 온 천지로 뻗어 나가야 하는 사명을 갖고 있기에 심지어 '신앙의 보부상'이라 불린 무리가 있을 정도였다. 등짐에 성경을 짊어진 이들은 추위나 비바람, 그들을 매몰차게 추격하는 프랑스 제국이나 교황을 추종하는 이탈리아의 감옥 신세도 두려워하지 않고 신앙이 아직 없는 이들을 찾아다녔다.

스무 살의 혈기로 앙리 뒤낭이 '개종'을 체험한 방향이 바로 이 부흥 운동이었다. 앙리의 어머니는 아직 그가 십 대였을 때 무모하게도 날씨에 상관없이 호수에 뛰어드는 장남을 자랑스러워하며, '앙리는 성벽 위에서부터 물로 뛰어들어 헤엄을 친다'고 언급한 적이 있다. 그의 인생 시작부터 끝까지 이보다 더 그의 기질을 잘 설명할

---

1 사르데냐는 지리적으로 지중해에 있는 이탈리아 반도 서쪽의 섬을 지칭하지만, 당시 관점에서는 사르데냐 섬뿐 아니라, 스위스 및 프랑스와 인접한 사보이아, 니스, 토리노 지역을 통치하던 사르데냐 왕국(나중에 이탈리아 통일 왕국으로 거듭난다)을 의미한다.

수 있는 문장을 생각해내기 어렵다. 알프스에서 돌아온 이후로 앙리는 이번엔 부흥 운동으로 뛰어들어 헤엄을 치고 있었다. 대담하게, 신앙의 힘으로, 일말의 의심도 없이, 그리고 심취한 채로 말이다.

복음서에 적힌 내용은 아니지만 앙리는 그러한 이끌림을 어찌할 수 없었다. 목요일 저녁이 다가오면 오라투아르 예배당 안쪽 2층에 위치한 모임장소를 미리 준비하 곤 하였다. 세 번 중에 두 번 꼴로, 본인이 '개종'시키는 중인 새로운 회원들이 앉을 자리를 마련하기 위해 대예배당에서 추가로 의자를 가져와야만 했다. 의자 두 개를 양 팔에 끼고 옮기느라 엉거주춤 걸으면서도 그가 얼마나 큰 기쁨을 느꼈던지. 그 러한 가슴 뛰는 환희의 감정 속에 어느 정도는 자긍심이 섞여 있음을 인정할 수밖 에 없었다. 만약 개신교도들도 고해성사를 행했더라면 앙리의 고해를 듣는 사제는 자긍심을 넘어 심지어 오만하다고 지적했을 게 분명하다. 그건 나야말로 이 모임의 중추이자 지주요, 주동자이자 진행자라는 자긍심이었다. 그는 실로 이 기도 모임을 살아 숨쉬게 하고, 전진하게 하고, 또 그때까지 뜨뜻미지근하거나 냉담하던 청년들 에게 확산한, 바로 그 장본인이었다. 그런 미적지근한 청년들을 가장 많이 끌어들 이고 새로운 신자들을 데려올 뿐 아니라 계속해서 나오게 하며, 떠났던 사람들도 다시 데려오고, 또 모임이 매주 꾸준히 열리게끔 확실하게 준비하는 사람도 바로 앙리였다.

그는 주위 친구들 같은 학식이나 교양을 갖추지는 못했다. 아카데미에서 신학이나 법학을 공부하는 학생도 아니었고, 금융 기관에서 수수하게 비서일을 하고 있을 뿐 이었다. 딱히 웅변에 재능이 있지도 않고, 정확하게 표현을 못하는 경우도 많았으 며, 말을 할 때 가끔 뒤죽박죽 뒤엉키기도 하는 사람이었다. 대체 어떻게 그런 앙리 뒤낭이 위와 같은 역할을 할 수 있었을까?

앙리가 지닌 제1의 무기는 바로 대단한 확신이었다. 그 덕에 앙리는 상황에 적절한 말을, 사람들이 믿을 수 있는 말을, 사람들을 모임에 끌어들이고 계속 나오게 하는 말을 할 수 있었다. 프로므나드데바스티옹 거리 벤치에 앉아 부흥 운동에 대해 설 명해 주던 소피 고모가 보여주었던 바로 그런 확고한 신념으로, 앙리는 그 무엇도 두려워하지 않고 타인에게 다가갔으며, 관심을 보인다 싶으면 모르는 사람도 찾아 가 문 두드리기를 서슴지 않았다. 추후 기독교청년회의 회장이 된 막시밀리앙 페로 라는 청년이 2년 이상 제네바를 떠나있다가 귀향했을 때, 전에 단 한 번도 만난 적 이 없던 사이였음에도 앙리 뒤낭은 가장 먼저 그를 찾아간 사람 중 한 명이었다. 앙 리는 바로 그다음 목요일 모임에 페로를 초대하였다. 앙리는 이러한 길에 들어서리라 예정된 사람이 아니었다. 하지만 그 이전에 수많은 이들, 그리고 그 이후로도 같은 길을 선택한 많은 이처럼 앙리는 이렇게 발을 내딛게 되었다.

그런데 앙리가 지닌 훨씬 더 효과적인 장점이 있다면 바로 내면의 뜨거움, 실로 선명하고 전파력 있는 기쁨을 품고 있었다는 점이다. '형제들'과 함께 있을 때면 그의 얼굴에는 그러한 기쁨과 열정이 아주 분명히 드러났다. 앙리가 집단생활을 좋아한다는 말은 과장이 아니었다. 그는 공동체라는 개념 자체를 좋아했다. 자신이 공동체를 만들어내는 데 기여하고 새롭게 인연을 엮고, 또 그 관계를 무한대로 확장하는 데 기여하는 경우에는 더욱 애착을 느꼈다. 그는 목요일 저녁 모임 시작 이후 5년간 한결같이 이러한 열정으로 임했다. 이때는 소국 제네바 공화국이 벽을 허물고 주위로 뻗어가기로 하던 바로 그 시기로, 뒤낭은 복음주의 협회 사람들이 쓰던 표현대로 '하나님의 왕국'을 확장하는 데 온 에너지를 쏟았다. 이러한 노력은 추후에 기독교청년회의 결성이라는 열매를 맺게 된다.

목요 모임이 시작한지 2년째 되었을 때, 그러니까 1851년이 되자, 오라투아르 예배당 2층의 작은 방은 이제 너무나 협소했다. 뒤낭은 본당 사용을 요청하였고, 별 문제없이 허락을 받을 수 있었다. 자신들이 이끄는 새로운 교단에 청년들이 이토록 열정을 보인다는 데 복음주의 협회 목사들이 상당히 흡족해하고 있었다는 사실을 언급할 필요가 있다. 특히나 목요 모임에 모이는 청년들은 제네바 사회의 모든 계층을 아우르고 있었다. 최상위 계층부터 시계 제조업자까지, 교사에서 제빵사까지, 제네바 토박이들부터 제네바에 자리잡은 지 얼마 안된 스위스 연방 소속 타지인들까지 다양했다. 이 청년들이 천명하는 '형제애' 또한 두드러진 특징이었다. 당시 사회에서는 상상도 할 수 없는 일이기에 서로 말을 놓지는 않더라도, 청년들은 서로를 '믿음 안에서의 형제들'이자 '그리스도 안에서 형제', 또는 '예수님 안에서 사랑받는자들'이라고 지칭하였다. 이리하여 다른 어떠한 사회적 관계로도 불가능하던 영적 공동체가 형성될 수 있었던 것이다.

목요일 저녁의 모임은 형제애로 가득 찬 따뜻한 모임으로 하도 잘 자리를 잡았기 때문에, 자칫 조심하지 않으면 자족하고 말 위험이 있었다. 하지만 앙리 뒤낭은 더 중요한 점에서 시선을 떼지 않았다. 그는 넓고 길게 바라보고 저 멀리 자신의 미래를 그려보았다. 당시 그가 바라보는 미래에는 개인적인 야망과 목요 모임 활동에 대한 야심이 완벽하게 어우러져 있었다. 은행 내 소박한 직위를 가지고는 '넓은 바다'로 나아갈 방도가 없었기에, 뒤낭은 자신의 모든 에너지와 희망을 열혈 청년모임 내 '연락 담당 간사' 역할에 쏟아부었다. 그는 이 모임을 청년들이 소규모로 매주 모이는 수준을 넘어서는 무언가로 이끌고자 했기 때문이다.

그해 즉 1851년 어느 날, 뒤낭은 언덕 아래 동네 한 예배당에서 프랑스 님므에서 온 목사의 설교를 들었다. 뒤낭은 그날 바로 목사에게 자기 소개를 하면서 그가 목회하는 님므 교회에도 굳건한 신앙을 가진 청년들이 있느냐고 물었다. 목사는 뒤낭에게, "세 명이 있는데, 자네들처럼 함께 모여 성경을 읽고 기도를 하네."라고 답했다. 앙리에게 그 이상의 격려는 필요치 않았다. 며칠이 지나 그 목사가 제네바를 떠날 채비를 할 때, 앙리는 이름도 모르는 님므의 청년 세 명에게 전해달라며 편지를 한 통 맡겼다.

이 서신은 그물망 전체를 엮어가는 첫 코이자 첫 번째 사슬이 되었다. 세 명의 님므 청년들은 뒤낭에게 보낸 답장에 프랑스 전역에 본인들과 같이 소집단으로 모이는 청년들이 많다고 적었다. 뒤낭은 이에 즉각 반응하였다. 그가 취한 방법은 아주 간단했다. 어디가 되었든, 몇 명이 함께 모여 성경을 읽는 기독 청년들의 모임이 있다는 얘기만 들리면, 언제든 그는 열의에 찬 서신을 띄워 우리가 공동으로 만들어갈 미래가 얼마나 위대할지를 상기시켰다. 위조품을 만드는 작가들이 시간의 흔적을 조작해서 오래된 작품 값을 받아내려 하듯이, 앙리는 마치 우리는 친구라고 말하면 어떻게든 우정이 생겨나기라도 한다는 듯 아직은 희망사항일 뿐인 우정을 미리부터 앞질러가는 재능이 있었다. 물론, '그리스도 안에서 모두 형제'라는 생각에 뒤낭은 만난 적도 없는 청년들에게 요컨대 무례할 정도의 친밀함을 표시할 수가 있었다. 그러한 행동이 복음주의 공동체 내에서 어떻게 받아들여지든 그 정도의 허물없는 뒤낭의 접근 방식이 수행적인 효과를 발휘했다. 앙리가 자기 편지를 받는 이들을 오랜 친구나 형제로 대하는 순간, 그들은 실제로 앙리의 친구이자 형제가 되어버린다는 뜻이다. 적어도 그들은 마치 그렇다는 듯 앙리에게 답장을 보내왔다. 이렇게 해서 이들 기독청년들의 공동체는 무한대로 확장되기 시작하였다.

지칠 줄 모르는 서한가였던 앙리는 이내 자세한 상황을 전하는 답장에다 '회람'을 첨부하기 시작했다. 이는 서신 교환으로 성립된 여러 양자 관계를 통합하여 단 하나의 공동체로 변모시켜 줄 수 있는 방법으로, 앞에서 언급한 대로 역시나 미래에 있을 일보다 앞서가는 방식의 접근이었다. 결과는 성공적이었다. 기독교청년회가 정식 설립되기도 전부터 국제적으로 자리잡을 수 있는 가능성이 있었다면, 그건 앙리 뒤낭의 회람장에 힘입은 바가 매우 크다.

제네바에서도 모임의 숫자가 점점 늘어갔다. 원래의 목요일에다 수요일과 일요일이 추가되었다. 뒤낭은 제네바 지역 차원에서는 여기저기를 직접 다니며 역내 모든 활동을 파악하였고, 국제적 차원에서는 연락망을 점점 늘려갔다. 이 모임은 신앙의 형제들간의 모임이라는 정체성을 유지하며 그 어떤 조직화도 거부하였기 때문에, 이런 일을 하는 뒤낭에게도 연락 담당 간사라는 직책밖에 없었다. 허나 상황은 곧 바뀔 운명이었다.

기독교청년회의 태동

1850년 9월, 목요일 저녁 모임에 나오는 두 청년 루이 메르시에와 조셉 지베르가 파리 의대로 유학을 떠났다. 당시 또래들이 흔히 빠져들던 여흥에는 관심이 없던 이 두 사람은 파리에서도 일주일에 한 번씩 함께 성경을 읽고 기도하는 모임을 이어갔다. 첫 모임을 다섯 명으로 시작했다가 조금씩 인원이 늘어나 어느새 20여 명이 모이는 모임이 되었다. 루이 메르시에가 살던 다락방으로는 더 이상 공간이 충분치 않게 되자 모임 장소로 호텔 방을 하나 대여하게 되었고, 참석자 중 가장 부유한 집안의 청년 덕에 교훈적인 책들을 사들여 모임만의 장서를 갖추었다. 영국 목사의 아들인 장폴 쿡의 요청에 따라, 이들은 이미 몇 년 전에 런던에 생겨난 기독교청년회YMCA의 틀을 본따서, 1852년 3월 〈기독교청년회〉 파리 지부를 결성하게 되었다.

조셉 지베르는 즉시 이러한 변화의 소식을 제네바에 있는 친구들에게 알려왔다. 연락을 받자마자 앙리 뒤낭은 자리를 박차고 나섰다. '목요 모임'의 선구자인 제네바가 왜 파리와 런던의 뒤꽁무니를 쫓아야 하는가? 제네바도 청년들을 위한 신앙 기반의 조직을 갖춰야 하지 않겠는가? 매일 밤 이들을 위해 공간을 개방하고 난방과 조명, 경건 서적과 종교 잡지를 구비하여 영적인 양식을 갈구하는 청년들에게 제공해야 하지 않겠는가? 하지만 제네바는 파리도 아니고 런던도 아니었다. 장기적으로 재정 투자를 이끌어 내려면 제네바 사람들 특유의 쌀쌀맞은 성향을 좀 뒤흔들 필요가 있었다. 또한 정도를 추구하는 데 탈선이라고 여기는 탓에 최소한의 '조직'조차 질색하는 상당수 제네바인의 경향을 극복해야만 했다. 그러나 가야 할 길은 이미 분명했다. 지베르가 제네바로 보내온 파리 기독교청년회 정관의 초안은 단순하면서도 명쾌했다. 그 핵심 내용을 소개하면 다음과 같다.

제2조 이 모임의 유일한 목적은 이 모임을 구성하는 청년들의 신앙의 성장이다.

모든 회원은 본인이 알고 지내는 모든 청년과의 관계에서 이 목적을 충실히 따라야만 한다.

제3조 이 모임의 회원들은 정기적인 만남을 통해 함께 기도하고 성경을 읽으며 서로를 감화한다.

제8조 회원이 되고자 하는 청년은 위원회에 서면으로 신청서를 제출해야 하되, 개종의 증거를 충분히 제시하여야 한다.

그러나 제네바 여러 지역에서 열리는 청년 기도 모임의 단골 회원들이 이 정도의 조직을 갖추기까지는 여전히 길이 멀기만 했다. 그러니 괜히 성급하게 일을 시도할 계제가 아니란 걸 뒤낭은 잘 알고 있었다. 그는 '적당한 시점'이 언제인지를 파악하는 재능을 이미 갖추고 있었다. 그러던 어느 날 일어난 일련의 사건으로 마침내 그가 기다리던 대로 추진의 동력을 얻게 되었다. 1852년 여름 뒤낭은 다시 알프스로 산행을 떠났다. 즐거서 하는 일이기도 하고 전도 활동을 위한 일이기도 했다. '목요 모임'의 형제들인 에르네스트 드 트라즈와 루이 로슬레가 동행했다. 이 세 명의 전도자들은 여정 중에 부흥 운동의 메시지를 전하면서 산중 하이킹의 즐거움을 만끽하고자 했다.

푸르카 고개를 지나던 중 이 제네바 청년 세 명은 비슷한 생각으로 산행에 나선 다른 두 청년을 만나게 된다. 젊은이다운 멋진 에너지를 지닌 그 두 사람은 신앙 전파를 위해서 가방에 소책자를 잔뜩 넣어 짊어지고 알프스 산행에 나선 이들이었다. 그 둘은 프랑스 출신 형제로 이름은 에두아르와 프레데리크 모니에였다.

앙리보다 한 살 어렸고 당시 스물세 살이던 에누아르 모니에는 스트라스부르에서 신학을 공부하는 중이었다. 복음주의 개신교로 개종한 부모님으로부터 전도의 열정을 이어받은 그는 성경 속 사도의 메시지를 품고서 동생 프레데리크를 데리고 전도 여행에 나서곤 했다.

이 두 그룹이 우연히 산행 중에 만난 사건을 두고, 뒤낭은 마치 하늘이 내려준 계시라고 느꼈다. 그는 몇 주 후 에두아르에게 "자녀들에게 가장 최선의 것을 준비해 주시는 하나님께서 푸르카 고개에서의 우리의 만남을 마련해 주셨습니다."는 내용의 서신을 보냈다.[B1] 이렇게 만난 다섯 명의 청년은 산행을 함께하면서 마치 산길에 조약돌이 줄줄이 늘어서 있듯 끊이지 않게 이야기꽃을 피웠다. 에두아르는 부흥 운동이 강조하는 '가슴을 통한 이해'에 기댄 자신의 신앙관에 비해 모교 스트라스부르 신학 대학 교수들은 과하게 교조적이고 지나칠 정도로 이성주의자들이라고 생각했다.

그해 6월부터 복음주의 연맹의 제네바지부 간사 역할을 해온 앙리는 에두아르에게 복음주의 계열인 오라투아르 산하 신학교와 스위스 국가교회의 신학자들 사이에도 비슷한 종류의 밀고 당김이 존재하며, 후자의 경우 그러한 경쟁 관계 자체를 받아들이기 어려워한다고 말해주었다. 에두아르와 앙리 뒤를 따라 걷던 에르네스트 드 트라즈와 루이 로슬레는 에두아르의 동생 프레데리크에게 '목요 모임'의 정신이 무엇인지를 충실하게 설명해 주고 있었다. 참으로 이상하게 들릴 수도 있지만, 그 모임은 청년들이 주축이 되어 시작되었고, 청년만을 대상으로 하며 목사의 관여도 없고 교구의 주요 인물이나 그 어떤 권위자도 개입하지 않는 모임이라는 점이 핵심이었다.

이들이 이탈리아 국경 근처의 독일어권을 지날 때쯤, 선교사의 영혼을 지닌 에두아르 모니에가 가능한 한 가까운 미래에 철저히 가톨릭 지역인 티치노주의 개종을 위해 나서자고 앙리 뒤낭을 설득하였다. '교황중심주의의 억압'에 치를 떠는 가정 환경에서 자란 이 부흥 운동의 젊은이들은 복음의 전도를 이론의 여지가 없는 의무라고 여겼다.

그렇게 하여 앙리 뒤낭은 제네바로 돌아오자마자 '이탈리아어권 스위스 복음전파회'를 결성하기 위한 노력을 기울였다. 여기에 가장 열정적인 그의 친구들 즉 에르네스트 드 트라즈, 막스 페로, 그리고 앙리 뢸랭이 가담하였고, 그 외에도 16세기에 제네바로 피신했던 토스카나 출신 귀족 가문의 후예들도 참여하였다. 이렇게 뒤낭이 일을 서두른 이유는 새로 사귄 친구 에두아르 모니에의 기대에 꼭 부응하고 싶었기 때문이었다. 모니에를 실망시키는 일은 절대 있어서는 안됐기 때문이다. 뒤낭은 다음과 같은 내용으로 귀가 직후 에두아르에게 편지를 보냈다. "당신과 함께한 산행은 정말로 다정하고 유쾌한 여정이었습니다. 친애하는 에두아르, — 이런 호칭을 쓰는 걸 허락해주기 바랍니다 — 우리 하나님 아버지의 사랑에 대해 당신과 나눈 대화가 특히나 기억에 남습니다." 물론 이러한 뒤낭의 감정 토로는 초대 교회 당시 공동체들의 형제애에서 영감을 받은 신앙의 이상에 바탕을 두고 있다. 초대 교회의 모범은 경건주의 신자들에게 깊숙이 영향을 준 요소이기 때문이다. 하지만 다음의 서신 내용을 보면 앙리의 서신이 전하고자 한 메시지는 그것뿐만이 아니었다.

"그리스도로부터 온 모든 것에 대한 사랑 외에도, 그리스도 안에 머문다는 조건 하에 구세주께서도 특정 대상에 대한 각별한 사랑을 인정하셨습니다. 사도 요한에 대해서 그리스도가 사랑한 사도라고 묘사되어 있지 않습니까? 당신을 향한 내 우정은 세상의 모든 인간관계보다도 훨씬 실질적이며, 성령의 인도를 받아 생기는 우정임을 믿어주길 바랍니다. 내 우정의 감정은 당신을 만났다는 데 대한 나의 기쁨, 당신이 내게 끼친 선한 영향, 당신과 나누는 대화가 주는 묘미, 내가 아주 좋아하는 당신의 성품, 그리스도인으로서 그대의 활동, 그리고 등등으로 인한 만족감에서 기인하는 것입니다. 그대도 나의 우정을 거부하지 않으리라 확신합니다."

위의 내용이 보여주듯 에두아르 모니에게 향해서 유난히 인상적인 우정의 '선언'을 한 게 사실이지만, 뒤낭이 주고받은 서신에서 이러한 고백의 발언은 별로 예외적인 일이 아니었다. 가끔은 한 번도 본 적 없는 청년들에게도 강렬한 우정을 고백했던 뒤낭 특유의 스타일이자 그 특유의 방법론이었다. 감정적인 유대 관계는 뒤낭이 만들어내고자 하는 '기독교인들의 연합'에 있어서 상당히 중요한 부분이었다. 게다가, 가장 문자 그대로의 뜻으로 자신이 '귀족aristocrate'[2]임을 확신했던 뒤낭은 이미 이때부터 작위가 있건 없건 비범한 인물들이 지닌 능력, 즉 사람들을 끌어모아 연합하는 능력을 중시했고, 생을 마감할 때까지도 이러한 접근을 고수했다. 제대로 된 위원회와 상설 장소 및 예산을 갖추고 또 정관을 통해 체계가 확립된 조직 자체에 거부 반응을 보이는 제네바의 분위기를 바꾸기 위해 노력하던 뒤낭에게, 힘을 실어주는 인물이 뜻하지 않게 나타났다. 바로 아돌프 모노 목사였다. 프랑스의 부흥 운동에서 가장 중요한 지도자 중 한 명인 모노가 우연찮게 바로 그 시점 즉 1852년 가을에 제네바를 방문한 것이다. 주변에 상당한 반향을 일으켰던 에두아르와 프레데릭 모니에의 부모의 개신교 개종도 아돌프 모노 목사의 영향이었다. 파리 기독교청년회의 결성도 그가 지원했기에 가능한 일이었다. 그러니 이제 제네바의 청년들 또한 조직을 이룰 차례라고 설득할 인물이 그 아니면 누구겠는가! 뒤낭은 아돌프 모노와 그의 동료들과 회합을 주선하였고, 그 만남의 자리에서 모노는 뒤낭의 기대를 훨씬 뛰어넘을 정도로 청년들에게 가야 할 길을 보여주었다. 설교자 모노는 청년들을 그저 격려하는 게 아니었다. 이들을 어찌나 제대로 뒤흔들어 놓았는지, 그 만남을 계기로 청년들은 그 어느 때보다도 의욕 넘치게 행동에 나서기 시작했다.

당시 1852년 가을 즈음, 론 강 좌안과 우안에 흩어져 있던 세 군데 제네바 청년 모

---

2 'aristocrate'는 그리스어 어원에서 뛰어나다는 뜻인 'aristos'와 권력 혹은 권위라는 의미인 'kratos'가 합쳐진 단어다.

임은 숨을 고르느라 힘겨워하던 찰나였다. 모임을 개최하는 일부터 청년들의 출석도, 각자의 전도 열의 등의 측면에서 어려움을 겪고 있었다. 마침 이 시기에 아돌프 모노 목사가 이들을 뒤흔들어 놓은 덕에 제네바 청년들은 10월 말 생피에르 카지노에서 여러 기도 모임들이 함께 공동 회의를 열기로 합의하였다. 대성당 아래쪽에 자리한 이 장소는 워낙 모든 제네바 단체의 대회의가 개최되곤 하던 곳이다.

대회의가 열린 날 저녁은 쌀쌀했다. 가을밤이 종종 그렇듯이 해질녘이 되자 차가운 안개가 드리웠다. 가장 서민층에서부터 가장 상류층에 이르기까지 각 지역의 모든 모임, 즉 퓌스테리의 기도모임, 오라투아르의 기도모임, 그리고 생제르베의 기도모임에 참여하는 청년들이 함께 모였다. 앙리가 모르는 사람은 단 한 명도 없었다. 청년들이 서로 악수를 하며 인사를 나누고 나서 회의가 본격적으로 시작되었다. 공식 의사 일정을 정해두지 않아 대중없이 시작되긴 했지만, 점차 이렇게 공동으로 회의를 연 목적이 드러났다. 일부 회원들은 여러 모임을 연계하여 공동의 조직을 갖춤으로써 청년 모임이 가시성을 확보해야 한다고 믿었다. 그 어떤 가벼운 조직일지라도 조직화를 극도로 꺼리는 제네바 특유의 경계심에 반해 그와 같은 방향으로 가야 한다고 주장한 이들 중에 앙리 뒤낭과 막시밀리앙 페로가 있었다. 토의는 물 흐르듯 이어졌다. 앙리의 친구 막스 페로가 자리에서 일어났다. 그는 감정에 벅찬 듯하면서도 어떤 새로운 확신에 찬 확고한 시선으로 회중을 바라보며, "여러분들이 이 새로운 조직을 승인한다면, 저는 그 일에 전적으로 헌신할 준비가 되어 있습니다."라고 선언했다.

큰 원칙에 대한 합의가 이루어지고 계획이 구체화되었다. 임시위원회를 꾸려서 앞으로 제네바 기독교청년회의 정관을 작성하기로 했다. 앙리는 수개월 동안 품었던 꿈, 특히나 파리 기독교청년회가 발족한 이후로 더욱 애타게 기다렸던 자신의 꿈이 매우 분명하게 실현되고 있음을 느꼈다. 진정한 '신앙의 모임', 오직 청년들을 대상으로 하며 이들이 모이고 나누고 기도할 수 있는 상설 장소, 지역 차원에서 아니 심지어 — 누가 알겠는가? — 국제적으로 뻗어나갈 수 있는 제대로 된 단체에서 구심점 역할을 할 조직을 갖추고자 하던 그의 꿈이 이루어졌다.

최초의 위원회에 참여할 사람들에 대해서 투표가 이루어졌다. 우선 앙리 뒤낭, 그리고 앙리와 함께 최초 알프스 산행에 나섰던 친구 루이 로슬레가 18명 중 17명의 투표를 받아 선출되었다. 18번째 표가 나오지 않은 건 아마도 후보자 본인이 차마 자신의 이름을 적지는 못해서 그랬으리라. 이러한 전폭적인 지지에도 불구하고 앙리는 회장 자리를 꿰찰 의도는 없었다. 사람들을 만나 인연을 만드는 재능과 엄청난 열의의 소유자이긴 했어도, 그는 조직을 운영할 줄 아는 사람은 아니었다. 위원회 선출 그 다음 주 회합에서 각자 직책을 분담할 때, 이미 홍보 대사로 지정된 셈이라 해도 과언이 아닐 정도로 인맥 형성과 서신 교환에 재능을 보여준 뒤낭은 연락 담당 간사 직책을 자청하였다.

회장 자리는 막시밀리앙 페로에게 돌아갔다. 앙리 뒤낭이 불과 1년 전에 독일에서 제네바로 돌아오는 페로를 마중 나갔던 적이 있었다. 그는 정확한 병명이 알려지지 않은 '두뇌 관련 쇠약' 증세로 인해 공부를 중단했어야 했다. 페로의 아버지는 아들을 강건하게 만들고자 그를 독일의 한 농장에 일하러 보냈고, 그는 거기서 매일 다섯 시간씩 쟁기 끄는 일을 해야만 했다. 제네바로 돌아온 이후 막스 페로는 그 어떤 직장도 구할 수 없었다. 그러다 보니 이 감정적이고 병약한 청년에게 청년 모임을 함께하자는 뒤낭의 제안은 마치 생명줄과 같이 다가왔다. 막스 페로의 변화는 눈부셨다. 몇 달 만에 페로는 뒤낭의 곁에서 목요 모임에 가장 성실하게 참석하는 회원이 되었다. 이 모임이 좀 더 조직화되어야 한다는 이야기가 나왔을 때, 가장 먼저 회장직을 맡겠노라 기꺼이 나서기에 이르렀다. 하지만, 일단 어떤 일에 착수할 때 뒷생각이 전혀 없는 뒤낭과는 다르게, 무대 전면에 나서기 시작하면서 막시밀리앙 페로의 내면에는 오만함이라는 괴물이 고개를 들기 시작했다. 스스로 정말 원했기에 회장직을 맡게 된 것임에도, 그는 선출되자마자 활동가스럽게 겸허한 척하면서 그 직책을 결코 본인이 원한 적 없노라고 말했다. 며칠 후 남동생에게 보낸 편지에 페로는, "원하지 않았음에도 회장 자리에 뽑히게 된 걸 너는 이해하겠지."라고 적었다. 며칠이 지나 그는 남동생에게 또 다음과 같은 편지를 썼다. "사람들로부터 그런 신망을 얻기엔 기독교인으로서 아직 너무 부족하다고 생각했어. 거절했으면 좋겠다고 생각했지만, 회원들 중에서 가장 시간 여유가 있는 사람이 나였기에 그럴 수가 없었단다." 막시밀리앙 페로는 이어 자신이 회장직을 수락한 이유는 오직 회장 직책을 맡는 게 '하나님의 부르심'이라고 친구들이 설득했기 때문이라고 적었다. "이 직책은 그저 절차상 존재할 뿐이야. 난 최대한 눈에 안 띄는 사람이고 싶고, 최대한 겸손하게 행동하고 싶구나."[B2]

저자 주석 B2: 막시밀리앙 페로가 동생인 아돌프 페로에게 보낸 서신들의 발췌문은 다음 저서에서 인용하였다. 알랭 페로, 『제네바 기독교청년회의 시작에 대한 막시밀리앙 페로의 시선』, 〈벌써 150년(1852~2002)〉 중에서 35~60쪽.

새롭게 탄생한 기독교청년회는 샤누안 거리에 사무실을 임대하였다. 그곳은 20년 전에 복음주의 협회가 탄생했던 바로 그 장소였다. 하지만 기독교청년회 회원들은 그 어떤 후견인에게도 기대지 않으며 자신들의 독립성을 강조하였다. 이들의 정관 7조에는 회원의 기준을 단순히 다음과 같이 규정해 두었다.

(우리의 회원 조건은) 성경 말씀이 하나님으로부터 영감을 받아서 기록되었음을 그리고 신앙의 유일한 규칙임을 인정하고, 구세주 하나님 예수 그리스도를 유일한 소망으로 고백하며, 성령의 도움을 받아 하나님 나라의 확장을 위해 노력하고자 하는 청년들로 규정한다.

1852년과 1853년 사이에 앙리 뒤낭은 적어도 20여 명이 넘는 신규 회원을 끌어들였다. 어떠한 목표에 사로잡히면 놀라운 끈기를 보여주는 뒤낭이 직접 한 명 한 명 찾아다니며 모임으로 이끈 청년들이었다. 위원회에 속한 그 어떤 다른 이의 기록도 이에 근접하지 못했다. 뒤낭이야말로 새로운 이들을 끌어들이고, 설득하고, 모이게 하는 재주를 가진 인물이었다. 심지어 나중에는 철천지원수가 되어버린 막시밀리앙 페로조차 25년의 세월이 흐른 후 당시를 추억할 때 이러한 점을 인정하지 않을 수 없었다. 그는 앙리 뒤낭의 이름조차 입에 담고 싶어하지 않으면서도 다음과 같이 회상했다.

"이 모임의 창립자 중 한 명은 당시에 한 은행의 사원이었는데, 그의 끈기가 우리에게 큰 도움이 되었다. 그는 끊어져 가는 줄을 다시 엮을 줄 알았고, 떠나가는 사람들을 북돋을 줄 알았으며, 미지근해진 신앙을 다시금 타오르게 하는 능력이 있었다. 하나님 다음으로는 바로 그 사람 덕분에 목요일 모임이 사라지지 않았다고 할 수 있다. (중략) 그는 처음으로 다른 주나 외국의 기독청년들과 연락을 주고받아야겠다는 아주 훌륭한 생각을 해낸 사람이었다."

뒤낭은 수고를 아끼지 않았을 뿐 아니라 심지어 자비를 들이기도 하였다. 뢸랭-소테르 은행에서 받는 월급이 얼마 되지 않았으니 그의 씀씀이 역시 일상에서는 수수했을 것이 분명하다. 하지만 모임 전체 헌금액의 1/4에 달하는 250프랑이 그의 주머니에서 나온 금액이라는 기록이 남아 있다! 뒤낭이 위원회를 통틀어 가장 부유한 사람이지도 않았다. 어림도 없는 말이다. 하지만 뒤낭의 생각에 이 기독교청년회는 자신의 과업이요 자긍심이었다. 또 자자손손 이어지는 은행가 가문 사람이 아닌 뒤낭이 은행 경력을 통해서는 상상도 못할 수준의 희망을 주는 일이기도 했다. 어찌 되었든 그의 생각에 한 가지는 분명했다. 제네바 기독교청년회가 생기고 첫 한 해 동안 본인의 돈을 써도 좋을 가치가 있는 건 오직 이곳뿐이었다.

제네바 기독교청년회로 거듭난 후 그 창립 회원 26명 중에는 상인이 다섯 명, '제작소' 장인이 네 명(제네바에서는 시계 산업을 '제작소'라 불렀다), 사무원이 두 명, 파티시에 두 명, 초등교사 한 명, 영어교수 한 명, 화가 한 명, 사진사 한 명, 제본가

한 명, 그리고 네 명의 대학생과 네 명의 '금리 생활자'가 포함되어 있었다. 장부의 기록에 따르면 바로 이 '금리 생활자' 명단에 앙리 뒤낭이 포함되어 있다. 그는 왜 3년 전부터 일을 시작한 은행 사무원이라는 직업을 다른 회원들처럼 솔직히 기록하지 않았을까? 나중에 가면 뒤낭의 속물근성은 도무지 억누를 수 없는 차원이 되어서 조상 중에 가능한 한 귀족에 가장 가까운 인물을 찾아 나설 정도였다. 심지어 귀족의 성이라는 착각을 유도하려고 성을 둘로 나눠 'Du Nant'으로 적으려는 시도를 하기도 했다.[3] 하지만 이미 청년 시기부터 뒤낭은, 돈을 애써 벌 필요가 없고 오직 시야를 넓히려는 목적으로 일을 할 뿐인 그런 사회 계층 사람으로 자리매김하고 싶어했음을 엿볼 수 있다. 릴랭-소테르 은행에서의 직책으로는 그런 희망을 갖기 어려울 테니, 그 직장을 다닌다고 밝혀 봤자 무슨 소용이겠는가? 이제 그의 유일하고 진정한 야망은 기독교청년회로, 그리고 기독교청년회를 국제적으로 확장하겠다는 목표로 수렴하게 되었다. 뒤낭은 이 일에 열과 성을 다했고, 끈질기게 매달렸다. 그러니 그 외의 시간에 무슨 직장에서 어떤 일을 하는지 언급해서 무엇하랴.

파리발發 논란

이제 막 탄생한 제네바 기독교청년회의 '연락 담당 간사'가 된 뒤낭은 당연히 주축이 될 조직이나 국제 총회를 추진하고자 하는 움직임이 언제든 나타날 수 있다는 데 상당히 주의를 기울였다. 이런 점에서 파리 기독교청년회가 가장 앞서가고 있었다는 사실은 놀랄 일이 아니다. 유럽 대륙에서는 최초로, 그것도 제네바를 추월하여 기독교청년회를 결성한 파리는 그러한 리더 자리를 내놓을 생각이 없었다. 몇 달 전에 파리에 정착한 프레데리크 모니에는 이제 기독교청년회를 '자신'의 소명으로 생각했고, 1852년 말 본인만큼이나 원대한 꿈을 품고 있는 장폴 쿡과 의견을 모아서 프랑스어권 국가들의 여러 청년 모임을 연합하는, 전 프랑스 기독교청년회를 세우자는 계획을 갖게 되었다. 남은 숙제는 중앙집권화를 극도로 꺼리는 제네바의 형제들, 그리고 특히 국제적인 네트워크를 최초로 이뤄낸 사람이라고 모두가 인정하는 앙리 뒤낭을 설득하는 일이었다.

실제로, 유럽 내외 여기저기에 분산된 수많은 청년 모임을 그러한 단단하고 항구적인 관계로 묶어낼 필요가 있다는 말로 뒤낭을 설득할 필요는 없었다. 뒤낭은 이미 1851년 10월 어느 날 저녁 님므에서 온 가르드 목사를 통해 알지도 못하는 청년 세

---

3 프랑스어로 de, du, de la 등이 붙는 성은 보통 de 이하에 가문의 영지의 이름이 따라오는 귀족 가문임을 의미한다.

명에게 편지를 보냈던 그 순간부터 이와 같은 전 세계 차원의 형제애를 꿈꿔왔기 때문이다. 파리와의 의견 충돌이 있다면 그건 프랑스와 스위스 두 나라의 역사상 상이한 전통을 반영하면서도 이 같은 관계성을 어떻게 규정할 것인가 하는 문제였다. 프랑스 측으로서는 당연히 파리를 중심으로 해서 프랑스어권을 아우르는 중앙 집권화된 조직 이외의 모습을 상상조차 할 수 없었다. 반면 뒤낭을 위시한 제네바 사람들은, 제네바든 파리든, 아니 그 어디가 되었던 철저하게 행정 업무만을 담당하는 본부를 설치하되, 소속 지부 각자가 온전한 자율성을 유지하는 연방의 형태를 선호하였다. 이러한 논란이 1853년 상반기까지 계속 이어지면서 뒤낭은 가장 가까운 프랑스 친구들과 직접적인 갈등 관계에 놓이게 되었다. 그중에는 가장 처음으로 서신을 교환했던 님므의 청년 중 하나이며 그때부터 이미 뒤낭의 가장 가까운 '형제' 중 한 명이 된 외젠 라제, 그리고 뒤낭이 절대 신망을 잃고 싶지 않았던 모니에 형제가 포함되어 있다. 앙리가 이러한 갈등에 관해 의견을 피력하기가 무섭게 1853년 1월 20일 프레데리크 모니에는 형 에두아르에게 제네바의 '친애하는 친구들'이, '개중에도 뒤낭'은 제네바가 모든 일의 중심이요 기원이라고 생각하는 경향이 있다며 불만을 표시했다. 앙리는 자기 입장을 변호하려 해보았지만 애석하게도 이미 엎질러진 물이었다. 에두아르는 동생 프레데리크의 계획을 지지하였고, 이 시점 이후로 에두아르 모니에와 앙리 뒤낭의 관계는 1852년 여름 알프스 산행 당시 이들이 느낀 산 정상에서의 현기증과 같은 친밀한 우정을 결코 회복하지 못했다.

파리로부터의 제안은 제네바 기독교청년회 내부에도 상당한 불화를 일으키는 악영향을 끼쳤다. 외국 즉 프랑스의 담당자들이 회장인 페로를 뒤로 하고 연락 담당 간사인 뒤낭을 대화 상대로 여겼고, 뒤낭은 또 그 나름대로 자신의 신념을 바탕으로 그들에게 답장을 보내곤 하였기 때문이다. 1853년 2월에 프랑스의 형제들에게 보낸 서신에 뒤낭은, "당신들의 계획은 마음에 들지 않습니다. 마치 우리들의 가장 소중하고 친애하는 영국과 스코틀랜드, 그리고 네덜란드와 미국 등 여러 친구들을 등한시하는 걸로 보이기 때문입니다."라고 적었다. 그러면서 해당 서신의 마지막 장 귀퉁이에 추신 한마디를 남겼다. "우리의 친구 페로와 뤼랭 또한 나와 생각이 같습니다." 이 추신 메시지로 인해 뒤낭은 큰 대가를 치르게 된다. 회장으로서의 자신의 특전에 대해 상당히 까다로웠던 막시밀리앙 페로는 이렇게 회장이 뒷전으로 밀린 데 크게 모욕감을 느꼈고, 뒤낭의 편지 내용은 작성자 본인의 의견일 뿐이니, '개인적이고 비공식적인' 앙리 뒤낭의 서신은 경계해 달라고 파리에 서둘러 알렸다. '그리스도 안에서 형제'인 이들도 경쟁 구도를 비껴가지 못했다. 게다가 불화는 이제 겨우 시작이었다.

사도 여행

당장의 기분에 치우친 반응에도 불구하고 사실 페로와 뒤낭은 동의하는 부분이 많았다. 두 사람 모두 무엇보다 지구 한쪽 끝에서 반대쪽까지 모든 청년회 모임을 연합하기 위해서는 직접 한자리에 모여야 할 필요가 있다고 굳게 믿었다. 직접 만나서 이야기를 나누고 함께 기도하는 것이야말로 이들 모임의 존재 이유였다. 말을 행동으로 옮기기 위해 앙리 뒤낭과 막시밀리앙 페로는 1853년 5월 말부터 페로가 즐겨 '사도의 여행'이라 부른 여정에 함께 나섰다. 생테티엔부터 마르세유까지, 그리고 마르세유에서 몽펠리에까지, 그 중간에도 수없이 많은 작은 마을에 멈춰가면

1855년 파리 총회 당시 기독교청년회 국제연맹의 발기인 사진.
앙리 뒤낭은 서 있는 사람들 중에서 왼쪽에서 세 번째에 자리하였고, 막시밀리앙 페로는 같은 줄 맨 오른쪽에 서 있다.

서 이들은 한 달도 넘게 여행을 이어갔다. 이미 존재하는 청년 모임들을 방문하고, 또한 새로운 모임 창립에 참여하였으며, 끊임없이 경계를 넓혀가는 형제애에 감탄하였다. 나아가 이러한 모임들의 움직임이 전 세계로 뻗어나가리라는 소망을 품게 해주고, 두 사람이 프랑스 전역을 여행하는 데 원동력으로 작용한 신앙적인 흥분과 열광을 한껏 만끽했다.

이렇게 여행을 하는 동안 이 두 사람은 어떻게 의견을 모았을까? 사실 그건 모를 일이다. 일부러 그러자고 한 건 분명 아니겠지만 서로 침묵을 지키는 일이 많았다. 만약 몇 달 전에 앙리 뒤낭이 에두아르 모니에에게 보낸 편지에 썼던 대로 "그리스도 안에 머문다는 조건 하에 구세주께서도 특정 대상에 대한 각별한 사랑을 인정하셨습니다"고 친다면, 같은 구세주가 반대로 그리스도 안에서의 우정이 선택적이기를 보장해 주시는 건 아니지 않은가. 방문지마다 팔을 벌려 '그리스도 안에서의 형제들', 즉 직접 만나는 건 처음이지만 수차례 서신 교환을 통해 이미 오랜 친구처럼 여겨지는 이들과 인사를 나누는 앙리의 모습을 상상해 보자. 반대로 그 옆에 있는 병약하고 소심한 막시밀리앙의 모습도 머릿속에 그려보자. 그는 제네바 기독교청년회 회장이라는 지위를 제대로 내세우지도 못했다. 청년들의 회합에서 상석권을 행사하기는 해도 자칭 겸손한 사람인지라 막스 페로는 그 이상으로 앞장서서 모임을 이끌려 한다는 인상을 주지도 않았다.

페로가 느낀 뒤낭과의 경쟁 구도는 상당히 심각한 수준으로, 본질적으로는 있을 수 없을 불화가 빚어지기에 이르렀다. 페로는 기독교청년회의 회장이었으니, 예를 들자면 뒤낭이 고안한 회람이 여기저기 흩어져 있는 청년 모임을 엮어주는 놀라운 역할을 했다는 사실을 과소평가할 수 없었을 것이다. 그럼에도 불구하고 페로는 작성자가 뒤낭이라는 이유만으로 회람의 내용뿐 아니라 회람을 보내는 것 자체를 계속 비난했다. 그해 남동생에게 보낸 편지에 막스 페로는 다음과 같이 이야기했다.

"물론, 난 여전히 과시욕에 굴복하지 않을 거다. 하지만 내가 나서지 않으면 안되겠다는 생각이 드는 경우가 있지. 난 우리의 연합관계가 회람이 없어도 유지될 수 있어야 한다고 생각한다. 하지만 모임 수가 75개도 넘다 보니 전반적인 내용을 담은 서신 없이 어떻게 그들 모두와 교신이 가능하겠나?"

아직은 이 두 사람이 갈 길이 갈라지지 않았다 해도 뒤낭과 페로의 기질은 작은 일에서든 큰일에서든, 샤무안 거리에 위치한 제네바 기독교청년회 본부의 일상 운영 문제에서부터 기독교청년회의 전략적인 비전에 이르기까지 완전히 상반되는 모습을 보였다. 페로와 뒤낭이 공동으로 '사도의 여행'을 다시 떠난다는 건 상상조차 불가능했다.

이 당시 1853년 여름 동안 청년 모임들 사이의 만남은 계속되었다. 제네바에서 최초로, 이어 뇌샤텔주에서 연합 모임이 열렸고, 8월초에 세 번째로 로잔과 베베 Vevey 사이 호수를 내려다보는 언덕 위에서 보Vaud 주에서 주관하는 연합 모임이 개최될 예정이었다. 이러한 연합 총회가 열릴 때마다 매번 수많은 참가 인원을 실어 나르는 수송 문제가 상당히 복잡했다. 우선은 생제니의 역마차를 타고 오는 프랑스 친구들을 기다렸다가, 그들이 도착하면 제네바와 로잔 사이를 오가는 완행 합승 마차로 실어 날라야 했다. 하지만 파리발 역마차가 늦어지기라도 하면 차선책이 필요했다. 외국에서 온 형제들과 연락을 담당하던 앙리 뒤낭은 마치 외국에서 온 형제들의 참가 여부가 연합 총회 자체의 성공의 척도라도 되는 것처럼 이들의 방문을 철저하게 신경 써서 준비하였다. 앙리는 님므에서 오는 친구 외젠 라제에게 서신을 띄워서 "밤 10시 로잔으로 떠나는 역마차에 당신과 나, 우리 두 사람의 자리를 준비해 놓았습니다."라고 적었다. 그럼 여권은 어쩌지? 앙리는 거기까지는 생각치 못했다. 그는 급하게 한 장을 추가해서 "내가 생제니에 직접 가서 마중하겠습니다."라고 전했다. 아니, 그것도 아니다. 그는 다시 생각을 바꿨다. 본인 소유의 이륜마차를 가지고 대기할 사람을 구해서 생제니까지 보내 놓을 테니, 라제가 도착하면 그걸 타고 직접 제네바 입구까지 오라고 일러두었다.

"친애하는 내 친구여, 이제 토요일에 도착하게끔 꼭 유념하도록 하십시오. 일요일에 도착하게 되면 대체 어떻게 되겠습니까? 당신을 기다리는 사람이 나밖에 없을 겁니다. 게다가 내가 꼭 참석하고픈 자리이기도 하고, 당신도 아주 즐거워 할 게 분명한 연회도 포기해야 합니다."

희생의 수준에 달하는 우정. 앙리는 제네바 기독교청년회의 대외관계를 담당하는 연락 담당 간사의 역할을 이렇게 이해했다. 문제의 토요일이 다가오자 뒤낭이 우려했던 대로 모든 게 꼬이기 시작했다. 생제니에서 오는 역마차가 너무나 지연되어 갈아탈 합승 마차를 놓쳤고, 그 외 사연으로 지연된 몇몇 형제들을 기다렸다가 이들을 모두 데리고 로잔행 밤 10시 역마차를 타야 하는 상황이 되었다. 이 기쁨에 겨운 청년들은 그래도 일요일 아침에는 투르드구르즈 곳에 도착할 수 있었다. 막 도착한 그들의 입이 떡 벌어졌다. 한쪽으로는 계단식 포도밭이 펼쳐지고 반대쪽으로는 알프스 산줄기의 컴컴하고 거대한 실루엣이 보이는 레만호 주변의 파노라마를 마주하였기 때문이다. 프랑스청년회 대표 외젠 라제는 이렇게나 아름다운 장소를 만드신 창조주에게 기도와 감사를 올린 후, 전 세계를 아우르는 '전체 연합회'를 설립해야 한다고 열렬한 주장을 펼쳤다. "2년 후로 예정된 파리의 대박람회는 이미 모든 이의 관심사이자 화젯거리니, 그때야말로 기독교청년들이 자체적으로 준비한 제 1회 국제총회를 열기에 아주 이상적인 시점이 아니겠습니까." 하고 라제가 역설했다. 이는 기상천외할 정도로 혁신적인 제안이었다. 당대 사회 분위기로서는 몰상식하다고까지 할 법한 일이었다. 그렇지만 결국 그 일은 실현되었다.

라제가 투르드구르즈 곳에서 열린 일요일 '행사'를 놓치지 않게끔 그토록 애를 쓴 건 뒤낭의 훌륭한 판단 덕이었다. 뒤낭 혼자서는 기도와 상호 감화를 나누는 익숙한 자리인 샤무안가의 저녁 모임 장소로부터 제네바 친구들을 끌어내지도 못했으리라. 조직? 구조? 국제총회? 이러한 단어만으로도 제네바 모임의 절반은 경기를 일으켰을 게 뻔하다. 오직 외부자만이, 게다가 외젠 라제가 지닌 지중해 지역 출신다운 따뜻한 소통 능력으로 이들을 다독였기에 설득에 성공할 수 있었다. 제네바의 친구들을 참여시켰다는 이 일차적인 성과에 있어서 뒤낭은 한 게 없었다. 단지 어떤 방식으로 접근해야 할지를 제대로 이해했다는 점뿐이다. 이는 마치 그보다 1년 전 아돌프 모노 목사의 제네바 방문을 어떻게 활용할지 알았던 것과 같다. 또 이보다 몇 년 후에 프로이센 왕비와 작센 군주라는 인맥을 자신의 목표에 어떻게 활용할지 알았던 것과 같은 맥락이다. 기독교청년회를 통해 뒤낭은 본인 특유의 방법론을 활용한 첫 수확을 거둔 셈이다.

그러나 이미 여름이 끝나가고 있었고, 그의 계획은 점차 현실에 부딪히게 된다. 위의 연합 총회가 있은 다음 화요일에 뒤낭은 스위스 시민이라면 정기적으로 참여 의무가 있는 군사훈련을 위해 2주간 입소를 했다. 아직은 전 세계적인 형제애를 꿈꿀 때가 아니었다.

머나먼 곳에서의 사명

1849년 륄랭-소테르 은행에 서기로 입사한 이후 뒤낭은 별 실수 없이 일을 해왔다. 작은 기도 모임을 키워 이제 국제적인 연맹조직으로 재탄생시키는 데 대부분의 에너지를 쏟고 있긴 했지만, 고용주 입장에서 이를 나쁘게 보지 않았다. 오히려 뒤낭을 더욱 신임할 수 있는 부수적인 요인으로 작용했다. 복음주의 운동은 이미 제네바 상류 사회에 뿌리를 제대로 내리고 있었고, 은행주 륄랭 가문과 소테르 가문 둘 다 상류 사회 일원이었기 때문이다. 전도 활동을 통해 뒤낭이 엮어낸 인연 덕에 은행 내에서 뒤낭은 독특한 위치에 있었다. 뒤낭과 그의 고용주들은 같은 '언어'를 구사했다. 즉 기독교청년회와 복음주의 협회 활동을 통해 뒤낭은 '형제애'에 기반한 사회 관계에 익숙하다는 뜻이다. 다시 말하자면 — 물론 당시 사회에서 용인되는 수준에서이기는 하지만 — 그 어떤 조건이나 출생배경에 상관없이, 공화정이기에 가능한 복잡한 사회 계층 구조 상에서 가장 상위에 있는 가문들에 이르기까지 뒤낭은 모든 이들과 평등주의에 기반한 관계를 맺는 것에 익숙하다는 의미가 된다. 1853년 8월 어느 날 소테르 은행장이 뒤낭을 자기 사무실로 불러서 한 프로젝트에 뒤낭의 도움이 필요하다며 이야기를 꺼냈다.

"들어오게!"

앙리는 사무실에 들어와 조심스레 문을 닫았다. 소테르 님은 높은 창문 앞에 혼자 서 있었다. 그는 서두르는 기색 없이 앙리를 향해 고개를 돌렸다. 앙리가 그토록 깊은 인상을 받은 이유는 백작이라는 그의 작위 때문일까, 귀족의 성 앞에 붙는 소사 'de'가 붙은 이름 때문일까, 아니면 젊은 나이에 고위직에 있기 때문일까? 아마도 그 모든 게 다 작용했을 것이다. 이미 27세밖에 안되지만 소테르 드 보르가르 백작은 앙리 뒤낭이 품은 백일몽 속의 귀감 중 한 명이었다. 찰나 미소를 띄우고 나서 소테르는 앙리에게 자신의 의도를 명확히 설명하였다.

"뒤낭 씨, 우리가 알제리에서 하고 있는 사업에 대해서는 아마 알고 계시겠죠. 나의 부친께서는 알제에서 장로 회의를 주재하실 때부터 그 나라를 소중히 여기라고 가르치셨습니다. 아버님의 목회에 충실하고자 하는 마음으로 이제 내가 그 찬란한 나라에 관심을 갖고 있습니다. 제네바회사는…"

그 이름을 말하면서 백작은 본인이 하는 말을 뒤낭이 이해하고 있는지를 확인하려는 듯 그의 얼굴을 살폈다. 상황을 파악한 듯한 뒤낭의 표정을 보고 그는 말을 이어갔다.

"이번에 세티프에 새로 설립된 스위스 정착지 개발을 위한 제네바 회사[4]는 뒤낭 씨도 알다시피 가능한 한 알제리의 발전과 기독교 전파에 기여하고자 하는 목적을 갖고 있지요. 황제[5]께서 토지 불하를 허락하신 덕에 4월부터 2만 헥타르의 땅을 보유

---

4 이하 '세티프 제네바회사' 혹은 '제네바회사'로 통일한다.
5 프랑스 제2제국 황제 나폴레옹 3세를 지칭한다.

하게 되었는데, 거기로 식민지 개척자들을 수백 명 이주시켜야 합니다. 정착민들이 알제리에 도착하기 전에 현지에서 준비할 일이 아주 많은데, 그 일을 맡겼던 대리인이 지금으로서는 도무지 알제리에 갈 수가 없는 상황이 되었네요. 그래서 우리는 대신 뒤낭 씨에게 그 일을 맡기려고 합니다."

잠시 뒤낭은 대체 그 담당자라는 사람이 '은행장님들'인 륄랭과 소테르의 명령을 따를 수 없을 정도의 상황이 뭘까 하는 의문을 가졌다. 부모님이 돌아가셨나? 이사를 간 건가? 얼른 잡생각을 떨쳐내고 앙리가 바로 대답했다.

"저를 믿어주시다니 영광입니다, 은행장님."

"아주 잘됐군요. 그럼 9월 1일에 마르세유에서 출항하는 배를 타는 걸로 합시다."

불과 며칠 뒤에 떠나게 된 터라 뒤낭은 기독교청년회 일에 신경을 쓸 틈이 없었다. 그다음 목요 모임에 갈 수 없게 되자 — '자기' 작품이라 생각한 목요일 저녁의 회합이야말로 앙리 뒤낭이 가장 좋아하는 모임 시간이었다 — 그는 묵상의 시간을 가진 후, 주일 저녁 기도 모임에 다녀오기로 결정했다. 적어도 그의 친구 네케르, 로슬레 그리고 드 트라즈 등을 만날 수 있지 않을까 하는 희망이 있었다. 마침 그 일요일 모임에는 별로 참석자가 없었다. 단 한 명이 창가에 앉아 늦은 오후의 마지막 볕을 받으며 주르날드주네브 신문을 읽고 있었다. 그 외엔 병약한 몸 상태에도 불구하고 매일 저녁 6시에서 10시까지 충실하게 자리를 지키는 막시밀리앙 페로가 있었을 뿐이다. 대문 벨소리가 들리자 고개를 돌린 페로는 뒤낭인 걸 알고는 다소 억지스런 미소를 지었다.

뒤낭은 집중해서 글을 읽고 있는 청년을 방해하지 않으려고 낮은 목소리로 페로에게 말했다. "몇 주간 자리를 비우게 되었다네. 보르가르 백작께서 알제리의 아주 중요한 일을 맡기셨어."

그해 봄 프랑스 남부 지방을 함께 여행한 이후로 이 두 사람의 사이는 계속해서 악화일로였다. 큰소리 한 번 낸 적은 없지만 관계 악화는 돌이킬 수 없는 현실일 뿐 아니라 무엇보다 일방적이었다. 본인의 회장직 감투에 집착하던 막시밀리앙은 앙리 뒤낭이 청년회 활동에 여전히 주된 역할을 한다는 사실을 견디기 어려워했다. 이때까지도 제네바 사람들은 회장 본인에게 혹시 뒤낭이 여전히 기독교청년회의 회장이냐 물어올 정도였다! 하지만 뒤낭은 자신이 주변에 일으키는 짜증을 알아차릴 줄 모르는 사람이었고, 끔찍할 정도로 솔직하게 페로 앞에서 서툰 실수를 계속 저질렀다.

"돌아오는 목요일에는 벌써 떠나야 한다네. 그래서 말이지, 다음 회람은…"

"다음번 회람 같은 건 신경 쓸 거 없네. 이제 내가 맡아서 할 일이니까. 걱정 말고 떠나게나. 그리스도를 잊어서는 안되겠지만 우리 일에 대해선 잊고 다녀오게."

겉보기에는 대수롭지 않았던 이 짧은 대화는 막시밀리앙의 매우 섬세한 신경을 뒤집어 놓았다. 회람이 그에게 특히나 민감한 소재였다는 걸 언급할 필요가 있겠다. 이와 관련해서도, 소박하게 몇 쪽 안되는 문서를 통해 스위스와 프랑스, 그리고 이제 곧 온 유럽의 기독교 청년들의 모임 전체를 이어주는 정기적인 인연의 끈을 만들고 유지시킨다는 천재적인 발상을 처음으로 한 사람이 뒤낭이라는 건 인정하지 않을 수 없다! 여기저기 산재하던 허술한 소규모 모임들을 이제는 단일 움직임으로, 단일한 세력으로, 더 이상 제동을 걸 수 없는 하나의 기세로 탈바꿈시키는 데 있어 뒤낭의 회람 발송이라는 아이디어가 결정적인 기여를 했다는 사실은 절대 부인할 수가 없었다. 막시밀리앙은 그날 밤 평소보다 일찍 모임 장소의 문을 잠그면서 혼자 생각했다. 그게 맞다 치자, 그런데 뒤낭은 대체 왜 자기가 성공적으로 이뤄낸 일들에 대해 저 지경으로 도취된 걸까? 왜 다른 이들이 임무를 이어받도록 내버려두지를 못하는 걸까?

일요일이면 막시밀리앙은 파리에서 유학 중인 남동생에게 편지를 썼다. 집으로 걸어 돌아오면서 막시밀리앙은 머릿속에 무슨 말을 쓸지를 미리 생각했다. "난 항상 뒤낭을 자제시키는 역할을 해야만 해. 저렇게까지 판단력이 없다니 참으로 애석할 따름이란다!" 하지만 집에 돌아와서 책상 머리에 앉아 펜촉을 손에 쥐고 나니 망설여졌다. 그렇게나 뒤낭의 신세를 진 덕에 여기까지 왔는데 내가 그를 헐뜯을 자격이 있는 건가? 뒤낭의 열정이 아니고서야 페로 본인은 회심하지도 못했을 것이고, 오늘날 자신의 신앙이 활짝 꽃피우기까지 뒤낭 없이는 이 수준에 절대 혼자서 이르지 못했을 텐데 말이다.

페로는 위의 마지막 문장은 그대로 두고 다음과 같은 글을 추가했다. "그 점만 아니면 뒤낭은 기독교청년회의 다이아몬드같은 존재일 거란다. 뒤낭은 엄청난 열정을 지닌 활동가야. 내가 제네바를 비운 동안 두 번째 회람을 만들어 발송한 게 뒤낭이지. 네 말대로 좀 빈약했지만 선한 의도로 집필한 건 확실해." 거기까지 쓰고 페로는 다시 한 번 손을 멈췄다. 잠시 양심의 가책을 느낀 그는 내일까지 기다렸다가 편지를 아마 좀 수정해서 마무리한 후에 보내야겠다고 결정했다.

알제리에서의 꿈

친구 막시밀리앙이 본인에 대해 어떤 생각에 빠져있을지 상상도 못했을 앙리 뒤낭은 다음 날 월요일 아침 일찍 짐을 챙겨 리옹행 역마차에 올랐다.

이후 마르세유에 도착한 뒤낭은 알제로 향하는 배가 떠날 때까지 아주 짧게 숨을 돌렸다. 지난번 소테르 백작과 대화가 끝나갈 무렵 마치 한층 더 친근한 공모자가 된 듯한 상황을 만들고 싶었는지 백작은 자신의 부친이 — "뒤낭 씨의 아버지처럼 말일세."라고 첨언했다 — 생의 일부를 보냈고, 백작 본인의 출생지이기도 한 마르세유에 대해 몇 마디를 건넸다. 항구를 걸으며 뒤낭은 바로 그 백작의 속내 이야기를 곱씹어 보았다. 나도 그 정도로 다정하고 태평한 태도로 마르세유 이야기를 할 수 있다면 얼마나 좋을까! 앙리에게 마르세유는 정반대의 의미를 지녔다. 마르세유, 그 이름만 들으면 매번 앙리는 가슴을 저며오는 기억뿐이었다. 마치 뭔가에 홀린 듯 마르세유를 도무지 떠나지 못하는 아버지에 대해 어머니가 한탄하는 소리를 대체 몇 번이나 들었던가? 어머니의 눈물을 보며 자란 어린 시절 그리고 청소년기의 앙리는 계속 이어지는 인정사정없는 도매업계의 속사정 외에도 아버지의 부재를 설명할 이유가 따로 있으리라고 생각을 했다. 그리고 그럴 때마다 금발 여인들의 모습, 극장, 사륜 마차와 여인들의 페티코트 이미지가 떠올랐다. 마르세유는 아버지가 그러시기 30년 전에도 이미 작은 할아버지 장프랑수아를 저항할 수 없게끔 그물에 엮어 채어 갔던 도시가 아니었던가. 앙리의 아버지는 그저 가문의 전통을 따랐을 뿐이다. 바로 그 이유로 인해 1853년 8월 말 앙리는 마르세유에서 좀 더 머물지 않는 데 대해 전혀 아쉬움이 없었다. 이름 마지막 음절의 불량스런 구개음이 차라리 모르고 싶은 그런 종류의 전율을 느끼게 하는 도시 마르세유의 유혹에 이번엔 본인조차 빠져들까 두려웠는지도 모르겠다.

알제로 향하는 배는 목요일에 닻을 올렸다. 미풍이 더위를 좀 식혀준 덕에 선체 앞쪽에 서면 바람이 감미롭다고 느껴질 정도였다. 바로 이러한 순간이야말로 그 어떤 여정이 되었든 앙리가 여행을 할 때마다 즉흥적인 환희를 맛보는 이유였다. 마치 강장 효과가 있고 확 취하게 만드는 독주와도 같은 효과다. 항해한 지 이틀이 지나자 앙리가 단 한 번도 본 적 없는 코발트 빛깔 바다 너머로 알제리의 해안가가 눈에 들어오기 시작했다. 하선하는 장소는 필리프빌 근처 항구인 스토라Stora[B3]였다. 수많은 짐, 짐꾼과 짐 마차들, 승객들, 군인들에다 아랍인이건 유럽인이건 호기심 어린 사람들의 무리가 엄청나게 정신 없이 뒤엉켜 있었다.

저자 주석 B3: 현재는 '스킥다Skikda'라고 불린다.

스토라에서의 하선은 여행의 시작일 뿐이었다. 콩스탕틴에 도착하려면 거의 꼬박 이틀을 더 가야 했다. 콩스탕틴에서 다시 이틀 동안 현기증 날 정도로 가파른 계곡을 지나고 또 나중에 가서도 앙리가 대체 무슨 동물인지 알아내지 못한 기괴한 동물의 울음소리가 울려 퍼지는 숲을 가로질러야 했다. 그러고 나서야 비로소 제밀라에 도착하면 세티프까지는 마지막 구간만이 남았다. 제밀라는 해발 고도 천 미터가 넘는 곳이라서 스토라에서 하선한 날과 비교하면 더위는 훨씬 견딜 만했다. 뒤낭은 제밀라에 머무는 동안 로마 유적지들을 방문했는데, 특히 그곳 어느 거대한 아치를 노트에 스케치해서 남기기도 했다. 다음 날 다시 여정에 나서자 이내 지평선에 바보르 산맥이 눈에 들어왔다. 뒤낭은 그 희한한 이름에 아프리카 대륙 자체가 음가로 압축된 것 같다고 느꼈다. 저녁이 되어 세티프에 도착한 그는 숙소 주인이 강력히 권한 대로 '수이시' 마을까지 가는 마지막 구간 이동은 다음 날 낮 시간에 하기로 결정했다. '수이시'는 세티프에서 개신교도 식민지 개척자들을 부르는 호칭이었다. 아인아르나트에 짓고 있는 정착촌이 수이시를 위한 것임을 모르는 현지인은 아무도 없었다.

당시 세티프는 거의 2천 명에 달하는 유럽인을 포함해서 수천 명이 거주하는 마을로, 이미 고대부터 그때까지 식민지 건설지들 사이에 명성을 누려왔다. 특출나게 좋은 국지 기후 덕에 세티프에는 예부터 외국인들이 많이 정착했고, 로마 시대부터 벌써 농사 짓기에 훌륭한 곳으로 이름나 있었다. 뒤낭이 처음 도착했을 당시 세티프는 한창 번창 중이었다. 직전 15년 동안, 2천 명이 넘는 병사가 주둔할 수 있는 요새와 수도교, 급수장, 시장, 성당과 모스크 등이 건설되었다. 뒤낭은 나중에 본부에 보낼 보고서를 작성하기 위해서 여행 수첩에 성실하게 메모를 남겼는데, 그는 세티프에서는 유럽인들과 아랍인들이 사이좋게 어울려 살아가는 걸로 보인다고 적었다.

세티프에 도착한 다음 날 뒤낭은 나폴레옹문을 통해 세티프 성채 밖으로 나갔다. 분수로 장식된 거대한 광장을 가로질러 아케이드식 대형 건물 앞을 지나갈 때, 한 프랑스 병사가 그 건물이 토착민 담당 부서라고 일러주었다. 이어 알제문의 이중

궁륭 아래로 성곽을 통과해서 밖으로 나간 후, '도로'라고는 차마 못 부를 법한 길을 따라가기 시작했다. 길을 냈다고 하기조차 어려웠고, 키 작고 메마른 소관목으로 이루어진 보잘것없는 초목군락이 길가에 흩어져 있었다. 뒤낭을 태운 말은 사막 지대 특유의 우에드[6]로 급격히 내려가는 경사면에서든, 역시나 급격한 경사면을 타고 올라가서 온갖 양식이 혼재하는 건물들 사이로 달리든, 변덕스럽게도 울퉁불퉁한 지대를 무사히 달려주었다. 드디어 엘베즈에 도착했다. 제네바 회사에서 운영하는 이 농장은 총 면적 600헥타르가 넘어 웅장했다. 뒤낭은 말을 멈춰세우고는 그곳에서 일하던 직원들 몇몇과 대화를 나눈 후, 이내 아인아르나트로 발걸음을 재촉했다.

계속해서 오르막길이 이어지다가 광활한 평원이 내려다보이는 작은 언덕 위에 도착하였다. 저 멀리 여러 산맥 줄기들이 보였다. 이 지점까지 오면 그때부터는 그냥 평원을 직진해서 가로지르기만 하면 바로 아인아르나트 마을이 나올 거라고 엘베즈 직원들이 설명해 주었다.

늦은 오후 뒤낭이 마침내 최종 목적지에 도착했을 때, 그곳의 모습은 고요한 작업장과 같았다. 게다가 기대했던 것보다 훨씬 더 진척이 느린 상태였다. 4월 26일 황제의 칙령에 따라 제네바 회사에 2만 헥타르에 달하는 토지 불하가 허가되었지만, 여기에는 몇 가지 조건이 따라붙었다. 해당 2만 헥타르의 땅은 십여 개의 구역으로 나눠야 했다. 구역마다 식민지 개척자들이 50여 가구씩 정착해야만 했다. 정착민들의 마을에 ─ 당연히 불하받은 사업자의 자비로 ─ 석재 주택을 지어야 하며, 건물 지붕은 기와 혹은 궁륭형으로 마무리해야 하는 것도 황제의 칙령에 포함된다. 각 주택은 적어도 방 세 개를 갖추어야 하는데, 그 이유는 유럽에서 올 정착민 농부와 그들 가족의 생활 환경을 충족해야 했기 때문이다.

그런데 앙리 뒤낭이 맞닥뜨린 현장의 모습은 제네바 회사가 지켜야 하는 내용과 확연히 달랐다. 완성된 주택들은 몇 채 되지도 않는 데다가 석재가 아니라 회반죽으로 지어져 있었다. 아직 한여름이다 보니 당연히 습기로 인한 냄새가 났다. 프랑스 제국 정부에서 내세운 의무 사항 중에서 명백하게 이행된 부분은 거의 없었다. 앞으로 정착민들에게 꼭 필요한 급수장도 여전히 만들어지지 않았다. 약속한 통행로로는 그날 오후 뒤낭이 오는 길에 직접 확인했듯이 말을 타거나 걸어서밖에 올 수 없는 한심한 상태의 돌길에 불과했다. 정착민들의 도착 날짜에 맞추어 50여 채의 주택을 짓기에는 기한이 턱없이 부족했다. 민간인이든 군인이든 동원된 일꾼들은 모

---

6 Oued. 사막 지대에서 일시적으로 드러나는 물줄기를 의미한다.

두 작업 현장 바로 옆에 천막을 치고 생활하고 있었다. 뒤낭은 그들을 찾아가 작업의 진행 상황과 애로 사항을 물었다.

그날 밤 세티프로 돌아와 밤을 보낸 뒤낭은 일이 착수되기만을 고대하며 잠자리에 들었다. 뒤낭의 상사들은 10월 말경 1차로 도착할 정착민의 이주를 준비하는 데 한 달 반의 말미를 주었다. 뒤낭은 이런저런 회사 사무실 운영 비용을 지불할 책임을 맡았다. 특히 이미 완공된 주택 몇 채 대금도 현지 사업가에게 지급해야 했다. 세티프 근방의 고도를 고려하면 극도로 혹독한 겨울이 올 것이다. 이를 대비해 땔감도 미리 주문해 두어야 했다. 개척자 농민들이 최대한 빨리 직접 기른 농산물로 먹고 살 수 있게끔 뒤낭은 솔선해서 정착민들의 집 뒤쪽에 정원과 채소 재배 구역을 마련해 두었다. 정기적으로 뒤낭이 보내오는 보고서를 통해 이러한 사실을 알게 된 상사들은 아인아르나트 정착민들을 위한 그런 지나친 열의를 자제하라고 뒤낭에게 부탁했다. 본인은 금융 기관의 직원이지 식민지 정착민을 돌보는 자선 사업가가 아니라는 사실을 유념하라는 뜻이었다.

사업에는 끔찍하게도 힘든 점이 계속 이어졌기 때문에 시간은 쏜살같이 지나갔다. 아인아르나트는 세티프에서 고작 9킬로미터 거리였지만 도로 상황이 어찌나 나쁜지 가는 데 반나절은 꼬박 걸렸다. 게다가 뒤낭은 세티프 근방 산행에 나가는 시간을 줄이고 싶지는 않았다. 곧 도착할 정착민들과 관련된 급무 처리 시간을 제외하면, 그는 알제리와 아랍 세계, 이슬람교와 유목민을 알아갈 수 있는 이번 기회를 최대한 생생하게 체험하고 싶어했다. 스위스와 바로 국경 너머 나라들만 알고 살았던 뒤낭에게는 알제리에서 접하는 모든 게 호기심과 매혹의 대상이었다. 그는 귀국한 후에 친구 에두아르 모니에에게 자랑스러움뿐 아니라 의욕도 가득 묻어나는 다음과 같은 편지를 썼다.

"나는 아랍인, 카빌리 사람들의 환대를 받았습니다. 한 이슬람교 지방관 댁을 방문했을 때에는 아주 흥미롭게도 알제리 주민들의 와자지껄한 파티를 경험했지요. 다른 데선 이슬람 원로들과 코란에 대해 이야기꽃을 피우기도 했습니다. 이들 중에서 좋은 친구들을 많이 사귀게 되었고, 콩스탕틴의 옛 태수 일가 사람과도 알게 되었습니다."

이 편지를 읽으면서 모니에는 1853년 가을에 자신의 친구 앙리가 겪은 격동과 같은 경험이 얼마나 강렬했는지를 알아챘을까? 아마 그랬을 거다. 마치 사업 상대에게 과시하기라도 하듯, 앙리는 에두아르에게 보내는 편지를 세티프 스위스식민회사의 공무 편지지에 써서 보냈기 때문이다. 또 한 가지는 그때까지 그들의 열렬한 우정의 역사를 볼 때, 에두아르 모니에가 익숙하지 않을 만큼 앙리의 답장이 오래 지체됐다는 점이다. 핑계 김에 앙리는 제네바에 돌아온 날짜를 살짝 속이기까지 한다. 앙리 뒤낭은 아무리 늦어도 10월 28일에는 제네바에 돌아온 것이 확실하고, 그렇기에 모니에가 뒤낭에게 보내온 편지가 제네바에 도착한 날짜와 거의 일치한다. 하지만 뒤낭은 답장을 쓰면서 작성 날짜를 12월 10일로 기록했고, 줄을 그은 자국이 있는 걸 보면 그가 날짜를 속였다는 걸 짐작할 수 있다.

"당신이 기다리는 게 당연할 정도로 내 답장이 너무 늦어졌습니다! 하지만 당신의 소중한 10월 25일자 편지가 제네바 우리 집에 도착했을 때 나는 아직 알제리에서 이슬람교도들과 원로들, 셰이크와 관료들, 군주들, 사원의 사제들과 시간을 보내고 있었습니다. 임시기는 하지만 콩스탕틴 지방 식민지개척을 책임지는 강력한 제네바 회사의 대표로서요! 그러다 보니 내가 제네바로 돌아온 지 얼마 안되어 지금까지 답장을 못했습니다."

해당 서신에서 뒤낭은 자신이 '세티프 스위스식민회사 최고경영자 들라사라 남작을 임시로 대리'해야만 했다고 설명하였다. 마지막으로 '훨씬 심각했을 수도 있는' 차 사고가 두 번이나 났다는 이야기를 포함해서 수많은 여행 중의 사건 사고를 적고 나서야 다음의 이야기를 털어놓았다. 아래의 발언으로 에두아르 모니에는 놓치지 않고 뒤낭의 자만심을 포착할 수 있었다.

"나는 이 식민지 사업에 정말로 큰 흥미가 있습니다. 그리고 얼마 되지 않아 내 맘에 쏙 든 이 나라에 돌아갈 수 있길 바라고 있어요. 만약 당신이 거기에서 목사 자리를 원한다면, 내가 자리를 마련해 보겠습니다."

예를 들자면 들라사라 남작을 '대리'하러 파견되었노라 적은 것만 봐도 문제다. 사실은 남작을 대신한 게 아니라, 다른 평직원이 못 가게 된 탓에 뒤낭에게 기회가 주어졌던 것이다. 이렇듯 중요한 사람으로 보여지고 싶어했던 뒤낭은 자신이 추진하고자 생각 중 터무니없는 계획들에 대해서는 친구 모니에에게 털어놓지 않았다. 뒤낭은 제네바 회사 업무 이외에, 또 생생한 마그레브 문화를 체험할 외출 기회 이외에도, 주변을 체계적으로 탐방하는 데 시간과 공을 들였다. 세티프에서 만난 뷔르템베르크 출신 앙리 닉[7]이라는 청년이 뒤낭의 가이드 역할을 했는데, 닉은 그 누

7 앙리 닉은 독일 뷔르템부르크 출신이므로 독일식으로는 하인리히 니크Heinrich Nick가 되지만, 이 책에서는 프랑스어식 표기로 통일한다.

구하고도 견줄 수 없을 만큼 임기응변에 능한 인물이자, 그 지역을 자기 손바닥처럼 훤히 알고 있었다. 그는 뒤낭에게 절대 놓쳐서는 안될 기회라며 수없이 많은 사업 아이디어를 제시하였다. 이렇게 장래를 생각하면서 여러 차례 주변 여행을 다니던 중 한번은 세티프와 부지Bougie 사이에 자리한 별로 넓지 않은 땅에 눈독을 들이게 되었다. 운 좋게도 폭포가 있어서 제분소를 지을 수 있을 법한 곳이었다. 그는 어찌나 흥분했는지 알제리로의 첫 출장이 끝나기 전부터 머릿속에서 계획을 세우고 또 그 정도 땅을 개발하면 올릴 수 있는 수익을 상상했다. 그러면서 자기도 알제리에서 스위스 출신 대형 투자자가 되는 그림을 벌써부터 그리기 시작했다. 영화를 누리게 될 거라는 꿈이 탄생하는 순간이었고, 뒤낭은 이 시점 이후로 그 꿈을 15년 이상 추구했다.

스위스에서의 홍보 캠페인

1853년 10월 28일, 소테르 백작은 제네바로 돌아온 뒤낭을 만나 여행 보고를 들었다. 백작이 현지를 방문했을 때든, 현장에서 보내온 여러 요약문과 의견서를 통해서든, 뒤낭은 자신이 맡은 여러 임무를 아주 꼼꼼하게 해내는 모습을 이미 보여주었다. 그랬기 때문에 백작은 뒤낭에게 회사 차원에서 보너스 200프랑을 포상으로 주노라고 말해주었다.

200프랑이라니! 물론 뒤낭은 백작에게 감사를 표했다. 허나 이때 그가 꿈꾸는 수준은 이미 200프랑 수준을 훨씬 넘어서 있었다. 은행장의 신망을 확인하고 자신에 찬 그는 마치 사업을 논의하는 동등한 사이인 양 알제리에 땅을 사서 제분소를 짓고 싶다는 자신의 계획을 백작에게 털어놓았다. 단지 문제가 있다면, 뒤낭의 이런 계획을 알제리 현지에서는 아무도 모르고 있다는 사실이었다! 알제리를 식민 지배하는 프랑스 관료들에게 토지 불하를 요청할 때 백작이 지지 의사를 표시해 준다면 훨씬 더 수월하게 진행될 수 있을 거란 게 뒤낭의 요지였다!

제네바 회사 회장 소테르 백작은 뜸들이지 않고 즉시 지원사격에 나섰다. 뒤낭을 만난 지 3일 만인 1853년 11월 1일 백작은 당시 전쟁부 차관 생아르노 원수에게 다음과 같은 서신을 보냈다.

— 장앙리 뒤낭 씨는 4년 전부터 제 밑에서 일했으며, 최근 제네바 회사 업무로

세티프에 두 달간 출장을 다녀왔습니다. 그는 세티프와 부지 사이 아인루아에 위치한 폭포가 포함된 50헥타르 가량 되는 좋은 부지를 취득하고자 합니다. 뒤 낭 씨는 거기에 유럽식 제분 시설을 지을 계획입니다

좀 더 확신을 심어주고 싶었던지 소테르는 자신이 아끼는 직원 뒤낭의 장점을 내세 우면서 서신을 마무리하였다.

— 뒤낭 씨는 모든 면에서 본인이 하는 약속을 실행할 수 있는 사람이며, 그의 제 안은 진지합니다. 그의 제분소 건설 프로젝트는 식민지를 풍요롭게 할 것이며, 나아가 농경단지의 중심지로 발전할 가능성이 있다고 생각합니다.[B4]

> 저자 주석 B4: 이 편지는 『알제리의 앙리 뒤낭』 85쪽에서 인용되었다. 다른 자료 외에도 제네바 주정부 기록보관소에 남아있는 제네바회사의 기록에 대한 체계적 인 연구를 바탕으로 한 내용이다. 뒤낭이 알제리에서 보낸 시기를 다룬 자크 푸스 의 이 책은 이 시기에 대한 자료와 사실관계 대부분을 우리에게 제공해 주었다. 본 저서에서 별도의 언급이 없으면 뒤낭의 알제리 시기 자료는 모두 푸스의 책에서 온 것이다.

생아르노 원수가 지지 표명을 해준다 해도, 뒤낭의 요청이 받아들여질 가능성이 전 혀 없었다는 걸 소테르는 이미 알고 있었을까? 원수에게 편지를 쓴 시점에서는 몰 랐을 수도 있지만, 며칠 지나지 않아 백작은 세티프 현지 제네바회사 대표인 친 구 들라사라 남작으로부터 솔직한 의견을 들을 수 있었다. 소테르 백작이 뒤낭의 계획이 실현 가능성이 있는지를 묻자, 남작은 넌지시라고 하기도 어려울 정도로 단 호하게 청년 뒤낭은 지나치게 원대한 계획을 세우고 있다면서, 그의 청원이 받아들 여질 가능성은 아예 없다고 못박았다. 상당히 '근거 있는 반대 의견에 맞닥뜨리게 될 것'이기 때문이라는 게 남작의 설명이었다. 남작은 소테르 백작에게 위로를 전 하듯, 서한에 "뒤낭 씨는 그러한 실패를 애석해 할 필요가 없습니다. 그의 예상보다 그 사업의 수익은 훨씬 적었을 게 분명하기 때문입니다."라고 적었다. 그러면서도 남작은 뒤낭이 알제리로 돌아와 몇 주 정도 머물면서 좀 더 적절한, 그러니까 좀 더 소박한 새 사업 아이디어를 탐색해보는 게 좋겠다고 제안했다.

이때부터 뒤낭은 자신의 개인 사업 계획과 세티프의 제네바회사 업무를 동시에 진 행하게 되었다. 1853년 11월과 12월 경, 뒤낭의 상사들은 새롭게 지은 정착지 마 을에 거주할 스위스 출신 식민지 정착민 모집 업무를 그에게 맡겼다. 소테르와 동 업자들이 서명한 토지 불하 계약서의 조항에 따르면, 해당 정착지 마을에는 최대한 빠른 시일 안에 정착민들이 자리잡기 시작해야만 했다. 뒤낭은 우선 언론에 광고를

내서 후보자들을 모색했다. 제네바회사의 운영방식에 대한 일부 스위스 신문의 기사들을 구실로 뒤낭은 1853년 11월 3일자 주르날드주네브 신문에 첫 번째 독자의 편지를 싣게 되었다. 그 글에서 뒤낭은 알제리는 '이미 정착지와 농장, 정원들로 가득하고, 상당한 이득을 가져올 법한 훌륭한 품질의 농산물을 생산'하고 있다는 점을 강조하며 '곡물 재배를 위해서라면 현지인들을 고용하면 인건비를 훨씬 줄일 수 있다'고 추가 언급하였다. 1854년 1월 말에 재차 광고를 실으면서, 뒤낭은 '이미 현지에 살고 있는 정착민들은 이주 결정이 얼마나 잘한 일인지 자찬하고 있다'면서 정착민들은 '깔끔한 외모와 양호한 건강 상태' 덕에 세티프 현지 주민들로부터 좋은 평판을 얻고 있다고 자랑했다.

하지만 자진해서 망명길에 오르겠다는 후보자는 별로 나타나지 않았다. 신문 광고로는 부족한 게 분명했다. 현장에 나서서 직접 사람들을 끌어들이는 좀 더 적극적인 홍보 전략이 필요했다. 그리하여 1854년 3월 말부터 4월 중순까지 2주간 보 주를 순회하며, 앙리는 직접 정착민 끌어들이기에 나섰다. 우선은 자원 정착민이 될 사람들을 모아줄 선전꾼들을 찾아야 했을 뿐 아니라, 막상 선전꾼이 되겠노라 지원한 이들에게 일을 가르쳐야만 했는데, 쉬운 일이 아니었다. 알제리로 떠날 자원자들을 찾는 업무를 실행하기 위해서는 실제로 마을 단위의 당국자들과 주 단위의 당국자들의 입장을 양립시켜야 했다. 전자의 경우는 마을의 최빈곤층 주민들을 손쉽게 내보낼 기회를 잡고자 한 반면에, 후자의 경우는 자신들의 주에서 살던 이들이 대대적으로 이주하면 주의 평판이 나빠질까 두려워했기 때문이다. 게다가 알제리 현지 소식이 스위스로 조금씩 들어오면서 알제리 정착민을 찾기 위한 선전 활동은 점점 더 어려워졌다.

그 이유는 알제리 현지의 현실이 세티프의 제네바회사가 홍보하는 수준에 훨씬 못 미쳤기 때문이다. 우선, 진이 다 빠지는 여정 끝에 아인아르나트에 도착한 최초 정착민들이 맞닥뜨린 건 아직 공사가 끝나지도 않은 정착촌에 불과했다. 길은 여전히 진흙탕이요, 집에는 기본 가구조차 갖춰져 있지 않은 데다, 주택 내부는 축축하고 마감도 제대로 되지 않았으며 어두컴컴했다. 마을의 공동 장비라든지, 물, 난방 등에 대해서는 제네바회사와 현지 정부가 서로 책임을 전가하기에 바빴다. 게다가 정착촌이 고지대에 위치하고 있던 탓에 1차로 도착한 정착민들은 남쪽 나라에서 맞는 첫 크리스마스임에도 고지대 특유의 혹독한 겨울 날씨를 견뎌내야만 했다. 그런 정착민들의 가족 친지들이 사는 스위스 평원의 푸르른 산속 마을에도 이러한 속사정이 이미 다 알려져 있었다. 그러니 정착민 동원꾼들이 로만디[8] 지역민들에게 현지 상황을 미화해야 했고, 그게 아니면 알제리 '엘도라도'의 실상을 아직 모르는 마을이 있기만을 바라는 게 당연한 지경이었다.

뒤낭은 이번 보 주 출장을 로잔, 이베르동, 오롱과 뇌샤텔과 부드리까지 이르는 해당 지역 기독교청년회들을 방문하는 기회로 삼았다. 하지만 출장이 끝나고 제네바로 돌아오자마자 그의 머릿속엔 다시 오직 한 가지, 다시 알제리로 가서 자기만의 독립적인 사업을 추진하겠다는 생각뿐이었다. 제네바회사가 여전히 그를 필요로 한다면 그것도 괜찮았다. 어느 정도 일을 도와줄 준비는 충분히 되어있다고 말해 두었다. 다만 제네바회사에 모든 시간을 할애하거나 단순히 회사 직원으로서 만족하지는 않을 생각이었다. 우연하게도 제네바회사에 복음주의 협회를 통해 앙리가 아주 잘 알고 지내던 파지알레옹이라는 사람이 신임 회장으로 부임한 덕에 맞춤 계약을 얻어낼 수 있었다. 이를 통해 앙리 뒤낭은 자신의 사업을 추진할 자유를 보장받으면서도, 여전히 제네바회사 소속으로서 명함을 유지할 수 있었다. 임시로 제네바회사의 현금 출납과 장부 계원 직위를 유지하기로 동의하였고, 이는 그가 '개인적인 업무를 하고 그 이외의 시간에 이행하는 임시적이고 특수한 업무'라고 규정되었다. 다만 '당사자는 필요한 만큼의 열성과 관심을 기울인다'는 조건이 붙었다. 그럼에도 뒤낭은 계약서에 자신의 자유를 요구하는 내용을 명명백백하게 해두었다. 뤼랭-소테르 은행의 사원에 불과했던 그가 불과 1년 사이에 얼마나 당당해졌는가를 엿볼 수 있는 대목이다.

"시기를 불문하고, 오직 당사자만이 판단하는 불가항력의 상황이 발생할 경우, 귀하가 언급한 6개월 기한이 끝나기 전에 제네바로 복귀할 수 있는 여지가 있기를, 즉 기한을 정해놓은 고용계약이 아니기를 희망합니다. 물론 들라사라 남작 곁에서 현금 출납, 회계 업무 및 그와 관련된 교신 업무를 수행하지만 (중략) 본인의 사업과 관련된 일을 할 시간이 충분히 확보되어야 합니다."[B5]

　　　저자 주석 B5: 1854년 4월 22일 날짜의 이 서신 전부가 푸스의 책 『알제리의 앙리 뒤낭』의 부록 3부, 212~213쪽에 빠짐없이 수록되어 있다. 위의 파지알레옹 회장의 발언도 이 책 63쪽에서 인용한 내용이다.

자신의 옛 상사들로부터 완전한 자유를 추구한 것을 보면, 뒤낭은 앞으로 벌일 자신의 사업이 성공하리라고 확신했음이 분명하다. 파지알레옹 회장은 복음주의적인 형제애 때문에 뒤낭에 대해 지나치게 너그럽게 나온 걸까? 제네바회사 신임 회장

8　로만디는 스위스에서 프랑스어를 사용하는 지역권을 의미한다. 알제리 정착지 선전의 주력지였던 보 주가 여기에 포함된다.

파지알레옹은 이토록 희한한 조건을 달아놓은 계약을 투자자들에게 설명하는 데 애를 먹었다.

"이 모든 것이 뒤낭의 호의로 가능한 계약이기에 우리가 그러한 계약 조건에 합의 했다는 점을 여러분께서 양해해주시기 바랍니다. 그의 선의, 그리고 우리 사업에 대한 그의 관심이 있으니, 뒤낭 씨가 계약서에 약정된 사항보다 훨씬 더 열심히 일을 해주리라고 우리는 확신합니다. 우리 직원의 한 사람처럼 그를 온전히 신뢰하셔도 좋습니다. 아니면 그가 작년에 훌륭하게 해낸 서면 협상 등을 떠올리셔도 좋겠지요. 그런 것들을 생각하시면 뒤낭 씨가 여러분께 아주 유용할 사람임을 이해하실 수 있을 겁니다."

이렇게 이번 알제리 여정의 요건이 정해지고 나니 뒤낭은 라스티냐크가 던진 말, "이제 우리 둘에게 달렸다!"와도 같은 도전 의식을 가슴에 품고서 알제리로 떠날 수 있게 되었다.[9]

9 라스티냐크Rastignac는 19세기 프랑스의 문학가 발자크의 총서 인간 희극 중 여러 작품에 등장하는 인물로 프랑스에서는 신분 상승을 꿈꾸는 기회주의자를 의미하는 표현으로 자리잡았다. 이 대사는 발자크의 소설 『고리오 영감』에 나온다. 흥미롭게도 발자크는 기자, 역사가 및 법률가였다가 추후에 파리 코뮌 직후 프랑스 대통령이 된 아돌프 티에르를 라스티냐크의 모델로 삼았다고 전해진다. 티에르는 1797년생, 라스티냐크는 극 중에 1798년생, 그리고 발자크는 1799년 생이다. 라스티냐크가 처음으로 등장하는 『고리오 영감』은 1835년 출판되었다.

3

모래 위에 세운 제분소

1854~1859

이제 우리 둘에게 달렸다!

19세기 여행자들이 남긴 수없이 많은 기록을 살펴다 보면 한 가지 공통점이 도출된다. 바로 머나먼 나라를 여행하고 나서 아무 감흥을 못 느끼는 사람은 없다는 사실이다. 뒤낭도 예외가 아니었다. 완전히 현실 너머로 오리엔탈리즘에 기반한 환상을 자극하던 샤세리오, 제롬, 프로망탱 등의 작가들이 활동하던 시대에 앙리 뒤낭은 첫 알제리 여행에서 어떤 다양한 놀라움을 느꼈을까?

뒤낭이 개인적으로 어떤 환상을 가졌는지에 대한 기록은 남아있지 않다. 다만 그가 엘도라도를 발견했다고 믿은 것만큼은 분명하다. 어찌되었든 알제리 첫 여행을 통해 그는 제네바에서 꿈꿀 수 없는 것을 이 알제리라는 나라가 안겨줄 수 있을 거라고 굳건히 믿게 되었다. 그러니까 자신이 국제 사회의 귀족 계급, 즉 유럽 식민 지배자들의 계층에 속할 수 있을 것이고 세상의 존경과 부를 얻어 실력자들의 세계로 들어서리라는 그런 꿈을 의미했다.

1854년 5월 초 그는 다시 길을 떠났다. 아프리카에 꿈을 품었다고 해서 뒤낭이 기독교청년회 모임들을 통합하여 국제화하려는 목표에서 눈을 뗀 건 아니었다. 그는 일을 하다가도 혹은 출장 중에도 남아있는 모든 에너지를 그 목표에 쏟았다. 마르세유에 도착한 뒤낭은 1년 전 막스 페로와 함께 방문했던 근방의 여러 청년 모임에 다시 들렀다. 그는 나중에 영국 기독교청년회 친구에게 이런 편지를 보냈다. "놀라운 일이 아닙니까. 1년 전에 서넛이나 대여섯 명의 청년들이 모이던 곳에 이제는 열 명, 스무 명, 서른 아니 마흔 명의 청년들이 모이고 있었습니다." 브비강 마을에서는 여름 폭풍우의 전조인 폭우가 쏟아지는데도 이곳저곳을 온종일 방문했고, 저녁에도 자신을 맞이하려고 특별히 20여명이나 모인 기독교청년회 모임을 찾았다. 북유럽에서부터 프랑스 남부에 이르기까지, 미국에서부터 레바논에 이르기까지, 새롭게 생겨나거나 번창하고 있는 이러한 청년회 모임들에 대해 의욕에 찬 이야기를 들려주는 뒤낭, 그 자리에 모인 청년들은 뒤낭 덕에 '큰 힘을 얻었다'고 말했다. 이들은 뒤낭이 최대한 길게 머물러 주기를 바랐지만, 뒤낭의 불꽃같은 소통 능력에도 불구하고 그는 이제 지나가는 과객에 불과했다. 뒤낭이 그리는 새로운 지평선은 지중해의 푸른 바다 너머 저 먼 곳에 있었다.

뒤낭은 3월 7일이나 8일에 마르세유발 배를 탔고, 월말이 되어서야 세티프에 도착하였다. 그사이에 뒤낭은 알제리 기독교청년회가 위치한 알제에 잠시 들렀는데, 그는 그 모임이 '아주 작고', 또한 '상당히 힘들게, 그리고 매우 천천히' 나아가고 있다고 판단했지만, 아프리카 내의 유일한 기독교청년회 모임이라는 사실만으로도 대단한 일이라고 보았다. 기독교청년회 운동이 유럽과 아메리카에 이어 이제 제3의 대륙까지 확장되었다는 뜻이었기 때문이다.

이번 두 번째 알제리 여정은 3개월 이상이 될 예정이었다. 지난번처럼 그는 회사가 맡긴 여러 임무를 온 정성을 다해 수행했다. 그러나 이번 여행의 목적은 더 이상 제네바회사 고용주들을 위해 빈틈없이 일을 처리하는 게 아니었다. 뒤낭은 이제 자기 자신을 위해, 본인의 장래 사업을 세울 계획을 위해 온 것이었다. 그 사업이 자신이 항상 원했던 대로 제분소가 되든 아니면 삼림과 관계가 있든 광업과 관계가 있든 그건 중요하지 않았다. 알제리의 황금빛 태양 아래 뭔가를 해낼 수 있는 기회이기만 하면 되었다.

들라사라 남작이 예견한 대로 뒤낭의 토지 불하 신청은 당국으로부터 거부되었다. 그게 뭐가 중요하랴! 그는 알제리에서 사귄 새 친구 앙리 닉을 동반해서 — 닉은 이미 뒤낭의 독점 자문 역할을 맡고 있었으며, 이내 동업자가 되었다 — 재빨리 자신의 야심에 걸맞는 장소를 새로이 물색하러 나섰다. 1854년 6월 그는 몽스 유적 근처 제밀라라는 마을에서 17킬로미터 거리에 위치한 약 7헥타르 가량의 국유지에 눈독을 들이게 되었다. 이곳에는 밀 제분소를 설치하기에 적당하게도 폭포수가 자리하고 있었다. 뒤낭은 이미 해당 토지와 수원을 양도받을 수 있을 거라는 충분한 언질을 받았다고 믿었다. 그렇기에 그는 미리부터 영국식 물레방아 기계장치를 주문하고 장래의 제분공장 도면 설계를 시작했으며, 급기야 공사에 착수하라는 지시를 내리는 등 일련의 결정을 하기에 이르렀다. 알제리답게 행정절차가 느릴 거라는 가능성을 감안하면 분명 다소 성급한 행보였다. 허나 여간해서 꺾을 수 없는 낙관주의자 뒤낭은 자신의 알제리 사업 구상에 있어서 그저 시작 단계에 불과한 이 프로젝트가 실패로 돌아갈 거라고는 생각조차 하지 않았다.

해당 폭포와 토지에 관해 확정 허가가 나온 건 그로부터 2년이나 지난 1856년 6월이었다. 뒤낭이 자신이 요청한 토지가 지극히 부족했음을 뼈저리게 느낀 뒤였다. 7헥타르라니! 4층 규모에 물레바퀴 네 개가 돌아가며 밀가루 체치기 및 청소 기능까지 달린 프랑스제 설비를 갖춘 멋진 제분소를 건설하려고 얻어낸 상당한 투자금에 대비해서 수익을 내기 위해서는 7 헥타르[1]가 아니라 그 열 배, 아니 백 배 넓이의 땅이 필요했다!

1 1헥타르가 3,025평 정도이므로 7헥타르는 2만 1천평이 넘으며, 7만 제곱미터에 이르는 면적이다.

이런 종류의 사업에 초보였던 뒤낭이 맞닥뜨린 가장 큰 문제는 그가 생각지도 못한 데 있었다. 제분소 위치의 가까운 곳에 마을이 하나도 없었으므로 밀 운반을 위해서는 짐을 나를 가축이 필요했고, 역으로 가축에게는 밀 제분 과정에서 나오는 밀기울을 아주 넉넉하게 먹여야 했다. 헌데! 뒤낭이 애초에 요청했던 7 헥타르는 제분소 건물들이 차지하게 되고, 제분소 운영에 필요한 가축을 키우려면 추가로 7헥타르 이상의 땅이 필요했다. 그러니 모든 과정이 순조롭게 진행되려면 최초 신청한 부지에서 이어지는 1,500 헥타르 가량의 국유지 중 일부만 허가를 얻어낼 수 있으면 족할 상황이었다. 그가 허가를 받은 국유지와 이상적이게도 바로 붙어있으면서 운 좋게 물꼬도 나 있는 땅이었다. 그랬기에 그 부지 이름이 우에드 데헵Oued Deheb이었다.

1854년 여름 즈음 뒤낭은 위의 희망사항에 집착하기 시작했다. 우에드 데헵 땅이 7, 10, 100 헥타르 더 필요한 게 아니라 500 헥타르는 더 필요했고, 반드시, 무슨 일이 있어도, 그리고 최대한 신속하게 필요했다! 1854년 9월 4일, 이날은 아직 허가가 날지 안 날지 모르던 첫 7 헥타르 불하 신청을 한 지 석 달이 지난 시점이었다. 그날 앙리 뒤낭은 우에드 데헵의 국유지 중 500 헥타르를 새롭게 양도받고자 평면도를 첨부한 신청서를 제출하였다. 그의 서류에는 부지 내에 위치한 폭포 중 하나를 사용하게 해달라는 내용도 포함되어 있었다. 이번에는 반드시 승인을 얻어내기 위해 그는 신청 서류의 모든 면면에 신경을 썼다. 9월 말에 아프리카 대륙을 떠날 때쯤 뒤낭은 다음번 알제리에 올 때쯤이면 자기가 토지 소유자이자 식민지 사업가로서 돌아올 거라는 확실한 희망을 안고 있었다.

힘겨운 보고

제네바에 돌아온 후 뒤낭은 제일 먼저 소테르 백작을 만나 자신의 여정에 대해 보고하면서 스위스 정착촌 소식을 전했다. 은행으로 가는 길에 사실 앙리는 현지 상황의 실제 심각성을 호도하지 않으면서도 과하게 극적이지는 않게끔 정착촌의 현실을 묘사하려면 어떻게 말해야 할지 고민에 빠졌다. 다행히 소테르는 그와의 만남에 다른 이사들을 소집하지 않았고 자기 사무실에서 혼자 뒤낭을 맞이했다. 백작은 45분 가량 아무 말 없이 뒤낭의 보고를 경청했다. 다만 뒤낭의 이야기가 진행되는 내내 점점 더 경악할 지경에 이르렀다.

"정착민들 사이에 사기가 극도로 저하되어 있습니다. 발단은 한 명씩 아프기 시작하면서였습니다. 조심성 없게 땀을 흘리며 밭에서 일하다 습기 찬 풀밭 위에서 잠이 들었다가 병이 난 사람도 있고, 장티푸스 환자가 여럿 나타났습니다. 그러니 아픈 이들을 세티프의 병원으로 후송해야 했지요. 그러고는 마을에 콜레라도 돌았습니다. 입원했던 이들이 병원으로부터 콜레라균을 들여온 겁니다."

앙리 뒤낭은 잠시 입을 다물고는 소테르 백작의 표정을 관찰했지만, 그의 표정을 읽어내기 어려웠다. 백작은 뒤낭에게 이야기를 계속하라고 눈짓으로 청할 따름이었다.

"아마 소식은 벌써 들으셨겠지만, 콜레라 전염병으로 인해 정착민 중 여러 사람이 목숨을 잃었고, 그 탓에 마을은 공포에 휩싸였습니다. 다행히도 퀴리 목사님이 아주 효과 좋은 치료약 제조법을 알고 계셨습니다. 코냑과 장뇌 혼합액에다가 보리지, 샐비어, 그리고 캐모마일을 섞는 거죠. 저도 그 치료약을 여러 환자에게 먹여주었습니다. 금새 증세가 완화되더군요. 그렇다고 해도 전염병으로 인한 인명 피해는 상당히 심각했습니다. 특히나 일꾼들을 재워주던 정착민들 가정에서요. 주거 공간이 포화 상태였던 데다 위생 상태도 나빴습니다. 게다가 그렇게 나쁜 환경이 어른들에게는 치명적이지 않더라도 여러 아이가 희생되는 결과를 가져왔습니다."

뒤낭은 알제리 이주를 후회하는 정착민들이 점점 많아지면서 이들의 분노가 커지고 있다는 점을 군이 언급하지는 않았다. 또한, 토지 분배가 늦어진 탓에 결국 정착민들의 사기가 저하되어 아예 손을 놓아버리거나, 토지를 분배받고 난 후에도 종국에는 세티프 현지 소작농에게 소작료를 받고 맡겨버리는 일이 속출했다는 것도 말씀드리지 않기로 했다. 게다가 뷔르낭스 가족과 세르지 가족처럼 일주일이 멀다 하고 가족의 장례를 치르기 위해 한자리에 모여야 했던 이들의 절망에 대해서도 이야기하지 않으리라. 백작은 모든 상황을 파악하고 있었다. 군이 그런 이야기로 그에게 염려를 더 끼칠 이유가 무엇이랴?

오귀스트 소테르는 사실 그런 괴로운 소식에 질려버렸다. 그는 중앙 계단까지 뒤낭을 배웅하며 충실하게 보고를 해주어 고맙다고 말했다.

길가로 들어선 뒤낭은 제네바로 돌아올 때마다 그랬듯이 찬 공기에 놀란 게 아니라 암울한 잿빛 하늘에 자욱한 레만호 특유의 물안개 때문에 불현듯 놀랐다. 즉시 비교 대상으로 떠오른 건 아인아르나트 풍경이었다. 견디기 어려울 정도로 분명하게 떠올랐다. 백작과 면담하는 동안 뒤낭이 현지의 고된 현실을 애써 감추려 했던 데에 앙갚음이라도 하듯 그의 기억 속에서 온갖 이미지들이 뒤엉켰다. 뒤낭이 떠나기 전에 순진하게 상상했던 모습은 일 년 전에 자기가 자랑스레 지역 신문에 정착지 사업을 선전할 때 썼던 문구대로 '보기 좋게 건강한 모습'을 자랑하던 정착민들의 얼굴이었다. 하지만 뒤낭이 실제 가서 마주친 그들의 얼굴은 불결한데다 삐삐 말랐거나 아니면 반대로 붓기가 가득한 모습이었다. 콜레라에 걸린 아이들 눈가에는 무서울 정도로 검은 다크서클이 드리워져 있었다. 식량이나 조리도구, 더러운 빨래와 온갖 쓰레기가 구역질 날 정도로 쌓여 있는 광경도 떠올랐다. 거기 사는 이들은 이미 적응해버린 악취가 문지방을 넘어서는 순간 진동하는 포화 상태의 작은 집 안에는 할 일 없이 우두커니 지내는 아이들과 절망에 찬 여인들이나 노동자들이 뒤엉켜 살고 있는 모습이 그려졌다. 게다가 뒤낭의 머릿속 이미지들 중에서도 가장 그를 괴롭힌 건 보베르 부부의 어린 딸아이의 모습이었다. 울다 지쳐 쉬어버린 아이의 목소리가 귀에 생생했다. 뒤낭이 한 손으로 아이의 머리를 받치고서 퀴리 목사가 제조한 기적의 물약을 조금이라도 먹여보려고 애썼을 때 말도 안될 정도로 가볍다고 느꼈던 그 아이의 기억이 그대로 떠올랐다.

뒤낭은 깊이 숨을 들이쉬었다. 구시가지로 올라가는 길에 들어서자 조금씩 호수 안개가 걷히기 시작했다. 뒤낭은 잠시만이라도 아인아르나트의 굴곡진 땅과 냄새와 소리를 내려놓기로 결심했다. 그건 알제리에서의 첫 번째 환멸의 기억으로 남았다. 한숨을 내쉬면서 속으로 '그 거대한 나라에 그리스도인들을 대대적으로 정착시켜 하나님의 말씀을 널리 퍼지게 한다는 건 참으로 좋은 생각이었는데'라고 생각했다. 허나 그곳에 가서 살겠노라고 자청한 그 정착민들은 뒤낭이 '하나님의 왕국' 확장 의도로 사업을 벌였다면 선택했을 법한 사람들과는 거리가 멀었다. 자신들의 출신 마을조차 얼른 어딘가로 가버리길 원했던 이 불쌍한 보 주의 지역민과, 독실한 신앙을 갖고 있으며 처신도 나무랄 데 없는 뒤낭의 기독교청년회 동료들 사이에 대체 무슨 연결고리가 있겠는가.

뒤낭은 바로 그 동료들을 향해 발걸음을 옮기는 중이었다. 샤누안 거리에 도착한 뒤낭은 멀리 알제리에서 해질 무렵이면 자주 생각하곤 하던 기독교청년회의 문을 반가운 마음으로 열고 들어갔다. 뒤낭이 제네바에 돌아왔다는 소식을 접한 제일 친한 친구들이 이미 모여 있었다. 에르네스트 드 트라즈, 루이 로슬레, 테오도르 네케르였다. 이들은 황급히 뒤낭을 둘러싸고는 이번 여행의 일화라든지, 북아프리카에서의 선교 활동 가능성, 언론에서 가혹하게 비판하는 스위스 정착촌의 현실이 어떠한지 등등에 대해 질문을 퍼부었다. 친구들의 질문에 하나하나 답을 해주면서, 또 대문 벨소리가 들릴 때마다 들어서는 또 다른 친구와 악수를 거듭해 가면서 뒤낭은 이 같은 우정으로 인해 느껴지는 행복감을 만끽했다. 하지만 이렇게 소란스러운데도 여전히 회장의 직무를 소홀히 하지 않는 페로는 결국 목소리를 높여 이날 모임의 취지를 상기시켜야만 했다. 마침 뒤낭이 함께 자리했다는 건 특히나 시의적절한 일이었다. 청년들은 그날 성경 읽기와 묵상에 이어 해외 기독교청년회들이 알려온 이 청년들의 '운동' 소식을 함께 나누는 시간을 가질 예정이었기 때문이다.

유럽 전역에서 서신이 답지한 걸 보면 이 운동이 얼마나 놀랍게 뻗어가는지를 확인할 수가 있었다. 모든 서신의 낭독이 끝날 때쯤 뒤낭은 다시 여행길에 오를 마음의 준비가 되었다고 느꼈다. 페로가 발언을 마치자 뒤낭은 자리에서 일어나 어차피 자기가 이번 겨울을 유럽에서 보낼 계획이었으니 네덜란드에서 열릴 기독교청년회 총회에 제네바 대표로 가겠노라고 자원하였다. 또한 라이덴부터 브뤼셀에 이르기까지 유럽 북부에 있는 소규모 모임들을 직접 찾아다니며 격려하는 기회로 삼겠다고 선언했다!

아주 살짝 망설임으로 인해 몇 초가 흘렀고, 이내 자리에 모인 이들은 뒤낭의 자원에 대한 찬성 의사를 표명했다. 그를 향한 친구들의 박수갈채에는 안도의 의미가 깔려 있었을까? 그럴 수도 있다. 이게 무슨 말인가 하면, 뒤낭이 마그레브 사막을 경험한 이후로 그의 '그리스도 안의 형제들'은 뒤낭에게서 복음주의 신앙 특유의 겸손함을 찾아보기가 점점 더 어려워진다고 느끼고 있었다. 날 때부터 특권층에 속했기에 '출세'란 걸 나서서 추구할 필요가 없는 친구들의 눈에는 뒤낭의 사업에 대한 야심이 '출세욕'에 가깝게 보였던 탓이다. 그런데 그게 아니었음이 증명된 셈이다. 진짜 앙리가 돌아왔다. 초창기 목요일 저녁 모임 때의 신앙에 강렬하고 대담하며 소통에 뛰어난 본연의 모습이었다! 그를 둘러싼 친구들의 의심과 걱정은 직접 그를 만나면서 사라졌다. 그들은 이제 겨우 제네바로 돌아왔는데도 기꺼이 다시 길을 떠나겠노라 자원한 뒤낭에게 감사를 표시했다. 뒤낭이 여기 있다. 이제 그가 우리에게로 돌아왔으니, 모든 게 다 괜찮을 거다.

유럽 북부 여행

앙리의 유럽 북부 여행은 상당히 꽉 찬 일정으로 진행되었다. 10월 31일에 암스테르담에서 뒤낭은 300명이 모인 현지 기독교청년회 3주년 기념행사에 참석한 데 이어 각지를 다니며 그의 '형제들'을 만났다. '형제들'은 하를렘과 로테르담의 상인들, 프리슬란트 지역의 농민들, 레이던의 대학생들, 안트베르펜의 무역업자들 등등 다양한 사람을 포함하였다. 제네바로 돌아오는 길에는 또 18개월 전 새롭게 기독교청년회가 생긴 브뤼셀에도 들렀다. 지칠 줄 모르는 프랑스 님므의 친구 외젠 라제뿐 아니라 파리 기독교청년회 회원인 장폴 쿡과 프레데리크 모니에는 이미 브뤼셀 청년회를 방문한 바 있다. 이제 앙리 뒤낭까지 몸소 브뤼셀의 기독교청년회를 찾아주다니! 브뤼셀 회원들은 뒤낭을 마치 간접적이나마 자신들의 모임을 창시한 사람인 양 맞이했고, 뒤낭은 제네바의 친구들에게 보낸 서신에 그 점을 조심스레 상기시켰다. "나는 이곳에서 형제들로부터 둘러싸여, 형제의 신분으로 환영을 받았습니다. 여기 브뤼셀 기독교청년회는 완전히 우연하게도 뒤랑 목사에게 보냈던 우리의 최초 회람을 기반으로 해서 만들어졌다고 하더군요."

뒤낭은 브뤼셀에서 파리로 향했다. 파리 기독교청년회 회원들로부터 꼭 회합에 참석해달라는 요청을 받았기 때문이었다. 1854년 11월 21일에 있었던 그 자리에서 이듬해 파리에서 최초의 기독교청년회 총회를 개최한다는 결정이 내려졌다.

뒤낭에게 있어 그 같은 결정은 기독교청년회 사이에서 국제적인 움직임을 개시하려고 지난 5년간 열과 성을 다했던 자신의 노력이 마침내 보상을 받는 거나 다름없었다. 얼마 전부터 파리 기독교청년회에서 주장해 온 중앙집권화된 조직을 갖추는 문제에 대해서 뒤낭은 대체로 주저하는 입장이긴 했지만, 공의회라든지 연례회의를 열어 자신이 매우 애착을 갖고 있는 이러한 전 세계적인 친교의 관계를 강화할 필요가 있다는 점에 대해서는 이미 오래전부터 강조해 왔기 때문이다. 그는 제네바가 아니라 파리에서 최초의 총회가 열린다는 점에 대해서 전혀 씁쓸하게 생각하지 않았다. 이미 2년 전부터 이곳저곳을 다니며 생활하는 그에게 지리적인 문제는 더이상 큰 의미가 없었다. 게다가 파리에는 논란의 여지가 없는 장점이 있었다. 프랑스의 수도 파리에서 열릴 다음 만국박람회에 모두의 시선이 향해 있었기 때문이다. 마침 복음주의 연맹에서도 1855년 여름에 파리에서 총회를 열기로 결정한 참이었다. 기독교 청년들이 이 같은 기회를 이용해서 자신들만의 총회를 열지 못할 이유가 없지 않은가?

11월 21일 회합에 참석할 수 있었던 덕에 뒤낭은 이처럼 중요한 소식을 제네바에 있는 친구들에게 직접 전할 수가 있었다. 바로 그다음 날 뒤낭은 제네바로 서신을 보내어 이듬해 7월에 파리에서 전 세계 모든 기독교청년회 조직이 모이는 총회가 열린다는 걸 마치 이견의 여지가 없는 최종 결정 사항처럼 알렸다. 희한하게도 그는 '미국, 잉글랜드, 스코틀랜드, 홀란드, 벨기에, 독일, 그리고 제네바로부터 대표자들이 파송될까요?' 하는 의문문 형태로 편지를 썼다. 마치 제네바에 있는 친구들 사이에 그 누구라도 잠시나마 자기들끼리 다른 꿍꿍이를 가질 거라고 생각한 듯했다.

노련하게 항상 적재적소에 있을 줄 아는 뒤낭의 재주를 지니지 못한 막스 페로는 분명 뒤낭의 편지 소식조차 바로 알지 못한 게 분명하다. 11월 26일 즉 파리 기독교청년회의 회합이 있은 지 5일이나 지난 데다 뒤낭이 이미 미국에까지 소식을 전한 시점에 와서야 페로는 파리에 사는 동생에게 '전 세계 UX(기독교청년회의 프랑스어 줄임말) 총회와 관련해서 결정된 내용'이 대체 무언지를 묻는 편지를 보냈다. 막스 페로는 또한 동생에게 파리에서 열릴 복음주의 연맹 총회를 대비해서 리옹의 한 목사가 자신에게 기독교청년회의 기원과 활동에 대한 보고서 작성을 의뢰했노라고 적었다. 자랑거리가 있어도 평소 모호한 태도를 취하던 사람답게 페로는 그 의뢰를 아직 수락하지 않았다고 말하면서도, 보고서를 쓴다면 어떤 내용이 들어가야 할지를 동생에게 조목조목 설명하였다. 또 12월 19일에는 동생에게 보낸 편지에 막스 페로는 '만약 복음주의 연맹에서 보고서 의뢰를 철회한다면 난 크게 안도할 것 같다'고 적기도 했다. 하지만 뒤낭이 그 보고서 작성을 맡을지도 모른다는 소문을 듣자마자 180도 태도를 바꾸어 반드시 자기가 그 일을 맡아야 한다고 나섰다. 보고서 작성 임무를 맡고 싶지 않노라고 편지에 적은 바로 다음 날 막스 페로는 동생 아돌프에게 '뒤낭은 장폴 쿡과 논의 끝에 자기가 나랑 같이 보고서를 공동 작성하겠다고 확정적으로 얘기한 모양'이라는 편지를 또 보냈다. "하지만 나는 뒤낭을 별로 신뢰하지 않으니, 부디 네가 쿡에게 보고서 작성이 꼭 필요한 일인지 물어봐 주기 바란다. 그리고 파리 기독교청년회 회장으로서 쿡이 확실한 답변을 나에게 보내도록 전해주렴. 뒤낭이 토라지기라도 하면 서면 확답을 보여주어야 할 테니 말이다." 마침내 1855년 1월 20일이 되어서야 페로는 마음의 평안을 되찾았다. 뒤낭은 보고서 작성 업무에서 배제되었고, 페로 본인이 보고서 작성의 임무를 단독으로 맡게 되었기 때문이다. 그는 무려 넉 달의 시간을 들여 보고서를 작성하였고, 그 뒤 두 달 동안은 그 내용을 달달 외워두었다.

복음주의 연맹총회에서 사용될 이 보고서 작성과 관련해 신경과민 증상을 보였다는 사실을 통해 막스 페로는 사실 인정받기를 원하고 있었을 뿐 아니라, 그의 '소중한 친구' 앙리에 대해 상당히 화가 나있었다는 걸 엿볼 수 있다. 그는 당시 동생에게 보낸 또 다른 편지에 다음과 같은 내용을 적었다.

"이 소중한 친구가 상식과 눈치와 판단력을 좀 더 키우면 얼마나 좋을까 하고 생각한단다. 하지만 항상 그대로지. 그는 나를 도와주긴 하지만 날 피곤하게 하는 일이 잦아. 무엇보다 나를 걱정시키지. 그를 위해서 기도하자꾸나. 분명 그는 세상을 살아가면서 많은 고충을 겪을 거야.”

안타까운 이야기지만, 페로가 뒤낭을 얼마나 제대로 파악했던가! 하지만 그가 했을 기도는 무위로 돌아갔다. 정녕 뒤낭은 삶에서 고충을 겪었다. 그것도 정말 많이 겪어야 했다. 게다가 그의 친구 막스가 품고 있던 반감은 시간이 흐르면서 수그러들기는 커녕 훨씬 커져갔다.

하지만 페로가 걱정했던 바와는 반대로 1855년 초에 뒤낭은 더 이상 기독교청년회의 발전 과정에 있어 중요한 역할을 요구할 생각이 없었다. 이러한 심경을 뒤낭은 미국 기독교청년회 사무총장인 윌리엄 촌시 랭던에게 보낸 편지에 기록하였다. 랭던을 한 번도 직접 만난 적이 없으면서도 뒤낭은 자신은 이제 기독교청년회에서 이미 이룬 성과에 초점을 둘 뿐, 거기서 앞으로 더 해야 할 일을 생각하지는 않는다고 매우 솔직하게 고백했다.

“약 6년 전부터 나는 이 기독교청년회 모임들에 대해 꿈을 키웠습니다. 이제 전 세계 곳곳에 자리잡아가는 이러한 형제애에 기반한 교신, 이러한 교제, 또 이러한 관계에 대한 꿈이었지요. 전 기독교를 아우르는 서신 교환을 혼자서 시작한 게 고작 4년 전 일입니다. 당시에는 내가 혼자서 그 일의 무게를 감당했지요. 그 이후로 상황이 많이 바뀌었고, 나는 이제 기꺼이 뒤로 물러나고자 합니다. 이 신성한 불꽃이 일어나 제네바의 내 친구들을 사로잡았으며, 복음주의 기독교인들과 청년들이 있는 어디든, 유럽 전역에 기독교청년회 모임이 등장했음을 분명히 알기 때문입니다.”

이 서신의 끝자락에 뒤낭은 수신자 랭던에게 ‘막스 페로 드 푸르탈레스’를 추천하면서, “그는 소중한 친구이자 훌륭한 회장입니다. 그는 이 일에 전력을 다하고 있으며, 이 과업이 무언지를 제대로 이해하고 있는 사람입니다”고 적었다. 이러한 뒤낭의 글을 통해 분명하게 알 수 있는 건, 이 ‘소중한 친구’ 페로가 등 뒤에서 자신에 대해 그토록 험담을 하고 또 자신을 나쁘게 평가하고 있으리라고 뒤낭은 꿈도 꾸지 못했다는 점이다. 나중에 가서 그 사실을 알게 되었지만 그때는 정말로 너무나 뒤늦은 때였다.

환멸이 가득한 모래밭

뒤낭이 랭던에게 쓴 편지에 전하지 않은 바가 있다면, 자신의 에너지를 또 다른 미래가 완전히 앗아가고 있다는 사실이었다. 1855년 3월 1일 뒤낭은 다시 알제리로 향했다. 더 이상 제네바회사 직원이 아니었지만 아인아르나트의 작은 스위스 정착촌 개발 상황을 세심히 살필 이유가 그에게 분명 있었다. 프랑스 관공서에 3천 프랑에 달하는 정착 선불금을 지불할 수 있을 만큼 부유한 정착민을 찾는 건 거의 불가능한 일이었으므로, 얼마 전부터 제네바회사 관계자들은 프랑스 관리들과 애초 협상해 둔 바와는 조금 다른 형태의 정착 사업을 고안하고 있었다. 오직 유럽 정착민들로 채운다는 조건으로 불하받은 20 헥타르의 부지를 그에 맞게 활용하는 건 불가능한 상황이었다. 스위스 정착민들 중에 그 부지를 취득할 여력이 되는 사람은 거의 없었다. 대부분의 지원자들은 고향을 떠날 때 철저한 빈곤에 처한 사람들이었다. 그런 이들이 정착에 필요한 부지를 양도받기 위해 3천 프랑을 들고 알제리에 도착했을 리 만무했다. 그렇기 때문에 제네바회사에서 생각해 낸 대안은, 정착민들이 부지를 구매하는 대신 부유한 제네바 투자자들이 정식으로 부지를 양도받은 후에, 이를 현지에 정착한 농민들에게 대여하는 방식이었다. 제네바회사를 운영하는 이 높으신 분들은 그러한 절차의 도덕성에 대해 고민하지 않았을 뿐 아니라, 자신들이 건설한 정착촌이 실제로 어떤지 직접 확인해 볼 생각조차 없었던 게 분명했다. 이들은 다만 자신들이 굳게 신뢰하는 사람을 현지에 보내어 대신 상황을 살필 수 있게 되니 아주 흡족할 따름이었다. 뒤낭은 어차피 자신의 사업을 진전시키기 위해 알제리에 갈 예정이었으므로 제네바회사의 '친구들'은 그에게 아인아르나트에 정착한 '임대인들'의 복지, 건강, 번영 상태를 확인하는 임무를 맡겼다.

1855년 4월 초 아인아르나트 정착민들의 사기가 어느 정도인지를 제네바회사 관계자에게 보고하면서 뒤낭은 '세티프 근방에서도 최악'이라는 말밖에 할 수가 없었다. 질병으로 공동체의 수많은 사람이 죽어나간 데다 현지인들로부터 미움을 사는 스위스 정착민들은 극도로 낙담한 상태였고, 구역질 날 정도로 비위생적인 집에 사는 아이들은 삐쩍 말라있었다. 뒤낭은 바로 이러한 '엘도라도'의 실상을 동생 다니엘에게 보여주게 되고 말았다. 동생에게 사업을 좀 가르치고 또 자기 프로젝트에 동업을 권하려고 알제리에 데려온 참이었다. 제네바회사 관계자들은 이러한 쇠락한 상황에 상당한 책임이 있었기 때문에 그에 걸맞게 충격이 클 수밖에 없었다. 정착지 농민들에게 분배되었어야 할 부지를 제네바에 있는 자신들이 구매하는 편법을 동원함으로써 1852년 황제 칙령의 범위를 벗어나는 데 그친 게 아니었다. 이들은 현지 정착민들이 도무지 버텨낼 수 없는 액수로 임대료를 책정했고, 그러다 보니 정착민들은 하나 둘 마을에 딸린 토지에서 농사짓기 자체를 포기하게 되어버렸다. 다행히도 현지 군 당국이 이 같은 추문을 접하고는 개입을 했다. 프랑스 군당국은 스위스의 토지 소유주들에게 임대료를 3분의 1로 줄이라고 요구하였고, 심지어 소유주가 책정한 임대료가 지나치다고 판단되면 이듬해 임대료를 아예 탕감하라고 강제하였다.

제네바에 사는 토지 소유주들의 특별 관리로서 파견된 뒤낭의 상황은 훨씬 안락했을 것이다. 재난이라 해야 할 정도인 현지 정착촌의 상황에 대해 자신의 '제네바 친구들'의 책임이 무겁다는 사실을 뒤낭은 과연 포괄적으로 파악하고는 있었을까? 애초부터 제대로 정착하는 게 불가능할 수밖에 없을 정도로 높게 책정된 임대료에 대해 아인아르나트 정착민들이 실로 얼마나 적개심을 품고 있었는지를 뒤낭은 이해했을까? 뒤낭이 비판했어야 마땅한 당사자들에게 보낸 보고서들을 보면 물론 그런 심경이 엿보이지는 않는다. 1855년 4월 2일자로 그가 보낸 서신의 내용 중에 특히나 사실적인 대목을 발췌하여 소테르 백작이 이사회 앞에서 읽어주었음에도, 이 신사분들은 도무지 현실 파악을 하지 못했다. 백작의 발언이 끝나자마자 최고경영자는 '뒤낭 씨의 판단에 조금 성급한 점이 있었다'고 서둘러 결론지었다. 이내 앙리 뒤낭은 나쁜 소식을 전하는 사람은 그 누구도 좋아해주지 않는다는 걸 깨달았다. 특정 책임자들이나 체제를 문제 삼기보다는 안 좋은 상황에는 언제나 조금만 파고들면 쉽게 찾을 수 있는 다른 이유들이 있는 법이다! 우선 인간의 본성이라는 걸 들수 있다. 아인아르나트 마을 사람들이 당장 겪고 있는 문제들은 탐욕, 게으름, 음탕함, 태만함 등등 수많은 공교로운 인간의 흠결을 통해 충분히 설명이 가능하다. 그 정착촌이 마주한 애로 사항으로는 주성뱅이 교사를 퇴출하는 문제부터 기근의 위험까지, 교양 따위는 포기한 사람들부터 매춘의 등장에 이르기까지 한두 가지가 아니었다. 게다가 불운이라는 게 분명 있지 않은가. 운이 나쁘다고 설명하기만 하면 잘못을 한 자는 자유로워질 수 있다! 기후 측면에서 불운은 지나치게 덥거나 너무 추운 탓일 수 있고, 전염병이나 현지인의 적대감이라는 불운, 또 흉년이라는 불운도 있다. 마지막으로 시련이라는 불운을 이유로 삼으면 그 어떤 성찰과 분석도 필요가 없어진다.

뒤낭의 삶의 당시 시점에서, 특히나 당대의 환경을 고려할 때, 뒤낭이 제네바회사 투자자인 자신의 친구들과 다른 입장을 보이기는 불가능했을 것이다. 그들은 뒤낭이 그토록 동화되고자 염원했던 상류 사회 사람들이기 때문이다. 복음주의 신앙으로 인해 뒤낭은 사람들의 고난에 민감하게 반응하였고, 그러한 상황에는 당연히 적극적으로 자애를 실천해야 한다고 배웠다. 반면에 바로 그 신앙으로 인해 그는 바꿀 수 없는 세상의 법칙에 기반한 사회 규범을 철저히 마음에 새기고 있는 사람이었다. 뒤낭이 분명 정착민들의 불행을 인정한 것은 맞지만, 그 불행의 원인과 해결책에 대해서는 자신의 고용주들과 동일한 시각을 가질 수밖에 없었다. 그렇기에 뒤낭은 이들 제네바회사 책임자들에 대해 파렴치할 정도로 낙관적인 태도를 끈질기게 견지했다.

도착하자마자 정착촌의 충격적인 상황을 목도한 지 한 달도 채 되지 않았는데, 1855년 4월 말 뒤낭은 마치 마법처럼 모든 게 정상으로 돌아간 듯한 내용의 편지를 보냈다.

"정착촌들의 보건 및 위생상태는 아주 훌륭합니다. (중략) 아르나트에는 집 주위 정원의 외관이 아름답게 갖춰지기 시작한 가구가 네댓 군데 눈에 띕니다. 대체로 여기에서는 이곳을 떠났거나 사망한 이들을 안타까워하는 분위기가 아닙니다."

자연선택론이 제대로 작용한 것이 아닌가. 별로 쓸모가 없는 이들은 죽어나갔고, 불운이 겹치다 보니 게으른 자들도 떠나갔다. 이제는 인간의 본성이 개선되기를, 또 나쁜 운세가 끼어드는 일이 더 이상 없기만을 바라는 수밖에.

"부히라 마을은 전반적으로 잘 구성되어 있습니다. 움직임이 눈에 띄고 활력이 느껴집니다. 아르나트에서는 아예 찾아볼 수 없었던 함께한다는 공동체 정신을 느낄 수 있습니다. 분지에 위치한 이 마을에 이번 여름 열병이 돌지 않기만을 바랍니다. (중략) 이 사업이 성공하기 위해서는 반드시 절도 있고 활력 넘치는 사람들이 필요합니다."

지난번 알제리 여행에서 돌아왔을 당시 뒤낭은 무슬림 전도를 위한 선교회를 설립하려는 계획을 아직 갖고 있었다. 구약 시대를 상기시키는 머나먼 땅으로 여행을 몇 차례 하더니 그는 일종의 계시를 받은 듯 행동했다. 미국 친구 랭던에게 고백하길 "그곳에서 나는 선지자들의 상징적인 언어를 더 잘 이해하게 되었고, 내 신앙은 더욱 확고해졌습니다."고 하면서 뒤낭은 제네바로 돌아가자마자 '마호메트를 따르는 이들에게 복음을 전하기 위한' 작은 선교회를 꾸릴 거라고 장담하기도 했다. 하지만 이러한 계획은 뒤낭의 삶에 다시는 등장하지 않는다. 마치 이 세 번째 알제리 여행이 앙리 뒤낭이라는 사람의 여러 가지 관심사 사이에 확고한 단절의 요소로 작용한 듯했다. 완전히 표류하고 있는 스위스 정착촌의 꼴을 목격한 탓일까? 사업의 인정사정 없는 현실을 알아버린 탓일까? 아니면 단순히 성숙해지는 과정이었던 걸까? 1855년 여행 중에 뒤낭은 도덕적인 차원에서나 지리적인 문제를 고려해도 기독교인으로서의 전도 열망과 직업상의 목표를 이제는 분리하는 게 맞다고 확신한 걸로 보인다. 만약 아프리카에 무역업의 가능성과 부의 축적 기회가 넘쳐나는 듯하다 해도, 그것과 달리 '하나님의 왕국'이 단숨에 완성될 리는 없었다. 알제리로 개신교도를 데려다가 정착을 시키는 방법을 동원하든, 현지의 알제리인들을 있는 힘껏 개종시키려 노력하는 방법을 쓰든 마찬가지였다.

당시로서는 사업상의 야망이 온전히 그의 정신을 앗아가는 바람에 하루 해가 순식간에 기울곤 했다. 한 해 전 9월에 제출한 500헥타르의 국유지 추가 불하 요청에 대해서는 여전히 일말의 답변도 받지 못했다. 시간이 흐를수록 기다림은 조급함이 되고, 조급한 마음은 당연히 걱정으로 변했다. 당국 관리들을 들들 볶고 하급자들에게 읍소하고 또 셀 수 없이 많은 관청과 온갖 대기실에 끝없이 왔다갔다하고서야 뒤낭은 마침내 소식을 들을 수 있었다. 전쟁부 정무차관이 뒤낭의 요청서를 알제리 총독에게 이미 전달한 게 맞다. 그렇다, 정무차관은 본인은 긍정적으로 고려한다는 견해를 첨부했다고 한다. 하지만 아니다, 아직 총독은 답을 하지 않았고, 아마 더 이상 답변을 기대해선 안 될 것 같다. 이러한 맥락의 언질이었다. 1855년 5월 당시 뒤낭이 유일하게 확약을 받은 부분은, 임시 차원이기는 하지만, 1854년에 요청해 둔 제분소 건설용 부지 7 헥타르와 폭포수 수원 사용에 대한 허가뿐이었다. 그것은 자신이 꿈꾸던 대단한 규모의 사업이 아니었다. 1855년 6월 뒤낭이 다시 알제리를 떠날 당시에 그에게 확실한 단 한 가지가 있다면, 그 7헥타르 땅은 자신의 꿈이 터를 잡고 제대로 실현되기에 열 배나 모자라다는 사실이었다.

파리 총회

앞에서 언급한 1854년 11월 파리 기독교청년회의 회합에서 결정된 대로 기독교청년회 세계 총회는 처음에 1855년 7월 개최를 목표로 하였으나, 결국 복음주의 연맹의 총회와 마찬가지로 1855년 8월 말로 연기되었다. 제네바 기독교청년회의 두 공동 창립자 앙리 뒤낭과 막시밀리앙 페로의 공동 프로젝트였어야 할 이 파리 세계 총회 준비 과정은 이들이 가고자 하는 길뿐 아니라, 이 두 사람의 기질이 얼마나 상반되는지를 명백히 보여주는 계기가 되고 말았다. 1855년 3월 알제리로 떠나기 직전에 뒤낭은 총회가 8월에 열릴 예정임을 알리는 제 6호 '회람'을 힘겹게 준비했다.

마치 최후의 순간에 자신의 흔적을 남겨서 뒤낭 본인이야말로 회람을 만들어낸 장본인임을 알리려는 듯했다. 하지만 아직은 파리 기독교청년회가 세계 총회에 대한 구체 사항을 알려줄 수 없는 시점이었기 때문에, 뒤낭은 몇 달 전인 1854년 11월의 결정 사항을 상기시키면서 당시 장폴 쿡이 보내온 총회 개최 의지를 표명하는 글을 인용하는 데 그칠 수밖에 없었다. 이렇게 회람을 마무리하고 나서 뒤낭은 3개월 동안 자리를 비웠고, 그사이에는 알제리 일이 급했기 때문에 파리 총회 관련 상황이 어떻게 진행되는지 신경 쓸 새가 없었다. 반면에 막스 페로는 세부 사항마다 신경을 썼고, 이제 좀 적극적으로 준비를 시작하라며 쉴 새 없이 파리의 기획자들을 들볶았다. 또한 그는 전체 계획표를 요청하였으며 여러 기독교청년회에서 파견할 대표단의 숙식 문제부터 토론 주제까지 신경을 썼다. 심지어 파리 기독교청년회 회장으로서 제1차 세계 총회의 주도자나 다름없는 장폴 쿡을 나무라기까지 했다. 독신인 페로의 눈에 너무나 이상하게 보였던 건, 이렇게나 중요한 세계 총회가 넉 달도 채 안 남은 시점인 1855년 4월에 장폴 쿡이 결혼식을 예정하고 있다는 사실이었다!

6월에 뒤낭이 제네바에 돌아온 후에도 뒤낭과 페로 두 사람의 관계는 회복의 기미를 보이지 않았다. 막스 페로는 6월 22일자 편지로 "뒤낭이 알제리에서 돌아와 여기서 여름을 보낸다고 해." 하고 동생에게 알렸다. "시내에 작은 아파트를 임대해 가지고 친구들을 불러들여 접대한다는데, 들리는 얘기에 따르면 제복을 차려 입은 하인까지 뒀다는구나." 극도로 엄격한 칼뱅주의 신앙을 가진 검소한 가정에서 자란 청년 막스 페로의 눈에 '그리스도 안의 형제' 뒤낭이 그렇게나 귀족 행세를 하고 싶어 안달하는 모습은 분명 어줍잖게 보였을 것이다. 그래도 페로의 이 같은 반응에는 어느 정도는 시기심도 깃들어 있었으리라. 페로 가문의 연대기에 '두뇌의 피로'라고만 기록된 만성적인 증세에 평생 시달린 막스 페로 본인과 주위 사람들은 그가 직장을 가지고 독립적으로 생계를 꾸릴 수 없을 거라는 걸 이제는 기정 사실로 받아들이고 있었다. 그러한 문제는 우선 부모가 빈틈없이 부양을 해준 덕에, 그리고 몇 년 후 부잣집 규수를 아내로 맞아들임으로써 해결되었다.

도무지 그의 입장에서 이해가 안 갈 정도로 느긋한 파리 기독교청년회의 태도 때문에 막스 페로는 불안에 떨었지만 결국 모든 게 시간에 맞춰 준비되었다. 8월 19일 일요일, 기독교청년회 제1차 세계총회를 위해 전 세계에서 대표들이 모여들었다. 그날 저녁 자콥가에 위치한 기독교청년회센터에서 개회 연회가 열린 후, 총회의 본회의는 20일 월요일부터 루아얄가의 감리교회 예배당에서 시작되었다. 총회는 대중에게 미공개로 진행되었는데, 그 이유는 참석자들이 온전히 자유롭게 논의와 기도를 나눌 수 있게끔 하기 위해서였다.

장폴 쿡이 총회 의장으로 선출되었고, 4명의 부의장 중에 막스 페로가 포함되었다. 뒤낭은 공식 직함을 얻어내려 애쓰지 않긴 했지만, 기독교청년회 운동의 다른 창립자 6명과 함께 총회 자리에 모인 이들로부터 감사의 기립 박수를 받았다.

총회의 가장 중요한 순간은 수요일 오후에 찾아왔다. 지난 몇 년간 생겨난 수많은 크고 작은 기독교청년회 조직들을 규합하여 전 세계 연맹을 구성하자는 의지가 표명된 순간이었기 때문이다. 이는 벌써 실현된 거나 다름없으니 공식적으로 국제연맹을 인정하는 헌장을 만들자고 프레데릭 모니에가 제안했다. "지금 우리의 연맹을 결성해야 한다는 말을 하는 게 아닙니다. 그건 이미 존재하고 있으니까요." 프레데릭은 총회에 모인 이들에게 엄숙한 어조로 말했다. "이제 그 존재를 분명히 드러내야 할 때입니다."[C1] 확신에 찬 목소리로 제안을 내놓는 프레데릭 모니에를 보며 뒤낭은 3년 전에 푸르카 고개 돌길에서 우연히 만났을 당시 아직 청소년 같았던 프레데릭의 어투를 찾아내려 애를 써보았다. 알프스에서의 그 만남이 없었다면 지금 이 순간 프레데릭은 저 연단 위에 서 있을 수 있을까? 뒤낭의 머릿속에는 지난 일들이 빠르게 스쳐지났다. 그렇다. 모든 게 몇 달 안에 벌어졌다. 알프스 산행에서 돌아오자마자 프레데릭은 파리로 떠났고, 거기서 곧바로 뒤낭이 프레데릭에게 연락하라고 알려준 지베르와 메르시에를 만났다. 파리의 기독교청년회는 그 세 사람이 장폴 쿡과 만나면서 탄생한 것이었다. 그랬던 프레데릭이 이제는 세계기독교청년회연맹의 기초를 다지는 역할을 하고 있지 않은가! 전 세계를 아우르는 보편성의 가치를 가슴이 벅차오를 정도로 소중히 여겼던 뒤낭은 그러한 감격을 안고서 혼자 조용히 생각에 잠겼다. 이제 막 프레데릭 모니에가 자신의 발표를 마친 참이었다. 얼마 간의 토론 끝에 총회에 자리한 백여 명의 대표자들은 프레데릭 모니에가 작성한 보고서 내용에 박수를 보내주었다. 이렇게 해서 모니에는 현재까지도 세계기독교청년회연맹의 기초 헌장이라고 인정받고 있는 〈파리기준Base de Paris〉 문서의 주요 작성자로 기억되고 있다.

저자 주석 C1: 『벌써 백 년Déjà cent ans!』[2]에서 인용.

그 주 목요일 저녁 테부 예배당에서는 막스 페로가 지난 몇 달 내내 틈이 날 때마다 공들여 작성한, 즉 앞에서 언급한 바 있는 의뢰받은 보고서를 복음주의 연맹의 대표자들 앞에서 발표했다. 이 보고의 목적은 당시 교회 조직이나 목사들로부터 독립적이면서 오직 신앙으로 모인 청년들이 만들어낸 이 놀라운 새 조직, 즉 기독교청년회의 정체에 대해 어른들을 안심시키는 데 있었다. 개신교회의 원로들에게 이해시켜야 하는 부분이 바로 그런 점이었다. 페로는 온건함의 미덕으로 원로들을 진정

2 이 책은 기독교청년회가 국제 조직으로 탄생한 지 백 주년이 되던 1955년에 발행되었다.

시키기에 적당하면서도 딱 핵심을 찌르는 문장들을 만들어 내었다. "기독교청년회는 계층을 뒤흔들지 않으면서도 통합해 줍니다. (중략) 저희는 성직을 존중합니다. (중략) 저희는 저희끼리 별도의 교회를 이루는 게 아니라, 단지 청년들의 모임일 뿐입니다. (중략) 한마디로 청년으로서 청년에게 다가가고자 할 뿐입니다." 관례를 준수하면서도 완전히 새로운 개념의 이 기독교청년회라는 움직임의 핵심을 이보다 더 잘 요약한 말이 있을까?

다음 날 금요일에 총회의 일곱 번째이자 마지막 회기가 열렸다. 여기서 최종판 『파리기준』 헌장이 가결되었다. 이렇게 하여 청년들이 '자주적으로 운영'하는 운동이 탄생하였다. 비슷한 선례가 없고, 그 이후로도 회원수나 지리적 파급력, 규모 등의 면면에서 그 어떤 비교 대상이 없는 청년운동이 된 기독교청년회가 태동한 현장이었다. 이제 총회가 마무리되면서 강당 안에는 벅찬 감정이 그대로 느껴졌다. 뒤낭은 여기서 작별 인사를 전하는 역할을 맡았다. 제네바 청년들의 소박한 기도 모임에서 시작해서 5년도 채 되지 않은 기간에 전 세계적인 연맹을 만들어 내는 데 최초의 끈이 되어준 국제 교신을 개시한 사람이 바로 뒤낭이었기 때문이다. 기독교청년회[3]는 창립 150년 뒤 전 세계 4,500만 명의 회원을 거느린 거대 단체가 된다. 당시에는 그런 일은 상상조차 하지 못했겠지만, 어쨌든 뒤낭에게 1855년 제1차 파리 총회는 자신이 가졌던 영감이 가득한 비전과 끈질긴 노력에 대한 보답이라고 느껴졌다.

그해 초 뒤낭이 랭던에게 서신을 보냈던 내용대로 그는 이제 성공적으로 일을 마무리했다는 기분 좋은 감정을 안고 다른 일에 몰두할 수 있게 되었다. 마침 다행이었다. 미래에 대해 얘기하자면, 그해 여름 1855년 8월 말 뒤낭의 사업 쪽 상황은 완전히 다른 양상을 보이며 불확실성으로 빠져들고 있었기 때문이다.

변덕스런 약혼녀 같은 알제리

모든 일이 술술 풀렸던 1855년 여름이 지나고 뒤낭이 맞이한 그해 가을은 인정사정없었다. 마치 변덕스런 약혼녀처럼 알제리는 뒤낭의 구애를 끈질기게 밀어냈다. 그가 제출한 요구 사항은 행정기관에서 조목조목 거부당했다. 뒤낭은 요구 사항을 재고하거나 아니면 다른 경로로 기존 요구 사항을 관철시키기 위해 애써야 하는 갈

---

3 이 기독교청년회가 바로 YMCA(Young Men's Christian Association)이다. 연혁으로 보면 1844년 영국에서 최초로 시작되었지만, 전 세계의 국제 기구로 발전하게 된 계기는 이처럼 1855년 파리 총회를 통해서였다.

림길에 놓였다.

이미 십여 만 프랑에 가까운 액수를 투자했던 그에게 단지 그런 선택지 밖에 없었을까? 9월에 뒤낭은 토지 면적을 500헥타르에서 200헥타르로 축소한 불하 신청서를 제출했다. 그는 이내 초조함에 사로잡혔고, 9월에도 이에 대한 답변이 없자 한 달도 채 되지 않아 다른 방법을 동원하기로 결심했다. 1855년 10월에 뒤낭은 그 200헥타르를 현금으로 사들이겠노라는 제안을 했다. 그 전의 요청에 대한 대답보다도 이에 대해서 불가하다는 답변이 먼저 도착했다.

이렇게 뒤낭의 토지 불하 신청에 대한 당국의 거절이 이어진 데 대해서는 파리와 세티프, 즉 프랑스 본토와 알제리 현지 관청의 입장이 항상 동일하지는 않았다. 파리에서는 뒤낭에 대해 대체로 긍정적으로 검토하는 분위기였으나, 현지에서 일하는 관리들은 알제리 현지 주민들의 이해관계를 보호하고 싶어했다. 유럽 정착민들이 탐내는 땅에는 이미 수 세대에 걸쳐 알제리인들이 농사를 짓고 있었기 때문이다. 파리의 지원을 등에 업고 있다고 해도 그 사실이 그다지 효력이 없다는 걸 깨달은 뒤낭은 이번에는 두 번째 폭포 사용권 양도 문제를 놓고 직접 현지 관리들을 상대해 보기로 결정했다. 허나 그러한 접근이 더 효과적이지도 않았다. 식민지 정착 정책을 긍정적으로 바라보았던 현지 자문위원회는 유럽 출신 식민지 개척자들이 현지인들의 수원과 토지를 사취해 가기보다는 직접 정착촌을 건설하기를 원했다. 바로 그러한 이유로 현지 관리들은 뒤낭보다는 다른 식민지 사업가 조셉쥘리앙 니오셀을 선호했던 것이다. 니오셀은 대지주이자 나중에는 세티프 시장이 된 인물로서 뒤낭이 요청했던 같은 구획에다가 25세대 규모의 정착촌 마을을 짓겠노라고 약속했기 때문이다. 뒤낭에겐 니오셀의 약속을 넘어설 만한 제안을 할 여유가 없었다.

몇 달이 지나고 몇 년이 지났건만 아무런 결정이 나지 않았다. 단지 1854년에 요청해서 1855년 5월에 임시로 허가를 받았던 7 헥타르 70 아르 규모의 토지에 대해서만 1856년에 마침내 확정 허가가 나왔을 뿐이다. 그 외 다른 요청 사항에 대해서는 아무런 진전이 없었다. 3년이라는 세월이 지났건만 단 1평방미터도 추가로 허가를 받아내지 못했다. 뒤낭은 그런 상황에서도 실패를 인정하려 들지 않았다. 제길, 시간이 필요했다. 강한 인상을 심어줘야 한다. 신뢰감을 줘야 하고, 파리 본토든 알제리 현지든 관료들이 자신의 사업 계획에 대해 주저하지 않게끔 해야만 했다! 제분소는 이미 돌아가고 있으니 그것만으로도 대단하지 않은가? 가뭄으로 인한 식량 부족을 해결하기 위해 군 행정부로부터 밀가루 주문도 받았다. 이것이야말로 그의 사업에 효용성이 있다는 구체적인 증거가 아니겠는가?

알제리에서 몇 개월을 체류한 후 뒤낭은 이제 습관처럼 가을을 보내러 1856년 늦여름에 제네바로 돌아왔다. 공식적으로 그는 여전히 복음주의 연맹의 간사였다. 그의 오랜 친구이자 목요일 청년 기도 모임을 처음부터 함께해 온 동지 테오도르 네케르가 뒤낭이 공석일 때마다 그 일을 돕곤 했는데, 뒤낭이 자리를 비우는 시간은 계속해서 더욱 잦아지고 또 길어지고 있었다. 참으로 선량한 친구 네케르! 바로 그해 1856년에 그는 마침 막스 페로로부터 제네바 기독교청년회 회장직을 넘겨받았다. 네케르가 페로와 뒤낭 두 사람에게 보여준 차별 없는 우정이야말로 페로와 뒤낭을 그나마 이어주던 마지막 끈이라고 할 수 있었다. 이 두 사람의 관계는 나아지기는커녕 점점 멀어지고 있었기 때문이다. 영어 실력 향상을 위해 에딘버러에 머물던 페로는 그해 1월 동생에게 보낸 편지에 "뒤낭이 이제 자기 이름을 두 부분으로 나눠 적고,[4] 친구들에게 정식으로 그렇게 불러달라고 한다는 게 사실인가?"라고 의구심을 표시했다. 같은 날 편지에는 지리적으로는 멀리 떨어져 있지만 여전히 날선 시기심을 엿보게 하는 다음의 대목이 이어졌다.

"참으로 가련한 뒤낭! 그를 위해 기도를 많이 해줘야 한다. 그의 신앙은 표면적일 뿐이고, 런던에서 들리는 과장된 그의 평판은 그에게 전혀 도움이 되지 않았으니 말이지. (중략) 너에게 단언컨대, 그런 동료가 있다는 사실이 내게 참으로 힘들구나. 프랑스 기독교청년회에게는 치사한 서신들로, 파리 사회에서는 온갖 어리석은 짓들로 본인의 신용을 다 깎아먹었으니 말이다."

1856년 가을, 하나로 이어 적든 두 단어로 나누어 적든, 친가에서 물려받은 그 성의 문제는 뒤낭에게 중요하지 않았다. 아뷜리 마을의 '거물'이자 앙리 뒤낭의 어린 시절 가장 단단한 가치관의 토대를 마련해준 분, 개화된 사람으로서 또한 지주로서의 교양을 한몸에 지녔던 외할아버지께서 그해 초가을에 돌아가셨기 때문이다. 어린 시절의 수많은 행복한 추억이 수면 위로 떠오르는 듯했다. 상대적으로 현재 자신이 처해 있는 극도로 불안정한 상황과 대조되면서 그 추억은 훨씬 더 생생하게 다가왔다!

앙리는 제네바에 있으면서 어머니 곁에서 가장 많은 시간을 보냈다. 하지만 겨울이 다가오자 한 자리에 가만 있지 못했다. 기독교청년회로 유럽 전역을 돌아다닐 일도 더 이상 없고, 알제리 관청은 끔찍하리만큼 무기력했고, 재차 파리, 알제, 콩스탕틴이나 세티프에 다시 직접 가기는 너무 일렀다. 뒤낭에게는 뭔가 새로운 모험과 흥분을 가져다 줄 거리가 필요했다. 다시 길을 떠날 동기를 반드시 만들어야 했다. 그런 뒤낭에게 핑곗거리가 된 건 정치적인 사건이었다. 1856년 연말 앙리는 다시 남

---

4 Dunant의 'du' 부분을 띄어 써서 귀족 행세를 한다는 뜻이다.

쪽으로 떠나기로 결심했고, 이전까지의 여정과는 완전히 다른 목적을 안고서 니스, 나폴리, 시칠리아와 몰타를 거쳐 튀니스로 향했다.

학문적인 야망

니스에서 뒤낭은 친구 에르네스트 드 트라즈의 집에서 며칠을 묵었다. 드 트라즈는 당시 어머니와 누이와 함께 프랑스 남부에 머물던 중이었다. 앙리의 친구를 통틀어 에르네스트야말로 그와 가장 가까웠고 또 가장 의리가 있었다. 열두 살 때 학교 같은 반이었고, 루이 로슬레와 함께 셋이서 목요 모임을 만들었으며, 기독교청년회의 창립 멤버로서도 뒤낭의 곁을 지켜준 친구였다. 앙리가 알제리에서의 사업을 꿈꿀 때도 에르네스트는 처음부터 관심을 기울여 주었다. 앙리 뒤낭은 주변 사람들을 설득하는 재주가 하도 뛰어나서 에르네스트의 누이 아멜리는 앙리와 대화 한 번만 나누고 나면 페레트와 우유통 우화[5]에 나오는 페레트보다도 낙관적이 되곤 했다. "그의 사업이 어찌나 잘 풀리는지 매일 200프랑의 수익이 난다고 해." 아멜리는 친구에게 보내는 서신에 이렇게 적었다. "그에게 돈을 투자하면, 8~10퍼센트의 수익을 돌려 줄거야. 꽤 괜찮은 투자인 것 같아."[C2]

저자 주석 C2: 뮈첸베르크, 『발레리 드 가스파랭』, 173쪽.

그러고 나서 며칠 후 뒤낭은 나폴리에 도착하였다. 거기에서 뒤낭은 1857년 1월 20일 날짜로 친구 촌시 랭던에게 편지를 띄워 자신의 새로운 여정을 이야기해 주었다. 한 번도 만난 적이 없었던 1854년에 '니의 소중히고 친애하는 형제'라고 운을 떼던 편지와는 어조가 어찌나 달라졌는지! 이제 그런 태도는 옛날 일이었다. 그저 진부하게 '친애하는 친구에게'라고 시작한 나폴리에서의 편지에는 과거 뒤낭의 서신에서 엿볼 수 있던 잔뜩 고양된 친교의 흔적이 완전히 지워져 있었다. 제네바 기독교청년회의 연락 담당 간사였을 때, 본인보다는 기독교청년회의 대표 자격으로 편지를 보낼 당시와는 어조가 달라졌다는 뜻이라 할 수 있다. 수신자 랭던이 영어권 사람이기 때문이었는지는 모르지만, 뒤낭은 이때 처음으로 자신의 이름 앙리의 마지막 철자를 프랑스어식 i가 아니라 y로 적었다. 새롭게 Henry가 된 앙리 뒤낭은 랭던에게 이탈리아에서 만날 수 있기를 바란다면서, 자신의 여정은 몰타와 튀니스로, 그리고 트리폴리로 이어졌다가 다시 이탈리아로 돌아오는 거라고 알려주었다.

5   프랑스 작가 라퐁텐(La Fontaine 1621~1695)의 우화집에 나오는 이야기.

그는 진짜 그렇게 멀리까지 다녀왔을까? 단순히 여행자로서 간 것일까? 전도 혹은 사업을 목적으로 간 것이었나? 아니면 병역 기피자의 처지였을까? 그 전 해인 1856년 9월에 과거 프로이센의 공국이었던 뇌샤텔에서 반공화주의 반란이 발생했었다. 향수에 젖은 소수 왕정주의자들이 벌인 일이었다. 이 쿠데타는 실패로 돌아갔고 주도자들은 수감되었지만 프로이센은 스위스 연방에 대해 군사 조치를 취하겠노라며 위협하고 있는 상황이었다. 그리하여 스위스는 12월부터 뒤푸르 장군의 지휘하에 라인강 연안에 병사 3만 명을 배치하여 국경을 수호하고 있었다.

이로부터 40년 후에 뒤낭은 본인이 이미 오래전부터 평화주의자였음을 증명하고자 바로 이 시기, 즉 스위스 시민들이 국경 수호에 동원되었던 시기에 자신이 이탈리아로 떠났던 이유는 반군국주의 신념 때문이었다고 설명하기도 했다. 허나 그때도 신뢰를 얻기엔 좀 늦은 감이 있는 해명에 불과했다. 뒤낭의 이 여행을 훨씬 개연성 있게 설명하려면 아마도 전투에 나서야 할지도 모르는 상황 속에 한겨울 12월에 발이 얼어가며 보초를 서느니 이탈리아 남부 팔레르모에서 오렌지나 맛보는 게 낫다고 생각했을 가능성이 높다고 이해해야 한다.

어찌되었든 뒤낭은 1857년 1월에 나폴리에 있었다. 흥미로운 사실은, 뒤낭이 친구 랭던에게 부탁하길 자신에게 연락을 취할 때 스위스 영사관들을 통하지 말라고 했다는 점이다. 그는 여행을 하면서 여행지마다 미국 대표부에 자신의 연락처를 남겼다. 얼마간의 시간이 지난 후 팔레르모에 머물 때, 그는 부주의하게도 개방형 마차를 타고 팔레르모 귀족들이 해수욕을 즐기는 장소인 라바가리아까지 다녀오다 감기에 걸리고 만다. 왕진하러 온 의사는 뒤낭에게 몰타에 가서 요양을 하라고 권유하였고, 그는 의사의 달콤한 처방을 서둘러 곧이곧대로 실천하였다. 몰타에서 튀니스로 향한 뒤낭은 그곳에서 몇 달이나 머물렀다.

그가 친구들에게 뭐라고 설명했든 간에 사실은 특별한 이유도 없이 그 휴가는 계속해서 연장되었고, 사업상 불확실했던 뒤낭의 상황을 고려할 때 어쩔 수 없이 모국으로 돌아오지 못한 거라는 핑계를 만들어 낸 게 아닌가 하는 가정을 하게 된다. 어찌되었든 뒤낭은 이런 자유 시간을 아주 잘 활용했다. 튀니지 각지를 다니며 그 나라의 정치체계, 관습, 종교, 자연환경뿐 아니라 현지인들의 다양한 기질과 아랍 속담, 고대 유적지, 하늘 색깔 등등에 대한 온갖 일화와 체험담, 문서 자료와 자신만의 관찰 내용을 수합하여 기록을 남겼다. 이를 통해 그는 유럽인들이 여전히 잘 모르는 튀니지라는 나라에 대해 나름 훌륭한 문헌 정보를 생산해 낼 수 있었다.

튀니지까지 다녀온 여행에서 돌아오자마자 뒤낭은 여행기 집필에 착수했다. 초보 지리학자인 뒤낭은 단순한 관찰기에다 부계 사회, 무슬림의 손님 환대, 노예에 대한 이슬람의 인간적인 태도, 그리고 무엇보다 튀니스 지배자인 태수에 대한 찬사를 추가하였다. 당시 튀니스 태수는 뒤낭이 생각하기에 교양을 갖춘 군주의 완벽한 전형이었기에, 뒤낭은 그에게 자신의 책을 헌정했다. 추후에 『솔페리노의 회상』을 펴낼 때도 그랬듯이, 뒤낭은 책의 끝부분에 그들 사이의 서열을 철저히 지키면서 최대한 많은 숫자의 상류 사회 인사들을 인용하는 공간을 마련했다. 튀니지의 높은 사람들에게 비위를 맞추려 했음이 분명하며, 알제리에서의 일이 잘 풀리지 않을 경우를 대비한 일종의 비상 수단 또는 후퇴 전략을 세우려 한 게 아닌가 하는 추측을 하게 한다. 중요한 점은 사업가로서의 아첨이나 지리학도로서의 기록, 그리고 인류학도다운 관찰이 엿보이는 이 책에서도 독자는 인도주의의 싹을 처음으로 찾아볼 수 있다는 사실이다. 그보다 3년 전에 미국 기독교청년회 동료들과 서신을 교류하며 뒤낭은 노예제 문제를 언급한 적이 있었다. 그는 미국이 당시 이 문제를 놓고 극렬한 내분에 시달리고 있다는 걸 알고 있었다. "아, 그래요. 물론입니다. 당신들은 찬성하지 않는다고 확신합니다! 그렇게 믿고 싶습니다! 그런데 정녕 미국의 기독교 청년들은 손을 놓고 있을 것인지요?"

1857년 여름 『튀니스 섭정에 대한 설명』을 집필하는 과정에서 그는 노예제 문제를 워낙 비중 있게 그리고 매우 능란하게 다루었다. 사실 이 책을 펴낸 주요 의도가 미국 노예제 논의를 위한 게 아니었을까 하는 생각을 하게 할 정도다. 이미 이 책의 도입부에서 뒤낭은 기독교인들과 유색인을 노예로 삼는 제도를 폐지하고 유대인들을 해방시킨 직전 두 명의 튀니스 태수에 대한 찬사를 아끼지 않았다. 그러나 뒤에 이어진 '노예제'라는 엄숙한 제복의 27쪽 분량의 상에서 그는 튀니시의 사례에 대해서는 여섯 쪽만으로 논의를 마치고는 미국의 끔찍한 현실에 나머지 분량을 전부 할애하였다. 미국의 경우에는 '노예제 폐지로 가기까지 아직 멀었고', '앞으로도 여전히 가증스럽고 비인간적이며 반기독교적인 암흑의 길로 더욱 빠져들 것'이라고 비판하였다. 기독교청년회는 뒤낭이 지닌 이웃 사랑의 기질과 국제적인 기질을 각각 표출하는 기회를 주었었다. 이어 이번 튀니지 여행은 비록 아직 실천으로 이어지지 못하더라도 그러한 두 영역을 글로 통합할 수 있는 계기를 제공한 셈이었다.

뒤낭은 1857년 가을 제네바에서 『튀니스 섭정에 대한 설명』의 집필을 마무리했다. 앞으로 20년 간이나 애타게 간구하게 될 대상임을 예감한 걸까? 이 책의 마지막 단어는 바로 '피난처'였다. 그 같은 암울한 미래를 당시의 그는 상상조차 할 수 없었다! 오히려 당시엔 모든 게 이제 막 시작한다고 생각하던 시기였기 때문이다. 그 순간 뒤낭은 책상 한 귀퉁이에 쌓여있는 종이 더미를 바라보며 생각에 잠겼다. 어찌나 두꺼운 뭉치인지 심장이 갑자기 쿵쿵거리기 시작했다. 산처럼 쌓인 이 종이 더미는 책의 원고였다. 게다가 그걸 쓴 사람은 뒤낭 자신이었다. 책의 저자라니!

저자 뒤낭은 이로부터 몇 주 후 벨피유 거리에 있는 인쇄소로 교정쇄를 확인하러 간 날 막 찍어낸 책에서 나는 잉크 냄새에 기뻐 어쩔 줄 몰랐다. 남은 여생 동안에도 잉크 냄새는 그에게 가장 강렬한 기쁨을 선사하는 요인 중 하나였다. 뒤낭은 문단에서 완전히 무명이었기 때문에, 당연히 출간은 자비로 이루어졌다. 그렇다고 해서 비용을 아끼지는 않았다. 뒤낭은 제네바 최고의 인쇄소를 운영하며 소규모 고급 인쇄의 전문가로 이론의 여지가 없는 쥘기욤 픽에게 그의 작품을 맡겼고, 이번 일은 이후로도 제네바에서 사는 동안에는 그의 인쇄소에 자신의 저서들을 맡기는 계기가 되었다.

뒤낭의 책은 아주 훌륭했다. 고급 종이에 인쇄하였고, 각 부가 시작하는 페이지에는 아름다운 장식 대문자 활자를 사용했다. 제목 페이지에는 튀니스 태수의 문장에서 따온 장식에다가 위로 마호메트의 초승달을, 주위로는 아랍어 명구를 둘러 적었다. 제목 페이지에는 '비매품'이라는 문구를 이탤릭체로 포함시켰다. 이 책이 비매품인 이유는 저자가 이 책의 집필과 출판을 통해 수익을 얻고자 한 것이 아니었기 때문이다. 오히려 이 책 자체가 뒤낭을 '작가'로 만들어주는 역할을 하였다. 즉, 새로운 집단으로, 새로운 학회들과 새로운 세계들로 들어설 수 있게 문을 열어주는 역할을 해주리라는 뜻이다.

앙리는 자랑스럽게, 그리고 숙연하게 책장을 넘기며 첫 번째 페이지에 대문자로 J. HENRY DUNANT이라 인쇄된 자신의 이름을 보고 감격하였다. 이때 이후로 뒤낭은 훨씬 세련되어 보이게끔 y로 끝나는 철자법을 끝까지 고수하였다. 뤼랑-소테르 은행의 평사원에 불과했던 그는 처음에 이교도 전도의 꿈을 안고 알제리로 떠났다. 알제리에서 돌아왔을 때 그는 대형 사업가들과 유럽인 개척자들의 영역에서 자기도 한몫을 하겠다는 결심을 한 상태였다. 이와 똑같은 방식으로 튀니지 여행은 그의 야심을 증폭시키는 결과를 가져왔다. 단순히 여행객으로 길을 떠났던 뒤낭은 돌아올 때 이미 이 『설명』을 집필해서 당대 엘리트 지식인 사회에 진입하리라는 확고한 목표를 갖고 있었다. 물론, 중등학교 콜레주 낙제로 인해 대학의 문을 두드리는 건 불가능했지만, 이미 지금쯤이면 그런 약점은 크게 보완한 게 아닌가? 뒤낭은 자신이 한 여행들이 책을 통해 얻는 지식과도 같은 것이고, 당시 자신이 가입한 수많은 학회가 학교 동급생 역할을 하는 셈이라고 기꺼이 되뇌었다. 이미 1856년부터 뒤낭은 독서학회 가입에 이어 '산업과 무역 분야' 부문 소속으로 제네바 학술협회에도 가입했다. 1858년 3월 18일 제네바에서 열린 지리학회 창립 회의에 참석하여 두 손에 꼽을 숫자, 즉 열 명의 지식인과 명사 창립회원 중 한 명이 되기도 했다. 제네바 지리학회의 창립 회의 의사록을 살펴보면, 이 학회를 통해 자신의 업적의 가치를 드높이고자 했던 뒤낭의 희망적인 의도가 고스란히 드러난다. "뒤낭 씨, 샤퓌 씨, 드캉돌 씨와 뒤비 씨는 본 학회 회원 여행자들이 직접 알려온 내용과 이들의 서신 중 상당 부분이 학회 회의에 사용될 수 있다고 생각한다."는 서기의 기록이 남아 있다. 자신의 저서 『튀니스 섭정에 대한 설명』을 홍보할 자리가 제대로 마련된 셈이 아닌가! 양보다는 질에 초점을 맞춰 1쇄를 찍었던 뒤낭은 1858년에 서둘러 2쇄를 선보였다. 지리학회 창립회원이라는 지위를 통해 새로운 독자층을 확보할 수 있을 것이라 확신하였기 때문이다.

제네바에 머무는 내내 뒤낭은 특히나 근면하게 움직였다. 1858년에서 1859년까지 알제리 여행 때문에 한 번 빠진 것 외에는 지리학회 모임에 단 한 번도 빠짐없이 참석했다. 실제로도 뒤낭은 지리학회를 통해 제네바 최고의 학자들과 만날 수 있었는데, 여기에는 지리학자뿐 아니라 의사나 법학자나 엔지니어도 포함되었다. 나중에 뒤낭은 이들을 적십자라는 대모험으로 끌어들이게 된다. 1858년 12월 14일 루이 아피아라는 젊은 의사가 제네바 지리학회의 회원이 되었다. 1859년 연말에는 자선 활동 분야에서 이미 명성이 자자했던 법학자 귀스타브 무아니에가 가입했다. 이어 1860년 3월 13일에 신생 단체에 불과한 지리학회에 궁극적인 위업을 더해줄 새 회원이 등장하는데, 바로 스위스 전역에서 크게 존경받는 기욤앙리 뒤푸르 장군이었다.

몽스-제밀라 제분 회사

첫 저서가 픽 인쇄소에서 막 나올 무렵 1857년 겨울, 뒤낭은 여러 가지 새로운 계획을 세우는 중이었다. 한편으로는 탄탄한 투자자들, 아니 대형 기업들만이 알제리의 프랑스 식민 관청의 신뢰를 살 수 있다는 사실을 뼈저리게 깨달은 데다가, 다른 한편으로는 자신의 스위스 국적과 제네바회사와의 연결고리가 이를 탐탁지 않게 여기는 알제리 현지 관리들로부터 편견을 얻게 된 이유라는 점을 인식하게 되었기 때문이다. 그리하여 제네바 출신 청년 사업가 앙리 뒤낭은 법적인 지위도 바꾸면서 동시에 자신의 중요성 또한 높여 줄 선택을 하게 되었다. 프랑스 국적을 취득하고, 자신만의 회사를 차려 스스로 회장 및 경영자의 지위를 갖추기로 했다는 뜻이다.

가족력 덕에 그가 이러한 계획을 실현하는 데 도움된 두 가지 요소가 있었다. 프랑스 국적을 취득할 수 있었던 이유는 '종교상의 이유로 외국으로 이주한' 프랑스 선조들 덕이었다. 이 표현은 개신교 박해가 한창일 때 프랑스를 등진 개신교도들을 일컫는 말이었다. 뒤낭의 친가에서는 여전히 프랑스 앵 지방 퀼로 마을에 주택을 보유하고 있었다. 앙리는 어렸을 때 그곳을 여러 번 방문한 적이 있었다. 그렇기에 뒤낭은 1859년 4월 바로 그 퀼로 마을의 관청에 '프랑스인 자격'을 신청하였고, 주소 또한 뒤낭 가문이 소유한 중세식 요새형 주택의 별칭 '라셰브르리'라고 적었다. 프랑스 국적 취득이 뒤낭에게 가져다 준 추가 이익이 있다면 바로 스위스 군복무 의무가 면제되었다는 점이다. 회장과 최고경영자라는 이중 지위는 뒤낭이 스스로에게 부여한 부분으로, 이것도 다른 가족 관계 덕에 가능한 일이었다. 앙리와 아주 가까웠던 소피 고모가 3년 전에 세상을 뜨면서 조카들인 앙리, 다니엘, 피에르에게 유산을 남겼는데, 바로 앙리가 콜레주에 다닐 때 점심 시간마다 찾아왔던 퓌생피에르 거리의 건물이었다. 남동생 둘은 그 건물을 저당으로 해서 소박하게 25,000프랑을 공동 대출하는 데 그친 반면, 큰 조카인 앙리는 단독으로 — 공증인이 빈틈없게도 기록해 둔 바에 따르면 — '자기 자신의 이득을 위해' 5만 프랑을 대출받았다. 직접 투자든 아니면 기존의 대출을 갚아 새롭게 현금을 확보하는 방법을 썼든, 바로 이 돈이 뒤낭의 새로운 회사의 자본금으로 들어갔으리라는 데 의심의 여지가 없다. 뒤낭의 알제리 사업 계획은 몽스 유적지 근처의 제분 공장 시설을 중심으로 했기에 그는 새 회사의 이름을 몽스-제밀라 제분 회사라고 정했다. 회사의 무기명 주식 증서는 야자수 잎사귀와 이국적인 동물들, 동방의 문물과 낭만적인 유적지 풍경이 담긴 모습으로 마치 그림 엽서처럼 아름답게 장식되어 발행됐다. 또한 주식 증서에는 제네바 주정부가 회사 설립을 승인한 날짜 1858년 1월 8일이 포함되었다.

뒤낭이 차린 새 회사는 자본 50만 프랑을 바탕으로 해서 프랑스인과 제네바 사람이 모두 포함된 이사회를 꾸렸다. 이러한 프랑스와 제네바의 통합은 뒤낭이 아주 중요하게 여긴 요소였다. 이사회에는 스위스 연방 장성 출신인 샤를 트랑블레, 프랑스와 제네바에 부동산을 보유한 사업가 토마 막퀼로크, 뒤낭이 동명의 프랑스 재무장관[6]의 종손이라고 강조했던 제네바 토박이 테오도르 네케르(이는 뒤낭이 계산상 한 세대를 착각한 것이었다), 프랑스 앵 지방과 제네바에 있는 부동산 소유자이자 알제리에서 일을 개시한 이래로 앙리를 충실하게 따라와 준 남동생 다니엘 뒤낭이 자

---

6   자크 네케르(Jacque Necker 1732~1804). 스위스 제네바 태생의 프랑스 정치인. 제네바 은행 총재를 지냈고, 제네바 공화국의 파리 공사를 거쳐 루이 16세 치하에서 프랑스의 재무장관이 되었다. 프랑스 정부의 재정 관리 실태를 대중에게 공개하면서 재정 위기를 해결하려고 노력했으나 뜻을 이루지는 못했다. 그가 재무장관직에서 해임된 후 일련의 사건이 이어지면서 프랑스 대혁명이 발발했다. 자크 네케르는 딸만 하나였다. 뒤낭의 친구 테오도르 네케르는 자크 네케르의 형인 제네바의 수학자 루이 네케르의 증손이므로, 자크 네케르에게는 종손의 아들이 된다.

리했다. 몽스-제밀라 제분 회사의 정관을 보면, 회사 설립의 목적이 이때까지 '앙리 뒤낭 상사'에 속한 재산이었던 현지 기존 설비와 1856년에 양도받은 폭포와 근처 부지를 둘 다 '취득'하는 데 있다고 명시하였다. 무엇보다 이 새 회사의 설립 목적은 '추후에 증자될 수 있는 자사의 자본을 우에드 데헵 계곡에서 방대한 사업을 펼치는 데 투자'하는 데 있었다. 그건 사실 뒤낭이 그토록 끈질기게 요청해 온 대로 프랑스 정부가 새로운 폭포 수원과 토지를 양도해 주어야만 가능한 일이었다. 어쨌든 그렇게 되기만 하면 회사의 제2의 목적으로 명시되어 있는 방대한 계획을 실행에 옮길 수 있다. 이는 '제분 사업, 곡물 유통 및 양을 비롯한 다른 가축의 사육, 토지 개발, 회사의 목적과 관련된 새로운 공장 혹은 다른 산업 활동 구축'이었다.

이제 개인의 이름이 아니라 회사의 이름으로 활동하게 된 뒤낭은 양도 허가를 받아내기 위해 공격적인 태세를 취하였다. 스위스 사람이든 프랑스 사람이든 이 건을 도와줄 수 있다고 생각되는 모든 이로부터 새로운 추천서를 받아내는 데 총력을 기울였다. '뒤낭 씨' 개인보다는 몽스-제밀라 제분 회사의 회장으로서 일을 성사시킬 가능성이 훨씬 높아진 게 사실이라 한다면, 그의 야심 또한 정비례하여 커졌다. 뒤낭의 회사는 이제 우에드 데헵의 국유지 중 1,000헥타르의 땅을 요청하면서 이에 대해 1 헥타르당 50프랑을 지불할 의도가 있다고 제시했다. 1858년 3월에 백작이자 군 원수인 알제리 총독 랑동에게 보낸 서한에서 뒤낭은 지난 4년간 셀 수 없이 동원했지만 성공적이지는 못했던 근거들을 또 들며 설득에 나섰다. '뒤낭 씨는 알제리에 상당한 수준의 자본을 들여왔고, 엄청난 비용을 들여서 거대한 공장을 설립'했으며, 그가 해당 지역에 정착한 유일한 유럽인이기에 길도 자비로 알아서 내어야 했다는 등등의 이야기였다. 하지만 랑동 원수는 이번에는 답장을 할 시간조차 없었다. 1858년 여름에 뒤낭은 제네바 사람들에게 적대적이었던 랑동 대신에 제롬 나폴레옹[7]이 알제리와 식민지 부처의 장관으로 임명되었다는 희소식을 들었다. 이는 프랑스 정부가 앞으로 식민지 정착 사업에 대해서 훨씬 우호적인 태도를 보일 것이라는 신호였으며, 특히나 황제의 가문과 스위스 연방이 장기간에 걸쳐 우호 관계를 유지한 점을 고려할 때, 스위스 출신 사업가들에게 호재로 작용하리라는 기대를 하게 만들었다.

이제는 마침내 원하던 결과를 얻기 위해서 그 어떤 기회도 놓쳐서는 안 되는 상황이 되었다. 뒤낭은 서둘러 황제의 총애를 받던 두 주주의 지원을 요청하였다. 한 명

---

7 이 책에서 제롬 나폴레옹 혹은 나폴레옹 왕자prince Napoleon라고 기록한 그의 본명은 나폴레옹 조제프 샤를 폴 보나파르트(1822~1891)다. 당시 프랑스 황제 나폴레옹 3세의 사촌 동생이자, 나폴레옹 1세의 동생 제롬 보나파르트의 막내 아들. 프랑스에서는 그를 통칭 나폴레옹-제롬 혹은 나폴레옹 왕자라고 부른다. 반면에 실제로 이름이 제롬이었던 그의 아버지는 제롬 공이라는 호칭으로 불리기도 했다.

은 그의 친구 에르네스트 드 트라즈의 외할아버지이자 뒤낭 가문과도 가까웠던 뷔데 드 페르네 백작이고, 다른 한 명은 센느 지방의 도지사 겸 상원의원 오스만 남작의 처남인 앙리 들 라 아르프였다. 이 두 사람의 지지에 힘입은 뒤낭은 1858년 가을 제롬 나폴레옹에게 두 가지 청원서를 제출하였고, 다시금 희망을 가졌다. 아니, 희망을 가져야만 했다.

그해 1858년 여름에 제네바에서는 기독교청년회의 국제연맹의 제2차 회의가 열렸다. 연맹의 회장이자 주최자인 막스 페로가 개막 연설을 하였다. 다음의 연설문을 작성하면서 그는 누구를 떠올렸을까?

"그리스도를 믿는다고 고백하는 청년들이 세상의 유혹에 무릎을 꿇고서 부를 축적하기 위해 지나치게 애쓰는 모습을 너무나 자주 보게 됩니다. 그들은 불안해하고 근심에 빠져있지요. (중략) 어떤 이들은 소박하긴 해도 명예로운 삶을 유지할 수 있는 직업을 갖고 있었습니다. 그 일을 통해 적극적으로 또 성실하게 주님을 섬겼지요. 그러다 누군가가 그들에게 화려하지만 위험한 자리를 제안합니다. 엄청난 유혹에 노출됩니다. 모든 시간을 물질적인 것을 추구하는 데 들이니 아마 부자가 되기는 하겠지요!"[C3]

저자 주석 C3: 막시밀리앙 페로, 『칼뱅, 그의 제자들 그리고 오늘날의 기독청년들』, 기독교청년회 제2차 총회의 기록, 45쪽.

다 부질없는 일이었다. 페로의 권고를 들을 수 있었던 개막식 자리에 뒤낭은 참석하지 않았던 게 분명하기 때문이다. 뒤낭은 새로 회사 설립이 가져온 효과가 어떨지, 새롭게 얻어낸 지지 서류들로 인해 기적이 발생할지, 그리고 식민지 부처의 신임 장관 제롬 나폴레옹의 호의를 얻을 수 있을지 그것만 애타게 기다렸다. 뒤낭은 마치 의사의 최종 진단을 기다리는 환자처럼 초조했다. 마침내 9월 말이 되어서야 몽스-제밀라 제분 회사 회장 뒤낭은 뜨뜻미지근한 결정 사항을 통보받았다. 식민 행정부는 우에드 데헵에 두 군데 공장 설립을 승인하면서 거기에 해당하는 국유지의 불하를 허가해 주었다. 그러면서도 조건을 달았는데, 공장 부지를 제외한 국유지에는 40가구 규모의 마을이 새롭게 세워져야 한다고 강제한 것이다. 이는 알제리 현지 관공서에서 꾸준하게 추진하던 정착 정책과 직결되는 사항으로, 이미 수차례에 걸쳐 뒤낭의 사업 계획이 거부당했던 이유이기도 했다.

뒤낭에게 있어 이 문제는 총체적이었다. 해당 토지를 활용하기 위해서는 폭포를 확보해야만 하는데 폭포를 양도받지 못했기 때문이다. 그는 이번에는 새로운 표적을 대상으로 다시 공략 계획을 짰다. 몽스-제밀라 제분 회사에 가장 최근 주주가 된 사람들 중에 뷔데 백작[8]이 있었다. 백작의 큰누이 아들이 보포르 도풀[9] 장군인데, 마침 알제리 사령관인 마크 마옹 백작[10]과 잘 아는 사이였다. 뒤낭의 청탁을 받은 뷔데 백작은 외조카 보포르 도풀 장군으로부터 마크 마옹 백작에게 보내는 서신을 받아낼 수 있었다. 장군의 편지는 뒤낭의 장점, 즉 '이미 알제리에서 긍정적인 평판을 얻었으며', 또한 '재능이 특출난 청년이며 모든 영역에서 내 스스로 아주 추천할 만한 사람이라 생각'한다고 마크 마옹 원수에게 상기시키는 내용이었다. 보포르 도풀 장군은 그 외에도 서신에 자신의 외삼촌 뷔데 백작의 투자를 직접 대리하는 사람이라며 뒤낭을 소개해 주었다. 다시 말하면 혈연을 이용해서 몽스-제밀라 회사를 밀어준 셈이었다.

위낙 평소의 습관이기도 하고, 또 일처리를 더 확실하게 하고 싶었던 뒤낭은 그 서신을 손수 마크 마옹 장군에게 전달하고자 1858년 말에 다시 알제리를 찾았다. 그러나 이번 여행도 그 전과 마찬가지로 별 실효가 없었다. 그런데다가 뒤낭은 이 무렵부터 잘난 체를 하면서 주위의 불만을 사기 시작했다. 그 전까지는 항상 들러 인사를 나누곤 했음에도 일개 평사원으로 일했던 기억이 있는 제네바회사와 일부러 거리를 두느라 세티프에 있는 제네바회사 지사를 찾아가 인사조차 하지 않았다. 지사장은 '뒤낭 씨의 옹졸함에 별로 신경도 쓰지 않고, 별 볼 일 없는 그를 대단하게 생각하지도 않는다'면서도 그러한 뒤낭의 행보에 상당히 기분 나빠했다.[C4]

> 저자 주석 C4: 자크 푸스의 『알제리인 앙리 뒤낭』 75쪽에 인용된 내용으로 지사장 외젠 강비니가 1859년 2월 18일에 본사의 P. E. 릴랭에게 전한 소식이라고 한다.

'별 볼 일 없는 인물'인지, '특출난 재능을 가진 청년'인지, 이 예측 불가의 인물을 두고 완전히 상반되는 평가가 공존한다. 뒤낭은 운명의 신이 그를 호의로 대하느냐 시련을 주느냐에 따라 고결하기도 하고 편협하기도 하며, 완고하기도 하고 매력적이기도 하며, 맹목적이기도 하고 선견지명을 보이기도 했다.

몇 주가 지난 1859년 2월 19일 필립빌에서 출항하는 배를 타기 위해 당나귀를 타고 세티프를 떠나던 날, 뒤낭은 자신의 노력이 부질없음을 그 어느 때보다도 뼈저리게 깨달았다. 몽스-제밀라 제분 회사의 제1차 주주 총회가 제네바에서 개최되기

---

8 앙리 막시밀리앙 드 뷔데 백작의 딸 카롤린은 샤를 드 트라즈와 혼인해서 앙리의 친구 에르네스트 드 트라즈를 낳았다. 위에서 언급한 대로 뷔데 백작은 에르네스트의 외할아버지인 셈이다.

9 de Beaufort d'Hautpoul 1804~1890. 프랑스의 육군 장성으로 아버지로부터 후작 작위를 물려받았다. 뷔데 백작의 큰누이가 후작의 어머니 아녜스다.

10 Mac-Mahon 1808~1893. 프랑스군의 원수. 솔페리노 전투 직전인 1859년 6월 4일에 벌어진 마젠타 전투를 승리로 이끌면서 나폴레옹 3세로부터 마젠타 공작 작위를 수여받았다. 프랑스 제3공화국 2대 대통령을 역임(1873-1879)했다.

까지 한 달도 채 남아있지 않았다. 그는 총회에서 정복자 같은 모습으로 사업의 진척 상황을 논할 수 있기를 원했건만, 오히려 그와는 정반대로 왜 사업이 생각보다 잘 진행되지 않고 있는지를 주주들에게 해명해야만 하는 입장에 놓이게 되었다.

그가 두려워하던 주주 총회 날이 오고야 말았다. 초창기 투자자들이 모두 한자리에 모였다. 앙리 뒤낭 회장 주위로 부회장인 토마 막퀼로크, 항상 든든한 샤를 트랑블레 대령, 오랜 친구 테오도르 네케르, 앙리를 믿고 따르는 남동생 다니엘 뒤낭, 그리고 마지막으로 대령의 아들 쥘 트랑블레였다. 아마 앙리 뒤낭은 이 자리에서 그가 맞닥뜨린 애로 사항에 대해 설명하고, 그러한 부분은 극복이 가능하다고 주주들에게 확신을 준 것이 분명하다. 왜냐하면 그날 주주들을 설득한 끝에 회사 자본을 두 배로 증자하여 당시로서는 상당한 액수인 백만 프랑을 확보하게끔 투표를 이끌어 냈기 때문이다. 이렇게 그가 대담한 접근을 할 수 있었던 이유는 오로지 제롬 나폴레옹으로부터 구두의 답변을 받았기 때문이었다. 그러나 안타깝게도, 제롬 나폴레옹은 식민지 장관이 된 지 7개월도 채 되지 않아 그 자리를 샤슬루로바 백작에게 넘겨주고 만다. 이어 주주들은 비록 첫 번째로 요청했던 폭포 사용 허가를 받기는 했지만, 그것으로는 회사가 양도받은 평원 전체에 물을 대기에 턱없이 부족하며, 그렇게 되면 그 땅에서 경작 자체가 불가능하다는 사실을 알게 되었다. 엎친 데 덮친 격으로 추가로 양도 요청한 두 번째 폭포가 경쟁사로 넘어가기 일보 직전이라는 소문이 돌고 있었다. 이러한 소식이 줄줄이 이어지자 몽스-제밀라 회사의 이사회에서는 뷔데 백작과 들 라 아르프 외에도 명성이 드높은 뒤푸르 장군을 합류시켜 존더분트 전쟁[11] 승리에 가까운 기적을 기대하는 수밖에 없었다. 1859년 4월 16일 뒤낭의 회사는 신임 식민지 장관 샤슬루로바 백작에게 새로운 청원서를 제출하였다. 문제의 폭포 사용을 두고 경쟁이 워낙 치열해진 탓에, 이제 부를 좇는 이 맹렬한 경주에서는 끈질김은 말할 것도 없고 나아가 집요한 괴롭힘까지도 흔한 일이 된 듯했다.

---

11 1847년 발발했던 스위스 통일전쟁으로 실제 뒤푸르 장군이 결정적인 승리를 이끌었다.

황제를 향한 경의

주주들과의 대면을 해야 하다 보니 뒤낭은 그때까지는 겪어보지 못한 사업가로서의 긴급함을 처음으로 느끼기 시작했다. 지난 3월 초에 알제리에서 복귀한 이후, 그는 5년 가까이 성사시키려고 애쓴 이 사업의 성공을 위해 온갖 수단과 방법을 궁리하였다. 수많은 생각이 이어져서 여기저기에 이르곤 했지만, 아침이든 저녁이든, 평온하든 초조하든, 이성적이든 말도 안되든, 결국 결론은 하나였다. 그의 생각은 단 한가지 목표, 단 하나의 이름, 단 하나의 인물로 귀결되었다. 바로 나폴레옹 3세 황제[12]였다.

황제, 어찌 그에 대한 생각을 멈출 수 있으랴? 파리에서부터 알제리까지 다스리겠노라 공언해 왔던 나폴레옹 3세지만, 그는 알제리 현지 상황이 어떤지 거의 알지 못했다. 장관들이 다 이렇게 저렇게 뒤낭의 요청에 대한 확답을 미뤄온 지경에 뒤낭이 노려볼 수 있는 유일한 대상은 이제 황제뿐이었다. 모든 길이 황제에게 이르게 되어있고, 또 그에게 모든 게 달려있기도 했다.

황제, 뒤낭은 그를 만나야만 했다. 그를 설득시켜야 했다. 그런데 어떻게, 대체 어떻게 그에게까지 이를 수 있을까? 지난해 봄에 뒤낭은 자신이 쓴 『튀니스 섭정에 대한 설명』을 정성스레 황제에게 보냈다. 그때 보좌관으로부터 도착한 짧막한 감사의 편지를 그는 소중하게 보관해 왔다. 바로 그 순간 뒤낭의 머릿속에 새로운 계획이 싹트기 시작한 걸까? 이듬해 1860년이 되어서야 듣기 좋은 말로 가득한 그의 책에 대한 사의의 뜻으로 튀니지가 '니샹 이프티카르의 별'[13]을 수여했으니, 그 당시는 튀니스 태수에 대한 찬사로 가득한 저서 덕에 뒤낭이 최초로 훈장을 받기 전이었다. 그렇다, 아직은 아니었다. 그런데다가 일부 학자들로부터 호의적인 반응을 얻었기에 이제는 기쁘게도 자칭 '문인'이라 할 수 있게 되었지만, 아직 큰물로 완전히 진입하지는 못했을 때였다. 그럼에도 불구하고 1859년 그해 봄 뒤낭은 알제리 사업 계획에 도무지 진전이 없는 가운데 튀니스 태수에게 활용했던 방식을 재차 써먹기로 결정했다. 그 말은, 오직 나폴레옹 3세 황제를 위해서, 황제에게 헌사할 것을 유일한 목적으로 그의 영광을 찬양하는 책을 쓰기로 결심했다는 뜻이다. 이 모든 게 제분소 사업을 위해서였다.

---

12 Charles Louis Napoleon Bonaparte 1808~1873. 나폴레옹 1세의 조카로 프랑스 초대 대통령이자 프랑스 제2제국의 유일한 황제로 프랑스 최후의 세습 군주다.

13 니샹 이프티카르는 '긍지의 훈장'이라는 뜻으로 19세기 중반부터 1957년까지 수여된 튀니지 왕조의 상훈 제도였다.

그런 책을 출판하겠다고 마음먹은 순간은 실로 광증의 발현이거나 천재적인 발상이라 해야 한다. 아니면 둘 다 해당하는지도 모른다. 1859년 5월 3일에 프랑스가 전쟁[14]에 막 뛰어들었기 때문에, 서로 교전 중인 3개국과 국경을 맞댄 스위스는 이탈리아 북부를 예의주시하고 있었다. 이탈리아 독립의 제1단계라 볼 수 있는 당시의 상황 속에서 제네바에서는 언론뿐 아니라 시민들도 침입자 오스트리아 제국보다는 프랑스와 피에몬테 연합군을 지지하는 입장이었다. 언뜻 봤을 때 바로 눈에 들어오지는 않더라도, 종교적인 연대감이 톡톡히 작용했다고 볼 수 있다. '자유주의적인' 피에몬테 지역은 개신교도들의 신앙을 인정해 주는 입장(카보우르[15]의 어머니 아델드셀롱은 제네바 출신 개신교도였다)이었던 반면, 피에몬테를 둘러싼 타 지역은 모두 가톨릭 영향권이었기 때문이다. 제네바 신문들에는 매일같이 부상자들을 돕기 위한 성금 모금 기사가 실렸다. 1859년 5월 13일 뒤낭은 주르날드주네브의 잡보란에서 토리노에 결성된 '부상자들을 위한 구호 중앙협회'로 보낼 붕대와 천을 기부해 달라는 호소문을 보았다. 그 기부 운동을 주관하고 이탈리아까지 물품을 보내는 책임을 맡은 사람은 바로 뒤낭과 같이 지리학회 회원이자 복음주의 개신교도였던 의사 루이 아피아였다. 이는 추후 이 두 사람이 함께할 적십자의 소명을 예견한 일인 셈이다.

뒤낭은 이러한 기부 물자에 대한 호소를 다른 이들과는 다르게 이해했을까? 그는 이 기사를 지극히 개인적인 차원에서 받아들인 것일까? 그렇다고 넘겨짚을 만한 분명한 이유가 있는 건 아니다. 다만 1859년 5월 당시 제네바의 진수가 레만호 끝자락에서부터 솟아오르기 시작한 것은 사실이다. 제네바 시민들을 향한 호소는 항상 전쟁 양측 모두의 부상자들을 돕자는 의도였다. 경쟁 신문사인 주르날드주네브와 라르뷔드주네브조차 이 부분에서만큼은 의견이 일치했다. 프랑스 황제가 국적을 불문하고 부상자들을 배려하며 또 그가 오스트리아군의 부상병들도 인간적으로 대해야 한다고 강조했다는 사실을 보도할 정도였다. 그 부분에 있어서는 나폴레옹 3세가 그의 교사였던 뒤푸르 장군이 몸소 보여준 교훈을 곧이곧대로 따른 것이라 볼 수 있다. 뒤푸르 장군은 1847년 스위스 통일전쟁 당시에도 적군을 학대하거나 신체적 억압을 가하지 말라고 휘하 군사들에게 당부한 적이 있었다. 이런 모든 사항을 고려할 때, 뒤낭은 나폴레옹 3세를 추앙하는 데 있어서도 또 자신의 정신 나간 계획에 대해서도 마음에 거리낄 것이 없었다.

---

14 2차 이탈리아 독립전쟁을 뜻한다. 프랑스와 이탈리아 사르데냐 왕국(사르데냐-피에몬테, 피에몬테 사르데냐, 또는 피에몬테라고 불리기도 했다)이 동맹국이 돼서 북부 이탈리아를 지배하던 오스트리아 제국에 맞서 벌인 전쟁.

15 Camiillo Cavour 1810~1861. 카밀로 카보우르는 주세페 마치니, 주세페 가리발디와 함께 이탈리아 건국 3걸로 뽑히는 인물로 이탈리아 왕국 통일의 주역이었다. 후일 통일 이탈리아 왕국의 초대 총리로 임명되었다.

1859년 5월에 앙리 뒤낭의 새 책이 픽 인쇄소를 통해 세상에 나왔다. 이번 책은 뒤낭의 지난 번 책보다도 훨씬 호화스런 장정에다 『재건된 샤를마뉴[16]의 제국, 또는 나폴레옹 3세 황제가 다시 일으킨 신성로마제국』이라는 별난 제목을 달고 있었다. 제목 페이지는 우선 황제의 문장으로 장식했고, 그 아래로 '나폴레옹 3세 황제에게' 라는 헌사가 인쇄되었다. 같은 페이지에 저자의 이름과 그의 여러 가지 감투를 눈에 잘 띄게 배치하였다. 우선 책의 주제와는 아무 상관이 없지만 '몽스-제밀라 제분 회사의 회장 및 최고경영자'라는 지위, 가입한 지 며칠 되지도 않았지만 '파리의 아시아학회 회원'이라는 신분, '프랑스오리엔트학회', 그리고 파리 및 제네바의 지리학회, 알제의 역사학회 등등의 회원이라는 등의 내용이 추가되었다.

46쪽 분량으로 성경 내용을 수차례 인용해 가며 마치 긴 예언서처럼 집필된 이 책을 통해 뒤낭은 '사실은 역사 속으로 사라진 적이 없는' 로물루스와 아우구스투스의 로마 제국, 그리고 샤를마뉴의 서로마 제국뿐 아니라 당시까지도 이어지고 있는 신성로마제국(이 명칭에서 조심스럽게도 뒤낭은 당시 정세를 고려해 공식 명칭에 있는 '게르만'이라는 형용사를 누락시켰다[17]), 이 세 제국 간의 친자 관계를 증명코자 하였다. 그는 이 책에 '나폴레옹 3세 황제는 나폴레옹 1세와 나폴레옹 2세의 적법한 후계자로서 샤를마뉴와 마찬가지로 고대 로마 황제들의 유일하고 진정한 후계자'라고 적었다. 그렇기에 나폴레옹 3세를 통해 "정해진 시간이 오면, 새로운 태양이 떠오를 운명이었다. 나폴레옹 3세야말로 무정부 상태로부터 유럽을 구할 운명이며, 세계 속에 '위대한 제국'의 지위와 전 우주의 모든 민족 가운데서도 가장 우월한 모습을 되찾게 해 줄 것이다." 이렇게 찬미로 가득한 책을 마무리하며 뒤낭은 현재 진행 중인 사건들을 근거로 들었다.

"'정의로운 대의와 문명화의 소명이 있는 곳이라면, 그 어디든' 관심을 기울이는 프랑스는 이탈리아의 해방을 원한다. (중략) 모든 '라틴 민족의 땅'은 프랑스가 깃발에 휘날리며 가져다 준 문명의 고결한 원칙들을 도입하리라. 이 '위대한 국가' 프랑스는 동방에서든, 이 지구상의 가장 외딴 곳에서든 그러한 원칙들을 사람들이 좋아하게끔 또 존중하게끔 만들 것이다."

당황스러울 만큼 투명하게 진의가 드러나는 '몽스-제밀라 제분 회사의 회장 및 최

16 Charlemagne 742~814. 라틴어로 카롤루스 마그누스, 프랑스어로 샤를마뉴, 독일어로 카를 데어그로세, 영어로는 샬러메인. 카롤링거 왕조 프랑크 왕국의 제2대 국왕이며, 서유럽 대부분을 정복하여 정치적, 종교적 통일을 완성한 대왕이자 로마인의 황제. 오늘날 서유럽의 기반을 닦은 왕으로 칭송된다.
17 신성로마제국의 공식 명칭은 16세기 이후로 〈게르만 민족의 신성로마제국〉이었다.

고 경영자'의 직함으로 자기 소개를 한 저자 뒤낭은 과연 역사의 바로 그런 순간에 황제에게 이런 책을 헌사하고자 했을 정도로 무분별한 사람이었나? 제국의 군대를 이끄는 군사 지도자로서 나폴레옹 3세 황제가 몸소, 최근 식민지 장관이 된 그의 사촌 제롬 나폴레옹뿐 아니라 황제의 내각 내에서 뒤낭의 '연합군'이었던 보포르 도 풀 장군, 최근까지 알제리의 총사령관이었던 마크 마옹 원수 등을 이끌고 몇 주 전부터 피에몬테-사르데냐 왕국을 도와 오스트리아군을 물리치고자 전쟁에 나선 터였다. 이들은 아프리카에서 벌어지는 모든 일을 좌지우지하는 고위 인사들이기도 했다. 분명 합리적인 성향이었을 뒤낭이 진정 전투 현장에 뛰어들어 본인이 제작한 선물을 황제에게 손수 헌사하고자 했던 것일까?

나중에 가서 뒤낭은 자기가 그런 기이한 행보를 보인 적이 없노라고 격하게 부인하였다. 그렇게 강력하게 부인한 이유는 그저 분별력 있는 사람으로 보이고 싶어서가 아니라, 그런 이해관계가 있었다는 의심을 받는다면 인도주의자로서 자신의 입지에 해가 갈까 우려했기 때문이리라. 하지만 당사자 뒤낭, 그리고 뒤낭의 가족이 주장한 바를 제외하고, 모든 정황 증거는 뒤낭의 이탈리아 여행 목적이 황제라는 별을 찾아가는 것, 적어도 그 별 주변의 위성들에게 가까이 가고자 하는 것이었다고 생각하게 만든다. 우선 그가 꾸린 짐 가방에 황제에게 바치는 찬사의 책을 한 권 챙겨 넣었다는 점만 봐도 그러하다. 뒤낭이 1859년 이탈리아로 떠난 제1의 목적에 대한 논의 이외에도 여기서 뒤낭이라는 인물을 규정짓는 중요한 두 가지 특징을 추가로 생각해 보아야 한다. 그 요소들을 배제해 버리면 뒤낭의 여행길은 말 그대로 미친 짓이라고밖에 볼 수 없기 때문이다. 첫 번째는 뒤낭이 지닌 여행자로서의 대담한 호기심이고, 두 번째는 기독교인으로서의 진실된 연민이다. 뒤낭은 특유의 이 두 가지 기질을 통해 아직 자신이 모르는 세상, 그리고 고통이 가득한 세상으로 나아갔던 사람이다. 전쟁이 한창이던 행선지에서, 황제를 만나게 되든 아니든, 뒤낭은 여태 알지 못했던 세상과 고통이 가득한 세상을 둘 다 만날 운명이었다.

이탈리아에서의 만남

1815년 파리조약과 같은 해 빈 회의가 규정한 바에 따라, 1859년 당시의 이탈리아는 수많은 정치 개체로 나뉘어 있었다. 북쪽을 보자면 피에몬테[18]는 독립 단위였지만 사보이아 공국과 함께 비토리오 에마누엘레 2세[19]가 이끄는 사르데냐 왕국을 구성하고 있었다. 당시 사르데냐 왕국의 총리 카보우르는 적극적으로 이탈리아의 통일 정책을 추구하는 인물이었다. 그 바로 옆에 자리한 롬바르디아[20]와 베네치아는 오스트리아의 지배 하에 있었기에 이탈리아 반도를 통일하겠다는 꿈을 품은 카보우르의 가장 중요한 목표는 당연히 그 같은 침입자를 몰아내는 일이었다.

나폴레옹 3세 황제는 민족성의 원칙을 지지하였기에 이탈리아의 통일에 찬성하는 입장이었다. 그보다 1년 전에 플롱비에르[21]에서 피에몬테의 대신과 회담을 가질 때, 황제는 이탈리아반도 북쪽 지방을 외부 세력으로 해방시키는 데 지원해 주겠노라 약속한 바 있었다. 다만 그러한 연합이 가능하기 위해서는 오스트리아가 명백히 침략자로 보여야만 한다는 조건이 붙었다.

그리하여 카보우르는 수차례에 걸쳐 오스트리아를 자극했고, 마침내 소기의 목적을 달성했다. 1859년 4월 29일 오스트리아군이 정식으로 피에몬테 영토를 침범한 것이다. 나폴레옹 3세는 자신이 한 약속을 지켰다. 그는 오스트리아에 전쟁을 선포하고는 이탈리아로 12만 명 규모의 군병력을 파견하였다.

처음 전투들은 토리노와 밀라노 사이 지역에서 벌어졌다. 누 차례에 걸쳐 프랑스와 피에몬테-사르데냐 연합군이 승기를 잡았다. 오스트리아 군대는 롬바르디아의 수도 밀라노로 퇴각하였지만 6월 4일 마젠타 전투로 인해 그곳마저 빼앗겼다. 멜레냐노(1515년의 그 마리냥이 맞다[22])에서 다시금 패색이 짙어진 오스트리아군은 동쪽으로 쫓기듯 이동할 수밖에 없었다. 심지어 오스트리아군은 가르다 호수에서 만토바까지 이어지며 롬바르디아와 베네치아 사이에 흐르는 강이자, 전투 중인 양측 사

---

18 이탈리아 북서부 지역으로 토리노가 중심이다. 동쪽으로 인접한 지역이 롬바르디아.

19 샤르데냐 왕국의 왕(1849~1861)이자, 이탈리아 국왕(1861~1878). 1861년 이탈리아를 통일했다.

20 밀라노를 중심으로 한 북부 이탈리아 지역. 베르가모, 브레시아, 크레모나, 만토바 등이 포함된다.

21 현재 벨기에에 위치한 도시.

22 저자의 '그 마리냥이 맞다'라는 언급은 프랑스 역사에 남아있는 마리냥이 이 멜레냐노 마을이라는 사실을 짚어준 것이다. 1515년의 마리냥 전투는 프랑스와 스위스 서약동맹 사이에 벌어진 전투로 프랑스의 군주 프랑수아 1세가 승리로 이끌었다.

이에 상징적인 경계선 역할을 하던 민치오 강을 거꾸로 다시 건너가야만 하는 형편에 처했다.

이렇게 긴박하디긴박한 상황이 벌어지는 가운데 뒤낭은 1859년 6월 이탈리아로 떠났다. 그러니 6월 20일 경에 그가 파르마에 있었다는 사실은 전혀 우연이 아니었다. 나폴레옹 공, 즉 제롬 나폴레옹이 지휘관 보포르 도풀 장군을 동반하여 그곳에 도착할 예정이었기 때문이다. 제롬 나폴레옹은 황제의 명에 따라 그때까지 토스카나에 대기하고 있던 제5군단을 이끌고 파르마로 오게 되어 있었다. 혹은, 뒤낭이 그 제5군단을 찾아 나선 것이었는지도 모른다. 나중에 가서 거는 말을 돌리지 않았다. "신비에 둘러싸인 그 제5군단을 찾기 위해 나는 수차례에 걸쳐 갈지자를 그으며 주변을 돌아다녀야 했다."고 회고했다.[C5] 좋다, 흔쾌히 그를 믿기로 하자. 나폴레옹 3세는 마침내 사촌 제롬 나폴레옹을 끌어들이기로 결정하면서, 그에게 피렌체에서부터 파르마로 돌아가라고 명령한 게 사실이었다. 게다가 지름길을 지시한 게 아니었다. 우선 해안을 따라 가다가 아펜니노 산맥을 가로질러 움직이는 동선이었기에 훨씬 길고 훨씬 더 고생스러운 여정이었다. 뒤낭은 황제가 자신의 사촌에게 이 뒤틀린 술책을 쓴 걸 아마 알지 못했던 것 같다. 제5군단이 도착하기 며칠 전에 뒤낭은 이미 파르마에 와 있었기 때문이다. 그때 제5군단은 아직 산속에서 고생길을 걷고 있었다. 그래서일까, 뒤낭은 우두커니 기다리기보다는 적극적으로 제5군단을 찾아 나서기로 결심했다. 겁도 없이 아펜니노 산맥을 넘어 남쪽으로 가기 위해 역마차를 타고 길을 떠난 이유가 바로 그거였다. 폭풍우가 몰아쳐서 완전히 비에 젖은 데다 군대들이 오가는 바람에 이동이 자유롭지도 못했다. 뒤낭은 그때까지도 혼자이긴 했지만 그날 역마차에도 유일한 손님이었다. 뒤낭이 자신이 가고자 하는 행선지가 어디인지를 정확히 알고 있었던 게 분명하다. 6월 22일 저녁 폰트레몰리에 도착한 그는 추후에 기록하기를 순진하게도 '정말로 운이 좋았다'고 하였다. 왜냐하면 고된 여정에 완전히 녹초가 된 채 역마차에서 내리던 중에 적어도 3일 동안 애타게 찾아 헤매던 이들, 즉 제롬 나폴레옹을 위시한 참모부와 그 유명한 보포르 도풀 장군을 '우연히 맞닥뜨렸기' 때문이다.

저자 주석 C5: 뒤낭의 『회고록』, 33쪽.

제롬 나폴레옹은 완전히 저기압이었다. 황제인 자기 사촌이 자신에게 명한 산속으로 돌고도는 행군을 그는 모욕이라고 생각했다. 그리고 그건 맞는 판단이었다. 제롬 나폴레옹은 결정적인 전투의 참여 기회를 놓치게 될 거라 예감하고 있었는데, 이에 대해서도 그의 생각이 들어맞았다. 뒤낭이 회고록에 기록한 바에 따르면, 그는 제롬 나폴레옹을 '보았다'고 한다. 반면 두 사람이 대화를 나누지는 못한 게 확실하다. 이야기를 나눴다는 기록을 뒤낭이 일체 남기지 않았기 때문이다. 뒤낭은 반면에 보포르 장군이 그 장소에, 그리고 바로 그 시점에 뒤낭이 등장한 데 대해 '아주 놀라움'을 표시했다는 건 기록해 두었다. 상당히 놀랄 일이었지만 장군은 성의껏 뒤낭과 몇 마디 대화를 나눴다고 한다.

뒤낭은 이 만남에서 자신이 추후 부상병들이 처할 운명에 대해 언급하였고, 그에 대한 대답으로 장군이 "계란을 깨지 않고는 오믈렛을 만들 수 없지 않소."라는 희한한 답을 했다고 회고록에 기록했다. 이게 과연 실제로 있었던 일일까? 또, 장군이 직접 뒤낭에게 아펜니노 산맥 반대쪽에서 며칠 안에 '엄청나게 큰 전투'가 발생할 거라고 언질을 주면서 이를 놓치지 말라고 권했다는 게 사실일까? 자신의 기억을 뒤낭이 추후에 어떻게 윤색했는지와는 상관 없이 확고한 사실이 있다면, 뒤낭은 그 짧은 만남을 갖는 동안 어쨌든 그토록 갈지자를 그리며 거기까지 온 자신의 궁극적인 목적을 잊어버리지 않았다는 점이다. 뒤낭은 보포르 장군으로부터 마크 마옹 원수에게 보내는 장군의 새로운 편지 한 통의 전달 임무를 받아냈다. 뒤낭은 그 편지의 내용에 대해서는 일체 함구하였다. 장군이 마크 마옹 원수에게 보내는 개인적인 메시지였을까? 아니면 뒤낭을 위한 소개장이었을까? 그건 중요하지 않다. 뒤낭은 이렇게 해서 추후 행로에 있어 아주 훌륭한 통행증을 받은 셈이었고, 게다가 최근에 마젠타 공작 작위까지 얻은 마크 마옹 원수에게 접근할 수 있는 꿈만 같은 구실이 생긴 셈이었다. 그것이야말로 뒤낭이 여기까지 온 이유가 아니었던가?

보포르 도풀 장군과 제롬 나폴레옹에게는 깜짝 놀랄 우연으로 보였을 수도 있는 이 사건은 요컨대 우연과는 아주 거리가 멀었다. 이때까지, 또 무엇보다 그 이후로도, 특출날 정도의 성공률로 뒤낭이 적용한 접근 방식은 '분절'을 통해 아주 합리적으로 조금씩 전진하는 방식이었다. 특별할 것도 없는 인연을 바탕으로 우선 첫 단계의 사람과 소소한 공감대를 형성한다. 이어 그의 추천으로 제2단계에 있는 사람에게 접근할 수 있게 되고, 그 사람은 뒤낭이 애초부터 겨냥하던 더 상위에 자리한 사람에게 다가갈 기회를 마련해 주게 되는 방식이다. 알제리 사업 측면을 보면 뒤낭은 완전히 낭패에 빠져 있었다. 제롬 나폴레옹이 샤슬루로바 백작에게 식민지 장관직을 내주면서 새 장관으로부터는 아무 기대도 할 수 없는 입장인지라, 뒤낭에게 유일한 돌파구는 중개인이 되어줄 인맥을 총동원하여 황제에게 직접 접근하는 수밖에 없었다. 치밀하게 계획한 '우연한' 만남을 통해 그는 보포르 도풀 장군으로부터 마크 마옹 원수에게 보내는 편지 전달 임무를 따냈다. 마크 마옹과 '우연히' 만날 수만 있다면, 그땐 황제에게까지 접근이 가능할 터였다. 바로 이 점, 오직 이 요소만이 뒤낭이 자기 말마따나 '비밀에 둘러싸인 제5군단을 찾기 위해' 왔다고 설명한 그의 괴상한 이탈리아 여행을 이해할 수 있는 단서가 된다. 오직 이러한 설명으로만 이해가 가능한 부분이 또 하나 있다면, 그 시기에 이탈리아에 왔다는 사실 자체만큼이나 엉뚱했던 그의 행보였다. '식사하러 멈출 시간도 없이' 즉시 왔던 길로 돌아가서 폰트레몰리로 간 그의 현지 여정, 즉 이제 막 왔던 길을 그대로 다시 거슬러 올라간 이유를 설명해 주는 건 바로 위의 속사정뿐이라는 뜻이다.

이제는 밤이 찾아왔지만 뭐 어쩌겠는가. 그렇다고 해서 뒤낭은 발길을 멈추지 않았다. 역마차는 완전히 깜깜한 암흑 속에서 아펜니노 산중을 되짚어 북쪽으로 향했다. 여전히 다른 승객이라고는 전혀 없이 유일하게 뒤낭만 태운 채였다. 제5군단 소속 정찰병 몇 명을 지나쳤지만, 이미 녹초가 되어버린 뒤낭은 그들을 뒤로 한 채 역마차를 타고 그의 이상한 여정을 이어갔다. 이내 역마차가 지나가기에는 지나치게 위험한 길이 나타났다. 뒤낭은 역마차 대신 훨씬 작은 우편마차로 갈아타고는 그 안에서 다시 밤을 꼬박 보내면서 발길을 재촉했다. 대체 어떻게 그랬는지도 모를 정도로 정신없이 파르마, 피아첸차 및 크레모나를 거쳐 다음 날 아침 브레시아까지 돌아올 수 있었다. 우편마차에서 내리면서 뒤낭은 자기가 흠뻑 젖어 있다는 걸 깨달았다. 폭우가 쏟아져 강이 범람하였기에 마차가 보통 건너다니는 수심이 얕은 지점들도 물에 잠긴 데다가 오스트리아군이 후퇴하면서 여러 교량을 끊어 놓았기 때문이었다. 이 때문에 역마차 마부들은 물줄기가 높게 튈 수밖에 없는 곳들을 달려야 했고, 문틈으로 물이 쏟아져 들어오는 걸 신경 써 가며 운전할 겨를이 없었다.

1895년에 회고록을 쓰면서 뒤낭은 1859년 당시 여정에 대해서는 말을 매우 아꼈다. 그럴 만도 했다. 그가 전투를 실제 목격했구나 하고 막연하게 생각하게 만든 '솔페리노의 회상'을 명백한 거짓말로 만들어버릴 수는 없었기 때문이다. 허나, 만약 6월 22일 저녁에 그가 폰트레몰리에 있었다면, 아직 1000리외, 즉 250킬로미터는 더 가야만 파르마와 피아첸차를 거쳐서 브레시아까지 도착할 수 있다는 계산이 나온다. 날씨는 험하기 짝이 없었고, 강물이 범람하고 길도 소실된 상태였다. 게다가 그의 기억에 따르면 이동하면서 이틀 밤을 보냈다고 하는데 — 하룻밤은 역마차에서, 또 하룻밤은 우편마차에서 — 그렇다면 아무리 빨라야 6월 24일 낮이 되어서야 브레시아에 도착할 수 있었을 것이다.

그런데 브레시아로는 왜 간 걸까? 그 이유는 황제가 며칠 전인 19일과 20일 사이에 그곳에서 진을 쳤고, 또 알제리 총독이자 마젠타 공작 즉 마크 마옹 원수도 거기에 진지를 설치했기 때문이다. 브레시아에 설치된 그의 알제리 보병대 천막은 레지옹 도뇌르 장식이 되어 있었다. 무엇보다 브레시아에 가면 뒤낭을 더 멀리까지 데려다 줄 마차를 구하기가 훨씬 쉬웠기 때문이기도 했다. 기대한 바로 그대로 일이 진행되었다. 한 운송업자가 그에게 작은 이륜 마차를 빌려주기로 합의하였다. 오스트리아군의 강제 동원을 피해 만토바로부터 피신한 이탈리아인 마차꾼이 그 마차를 몰아주는 서비스를 포함한 거래였다. 그 마차꾼은 근방을 훤히 꿰고 있었다. 자신의 고객 뒤낭을 브레시아에서부터 원하는 곳까지 아무 문제없이 데려다 줄 수 있는 사람이었다.

그런데, 브레시아에서 더 이상 자기에게 도움이 될 만한 사람을 만날 수 없는 지경이니 대체 이 '대전투' 전날 뒤낭은 정확히 어디로 가려고 한 걸까? 보포르 도풀 장군이 식민지 거주민 차림을 하고서 자신을 만난 이 관광객에게 6월 24일에 황제가 정확히 어디 있을지를 알려주었을 리는 만무하다. 심지어 황제 본인도 확정적인 계획을 잡지 못하고 있는 상황이기도 했다. 또한 이탈리아 독립전쟁 중에서도 결정적인 사건이 된 솔페리노 전투는 사실 그 누구도 예상치 못했던 사건이었다. 다만, 뒤낭에게 마크 마옹 원수에게 보내는 서신을 맡긴 걸로 미루어 볼 때, 보포르 도풀 장군이 뒤낭에게 마크 마옹을 만나려면 북쪽으로 다시 돌아가라는 정도로 권유했을 수는 있다.

브레시아에서 뒤낭은 뭔가를 알 법한 사람이라면 그 누구에게든 질문을 했을 것이 뻔하다. 그 덕에 그는 다음과 같은 여러 사항을 알아낼 수 있었으리라. 우선 나폴레옹 3세가 카스틸리오네와 만토바로 향하는 길에 위치한 몬티키아리에 이틀간 진을 쳤다는 사실이었다. 또한 바로 거기서 황제가 모든 지휘관을 모아놓고 19일 저녁에 전쟁회의를 열었고, 이틀 전부터 황제를 기다려온 마옹 원수가 있는 카스틸리오네에 나폴레옹 3세가 이제 막 합류했다는 사실도 알아낼 수 있었나. 몬티키아리 진지를 떠난 황제는 아침 7시에 카스틸리오네에 도착했고, 그날 6월 24일 금요일 아침 마을 언덕 위에 세워진 대성당의 종탑에 올라 근방을 관찰하였다는 이야기도 듣게 되었다.

뒤낭이 브레시아를 떠난 시각, 그리고 같은 날 황제가 몬티키아리에서 떠난 시각에는 그 누구도 그에게 곧 전투가 벌어질 거라거나 부상병들이 쏟아질 거라고 알려줄 수 없었다. 황제 본인도 전투 전날 저녁이 되어서야 솔페리노에 엄청난 병력이 모여 있다는 보고를 받았고, 직접 솔페리노에 가까이 가서야 이 마을이야말로 모든 걸 결정짓게 될 장소임을 인지하였으니 말이다. 마크 마옹 원수가 그 전날 밤에 주변을 살피기 위해 카스틸리오네로 열기구를 동원해서 탐색을 벌이기까지 했건만, 전투 전날까지도 근방에 오스트리아군이 모여들었다는 사실을 프랑스 측은 알지 못했다. 이 모든 정황으로 인해 프랑스군은 적군이 민치오 강 건너편에 자리를 잡은 게 분명하며, 결판을 내려면 자국군이 강을 건너가야 한다고 확신한 상태였다. 어찌되었든 솔페리노 전투 하루 전 연합군이 파악한 상황은 그러했다.

그러니 뒤낭이 6월 24일 오후 또는 저녁에 카스틸리오네에 도착한 사실은 '우연'이 아니었다. 그는 거기서 자신을 후원해 줄 마크 마옹 원수나 손수 책을 헌정하고 싶었던 황제, 심지어 그 두 사람을 모두 만날 개연성이 있다고 생각한 게 분명하다. 하지만 오히려 그는 자신이 찾아 헤맨 것과는 완전히 다른 상황에 우연히 맞닥뜨리게 된다. 카스틸리오네에서 불과 몇 킬로미터 떨어진 곳에서 19세기 역사상 가장 피비린내 나는 전투 중 하나가 이제 막 끝나가고 있었다.

4

영광을 위한 전투

1859~1862

솔페리노 전투

5월 20일에 몬테벨로라든지 5월 말 팔레스트로 같은 전쟁 초기 전투에서는 프랑스와 피에몬테 연합군이 승기를 잡았다. 6월 4일에 벌어진 마젠타 전투로 인해 오스트리아군은 동쪽으로 후퇴하게 되었고, 그러면서 민치오 강을 다시 넘어가서 베네치아 공국의 국경 근처까지 도피했다. 오스트리아 황제 프란츠 요제프 1세[1]는 12만 대군을 이끌고 출정했음에도 어쩔 수 없이 프로이센에 원군을 요청하는 지경에 이르렀다.

6월 22일에 오스트리아군은 역습을 감행했다. 뒤로 돌아서 서쪽으로 다시 진군하여 민치오 강을 재차 건넜고, 포쫄렌고에서 메돌라에 이르는 가르다 호수 축의 연장선상에 포진하였다. 그 중간에 솔페리노라는 이름을 가진 소박한 마을이 자리한다. 그다음 날 저녁까지 양쪽 모두 적군이 어떠한 움직임을 보일지 구체적으로 알 방도가 없었다. 몇몇 정찰병 사이의 충돌로 인해 오스트리아-헝가리 제국의 군대는 근처에 프랑스와 사르데냐 연합군의 전진 기지가 있다고 판단했고, 반면에 프랑스군의 제1군 사령관 바라게 딜리에[2]는 오스트리아군이 솔페리노에 진을 쳤다는 소식을 듣고는 그게 적군의 후미 부대라고 생각하였다.

상황이 이렇다 보니 1859년 6월 24일 새벽, 이런 결정적인 전투에서 어떻게 움직여야 할지 제대로 지휘도 받지 못한 채 양측 병사들은 전투에 나서게 되었다. 오스트리아군의 병사들은 지난 며칠간 여기저기 옮겨가며 수십 킬로미터를 행군한 탓에 매우 지쳐 있었다. 그런데다 그날 아침, 그 길고 긴 하루가 시작할 무렵, 이들은 아무것도 먹지 못한 상태였다. 상부로부터 고형 식품 대신에 병사들의 공격성을 더욱 자극하기 위한 독주를 평소 두 배로 배급하라는 명령이 병참에 떨어졌기 때문이다. 프랑스와 사르데냐 연합군 측에서도 사정은 비슷했다. 바라게 딜리에 원수와 마크마옹 원수가 이끄는 군사들은 전투 개시 전에 아침 커피 배급만 겨우 받았을 뿐이었다.

전투가 시작되었을 때는 이제 겨우 해가 떠오를 무렵이었다. 프랑스와 사르데냐 연

---

1 Franz Josef I 1830~1916. 오스트리아 제국의 황제(1848~1867)이자, 오스트리아-헝가리 제국의 황제 (1867~1916).
2 Baraguey d'Hilliers 1795~1878. 프랑스군의 원수. 이 전투에서 프랑스 제1군을 지휘하여 솔페리노로 진군했다.

합군의 병력은 병사 약 17만 명에 말 14,500마리, 그리고 대포 500대였다. 오스트리아군의 병력은 약 15만 명의 병사에 말 16,500마리, 대포 680대였다.[D1] 두 제국의 황제들이 직접 군을 진두지휘하였다. 병사들은 평행하게 위치한 두 개의 전선에서 충돌하였는데, 이는 북에서 남으로 약 20여 킬로미터간 이어지는 키에제강과 민치오강 사이의 구간이었다. 이 전선 상에는 북쪽으로 산마르티노, 남쪽으로 메돌레가 위치하고 중심에는 가르다 호수에 이르는 언덕들과 남쪽 만토바까지 이어지는 평원 사이 경계에 자리한 솔페리노가 있었다. 이날의 결정적인 충돌은 이 세 위치에서 집중적으로 일어났다.

저자 주석 D1: 로제 뒤랑, 『솔페리노 전투』 '적십자의 시련' 중, 21~31쪽.

새벽 4시부터 바라게 딜리에 원수가 지휘하는 프랑스군의 제1군이 카스틸리오네 근처에서 오스트리아 육군 원수 슈타디온이 이끄는 오스트리아군의 제5군을 공격하기 시작했다. 바로 그곳에 나폴레옹 3세가 당일 아침 7시경 도착했다. 언덕 위 카스틸리오네 마을 성당의 종탑에 올라선 황제는 그날 전투가 얼마나 큰 규모로 벌어지고 있는지를 명확히 파악할 수 있었다. '이 전투의 결승점은 솔페리노 진지의 탈취'[D2]라고 판단한 나폴레옹 3세는 모든 참모부를 이끌고 즉시 솔페리노로 향했다.

저자 주석 D2: 1859년 6월 25일 카브리아나에서 황실 근위대 총 사령관 생장 당젤리 원수가 보고한 내용. 1859년 7월 4일 르 모니퇴르 위니베르셀 신문의 1면 보도.

솔페리노 마을 중심가를 내려다보는 '이탈리아의 스파이' 탑은 근처 지역 전체를 조망할 수 있는 유일한 관측소일 뿐 아니라, 전투가 벌어지는 여러 전선의 중앙부에 위치하였기에 가장 중요한 목표 지점이 되었다. 바젠 사령관이 지휘하는 보병 사단이 솔페리노를 탈취하고서 그날 오후 황실 근위대가 타격병들을 앞세워 이탈리아의 스파이 탑을 장악하자 승기는 분명 연합군 쪽으로 기우는 듯했다.

바로 그 순간부터 나폴레옹 3세는 승리를 의심치 않았다. 오후 2시 반에 황제는 제1 전속부관에게 카스틸리오네에 설치한 제국 참모부를 카브리아나로 이동시키라고 명령하였다. 카브리아나를 오스트리아군으로부터 빼앗을 것이라고 확신했기 때문이다.

오후 네 시경에 강풍이 불기 시작했다. 한 시간이 지나자 전투 중인 병사들 위로 차가운 비가 쏟아지기 시작했고, 세찬 빗줄기는 돌풍으로 인해 병사들을 가로로 강타했다. 이런 상황 속에 오스트리아군이 최후의 역습을 시도했을 때, 프랑스 기병 부대의 움직임에는 제약이 심했다. 하지만 이내, 적군의 공격에도 살아남은 양쪽 병사들의 악착같은 전의조차 자연의 힘 앞에서는 굴복하고 만다. 번개, 천둥, 그리고 전장의 뿌연 연기로 인해 시계조차 확보할 수 없었다.

이웃한 언덕 정상에 자리잡은 작은 성당에서 상황을 관찰하던 프란츠 요제프 황제는 전면 퇴각을 결정하였다. 나폴레옹 3세는 생각했던 대로 그날 아침만 해도 오스트리아 황제가 식사를 했던 카브리아나의 성채를 차지하였다. 거기에서 나폴레옹 3세는 아내 외제니 황후에게 그날 하루를 엄숙하게 요약한 '대전투 끝에 대승을 거두었다'는 편지를 보냈다.

승자와 패자가 된 두 황제는 그날 저녁 모두 기진맥진하였다. 이들이 이끄는 군대 또한 상당한 피해를 입었다. 양측 모두 수치는 비슷했다. 각자 약 18,000명에서 19,000명의 군인들이 단 하루의 전투 끝에 목숨을 잃었다. 병사들의 이러한 처절함에다가 보급 부족, 위생병이 거의 전무한 상황과 통신의 어려움까지 겹쳐 있었다.

뒤낭은 회고록에서 바로 그날 이 같은 전투 현장 가까이 있었던 사실을 정당화하기 위해 자신이 '부상자들이 추후에 어떻게 될지 매우 걱정'했노라고 기록했다. "물론 나는 여행자였다. 하지만 인간의 문제들을 매우 염려하는 여행자였다." 만약 바로 그 부분이 해당 지역을 다니면서 그가 가졌던 제1의 염려였다면, 카스틸리오네에 도착했을 때 그가 받은 충격은 훨씬 덜했을 것이고, 거기서 얻은 트라우마도 그다지 오래가지 않았을 것이며, 그때의 경험으로 아마도 별다른 결실을 맺지도 못했을 것이다. 허나 6월 24일 금요일 오후 이 소박한 마을 카스틸리오네에 도착했을 때, 뒤낭은 거기 벌어진 광경에 전혀 대비하지 못한 상태였다. 그런 상황을 기대하고 온 게 아니었기 때문이었다. 뒤낭은 심하게 놀라 얼이 다 빠졌고, 도무지 본인의 눈을 믿을 수가 없었다. 카스틸리오네는 여러 전투 현장에서 불과 몇 킬로미터 거리에 있었기에 수천 명의 부상병들이 당나귀와 마차로 실려왔고 개중 가장 용감한 부상병들은 직접 걸어서 이곳까지 몰려드는 중이었다. 일단 카스틸리오네에 도착한 부상병들은 브레시아, 크레모나, 베르가모, 심지어 밀라노 등 가까운 도시 병원으로 보내질 예정이었다. 문제는 오스트리아군이 이날 전투가 있기 전 며칠에 걸쳐 카스틸리오네에서 숙영하면서 마을에 있던 짐수레를 모조리 동원해 간 뒤라는 사실이다. 그러다 보니 부상병들을 더 멀리 실어갈 방도가 없었다. 카스틸리오네는 의도치 않게 프랑스군과 오스트리아군 부상병들을 모두 맞아들이는 거대한 임시 병원이 되어버렸다.

이 같은 상황은 아예 예측이 불가능했기에 카스틸리오네 마을은 극도의 공황 상태에 빠지고 말았다. 병사들에게 제대로 숙소를 제공하는 게 문제가 아니라, 끊임없이 주변 전장에서 쏟아져 들어오는 이 수백 수천의 피투성이로 신음하는 병사들을 그저 누이기라도 할 장소조차 없었다. 마을 사람들은 서둘러 병영 숙소와 성당, 수도원, 수녀원 등의 시설을 모두 개방하여 이들을 맞아들였다. 여기저기로 뛰어다니며 카스틸리오네 주민들은 이불과 천, 짚을 넣은 매트 등 누일 자리로 쓸 만한 물품을 찾았지만, 그것으로는 충분치 않았다. 이제는 길거리며 광장이며 안뜰에 짚단을 던져 자리를 마련하고 어떻게든 널빤지와 천을 동원해서 임시 거처를 마련해야 했다. 마을에서 부유한 이들은 부상을 입은 장교들을 자택으로 맞아들이는 와중에, 어떤 이들은 이미 사망한 장교의 시신은 대체 어떻게 처리하는가를 두고 고민에 빠졌다. 이러한 대혼란 속에서 빈사자의 헐떡이는 숨결, 오열하는 소리, 귀가 멍멍할 정도로 울부짖는 소리에다가, 온갖 언어가 뒤섞여 명령을 내리고 또 반대 명령이 떨어지는 소리, 그리고 반항, 공포 아니면 분노를 담은 고함소리가 합주를 하고 있었다. 마치 지옥의 대기실과도 같은 광경이었다. 6월 24일 금요일 오후 바로 이러한 현장에 이륜마차를 타고서 앙리 뒤낭이 도착한 것이다. 험한 여정 때문에 차려입은 우아한 흰 양복 색이 약간 바래진 채 뒤낭은 카스틸리오네 마을 광장에 내렸다.

그는 카스틸리오네 마을에서 어차피 멈춰갈 생각이었을까? 그냥 하룻밤 묵으려고 했던 건가? 아니면 마크 마옹 원수 혹은 황제를 찾아 길을 재촉할 생각이었을까? 나중에 가서도 뒤낭은 당시 원래 의도가 무엇이었는지 일절 공개하지 않았다. 이유가 무엇이 되었든 그날 자신은 카스틸리오네에 있어야 할 운명이라고 두고두고 확신했기 때문이다.

뒤낭의 흰 양복은 하루도 채 가지 못했다. 6월 25일 토요일 앙리는 부상병들의 병상을 지켰다. 부상병을 돌보는 작업은 애석할 정도로 조직적이지 못했다. 심각한 수준, 아니 심지어 말 그대로 치명적인 수준이었다. 물과 식량이 분명 있음에도 불구하고 아사에 이르는 부상병들이 속출했다. 천도 충분히 있었지만 상처에 붕대를 둘러줄 일손이 부족했다. 뒤낭은 이러한 상황을 파악하고는 곧바로, 정말로 당장, 봉사자들이 필요하다는 걸 알아차렸다. 다만 무질서와 공황 상태가 지배하는 가운데 필요한 봉사활동을 조직하기는 어려운 상황이었다. 그는 그저 자신의 연민과 신앙이 이끄는 대로, 개인으로서 할 수 있는 일을 하는 데 만족해야 했다. 이미 어렸을 때 어머니에게서 배운 이웃 사랑의 의무를 기독교청년회를 통해 적극적으로 이어갔던 뒤낭은 타인의 고통에 대한 공감 능력을 지녔고, 별달리 애쓰지 않아도 시의적절하게 말 한마디를 건네거나 관대한 행동을 취할 줄 알았다. 그런데 그의 주변에 고통이 가득했다. 게다가 끔찍하고 너무나 다양한 모습의 고통이었다. 톱으로 사지를 절단해야 해서 고함을 내지르는 청년부터, 파상풍에 시달리느라 경련을 일으키는 부상병, 원통형 총탄에 맞아 뼈가 부서진 이들에다, 죽음이 눈앞에 왔음을 자각한 자들의 얼이 빠져버린 눈빛, 완전히 낙담한 사람, 잔뜩 신경이 격해있는 자, 그리고 물 한 모금만 달라고 아니면 치료 좀 해달라고, 또 차라리 죽고 싶다고 호소하는 이들의 비탄에 이르기까지, 뒤낭 주위에는 고통이 차고도 넘쳤다. 모두에게, 앙리는 정말 모두에게 위안을 주고, 바짝 마른 입술을 적셔줄 시원한 물을 마시게 돕고, 작별 인사를 전하는 마지막 편지를 받아 적어주고, 죽어가는 이의 마지막 순간이라도 평화롭게끔 해주고 싶었다. 그는 어디든 달려가서 할 수 있는 한 온갖 일을 했다. 계획도 방법론도 없이, 오직 그에게 신호를 보내는 목소리와 손짓을 따라갔다. 그저 지나가는 과객에 불과한 모습 그대로, 그리고 그가 오랫동안 되길 원했던 예수의 제자로서, 또한 우연히 그 자리에 있었기에 도울 뿐인 보잘것없는 구급대원으로서의 모습이었다. 그것만으로도 참 큰일을 한 것이지만, 동시에 그것으로는 충분치 않았다.

그날 밤, 그를 위해 마련된 파스토리오 성채 내 침실에서[D3] 겨우 몇 시간의 휴식을 취하면서 뒤낭은 아마 잠을 제대로 이루지는 못했을 것이다. 눈을 감기만 하면 피폐한 육체와 호소하는 눈빛이 견디기 어렵게도 떠오르곤 했지만, 그것만이 이유는 아니었다. 6월의 어느 토요일, 그것도 한나절 사이에 이렇게 수많은 이가 스러지거나 불구가 되어버린 현실, 용납할 수 없고 심지어 모욕적이기까지 한 생명의 허비라는 현실 때문만도 아니었다. 그들은 뒤낭 자신과 실로 많이 비슷하고 나이도 거의 같은 청년들이었다. 뒤낭도 불과 몇 리외만 남쪽 혹은 동쪽에서 태어났더라면 이날 싸운 병사들의 사촌이거나 형제였을 것이다. 아니다. 그래도 그날 밤 뒤낭이 잠을 이루는 못하는 이유는 딴 데 있었다. 다른 그 어떤 사항보다도 그가 견디기 어려웠던 건 ─ 연합군이 마침내 오스트리아 점령군을 몰아내 줄 거라는 초조한 희망을 품은 채 근처에서 전투가 임박함을 알고 있었음에도 ─ 이렇게나 혼돈과 무질서가 가득한, 그리고 절망적일 정도로 즉자적인 카스틸리오네의 현실 때문이었다. 주민들은 체념하듯 머릿속으로는 재난이 곧 발생할 거라고 생각했으면서도, 그런 일이 실제로 발생하면 구체적으로 어떻게 대응해야 할지에 대해서는 전혀 준비가 되어 있지 않았다. 얼마나 더 많은 이가 목숨을 잃어야만 이러한 허점이 메꿔질 수 있을까? 전쟁이 일단 터지고 나면 전투 자체가 끝나더라도 목숨을 잃는 사람은 계속 발생한다는 사실에 대해서는 해결책을 찾을 수 없는 것일까? 뒤낭은 그날 밤 이렇게 답 없는 질문을 하면서 잠을 청했다. 같은 순간 두 명의 황제들 역시 각자의 자리에서 이토록 극도의 난투를 통해, 여전히 그들의 귀청에도 울려 퍼지는 고통에 겨운 울부짖음에서 과연 무슨 교훈을 얻을 수 있는지 고민에 빠졌다.

저자 주석 D3: 카스틸리오네 지방의 전통에 따라 뒤낭은 대성당 옆 파스토리오 성에 묵었으리라 추정된다. 하지만 40여 년이 지난 후 루돌프 뮐러에게 보낸 편지에 따르면, 그는 당시 카스틸리오네에서 묵었던 여인숙의 이름이 뭐였는지를 알아내려는 중이라고 언급한 적이 있다. 그러니 그가 카스틸리오네에 있는 동안 뒤낭이 어디에서 지냈는지는 여전히 확실하게 밝혀지지 않았다.

모두가 형제다

6월 26일 일요일 동틀 무렵, 앙리 뒤낭은 가장 긴급한 구호 활동을 조직화하기 위해 소매를 걷고 나섰다. 부상자들이 어느 '편'에 속하는지는 일절 상관하지 않았다. 프랑스인, 독일인, 아랍인, 슬라브인을 불문하고 성당 내부의 차가운 타일 바닥이나 길거리를 가득 메운 부상자들의 누운 자리로부터 흘러나오는 핏줄기가 온통 뒤섞인 채 카스틸리오네 길가를 따라 구불구불 흐르고 있었다. 뒤낭은 부상자들을 돕고 있던 몇몇 여성을 모아 할 수 있는 한 가장 체계적으로 1차 구호의 임무를 분배했다. 부상자들에게 먹을 것과 마실 것을 나누어 주기, 상처에 붕대 감기, 피로 뒤범벅된 이들을 씻겨 주기와 같은 일이었다. 혼자서는 마을 전체의 상황을 감당할 수 없으리라는 점을 알았기 때문에, 그는 가장 도움이 필요해 보이는 곳에 집중하기로 했다. 48시간 전만 해도 나폴레옹 3세가 자리했던 종탑이 있는 성당 안에 자신의 본부를 두었다. 카스틸리오네의 대성당은 카스틸리오네 마을에 있는 한 언덕 위에 세워진 건축물로, 내부에 자리가 부족한 탓에 성당 앞 커다란 테라스 공간에도 부상병들이 수백 명 늘어져 있었다.

이 성소의 내부는 이제 상부와 하부가 극적인 대조를 이루고 있었다. 상부는 석회로 칠한 하얀 궁륭과 이중으로 늘어선 기둥머리들이 줄지어 장식된 공간이었다. 반면에 외부에서 성당 안으로 들어와 눈이 부신 상태에서 바라보면 하부는 제대로 알아보기도 어려웠다. 부상병들의 육체와 천, 가죽, 짚더미, 흙, 톱밥과 피가 뒤범벅되어 있는 어두컴컴한 거대한 덩어리로밖에 보이지 않았다. 참기 어려운 악취와 거친 숨결과 울부짖음은 끊임없이 소음을 만들어내는 집합체였다. 프랑스군 병사들과 하사관들이 누운 자리는 벽에 붙어 나란히 2열로 마련되었다. 대부분 교회 안쪽 깊숙한 곳에서는 오스트리아와 독일, 크로아티아 병사들이 그들에게 뻗어온 연민의 손길에 의심스런 시선을 보냈다. 이날 일요일 하루 종일 앙리는 성당의 중앙 홀과 두 측랑에 줄줄이 늘어선 부상자들 사이를 누볐다. 『솔페리노의 회상』에서 그는 '그들은 눈으로 나를 따라다녔다. 내가 오른쪽으로 가면 오른쪽으로, 내가 왼쪽으로 가면 왼쪽으로'라고 이날의 기록을 남겼다. 아무도 방치되지 않게끔 노력하면서도 그는 가장 긴급하게 도움을 필요로 하는 이들, 손을 내미는 이들, 그리고 간곡히 애원하는 사람들의 부탁을 쫓아다녔다. 자신이 할 수 있는 한 이들의 요청에 대응할 수 있는 방법을 간구하고자 노력했다. 마을의 남자아이들은 자기 팔을 양쪽으로 뻗친 것보다 훨씬 큰 물통 지게를 매고 용감하게도 우물에서부터 교회까지 오는 가파른 비탈길을 끊임없이 오갔다. 그 아이들이 길어온 물을 받아서 어머니들과 누이들은 즉시 부상병들의 목을 축여주거나 상처를 닦아내는 데 사용했다.

일요일이 저물어갈 무렵, 마을의 모든 자원이 고갈되었다. 천 한 쪼가리도 담배 한 갑도 남지 않았다. 다음 날 아침 그는 자기가 고용한 마부를 브레시아로 보내 생필품을 최대한 구해오도록 했다. 상처를 닦아내는 데 쓸 카모마일과 접시꽃물, 레모네이드 같은 음료를 만들기 위한 오렌지, 레몬과 설탕, 그리고 셔츠, 스폰지, 붕대로 쓸 천, 붕대를 깨끗한 새 걸로 갈아주기 위해 필요한 옷핀, 병사들을 안정시키고 고통을 잊게 하는 데 도움이 될 시가와 담배 같은 것들이었다. 마부가 돌아오기를 기다리면서 — 브레시아는 거기서 20킬로미터는 족히 떨어져 있었기에, 브레시아로 가서 필요한 물자를 수합하고 또 되돌아오려면 몇 시간은 걸린다 — 앙리는 카스틸리오네에서의 구호 활동을 이어갔다. 나이가 지긋한 해군 사관이 그곳을 들러갔고, 이어 영국 관광객 두 명, 이탈리아인 수도원장, 호기심 어린 네 명의 여행객, 그리고 파리에서 온 기자가 뒤를 이었다. 뒤낭은 이들을 즉시 영입하여 이들이 견뎌낼 수 있을 동안만큼은, 즉 그토록 엄청난 고통 앞에 구역질이 나서 항복을 선언하고 자리를 피할 때까지만큼은 일을 돕도록 했다. 그 어떤 광경에도 물러나지 않고 낙담하지 않은 유일한 사람들은 지칠 줄 모르는 카스틸리오네의 여인들과 젊은 처녀들이었다. 뒤낭이 이들에 대해 간직한 추억은 감격스러울 뿐 아니라, 추후 그가 실천에 옮길 행동철학을 세우는 데에도 결정적인 역할을 하였다.

"카스틸리오네의 여인들은 내가 국적을 전혀 가리지 않는 모습을 보고는 따라해 주었다. 워낙 국적이 다양한 데다가 그녀들에게는 똑같이 그저 외국인일 뿐인 부상병들에 대해 동등하게 자애롭게 대했다. 그녀들은 감정에 북받쳐서 '모두가 형제'라고 반복해 말하곤 했다."

수십 년 전부터 멸시의 대상이던 오스트리아 점령군과 한 달 전부터 지역 주민들의 찬사를 받아온 해방군 사이에서도 공정한 태도로 모두를 도운 이들 롬바르디아 주민들은 얼마나 칭송받아 마땅한가! 이 여인들의 '모두가 형제Tutti Fratelli''라는 말은 마음 여린 숙녀들이 우아한 태를 부리면서 할 법한 말과는 완전히 다른 성격을 띤다. 이는 아주 특별한 승리를 내포하는 말이다. 이 말은 원한을 이기는 박애정신의 승리 선언이나 다름없다.

한밤의 원정

6월 27일 월요일이 되자 카스틸리오네 길거리는 조금 차분해졌다. 주변의 다른 마을들로 부상병 이송이 시작되면서 서서히 질서가 회복되었다. 이제 막 카스틸리오네에 자리잡은 프랑스군 경리관은 마침내 포로들이 병원에서 일할 수 있도록 허가를 내주었다. 즉 전쟁 포로 신세인 오스트리아 의사 세 명과 독일 외과 의사 한 명이 일손을 애타게 기다리던 위생반에 투입될 수 있었다는 뜻이다.

앙리는 상황이 조금 안정된 틈을 타서 펜을 들었다. 도움을 요청하기 위해 또 심정을 토로하기 위해서는 편지를 쓸 필요를 느꼈기 때문이다. 편지를 쓸 대상으로 단 한 명의 이름, 오직 한 명이 즉시 떠올랐다. 가스파랭 백작 부인이었다.

본명이 발레리 부아시에로 제네바의 명망 높은 가문 출신이며 재기 넘치는 문장가인 가스파랭 백작 부인은 남편인 아제노르 드 가스파랭 백작과 함께 '자유' 교회의 핵심 인사였다. 그녀가 쓴 크림 전쟁 참전 병사들을 위한 호소문이 세상 사람들의 찬사를 받으며 유명세를 타게 되었다. 1854년 12월 가스파랭 부인은 릴뤼스트라시옹 프랑세즈[3]에 열렬하면서도 예리한 어조의 공개 서한을 보내어 '매우 단순하지만 대단히 실용적인' 아이디어를 제시했다. 동방에서 싸우고 있는 두 군대, 즉 프랑스군과 영국군에게 시가와 파이프 담배 등을 새해 선물로 보내자는 제안이었다.[D4] 백작 부인의 메시지는 정곡을 찔렀고 프랑스 전역에서 기부금이 몰려들었다. 1854년 12월부터 1855년 1월 사이에 수천 프랑의 기부금이 모였고, 이를 발의한 그녀의 이름이 그 후로도 오랫동안 이 놀라운 성공담과 함께 인구에 회자되는 계기가 되었다.

저자 주석 D4: 뮈첸베르크, 『발레리 드 가스파랭』, 126쪽.

그로부터 5년이 지난 지금도 사람들은 가스파랭 부인의 그 같은 성과를 기억하고 있었고, 뒤낭은 1859년 6월 그녀에게 보낸 편지에 그 점을 분명히 언급하였다.

---

3 이 발행물은 L'Illustration을 의미하며, 1843년부터 1944년까지 발간된 프랑스의 공화주의 계열의 주간지이다. 다만 프랑스 신문이기는 하지만 여기 기록된 바대로 이름에 '프랑세즈'가 포함되어 있지는 않다.

"3일 전부터 저는 솔페리노에서 부상병들을 돌보고 있습니다. 지금까지 천 명이 넘는 불쌍한 이들을 간호하였습니다. (중략) 이 전투가 얼마나 심각한 결과를 가져왔는지 설명할 방도가 없을 정도입니다. 크림 전쟁은 비교가 되지 않습니다. 백작 부인께 탄원합니다. 크림 전쟁에 하셨던 발의를 재차 해주십시오. 우리 군사들에게 담배와 시가를 보내주시기를 삼가 부탁드립니다."

일단 편지를 작성한 뒤낭은 그날 이른 오후에 이륜마차를 준비시켜서 길을 나섰다. 그가 『솔페리노의 회상』에 적은 대로라면, 그 외출은 '야외에서 초저녁의 신선한 공기를 좀 마시기 위해' 그리고 '외출하는 동안만이라도 카스틸리오네 여기저기에 가득한 비통한 광경을 피해 휴식을 취하기 위해서'였다. 안전 보장을 위해 프랑스군 하사 한 명이 동반하였다는 점, 그리고 머리를 식히러 외출한 것이라 기록했음에도, 실제로는 솔페리노 전투의 현장으로 향했다는 사실을 고려하면 — 뒤낭은 그곳에 대해 전투원들의 '흥분과 열정이 사라져', '이제는 이토록 애수에 찬' 현장이라고 기록했다 — 그가 추후에 제시한 그날 저녁의 외출 동기는 참으로 희한하다 여기지 않을 수 없다. 『솔페리노의 회상』에 자세하게 전투 당일의 상황을 재구성해서 기록하긴 했지만, 분명 이날이야말로 뒤낭이 두 눈으로 격전의 현장을 처음으로 본 날이었을 것이다. 헌데 솔페리노 전투 현장을 찾는 것이 그날 저녁 외출의 유일한 목적인 것도 아니었다. 뒤낭은 거기보다 더 멀리 가서 밤 9시에 카브리아나에 도착하였다. 그가 고백한 바에 따르면, 거기까지 간 이유는 개인적으로 잘 안다고 자랑하던 바로 그 파트리스 드 마크 마옹, 즉 '마젠타 공작이자 공작'을 찾기 위해서였다. 보포르 도풀 장군이 며칠 전에 전해달라 부탁했던 서신의 수신자를 찾아 거기까지 간 것이었다.

뒤낭은 대체 왜 이토록 끈질기게 마크 마옹 원수를 찾아다녔을까? 구(舊) 아프리카 사령관이자, 이제 막 공작과 원수가 되었고 장차 알제리 총독으로 임명된 인물, 이 마크 마옹으로부터 뒤낭은 무슨 허가를, 무슨 새로운 특혜를 얻으려 든 걸까? 뒤낭은 이 부분에 대해서는 말을 아꼈다. 며칠 뒤 보포르 도풀 장군에게 자신의 여정을 보고하면서 오히려 그는 장군에게 솔페리노 전투 이후 벌어진 재난 상황에 맞닥드리다 보니 '책에 대해서도 서신에 대해서도' 잊고 있었노라고 전했을 정도다. 유추하건대, 그렇다면 분명 보포르 장군이 전달한 서신뿐 아니라 책도 가지고 있었던 건 분명하며, 그것이 바로 마크 마옹 백작을 그렇게도 끈질기게 찾아다닌 이유였다. 무슨 책을 말하는 것인가? 그 부분에 대해서는 고민할 여지도 없다.

카브리아나에 도착한 그는 같은 날 두 명의 황제를 맞이했던 궁 앞에서 이륜마차를 세워달라고 했다. 나폴레옹 3세가 거기에 금요일부터 진을 친 상태였다. 뒤낭이 그 누구보다도 숭상하던 군주가 바로 앞에 있는 셈인데 어찌 발길을 멈추지 않을 수 있으랴? 카브리아나의 궁은 그다지 황제에게 걸맞은 건물은 아니었다. 길다란 석조 건물로 1층은 아케이드 형식으로 개방된 회랑이 자리하고, 그 위로는 박공으로 장식한 창문이 일렬로 늘어선 형태였다. 장교들이 회랑에 앉아 평온하게도 시가를 태우는 가운데 뒤낭은 이륜마차에서 내려 그들에게 질문을 하러 다가갔다.

 그렇게 늦은 시간에 불쑥 나타난 여행객 뒤낭을 장교들은 반쯤은 수상스레 여기고 반쯤은 놀란 자세로 대했다. 그들은 뒤낭에게 마크 마옹 원수는 거기에 없고 현재 보르게토에 있다고 답해주었다. 그들을 한 번 더 놀란 이유는, 오밤중에 군부대들 사이로 다니느라 점점 더 겁에 질려간 마차꾼을 이끌고 뒤낭이 자기와 동반한 하사와 함께 즉시 다시 길을 떠났기 때문이었다. 뒤낭 일행은 처음에 길을 잃는 바람에 바로 근처에 있던 프랑스 부대 주둔지를 가로질러 가는 길을 놓치고 말았다. 당황한 오스트리아 병사의 발포를 겨우 피해서 전속력으로 달리던 뒤낭 일행은 근처 프랑스군의 보초병을 맞닥뜨렸다. 보초가 마차를 멈추라고 거칠게 명령한 찰나에 마침 동반한 프랑스군 하사가 다급히 "프랑스!"라고 외친 것이 암호처럼 통하여 위험한 상황을 모면하기도 하였다. 마침내 자정이 거의 되었을 때 일행은 보르게토에 도착하였다. 뒤낭이 이 여정의 목적을 달성한 건 그다음 날이 되어서였다. 아침 여섯 시경에 마크 마옹 장군이 그에게 몇 분의 말미를 허락해 준 덕이었다.

이제 막 마젠타 공작 작위와 원수의 지위를 하사받은 인물이 허락해 준 이 면담은 비록 아주 짧긴 했지만 작위가 있거나 고위직에 있는 이들과의 연줄에 그토록 매달리던 앙리 뒤낭을 기고만장하게 만들기에는 충분했다. 롬바르디아 여행객 뒤낭의 눈에 마크 마옹이 중요한 이유는 그것만이 아니었다. 이날 6월 28일 화요일 아침 마침내 뒤낭은 애초부터 품고 있던 목적, 즉 황제에게 자신의 책을 헌사하겠다는 목표를 달성할 수 있었다. 허나 그는 황제에게 바치는 자신의 저서를 마치 현관 옆 탁자에 놓인 사탕처럼 그냥 맡겨버려서는 안 된다는 걸 잘 알고 있었다. 물론 그래서는 안된다. 자신이 해온 모든 일처럼, 그리고 당대의 관행이 그러했기에, 뒤낭은 그 어떤 통행증보다 추천서의 힘을 믿었다. 이제 막 황제가 몸소 공작 작위를 하사해 준 마크 마옹으로부터 받는 추천서만큼 황제를 만나는 길을 열어줄 법한 게 어디 있겠는가? 뒤낭이 그 어디에도 고백한 바는 없어도 그가 마크 마옹 원수를 그렇게나 찾아다녔던 이유에 대해서는 의심할 나위가 없다. 이는 원수에게 황제께 전할 자신의 저서 『재건된 샤를마뉴의 제국』을 맡기고, 그와 동시에 자신의 제분 회사의 미래를 맡겨두기 위함이었다. 신에게 청할 수 없다면 성인들에게 비는 수밖에 없다고 하지 않던가.

그러나 다시 한 번 뒤낭의 운명은 예정된 길을 따라가지 않았다. 이탈리아로 떠난 시점에 그가 갖고 있던 의도가 따로 있었다 해도, 현재의 상황에 이르기까지 전투 현장과 지옥 혹은 세상의 종말 같은 광경을 목도한 뒤낭에게 알제리 제분 사업은 잠시 뒷전으로 밀려났다. 뒤낭과 마크 마옹 이 두 사람은 어떤 이야기를 나누었을까? 뒤낭은 『솔페리노의 회상』에서는 별 언급을 하지 않았지만, 회고록에서 다음과 같이 좀 더 능란하게 이야기를 풀어놓았다. 물론, 회고록은 실제 이들의 만남이 있은 지 30년이라는 세월이 흐른 후였기에 상당히 자유롭게 추억한 것일 수도 있다.

"저명하신 원수님께 간략하게나마 지난 3일간 카스틸리오네에서 내가 목격한 바를 급히 설명드렸다. 그토록 많은 피해자들에 비해 부족한 구조물자… (중략) 그리고 다른 무엇보다도, 오스트리아 부상병들 중 일부가 얼마나 끔찍한 상태로 방치되었는지에 대해, 또 전쟁 포로 신세인 오스트리아 국적 의사들을 최대한 신속하게 의료 활동에 동원할 필요가 있다는 점을 말씀드렸다."[D5]
저자 주석 D5: 『회고록』, 36쪽.

 여전히 뒤낭의 회고록을 참고하자면, 뒤낭에게 왔던 길을 되돌아가서 카프리아나에 있는 황제를 만나라고 조언한 사람이 바로 마크 마옹 원수라고 한다. 그다지 강권한 것도 아니었으나, 뒤낭은 즉시 원수의 권유를 따랐다. 그렇게 해서 마침내 온갖 역경을 헤친 끝에 자신이 준비한 선물을 황제께 직접 헌사할 수 있을 거라는 희망을 가지게 되었다.

가설에 불과한 황제와의 만남에 대해 서술이 두루뭉실하다는 점으로 미루어 볼 때, 뒤낭은 분명 직접 황제를 알현하지는 못했을 거라 짐작할 수 있다. 그저 황제의 개인 비서에게 두 가지를 부탁하였고, 비서가 충실히 메시지를 황제에게 전달했을 것이라는 정도의 추측이 가능하다. 역시나 뒤낭의 회고록에 따르면 그로부터 사흘 후에 다음과 같은 일이 있었다고 회상했기 때문이다.

"프랑스인들의 황제는 다음과 같은 결정을 내리셨다. 〈부상병들을 치료하다 포로로 잡힌 오스트리아 군대의 의사나 외과 의사는 그들이 원한다면 무조건적으로 자유의 몸이 될 것이다. 카스틸리오네의 야전 병원에 모여든 솔페리노 전투 부상병들을 돌본 의사들은 최우선적으로 오스트리아로 돌아갈 수 있다〉"

황제의 개인 비서에게 맡겼다는 두 번째 과제는 바로 황제에게 바치는 뒤낭의 열렬한 찬미가 담긴 책을 전해주는 일이었다. 비서는 이 또한 어김없이 실행에 옮겼으며 그 사실을 저자 뒤낭에게 곧 알려왔다.

파란만장했던 '휴식을 위한' 야간 원정을 마치고, 뒤낭은 다시 카스틸리오네의 부상병 병상 곁으로 돌아갔다. 거기서 일하다가 나폴레옹 3세의 답을 받은 시점은 그 다음 날 아니면 다다음 날이었다. 뒤낭은 황제 비서실의 문양이 인쇄된 편지 봉투를 개봉하는 순간 얼마나 감격했을까?

편지 작성 날짜가 6월 29일로 기록되어 있었으니, 그가 황제의 비서인 샤를르 로베르를 만난 다음 날이 된다. 쿵쾅거리는 가슴을 안고 앙리는 그토록 기다리던 답변이 있기를, 그렇게도 염원하던 황제의 인정을 받았다는 증거가 있기를 기대하며 편지를 읽어내려가기 시작하였다.

"뒤낭 씨, 황제께서는 『재건된 샤를마뉴의 제국…』이라는 제목으로 출간하시고자 하는 귀하의 저서를 받아보셨습니다. 폐하께서는 그 책을 보내주시어 감사하지만, 그 책에 적힌 대로 귀하의 헌정을 받아들이기는 어렵다고 하십니다. 현재 정치적인 상황 때문입니다. 그렇기에 폐하께서는 출판을 유보해 달라고 부탁하셨습니다. 이 책이 세상에 나올 경우 상당히 곤란한 일이 생길 수 있기 때문입니다.[D6]
저자 주석 D6: 프랑수아의 『적십자의 요람』 75~76쪽에 인용된 편지.

서신을 다시 접어 봉투 안에 넣으며 뒤낭은 알제리의 모래바람이 돌풍이 되어 날아와서 눈이 타들어 가는 것 같다고 느꼈다. 그의 귓가에 제분소의 이중 굴대가 점점 느리게 움직이다 결국 멈춰서는 소리가 들려오는 듯했다. 헛것을 보듯 그의 눈앞에는 터져버린 밀가루 포대, 말라버린 물레방아 수원, 화가 나서 잔뜩 찡그린 주주들의 얼굴이 지나갔다. 황제의 지지가 없으면 이건 끝난 일이었는데, 방금 그가 읽은 편지는 뒤낭이 황제의 지지를 얻지 못했음을 여실히 증명해버렸다.

얼이 빠져버린 뒤낭은 파스토리오 궁을 나와 바람을 쐬러 산책에 나섰다. 색색의 머릿수건을 한 성당의 상냥한 간호인들을 마주쳤다. 삼삼오오 귀가하던 그 여인들은 뒤낭에게 미소로 인사를 대신했다. 엄청난 좌절감이 그를 덮쳐왔다. 그는 다음 날 카스틸리오네를 떠나야겠다고 결심하였다.

사명을 띤 대표자들

제네바 사람들은 열렬한 관심을 가지고 매일같이 이탈리아 전쟁의 흐름을 따라가고 있었다. 경건주의 공동체도 예외가 아니었기에 인류애 정신을 가지고 상황을 주시하였다. 가스파랭 부인이 뒤낭의 편지를 받기 며칠 전인 1859년 6월 29일의 일이었다. 오라투아르 신학교의 교수인 메를도비녜 목사가 복음주의 협회 총회 자리에서 알프스 너머에서 고통받는 이들을 지원하자고 설득하는 설교를 하였다. 총회가 열린 건물로부터 펼쳐지는 산 풍경에 영감을 받은 메를도비녜 목사는 '알프스 산맥과 빙하를 가로질러' 그 자리에 모인 이들에게까지 '부상병들의 애끓는 비명'이 와닿는다고 언급했다. 미사여구 후에는 완곡한 어법을 통한 권위적인 호소가 이어졌다. "기도가 필요합니다. 인력이 필요합니다. 그리고 돈이 필요합니다."[D7] 그날 총회에는 복음주의 운동을 따르는 신자뿐 아니라 제네바 재력가들도 자리하고 있었다. 이러한 설교를 들은 청중은 자신들의 인맥을 이용하든 재력을 이용하든 아니면 시간을 들여서든 무슨 방법으로든 지원에 참여하고자 하는 생각을 갖게 되었다. 몇 분만에 모금액이 2,000프랑에 달했다. 총회 장소의 건물주인 아드리앙 나빌의 주재 하에 이탈리아의 군사 병원들로 '영적이고 물적인 구호를 보내기 위한' 부상병위원회가 꾸려졌다. 오라투아르 신학교 학생 세 명이 이탈리아로 직접 가겠다고 자원하였고, 그들을 동반할 손에루아르 지방의 외과 의사이자 목사인 샤르피오로부터 붕대 감는 법을 배우기로 했다.

저자 주석 D7: 『적십자의 요람』, 43쪽.

자원 봉사자 파송을 위해 복음주의 협회의 친구들이 분주히 움직이던 바로 그때, 뒤낭은 브레시아에 도착해 일주일간 머물렀다. 잠시나마 다른 모든 걱정거리에서 벗어나 오직 선한 일을 행하는 데만 전념하던 그는 부상병들을 돕는 일을 계속하였고, 임시 진료소가 되어버린 성당들과 병원들을 돌아다니며 병사들에게 담배를 나눠주는 일을 했다. 오스트리아군이건 프랑스군이건 담배를 받아든 부상병들의 반응은 뒤낭이 사흘 전에 가스파랭 백작 부인에게 쓴 편지 내용, 즉 "태울 담배만 있으면 먹을 것도 마실 것도 필요없다고 할 병사들도 많습니다."라는 말이 사실임을 재차 확인해 주었다.

7월 둘째 주에 그는 브레시아에서 밀라노로 넘어갔다. 당시 이탈리아 북부에서도 부상병들을 돌보자는 호소를 초창기부터 주도한 인물이 있었는데, 그 사람이 바로 의사인 루이 아피아다. 분명히 아피아와 뒤낭은 이미 서로를 알고 있었고, 관심사도 같았으며 같은 개신교 신자였지만, 그 시점에 만나지는 않은 것으로 보인다. 물론 아피아는 뒤낭의 행로와는 반대 방향으로 움직이는 중이었다. 뒤낭이 제네바를 향해 올라가는 중이었다면 외과의사 아피아는 브레시아로 향하고 있었다. 아피아의 여행 목적은 부상병을 당나귀 등에 태워 이송할 때 사용할 자신의 발명품을 프랑스 동료들에게 시범 삼아 보여주기 위해서였다. 이들은 아마 작은 차이로 길이 엇갈렸을 것이다.

뒤낭이 스위스에 돌아온 후 일은 빠르게 진전되었다. 보 지방 쥐라 산맥 기슭에 자리한 가스파랭 가문의 저택에서 조용히 여름을 나던 백작 부인은 7월 초에 이탈리아로부터 도착한 서신 한 장을 호기심을 가득 안고서 열어보았다. 편지를 보낸 이와 받는 이가 둘 다 제네바 복음주의 협회 소속이었으므로 부인은 뒤낭이 제네바 청년들 사이에 경건주의 계열의 개신교 신앙의 부흥을 일으키는 데 크게 공헌했다는 사실을 잘 알고 있었다. 반면에, 그가 당시 이탈리아에 있다는 것은 부인이 알지 못했기 때문에 그가 보낸 서신에 무슨 내용이 적혀있을지는 상상할 수 없었다. 궁금증을 갖고 편지를 열어본 가스파랭 부인은 점점 감정이 격해졌고, 마침내 솔페리노 전투가 얼마나 엄청난 인재를 일으켰는지를 깨닫고는 충격에 빠졌다. 뒤낭의 묘사에 깊이 동요된 백작 부인은 뒤낭의 서신을 — 독자들을 위해 지나치게 가슴 아픈 부분은 알아서 걸러낸 후에 — 프랑스 신문 릴뤼스트라시옹과 스위스 신문 주르날드주네브로 각각 보냈다. 당일 저녁에 바로 뒤낭에게도 그 사실을 알리는 답장을 썼다. 가스파랭 부인은 현금과 현물 기부 물자를 보낼 수 있게끔 재빨리 이탈리아에서 위원회를 꾸리라고 뒤낭에게 권하였다. 그리고 부인은 양쪽 신문사에 뒤낭의 편지를 전달하면서 작성자인 그의 이름을 언급하지는 않았다고 밝혔다.

우연히도, 그즈음에 설립된 소규모 구호위원회의 회장이었던 아드리앙 나빌이 며칠 후 주르날드주네브를 찾아와 복음주의 협회가 구호에 나섰다는 소식을 신문에 실어달라고 부탁하였다. 가스파랭 부인이 전달한 편지를 게재하려 준비 중이던 편집장은 같은 내용을 가지고 두 가지 다른 호소 기사를 싣자니 난처한 상황에 처했다! 이러한 상황은 금세 해결되었다. 같은 복음주의 교인이었던 아드리앙 나빌과 발레리 드 가스파랭은 사촌 관계였던 덕이다. 나빌은 그리하여 백작 부인에게 '이 두 내용을 합치자'고 제안하였다. 즉 두 개의 모금 호소를 단일 기사로 통합해서 게재하자는 뜻이었다. 가스파랭 부인은 이 제안을 흔쾌히 받아들였고 7월 9일 주르날드주네브 잡보란에 뒤낭의 서신이 실리게 되었다.

"부인, 제가 처한 아주 특수한 상황속에서 부인께 서신을 보내는 점을 양해부탁드립니다. 사흘 전부터 저는 카스틸리오네에서 솔페리노 전투 부상병들을 돌보고 있습니다. 이미 천 명도 넘는 불쌍한 부상자들을 접했습니다. 이 끔찍한 전투로 인해, 오스트리아군과 연합군을 막론하고, 이곳에서는 4만 명에 달하는 부상병들을 받아들였습니다. 의사가 부족하다 보니 이럭저럭 이탈리아 여인들과 몸이 건강한 포로 병사들을 동원하여 부상병들을 돌보고 있습니다. 저는 이 일을 시작할 때 브레시아에서 즉시 전투 현장으로 옮겨 왔습니다. 솔페리노 전투로 인해 발생한 이 사태가 얼마나 심각한지는 감히 말로 설명할 수가 없습니다. (중략) 제가 눈으로 본 것을 구구절절 적을 수도 없습니다. 하지만 제가 감히 평안을 비는 몇 마디를 해줄 수 있었던, 죽어가는 불쌍한 수백 명의 병사들의 동의에 힘입어 백작 부인께 이 서신을 띄웁니다. 부디 저희가 하고 있는 기독교인으로서의 사명을 도울 모금 운동을 조직해 주시기를, 아니면 적어도 제네바에서 기부 물품이라도 수합해 주시기를 간청드리는 바입니다."

서신 작성자 뒤낭이 이러한 구호 활동이 벌어질 때 전투 '현장'에서 얼마나 멀리 떨어져 있었는지 등의 실제 사실관계가 뭐가 중요한가! 중요한 건 사람들의 관심을 강렬하게 환기시키는 일이다. 담배, 셔츠, 약품, 천 등 수많은 필요 물품을 나열한 다음, 뒤낭의 서신을 실은 신문 기사의 마무리 단락은 이렇게 끝났다. '몇몇 사람이' 모여 '여러 나라 출신 부상병들을 위해' (공평성이 중요하니) 사용할 것들, 즉 '부상병들이 필요로 하는 물질적 구호품과 종교적인 위안'을 구하려 애쓰고 있다는 이야기였다. 이 기사는 너그러운 기부자들에게, 아드리앙 나빌에게로 기부 물품을 보내거나 롱바르오디에 은행[4]으로 직접 성금을 기탁해 달라고 호소하였다.

주르날드주네브에 뒤낭의 서신이 실린 다음 날, 아드리앙 나빌과 가스파랭 부인은 각자 뒤낭에게 편지를 써서 이와 같은 공동의 호소 기사를 실었노라고 알려주었다. 나빌은 뒤낭에게 복음주의 협회에서 파송한 네 명의 선교사들을 구호물자가 꼭 필요한 전략적인 장소로 또 병원으로 데려가 달라고 부탁하였고, 이들이 활동에 필요한 허가를 받고, 꼭 필요한 이들과 접촉할 수 있게 뒤낭이 도와줄 것을 믿는다고 적었다.

뒤낭은 밀라노에 있을 때 이러한 내용이 담긴 나빌의 편지를 받은 걸까? 그렇지 않았을 가능성이 높다. 그는 7월 11일에 롬바르디아의 주도 밀라노를 슬그머니 떠났다. 그 누구에게도 왜 떠나는지, 어디로 가는지를 알리지 않았다. 토리노와 브레시아 사이에서 신기하게도 루이 아피아를 마침 '못 만난' 것과 같이, 본인이 반복해서

---

4 롱바르오디에 은행은 1796년 설립된 제네바 거점의 은행이다.

부탁하고 요청하고 했던 대로 소규모 구호팀이 마침 몽체니치오 산악 지대를 넘어오고 있는 찰나에 뒤낭은 스위스로 돌아가버린 것이다. 그 이유는 무엇이었을까? 후일 뒤낭은 '내가 카스틸리오네에 있는 동안 느낀 고통스러운 감정들로 인해 건강이 악화되었기에 치유를 위해 산 정상의 공기를 마시러 가야만 한다'[D8]고 생각했다며 변명했다. 또한 상세한 말은 아끼면서도 자기가 카스틸리오네를 떠나기 전에 '그 네 명의 신사가 미처 도착하지 못했'으며, '모든 상황이 혼란스러웠기에'[D9] 밀라노에서도 서로 만나지 못했노라고 기록하였다. 뒤낭을 현장에서 만나지 못했지만 복음주의 협회가 파견한 네 명의 자원봉사자는 여름 동안 롬바르디아에서 7주를 보내며 놀랄 만큼의 성과를 냈다. 이 마을에서 저 마을로, 이 병원에서 저 병원으로 옮겨다니며, 복음주의 협회가 매우 중요하게 여기는 공평성을 원칙으로 이들은 약속한 바와 같이 양측 군대 부상병들 모두에게 '물질적인 구호품과 종교적인 위안'을 가져다 주는 역할을 했다. 이미 본인은 자리를 떴음에도 불구하고 뒤낭의 비전은 이미 현장에서 구체화되고 있었던 셈이다.

저자 주석 D8: 모리스 뒤낭, 『프랑스 적십자의 시작』, 20쪽. 이 문장은 가뉴뱅의 『회고록』 편집본에는 포함되어 있지 않다.

저자 주석 D9: 『회고록』, 42쪽.

가장 늦은 날짜로 추정해 보아도 이미 7월 13일에는 뒤낭이 제네바에 돌아와 있었다. 주르날드주네브에 자신의 편지가 실린 걸 알고 그는 격렬하게 항의했다. 가스파랭 백작 부인에게 이는 자신의 겸양을 배신한 일이며, '자신을 철저히 지우는 태도'로 부인에게 편지를 쓴 의도에 대한 배신이요, 편지를 쓸 당시 자신이 고려한 오직 '기독교인으로서의 관점'에 대한 배신이라고 불평하였다. 이러한 뒤낭의 반응에서 한 가지 분명한 건 뒤낭이 정말로 가장 꺼려한 단 한 가지 비난을 두려워했음이 드러난다는 점이다. 그건 바로 겸손하지 못하다는 비난이었다. 뒤낭은 그리스도의 제자로서 가져야 할 태도와는 반대로 과시적이라는 평가를 받을까 봐 걱정하였다. 그래서 방어적으로 임하기보다는 아예 공격적으로 나오기로 한 듯했다. 제네바로 돌아오자마자 뒤낭은 마치 본인이 가스파랭 부인에게 직접 그렇게 부탁한 적이 없다는 듯, 자신의 편지가 신문 기사에 실렸다는 사실로 말미암아 '불쾌하게 놀랐다'고 주장했다.

가스파랭 부인은 뒤낭의 이러한 태도에 기분이 상했다. 이를 어떤 말로 표현했는지를 살필 수 있는 기록은 지금까지 남아있지 않지만, 그녀는 자신의 의사를 정확히 전달할 줄 아는 사람이었다. 믿었던 이로부터 망신을 당했다며 백작 부인께 항의를 한 지 5일 뒤에 뒤낭은 그 누구보다도 겸연쩍은 태도로 사죄의 편지를 보내왔다. 자신의 판단 착오를 이탈리아에서 겪은 '끔찍한 시간' 탓에 그런 것이라 변명하면서,

뒤낭은 "용서받을 수 없을 정도로 태만한 저의 실수를 용서하시기를 빕니다."라고 적었다. 도량이 넓었던 가스파랭 부인은 뒤낭이 간청한 대로 그를 용서하였고, 이 이야기는 그걸로 접자고 선언했다. 하지만 이미 엎질러 놓은 물에 대해서는 어찌할 도리가 없었다. 뒤낭에게 피해를 입은 인물이 제네바의 좁디좁은 상류 사회에서도 최상위에 위치한 가스파랭 백작 부인이었으니 더할 나위 없이 헤어나오기 어려운 실수였다.

본인은 알지도 못한 채 얼마 전에 꾸려진 부상병위원회의 위원으로 추천된 뒤낭은 — 위원회 결성 당시 그는 이탈리아 체류 중이었다 — 제네바로 돌아온 직후인 7월 16일과 20일에 두 차례에 걸쳐 위원회 모임에 참석했다. 가스파랭 부인과의 일보다는 솜씨 좋게 다시금 언행에 조심하였다. 요컨대 자신의 이름이 과장되게 내세워지지 않도록 신경을 썼다는 뜻이다. 게다가 뒤낭은 루이 아피아가 제네바로 복귀했다는 소식을 듣자마자 현지의 가장 최근 소식에 목말라하는 제네바 사람들에게 아피아가 생생한 이야기를 전할 수 있게끔 그가 주목을 받을 수 있도록 해주었다. 뒤낭은 또한 신앙 기반의 활동과 세속적인 사업을 구별해야 하는 필요성에 대해 이미 통찰력을 보여 주었다. 그는 자신이 속한 경건주의 공동체 안에서 자칫 위험한 발언이기는 하지만, 전쟁 포로들을 대상으로 벌이는 복음주의 협회의 구호가 전도 활동으로 변질돼서는 안 된다고 강조하였다. 그의 의견이 받아들여졌을까? 확실히 이야기하기는 어렵다. 9월 1일 아드리앙 나빌은 복음주의 협회가 벌인 활동에 대해 긍정적인 평가를 내렸다. 모금액은 총 10,632프랑이었고, 현장에서 구호 물자가 효과적으로 분배되었기에, 이탈리아 측에서도 따뜻한 감사 의사를 표시해 왔으며 또 마지막으로 꼭 덧붙이자면 복음이 널리 전파되었노라고 언급한 기록이 있다. 복음주의 협회가 세운 부상병위원회는 사명을 완수하였다. 이제 위원회는 해체해도 상관이 없었다. 의사인 아피아는 환자들에게로 돌아갈 수 있고, 뒤낭도 제분 회사 일로 돌아갈 수 있게 되었다.

장군으로부터의 편지

솔페리노에서의 경험이 이제 곧 뒤낭의 인생 행로를 뒤바꿔 놓게 되지만, 아직까지 그 경험은 알제리 사업에 대한 걱정과는 비교도 안되는 여담에 불과했다. 아주 잠깐이나마 식민지 장관이었던 제롬 나폴레옹이 구두로 건넨 응원으로 힘을 얻은 앙리 뒤낭은 그해 봄에도 여전히 몽스-제밀라 제분 회사 이사회에게 자본을 두 배로 증자하라고 부추겼다. 그런데 제롬 나폴레옹이 장관직에서 물러나면서 대공의 호의도 함께 사라져버렸다. 뒤낭의 사업에 대해 보였다는 제롬 나폴레옹의 호의는 사실 추정에 불과하긴 했다. 이사회는 사업의 진전을 위해 후임 장관인 샤슬루로바 백작에게 길고 긴 설득을 해야만 했다. 그것도 부질없는 일이었다. 그해 여름 숙명적인 소식, 무자비한 재난과도 같은 소식이 들려왔다. 우에드 데헵 지방에서 뒤낭의 숙적이던 롱세가 뒤낭이 노리던 폭포 두 군데 중 하나의 사용권을 따낼 거라는 소문이었다. 만약 이 소문이 사실로 판명되는 순간 뒤낭의 제분 회사의 수익성은 영원히 보장할 수 없게 되어버린다.

누구에게 기대어야 하나? 알제리를 담당하는 장관 두 사람에게 연이어 했던 청원으로도 충분치 않았으니 이제 오직 황제만이 이 같은 저주를 풀어줄 수 있었다. 『재건된 샤를마뉴의 제국』 책을 이용한 황제 유인 작전은 애통하게도 명백한 실패였다. 뒤낭은 그렇다고 해서 완전히 끝나버렸다고 생각할 사람이 아니었다. 황제의 찬사를 늘어놓은 작가로서 그의 호의를 사지 못했다면 이번에는 사업가로서, 또 제네바 시민이자 뒤푸르 장군의 친구로서 황제에게 자신의 진지함과 선의를 증명할 수 있으리라고 믿었다.

참으로 놀라운 일이 있다면 평소에 황제와의 특별한 인연을 — 장군은 1830년 루이 나폴레옹이 툰 군사학교에 입학했을 때 그의 교관이었다 — 연줄로 이용하는 걸 상당히 꺼리던 뒤푸르 장군이 뒤낭의 요청에는 마음이 누그러졌다는 사실이다. 뒤푸르 장군이 뒤낭의 제분 회사의 주주이기도 했으니 본인의 이해관계 또한 얽혀 있었던 게 사실이긴 하다. 비슷한 부탁을 들어주는 일이 매우 드물었던 장군이 나선 걸 보면 그가 몽스-제밀라 사업이 그럴 가치가 있다고 믿었던 게 분명하다. 뒤낭이 장군에게 부탁한 내용은 이러하다. 뒤낭은 자신의 사업이 교착 상태에 있는 이유는 관청에서 몽스-제밀라 사업에 대해 대단한 반감이 있어서라기보다는 자신의 의도를 잘 이해하지 못해서라고 믿었다. 그래서 지난 5년간 알제리에서 토지 불하를 받기 위해 했던 모든 절차들과 그 허가를 받아야 마땅한 이유들을 구체적으로 열거하는 진정서를 작성해 두었다. 하지만 『튀니스 섭정에 대한 설명』을 받고 황제가 보인 미지근한 반응, 『재건된 샤를마뉴의 제국』 책을 보내고 나서 뒤낭이 받은 답변을 고려하면, 그러니까 완패라고 봐야 할 이때까지의 황제의 반응으로 미루어 볼 때, 뒤낭이 세 번째로 황제에게 접촉을 시도할 때에는 흠잡을 데 없는 추천서를 동봉해야만 한다고 결심했다는 얘기였다. 결국 그 '도움'을 줄 사람이 바로 그 누구도 건드릴 자가 없는 스위스 연방 총사령관 기욤앙리 뒤푸르 장군이었다. 즉, 뒤낭이 보내는 진정서를 황제가 꼭 읽게끔 하기 위해서는 뒤푸르 장군이 직접 나서서 황제에게 한

마디를 적어줄 필요가 있다는 뜻이다.

이 일이 뒤낭에게 얼마나 중요했는지는 그가 장군에게 직접 이 상황을 설명해야만 한다고 생각했다는 사실로부터 짐작이 가능하다. 뒤낭은 다음 날 콩타민느로 장군을 찾아뵙겠노라고 전했다. 장군의 자택 콩타민느는 제네바 구시가를 둘러싼 고대의 참호로부터 수백 미터 거리에 지어진 사랑스런 시골집이었다. 여름의 끝자락이었지만 햇살은 여전히 따스했다. 장군은 뒤낭에게 햇살을 좀 받자고 제안했다. 함께 정원으로 나서며 뒤낭은 어찌나 긴장했는지 이마에 송글송글 땀이 맺힐 지경이었다.

그는 자기가 겪은 온갖 번거로운 일들을 일일이 설명하고픈 욕구를 애써 억눌러가며 염려 사항을 최대한 명료하게 설명하였다. 설명을 마친 후에는 황제 폐하에게 제발 진정서를 읽어주십사 '간청'하는 제분 회사 이사회 6명 전원의 서명까지 포함된 서신을 장군에게 건넸다.

뒤푸르 장군은 자리에서 일어나며 뒤낭에게 서재까지 따라오라고 청했다. 장군의 뒤를 따르면서 뒤낭은 걷는 게 아니라 나는 듯했다. 그의 제분 회사는 이제 구제받았다!

몇 분 후 뒤낭은 이제 모든 걸 바꿔놓을 문장이 추가된 서신을 훑어보았다. 뒤푸르 장군이 손수 첨부해 준 몇 마디 덕분이었다.

"본 서신의 서명인들은 제네바에서 확고한 평판이 있고 또 그런 평판을 받아 마땅한 이들입니다. 모두 제가 개인적으로 아는 사람들이기도 합니다. 그러니 그들이 황제께 보내는 요청에 저의 청원을 덧붙이지 않을 수가 없습니다."[D10]

저자 주석 D10: 1859년 9월 6일자 편지. 자크 푸스의 책『알제리인 앙리 뒤낭』의 부록 8번 항에 전문이 수록되어 있다. 221쪽.

자택 앞 계단에서 인사를 나누며 뒤낭은 뒤푸르 장군에게 열렬하게 감사를 표시했다. 친척 관계가 전혀 아니지만 그는 뒤푸르 장군에게 마치 아버지를 대하는 듯한 존경심을 느꼈다. 항상 뒤낭을 '무슈'라고 호칭하기는 했어도 장군도 마찬가지였다. 그는 혈기왕성한 뒤낭에 대해서 친아들이 없는 사람만이 가능한 특별한 애정을 보여주었다. 즉 친자식을 대할 때와 마찬가지로 온갖 희망과 근심 걱정까지도 포함하는 애정이었다.

파리에서 보낸 가을

1859년 9월 말 뒤낭은 알제리 부지를 얻어내는 데 결정적으로 중요한 두 가지 문서, 즉 대체 불가능한 픽 인쇄소에서 양피지판으로 단 한 권만 찍어낸 몽스-제밀라 회사의 진정서와 뒤푸르 장군이 손수 서명을 추가해 준 이사회의 서신을 챙겨서 파리로 떠났다. 그가 준비한 인쇄물이 그토록 고급스럽게 만들어진 이유는 역시나 수신인을 고려했기 때문일 것이다. 다만 사실관계를 살펴보면 이 진정서가 목표로 삼던 황제에게 무사히 최종 전달되었는지를 확인할 방법은 없어 보인다. 그해 가을 파리에 머무는 동안 뒤낭은 가능한 모든 문을 두드렸다. 내각의 비서실장들부터 기업체 사장들까지 찾아다니며 환담을 하고, 약속이나 추천서를 받고, 또 확인서나 보증서를 받기 위한 행보였다. 11월에는 만약의 경우를 대비해서 고급 제본으로 준비한 진정서를 단순한 사업용 문서로 재차 제본했고, 그러면서 거기에 뒤푸르의 추천사가 포함된 서신과 사업상 경쟁자인 롱세에게 두 번째 폭포를 낙점해 주어서는 안 된다는 다음과 같은 위협적인 항의문을 포함시켰다.

— 두 폭포 중 하나의 사용권을 거부할 경우 이미 실망한 주주들에게 재난과도 같은 결과를 가져올 뿐 아니라, 몽스-제밀라 제분 회사에 회복이 불가한 타격을 줄 수밖에 없다. 그렇게 되면 무엇보다 그러한 상황을 목격하는 것만으로도 알제리에 관심을 갖고 있는 프랑스 및 그 외 국민들에게 개탄스러운 결과를 불러일으킬 것이다. 또한 자본가들을 그토록 필요로 하면서도 그들을 너무나 형편없이 대하는 나라 알제리를 자본가들이 그 어느 때보다도 멀리하는 결과가 도출될 수 있다. 정부는 이러한 점에 대해 주의할 필요가 있으며, 주의 깊게 살펴보는 수고를 할 가치가 있다. 파리에서는 지난 수 년간 알제리 담당 관청이 연이어 바뀌었는데, 이 모든 행정 기관에게 연대책임이 있다. 지난 6년간 우리 회사의 청원을 다룬 방식대로 행동해서는 황제 폐하가 공식적으로 표명하신 의지를 실현해낼 수 없을 것이다. (후략)[D11]

저자 주석 D11: 진정서 내용으로 자크 푸스의 『알제리인 앙리 뒤낭』 224쪽에 인용되었다.

예전에 뒤푸르 장군이 처음 이 일에 관여했을 때는 이해관계 없이 그저 개인적인 호의로 그랬다 한다면, 두 번째 개입은 본인이 이해관계가 있는 사업이 쇠락하게 내버려둘 생각이 전혀 없었기 때문이었을 거라 짐작할 수 있다. 12월에 뒤푸르 장군은 뒤낭에게 새로 작성한 소개서를 건넸다. 이번에는 나폴레옹 3세의 비서실장 모카르 씨에게 쓴 편지였다. 장군은 마치 자식에게 타이르듯 뒤낭에게 조언하길 모카르 비서실장에게 '가능한 한 분명하고 간략하게' 사업에 대해 설명하라고 권했다. 또한 모카르가 본인을 만나러 오라는 연락을 주거든 반드시 그 소개서를 '입장권'이라 여기고 챙겨가라고까지 말해주었다! 그의 충고를 충실히 따른 결과, 뒤낭은 그의 진정서를 행정부 고위에 있는 누군가에게 전달할 수 있었던 걸로 추측된다. 1860년 2월 21일 절반의 성공을 의미하는 소식이 도착했기 때문이다. 몽스-제밀라 회사는 제1폭포와 그 주변 83헥타르 52아르 면적의 토지, 그리고 총 150헥타르에 달하는 세 군데의 농장에 대한 허가를 받아냈다. 하지만 제2폭포는 이미 롱세에게 양도된 것이 사실로 드러났고, 게다가 롱세는 거기에다 공장을 비롯한 여러 건물들을 벌써 지어둔 뒤였다.

양도받은 토지가 확장됨으로써 뒤낭은 분명 그가 계속해서 언급해온 수익성의 영역에 있어서 두 가지 문제를 해결할 수가 있었을 것이다. 이제 충분한 수의 가축을 키울 수 있는 부지를 보유하게 되었기 때문이다. 이로 인해 우선 제분소에서 생산하는 밀가루의 운반 문제, 그리고 두 번째로 대형 제분 시설에서 나오는 부산물, 즉 여태까지 가축을 키울 공간이 없어서 여물로 쓰지 못하고 폐기할 수밖에 없었던 밀 제분 작업시 부산물 문제를 해결할 수 있게 되었다. 비록 두 번째 폭포를 확보하는 데는 실패하였지만, 프랑스 정부의 이번 결정 덕에 바로 위와 같은 이유로 뒤낭은 어느 정도 안심을 할 수 있었다. 바로 1860년 봄부터 그는 주주들을 끌어들이기 위해 '알제리 현지에 자리한 훌륭한 운영자'(앙리 닉을 의미한다) 및 10퍼센트의 수익률을 약속하는 새로운 광고를 냈다. 제네바 사람들은 그러한 광고를 접하고는 입맛을 다시며 투자에 뛰어들었다.

『솔페리노의 회상』 집필

앙리 뒤낭은 전투가 있은 지 약 1년 반이 지난 후에야 『솔페리노의 회상』을 집필하기 시작했다. 뒤낭 본인의 고백에 따르면, 그러한 기록을 남겨야겠다고 생각한 이유는 단순히 롬바르디아의 평원에서 겪은 트라우마 때문만이 아니었다. 그가 자신의 인도주의 활동에 대해 언급했을 때 파리의 문인 사회 및 정계에서 그의 이야기에 관심을 보였기 때문이라고 한다. 그런저런 이유로 인해 뒤낭은 자신의 기억을 기록에 남기고 자신의 생각 역시 글로 표현해야겠다고 결심하게 되었다. 그는 1860년 혹은 1861년에 집필을 시작한 걸로 추정된다.

그런데 집필은 처음에 생각한 것보다 훨씬 힘들었다. 카스틸리오네에서의 트라우마가 워낙 강했던 터라, 뒤낭은 마치 여행기처럼 자신의 기억과 인상들을 뒤죽박죽 쏟아내는 방식으로 만족할 수가 없었다. 이미 집필했던 『튀니스 섭정에 대한 설명』과 『재건된 샤를마뉴의 제국』에서 드러나듯 뒤낭은 정확성과 진지함에 큰 무게를 두고 글을 쓰는 사람이었다. 그는 가능한 한 모든 자료를 동원하여 전술 전략 전문가부터 절단 전문 외과 의사에 이르기까지 동시대 지식인들이 내놓은 지식을 자신이 관찰한 사항에다 덧붙이면서 책의 내용을 풍성하게 만들고자 하였다.

뒤낭은 군대의 움직임에 대해 독자들의 이해를 도우려면 글보다 이미지가 도움이 될 거라 굳게 믿었다. 픽 인쇄소에서는 그렇게 되면 인쇄비가 훨씬 더 들 거라 경고했지만 그건 상관이 없었다. 뒤낭은 이 책에 이미지가 절대적으로 필요하다고 생각했기 때문이다. 그는 두 색깔을 동원하여 주변 지도와 현장에서의 군대 포진 위치 등을 석판으로 찍어냈다. 이런 정도의 정성을 들이는 데 450프랑이라는 거금이 필요했고, 이는 『솔페리노의 회상』 제본에 들어간 총 비용 중 거의 20퍼센트에 달한다.

그가 집착한 요소가 또 있다면 자신의 책이 공평한 관점을 견지하기를 원했다는 점이다. 당연히 프랑스와 사르데냐 '연합군'을 아군으로 여길 법한 제네바 사람으로서 참으로 어려운 부분이었다. 그는 자신의 명예를 걸고 양쪽 군대의 담대함 그리고 무엇보다 그 병사들이 겪어야 했던 고통을 공평하게 후세에 전달하고자 하였다. 끔찍한 살육의 현실을 윤색하지는 않으면서 앙리는 '끔찍하고 공포스러운 육탄전'이었던 솔페리노 전투를 할 수 있는 한 가장 객관적으로, 또 가장 정확하게 묘사하려고 애썼다.

"오스트리아군과 연합군은 서로를 짓밟았고, 피투성이가 된 시체들 사이에서 죽고 죽였다. 개머리판으로 내려쳐 두개골을 박살내고 군도나 총검으로 배를 갈랐다. 목숨만을 살려주는 일 따위는 없었다. 그저 살육이었다. 잔뜩 성이 나서 피가 고픈 사나운 짐승들의 싸움이었다. 부상자들조차 최후의 순간까지 싸웠다. 더 이상 무기가 없는 자는 적군의 목을 물어뜯었다." [D12]
저자 주석 D12: 앙리 뒤낭의 『솔페리노의 회상』, 1862년. (1980년 재판본 8~9쪽)

『톰 아저씨의 오두막』을 읽고 매료된 적이 있는 앙리 뒤낭은 신념이란 감동을 받아야 생기는 것임을 제대로 이해하고 있었다. 뒤낭이 노예제를 증오하게 된 이유는 이성으로 인한 게 아니었다. 그로 하여금 노예제를 증오하게 만든 건 이성이 아니라, 마음이었다. 해리엇 비처 스토우 부인[5]의 글을 통해 방대한 미국의 면화 밭과 인간의 잔혹성을 발견하게 된 청년 뒤낭의 마음이었다. 물론, 1861년에서 1862년으로 넘어가는 겨울 동안 마지막 순간까지 자연광을 이용해서 글을 쓰려고 창가 가까이로 책상을 옮겨 가며 애를 쓰던 그때에도 뒤낭은 바로 그 진리를 기억하고 있었다. 페이지마다 산 채로 사지가 절단되고 턱이 날아가고 뇌가 터져 제복에 튀기는 상황, 그러니까 피비린내 진동하는 잔인함과 전투 현장에서 당연히 나타나는 잔혹성을 세밀하게 묘사하면서 그는 그 진리를 염두에 두고 있었던 것이다.

이건 사람들의 환심을 사려는 억지 행세가 아니었다. 아니다. 자신이 기록하는 생각은 주름으로 가득한 두뇌에 이르기 전에 이미 쿵쾅거리는 심장에서 생겨난 것이기에 분명 사람들을 사로잡을 거라는 확신이 가득했을 뿐이다. 그러니 끔찍함, 피, 전투의 과격함, 이 모든 걸 있는 그대로 전해야만 한다. 자신이 전투 당일 현장에 있지 않기에 비록 타인으로부터 들은 이야기들을 조합해야 한다 해도, 처음부터 끝까지 상황을 고스란히 재현해서 전달해야만 한다. 또 전투 직후 며칠간 벌어진 참담한 대혼란에 대해서도 언급해야 한다. 급조된 구호 활동, 일으켜 이동시켜야 할 부상병들, 매장해 주어야 할 병사들의 시체, 그리고 위로가 필요한 주변 사람들에 이르기까지 모든 이야기를 해야만 한다. 허나 뒤낭이 중요하게 생각한 부분이 또 하나 있는데, 바로 모든 이의 헌신을 언급해야 한다는 점이었다. 카스틸리오네에서 밀라노에 이르기까지, 지옥과 혼돈 사이에서 정말 대단한 역할을 해낸 이들에 대해서, 만약 '조금만 더 OO했더라면'하는 가정 속에서는 훨씬 더 많은 걸 해낼 수 있었을 법한 이들의 헌신에 대해서 말이다.

이 'OO했더라면'이라는 문장의 빈칸을 채워 넣으려면 『솔페리노의 회상』 마지막 열네 쪽에 걸쳐 뒤낭이 남긴 메시지를 사람들이 진지하게 받아들이는 데서 시작해야 한다. 여기에는 아직 기초 단계이긴 하지만 장래에 적십자를 구축하게 될 주도적인 개념들이 이미 담겨 있었다.

"평화롭고 조용한 시기가 이어지는 동안에, 전쟁 발발시 부상병들을 돌볼 목적으로 열정과 헌신, 그리고 자격을 갖춘 자원 봉사자들로 구호 단체를 조성해 둘 방법은 없는 것일까?"[D13] (중략)
저자 주석 D13 : 『솔페리노의 회상』 1980년 재판본, 102쪽.

---

5 Harriet Beecher Stowe 1811~1896. 미국의 작가이자 노예 해방론자. 노예제의 민낯을 고발하는 내용의 소설 『톰 아저씨의 오두막』으로 미국뿐 아니라 유럽에서도 명성을 얻었다.

"특별한 상황 속에서, 예를 들어 서로 국적이 다르지만 전술에 능한 제후들이 한 자리에 모였던 쾰른이나 살롱에서의 회합과 같이, 위에서 언급한 일종의 총회를 통해 국제적이고 신성하며 협정에 근거한 어떠한 원칙을 수립하는 것이 바람직하지 않겠는가? 합의와 비준을 거치고 나면 유럽 전역에서 부상병들을 위한 구호단체의 설립 기준으로 활용될 수 있는 그러한 원칙을 말한다."[D14] (중략)

저자 주석D14:,『솔페리노의 회상』, 113쪽.

"이러한 사항을 감안해 놓고 보아도, 불시에 허를 찔리지 않기 위해서는 미리 준비를 갖출 이유가 충분하지 않은가?"[D15]

저자 주석 D15:『솔페리노의 회상』, 115쪽.

뒤낭이 장차 이루게 될 업적의 핵심은 바로 위의 몇 단락으로 이해할 수 있다. 위의 내용에서 참신한 점은 사실 두세 가지 단어뿐이다. 허를 찔리지 않기 위해 평화시에 전쟁에 대비하는 단체들을 마련하자, 또 그 어떤 적군의 위협 없이 구호 활동을 펼칠 수 있게끔 보장해 줄 국제적이고 신성하며 협약에 의해 마련된 원칙이 필요하다는 정도다. 구호 활동의 중립성이라는 말이 명시적으로 언급되지는 않았다고 해도 합의한 국가들이 인정해야만 하는 '국제적이고 신성한' 원칙이라는 말을 통해 중립의 원칙이 기저에 있음을 또한 추론해 낼 수 있다.

출판

『솔페리노의 회상』을 집필하는 데는 몇 달이 걸렸다. 가장 최근의 시사문제까지 반영하려고 신경을 쓰다 보니 뒤낭은 1862년 여름 동안 직전에 발생한 한두 가지 사건을 추가로 수록했다. 마침내 그해 가을에 뒤낭은 잘 썼다고 생각하는 몇 쪽 분량의 글을 주위 사람들에게 보여주었다. 가장 인정을 받고 싶은 뒤푸르 장군에게 누구보다 우선 발췌문을 보내고는 장군의 권위 있는 견해가 어떨지 초조하게 기다렸다.

뒤푸르 장군은 시간을 끌지 않고 답을 주었다. 1862년 10월 19일 편지에서 장군은 자신이 아끼는 뒤낭에게 '매우 관심 깊게' 글을 읽었노라며 그 내용에 완전히 찬성한다는 의사를 밝혔다. 그렇기는 해도 장군은 뒤낭이 쓴 제안 사항들이 실천에 옮겨질 가능성에 대해서는 근본적으로 의구심을 품었다. 뒤낭의 제안이 지닌 혁신성의 핵심과도 같은 다음과 같은 부분에 대해 그는 정곡을 찔러 이의를 제기하였다.

"자네가 생각해 낸 종류의 조직이 참으로 바람직한 것은 사실이지만, 이를 실현하는 데에는 큰 어려움이 있을 것이네. 그러한 조직은 일시적이고 지역적으로 구성될 수밖에 없다네. 어떻게 그런 류의 조직이 상설일 수 있는지, 또 어떻게 먼 곳에서 벌어지는 전쟁에 군대를 따라 파견될 수 있는지를 상상하기가 어렵군."

이쯤해서 뒤낭의 약점이자 강점이 드러난다. 그는 자신이 옳다고 확신하면 듣지도 보지도 않고 자신의 생각에 부합하는 이야기만을 취사 선택해서 받아들였다. 뒤푸르 장군은 뒤낭의 세 가지 핵심 아이디어, 즉 구호 단체의 상설 가능성, 군대와의 협력, 그리고 그러한 구호 조직의 국제적 성격에 대해서 유보적인 입장을 보였다.

좋다! 그래도 장군께서 편지 앞부분에서는 '전쟁터의 영광이란 처절한 고통과 눈물로써 대가를 치르는 일'이라고 논한 부분을 의미 있다고 칭찬하시지 않았는가? 그 말씀만으로도 뒤푸르 장군의 편지를, 물론 필요한 대로 발췌해서 책에 실을 이유가 되고도 남는다. 단 일초도 더 고민하지 않고 뒤낭은 장군의 편지를 접어들고서 인쇄소로 향했다. 아직 시간이 있었으니 스위스 국민 중에서 가장 이견 없이 존경받는 인물 중 하나인 뒤푸르 장군의 찬사 몇 마디를 『솔페리노의 회상』에 실어야 했다.

『솔페리노의 회상』은 1862년 11월에 픽 인쇄소를 통해 출판되었다. 최초 400부는 제목 페이지에 '비매용'이라는 문구가 새겨져 있었다. 일부를 제네바 친구들에게 나눠주기는 했지만, 대부분은 온 세상의 지도자들에게 보낼 생각이었다. 자신의 인맥 중에서 최고위층이거나 작위가 있거나 혹은 유명한 이들을 짚어보면서 뒤낭은 피라미드의 맨 꼭대기를 노렸다. 다시 말하면 군수, 수상 그리고 상관들을 목표로 삼았다는 뜻이다. 책을 잘 받았다는 서신들이 지체없이 도착했다. 이미 11월 중순부터 뒤낭은 자신의 책이 적중했음을 알 수 있었다.

단 1분도 허투루 보낼 수 없었다. 뒤낭은 12월에 바로 2쇄를 선보였다. 이번에는 '비매용'이라는 문구가 빠지고, '주요 서점들'에서 5프랑의 가격으로 살 수 있게 되었다. 지역 언론에는 12월 한 달 동안 홍보 기사가 네 번이나 실렸다. 1863년 2월에는 3쇄로 3천 부를 '샤르팡티에 판형'[6]으로 찍으면서 대중이 구매할 수 있도록 가격을 1.5프랑으로 잡았다. 3쇄에서는 또한 몇 가지 주요 부분을 수정하였는데, 사실관계에 있어 실수한 부분을 고쳤고, 프랑스군에 대한 찬사를 줄였으며, 저자의 제안

---

6 1830년대 말 프랑스의 출판업자 제르베 샤르팡티에가 개발한 새로운 도서 인쇄 방식이다. 이 방식 덕분에 종이를 적게 쓰고도 많은 내용을 인쇄할 수 있게 되었다.

사항은 좀 더 상세하게 보강하였다.

이렇게 3개의 판본이 모든 층의 독자를 아우르게 되면서 뒤낭은 전 유럽 공략에 뛰어들었다. 1863년에 이미 독일어와 네덜란드어, 이탈리아어 번역본을 선보였다. 다만 엄청난 노력에도 불구하고 아직 영어나 러시아어 번역은 성사되지 못했다.

언론의 반응은 호의적이었다. 1862년 11월 26일 주르날드주네브에서 첫 관련 기사가 나간 이후, 프랑스에서는 생마르크 지라르댕 기자가 1863년 2월 15일 주르날데데바를 통해 뒤낭의 책을 프랑스 독자들에게 소개했다. 5월 16일에는 발행 부수가 상당히 많은 찰스 디킨스의 정기 간행물 〈올더이어라운드All the Year Round〉에 관련 기사가 나가면서 상당 부분이 발췌되어 실리기도 했다. 수많은 개별 독자로부터 들려오는 반응도 모두 긍정적이었으며, 심지어 열광적이라고까지 할 만한 경우도 꽤 많았다. 장교들, 성직자들, 역사가들, 철학자들, 은행가들과 귀부인들에 이르기까지 책을 읽은 독자들은 전쟁이라는 소재를 개중 가장 견디기 힘든 면모를 통해 바라본 뒤낭의 대담한 시도에 찬사를 보냈다. 책이 발간되고 몇 달 만에 이미 유럽의 군주들 중 13명이 책의 결론에서 뒤낭이 주장한 계획에 대해 흥미가 있다는 의사를 전달해 왔다.

반면에 일부 권위있는 인사들로부터 좀 더 신중한 입장이 표명되기도 했다. 망설이는 입장이었던 뒤푸르 장군에 이어 또 한 명의 전쟁 '전문가'가 1863년 1월에 뒤낭을 거의 대놓고 몽상가 취급하였다. 전설 속의 '램프를 든 여인'이자 영국군의 보건위생 상태를 놀랄 만큼 효율적으로 관리하여 크림 전쟁의 위대한 영웅이 된 사람, 인도주의 가치에 있어 이론의 여지가 없는 권위자요, 이미 15년 전부터 뒤낭이 숭배해 왔던 플로렌스 나이팅게일이었다. 그녀는 『솔페리노의 회상』을 받고 개인적으로 인사를 전하지 않았을 뿐더러, 문제를 다루는 데 있어 길을 잘못 짚었노라는 논평을 저자에게 직접 전하지도 않았다. 뒤낭이 『솔페리노의 회상』에서 공을 들여가며 나이팅게일을 향한 경의를 표했음에도 그녀의 환심을 사기에는 부족했다. 이 두 사람의 접근 방식은 극과 극이었다. 뒤낭은 이 문제를 국제화하고 싶어하는 반면, 크림 전쟁 당시 간호사들의 총감독관이었던 나이팅게일은 국가 차원에서, 심지어 각 군 사령부 차원에서 해당 문제에 접근해야 한다고 믿었다. 나이팅게일은 이러한 일은 정부의 임무로서, 오직 한 나라의 정부가 맡아야 할 일이며, 영국은 이미 평화시에 적절한 능력을 갖추고 있고, 또 만약에라도 어떠한 제도가 마련되어야 한다면 그건 영국에는 이미 존재한다는 것이며, 또 어찌나 완벽한지 그 어떤 나라라도 영국으로부터 배워 가면 될 것이라고 조목조목 반박하였다. 나이팅게일은 뒤낭의 책에 대한 반박의 결론으로, 친절하게도, "뒤낭 씨는 크림 전쟁 이후 영국이 보여준 엄청난 발전상을 ― 물론, 군이 말하자면 나이팅게일 본인 덕에 이룬 발전이라는 뜻이다 ― 제대로 파악하지 못했다."고 지적하였다.

뒤낭은 그녀의 반박에 맞설 생각이 없었다. 나이팅게일은 반박하기에는 너무나 유명한 인물이었다. 뒤낭은 오히려 생을 마감할 때까지 나이팅게일이 자신의 행보에 얼마나 큰 영향을 주었는가에 대해 언급하였고, 나이팅게일과 자신의 관점이 놀랍게도 한 군데로 수렴하였다면서 ― 이는 진실 왜곡이라고밖에 할 수 없다 ― 수없이 강조했다. 나이팅게일이 직접도 아니고 비서를 통해 전해온 편지에 적은 신랄한 비판은 제외한 채 뒤낭은 상투적인 인사치레만을 언급하면서, 이는 크림 전쟁의 영웅인 그녀가 보여준 '소중한 지지' 의사이며, 나이팅게일이 『솔페리노의 회상』이 제안하는 '목적의 탁월성을 높이' 샀노라고 해석했다. 나이팅게일의 비서 이름으로 보내온 편지는 영문으로 작성했으니 번역의 자유를 뒤낭에게 맡긴 것이나 다름없지 않은가.

아크파두 숲

솔페리노의 회상을 집필하는 수개월 동안에도 앙리는 알제리 사업의 진전 상황에서 눈을 떼지는 않았다. 여전히 수익을 보장해 줄 만한 투자 대상을 계속해서 찾았고, 연이은 실패에도 구애받지 않았다. 오히려 정반대였다. 재정 압박이 커지면서 뒤낭은 점점 더 위험성이 높은 사업을 성급하게 추진했다. 열성이 넘치는 앙리 닉이 추천한 사업인 1854년 은연 광산 투자는 첫 번째 대실패로 돌아갔고, 이어 1856년에는 구리 광산 투자도 실패로 끝났다. 이 두 번의 투자가 실패한 후, 뒤낭은 어딘가 다른 곳에서 다른 사람과 사업을 시도하고자 했다. 그렇게 해서 뒤낭은 식민지 자본주의의 정수라고도 불리던 코르크 떡갈나무 숲 사업으로 눈을 돌렸다. 운 좋게 사업권을 불하받은 수십 명만이 나눠갖고 있던 알제리의 진정한 황금알을 낳는 거위였다.

이번만은 일이 신속하게 진행되었고 상황도 유리하게 돌아갔다. 1862년 봄에 모니퇴르드랄제리 신문은 콩스탕틴의 무역업자 둘루즈 씨와 '프랑스 앵 지방의 부유한 지주이자 제네바의 가장 부유한 가문들과 가까운 사이'인 뒤낭 씨가 아크파두 숲의 제1구역 개발권을 이제 막 재허가받았다고 보도하였다. 그런데 다음의 기사 내용을 따라가다 보면 이 '뒤낭 씨'가 직접 기사 작성에 관여했으리라는 점이 명백히 눈에 들어온다.

"뒤낭 씨는 단순히 자본가가 아니다. 프랑스와 그 외 여러 나라의 다양한 학회의 회원이자 지칠 줄 모르는 여행가이기도 한 그는 알제리 전역을 누볐을 뿐 아니라 북아프리카 다른 지역들도 여행한 경험이 있다. 그가 최근 튀니지에 대해 출간한 책을 보면 박식한 작가일 뿐 아니라 진지한 관찰가로서의 면모가 엿보인다."[D16] 이러한 문장에서 뒤낭 본인 특유의 어투를 눈치채지 않을 수 없다. 그는 자신의 경제 활동의 중심에도 지식인으로서, 아니 심지어 학자로서의 지위를 각인시키기 위해 집착에 가까운 열정을 보였다.

저자 주석 D16: 자크 푸스, 『알제리인 앙리 뒤낭』, 112~113쪽.

우리의 박식한 사업가 뒤낭 씨의 새로운 사업은 이론적으로 보면 말이 안되는 것도 아니고 희한한 일도 아니었다. 제네바의 다른 훌륭한 상류층 인사들도 같은 시기에 알제리의 코르크 떡갈나무 숲 개발 사업에 뛰어들고 있었다. 뒤낭만큼이나 그들도 이 사업이 상당한 수익을 약속한다고 믿었음이 분명하다. 이들은 그러한 사업에 필요한 대규모 투자, 예를 들어 해자 건설, 나무 베기와 가지치기 작업, 도로 건설 및 관리 등을 책임질 수 있을 만큼, 그리고 무엇보다 첫 수익 배당을 받기까지 10년은 기다리기만 해야 하는 세월을 견딜 수 있을 만큼 끈기가 있었을까? 그럴 수도 있다. 뒤낭이 2년 후에 벌써 프랑스 제국 해군에 4천 큐빅미터 분량의 목재를 배달할 수 있을 것이라 예상한다 해도 삼림 개발에 들어가야만 하는 엄청난 투자액을 회수하기까지는 여전히 먼 길이 남게 된다. 오직 삼림을 영구 불하받아야만 이 사업의 수익성이 보장될 수 있었다. 허나 그해 1862년 봄에 허가된 양도 계약의 기간은 불과 18년이었다. 뒤낭이 삼림 부지를 반드시 무기한 양도받아야만 한다는 것을 깨달았을 때는, 또 영구 불하를 받는 게 거의 가능했었다는 사실을 깨달았을 때는 이미 너무 늦어버린 때였다. 사실상 영구적으로 삼림 양도가 허가되었다는 내용의 시행령이 1867년 8월 7일자로 공포되었을 때에는 안타깝게도 '앵 지방의 부유한 지주'라는 설명이 들어맞는 뒤낭이라는 사람은 사람은 더 이상 존재하지 않았기 때문이다.

5

유럽, 한자리에 둘러앉다

1862~1863

저녁에 찾아온 손님

비록 기간 제한이 있는 사업이기는 해도 아크파두 숲을 양도받고 나서 뒤낭은 잠시나마 안심이 되었다. 1862년에는 그나마 아프리카 쪽에 걸쳐 있던 먹구름이 걷히는 듯했다. 그래서 그는 자신의 책 홍보에 온 노력을 기울일 수 있었다. 책의 제목은 『솔페리노의 회상』이지만 뒤낭은 회상이라는 것 자체의 특성인 무기력함에 빠져 있을 생각이 없었다. 오히려 정반대였다. 그는 이 책을 자신의 행동 계획을 개시할 수 있는 발판이 되어줄 발전기이자 선언문이며 기초 문서라고 여겼다. 그렇게 생각했기 때문에 뒤낭은 초판본을 그렇게나 널리 배포하였던 것이다. 뒤낭은 『솔페리노의 회상』을 전달받은 자선 사업가나 목사, 법률가, 군인, 교수, 인본주의자, 백작 부인이나 장관들 중 누구 한 명에게서라도 싹이 돋아나기를 기대하였다.

첫 싹이 나오기를 기대한 곳이 고향 제네바였을까? 약 2~3년 전부터 앙리는 프랑스에 확연히 가까워졌다. 우선 프랑스 국적을 취득한 상태였다. 그리고 제국 정부의 결정에 따르는 식민지 사업가로서 그리고 본인의 생각에 제네바 지식인 사회보다 훨씬 명예로운 파리 지식인 사회의 일원이 되고 싶은 후보자로서, 또 마지막으로 나폴레옹 3세의 무조건적인 숭배자로서 뒤낭은 프랑스에 매혹된 자라고 할 수 있었다. 그러다 보니 1862년 11월경 그가 책에 기록한 자신의 생각을 체계적인 방식으로 실천해야겠다고 결정한 시점에 제네바는 우선 순위가 아니었다. 유럽을 순회하기로 결정한 뒤낭의 첫 기착지는 역시 파리였다. 그는 12월 초에 파리에 가서 지식인과 귀족들의 클럽 한두 군데에서 자신이 책에서 제시한 중심 개념들을 소개할 계획을 세웠다.

그런데, 프랑스어권 스위스에서도 뒤낭으로부터 책을 전달받은 몇몇 저명인사들이 『솔페리노의 회상』의 제안이 보여준 탁월성을 이미 알아차린 참이었다. 세 군데의 자선 단체 회장들이 거의 동시에 그에게 연락을 취해 왔다. 이들은 뒤낭이 책에서 권고하는 바에 대해 매우 흥미가 있으며, 어떤 방식으로든 그 취지에 기여를 하고 싶다는 의사를 그에게 알렸다. 이 세 사람 중에 제네바 공익협회의 회장인 귀스타브 무아니에가 있었다. 그는 법률가이지만 굳이 일을 할 필요가 없을 만큼 유복했고 법정에서 변론하는 것을 즐기지도 않았기에 법률 관련 업무를 실제 하지는 않았다. 반면에 자선 활동 영역에 놀라울 정도의 열정을 쏟고 있는 인물이었다. 무아니에는 친구의 친구였기에, 또 두 사람이 모두 속해 있는 협회들도 몇 군데 있었기에 뒤낭은 그와 어느 정도 안면이 있는 사이였다. 뒤낭은 11월 말에 무아니에를 초

대해서 그가 어떤 제안을 하려는지 듣고자 했다.

해가 일찍 지는 탓에 이미 어둑어둑한 약속 당일 오후, 뒤낭이 무아니에와 악수를 하는 순간에 그의 머릿속에서는 찰나와 같이 과거 기억이 스쳐지나갔다. 무아니에의 얼굴을 얼핏 보면 매를 연상하게 되는데, 그건 그의 콧대가 구부러져 있기 때문이라고 생각하기 쉽다. 허나 좀 더 자세히 살펴보면 무아니에가 매를 연상시키는 이유는 다른 데 있었다. 심상치 않은 눈빛이라든지, 한 가지 부동자세에서 다른 자세로 옮길 때도 예고 없이 급작스럽게 이동하는 습관 때문에, 몸통은 꼼짝도 하지 않은 채 머리만 발작하듯 움직이는 매와 꼭 닮았다는 생각이 들게 하는 것이다. 그 눈빛, 앙리는 이제 그 눈빛을 처음 마주한 게 당시로부터 15년 이상 되었다는 걸 기억해 냈다. 니옹 근처, 레만 호숫가 셀리니에서 열린 무도회 자리에서 두 사람은 이미 만난 적이 있었다. 연회를 주최한 분들이 몇몇 청년들에게 제네바 도심으로 들어가는 문이 이미 닫혔으니 그날 밤 묵어가라고 했던 날이다. 앙리는 그날 밤 저택 온실 위에 임시 침실로 꾸며진 공간을 귀스타브 무아니에와 공유한 바 있었다. 다시 만날 기회가 없었기에 그 만남의 기억은 잊고 지냈다. 뒤낭은 콜레주를 다니다 말았고 무아니에는 부모님을 따라 파리로 이사를 갔다. 그러고 나서 십 년이 지난 후에야 이 두 사람은 같은 '산업' 분과 소속 회원으로 학술학회에서 조우하게 되었다. 이어 독서학회, 그리고 지리학회에서도 스쳐지났지만 그다지 친해진 건 아니었다. 한 명은 법학 학사 학위도 있고, 파리 은행가의 사위면서도 사업을 혐오하기에 장인 어른이 제시하는 고임금을 받는 직책도 극구 거절해 온 사람이었다. 또 다른 한 명은 재계 거물들 사이에서 자신의 자리를 찾고자 온갖 수단을 동원하는 중이던 독학 사업가였다. 이 둘 사이의 간극은 너무나 컸고, 그와 반비례하듯 이 두 사람이 친구가 되거나 마음이 맞을 가능성은 매우 적었다.

귀스타브 무아니에가 뒤낭의 책에 대해 열렬한 반응을 보이는 동안, 왜 뒤낭의 머릿속에는 그토록 오래된 기억이 떠올랐을까?

"뒤낭 씨, 저는 축하하고자 찾아왔습니다. 당신의 글은 제 마음을 완전히 뒤흔들어 놓았을 뿐 아니라, 저는 전쟁시 자원 간호사 단체를 파견하자는 당신의 의견을 확고하게 지지합니다. 사람들이 상당히 관심을 기울여야 할 부분이라고 생각합니다. 그래서 말인데, 뒤낭 씨께서 허락하신다면 제가 회장으로 있는 협회에 해당 사항을 의제로 올리고자 합니다."

"공익협회 말씀이시지요?" 독수리 눈과 같은 무아니에의 시선에서 잠시나마 벗어나고 싶었던 앙리 뒤낭은 자그마한 원탁에 놓인 램프의 가물거리는 빛을 가리지 않으려 자리에서 일어나면서 물었다.

"제네바 공익협회입니다." 차분한 목소리로 무아니에가 대답했다. "협회의 정관에 따르면 오직 지역 사회와 관계 있는 사회 문제를 다루는 기관이지요. 하지만 부상병들의 처우개선에 대한 논의를 협회가 받아들일 거라고 저는 믿고 있습니다. 오! 물론 논의에서 대단한 깨달음이 있거나 실제적인 결론이 도출되기를 기대해선 안 될 거예요. 그래도 저는 적어도 그 주제에 대해 논의가 있게끔 부추길 수는 있습니다. 다음번 협회 회의 자리에서 의사 일정에 부상병에 대한 논의를 포함시키고자 합니다."

한 시간 가량 대화를 나눈 후 무아니에를 배웅하고 나서 뒤낭은 천천히 문을 닫았다. 머릿속에 온갖 생각들이 모순을 일으키며 충돌하고 있었다. 지역 단위 단체와 연계되는 게 적절한 건가? 아니면 파리를 목표로 일을 진행시키는 게 맞는 것인가? 무아니에는 자신이 제네바 공익협회 회장 자격으로 여러 국제회의에 참가하곤 한다고 강조하면서, 뒤낭이 『솔페리노의 회상』에서 제안한 내용에 대해 자선 분야의 대규모 국제회의에서 관심을 보일 것이라고 확신하는 입장이었다. 하지만 자신의 생각을 내세우는 데에 그런 자리가 좋은 계제일까? 과연 무아니에가 훌륭한 홍보대사가 맞을까? 그런 계획을 제네바에서 추진하는 게 맞는 일인가? 생각이 꼬리에 꼬리를 무는 와중에 은근히 떠오르는 사람이 있었다. 이 무아니에라는 사람이 보이는 열정과 선의는 십 년 전 막스 페로의 태도와 똑같았다. 그러다 어느 순간 시기심이 끼어들어 페로가 뒤낭 본인이 시작한 모임에서 뒤낭을 몰아내려 들기 전까지는 말이다. 신경이 쓰이는 우연의 일치가 하나 더 있었다. 바로 막시밀리앙 페로가 곧 아도르-파카르 가문의 상속녀와 결혼한다는 소문이 돌고 있었다는 점이다. 바로 그 가문, 그 파카르 가문 출신 여성과 결혼한 덕에 무아니에는 직업 전선에 뛰어들 걱정없이 훨씬 고상하고 기독인다운 자선 활동에만 몰두할 여유가 생긴 게 아니던가?

아니, 그건 아니다. 말도 안된다. 무아니에는 페로와 전혀 비슷하지 않다. 심지어 곧 혼인으로 인해 사촌이 된다고 해도 말이다. 앙리는 등불을 책상으로 옮겨가며 생각했다. 그는 책상 앞에 자리를 잡고 편지를 쓰기 시작했다. 무아니에가 꺼낸 얘기에 힘을 얻기는 했지만 뒤낭은 그래도 마지막으로 한번 더 프랑스에 기회를 주고 싶었다. 그날 밤 그는 파리에 약속을 잡아둔 모든 상대에게 자신의 확답을 보냈다.

같은 시각 로텔드빌 거리를 따라 귀가하면서 무아니에는 전투 전략을 세웠다. 파리가 그에게 중대한 경쟁 상대라는 걸 모르는 바 아니었다. 그러니 신속하게 움직여야 했다. 그는 뒤낭이 책에서 논한 내용이 제네바 공익협회 회원의 계획으로서 논의될 수 있도록 뒤낭을 즉시 회원 후보로 내세울 계획이었다. 가능한 한 빨리 『솔페리노의 회상』에 제시된 내용들을 공익협회의 의사 일정에 포함시켜야 했다. 당연한 일이었지만, 제네바 공익협회에 있어 전쟁 부상자 문제는 평소 활동 분야와 완전히 동떨어진 문제였다. 협회의 정관은 교육, 만성적인 빈곤 문제나 산업에 관계된 모든 주제를 포함하는 등 상당히 광범위한 목표를 아우르는 게 사실이다. 그럼에도 불구하고 전쟁 부상병 문제는 그 어떤 핑계로 엮어 보려고 해도 협회의 취지와는 맞지 않았다. 뭐 그럼 어떤가! 회원들을 설득하면 되는 게 아니겠나! 반기를 들 게 분명한 회원들을 한 명씩 머릿속에 떠올리며 귀스타브 무아니에는 혼자 생각했다. 콧수염 한쪽 구석으로 어렴풋한 미소가 슬그머니 떠올랐다. 사람들로부터 한결같은 찬사를 받은 책 『솔페리노의 회상』에 담긴 비전을 실천에 옮기는 역할을 해낸다면 그건 제네바 공익협회로서는 절대 놓쳐선 안될 혁혁한 수훈이 될 터였다.

무아니에는 실로 기록적일 정도로 빠르게 자신의 생각을 실행에 옮겼다. 1862년 12월 8일 뒤낭은 제네바 공익협회의 회원이 되었다. 그로부터 일주일 후인 12월 15일 무아니에는 협회 이사회에 뒤낭이 책에서 제안한 바를 소개하였다. 즉 평화시에 자원 간호사 단체를 구성해 두고, 전쟁 발생시 전투 현장에서 부상병들을 돌봄으로써 수많은 인명을 구할 수 있도록 하자는 내용을 말한다. 십여 명밖에 안되는 이사회 인원 중에 한 명이 아주 눈에 띄게 집중하며 회장 무아니에의 발표를 경청하고 있었다. 발표가 끝난 후 모두의 시선이 바로 그 사람에게 쏠렸다. 모두가 숨죽이면서 가장 권위 있는 뒤푸르 장군의 견해를 기다렸다.

"그렇게 전장으로 이동해야 하는 이들의 비용은 누가 지불할 건가?" 장군은 기탄없이 질문을 던지고, 기존 구급 요원들과 비교할 때 파견하는 주체가 없기에 자원 간호 단체의 입지가 곤란할 수밖에 없다는 의문을 제기했다. 그러자 다른 사람들도 여러 다른 반대 의견을 피력하였다. 그 문제 자체에 대해서라기보다는 제네바 공익협회가 이렇게 방대한 문제를 다뤄야 하는가 하는 정당성에 대한 이견이었다. 어쩔 수 없는 판정이 내려졌다. 해당 회의의 서기는 충실하게도 '우리 협회가 책임질 문제가 아니다'라는 결론을 의사록에 기록해 두었다.

공익협회

귀스타브 무아니에가 1862년 말 관심을 가진 분야는 부상병 문제만이 아니었다. 수많은 사회 문제나 관심사 중에서도 1863년 그의 주요 계획은 알콜 중독 퇴치였다. 1월에 '제네바의 주류 남용'에 대한 보고서를 제출할 계획이었고, 2월에는 음주벽에 관한 연설이 예정되어 있었으며, 3월에는 알콜 중독자들에 관련된 협약을 놓고 공개 심의가 있을 예정이었다. 그럼에도 부상병 구호라는 문제가 계속해서 그를 따라다니는 걸 어찌할 방도가 없었다. 무아니에는 자신이 이끄는 공익협회가 완강히 거부함에도 불구하고 협회의 논의 주제로 부상병 문제를 재상정할 방안을 찾으려고 이리저리 궁리를 했다. 이때까지 그가 하던 일은 분명 고결하기는 했지만 좁은 범위의 일이었다. 지역 사회 내의 곤궁에 제한된 일을 해왔기에 버려진 아이들이나 술꾼들, 배우지 못한 사람들, 극빈자들 그리고 역내 다른 가난한 이들을 도왔다. 그러면서 무아니에는 기회가 닿을 때마다 자신이 회원으로 있는 협회들의 대표를 자청하여 국제회의에 참석하곤 했다. 부상병 구호라는 대의는 그에게 마치 새로운 세상으로 갑자기 창문이 활짝 열린 듯한 느낌을 주었다. 지역 내와 국내에 국한되지 않고 훨씬 방대하면서도 한층 대범한 사업이었다. 그는 먼 바다에서 들려오는 유혹을, 더 큰 세상으로 나갈 수 있는 기회를 그냥 지나칠 수 없었다. 최초 시도는 공익협회 이사회가 매정히 쳐냈지만, 무아니에는 재차 '전투현장에서 부상자들의 환경 개선'이라는 주제를 1863년 1월 28일 회의에서 의사 일정에 추가하기로 결심한다.

하지만 한 달 반 전에 그의 제안을 일소해 버린 바로 그 사람들은 그대로였다. 그러니 무아니에는 다른 방법을 동원하여 이들의 찬성을 이끌어 내려 시도했다. 그는 더 이상 이 옹색한 지역 사회 차원의 협회로 하여금 전쟁 부상자의 운명과 같은 방대한 문제를 다루게 강제할 생각은 없었다. 아니다. 오히려 베를린에서 9월에 열릴 국제회의에서 이 문제를 다룰 수 있도록 제네바 공익협회가 이목을 집중시키는 역할을 하자고 제안한 것이다. 또한 협회 이사회에서도 가장 소심한 성향의 위원들이 더럭 겁을 먹지 않도록 무아니에는 베를린 국제회의와 관련된 교신을 전담할 제한적인 소위원회를 만들고 담당자들을 지명하자고 제안하였다.

이번에는 이사회 설득에 성공하였다. 무아니에는 즉시 당시 164명에 달했던 제네바 공익협회의 전 회원들을 소집하였다. 전체 회합 소집 당시의 표현을 빌자면, 이번 회합의 목적은 앙리 뒤낭 씨가 집필한 『솔페리노의 회상』이라는 책의 결론에 따라 '자원 간호인 단체를 전쟁 중인 군대들에 배속'시키는 문제를 논하기 위해서였다. 이번 회의를 소집하는 이유는 제네바 공익협회가 새로운 활동 영역으로 진출하기 위해서는 총회의 동의가 필요했기 때문이다. 앞서 나가고 싶었던 무아니에는 마음이 급했다. 그는 일에 착수하기를, 그것도 빨리 시작할 수 있기를 간절히 원했다. 무아니에는 1863년 2월 초에 뒤낭에게 보낸 편지에 '바로 그러한 이유로 2월 9일 월요일 6시에 열릴 공익협회의 총회에서 이 주제를 상정'하였다고 적었다. 그러고는 "뒤낭 씨께서 총회에 참석하시어 제 의지에 힘을 실어주시고, 해당 사항을 맡을 소위원회를 구성하자는 안건에 대해 총회의 동의를 이끌어 낼 수 있도록 도와주시기를 바랍니다."라는 부탁을 해왔다.

무아니에는 어째서 이 총회에 뒤낭이 참석할지에 대해 잠시라도 걱정을 한 것일까? 돌이켜 보면, 자신의 책에서 논한 아이디어를 지지하기 위해 소집된 셈인 그날 총회에 뒤낭 본인이 불참한다는 건 생각조차 할 수 없는 일이다. 하지만 위의 무아니에의 요청 단 한마디로 우리는 적십자의 주창자인 뒤낭과 무아니에가 서로 얼마나 다른 궤도에서 움직이는 사람들이었는지를 알아볼 수가 있다. 자칭 '자선가'가 직업이라고 하던 사람인 귀스타브 무아니에는 개인적인 흥미를 느끼는 일에 열과 성을 다해 임할 수 있는 여유가 있었던 반면, — 그해 1863년 겨울에 마침 그의 우선 순위 목록에서도 부상자구호위원회 설립이 맨 윗자리를 차지하고 있던 참이다 — 뒤낭의 경우에는 자신이 가진 시간 중 아주 조금만 그 일에 할애할 수 있는 상황에 있었다. 알제리에 벌려 놓은 사업을 위해서는 여행도 해야 하고 결정을 내릴 사항도 많았으며 중재할 일과 협상할 일, 회계 업무, 추천서 받기, 행정절차 등등의 업무뿐 아니라, 점점 더 초조해지는 주주들을 대상으로 보고서를 작성해야 하는 등 업무가 끊이지 않았다. 게다가 명성 높은 제네바 공익협회는 총회를 알리며 발송한 인정머리 없이 작은 흰색 소집장 종이에다 '전쟁 부상병' 의제를 '프랑스 명작을 보급판으로 출간하는 문제'라든지 '프랑스어권 스위스의 문제아들을 도울 재건 부락 설립'과 같은 다른 논의 주제 사이에 끼워 넣은 모양새였다. 그러니 뒤낭은 아마도 자신의 국제적인 아이디어를 제네바 공익협회에 맡길 결심을 확실히 하지는 못했을 수도 있다. 이러다가는 인생을 건 아이디어가 자신의 손아귀를 벗어나 귀스타브 무아니에에게로 가버릴까 봐 뒤낭이 벌써부터 걱정을 했을까? 아니면 단지 이 일이 제네바로 국한될까 봐 우려한 것이었을까? 어찌 되었든, 제네바에서 자신의 아이디어를 논하게 될 공익협회 총회 전날까지도 뒤낭은 부상병 문제의 논의를 프랑스를 기반으로 착수할 계획을 포기하지 않았던 게 분명하다. 그는 무아니에에게 "여기저기로부터 수많은 찬성 의사가, 또 가장 높은 자리에 계신 분들로부터 격려가 쇄도하고 있습니다. 특히 파리로부터 많이 들어옵니다."고 전했다. 그리고 파리의 "여러 학회 회원이며 사회 최고 계층에 속한 몇몇 영향력 있는 인사들과 함께 위원회를 구성하리라 기대하고 있습니다."라고 전하면서 그러한 위원회가 생긴다면 뒤낭 자신도 합류할 생각이 있다는 의사를 이미 그들에게 전해두었다고 언급했다.

생피에르 카지노에서

"자, 여기 있소." 하고 실제로 내놓는 쪽이 "곧 줄게." 하고 몇 번을 약속만 하는 쪽보다는 나은 법이다. 파리 쪽에서는 여전히 아무것도 구체화되고 있지 않았기에 뒤낭은 실제로 1863년 2월 9일 저녁 제네바 공익협회의 총회에 직접 참석하게 되었다. 총회는 생피에르 카지노에서 열렸다. 11년 전에 기독교청년회가 태동한 곳이기도 하다.

날이 어둑어둑해지고 있었다. 생피에르 대성당 앞 광장으로 연결되는 여러 작은 골목을 따라 회원들이 발걸음을 재촉하며 모여들었다. 성당 앞 광장을 가로질러 가면 카지노가 나온다. 총회는 1층의 대강당에서 열렸다. 언제나처럼 가장 연배가 높은 회원들이 제일 먼저 도착해 있었다. 이들은 지팡이에 손을 얹은 채 앞쪽의 몇 줄을 차지하고 앉아 이야기꽃을 피웠다.

총회는 정시에 시작했다. 토론의 첫 번째 주제는 '프랑스 명작 보급판' 출판 문제였다. 이 주제에 대해 회원들이 열성을 보였음이 분명하다. 십여 명이 발언한 기록이 남아있기 때문이다. 이어 두 번째로 '자원 간호 단체를 전쟁 중인 군대로 배속하는 문제(『솔페리노의 회상』이라는 앙리 뒤낭 씨의 책의 결론)"라는 의제가 이어섰다.

무아니에는 회원들의 반응에 주의를 기울었고, 심기를 건드리지 않는 수준의 제안을 하는 것으로 만족하였다. 자원 간호사 단체를 창설하자는 뒤낭의 아이디어를 베를린에서 9월에 열리는 국제 자선총회에 의제로 제시하자는 제안이었다. 즉, 전 세계에서 그 총회에 참석할 대표단이 각자 자국 정부를 설득하게끔 해서, 추후라도 해당 주제를 따로 다룰 국제회의가 열릴 수 있도록 격려하는 역할을 하자는 제안이었다.

지난 12월에 더 작은 규모인 이사회가 모였을 때와 마찬가지로 뒤푸르 장군은 이번 제안에 대해서도 망설였다. 그는 그러한 생각을 실행에 옮기는 건 어려우며, 그 일은 '대대적인' 차원으로 이루어져야 한다고 생각했다. 다시 말하면, 국제회의 정도는 되어야 그러한 아이디어를 의미 있게 논할 아주 최소한의 자리가 된다는 뜻이었다.

다 합해 보아도 자원 간호사 단체라는 의제에 대해 발언한 사람은 단 여섯 명뿐이었다. 프랑스 명작에 대한 토론보다는 확실히 뜨뜻미지근한 반응이었다. 그래도 무아니에의 제안은 총회의 승인을 얻어냈다. 이는 순전히 회장인 그의 수완 덕분이었다. 총회에 모인 이들은 지레 겁을 먹지 않고 해당 의제를 다룰 임시위원회를 구성하는 데 동의해 주었다. 저 멀리 베를린에서, 또 한참 뒤인 9월에나 열릴 국제회의에 관련된 모든 구체적인 절차를 새로 생길 임시위원회로 회부해버릴 수 있었기 때문이었다. 가장 걱정이 많은 회원들, 특히 앞줄에 앉은 원로들은 제네바 공익협회가 정해진 영역 이외로 사업을 확장하는 걸 극도로 경계하였지만, 그러한 장치 덕분에 그들을 충분히 안심시킬 수 있었다. 공익협회의 영역 자체를 넘어서는 주제를 임시위원회로 넘기는 것으로도 모자라 그날 총회에서는 그 임시위원회에게 담당 업무와 관련한 보고 의무를 아예 면제해 주기까지 했다.

지칠 줄 모르는 선의의 의도로 해당 업무를 임시위원회로 회부시켜버렸지만, 이는 평소처럼 제한적인 요인으로 작용했다기보다는 오히려 그 반대였다. 이날 저녁 생피에르 카지노 1층에서 열린 총회를 통해 구성된 임시위원회의 면면을 살펴보면 장차 보편성을 띨 수 있을 가능성을 보여주기 때문이다. 총 5명으로 구성된 위원회에는 우선 기욤앙리 뒤푸르 장군, 귀스타브 무아니에와 앙리 뒤낭이 포함되었고, 나머지 두 명은 테오도르 모누아르와 루이 아피아라는 의사들이었다. 이 위원회에 위임된 임무는 그해 1863년 9월로 예정된 베를린 국제자선회의에서 할 발표를 준비하는 일로 제한되었고, 그 발표는 각국에 자원 간호사 단체를 설치하게끔 유럽의 당사국 정부들을 종용하는 내용을 담을 예정이었다.

부상병 관련 문제가 해결되자, 1863년 2월 9일 총회는 다음 토의 주제로 넘어갔고, '프랑스어권 스위스의 문제아들을 위한 재건 부락 설립'에 대한 토론이 이어졌다. 앙리는 이미 한 귀로만 듣고 있었다. 임시위원회가 만들어졌으니 이제 주사위가 던져졌다고 느꼈기 때문이다. 자신의 비전이 실행된다면, 가장 높은 단계까지 도달하여 솔페리노 현장에서부터도 긴급히 필요하다 느꼈던 국제 차원의 동맹으로 언젠가 승화된다면, 그런 도화선에 불을 붙인 현장이 바로 오늘 저녁 제네바 대성당 발치였다고 기억되리라. 게다가 뒤낭의 아이디어가 지닌 참신함이나 그 쟁점조차 제대로 이해하지 못하는 공익협회 회원들 몇몇 앞에서 생긴 일이었다. 지난달 그를 맞이해 준 파리의 여러 살롱에서 들었던 듣기 좋은 소리들이 메아리처럼 머릿속을 몇 초간 스쳐갔다. 선로를 잘못 탄 것일까? 지금까지도 자주 그랬듯이 뒤낭은 조바심 때문에 인생 최대의 실수를 저지른 것일까? 제네바가 아닌 다른 곳에서, 또 더 높은 차원에서 점화됐어야 하는 게 아니었을까? 의자 움직이는 소리가 들리자 꼬리를 물던 그의 생각이 멈춰 섰다. 회의가 끝났다. 루이 아피아가 뒤낭에게 악수를 청하러 다가왔다. 이어 뒤푸르 장군과 모누아르도 악수를 청했다. 마음속의 의구심은 어느새 사라졌다. 오늘 밤 첫 판은 제네바가 이긴 셈이다.

국제적십자위원회_{ICRC}의 최초 회합

위원회 지명 8일 후인 1863년 2월 17일에 '5인 위원회'에 속한 다섯 명은 — 이 '5인 위원회'는 오늘날 국제적십자위원회의 전신으로 인정받고 있다 — 첫 회의를 위해 한자리에 모였다. 귀스타브 무아니에는 몇 마디만으로 본인들에게 맡겨진 사명이 무엇인지를 상기시켰다. 9월 베를린에서 열릴 국제자선회의에 뒤낭의 책 결론 내용을 — 부상병을 구호하기 위한 구호 단체를 평화시에 창설해 두고 전쟁이 발생하면 자원 간호 단체를 전투 부대에 배속시켜야 한다는 주장 — 지지하는 의견서를 작성하는 일이었다.

이 의견서가 가장 먼저 확실히 해 둘 부분은 유럽의 군주와 정부로부터 만장일치로 동의를 얻어서 각 나라별로 위원회를 구성하게끔 하는 일이라고 뒤푸르 장군이 차분하게 지적했다. 그렇게 하고 나서 각국 위원회의 최우선 순위 임무는 본국 참모부와 자원 봉사자들 사이에 밀접한 협력 관계가 확보되게끔 해야 한다는 것이었다.

그날 회의 서기를 맡았던 뒤낭은 장군의 발언에 놀라서 고개를 들었다. 분명 지난 일주일 사이에 장군의 망설임이 줄어든 게 확실했다! 뒤푸르 장군은 거기서 멈추지 않았다. 그는 이제 심지어 어떤 표장, 제복 혹은 완장이 필요하다는 데에도 지지 의사를 표명했다. '보편적으로 도입된 분명한 표장'을 통해 자원 간호사들을 구분할 수 있게 하고, 군대가 그들을 쫓아내지 못하게 하기 위한 방법이었다.

테오도르 모누아르가 반쯤 미소를 띠면서 "우리 위원회가 '소란'을 일으킨다면 좋겠습니다."고 정곡을 찌르는 발언을 했다. "우리의 의견이 전 세계에 받아들여지려면, 위에서든 밑에서든, 유럽의 군주들로부터든 또 대중으로부터든, 우리 의견이 받아들여지도록 소란을 피워야겠지요."

앙리 뒤낭은 간사로 지명되어 베를린에서 발표할 의견서 작성 임무를 맡았다. 하지만 그때까지 5인 위원회 회의에서 발언된 내용은 그에게 충분히 만족스럽지 못했다. 좀 더 멀리 겨냥하지 못할 이유가 무엇인가? 이미 언급된 주제들 외에도 뒤낭은 5인 위원회가 작성할 의견서에 부상병 이동 방편의 개선이라든지 군사병동의 개선, 그리고 구명 도구 박물관 설립 같은 의제들을 지지하는 내용도 담길 원했다! 그리고 무엇보다, 그 무엇보다도… 그는 펜촉을 천천히 내려놓느라 몇 초간 뜸을 들이다 다음과 같이 발언했다. "제 생각에 정말로 중요한 부분이 있어서 이를 강조하고자 하는 점을 양해해 주십시오. 『솔페리노의 회상』에서 저는 강대국, 문명국들이 국제적이며 신성하게 존중받는 원칙을 도입하기를 기원한 바 있습니다. 정부들 사이의 어떤 합의를 통해 보장받는 원칙을 말합니다. 이런 원칙이 (그는 마치 동의를 구하듯 아피아 의사 쪽으로 얼굴을 돌리면서 첨언하였다) 공식 자격이 있든 아니든, 부상병 구호를 위해 일하는 모두를 보호해 주는 장치로 작용할 겁니다."

뒤푸르 장군과 귀스타브 무아니에는 뒤낭의 그러한 견해에는 찬성하지 않는 게 명백했다. 참모부가 제3자에게 방역 사업이나 간호 업무, 구급차량을 맡길 것이라는 생각 자체가 지나치게 순진한 게 아닌가! 그래도 이 두 사람은 논쟁을 피했다. 현실에 맞닥뜨리고 나면 이 뒤낭 씨가 꿈에서 곧 깰 게 뻔하니 지금 논쟁을 할 필요까지는 없었다.

반면에 귀스타브 무아니에는 이날 회의 초반에 언급한 다른 한 가지 영역에서만큼은 뒤낭과 생각이 같았다. 5인 위원회가 자체적으로 '상설 국제위원회'로 재탄생해야 한다는 뒤낭의 제안을 의미한다.

자신의 의도를 정확히 이해시키기 위해서 무아니에는 위의 세 단어를 분리하여 설명했다. 위원회라는 조직의 창립, 국제적인 차원의 야심, 무엇보다 항구적인 성격을 자청함으로써 그들이 구성하는 위원회는 그때까지의 모든 자선 단체와 인도적 구호의 관습에서 벗어나게 된다. 이때까지 주어진 순간의 임무가 끝나고 나서도 지속되는 자선 단체나 인도적 구호 단체는 존재하지 않았다. 전쟁 시에만 긴급하게 구호 조치가 이루어졌을 뿐이다. 국가 단위로 보면, 전쟁 당사국이든 아니든, 자국민의 구호와 보건 위생에만, 즉 자기 할 일에만 관여하는 것이 관례였다. 그 자리에 모인 5인이 이를 모르는 바 아니었다.

위의 발의 사항에 대해 모두가 만장일치로 찬성했다. 이제 새로운 야심에 맞게끔 위원회에 새 이름을 지어주는 일만 남았다. 이들은 몇 차례의 회의를 거치면서도 계속 주저하는 바람에, 평소에 그토록 꼼꼼한 간사 뒤낭조차 수차례에 걸쳐 표제를 바꿔서 겹쳐 쓴 기록이 남아있다. 이름을 무엇으로 하느냐에 대한 의견이 한 회의 중에도 몇 번이나 왔다갔다했음을 보여주는 흔적이다. 2월 17일 회의록을 보면, '부상병 구호를 위한 국제위원회'라는 표현에 확실하게 삭제 표시가 된 반면, '전쟁시 부상병을 위한 협회 소속 특별위원회(여기서 '협회'가 제네바 공익협회를 의미하는지는 명기되어 있지 않다)'라는 부제는 그대로 남아있다. 1876년이 되어서야 이 위원회는 현재까지도 이어지는 명칭을 도입하게 되는데, 바로 ICRC라는 약자로 더욱 유명한 국제적십자위원회이다.

나중에 국제적십자위원회ICRC로 이어지는 이 위원회의 제1차 회의는 다섯 명 각자에게 책무를 분담하면서 마무리되었다. 위원장직은 뒤푸르 장군이 맡았고, 귀스타브 무아니에가 부위원장이 되었으며, 앙리 뒤낭은 간사 역할을 맡았다.

10년 전 다른 단체, 그러니까 제네바 기독교청년회에서 뒤낭은 성공적으로 연락 담당 간사 임무를 해낸 바 있다. 그날 저녁 뒤낭은 회의록을 정리하며 그때를 떠올렸다. 평온히 그는 이번에는 그때보다도 훨씬 멋지게 해내리라 확신했다.

1863년 2월 9일 회합에서 구성된 5인 위원회의 일원들. 위쪽 좌측부터 루이 아피아, 앙리기욤 뒤푸르 장군, 그리고 앙리 뒤낭이며, 아래쪽은 테오도르 모누아르와 귀스타브 무아니에.

'소란'을 유지하기

소란을 일으키자는 모누아르의 소망은 기대를 훨씬 뛰어넘었다. 국제위원회의 열성 간사 앙리 뒤낭은 '소란을 유지'해야 한다는 동료 모누아르의 제안을 철저하게 따랐다. 2월 17일 회의가 있은 다음 날 뒤낭은 즉시 파리로 다시 떠났다. 아직 국제적인 일을 벌이지는 못했지만, 적어도 프랑스에서는 저명인사들을 포함한 관련 위원회를 신속하게 창립하고자 했기 때문이다.

그의 저서 『솔페리노의 회상』에 대해서는 이미 셀 수 없을 만큼 많은 이가 호의를 혹은 관심을 표명하였고, 언론에서도 여러 차례 기사화되었다. 하지만 아카데미프랑세즈 회원인 생마르크 지라르댕이 쓴 주르날데바 기사야말로 하루아침에 뒤낭을 파리의 스타로 등극시켰다. 게다가 그 기사가 나온 시점은 마침 그가 파리에 체류하던 때였다. 그에게 수없이 서신이 날아들었고, 방문객이 줄을 이었다. 더 이상영광의 순간을 기다릴 필요가 없었다. 때가 온 것이다.

파리에서 그를 워낙 호의적으로 맞이하는 바람에 뒤낭은 내심 프랑스 제국의 군사령부로부터 초대장이 오기를 기대하게 되었다. 『솔페리노의 회상』 초판을 송부할 당시 가장 우선 순위에 있던 나폴레옹 3세 황제는 이미 비서관을 통해 별다른 언질없이 '대단히 감사'하다는 답을 이미 보내왔다. 그런데도 뒤낭은 뭔가 더 확실한 반응을 받아내고 싶었다. 파리에 가면 황제께 전달해 달라며 친구 루이 아피아가 뒤낭에게 편지를 한 통 맡긴 걸 보면, 뒤낭은 조금 성급하게도 자기가 황제를 만날 거라고 자부한 게 아닌가 싶다. 완전히 헛된 일이었다. 뒤낭은 이번에 파리에 체류하는 동안에도, 그리고 이후로 수차례 파리를 방문했을 때에도 황제를 직접 알현하지 못했다. 그토록 초조하게 또 그토록 열렬히 알현을 원하는 이유는 물론 부상병 구호라는 문제도 있지만, 알제리 제분 회사라든지 재정상의 어떤 문제나 저 지중해 너머 뭉게뭉게 일어나고 있는 사업상의 먹구름 등, 수많은 사연을 포함하고 있었다.

뒤낭은 3월 17일에 열린 5인 위원회의 제2차 회의 참석을 위해 그즈음에는 제네바로 돌아와 있었다. 지난번 회합 이후로 도착한 축하 편지들을 회의장으로 가져온 뒤낭이 이를 탁상에 내려놓자 높이가 십여 센티미터는 족히 되었다. 일정 시점에는 뒤낭이 비서를 두 명이나 두어야 할 정도로 엄청난 분량의 서신이 오고 갔다. 무아니에는 그러한 호의적인 서신들을 이제는 위원회 의사록에 '기입'해 두는 게 모두에게 도움이 되지 않겠느냐고 지적했다. 가시 돋친 그의 어조를 못 알아챈 건 뒤낭밖에 없었다. 무아니에의 얘기는 한마디로,『솔페리노의 회상』으로 인한 영예는 이제 뒤낭 자신이 아니라 부상병구호국제위원회에 도움이 되어야 하지 않겠느냐는 지적이었다.

나폴레옹 3세가 황제가 되기 전 그의 군사학교 교관이었고, 스위스 통일 전쟁의 승전 사령관이요, 명성이 자자한 장군인 기욤앙리 뒤푸르도 뒤낭이 본인에게 도착한 서신의 구구절절한 찬사를 소개하는 데 대해서는 별 감흥을 보이지 않았다. 심지어 장군은 그의 자만심을 가라앉히려 애를 썼다. 불과 6개월 전만 해도 거의 공상 속의 이야기라고 치부하던 뒤낭의 아이디어에 대해 이제 뒤푸르 장군은 상당한 신뢰를 보이며 "우리가 좌표를 세워야 하네. 그러면 다른 이들이 길을 낼 걸세."라고 발언하였다.

그의 이러한 발언에 뒤낭은 속에서 무엇인가 반발하고 싶은 감정을 느꼈다. 1855년 기독교청년회의 제1회 국제회의가 열리기 전날, 친구 촌시 랭던에게 자기 자신이 적어 보낸 "이제 나는 뒤로 빠져도 행복한 사람이라네. 신성한 불길이 제네바의 친구들에게 옮겨 붙었으니 말이지."가 고스란히 연상되었기 때문이었다. 허나 1855년 당시 기독교청년회에서의 그의 과업은 이미 성취된 것이었고 그가 할 일도 끝난 상태였다. 하지만 지금은 그와 얘기가 다르지 않은가. 뒤낭이 해야 할 일이 여전히 그의 눈앞에 펼쳐져 있다. 이제 겨우 시작일 뿐이다! 그가 어찌 벌써 '다른 이들이 길을 내도록' 물러설 생각을 하겠는가? 아무것도 확고히 갖춰진 바가 없는데, 그의 아이디어를 따라온 이들에게 어찌 벌써 자리를 내줄 생각을 하겠는가?

그러다 그의 이름이 언급되자 혼자 머릿속에서 곱씹어 보던 항의에 제동이 걸렸다. "뒤낭 씨는 여전히 베를린 회의에서 발표할 의견서 작성 담당자입니다."라고 귀스타브 무아니에가 말하고 있었다. 그렇다. 할 일이 아직 산적해 있다. 온통 해야 할 일 투성이다.

그런데 뒤낭에게는 이것 말고도 걱정거리도 많았다는 사실을 그 누구도 알지 못했다. 그해 4월 말 앙리는 알제로 가기 위해 다시 마르세유로 떠났다. 사업 문제를 더 이상 미뤄둘 수가 없었다. 동업자 앙리 닉이 전해오는 소식이 완전히 나쁜 건 아니었지만 그렇다고 좋은 소식인 것도 아니었다. 직접 알제리에 돌아가서 제분소가 잘 돌아가고 있는지, 부지 운영이 잘되고 있는지, 토지 불하 신청은 제대로 진행되고 있는지를 자기 눈으로 확인할 필요가 있었다. 그 모든 게 시간이 걸리는 일이었다. 5월이 지나고 또 6월이 지나갔다. 길고 긴 두 달간 부상병구호국제위원회의 간사 앙리 뒤낭은 걱정 가득한 사업가 뒤낭에게 자리를 내주었다. 견디기 어려울 정도의 재정난으로 인해 불확실한 상황에 빠진 사업가이자 계속해서 새로운 투자를 받아야만 버틸 지경에 처한 사업가 뒤낭은 무분별하게도 여전히 원대한 꿈을 꾸면서 팽팽한 외줄을 타는 곡예사 처지였다.

네덜란드의 흠모자

뒤낭의 알제리 여정이 길어지는 가운데, 유럽에서는 한 남자가 그의 귀향을 초조하게 기다리고 있었다. 네덜란드 외과 전문의이자 군의관인 요한크리스티안 바스팅은 『솔페리노의 회상』을 단숨에 읽고는 어찌나 열의에 찼던지 저자 뒤낭에게 편지를 보내어 그 책의 네덜란드어 번역을 자청하였고, 자국 지도자들에게 책을 소개하겠다고 나섰던 사람이다. 그 첫 편지 이후로 제네바와 헤이그 사이에서 정기적으로 서신이 오갔다. 뒤낭은 첫 답장을 보내면서 바스팅에게 『솔페리노의 회상』 번역자로서 완전한 자유를 허락한다면서 다만 자신의 이름을 정확하게 적어달라는 조건을 달았다. 뒤낭은 자신의 이름 앙리가 본인이 원하는 y 철자가 아닌 i 철자로 쓰일까 봐 신경을 썼기 때문이다. 뒤낭은 그 편지에 네덜란드 왕과 왕비, 그리고 오렌지공[1]에게 선사하는 『솔페리노의 회상』 특별판을 동봉하였다. 페이지 단면에 금박을 입힌 특별한 판본이니 장래가 기대되는 새로운 우정을 확고히 다지는 데 안성맞춤이었다.

아, 바스팅은 뒤낭의 기대에 얼마나 제대로 부응하였는지! 그는 새롭게 사귄 친구 뒤낭에게 당황스러울 정도로 스스럼없이 굴며 각별한 애정 표현을 쏟아냈다. 단 한 번도 직접 만나지 못했어도 유럽의 개신교 사회에 멀리까지 퍼져 나간 '부흥' 운동을 체험한 청년들 사이에 형성되는 진정 어린 친근함을 느꼈기 때문이리라. 이 두 사람은 금세 서로의 성향을 파악했다. 뒤낭과 바스팅은 서로가 민감하면서도 동정심이 많은 성격이며, 독실한 기독교 신앙을 갖고 있을 뿐 아니라 노예제 폐지에 대해서도 확고한 열정이 있다는 사실을 알게 되었다. 뒤낭은 바스팅에게 자신의 가장 최근 출판물을 보내주었다. 이는 『튀니스 섭정에 대한 설명』 중 노예제를 논한 장을 따로 떼어낸 별쇄본이었다. 미국에서 독립전쟁이 벌어지고 있는지라 그 소책자가 다루는 내용은 다시금 시사성을 띠게 된 참이었다. 뒤낭이 지닌 특유의 재능, 즉 출판물을 활용하는 직감을 비껴가지 않는 절호의 기회였다. 〈무슬림 사회와 미국의

---

1 네덜란드 왕국에서 왕세자를 부르는 작위.

노예제 — '솔페리노의 회상' 저자의 저서〉라는 제목으로 인쇄된 이 소책자에서 뒤낭은 아프리카인들을 노예 신세로 전락시킨 미국인들의 과격한 잔인성을 대뜸 비난하고 나섰다. 이 소책자의 어조는 마치 십자군과도 같은 태도였지만, '선한 자'와 '악한 자'의 역할이 뒤바뀌어 있었다. 다시 말하자면 튀니스를 다스리는 회교도들은 신세계의 소위 문명인들이 악착같이 유지하고자 하는 노예제라는 죄악을 이미 폐지하였다는 내용이었다. 이 문제에 대해 군의관 바스팅은 뒤낭과 전적으로 의견이 같았을 뿐 아니라, 그의 반미주의는 뒤낭보다 한층 더 강렬하기까지 했다. 네덜란드 경건주의 신자였던 바스팅의 눈에 노예제란 '19세기의 바빌론'인 미국에서 벌어지는 수많은 죄악 중 하나일 뿐이었다. 당연하게도 뒤낭은 바스팅에게 베를린 회의 준비를 위해 꾸려진 제네바위원회의 계획을 이야기했다. 군의관인 바스팅에게는 군입답게 어떤 말도 두 번 반복할 필요가 없었다. 그는 현장에서 제네바의 친구를 지지하고자 본인도 베를린 회의에 직접 참석하겠노라고 알려왔다.

이렇게 일은 전도유망하게 진행되는 듯했다. 알제리 사업 관련 일들이 다소간 진정되어 유럽으로 돌아온 뒤낭은 귀국 즉시 베를린에서 열릴 국제 자선회의에서 발표할 의견서 작성에 착수하였다.

네덜란드 최고위 군의관이던 J. C. 바스팅은 베를린 국제통계회의에 이어 1863년 제네바 회의에서도 앙리 뒤낭에게 결정적인 지지를 제공했다. 특히 교전 중인 이들 사이에서 구호 인력의 중립성 원칙을 옹호하는 데 중요한 역할을 했다.

회의는 회의다

7월 중에 무아니에와 뒤낭은 베를린에서 열릴 예정이던 국제회의가 취소되었다는 소식을 접했다. 두 사람에게는 마치 30분 만에 대기를 차갑게 식혀버리는 맹렬한 폭우와도 같은 소식이었다.

이들에게 비보를 알려 준 사람은 아마도 바스팅이었으리라는 추측이 가능하다. 그 래도 그는 나쁜 소식만 들고 온 전령이 되고 싶지는 않았는지, 네덜란드 정부로부 터 취소된 국제 자선회의와 같은 기간에 열릴 국제 통계회의에 대표자로 참석해 달 라는 요청을 받았다고 알려왔다. 그 통계회의의 한 분과에서 민간인 및 군인 집단 을 대상으로 보건과 사망률에 대한 비교 통계를 논의할 예정이었다. 곁길인지 몰라 도 이 또한 뒤낭의 제안 사항을 국제무대에 알릴 수 있는 기회가 아니겠는가? 본인 이 그 분과에서 발언을 할 예정이므로, 그때 전쟁 중 부상병 구호를 위한 위원회를 구성하자는 뒤낭의 계획을 어떤 방식으로든 제안할 수 있으리라는 게 바스팅의 생 각이었다. 그리고 그는 그 자리에 뒤낭이 온다면 거기 참석한 여러 나라 군의관들 과 안면을 틀 수 있는 기회가 될 수 있지 않겠느냐고 물어왔다. 몇 번의 서신이 오 가고 난 후 바스팅과 뒤낭은 합의에 이르렀다. 자선회의는 취소되었을지언정, 이제 통계회의에서 만세를 외칠 차례였다!

한편 무아니에는 다른 대안을 도모했다. 뒤낭이 뭐라고 하든, 몇몇 유용한 인연을 맺는 기회가 될 수는 있어도 뒤푸르 장군이 적절히 지적했듯이, 통계회의가 '대대 적인' 논의를 제대로 펼칠 수 있는 장이 될 수는 없다고 보았기 때문이다. 게다가 솔 직히 얘기하자면, 개인적으로도 무아니에에게는 통계회의 개최 시기가 좋지 않았 다. 부인이 바로 그때쯤에 출산을 앞두고 있었기 때문이다. 무아니에는 그런 이유 로 통계회의가 필수불가결한 자리라고 생각하지 않았을 수도 있다. 이러저러한 이 유로 무아니에는 더 이상 지체없이 다른 수를 동원해야 한다고 생각했다.

8월 초 귀스타브 무아니에는 며칠에 걸쳐 새로운 전략을 짰고, 이내 그 전략이야말 로 실현가능성이 있는 유일한 방안이라고 믿었다. 8월 말에 열릴 5인 위원회의 차 기 회의를 며칠 앞두고는 더 이상 기다리지 못하겠는지 무아니에는 뒤낭의 집으로 직접 찾아갔다. 무아니에는 생각을 완전히 정립하고 나서 뒤낭을 만나러 간 것이었 나? 아니면 두 사람이 만난 자리에서 대담하게 서로를 부추겨 가며 아이디어를 정 리한 것이었을까? 그러한 상세한 부분까지 알아낼 방법은 없다. 허나 확실한 점이 있다면 다음과 같다. 8월 25일 여름 휴가 후 그해 첫 위원회가 모인 자리에서 동료들 앞에 선 무아니에는 엄숙하게 '이런저런 상황으로 인해' 베를린 자선회의가 열리지 않을 것이라는 사실을 공표했다. 이어 그는 특유의 고정된 시선과 너무나 잘 어울리는 중립적인 어조로 말을 이었다. "뒤낭 씨와 합의 하에 저희는 이런 방법을 생각해 보았습니다. 우리의 안건을 진전시킬 수 있는 방안은 우리가 자체적으로 제네바 국제회의를 소집하는 방법뿐이라고 생각합니다.[E1]

저자 주석 E1: 피틀루(편저), 〈국제적십자위원회의 회의 의사록 모음집〉, 1863~1914. 이 중 1863년 8월 25일의 의사록 참고. 본 저서에 나오는 국제적십자위원회의 의사록 내용은 모두 이 모음집에서 인용하였다.

무아니에 본인이 제네바 공익협회의 회장임을 상기하면 이 제안은 한층 더 놀라운 일이다. 이러한 차원의 계획은 공익협회가 해당 임시위원회에 위임한 업무 영역을 명백히 벗어나기 때문이다. 2월 9일 제네바 공익협회 총회 자리에서 임시위원회 구성에 대한 찬성 의사를 이끌어 낼 당시 이는 명시된 조건이었다. 총회가 임시위원회 구성에는 찬성하지만, 해당 위원회는 베를린에서 열릴 국제 자선회의를 대상으로 의견서 준비 업무를 맡는 제한적이고 임시적인 조직이었다. 그러나 그날 이후로 상황이 바뀌었다. 베를린 국제회의는 취소되었고, 임시로 구성된 위원회는 항구적이고 국제적인 위원회로서 그 입지를 재정립하였다. 뒤낭이 준비 중인 의견서는 협회에서 아직 채택되지도 않은 상태였다. 마지막으로, 국제회의 소집은 2월 9일 총회가 5인 위원회에 부여한 임무를 심하게 벗어나는 월권행위나 다름없었다!

그럼에도 불구하고 5인 위원회 소속 그 누구도 잠시 멈춰 서서 그러한 기본 절차상의 문제들을 고민해 보지 않았다. 무아니에와 뒤낭이 국제회의를 열고 싶어한다고? 아니, 이 얼마나 좋은 생각인가! 세 명의 다른 위원들은 열성적으로 지지 의사를 표했다. 어중간하지도 않은 아주 확고한 지지였다. 6개월도 채 되지 않아, 그리고 불과 세 번의 회합 끝에 이들은 자신들의 계획에 실효성이 있다는 것을 굳게 믿게 되었다. 그렇기에 저 먼 곳 베를린에서 예정되었던 회의가 취소되었다고 해서 자신들의 계획 자체를 포기해 버리자는 결론을 내릴 수 없었다. 수많은 지지와 찬동의 메시지가 제네바로 몰려왔다. 네덜란드의 왕과 왕비로부터 헤센 대공국의 알렉산더 왕자, 바덴 대공 등 최고위층 귀족들만 꼽아도 수많은 이가 지지를 표명해 주었다! 만약 베를린이 그들에게 국제적인 무대를 마련해 주지 않는다면, 뭐, 어떤 수를 써서라도 우리가 직접 무대를 만드는 수밖에!

이 다섯 명의 위원들은 그 계획의 대담함에 현기증이 날 지경이었으리라. 이들이 누구라고 감히 본인들이 제시하는 전쟁 방식을 논의하자며 세상의 지도자들을 초청한다고 나서는 것인가? 상당히 태연자약하게 이런 일을 벌일 수 있었던 건 뒤푸르 장군의 명성 덕분임에 틀림없다. 장군이 국제회의를 주재하자고 동의했다면, 그가 정말 그랬다면 그 회의는 열릴 수 있다. 그러니 회의를 소집하고, 준비만 하면 되는 일이다.

회의를 제네바에서 직접 개최한다는 원칙에 대한 합의가 이루어지자마자 앙리 뒤낭은 가지고 있던 종이 더미를 뒤졌다. 그러고는 자리에서 일어나서 손글씨가 적힌 커다란 종이 한 장을 앞에 내려놓았다. 마치 의사일정이나 규정과 같이 무언가가 단락별로 번호가 매겨져 있었다. 그의 옆자리에 앉아 있던 무아니에는 눈을 아래로 깔고 흥미롭다는 듯 그 종이 쪽으로 시선을 돌렸다. 내려놓은 문서 양쪽으로 탁상에 두 손을 짚고 일어난 뒤낭은 나머지 위원들에게 이야기를 꺼냈다. "제 생각을 이론에서 실제로 옮길 수 있도록 사람들을 모으는 일이니만큼 추상적인 아이디어보다는 구체적인 제안 사항들을 논의하는 자리가 되는 것이 좋겠다고 생각합니다. 그러한 목적으로 저는 회의 참석자들이 토의의 기반으로 삼을 수 있도록 협약의 초안을 작성해 보았습니다."

자기가 말하는 바를 제대로 꿰고 있어야만 가능한 자신감을 내비치며 뒤낭은 네 명의 위원들을 앞에 두고 자신이 작성해 온 초안을 읽어 나갔다. 그가 발표하는 내용에는 분명 『솔페리노의 회상』의 결론에 기록했던 몇 가지 내용이 포함되어 있었다. 몇 번 시선 교환이 있었지만 아무도 뒤낭의 말을 끊지 않았다. 귀스타브 무아니에는 노트의 한쪽 끝을 시커멓게 칠하고 있었고, 뒤푸르 장군은 가끔씩 뭔가를 끄적일 따름이었다.

낭독이 끝나고 뒤낭은 다시 자리에 앉았다. 만약 간사가 발언을 함으로써 다른 네 명의 위원들을 놀라게 했는지는 몰라도, 협약 초안이라는 문서의 내용 자체가 참석자들의 열렬한 찬성을 이끌어내지 못한 게 명백했다. 뒤낭은 타고난 법률가는 아니었다. 각 항목별로 그의 문장을 세심히 손볼 필요가 있었다. 또 그의 계획이 지나치게 야심 찬 내용이라 다른 위원들이 지레 겁을 먹었는지도 모른다는 추측도 가능하다. 카스틸리오네의 자선가 뒤낭이 자신의 저서 『솔페리노의 회상』의 주요 결론을 실행에 옮기고 싶어하는 입장이라면 — 단순히 부상병뿐 아니라 포로로 잡힌 군인들에 대한 문제, 민간인들의 역할, 그리고 위생 보건 물자 등등 — 나머지 네 명의 위원들의 생각에는 각 국가별 부상병구호위원회 설치만으로도 충분하였다.

논의가 꼬리에 꼬리를 물자, 위원들은 조심스럽게 단지 간사 뒤낭에게만이 아니라,

'무아니에 씨와 뒤낭 씨' 두 사람에게 뒤낭이 방금 읽어 내린 문서에 더해 제네바에서 열기로 한 국제회의 소집장을 정서(淨書)하는 임무를 맡겼다. 이 두 사람에게는 10월 말경으로 잠정 합의한 회의 날짜를 최종 결정하고, 협약 초안을 공들여 손본 후 첨부해서 가능한 한 널리 초청장을 발송하는 책무가 주어졌다는 뜻이다.

이날 밤 두 번째로 제네바가 승리를 거둔 셈이다. 이번에는 파리를 상대로가 아니라 베를린을 상대로 한 승리였다.

8월의 마지막 주에 뒤낭과 무아니에는 가만있을 시간이 전혀 없었다. 최종 정서를 마친 후 회의 소집장과 협약 초안 문서를 인쇄하였다. 9월 1일자 회람에서는 '전쟁 중인 군대의 미흡한 보건위생에 대해 대응 방안을 고민하는 국제회의'라는 제목으로 회의 소집 소식을 알렸다. 한편으로는 『솔페리노의 회상』에 앙리 뒤낭이 기록해 둔 희망 사항을 분명히 언급하고, 또 한편으로는 제네바 공익협회가 이를 실현시키고자 솔선수범하여 나섰다는 사실도 명시하였다. 이번 회람에는 '부상병 구호를 위한 제네바위원회'를 이루는 5인의 위원, 즉 '회장 뒤푸르 장군, 제네바 공익협회 회장 귀스타브 무아니에, 의사 모누아르와 의사 아피아, 그리고 간사 뒤낭'의 서명이 모두 실렸다.

교정쇄가 나오기를 기다리는 동안 뒤낭과 무아니에는 누구를 초청해야 할지 고민하며 목록을 작성하기 시작했다. 그들의 초청장은 물론 '자선사업에 마음이 있는' 누구든지 보낼 수 있지만 훨씬 더 긴급하고 중요한 것은 자신들이 개최하는 회의에 정부 대표자들이 참석하게끔 하는 일이었다. '각국 정부의 동의는 이 일이 성공하는 데 필수불가결한 요소'였기 때문이다.

'제네바' 위원회'라는 조직에 대해 한 번도 들어본 적이 없더라도 뒤푸르 장군의 서명과 『솔페리노의 회상』의 저자의 서명이 함께 들어있는 초청장을 그냥 쉽게 무시해 버리는 사람은 없으리라. 9월 1일, 초청장 봉투까지 포함해서 준비가 모두 완료되었다. 뒤낭이 손수 정성스레 봉투에다 수상, 장관, 참모부 등의 고위층의 이름과 주소를 적었다. 초청장 발송 업무 역시 자비로 뒤낭이 직접 책임지기로 하였다.

베를린 회의

초청장 발송을 마치자마자 뒤낭은 베를린행 기차에 올랐다. 제네바로 국제회의를 소집했다고 해서 바스팅이 기다리고 있는 베를린 국제 통계회의를 포기한 것은 아니었기 때문이다. 이 두 사람은 자신들의 계획을 가장 효과적으로 선보이기 위해 바스팅의 발표 전에 만나 함께 준비하기로 약속해 두었다.

바스팅 내외가 카를 광장에 위치한 조금 낡은 퇴퍼 호텔에 묵고 있었기에 편의상 뒤낭도 같은 곳으로 숙소를 잡았다. 회의 개회는 9월 6일이지만 바스팅의 발표는 민간인과 군인들에 대한 논의를 다루는 분과가 열리는 8일에야 있을 예정이었다.

바스팅의 발표가 있기 전날 퇴퍼 호텔 1층 푸른색 카페트가 깔린 휴게실 공간에서, 며칠 전에서야 처음 만난 이 두 사람은 낮은 목소리로 마치 오랜 전우처럼 작전을 짰다. 유럽 모든 군대를 대표하는 군의관 동료들이 자리한 가운데 바스팅이 『솔페리노의 회상』의 저자의 이름으로 발표하게 될 내용을 두 사람이 함께 최종으로 손보는 자리였다. 제네바의 동료들과는 다르게 뒤낭의 새 네덜란드인 친구는 '합의되고 신성한 국제적인 원칙'이라는 뒤낭의 아이디어가 『솔페리노의 회상』에서 뽑아내야 할 가장 핵심 사항임을 분명히 파악하고 있었다. 바스팅은 바로 그러한 부분을 국제 통계회의 제4분과에서 주장할 예정이었다. 그 분과 논의에 참석할 사람들은 민간인 의사들과 군의관들로, 그들이야말로 이 같은 제안이 가져올 수 있는 보건 위생상의 엄청난 혜택을 가늠할 수 있다고 보았기 때문이다.

9월 8일 아침, 뒤낭과 바스팅을 회의 장소인 헤렌하우스로 데려다 줄 삯마차 한 대를 호텔 종업원이 불러 세웠다. 회의장에 가려면 슈프레 강을 건너야 했다. 다리에 도착한 순간 휭하고 바람이 불었고, 바스팅과 뒤낭이 경솔하게도 빈 좌석에 놓아둔 발표문 원고가 마차의 열린 창문을 통해 회오리바람을 일으키며 날아갔다! 두 승객은 마차에서 뛰어 내렸고 종이가 강물에 빠지기 전에 잡아채려고 뒤쫓아 뛰기 시작했다. 이 광경을 바라보던 걸인 한 명도 이 문서의 구조 작업에 동참했다. 뒤낭과 바스팅이 그토록 정성들여 준비한 발표문 몇 장을 극적으로 잡아내 준 사람은 바로 그 걸인이었다. 그의 도움이 없었더라면 두 사람이 베를린까지 온 그 목적 자체가 문자 그대로 슈프레 강의 '물거품'이 되어버렸을 것이다.

바스팅의 발표에 사람들은 어떤 반응을 보였는가? 제4분과 회의록에는 그의 제안에 대한 토의 내용이 전혀 기록되어 있지 않다. 다만 '스위스, 제네바의 대표' 앙리 뒤낭이라는 사람이 발언했다는 기록만이 남아있다. 회의에 정식 등록된 참가자였던 뒤낭은 사실 그다지 성실하게 회의에 참석하지는 않은 듯하다. 그의 이름은 제4분과에 포함된 여섯 세션 중 그 어디에도 출석자 명단에 올라있지 않다. 다만 국제회의의 마지막 날인 9월 12일 토요일이 되어서야, 총회를 개회하면서 엥겔 의장이 여러 가지 소식을 낭독하는 중 '솔페리노의 회상의 저자'인 앙리 뒤낭이 전해온 메시지를 포함시켰을 따름이다. 그의 메시지는 10월에 제네바에서 열릴 국제회의에 대해 국제 통계회의가 '공식적으로 관심과 호의를 표명'해 주기를 부탁하는 내용이었다. 낭독을 마친 후 엥겔은 신중하게도 이와 관련해서는 제4분과가 잘 다뤄 줄 것이라 말하고는 바로 다음 식순으로 넘어갔다.

하지만 바스팅은 이 문제를 그냥 넘길 수 없었다. 한 시간 후, 발언권을 얻게 된 바스팅이 재차 포문을 열었다.

"친애하는 총회 참석자 여러분! (중략) 제4분과의 발표자 자격 이외에도, 저는 다음의 주제와 개인적으로 훨씬 깊은 관계가 있습니다. 그 주제의 파생 명제들을 여러분께 전하고자 합니다. 저는 『솔페리노의 회상』이라는 뒤낭 씨의 감동적인 책을 네덜란드어로 번역했습니다. 뒤낭 씨가 그 책을 쓴 목적을 우리나라 독자들에게 알리고 싶었기 때문입니다. 뒤낭 씨의 그 목적인즉슨, 일반 대중이 나서서 전쟁시 부상병들을 돕기 위한 국제 구호 단체를 구성하자는 것입니다. 우리나라에, 또 유럽 거의 전역에 그러한 구호 단체들이 필요하다는 원칙적인 면에 대해서는 모두 만장일치로 동의합니다. 여러 군주들과 민족들이, 신문과 문집에서, 또 모든 이들이 열렬히 박수를 보냈지요. 허나 똑같은 질문이 여전히 들려옵니다. 대체 그런 난제를 어떻게 조직해야 하는가 하는 문제입니다. 바로 이 '어떻게' 해야 하는가를 논의하기 위해서 제네바위원회가 올 10월에 해당 사항을 논의할 국제회의를 제네바에서 개최합니다. 제네바위원회의 이름으로, 또 명예로운 제 친구 앙리 뒤낭 씨의 이름으로, 저는 지금 이 자리에 모인 총회 회원 여러분들 모두가 그 회의에 참석하시어 현명한 견해를 나눠 주시기를 부탁드리는 바입니다."[E2]

저자 주석 E2: 베를린 회의에 대해서는 다음의 자료들을 참고하였다. 엥겔, 『경위보고서』, 2권, 490쪽. (그리고 이 책의 프랑스어 번역본 『베를린 국제통계회의』도 참조)

참석자 몇 명이 바스팅에게 브라보를 외치기는 했지만, 엥겔 의장은 여전히 아침의 태도 이상으로 열성을 보일 생각이 없었다. 엥겔은 바스팅의 고양된 발언을 매듭지으며 "제 생각으로는, 우리 총회는 뒤낭 씨가 시도하고자 하는 바에 대해 이야기를 듣는 것으로, 그리고 제네바에서 개최 예정인 회의가 전쟁으로 인한 인명 및 보건 분야의 피해를 줄이는 데 기여하기를 기원해 주는 것으로 만족해야 한다고 생각합니다."며 총회 차원의 약조 가능성을 완전히 차단했다.

미적지근하기는 해도 이렇게 예를 갖추어 성공을 기원하는 발언 정도면 뒤낭과 바스팅에게는 충분하였을 것이다. 이 두 사람은 바스팅의 발언에 대해 총회 대표단이 어떻게 반응할지를 모를 때부터 이미 며칠 동안이나 이번 베를린 통계회의를 자신들이 추구하는 '과업'에 유리하게 활용하는 최선책이 무엇일까를 고민해 왔다. 이제 이들은 난감한 상황에 처했다.

회의장 밖에서 끈기 있게 손님을 기다리던 마차들 중 하나에 올라타면서 바스팅이 뒤낭에게 말을 건넸다. "엥겔 의장의 찬성 발언은 역시나 아주 조심스러웠네요."

뒤낭은 잠시 가만히 있다가 메모를 적어둔 냅킨 몇 장을 꺼냈다. 거기에는 "총회는, 회장의 인도에 따라, 저에게 분명히 감사의 인사를 전했으며, 우리의 회의가 아주 성공적으로 개최되기를 기원했습니다. 저는 이를 매우 훌륭한 결과라고 봅니다. 이러한 반응을 대중에게 널리 알려야만 한다고 생각합니다!"라고 적혀 있었다.

마차가 슈프레 강을 건너는 다리 위를 전속력으로 달리자, 두 승객은 자신들의 문서가 다시 강물로 날아가버리지 않을까 걱정하면서도 통계회의에서 좋은 반응을 얻어냈노라는 공식 성명을 함께 작성하기로 하였다. 호텔에 도착한 두 사람은 각자 공책에 끄적여 둔 내용을 바탕으로 몇 문장씩 만들어내기 시작했다. 이 공식 성명서 작성 작업은 상당히 고된 일이었다. 그 이유는 추후 의사록을 보면 뻔히 드러날 가혹한 현실과 지나치게 다르지는 않으면서도 자신들의 의도에 맞게끔 성공적인 계제였다는 말을 만들어야 했기 때문이다. 그렇게 해서 완성된 문장은 다음과 같았다.

프로이센 내무장관 오일렌부르크 백작께서 9월 12일 토요일 베를린 통계회의 폐막을 엄숙히 선언하였다. 이번 회의는 전쟁시 부상병 구호를 위한 단체 설립이라는 주제에 대한 토의 자리를 마련해 주었고, 폐막 총회에서 그러한 계획에 대해 전적으로 호의적인 결의문을 채택하였다.

그러한 제안을 한 저자 앙리 뒤낭에 대한 언급에 이어 군의관 바스팅이 통계회의 총회에서 발언하기 전에도 분과 회의에서 뒤낭의 제안을 논하기 위한 발표를 하였다는 점, '군의관들이 참여'한 그 문제의 제4분과에 대한 설명이 이어졌다. 이 두 명의 회의 참석자는 공식 성명서를 마무리하는 문장으로 감탄을 자아낼 정도로 잘 뭉뚱그린 다음, 거침없는 문장을 선택했다. "제4분과 회의의 결론은 열렬한 찬성 의사 표시를 얻으면서 만장일치로 채택되었다." 대체 무슨 결론을 말하는 것인가? 바로 그 부분에 대해 뒤낭과 바스팅은 분명한 언급을 하지 않기로 합의했다. 왜냐하면 사실 제4분과 논의의 결론에는 부상병이든 구호위원회 설립이든 제네바 국제회의든 이것들과 관련있는 언급이 전혀 없었기 때문이다. 하지만 그런 이야기를 굳이 성명서에 명시할 필요는 없지 않겠는가.

대공 순회 방문

국제회의가 진행되는 동안의 부대 행사들은 훈장을 잔뜩 달은 군인들이 독일어로 장황하게 늘어놓는 얘기를 듣는 것보다 뒤낭에게 훨씬 신나는 일이었다. 베를린으로 떠나기 전, 무아니에는 자신이 제네바 대표를 맡고 있는 국제자선 활동 조직의 독일어권 인맥 몇 명을 대상으로 추천서를 작성하여 뒤낭에게 건넸다. 하지만 이제 『솔페리노의 회상』의 저자는 자선 단체들과는 완전히 다른 계열의 인맥을 노리고 있었다. 그의 책이 출판된 후 저자에게 서신을 보내온 사람들이 주로 군주와 제후이다 보니, 뒤낭은 일말의 망설임 없이 바로 그들에게 접근할 생각이었다. 인도주의 차원에서 보여준 대범함 외에도 뒤낭과 나머지 네 명의 제네바위원회 위원들 사이의 간극은 뒤푸르 장군을 제외하고는 각자가 누리던 명성의 성격에서 기인하였다. 무아니에, 아피아, 모누아르도 각자 전문 활동 분야에서는 이름이 알려져 있는 사람들이었다. 무아니에의 경우에는 자선 활동, 아피아와 모누아르는 의학세를 의미한다. 그러나 앙리 뒤낭은 이미 지난 1년간 유럽의 정계와 외교가, 언론, 그리고 상류 사회 최고위층으로부터 관심을 한몸에 받는 진정한 유명인의 지위에 올라 있었다. 기독교청년회 활동 시절에 막스 페로가 그토록 탓했던 뒤낭의 단점, 즉 겸양의 미덕이 결여된 성향 때문에, 뒤낭은 그러한 유명세의 열매를 거둬들이는 데 단 하루도 지체하지 않고 자신이 하는 일에 활용하려 들었다. 눈앞에 문이 살짝 열리는가 싶으면, 그는 밀어젖히며 들어섰다. 누군가 한 명이 그에게 손을 내민다면, 그건 단순한 인사치레가 아니라 찬동이요, 찬성의 의사이자 지지의 표시였다. 그의 활동 방식이 바로 그러했다. 베를린에서 국제 통계회의가 열린 후 3주 동안 유럽 전역을 돌면서 놀라울 정도로 풍성한 성과를 올릴 수 있었던 이유는 바로 그의 이러한 태도 덕분이었다.

9월 13일, 통계회의가 공식 폐회된 다음 날, 회의 참석자들은 프로이센 왕국 왕세자의 초청을 받아 포츠담을 방문하였다. 추후 통일 독일의 황제 프리드리히 3세가 될 인물이었다. 프리드리히 왕세자는 뒤낭을 소개받아 몇 마디 대화를 나누고 싶다는 입장을 전해왔다. 이 두 사람은 나이가 비슷했고, 왕자는 모후로부터 자유주의적인 생각을 물려받은 인물이었다. 그가 뒤낭에게 건넨 첫 몇 마디 덕에 두 사람의 대화는 공식 만찬의 엄숙함에서 벗어날 수 있었다.

프리드리히는 "저는 군인으로서 또 제후로서 귀하가 하시는 일에 매우 강렬하게 공감합니다."라고 앙리 뒤낭에게 말했다. 뒤낭은 자신에게 시선을 고정한 프리드리히의 밝고 푸른 눈이 내비치는 차가운 투명함을 감히 똑바로 마주할 엄두도 내지 못한 채 감사의 표시로 고개를 끄덕였다. 왕세자가 말을 이어갔다. "아시다시피 제 어머니께서는 저처럼 열성적으로 귀하의 의견을 지지하십니다. 다음달에 제네바에서 열릴 회의에 프로이센 대표 참석 여부에 대해서는 염려하지 않으셔도 좋습니다."

포츠담으로부터 돌아오는 길에 편안한 사륜마차 안에서 바스팅을 마주보고 앉은 뒤낭은 그날 황태자와 나눈 영광스런 대화 때문에 여전히 감격에 빠져 있었다. 외모에 대해서라면 여성들의 의견을 더 신뢰했던 뒤낭은 바스팅 부인에게 익살을 부리듯 "황태자께서 저한테 말씀하셨을 때 제 꼴이 괜찮았습니까?"라고 물었다.

바스팅 부인은 그를 향해 의문스런 표정을 지었다. 말발굽과 바퀴 소리가 너무 커서 그렇다는 것을 깨닫고 뒤낭은 질문을 반복했다. 바스팅 부인은 그제서야 미소를 지었다. 마치 포츠담으로 돌아가려는 듯 역방향으로 휘날리는 모자 끈을 턱 아래로 다시 잡아 묶으며 부인은 이렇게 대답했다.

"친애하는 뒤낭 씨, 오직 하나님의 영광을 위해 일하고자 하는 사람치고는 인간 세상의 영예에 꽤나 집착하시는 거 같네요…"[E3]

저자 주석 E3: 루에더, 『제네바 협약』, 1876년, 62쪽. 바스팅의 발언은 엥겔의 독일어판 책 500쪽에 프랑스어로 인용되어 있으며, 여기서는 조금 간략하게 줄여서 실었다. 바스팅 부인은 이 일화를 각각 1895년 10월 24일과 12월 9일 날짜의 서신에서 언급하였다.

바스팅 부인은 더 이상 덧붙이지 않았다. 그녀는 뒤낭의 얼굴이 불그레하다고 생각했다. 뒤낭은 이미 길을 향해 얼굴을 돌린 후인지라 바스팅 부인은 의아해하며 남편을 바라보며 눈썹을 살짝 치켜올렸다. 그녀는 자기 남편이 존경해 마지않는, 건드려서는 안 될 친구 뒤낭을 감히 놀려서 남편을 난처하게 한 건 아닌지 신경이 쓰였다.

베를린에 돌아오자마자, 바스팅은 전날 밤에 작성한 공식 성명서를 주르날데데바로 서둘러 전송한 반면, 뒤낭은 자신이 제일 좋아하는 임무 중 하나에 매달렸다. 바로 귀스타브 무아니에를 비롯한 제네바의 동료들에게 서신을 띄우는 일이었다. 이야깃거리가 넘쳐나는 게 사실이었다. 통계회의 총회의 결론, 제4분과에 참여한 의사들이 '실행 가능'하다며 자신들의 계획에 보여준 '열의', 총회에 참석한 500여 명의 사람들에게 제네바회의 초청장을 배포한 일, 포츠담에서 만난 프로이센 왕가가 보여준 호의 등등의 이야기를 풀어냈다. 또한 뒤낭은 그 서신에 전날 바스팅과 함께 작성한 노트, 즉 공식 성명서를 첨부하는 걸 잊지 않았다. 그러면서 무아니에에게 '그 어떤 다른 신문에서 보도하기 전에'[E4] 주르날드주네브에 그 내용이 실릴 수 있도록 꼭 조처해 달라고 부탁하였다.

저자 주석 E4: 적십자의 창립회원 혹은 선구자들 사이에서 주고받은 서신 모두, 별도의 언급이 없는 경우 국제적십자위원회의 문서보관소ACICR에 보관된 것이다.

위의 서신, 즉 9월 13일자 서신에서 뒤낭은 또한 대공들을 만나러 다니는 자신의 여정 중 다음 단계가 무엇인지 언급했다. 다음 날 14일 만찬 자리에서 프로이센의 내무장관 오일렌부르크 백작 및 전쟁장관 폰 룬 장군과 '그 문제에 대해 논의'할 예정이라고 뒤낭은 무아니에에게 장담했다. 실제로 그 문제에 대한 협의가 9월 14일 기억에 남을 그날 저녁 만찬 자리에서 이루어졌다. 내무장관의 판단은 훌륭했다. 그는 뒤낭을 스페인 상원의원과 뮌헨에서 온 바이에른 왕국의 국무위원 사이에 앉혔다. 뒤낭의 맞은편에는 작곡가 카를 마리아 폰 베버의 아들이자 작센 왕국의 궁정 자문위원 막스 마리아 폰 베버가 자리했다. 또 가까운 자리에 러시아인 한 명과 스웨덴과 노르웨이의 고위 공무원이 각각 자리했다.

만찬이 진행되는 동안 뒤낭이 워낙 유려하게 주장을 펼친지라 통계회의 총회에 참석했던 위 여섯 명의 귀빈들은 다음달 제네바에서 열릴 회의에 정부 대표를 보내야 한다고 각자의 정부를 설득하겠노라고 약속했다. 만찬 참석자들이 자신의 이야기에 상당히 호의적이란 걸 깨달은 뒤낭은 거기서 한 발짝 더 나아갔다. 그는 이들에게 또한 유럽의 군주들 사이에 '부상병 및 부상병 구호자들의 중립성', 또는 '모든 국가의 군대에 동일하게 적용할 야전병원 깃발의 도입'을 확고히 할 협약이 필요하다고 언급한 것이다.[E5] 뒤낭의 회상에 따르면 만찬 손님들은 그 아이디어에도 매우 긍정적으로 반응했다고 한다. 그렇기에 제네바위원회 대표 자격으로 만찬에 참석했던 뒤낭은 아직은 혼자만의 길이긴 해도 자신이 옳은 길을 잘 가고 있다고 한층 담대하게 믿으며 만찬장을 나설 수 있었다.

저자 주석 E5: 『회고록』 81쪽.

프로이센 군주의 요청

9월 15일 오전 중에 프로이센 전쟁장관 폰 룬 장군은 퇴퍼 호텔로 부관을 보내어 제네바위원회의 대표자 뒤낭에게 특별한 요청을 했다. 이 부관의 말에 따르면, 빌헬름 1세 폐하께서 제네바 회의에 파견할 국왕의 특사에게 어떤 권한이나 지시 사항을 내려야 할지에 대해 '좀 더 자세한 설명'을 원하신다는 것이었다. 한마디로 공식 초청장에 적힌 정보만으로는 빌헬름 1세에게 충분치 않다는 이야기였다. 그는 추가 설명을 요청한 것이다.

더 물을 것도 없이 뒤낭은 즉각 '제네바위원회가 원하는 사항들을 제대로 요약했다고 확신하는' 몇몇 제안 사항을 적어내리기 시작했다. 그날 밤 귀스타브 무아니에에게도 이에 대해 서신을 띄우긴 했지만, 사실 이는 제네바위원회에 대한 완전한 월권행위였다. 제네바 동료들의 의견을 묻지도 않고 즉각 뒤낭이 일을 진행시킨 것을 배신이라고까지 하기는 어려울 수 있다. 그들과 뒤낭은 더 이상 같은 경주에 나와 있는 선수들이 아니었다. 뒤낭은 이미 프로이센 궁정에서 융숭한 대접을 받았고, 오일렌부르크 백작 댁에서 있었던 전날 밤 만찬에서의 대화가 — 구호의 중립성이라는 아이디어가 과연 받아들여질 수 있을지를 시험해 본 자리였다 — 그의 머릿속에 여전히 맴돌고 있었다. 반면에 뒤낭의 제네바 동료들은, 불가피한 일이긴 하지만, 초창기에 품었던 그리고 집단 합의 체제를 통해 결정된 희망 사항에 여전히 머물러 있는 상태였다. 하지만 무엇보다 뒤낭은 프로이센 군주의 요청을 자신이 열흘 전부터 추구했던 목적을 달성하는 데 있어 기대치도 않았던 유일한 기회라고 보았기 때문에 이를 놓칠 수는 없었다.

베를린에서 통계회의가 진행되는 동안 뒤낭과 바스팅은 각자 자신의 영역에서 전쟁 현장에서의 중립성 원칙을 — 단순히 자원자들의 위원회를 설립하는 차원을 넘어서 — 옹호하기 위해 애썼다. 여기서 '중립성'이란 간호 인력과 물자가 전장의 군대들과는 구분되어야만 한다는 의미였다. 의사, 외과의, 간호사든 혹은 들것 운반 담당자든 이들이 현장에서 하는 역할은 일종의 특별 지위로 간주되어야 하며, 이쪽 군대든 저쪽 군대든 상관없이 부상병들을 구호할 수 있도록 해야 한다는 뜻이다. 다시 말하자면 이들은 사실상 현장의 전투 병력들로부터 열외로 취급되어야 한다는 뜻이었다. 이 개념이 바로 그 유명한 구호 인력의 '중립화'다. 이는 뒤낭과 바스팅이 이제 벌써 일주일 내내 끊임없이 사람들에게 설명하고자 했던 주제이자, 통계회의 총회를 통해서 논의가 표면화되기를 기대했던 부분이기도 하다.

헛된 일이었다. 총회는 의사록에 이 부분에 대해 일말의 언급도 없이 종료되었다. 오일렌부르크 백작의 폐막 연설에도 전혀 언급되지 않았다.[E6] 그 누구보다도 이 같은 구호의 중립화라는 개념이 얼마나 중대한 진보를 내포하는지를 가장 잘 이해할 것이라 기대했던 의사와 군의관들조차, 중립성을 찬성하는 목소리를 분명히 내주지 않았다.

저자 주석 E6: 엥겔, 『베를린 통계회의』, 프랑스어판 8쪽, 독일어판 549~584쪽.

베를린 통계회의에서 발표한 자신들의 제안이 성공적이었노라고 상당히 과장되게 선언하면서도, 뒤낭과 바스팅 두 사람은 공식 성명서 글에 구호 중립화 원칙이 채택되었다고는 감히 기록하지 않았다. 그런데 이제 어쩌면 좋은가? 프로이센 군주의 요청에 편승해서 통계회의 총회 관련 공식 성명 문서를 마무리 해야하지 않겠는가? 이렇게 뒤낭은 공식 성명서에도 구호 중립화라는 이 필수 불가결하고 근본적이며 또 결정적인 개념을 추가하겠노라 결심하게 되었다.

베를린 회람

뒤낭은 더 이상 가만있지를 못했다. 자신이 제안하고자 하는 바를 기록한 후에 바스팅을 찾아가 빌헬름 1세를 위해 적은 그 내용을 보여주었다.

두 사람은 다시 한 번 호텔 1층의 푸른 빛 응접실에 자리를 잡고 앉았다. 바스팅은 아마 뒤낭과 같은 박자로 궁광대는 심상을 안고서 뒤낭이 내민 메모를 읽어내렸을 것이다.

제1안, 제네바에 창립될 구호 단체들을 지지해 줄 것을 정부들에 요청한다. 제2안, 이제 '군의료 인원 및 거기 속한 부대 인력, 특히 정식으로 인정된 자원 구호자들을 포함한 인원을 전쟁 당사국들이 중립적인 존재로 여길 것으로 정부들에게 기대한다. 제3안, 정부들은 이러한 단체들의 전시 활동이 용이하게 해주겠다는 약속을 한다.

바스팅은 뒤낭에게 메모를 돌려주면서 "완벽해요, 완벽해."라고 말했다. "프로이센 군주는 이미 그 모든 내용에 찬성하고 계신 분이니, 뒤낭 씨가 서면으로 제안을 올리는 게 맞는 일입니다. 폰 룬과 오일렌부르크 장관도 받아볼 수 있게 사본을 여러

장 보내드리도록 하세요. 그분들도 비슷하게 어제 저녁에 굉장히 호의적이셨지요. 그들의 긍정적인 의향을 최대한 활용해야 합니다."

"맞습니다. 그런 것 같았죠. 하지만⋯ 솔직히 말씀드리자면⋯ 제가 생각하기로 는⋯" 바스팅은 놀란 눈빛으로 뒤낭을 쳐다보았다. 보통 그토록 자신감이 넘치는 뒤낭이 주눅들어 말을 잇지 못하고 있었기 때문이다. "사실은, 지금 적어본 이 제안 사항을 통계회의 보고 내용에 덧붙여서 유럽의 여러 정부로 발송하면 어떨까, 하는 생각을 해봤습니다. 어떻게 생각하시는지요?"

"서명은 누구 이름으로⋯?"

"물론 제네바위원회 이름으로 할 겁니다. 그런 서신은 단지 제네바 회의 참석을 요 청했던 우리 위원회의 초청장에 추가하는 필수 보충 자료에 불과합니다. 아니, 더 정확히 말하자면 10월 회의 현장에서 제시될 협약 초안에다 더하는 추기追記라고 봐 야겠지요."

"그러면 제네바 회의 의제에 중립성을 추가하게 되는 겁니까? 아주 좋습니다!" 뒤 낭에게 군인다운 힘찬 악수를 청하며 바스팅이 감탄했다.

이렇게 되어 뒤낭은 궁정 인쇄소 폰데커로 달려갔다. 적십자 역사에 '베를린 회람'[E7] 이라는 이름으로 길이 남게 된 그 편지를 600장이나 인쇄한 날이 그날 오후, 9월 15일이었던 게 분명하다.

> 저자 주석 E7: 20년이 지난 후 뒤낭은 『회고록』에 이 문제의 '베를린 회람'을 9월 12일 토요일, 즉 총회가 끝나기도 전에 인쇄소로 가져갔다고 회상했다. 뒤낭은 아 마도 연이은 그리고 별도의 두 행보를 하나의 일화로 축약했을 가능성이 있다. 『회 고록』의 이야기와는 달리, 9월 13일 일요일에 뒤낭과 바스팅은 아직 아무것도 인 쇄하지 않은 상태였다. 이들은 다만 총회의 결론에 대해 자기도취에 빠진 듯한 성 명서를 함께 작성해 두었을 따름이다. 이는 또한 언론 배포용으로만 작성되었던 글이다. 다만 이후에, 프로이센 군주의 요청에 대응하기 위해, 뒤낭이 중립성이라 는 개념이 명백하게 드러나게끔 자신의 제안 사항을 작성했던 것이다. 결국 베를 린 회람은 베를린 회의에서의 '성과'를 핑계삼아 (이 '성과'는 물론 위의 언론 배포 용 성명서에서 크게 과장되어 있다) 제네바 회의의 논의 사항에 구호팀의 중립화 라는 문제를 프로이센 왕의 요청에 대한 응답으로 작성한 그대로 추가함으로써 위 에서 언급한 두 가지 글을 합친 문서다.

'1863년 10월 26일 국제회의, 전쟁시 부상병들을 위한 국제적이고 항구적인 구호 협회들'이라는 표제로 시작하는 이 '베를린 회람'은 그러한 구호 협회들을 설립하는 문제에 대해 베를린 통계회의 총회의 반응이 아주 호의적이었다는 내용, 즉 뒤낭과 바스팅이 며칠 전에 작성해둔 요약문을 고스란히 담는 것으로 시작한다. 이어지는 내용은 '제시된 계획에 통계 총회의 호의적인 반응에 힘입어 제네바위원회는 협약 초안 이외에도 다음의 내용을 추가로 제시한다'면서 뒤낭이 프로이센 군주를 위해 작성하기는 했으나, 결국 모든 정부에게 발송하기로 전격 결정한 위의 세 가지 제안 사항을 포함하였다. 이뿐 아니라 베를린 회람의 결론 부분에는 다음과 같은 내용이 명백하게 적시되어 있다.

"그러므로 제네바위원회는 유럽 각국 정부가 이 회의에 파견하는 대표자들에게 이같이 다양한 영역에 대한 지시를 분명히 해주기를 기대한다." 이 서신의 서명은 제네바위원회 간사 J-앙리 뒤낭 이름으로 되어 있다.

분명한 건 이 서신을 작성한 뒤낭이 상황을 모르는 바가 아니라는 사실이다. 그는 이렇게 혼자서 일을 벌이면 위원회 동료들로부터 엄청난 반감을 사리라는 것을 잘 알고 있었다. 하지만 기회는 왔을 때 잡아야 하는 것 아니겠는가! 뒤낭은 그날 저녁에 바로 무아니에에게 자신이 주도해서 벌인 이 일을 알려주는 내용의 편지를 썼다. 무아니에는 이미 엎질러진 물 소식을 듣는 셈이었다. 뒤낭은 무아니에에게 베를린 회람의 내용을 첨부하면서, 베를린 회람은 단지 프로이센 왕의 요구 때문에 필요했던 게 아니라, 여기저기로부터 들려온 요청이 있었기에 작성한 것이라고 자신의 행보를 정당화하였다. "사람들은 우리의 협약 초안이 아주 훌륭하다고 생각하기는 합니다만, 유럽 정부들은 회의에 파견할 정부 대표자들에게 내릴 지시 사항과 관련해서 조금 더 상세한 무언가를 필요하다는 소리가 들려왔던 것입니다."

이제 뒤낭은 '우리 동료들이 이렇게 좋은 소식을 듣고 힘을 얻을 것'이라 기대하며 제네바로도 편지를 보냈다. 제네바위원회 전원의 합의 없이 자신이 혼자 저지른 엉뚱한 짓임에도, 일주일도 안되는 시간 동안 유럽 주요 국가들의 참석 의사를 성공적으로 이끌어 내었다는 이유로, 뒤낭은 동료들이 이를 용서해 주리라고 믿었다.

이틀 뒤에 뒤낭은 다시 펜을 들었다. 그가 이날 편지에 쓴 내용은 무아니에에게 프로이센과 관련해서 최후의 불의의 일격이 되었다. 새로운 제안 사항들을 발송한 후에 뒤낭 자신이 프로이센군 최고 군의관 뢰플러 박사와 동반한 전쟁장관 폰 룬 백작을 만났다고 전했다. 불과 며칠 전만 해도 뒤낭을 별종이라고 생각해 그의 '자선 활동 아이디어'를 불신하던 폰 룬이 아니던가. 그 폰 룬 장관이 이제는 전쟁시 구호의 중립성에 대해 열정적인 태도로 돌변하였고, 심지어 군대에 자원 봉사 구호 인력을 동반하는 데 전혀 이견을 보이지 않게 되었다! 이러한 열성에 힘입어 뒤낭은 한술 더 떴다. 뒤낭은 폰 룬 장관에게 부상병들의 중립화라는 개념도 언급하였다. 폰 룬은 그 말을 듣고는 자기가 한 걸음 더 나아가서 제네바회의가 이루고자 하는 목표 목록에 국제적으로 사용될 깃발을 만들자는 아이디어를 추가하자고 제안하였다! 뒤낭은 그날 저녁 책상 앞에 앉아 그 승리의 순간을 묘사하는 편지를 쓰는 바로 그 순간까지도 흥분이 채 가시지 않았다. "우리 계획을 베를린에 알리기를 원했던 무아니에 당신께서 그 모습을 보았더라면!" 뒤낭의 베를린 방문을 탐탁지 않아했던 무아니에는 베를린 출장이 자기 계획이었다고 하는 뒤낭의 말에 분명 깜짝 놀랐을 것이다. 자신의 성공담이 아주 자랑스러운지 뒤낭은 그 서신에 심지어 베를린 회람 인쇄본을 첨부하기까지 하였다. 무아니에는 아직 회람을 보지도 못했던 시점이었다. 뒤낭은 순진하게도 회람은 "알다시피 작은 부록일 뿐이고, 온전히 당신의 견해에 부합합니다."라고 적었다. 즉 구호 인력과 부상병 및 자원 봉사자들을 '중립'으로 인정하자는 제안에 무아니에가 동의라도 했다는 듯한 말이 된다. 이는 기만이었을까? 아니면 2주간 순회가 이어지다 보니 제네바에 남아있던 동료들과의 간극이 지나치게 벌어져버린 것일까? 혼자서 뭔가를 하려드는 행위는 제네바의 동료들을 격노하게 만들 뿐이라는 사실을 망각해버린 것일까? 이 점에 대해서는 분명히 알기가 쉽지 않다. 바스팅의 지지를 등에 업고, 또 군주들과의 만남이라는 영예로운 일로 잔뜩 들떠서 자신감이 충만했던 뒤낭은 다른 그 누구보다 열 발자국은 앞서 나갔다. 게다가 모두가 그의 뒤를 따라오고 있다고 믿고 있었다.

드레스덴 방문

베를린 회의와 연계된 모든 일 중에서도 오일렌부르크 백작 자택에서의 만찬이야말로 가장 훌륭한 결실을 맺은 사건이었다. 만찬에 함께했던 손님 중에서 작센 군주의 자문이던 폰베버 남작[2]은 그날 뒤낭에게 작센 왕을 알현할 수 있도록 주선하겠다고 약속했다. 10월 1일 드레스덴에 도착한 앙리에게 좋은 소식이 날아들었다. 남작이 약속을 지킨 것이다. 폰베버 남작은 앙리 뒤낭이 묵고 있던 호텔로 연락하기를, 그다음 날 정확히 10시 30분에 샤투이유[3]라는 재밌는 별명을 가진 작센 왕궁으로 오라고 전했다.

---

2 앞에서 작곡가 폰 베버의 아들로 소개된 인물.
3 Chatouille. 프랑스어로 '간지르기'라는 뜻이다. 작센 왕가가 휴가나 연회용으로 사용하던 화려한 로코코 양식의 츠빙거 궁전의 별명.

이로부터 30년이 지난 후, 뒤낭은 마치 그의 기억 속에 이날이 방부 처리라도 된 듯 알현의 현장을 아주 상세하게 또 심취한 듯한 어조로 회고록에 재연해 두었다. 작은 미소 하나, 작센 국왕 요한의 대답 하나하나, 그리고 왕궁에 울려퍼지던 발자국 하나하나까지도 뒤낭의 기억 속에 마치 한결같이 반짝이는 보석 같은 결정체로 남아있었다. 무엇보다도 뒤낭은 작센 국왕 전하와 함께 나눈 특별한 대화의 내용을 생생히 기록했다. 전하의 '무척이나 선한 풍모'와 잊을 수 없는 말들을 언급하며, 특히 왕의 마지막 발언을 기억하여 마치 '부적처럼' 이후에도 반복 인용하곤 했다. 작센 국왕이 자리를 뜨면서 말하기를, "이 인류를 위한 업적에 참여하지 않는 국가가 있다면, 그건 유럽 전역의 민심에 반하는 일이겠지요."라고 했다고 한다. 적어도 뒤낭의 기억에는 작센 국왕이 한 말이 그렇게 남았고, 회고록에도 국왕의 말을 그같이 기록하였다. 역사가들 또한 당사자 뒤낭이 인생 후반에 작성한 기록을 신뢰하였기에 이 문장을 계속해서 작센 국왕의 말로 인용해 왔다.

그런데, 국왕을 알현한 날 저녁, 뒤낭이 귀가 후 탁자에 자리를 잡고서 무아니에게 그날과 전날 이틀 간의 일들에 대해 요약하는 서신을 쓰면서는 작센 국왕의 그 말을 언급한 흔적이 없다. 뒤낭은 단 한마디를, 그것도 놀랄 만치 의미 없게 들리는 한마디만을 국왕이 한 말이라며 무아니에게 전달했을 따름이다.

"당신께 우리의 일이 드레스덴에서 상당한 흥미를 불러일으켰다는 것을 알리기 위해 이 서신을 띄웁니다. 이미 제네바 회의로 대표자를 보내겠노라는 언질은 받은 상황이었습니다.[E8] (중략) 작센 국왕께서 나를 만나고 싶다 하셨고, 오늘 바로 폐하를 알현했습니다. 국왕께서는 '이 문제는 내가 아주 흥미를 갖고 있는 일이기에 이미 내각과 이 문제로 이야기를 많이 나누었다'고 말씀하셨습니다."

> 저자 주석 E8: 뒤낭의 『회고록』은 다시금 이와 다른 그림을 그린다. 작센 왕이 그에게 대표자를 보내는 문제를 결정하기 위해서는 의회와 논의해야 한다고 말했다는 내용이 『회고록』에 기록되어 있기 때문이다. 그러나 이들이 만난 당일 뒤낭은 무아니에게 작센 왕의 결정은 이미 내려졌다고 서신을 보냈다.

드레스덴에서 작센 국왕을 알현한 날의 기록은 이게 전부다! 당일 저녁 무아니에게 보낸 편지의 나머지 부분은 뒤낭의 생각에 훨씬 흥미로웠던 프로이센 궁정에 대한 이야기로 채워졌다.

뒤낭은 왜 작센 국왕이 했다는 핵심 발언에 대해 함구했을까? 나중에 가서 그는 그 발언이 자신에게 '부적'과도 같았다고 고백하기까지 했다. 작센의 군주가 뭔가 힘을 실어주는 발언을 했으리라는 점에 대해서는 의심의 여지가 거의 없다. 다만 뒤낭이 추후에 기록을 남길 시점에 와서는 그날 작센 군주 요한이 한 말과 자기 자신의 문장을 착각했을 가능성이 있다. 국왕을 알현하고 이틀이 지난 10월 4일에 그는 실제로 무아니에게 다음과 같은 편지를 보냈다.

"만약 (뒤푸르) 장군을 뵙게 된다면, (나폴레옹 3세) 황제께 그저 단도직입적으로 편지를 쓰셔야 한다고 말해주시겠습니까? 이제 작센 국왕께서 내게 말씀하신 내용을 고려해 볼 때, 이러한 보편적인 자선을 추구하는 과업에 함께하지 않는 국가는 유럽 전역의 민심에 반하는 것일 테니 말입니다."

30년이 지난 후 뒤낭은 자신이 보관해 온 문서들을 뒤져서 자기만의 적십자의 역사를 재정립하였는데, 그때 사용한 자료 중에 특히 자신이 누군가에게 보낸 서신의 필사본들이 있었다. 알현 시점에서 30년이 지난 후 글을 쓰면서 1863년 10월 4일 무아니에게 보낸 자신의 편지 필사본에 적힌 대로라면 드레스덴 궁전에서의 알현에 대한 자신의 개인적인 소회에 불과했던 위의 문장을 마치 작센 국왕이 직접 한 발언으로 착각했던 것이 아니었을까? 충분히 개연성이 있는 일이다. 위의 문장이 인용문으로서는 앞뒤가 맞지 않고, 뒤낭은 글을 쓸 때 이런 식으로 문장 구조를 대충 적는 일이 거의 없기 때문이다. 반면에 필요한 대로 자신의 기억을 끼워맞추는 게 차라리 더 쉬운 일이다.

장화 신은 고양이 작전

그날 밤 뒤낭이 묵던 호텔 건물의 정면 창문 한 군데로 어둠 한가운데 희끄무레한 사각의 불빛이 새벽이 어스름하게 찾아오는 시각까지 새어나왔다. 샤를 페로가 장화 신은 고양이 이야기를 통해 무척이나 능란하게 묘사한 것처럼, 뒤낭은 여론이 어떻다며 소문을 지어내서 마치 그게 기정 사실인 양 자신의 목적에 맞게 활용하는 법을 알았던 사람이다. 『솔페리노의 회상』을 통해 표현했던 그저 그의 기원에 불과했던 일, 뒤낭이 '인류의 업적'이 되기를 기대했던 일이 이제는 유럽인의 정신 속에 점점 더 거대해지는 여론의 물결을 일으키고 있었다. 동화 속에서 장화 신은 고양이가 매일같이 소문을 퍼뜨려 가공의 카라바스 후작을 마치 실제 있는 사람으로 믿게 만든 거나 다름없었다. 프로이센과 작센 궁정이 — 그들이 정확히 어떤 말을 했는지는 중요하지 않다 — 보여준 호의적인 태도가, 자신이 추구하는 일을 결정적으로 개시할 수 있다는 신호라고 확신한 뒤낭은 그날 저녁 유럽 전역에 보내는 수십

장의 서신을 작성했다. 물론 파리에 대해서도 잊지 않았다. 여행하는 내내 뒤낭은 제네바 회의에 프랑스가 참석하게 만드는 게 매우 중요하다는 생각을 결코 놓치지 않았다. 회고록에 따르면 뒤낭은 그날 저녁에 바로 다리코 남작에게 편지를 쓰면서 작센 국왕이 했다는 그 발언을 인용했다고 한다. 다리코 남작은 나폴레옹 3세의 총경리관으로 뒤낭과 수개월 전부터 서신을 교환해 오던 사이였다. 다리코 남작은 뒤낭의 그 서신을 받자마자 황제에게 이를 보여주었다고 하며, 이에 황제는 "친애하는 다리코, 남작께서 제네바로 가시게. 그 회의에 프랑스를 대표해 주시오."라고 선언했다고 한다.

다시 한 번 뒤낭의 회고록은 아마도 상황을 미화시킨 기록을 남긴 듯하다. 피레네에서 휴양 중이던 다리코 남작은, 적어도 10월 중순까지는 파리로 올라가지 않을 계획이었기에, 제네바 회의 참석 여부를 전혀 확신할 수 없다는 점을 이미 9월에 뒤낭에게 알려왔었기 때문이다. 제네바 회의에 대표자를 파견해 달라고 황제를 설득하는 문제에 대해서도, 다리코 남작은 뒤낭에게, 그것은 자기가 개입할 문제가 아니라 전쟁장관인 랑동 장군이, 오직 랑동 장군만이 맡아야 할 문제라고 재차 강조했다. 허나 문제의 랑동 장군은 이미 알제리에서 뒤낭의 끈질긴 호소에 시달린 경험이 있어서 식민지 사업에 대한 야심이든 자선 활동에 대한 의견이든 뒤낭이라면 학을 뗀 사람이었고, 이를 다리코 남작도 잘 알고 있었다. 그렇기 때문에 랑동 장군을 좀 누그러뜨리려면 뒤푸르 장군께서 직접 서신을 보내주셔야 할 것이라고 뒤낭에게 조언했다. 뒤낭은 다리코의 말을 따르긴 했지만, 참지 못하고 자기도 펜을 들었다. 뒤낭은 10월 8일자로 랑동 장군에게 '프랑스와 전 인류를 위해' 제네바로 공식 대표를 파견해 달라고 '간청'하는 서신을 띄웠다. 프랑스와 독일 사이의 경쟁 관계를 이용한 우리의 간교한 상화 신은 고양이[4]'는 랑동 장군에 독일 각지에서 이 문제에 대해 더할 나위 없이 호의적인 반응을 보였노라고 첨언하였다. 그리고는 프로이센 왕가 전체의 '후원', 비엔나에서 라이너 대공이 보여준 '아주 특별한' 관심, 그리고 작센 국왕의 '아주 유별난 호의'와 '대단한 찬동' 의사 등을 언급했다. 랑동 장군에게 보내는 이 편지에서도 뒤낭은 위에서 언급한 작센 군주의 마법의 발언을 인용하지 않았다. 군주를 알현한 지 6일밖에 되지 않은 시점이었다. 만약 뒤낭이 회고록에 기록한 바를 곧이곧대로 믿는다 치면, 피레네 산중에 휴양 중인 다리코에게는 한시도 지체하지 않고 작센 국왕이 이렇게까지 말씀하셨다며 서신을 보낸 반면에, 꼭 설득할 필요가 있었던 랑동 장군을 회유하는 데에는 국왕의 말을 언급하지 않았다는 사실이 참으로 희한하다고 여겨진다.

---

4 즉, 뒤낭.

드레스덴에서 작센의 왕을 만난 후, 뒤낭은 비엔나로 향했고, 그곳에서 비엔나 주재 스위스 대사의 주선으로 거기서 라이너 대공[5]을 만날 수 있었다. 황제[6]는 수도인 비엔나를 비운 참이었다. 대공은 조용히 뒤낭의 이야기를 경청하더니 편집증에 가까울 정도로 유럽 왕가 사람들의 발언을 수집하던 뒤낭에게 또 하나의 보석 같은 말을 던져주었다. 물론 완전히 정확한 기록은 아닐 수 있다. 라이너 대공은 "정말로 훌륭한 생각입니다… 그리고 분명 실현 가능성이 있습니다!"라며 탄성을 내지르고는, 제네바 회의에 대표를 보내겠노라고 그 자리에서 수락 의사를 표시했다고 한다.

이어 뮌헨으로 간 뒤낭은 10월 12일에 다시금 전쟁부처의 고위 관리를 접견하였다.[E9] 이 관리야말로 이번 여정 중에 처음으로 뒤낭의 제안에 대해 명백한 외교적 반대 의사를 표시한 사람이다. 지금 우리의 시선으로는 지극히 당연한 일이다. 대체 어떻게 한 나라의 정부가 단순히 몇몇 '민간인들'의 소집을 받는단 말인가? 그러나 이런 상황에서도 뒤낭은 그 입이 험한 바이에른 왕국의 장군에게 '이는 국제적인 자선 원칙을 다루는 문제이며, 유럽 전역의 권력자들의 지지와 왕가의 후원자들을 등에 업고 있다'는 사실을 상기시켰다. 장화 신은 고양이 전략이 다시금 실효를 거둔 순간이었다. 그 장군은 결국 바이에른 공국의 대표를 제네바에 보내겠다고 약속을 하고 만다. 이후로도 며칠 동안 뒤낭은 뷔르템베르크 왕국과 헤센 대공국, 바덴 대공국을 방문해 유사한 답을 받아냈다. 프로이센과 작센 왕가 사람들의 지지는 마치 뒤낭이 앞장세울 수 있는 군기와 같아서, 비스마르크가 독일 통일의 꿈을 이뤄가는 과정에서 상상하지도 못했을 영역, 즉 전쟁시 부상병을 보호하는 문제에 있어서 독일 내 수많은 국가를 결집시키는 데 크게 기여했다. 제네바 회의가 열리기 직전까지 회의 참석 의사를 미리 공식적으로 알려온 24명 중 11명이 독일 국가들의 대표였다. 뒤낭이 그때까지는 아직 큰 그림을 온전히 이해하지 못했겠지만, 그에게 있어서 이 사실은 일종의 전조였을지도 모른다. 자신이 생각해 낸 이 부상병 보호의 과업에서 프랑스가 가장 핵심 지지자 역할을 해주기를 그토록 기대했던 뒤낭이건만, 그는 오히려 독일의 왕정에서 그 씨앗이 '뿌리를 내리고' 싹을 띄워 꽃을 피우는 광경을 목격하게 된 셈이다. 게르만족 이웃사촌인 독일인들은 개신교도간의 상호 신뢰 때문에 — 프랑스의 반응과는 전혀 다르게도 — 제네바 사람들이 하고자 하는 일에 호의를 보였던 것일까? 애초부터 뒤낭과 서신 교류를 하던 프랑스인들 중 유일하게 열성을 보인 사람은 다리코 남작뿐이었다. 남작이 개신교도였다

5   라이너 대공(Archduke Rainer Ferdinand 1827~1913)은 오스트리아의 왕족이자 정치인으로 합스부르크로트링겐 가문 사람이며, 1861년부터 1865년까지 오스트리아의 총리였다.
6   오스트리아 황제인 프란츠 요제프 1세를 가리킨다.

는 건 우연이었을까? 약소국들이 중립성을 띤 보건의료 활동이라는 아이디어를 쉽게 받아들이고 심지어 그 방향으로 제네바위원회를 독려한 것과는 반대로, 강대국들이 이를 용납하기 어려워 했던 것도 우연이라 할 수 있을까?

> 저자 주석 E9: 수기 회고록(제네바 도서관 소장)에서나 루돌프 뮐러가 번역 출간한 회고록 개념의 책(『적십자의 생성사』, 112쪽)에서나 뒤낭은 이 장군을 '전쟁장관 프랑크Frankh'라고 기록하였다. 분명 이는 지그문트 폰 프랑크Siegmund von Pranckh를 의미하는 걸로 보이지만, 그는 이 시점으로부터 3년이 지나서야 바이에른 왕국의 전쟁장관이 되었다.

하지만 당시로서는 아직 역사가 이루어지지 않았다. 여전히 문 앞에서 조바심을 내며 발을 동동 구르고 있었을 따름이다.

경착륙

1863년 10월 20일, 뒤낭은 제네바에 짐을 풀기가 무섭게 부상병 구호를 위한 국제위원회의 제4차 회합에 참석하기 위해 한달음에 달려갔다. 그는 유럽의 궁정을 돌며 자신이 엄청난 홍보 활동을 벌인 데 대해 동료들이 찬사를 마지않을 것이라 믿고는 미리부터 기대에 차 있었다.

하지만 무아니에와 모누아르의 반응은 즉시 뒤낭의 착각을 일소해버렸다. 뒤낭이 독자적으로 작성한 글, 즉 구호 활동의 중립화를 협약에 추가하자는 제안이 포함된 베를린 회람을 읽고, 이 두 사람은 엄청난 충격에서 회복을 하시 못한 상태였다. 우리 위원회 간사께서는 대체 무슨 바람이 불어 그런 일을 저지른 것일까? 그토록 비현실적인 제안으로 각국의 정부를 꼬여내려고 하다니 이 얼마나 오만한 일인가!

동료들이 차분한 외양을 유지하고 있지만, 뒤낭은 그들로부터 자신의 행보에 대한 반대 의사가 말 없이도 뿜어져 나오고 있음을 느낄 수 있었다. 회의는 마치 아무 일도 없었다는 듯이 진행되었다. 다음 월요일에 개회 예정인 제네바 회의를 대비하여 해결할 사항들이 여전히 수없이 많았기 때문이다.

회의가 마무리될 무렵, 뒤낭은 더 이상 참기가 힘들어졌다. 그는 무아니에에게 말을 건네면서도 사실은 모두의 답변을 기대하며 이렇게 물었다. "베를린에서 제가 제시한 사항에 대해서 어떻게들 생각하십니까? 중립화에 대한 사항 말입니다."

"불가능한 걸 요구한다고 생각했습니다!" 귀스타브 무아니에는 본인 생각보다 훨씬 강하게 의사표시를 하고 말았다.

"뒤낭 씨, 당신은 우리가 극도로 유보적인 태도를 취할 수밖에 없는 상황을 만들어 놓으셨습니다. 게다가 그 제안에다가 우리 모두의 이름으로 서명을 하셨지요!" 평소에 참으로 상냥한 성격인 모누아르조차 격해져서 말을 보탰다.
서서히 언성이 높아지고 있었기에 논의를 얼른 접으려고 뒤푸르 장군이 끼어들었다. 장군은 차분하게 위엄있는 말투로 발언했다.

"뒤낭 씨의 그 행보로 인해 우리가 개최하는 회의의 의제가 달라져야만 하는 건 아닙니다. 그러니 우리가 협약 초안에 벌써 준비해 두었던 주제들을 유지할 것입니다. 여러분, 이제 회의를 마칩니다."

뒤낭이 제일 먼저 자리를 피했다. 얼른 거리로 나와 바깥 공기를 마시고 싶었다. 화가 부글부글 나서 폭발할 지경이었다. 뒤낭은 이제야 머릿속으로 동료들에게 대꾸해 보았다. 어느 방향을 향해 가는지도 신경쓰지 않은 채 성큼성큼 걸으며 중얼거렸다. 스페인이나 러시아, 스웨덴은 말할 것도 없거니와 프로이센과 작센, 헤센 공국들을 모두 설득하는 동안, 제네바에 남아있던 이 사람들은 반나절 시간을 들여 베른에 가서 스위스 연방 정부의 참석을 요청한 게 다가 아닌가! 스위스 정부! 자기 영토 안에서 개최될 회의에 대표를 보내달라는 말을 하러 갔단 얘기다. 이틀 전에만 해도, 그러니까 뒤낭이 아직 카를스루에 머물 때였다. 독일의 주요 왕가들의 공식 지지를 얻어낸 후에 뒤낭은 무아니에에게 서신을 띄워 제네바 주재 프랑스, 이탈리아 및 영국의 영사들에게 연락을 취해 달라고 공손하게 부탁해야만 했다. 그것도 소용없는 짓이었다! 힘들게, 그런데다가 심지어 자비를 들여 7주 동안이나 유럽 각지를 돌며 자신이 애쓰지 않았다면, 대체 누가 제네바위원회의 호소에 답이라도 했겠는가! 로잔이나 뇌샤텔[7]에서 활동하는 자선 단체 회장들이나 몇 명 답을 보냈을지, 아니면 몇몇 인도주의 사상가들이나 화답을 했을런지? 이런 회의에 규모와 의미를 갖추게 해줄 수 있는 건 오직 정부 대표단뿐이다!

이러니저러니 해도 뒤낭에게는 당일 회의 의사록을 작성할 의무가 있었다. 그러니 진정해야만 했다. 집으로 돌아온 뒤낭은 몇 번이나 정정하고 삭제하는 줄을 그어가며 다음과 같이 회의 내용을 기록해두었다.

---

7 로잔과 뇌샤텔은 제네바 인근 도시들의 이름이다.

통계회의가 있은 후 뒤낭 씨는 자비를 들여서 새로운 회람을(9월 15일자) 인쇄 및 배포해야 한다고 믿었다. 거기에는 부상병과 구호 차량, 병원, 보건부대 및 공식 인정을 받은 자원 구호 인력들의 중립성 보장을 요구하는 내용이 실렸다.[E10]

> 저자 주석 E10: 실제로 회람에서는 인력의 중립성만을 요구했을 뿐이다. 어느 순간에 부상병들이 이 의사록에 추가되었을까? 또 누구의 손으로 추가된 것일까? 이 부분은 여전히 알 수 없다.

마지막으로, 뒤낭 씨는 직접 유럽의 거의 모든 군주 및 여러 국가의 전쟁장관들에게 서신을 보내어, 각국의 대표자를 제네바 회의에 파견해 달라고 예를 갖추어 요청하였다.

정확한 사실 요약이 아닌가. 작성한 회의록의 잉크가 마르기를 기다리며 뒤낭은 이렇게 생각했다. 만약 전쟁시 부상병들과 그들을 간호하는 이들의 중립성이 보장되는 날이 언젠가 온다면, 누가 그 개념을 생각했고 또 실행에 옮겼는지를 온 세상이 알게 될 터였다.

때는 10월 20일이니, 제네바 회의가 시작하기까지 일주일도 남지 않았다. 분쟁할 때가 아니었다. 뒤낭은 자신이 게르만 계열 국가들을 책임지고 있었으므로, 2주 전쯤 귀스타브 무아니에에게 '라틴 민족' 국가들을 책임져 달라고 상기시킨 바 있었다. 그런데 이제 와서 보니, 본인은 독일에서 열 군데 공국의 총리실을 설득하는 동안, 제네바에서는 그런 방향으로 전혀 성과가 없었다. 그러니 그가 바로 일에 착수했다. 10월 20일과 25일 사이에 뒤낭은 영국과 프랑스, 그리고 이탈리아의 영사들에게 연락을 취하여 제네바 회의에 참석해 달라고 요청하였다. 영국과 프랑스의 경우는 이미 정부에서 대표를 보내겠노라고 약속한 바 있기에 별 문제가 없었다. 반면 이탈리아의 경우에는 설득에 상당한 어려움이 있었다. 이탈리아는 공식적으로 대표를 보낼 계획이 없었기 때문이다. 그렇기에 주 제네바 이탈리아 영사가 회의에 참석한다면 그것만으로도 상당히 긍정적인 의미를 부여할 수 있고, 외양적인 측면만 고려한다 해도 공석을 하나 줄일 수 있는 기회이기도 했다. 게다가 극적으로 이탈리아를 회의에 참석시킨 공로도 뒤낭에게 돌아올 게 아닌가.

잊을 수 없는 일요일

1863년 10월 회의 개최지로 선정된 장소는 실로 안성맞춤이었다. 인류의 역사 속에 유사한 일조차 아직 없는 데다가 전쟁의 상처를 동여맬 숙명을 띤 업적을 이루고자 하는 장소로서, 고대의 방어용 보루가 있던 자리에 지어진 건물보다 더 나은 곳이 있었을까? 이제 겨우 벽토가 말라가던 아테네궁은 유명한 그리스 애호가 가브리엘 에나르뮐랭의 미망인이 너그럽게 사용 허가를 내어준 장소였다. 분명 그녀의 가족과 오랜 기간 친분이 있었던 뒤낭이 개입했을 것이다. 신고전주의 양식으로 우아하게 지어진 이 아테네궁을 사용할 수 있게 되어 이번 회합에 걸맞는 장엄한 분위기가 갖춰졌다. 그뿐 아니라 제네바위원회가 장소를 마련하기 위해 제네바 정부에 부탁을 하는 수치를 겪지 않아도 되었다. 제네바 정부는 당시 제네바위원회 회원들이 혐오해 마지 않던 극단주의자들, 즉 '빨갱이들'로 가득했고, 이들은 제네바위원회와 같은 자선가들이 속한 보수 부르주아 계층으로부터 모든 권력을 빼앗아 간 자들이었다. 첫날부터 마지막 날까지 조직위원들은 제네바의 공권력과 연루되는 일을 일체 피하는 데 성공했다. 제네바 회의가 지닌 정치적 중요성을 고려할 때, 이는 실로 대단한 수훈이 아닐 수 없었다.

일요일 저녁, 회의 개막 전날 밤에 뒤낭은 자택에서 대표단들과 비공식적인 첫 만남을 주선했다. 자리한 모두를 뒤낭이 개인적으로 알지는 못하더라도, 그들을 파견한 군주들을 전반적으로 다 알고 있었기에, 그는 상당히 편한 태도로 대표단을 대할 수 있었다. 이미, 그리고 무슨 일이 있던지, 그는 이 단순한 만남이 내포하는 성공을 만끽하고 있었다. 여기 제네바에서, 퓌생피에르 거리 임대 건물 4층에 소박히 자리한 자신의 거실은 유럽 방방곡곡에서 온 대표단, 군인, 자선가들이 모여 자기가 내놓았던 아이디어를 논의하는 이 믿을 수 없는 회합의 현장이었다.

참석한 이들의 면면을 살펴보면 뒤낭이 자랑스러워 할 만하다는 걸 인정할 수밖에 없다. 오스트리아, 바덴, 바이에른, 스페인, 영국, 하노버, 헤센 대공국, 네덜란드, 프로이센, 작센, 스웨덴, 뷔르템베르크와 스위스 연방이 정부 대표자를 파견하였다. 이탈리아는 제네바 주재 영사가 대표로 참석하였고, 러시아는 콩스탕틴 대공의 부관 알렉상드르 키레이예프 대위를 보내왔다. 이러한 정부 대표단에 여러 비정부단체들이 더해져서 공식 참석인단이 완성되었다. 매우 강한 세력을 자랑하는 성요한 기사단의 대표자로 파견된 로이스 후국의 주공 하인리히 13세가 이번 회의의 부의장으로 임명되었다. 반면 뇌샤텔 사회과학협회와 보 주의 공익협회의 대표들은 스위스 대표단에 포함되었다.

불참 국가 명단은 파악이 쉬웠다. 독일의 몇몇 소국들, 덴마크, 벨기에, 포르투갈에다가 '칼뱅교도들의 로마'[8]가 주도하는 일에 차마 따라가는 모양새일 수는 없다며 불참한 가톨릭 국가들이 몇 나라 있었다.

그리고 마지막으로, 이 회의가 어떻게 여기까지 왔는지 그 사연을 아는 이들의 눈에는 상당히 두드러진 불참자가 있었으니, 바로 제네바 공익협회였다. 애초에 위원회로 구성될 때부터 '국제부상자구호위원회'의 다섯 위원이 명백히 표명했듯이 이들은 자신들의 독립성에 강한 애착을 갖고 있었다. 여전히 제네바 공익협회 회장으로 있는 귀스타브 무아니에로서는 특히나 대담한 태도였다고 할 수 있다. 제네바 공익협회 회원들의 반응은 즉각적이었다. 제네바 회의 직후에 열린 공익협회 총회에서 회원들은 제네바 회의에서 공익협회가 배제된 사실에 격노하였다.

1863년 10월의 회의

10월 26일 월요일 9시 정각이 되자, 16개국에서 파견된 31명의 대표단이 뒤푸르 장군의 개회사를 조용히 경청하기 시작했다. 개회 연사로 나선 뒤푸르 장군은 군인답게 전쟁 자체를 아예 없애려는 건 몽상에 불과하다고 상기시키면서, 그에 반해 자신은 전쟁이 일으키는 참상을 조금이나마 덜 끔찍하게 하고자 한다고 발언했다.

"신사 여러분, 우리는 헛된 유토피아를 꿈꾸는 것입니까? 우리가 이루고자 하는 목표가 지나치게 높아서 우리 모두의 노력을 결집해도 불가능한 걸까요? 만약 그렇다면 패배를 인정해야 할 겁니다. 하지만 적어도 시도는 해보았노라고 말할 수 있게 됩니다."

뒤푸르 장군은 이어 의장 지위를 귀스타브 무아니에에게 넘겼다. 무아니에는 협약 초안에 이미 언급된 제안 사항에 해당하는 여러 토론 주제를 제시하였다. 그는 개회 발언을 통해 부상병을 구호하는 이들이 지닌 불가침의 성격뿐 아니라, 이들의 복장에 분명히 구별되는 표시를 할 필요가 있음을 강조하기는 했지만, 이들의 중립화라는 말은 일절 입에 담지 않았다. 바스팅과 뒤낭의 개인적인 성과의 결과물이었

---

8 스위스 제네바를 의미.

던 베를린 회람의 내용을 극구 부정한 셈이었다.

그러나 이제 위원회 간사가 발언권을 행사할 때가 되었다. 처음 몇 번의 회의부터 당일 회의 현장에 이르는 동안, 그해 제네바위원회에서 앙리 뒤낭의 역할은 상당한 변화를 겪었다. 애초에 베를린에 가서 발표할 의견서를 작성해야 했던 건 그가 아니었는가? 자선회의가 취소되고 나서도 현재 회의에 발표할 내용을 준비한 사람도 뒤낭이지 않았나? 그런데 그는 위원회로 쇄도한 수많은 서신을 발췌 낭독하는 역할만으로 만족해야 했다. 이번 여름만 해도 온갖 힘을 기울여 작성해 둔 자신의 의견서는 대체 어디로 간 건가?

수많은 반박 근거 중 우선 첫 번째를 말하자면 이렇다. 우선, 뒤낭의 동료들이 그가 작성한 내용을 이 고결한 회합에서 발표될 만한 수준이 아니라고 판단했다는 점을 들 수 있다. 왜 그랬을까? 핵심 주제만을 소개해야 할 발표문에 필요 없이 온갖 역사 속의, 국가별로 비장한 분위기의 고려 사항을 잔뜩 끌어다 놓은 글이었기 때문이다. 그다음 이유를 들자면, 뒤낭은 본인을 앞세우는 경향이 강했다는 점이다. 그가 작성해 둔 의견서의 상당 부분이 1인칭으로 서술되어 있을 정도였다. 제네바위원회의 동료들은 그를 살짝 뒤로, 뒤낭에게 무척이나 잘 어울리는 연락 담당 간사 직책으로 밀어내어야만 하는 상황이었다. 연락 담당자로서 이 지루한 서신 낭독을 마친 앙리 뒤낭은 제네바회의 폐막까지 단 한 번도 더 발언 기회를 얻지 못했다.

뒤낭의 낭독이 끝나고 이제 첫 논의가 시작되었다. 이어서 전반적인 권고 사항과 그것에 대한 심의가 이어졌다. 발표자 여러 명이 자신들을 그 자리로 불러낸 장본인에게 경의를 표했다. 마드리드에서 온 외과 전문 군의관 랑다는 "뒤낭 씨는 솔페리노에서 (전장에 대해) 깊은 사색을 하였고, 마음 깊은 곳에서 우러나온 그의 글은 그토록 엄청난 반향을 일으켰습니다."라고 발언했다. 한층 더 칭송하는 발언을 한 사람은 뒤낭의 친구 바스팅과 같은 네덜란드 사람 판 데 펠데 대위였다. 대위는 구호 단체를 설립한다는 대의에 열정이 활활 타오르는 사람이었다. "이 회의로 사람들을 한자리에 모을 수 있었던 건 아무래도 뒤낭 씨의 독자성에서 비롯된 움직임 덕분이겠지요. 한 민간인일 뿐인 뒤낭 씨는 헤아릴 수 없을 정도로 공익에 기여하셨습니다."[E11]

> 저자 주석 E11: 이 부분 전체는 『1863년 10월 국제회의 요약문』에서 발췌한 내용이다.

이제 드디어 본격적인 내용 토론을 하고, 최종 의사록에 기록될 문장들을 조율하는 시간이 다가왔다. 뒤낭에게, 그리고 베를린의 공모자 바스팅에게 그토록 소중했던 구호 중립화의 문제는 완전히 묵살되고 말 상황이었다. 바스팅의 인내심이 한계에 이르지 않았다면 아마 그랬을 것이다. 회의 3일째 날, 바스팅은 드디어 무아니에 의장에게 지나가는 말로 베를린에서 나온 제안에 대해 논의할 필요가 있다고 상기시켰다. 이에 무아니에는 그 부분은 논의 주제로 삼을 계획이 없노라고 짧게 답하였다. 무아니에의 생각에 그 내용은 이미 협약 초안에 포함되어 있는 셈이니 따로 논의할 필요가 없다고 보았기 때문이다.

발언권이 없어 침묵할 수밖에 없었던 뒤낭은 고통스러울 정도로 무력하게 이 두 사람 사이에 오가는 이야기를 듣고 있었다. 바스팅은 두 명 몫으로 실망한 상태였다. "그렇다면 명예로운 제네바위원회는 우리가 왜 여기 모였는지를 제대로 이해하지 못했다고밖에 볼 수가 없습니다." 바스팅은 그 어느 때보다도 칼 같은 프랑스어로 말했다. 그리고 베를린에서 제안된 내용들이 논의되지 않을 것임을 그제서야 알게 되어 '대단히 놀랐다'고 덧붙였다. 하지만 무아니에는 충돌을 피하기 위해서 아주 능란하게도 회중을 자기편으로 끌어들였다. 뒤낭과 바스팅에게 중요한 중립화 문제가 재언급된 것은 최종적으로 보면 프로이센 덕분이었다. 프로이센 대표로 참석한 군의관 뢰플러가 '정부들이 이제부터는 군대의 의료 인력과 그 보조 인력들을 — 자원 간호사들을 포함해서 — 중립 상태로 간주한다는 선언을 해줄 것을 각국 정부에 권고'하자고 제안했기 때문이다. 뢰플러는 본인의 발언을 마치면서 뒤낭 쪽을 쳐다보았고, 뒤낭은 알아차리기 어려울 정도로 아주 살짝 머리를 까닥하여 감사를 표시했다. 둘 사이에 은밀한 합의가 있었다는 것은 오직 당사자인 뢰플러와 뒤낭만이 알고 있는 일이다. 뢰플러는 9월 17일 베를린에서 뒤낭이 부상병, 의사 및 간호사에 대한 중립화 개념을 지지해 달라고 폰 룬 장관을 설득할 때 바스팅 옆에 함께 자리했던 사람이다. 뢰플러가 발언을 마치고 다시 착석하는 순간 이 세 사람은 마치 회의 참석자들 머리 위로 셋이서만 눈에 보이지 않게 악수를 나누는 듯한 느낌이었다.

몇 번의 설전을 포함해 사흘 반 동안의 토론이 끝난 후, 애초에 내놓았던 '협약 초안'은 이제 구호위원회들을 창립하는 데 대한 열 가지 결의 사항과, 이어지는 세 가지 '권고 사항'을 담은 문서로 탈바꿈했다. 첫 번째 권고 사항은 구호위원회들에 대해 정부가 상당한 보호를 제공해 주기를 요청하는 내용이며, 뢰플러의 제안에 따라 두 번째 권고 사항은 전쟁 중 부상병들을 도우러 이동하는 의료 차량 및 병원, 공식 파견된 보건 인력, 자원 간호사와 지역 주민뿐 아니라 — 심지어 뒤낭 본인의 기대도 뛰어넘고 무아니에의 비판적인 시각과는 너무나 다르게도 — 부상을 입은 병사들 자체의 중립화까지도 확립하기를 기대하는 내용을 담게 되었다. 이는 당대의 기준으로 볼 때 혁명적이라고까지 할 법한 일이었다. 부상으로 더 이상 전투에 임할 수 없게 되는 순간부터 부상병의 지위는 한쪽 군대 소속 병사에서 부상을 입은 한 개인으로 전환된다는 의미였다. 세 번째 권고 사항은 부상병 구호에 임하는 인력과 장소에 분명히 구별되는 표시를 도입하기를 요청하는 내용이었다. 즉 1863년 2월 5인위원회의 최초 회합에서 뒤푸르 장군이 내놓은 아이디어, '어떤 표장, 일종의 유니폼'의 개념을 이어받았다고 할 수 있다. 이에 대해서 유려하게 호소를 한 장본인은 바로 10월 28일 제네바 회의 제3분과에서 발언한 의사 루이 아피아였다. 그는 왼쪽 팔에 끼는 흰색 완장을 제안하였고, 이 제안은 '어느 정도 토의를 거친 끝에' 붉은색 십자가가 그려진 흰색 완장으로 수정 보완되었다. 그런 선택을 한 이유에 대해서는, 제3분과의 회의록에도, 제네바 회의의 최종 결의 사항 혹은 세 가지 권고 사항이 담긴 문서에도 상세히 기록되어 있지 않다. 그렇기에 전 세계적으로 가장 잘 알려진 표장 중 하나인 적십자 심볼이 도입되기까지의 토론 과정에 대해 알아낼 수 있는 바는 지금까지도 없으며, 다만 추정을 해볼 따름이다.[E12]

저자 주석 E12: 전통적으로 흰색은 항복 혹은 강화 협상에 이은 휴전 요청과 같은 의회의 절차를 의미했다. 그러니 아피아가 구호 요원들을 보호하기 위해 이 색을 제안했다는 것은 놀랄 일이 아니다. 붉은색 십자가를 추가한 부분에 대해서는 좀 더 이론의 여지가 있다. 조카 모리스 뒤낭이 1918년에 펴낸 회고록에 따르면 붉은색 십자가를 추가하자고 한 사람은 뒤푸르 장군이라고 한다. 가뉴뱅이 펴낸 『회고록』 (1971)에 따르면 뒤낭은 '흰색 깃발에 붉은색의 짧은 십자가'는 제네바 회의 당시 '그 자리에서 자연스럽게 그리고 만장일치로' 채택되었으며, '스위스에 경의를 표하기 위해' 결정된 사항이라고 명시하고 있다(『회고록』, 95쪽). 하지만 회의가 끝나고 얼마 되지 않아 스위스 대표자 아드리앙 브리에르가 앙리 뒤낭에게 보낸 서신을 살펴보면, 구호 협회의 상징으로 십자가를 사용하기로 하긴 했으나, 십자가의 정확한 모양에 대해서는 제네바 회의에서 결정되지 않은 것으로 보인다. 그러니 제네바 회의에서 적십자기가 정확히 스위스 국기의 색을 반대로 한 모습으로 도입되었을 가능성은 배제해야만 할 것이다(프랑수아, 『솔페리노에서 추시마까지』, 106쪽). 다만 적십자기가 스위스 국기와 이론의 여지없이 유사하다는 사실은 스위스 연방군이 스위스 통일전쟁 당시에 붉은 바탕에 하얀 십자가가 그려진 완장을 착용했다는 점에서 영향을 받았을 수 있다. 그런데다가 스위스 국기 채택 과정에서 뒤푸르 장군이 결정적인 역할을 했다는 것은 부인할 수 없는 사실이다. 그러니 이는 적십자 깃발을 뒤푸르 장군 본인이 제안하지는 않았더라도, 자신의 명성을 동원하여 제네바 회의에 힘을 실어주고 회의를 주재한 이 75세의 장군에 대해 제네바 회의 참석자들이 경의를 표한 상황이라고 이해할 수 있다. 스위스 연방의 깃발의 색깔을 반대로 사용했다는 점은 1906년 7월 6일의 협약에 가서야 명백하게 언급이 되기 시작했다 (뷔니옹, 『국제적십자위원회와 전쟁 피해자의 보호』, 1168쪽).

이렇게 해서 1863년 제네바 회의가 막을 내렸다. 뒤낭의 소망이 모두 이루어졌다. 국제회의가 열렸고, 각국 정부들에게 보낼 원칙들에 대한 합의가 이루어졌다. 『솔페리노의 회상』의 결론 내용은 추후 국제 협약으로 발전해 가는 길에 들어선 것이다. 분명히 구별될 수 있는 상징을 도입한다는 원칙적인 합의도 있었다. 이 모든 건 뒤낭이 본의 아니게 지난 48시간 동안 느낀 소외감을 상쇄해 주기 충분하였을지 모른다. 그러나 뒤낭이 가장 최근에 사귀었지만, 이번 회합에 모인 사람 중에 그에게 가장 충직한 친구를 빼놓고 그런 말을 할 수는 없었다. 무아니에 의장이 회의를 마무리하는 발언을 끝내자마자, 슈우 소리를 내는 말버릇이 두드러지는 익숙하고 우렁찬 목소리가 뒤낭의 귀에 들려왔다.

"전쟁터에서의 부상병 구호 문제에 있어서, 뒤낭 씨와 제네바 공익협회의 고결한 발의가 지닌 극도의 중요성을 볼 때, 그리고 이번 회의를 통해 준비된 방침들이 온 나라와 이 문제에 관심을 갖고 있는 사회 계층에 일으킬 엄청난 반향을 가늠해 보건대, 저는 이번 회의의 폐막을 맞아 제네바 국제회의가 다음의 내용을 선언해 주기를 제안합니다."

요한크리스티안 바스팅은 자신이 하고 싶은 말을 사전에 준비해 둔 게 분명했다. 동요하지 않고 말을 이어가기에는 지나치게 성격이 섬세했던 그는 미리 메모해 둔 종이를 붙잡고 얼굴은 더 이상 들지도 않은 채 나머지를 읽어내렸다.

"앙리 뒤낭 씨는 끈기있는 노력을 통해 전장에서 부상자를 효율적으로 돕기 위한 방편을 국제사회가 함께 고민하도록 만들었으며, 제네바 공익협회는 뒤낭 씨가 주축을 이루는 그 고귀한 생각에 힘을 실어주었습니다. 이 둘은 인류에 실로 큰 공헌을 하였으며, 전 세계의 인정과 감사를 받을 만한 눈부실 정도의 자격이 있습니다. 신사 여러분, 만약에 제 발언에 찬성하신다면 — 그러시리라 믿어 의심치 않습니다만 — 그러한 우리의 찬성 의사를 표현하는 방식으로써 자리에서 일어나 주시면 감사하겠습니다."

참석자들은 모두 자리에서 일어났다. 앙리 뒤낭은 그곳에 모인 이들을 바라보았다. 자신을 바라보는 그들을 마주하며, 뒤낭은 자기에게 감사를 표시하는 그들에게 오히려 고마움을 느꼈다. 그는 기쁨을 억누를 수가 없었다. 얼굴에는 미소가 피어올랐다. 소생하는 것 같았다. 그가 앙리 뒤낭이다. 사람들이 바로 이 앙리 뒤낭에게 경의를 표하고 있다.

제네바 국제회의 결의 사항 및 권고 사항

본 국제회의는 군의 의료 활동이 충분하지 않을 때 부상자를 구호하기 위하여 다음과 같은 결의 사항을 채택한다.

제1조
각국은 전시 또는 필요시 총력을 다해 군의 의료 활동을 지원할 위원회를 가장 유용하고 적절한 방법으로 조직한다.

제2조
중앙 본부에 해당하는 이 위원회를 보조하기 위하여 여러 분과를 설치할 수 있다.

제3조
각 위원회는 그 나라 정부와 긴밀한 관계를 유지하여 필요시 의료 활동을 제공한다.

제4조
각 위원회와 분과는 전시에 효율적으로 활동할 수 있도록 평시에 대비하며, 특히 모든 구호 물자를 갖추고, 자원봉사 의료진을 훈련하고 교육한다.

제5조
전시에 교전국 위원회는 가능한 한 자국 군대에 구호 활동을 최대한 제공한다. 특히 자원봉사단을 구성해 전시 편제에 배치하고, 군 당국과의 협의 하에 부상자를 치료할 수 있는 부지를 확보하도록 한다. 교전국 위원회는 중립국 위원회에 협력을 요청할 수 있다.

제6조
군 당국의 요청이나 승인에 따라서 위원회는 자원봉사 의료진을 군사령관의 지휘 하에 있는 전장에 파견해 활동하게 할 수 있다.

제7조
군에 속한 자원봉사 의료진의 활동에 필요한 제반 사항은 각 위원회에서 제공한다.

제8조
모든 국가에서 자원봉사 의료진은 공통된 식별 표장으로 흰 바탕에 적십자가 그려진 완장을 착용한다.

제9조
각국 위원회와 분과는 총회에서 각국의 활동 결과를 공유하고, 구호 활동을 위한 수단을 협의한다.

제10조
각국 위원회의 교신은 당분간 제네바위원회의 중재를 통해 연락을 취한다.

위 결의와 별도로 동 회의는 다음의 사항을 권고한다.

> 1. 각국 정부는 향후 조직될 구호위원회를 적극 후원하며, 그들의 임무 수행을 위해 최선을 다하여 지원해야 한다.
> 2. 전시 교전국들은 구급차와 군병원이 중립임을 선포하고, 공식적인 의무 요원, 자원봉사 의무 요원, 부상자 구호를 위해 전장에서 활동하는 주민과 부상자 모두가 완전한 중립 상태임을 인식해야 한다.
> 3. 모든 군의 의무대 혹은 이와 같은 활동을 하는 의무 요원에게는 공통된 식별 표장이, 구급차, 병원에는 공통된 식별 깃발이 부착되어야 한다.

제네바 회의 간사, J.앙리 뒤낭
1863년 10월, 제네바

6

명예가 달린 일

1863~1867

성공의 열매

1863년 10월 제네바 회의 직후 뒤낭과 무아니에의 협력 관계는 상당히 양호했다. 할 일이 산더미 같았던 게 사실이다. 제네바위원회는 최대한 널리 '결의 사항'과 '권고 사항'의 내용을 알려야 하는 입장이었다. 또한 국가별로 구호위원회 결성을 장려해야 했고, 진정한 외교 총회를 열어서 이번과 같은 단순 결의 사항이 아니라, 대표단을 보낸 정부들을 이어주는 국제협약을 이끌어 낼 필요가 있었다.

그 당장에서는 무아니에와 뒤낭 듀오가 보여준 능률은 진정 놀라울 정도였다. 이미 11월 4일에 앙리는 픽 인쇄소로부터 제네바 회의 의사록의 교정쇄를 전달받았다. 동료 무아니에가 법률가로서 면밀히 신경 써서 작성한 500쪽짜리 회의 요약서였다. 뒤낭이 과장된 어조로 작성했던 의견서[1]에 데인 무아니에가 이번만큼은 까다롭고 아무도 고마워하지 않을 그 임무를 뒤낭에게 맡기고 싶어하지 않았다. 반면 뒤낭은 페이지 구성의 문제에 대해 한마디 하기를 서슴지 않았다. 그러한 부분에 대해서 그는 언제나 광적일 정도로 신경을 썼기 때문이다. 뒤낭은 표지가 '보기 좋지' 않다고 생각했기에, 무아니에에게 몇 가지 수정을 제안하였다. 게다가 그는 순진하게도 무아니에에게 앞표지 안쪽에 '공익협회 회보'라는 말을 꼭 넣어야 하느냐고 묻는 실수를 저질렀다. 뒤낭은 "그러한 사소한 사항은 문서 내용 중에 그냥 추가하거나, 아니면 완전히 삭제하는 게 낫지 않을까요?"라고 물어왔다. 자신의 이름을 걸고 해당 회보를 편집해 왔던 귀스타브 무아니에에게 '사소한 사항'이라는 말이 좋게 들렸을 리 없겠지만, 이를 확인할 방도는 남아 있지 않다.

이 의사록은 그로부터 며칠 후 저자의 이름이 표지에 명시되지 않은 채 출판되었다. 다만 결의 사항들은 '제네바 회의 간사, J 앙리 뒤낭'의 이름으로 서명되었을 따름이었다. 하지만 이미 1863년 11월 9일 위원회 회의에서부터는 누가 보아도 무아니에가 주도권을 쥐었음이 명백하게 드러났다. 제네바위원회에 맡겨진 의무를 책임지는 일도, 회의록을 전송하는 임무도, 제네바 회의에 참석했던 각국 대표단과 지속적으로 연락을 취하고 또 참석치 않은 국가들에 연락을 취하는 일 등등, 모두 무아니에의 책임이었다. 제네바 회의에서 약속된 내용을 상기시키기 위해 참가 대표들에게 보낼 회람을 작성하는 임무 역시 무아니에가 맡았다. 무아니에가 작성한 글은 뒤낭의 글과는 다르게 아첨하는 듯한 극존칭의 느낌이 없었다. 다음의 문장과 같이 무아니에다운 직설적인 엄격함이 묻어나는 문체였다. "귀하의 나라에서 구

---

1 1863년 10월 제네바 회의 준비 문서를 의미한다.

호위원회를 설립하는 문제에 있어서, 직접 맡아서 착수하실 것인지, 그리고 그러한 조직을 형성하는 문제를 귀하께 온전히 맡겨도 될는지를 우리에게 알려주시기를 바랍니다." 이렇게 회람이 발송되었다. 발신 날짜는 11월 15일이었고, 회람의 효과는 금세 나타나기 시작했다.

뒤낭은 귀스타브 무아니에가 이렇게 권력을 장악하는 상황에 완벽하게 적응하였다. 그는 이미 연락 담당 간사로서 정말 많은 일을 했다. 얼마간 자신의 다른 일들을 돌아볼 여유가 생긴 셈이기에 불만이 전혀 없었다. 뒤낭의 목표가 있다면, 프랑스가 강대국으로서의 역할을 받아들여 프랑스 내에서 권위있는 위원회를 창설함으로써 이 과업이 앞으로 발전해 나가는 데 전면에 나서게끔 만드는 것이었다. 11월 중순도 되기 전에 뒤낭은 그해 겨울을 거기서 날 각오를 하고 파리로 향했다. 그가 여장을 풀 곳은 바드 호텔이었다. 전성기가 지난 호텔이지만 불르바르데지탈리앙 거리에 있으니 기가 막힐 정도로 파리의 심장부에 위치한 숙소였다.

파리에서의 소란

이미 입증되었듯이 소통의 재능을 타고난 뒤낭은 흰 바탕에 붉은 십자가라는 적십자의 상징을 모든 이의 머릿속에(특히 엘리트들 사이에서), 그리고 모든 나라에(특히 프랑스에서) 각인시키는 일을 최우선 과제로 삼았다. 본능적으로 남들보다 먼저 상품화 활동의 장점을 잘 파악한 그는 적십자가 새겨진 완장을 대량 주문하여 주변에 널리 배포하였다. 그럼으로써 완장을 제작하는 부인들의 거실에 아무렇지도 않게 적십자 완장이 널려있게끔 만든 셈이고, 이는 '사전부터 이 희한하고 철저히 새로운 장식품이 어디에 사용되는 것인지에 대한 호기심과 질문을 끌어내기 위해 계산된'[F1] 움직임이었다.

저자 주석 F1: 『회고록』 133쪽. 다른 기록을 찾아볼 수 없기 때문에 뒤낭의 생각을 논하는 내용은 모두 그의 회고록을 인용하였다.

이러한 홍보 부대 중에는 예를 들어 제르멘 드 스탈 부인[2]의 며느리인 아델라이드 드 스탈이 있었다. 아델라이드는 이미 80대 노부인이었지만 같은 스위스 사람인 뒤

2 Germaine de Staël 1766-1817. 제네바 출신으로 루이 16세의 재무장관이었던 자크 네케르의 딸로서 프랑스 낭만주의 사조의 선구자 중 하나인 문인이다. 아델라이드는 그녀의 큰아들 오귀스트 드 스탈(Auguste de Staël 1790~1827)의 미망인이며, 브롤리 공작은 제르멘 드 스탈 부인의 막내 딸 알베르틴 드 스탈(Albertine de Staël 1797~1838)의 남편 빅토르 드 브롤리(1785~1870)를 말한다.

낭을 돕기 위해 나섰고, 시매부 브롤리 공작에게 프랑스 학술원[3]에서 이 문제를 논의해 달라고 설득했다. 진정한 선전 캠페인이 실행에 옮겨지면서 슬그머니 언론에 실리기까지 했다. 1863년 12월 12일 제네바 회의에 대한 요약 기사에서 주간지 릴뤼스트라시옹이 1면에 십자가 완장을 찬 '스위스 자원 간호사들!'[F2] 의 이미지를 실었기 때문이다. 이렇게 홍보 작전이 단계적으로 확대되면서 뒤낭은 11월 23일, 즉 파리 도착 10일 만에 벌써 프랑스 정부 관계자에까지 닿게 되었다. 이날 뒤낭은 나폴레옹 3세의 총경리관 샤를 다리코와 스위스 전권 공사 요한 콘라드 케른을 접견하였다. 세 사람은 한 가지 계획에 합의하는데, 이는 프랑스 제국이 국제적인 깃발 및 완장의 도입을 '주도'하고, 다른 강대국들이 이를 도입하도록 설득한다는 계획이었다.

> 저자 주석 F2: 릴뤼스트라시옹 기사에서 삽화의 설명에 '스위스 간호 구호 요원'이라고 적혀있으나 이는 틀린 정보였다(아직 CICR의 스위스 대표란 존재하지 않았기 때문이다). 다만 이 기사의 본문에서 좀 더 정확하게 '자원 구호 단체'의 설립을 다루었다. 이 오류를 설명하기 위해서는 조판공이 완장을 보고는 이들이 스위스 간호 사들이라고 판단했으리라고 보는 것이 개연성이 높으며, 이러한 오류는 여기서만 발생한 게 아니었다.

우리의 직함도 없는 대사 뒤낭은 이러한 훌륭한 성과에 도취된 나머지, 즉시 무아니에와 뒤푸르에게 서신을 띄워 자신에게 제네바 회의를 대리할 수 있는 '어떤 대표 자격'을 부여해 달라고 요청하였다. '일종의 지위'나 '일종의 권한'을 부여해 주어 뒤낭의 말마따나 자신이 직접 프랑스 외무장관인 드루앵 드 뤼스에게 청원하러 갈 때, 자기 소개를 제대로 할 수 있게끔 해달라는 말이었다. 뒤낭은 해당 서신에 또한 외제니 황후가 다리코 남작을 통해 제네바 회의의 요약본을 받아보았으며, 황후는 '프랑스에서 이 사업을 펼치는 데 있어 자신이 후원자'가 되겠노라고 했다고 적었다. 뒤낭은 더할 나위 없이 흥분해 있었고, 글에서 그러한 상태가 여실히 묻어났다. 충분히 이해할 만한 일이었다. 하지만 재차 제네바의 동료들은 그의 열성에 차가운 물을 끼얹는 역할을 자처하였다. 무아니에는 답장을 통해 이 '성과'에 대해 프랑스에서 이러한 활동의 개시는 시기상조라고 논평하였고, 제네바위원회는 "그 어떤 강대국이든 국제적으로 인정받는 깃발이나 완장을 도입하는 아이디어를 주도적으로 이끌어 주기를 원한다고 한 적이 결코 없다."고 적었다.

격려의 말 치고는 참으로 성에 차지 않는 소리였지만, 뒤낭을 뒤흔들려면 이 정도로는 부족하다. 또 다른 전선에서 그의 온 에너지를 앗아가고 있었기 때문이다. 1년 전부터 그는 프랑스에 부상자 구호위원회를 설립하기 위해 자신이 아는 파리의 상

---

3 1795년 창설된 프랑스 학술원은 프랑스의 국가원수 직속 국립 아카데미로 5개 기관의 집합체이다.

류충 개신교도와 귀족 사회를 휘젓고 다니며 애를 쓰는 중이었다. 끈질기게 황제를 공략하면서 그는 제네바 회의에서 도출된 권고 내용에 황제의 관심을 환기시키는 또 하나의 서신을 12월 5일 날짜로 보내면서, 여기에 뒤푸르 장군의 메시지를 첨부하였다. 뒤푸르 장군만이 불러일으킬 수 있는 기적과 같은 효과는 즉각 나타났다. 12월 12일 드디어 뒤낭의 기대에 걸맞은 수준의 답변이 도착하였다. "황제 폐하께서는 제네바 회의의 목적과, 그 목적을 이루기 위해 표명된 권고 사항의 내용에 매우 찬성하십니다. 폐하께서는 현재 귀하께서 파리에 설립하고자 하시는 구호위원회 설립을 도움으로써 귀하의 과업에 기여하고자 하십니다. 그리고 폐하께서는 또한 이러한 폐하의 찬성 의사를 대외적으로 알려도 좋다고 기꺼이 허락하셨습니다." 게다가 황제는 랑동 원수에게 따로 서신을 보내어, '높은 직급의 장교 몇 명'이 앞으로 그 구호위원회에 참여할 것을 허가하라고 지시하였다.

이러한 황제의 후원을 등에 업은 뒤낭은 — 황제의 부관이 보내온 서신을 다시 접어넣으며 — 프랑스에서 그러한 위원회를 구성하는 일을 그 누가 감히 반대하겠는가 하고 생각했다. 허나 그런 자문을 하다 보니 덥수룩한 흰 턱수염 뒤로 잔뜩 찌푸린 랑동 원수의 얼굴이 떠올랐다. 다시 그와 맞닥뜨리다니 얼마나 운이 나쁜가! 이미 야심찬 제네바 출신 식민 사업가로서 1858년에 뒤낭은 알제리 총독으로 와 있던 랑동의 경멸에 가득찬 적나라한 얼굴을 마주한 바 있었다. 5년이 지난 지금 완전히 다른 상황 속에서 부상병을 위한 국제위원회의 간사 뒤낭은 이제 전쟁장관이 된 랑동의 적대심에 맞서야만 했다. 랑동 원수는 자원 간호사를 파견한다는 가설 자체를, 군 내부의 위생 부대에 대한, 더욱이 군대 자체에 대한, 그리고 나아가 프랑스 자체를 문제삼는 일로 여기는 사람이었다. 나폴레옹 3세가 뒤낭 씨의 믿음 가는 얼굴에 신뢰를 보낼지 몰라도 전쟁장관으로서 랑동 원수는 그것만으로는 만족할 수가 없었다. 랑동이 요구하는 바는 바로 분명한 정보, 상세한 설명, 그리고 설득력 있는 보장이었다. "예를 들면 그 위원회라는 것의 목적은 무엇인가? 그리고 어떠한 인물들로 구성될 것인가? 누가 위원회장을 맡을 것인가? 회합의 장소는 어디가 될 것인가?" 등등의 질문을 랑동은 며칠 후 뒤낭에게 직접 물었다. 랑동 원수는 설렁설렁 넘어갈 생각이 전혀 없었다.

뒤낭은 당연히 그의 비위를 맞추려 노력했다. 1864년 1월 26일 만남에서 뒤낭은 랑동에게 자신이 해 줄 수 있는 선에서 최선의 답변을 제공했다. 그러면서 뒤낭은 러시아, 프로이센, 뷔르템베르크, 올덴부르크(대공국), 벨기에, 그리고 부상병들을 위한 십자가라는 대의를 위해 기꺼이 영혼을 바칠 각오가 되어 있는 다른 모든 국가가 보여준 호의적인 반응을 일일이 언급했다. 전쟁장관 랑동 원수를 설득했다고는 할 수 없지만, 적어도 어느 정도 진정은 시킨 듯했다. 한편, 나폴레옹 3세는 기세를 몰아 2월 19일에 뒤낭이 자신의 내각 외무장관 드루앵 드 뤼스를 접견하는 걸 허락한다고 확인해 주었다. 이는 '귀하가 제시한 구급 차량, 의료소, 부상병과 의무 부대의 중립화를 장관이 검토'하기 위한 만남이었다. 뒤낭은 파리 공략 작전에서 우선 1라운드 승리를 거둔 셈이다.

전쟁 위원회

2월에 제네바로 돌아온 뒤낭은, 귀스타브 무아니에가 병중이라 잠시 숨을 고르는 사이, 더욱 열성적으로 국제위원회 간사로서 활동을 재개했다. 프랑스에서 적십자위원회를 꾸리기 위해서 가장 명망 높은 인사들을 모으려고 온갖 노력을 기울였던 것과는 달리, 스위스에서 이러한 방향으로 유일하게 성공한 활동은 에나르 부인의 주도 하에 제네바에서 결성된 부인들의 명예 위원회뿐이었다. 이는 붕대와 치료 용품들을 준비하고, '붕대의 밤' 행사를 열 목적으로 꾸려진 조직이었다. 그러한 가운데 그해 1864년 초에 슐레스비히—홀슈타인[4] 쪽에서 분명하게도 전운이 감돌기 시작했다. 이 두 공국은 덴마크 왕국에 병합되어 있었지만 주민 대다수가 독일어를 한다는 이유로 프로이센이 영유권을 주장하고 있는 곳이었다. 프로이센과 오스트리아는 1864년 1월 16일에 최후 통첩을 전하더니 2월 1일에 벌써 덴마크 영토를 침공하였다. 새로운 전쟁[5]이 발발하였다.

제네바 부인들이 꾸린 명예 위원회는, 꼭 이 전쟁을 배경으로 창설된 것은 아니지만, 예상보다 훨씬 일찍 자신들의 유용성을 증명할 계제를 맞은 셈이 되었다. 사실상 제네바 국제위원회는 에나르 부인에게 그녀 주변에 '붕대의 밤'을 여럿 개최하도록 종용하였고, 또한 '부인들의 보조위원회'를 만들어 그러한 행사를 어느 정도는 공식화하게끔 하였다. 제네바 상류 사회의 귀부인들이 아무리 뒤낭을 존경한다 해도, 이들은 뒤낭을 위해 스위스 아니 심지어 제네바에서 위원회다운 위원회를 이

---

4 슐레스비히 공국은 덴마크계 국가이지만 지속적으로 독일계 인구가 증가한 상황이었고, 홀슈타인 공국은 신성로마제국의 가맹국으로 독일계 국가였으나 1460년 크리스티안 1세부터 덴마크 왕국과 동군연합 상태(덴마크 국왕이 공작위를 겸함)로 수백 년 동안 함께한 상태였다. 나폴레옹이 신성로마제국을 붕괴시킨 후 홀슈타인은 신설된 독일 연방(1815)에 편입되었는데, 이 과정에서 덴마크 국왕이 독일 연방에서 표결권을 행사하는 상황이 발생했다. 1848년 독일 연방의 혼란을 틈타 덴마크에서는 실제로는 덴마크 영토가 아닌 슐레스비히와 홀슈타인을 정식으로 병합하려는 시도를 하게 된다. 이 과정에서 제 1차(1848~1852)와 2차(1864) 슐레스비히 전쟁이 발발했다.
5 2차 슐레스비히 전쟁(1864년 2월 1일 ~ 10월30일).

룰 초창기 핵을 이루어 줄 수는 없었다. 프랑스에서 저명한 이들을 모아 적십자위원회를 설립하기 위해 애쓰고 있는 판인데, 설마 뒤낭이 자신이 나고자란 도시에서 같은 일을 해내지 못하겠는가? 뒤낭 개인이 주도한 일임에도 그는 국제부상자구호위원회의 이름으로 이미 3월부터 설립을 기획 중인 '제네바 분과'에 참여해 달라고 명망 높은 십여 명의 신사들에게 연락을 취하였다.

3월 2일 첫 번째 거절의 답장이 도착했고, 이어 7일에 두 명이 역시 거절 의사를 밝혔다. 4번째 거부 서신이 11일에 도착했고, 12일에 또 한 명이 거절 의사를 밝혀왔다. 마지막으로 19일에 또 한 명이 거절했다. 서로 합의 하에 이렇게 거절을 하지는 않겠지만, 뒤낭의 요청을 받은 대다수가 부정적인 답을 보내왔다. 유럽 전역의 수도에서 총리실과 왕궁의 문이 그를 향해 활짝 열렸는지 몰라도, 앙리 뒤낭은 위원회에 참여해 달라는 자신의 요청을 영예로운 제안이라 여길 이상주의자 몇 명조차 자기 텃밭에서는 찾아내지 못한 셈이다.

이러한 결과는 그 누구라도 낙담시켰지만, 뒤낭이라면 이야기가 다르다. 한창 부정적인 답변이 쇄도하던 3월 13일, 뒤낭은 한자리에 모인 제네바위원회 동료 세 명, 즉 뒤푸르, 모누아르와 아피아에게 — 귀스타브 무아니에는 여전히 병중이었다 — 그래도 어쨌든 긍정적으로 답을 해온 몇몇 사람들과 함께 제네바 분과를 창설하자고 제안하였다. 그 이유는 시사 문제로 인해 그를 다급해졌기 때문이었다. 덴마크와 독일 사이의 전쟁이 이제 6주 차에 접어드는 가운데 국제위원회는 자체적으로 행동하거나 구호 활동을 개시할 자격을 아직 갖추지 못한 상태였다. 그게 제네바 분과든 스위스나 프랑스 협회든 간에 오직 부상자구호위원회만이 현장에 대표단을 파견할 수 있는 상황이었다. 뒤낭은 개인적으로 본인이 직접 전쟁 현장으로 즉시 가고픈 마음이었다. 하지만 나폴레옹 3세가 이제 막 프랑스는 "외교장관을 통해 중립화의 문제를 유럽 전역의 조정과 함께 외교 차원에서 다루겠다."고 발표한 참이었다. 게다가 뒤낭은 그러한 내용을 같은 날, 즉 3월 13일에 자랑스럽게 국제위원회의 동료들에게 언급하였다. 이 소식은 적어도 두 가지 관점에서 결정적으로 중요했다. 첫째로 구호에 나선 이들의 중립화를 언급한 저 논란의 베를린 회람에 대해 한편으로 황제가 힘을 실어준 셈이고, 둘째로는 프랑스의 개입이 다른 한편으로 1863년 10월 제네바 회의의 '결의 사항'과 '권고 사항'의 내용을 가장 높은 수준의 외교 영역으로 올려 놓았다는 사실 때문이다.

하지만 프랑스에서 일이 진척됨에도 불구하고 뒤낭은 당장의 목표에서 눈을 떼지 않았다. 지역 분과를 설립한다는 위원회의 결정이 있은 지 4일 만에 그가 끌어들인 제네바 사람들 몇명이 티타임에 맞춰 그의 집에 모였다. 모임이 시작되자 사소한 절차상의 일에 집착하는 성격의 소유자 뒤푸르 장군은 일단 '제네바 분과가 설립'되었다고 즉각 선언하였다. 한자리에 모인 이들은 이어 본론으로, 즉 덴마크 국경에서 벌어지고 있는 공국 간의 전쟁에 대한 논의에 들어갔다. 생긴 지 겨우 30분밖에 되지 않은 제네바 분과는 슐레스비히-홀슈타인의 전쟁 지역에 두 명의 대표를 파견하기로 결정하는데, 이제 막 생겨난 적십자임에도 이미 적십자의 핵심 가치인 '공평'을 중시했다는 사실이 눈에 띈다. 즉, 의사인 루이 아피아를 독일로, 그리고 1863년 제네바 회의에 네덜란드 대표였고 워낙 이 일에 전심을 다하는지라 5인 위원회에서 마치 제6의 멤버라고도 할 법한 카렐 판 데 펠데 대위를 덴마크로 파견하기로 하였다. 이 두 사람의 임무는 '자원 구급 차량의 상황에 대해 조사하고 필요에 따라 행동을 취하는' 일이었다.

그들의 우선 순위는 명성을 얻는 게 아니라 행동하는 것임이 명백했다. 새로운 회원들은 이 두 대표가 길을 떠나기 전에는 제네바 분과 창립에 대해 소문을 내지 않기로 합의하였다. 심지어 두 사람이 제네바로 복귀할 때까지도 입을 다물기로 했는데, 이는 사실 두 명의 대표 파견이야말로 새롭게 결성된 자신들의 조직이 존재하는 이유라고 보았기 때문이었다.

아피아는 1864년 3월 22일에, 그리고 판 데 펠데는 3월 29일에 각각 제네바를 떠났다. 그렇게 보면, 위원회에게 제네바 분과를 설립하자고 제안했던 날인 3월 13일부터 이들이 파견되기까지, 즉 앙리 뒤낭이 세계 최초의 국제적십자위원회 대표 두 명을 세상에 내보내기까지 불과 12일이 걸린 셈이다.

이미 일정이 꽉 차있던 그달 즉 1864년 3월에 뒤낭은 집필 중이던 『전장에서의 자비Charit sur les champs de bataille』의 마지막 퇴고 작업까지 이어갔다. 이는 5인 위원회 동료들로부터는 그다지 좋은 평가를 받지 못했던 그 문제의 의견서 일부를 재구성한 책이었다. 뒤낭은 이를 단순히 출판이 가능하게끔 수정했을 뿐 아니라 ― 그는 그냥 보관할 목적으로 글을 쓰는 사람이 절대 아니었다 ― 자신보다 먼저, 이미 부상병과 구호 인력의 중립성이라는 개념에 대해 고찰한 바 있는 몇몇 박애주의자들의 공적을 인정하는 내용을 담아냈다. 뒤낭은 사실 자신이 최초로 고안하지도 않은 아이디어를 도용한다는 비판에 맞닥뜨렸다. 그러다 보니 어물쩡 넘어가며 허영에 가득찬 사람으로 보이기보다는 자신이 무지했음을 공개적으로 인정하는 방식을 취함으로써, '배은망덕'하다는 자신에 대한 평가를 바꿔놓는 일이 그에게는 매우 시급했다.

프랑스의 기약

제네바에 있는 동안 저서의 출간, 지역 위원회 창설, 전쟁터로 두 명의 대표 파견 등의 성과를 이뤄낸 뒤낭은 마음도 가볍게 파리로 다시 향할 수 있었다. 외무장관 드루앵 드 뤼스와의 접견이 4월 22일로 예정되어 있기도 했다. 이는 추후에 열릴 외교 총회를 위해 매우 중요한 만남이었다. 실제로 대부분의 정부가 자국에서 구호위원회 설립을 보장하기로 했다 해도, 그리고 중립성의 원칙을 마음에 들어한다 하더라도, 또 통일된 상징을 도입하는 것이 적절하다고 생각한다 해도, 국가 차원의 회합을 소집하는 데 정부들로부터 긍정적인 답변을 이끌어내는 건 훨씬 어려운 일이었다. 강대국 한 나라가 나서서 강하게 추진해 주어야 이야기가 진행될 수 있는 상황이었다.

앙리 뒤낭은 제네바 협약의 초석을 놓을 외교 회의의 세부 사항을 논의하기 위해 혼자서 1864년 4월 22일 프랑스 외무부로 향했다. 프랑스 수도에 파견된 스위스의 전권 공사 요한 콘라드 케른이 일이 성사되도록 도와주긴 했지만 접견 자리에 뒤낭을 동반하지는 않았다. 그러니 그 자리에서 어떤 이야기가 오갔는지에 대해서 뒤낭의 회고록의 기록에만 의존할 수밖에 없다.

대화의 시작부터 프랑스 외무장관은 의중을 분명히 밝혔다. 주도권은 스위스 측에서 쥐고 있다는 게 그의 의견이었다.

"만약 중립성 개념을 변화시킬 목적으로 스위스 연방이 선진국들에게 초대장을 보내어 스위스 한 도시에서 열리는 외교 회의 참석을 요청한다면, 프랑스는 군사 강국으로서 기꺼이 그 길을 지지하고, 초대장을 받은 국가들이 스위스의 초대에 응하도록 설득할 준비가 되어 있습니다."

뒤낭은 외무장관의 이야기를 들으면서 분명 이미 문제 두 가지가 해결되었다고 생각했을 것이다. 우선 프랑스가 외교 회의 개최권 자체를 원하는 것이 아니라는 점이고, 두 번째로는 프랑스가 지지 의사를 분명히 해 줄 의도가 있다는 사실이었다. 하지만 언제나처럼 모든 일은 구체화 단계에 들어서는 순간 복잡해지게 마련이다. 프랑스 외무장관은 이 회의가 당연히 스위스 연방의 수도이자 연방평의회가 위치한 베른에서 열릴 것이라 생각하는 모양이었다. 그러나 뒤낭의 생각은 그와 전혀 달랐다.

"각하, 이 일은 제네바에서 시작되었습니다. 첫 번째 회의가 제네바에서 열렸고 또 발의자인 국제위원회의 본부도 그곳에 있지요. 마지막으로 한마디 드린다면, 외교 회의가 제 고향 제네바에서 열린다면 주창자로서 저는 매우 큰 영광으로 생각할 겁니다…"

앙리는 말을 더 잇지 못하고 주춤하였다. 고향 제네바를 옹호하는 발언을 하는 동안 장관이 상당히 곤란해 한다는 걸 눈치챘기 때문이었다. 완강한 언짢음을 억누르려는 듯 장관은 무거워 보이는 눈꺼풀을 잠시 감았다. 구시대 프랑스 귀족에게 제네바는 여전히 종교적 일탈, 즉 종교 개혁의 낙인이 생생히 찍힌 곳임에는 의심의 여지가 없었다. 하지만 국제 관례가 우위에 있었다. 한두 가지 베른을 지지하는 논거를 제시하던 드루앵 드 뤼스는 회의 장소를 양보하고는 다음 문제로 이야기를 이어갔다. 역시나 민감한 사안이었다. 바로 어떤 국가들을 소집해야 하는가의 문제였다.

그런데 다시 한 번 뒤낭은 초대 국가의 명단을 제시함으로써 장관의 심기를 건드렸다. "뭐라구요! 독일의 모든 소공국까지 다 초대하겠단 말입니까?" 뒤낭이 도무지 끝도 없어 보이는 명단을 읽어내리는 걸 듣고 있던 장관이 놀라서 목소리를 높였다.

제네바 국제위원회가 파견한 대사라고 할 수 있는 뒤낭은 1863년 10월에 열린 준비 차원의 회의에 참석했던 국가들은 다음 단계인 외교 회의에도 당연히 참여할 자격이 있다는 점을 강조했다. 그의 논지에 장관은 수긍했다. 그러나 뒤낭이 배제하고 싶지 않았던 남아메리카 내륙의 공화국들의 참석에 대해서는 끝내 장관의 동의를 이끌어내지 못했다. 드루앵 드 뤼스는 브라질과 멕시코, 이 두 나라의 참석에만 동의했을 뿐이다. 외교관 자질이 충분했던 뒤낭은 더 이상 우기지 않았다. 외교 회의는 스위스 정부의 초청 하에 제네바에서 열릴 것이고, 이에 대해 프랑스가 전적으로 지지 의사를 보내고 있었다. 이것으로 벌써 충분히 엄청난 일이 아닌가!

이번에는 뒤낭이 어떻게 제네바위원회 동료들에게 자신의 성과를 설명하였을까? 드루앵 드 뤼스 외무장관을 접견한 다음 날 무아니에에게 보낸 편지를 보면, 뒤낭은 문서와 문구류, 병사들에게 지시 사항 등을 발송하는 문제에 대해 언급했을 뿐, 드루앵 드 뤼스를 접견한 사실에 대해서는 침묵을 지켰다. 언급은커녕 넌지시도 꺼내지 않았다! 재차 정해진 규칙에 따르라는 경고가 떨어질까 봐 걱정돼서였을까? 아니면 장관을 만난 날 저녁에 바로 보낸 편지가 남아있지 않은 것일까? 어찌 되었든 이제는 더 이상 우물쭈물할 시간이 없었다. 만사를 제쳐놓고 빡빡한 전투 계획을 세울 시간이었다.

파리와 베른, 그리고 제네바 사이에서 이제는 모든 일이 신속하게 진행되었다.

제네바위원회가 두 장의 공식 서신을 발송하였다. 하나는 나폴레옹 3세에게, 또 하나는 외무장관 드루앵 드 뤼스에게 보내는 서신이었다. 5월 19일 뒤낭에게 보낸 편지를 보면 무아니에는 자기가 아는 바가 없고, 아무도 자기에게 언질을 주지 않는다며 초조함을 감추지 못했다. 위의 두 공식 서한에 답장이 오지 않았기 때문이었다. 뒤낭은 아마도 무아니에를 안심시킬 만한 말을 할 수 있을 때까지 기다리고 있던 걸로 보인다. 5월 21일 무아니에에게 보낸 답장에서 뒤낭은 케른 전권 공사와 드루앵 드 뤼스 장관은 외교 회의가 스위스 연방 정부에 의해 소집되어야 한다고 생각한다고 전하며 무아니에를 안심시켰다. 뒤낭은 이미 스위스 연방군의 최고 군위관이자 1863년 10월 제네바 회의에 스위스 대표로 참석하였던 레만 박사의 의견을 타진해 두었는데, 박사 또한 연방 정부가 주도해야 한다는 데 찬성하는 입장이었다. 케른은 위원회(즉 '뒤푸르 장군과 귀하들'을 의미한다고 뒤낭은 무아니에에게 확인시켰다)가 스위스 연방 평의회에 공식 요청을 해서, 제네바에서 개최할 새로운 외교 회의에 대한 초대를 연방 차원에서 하도록 해야 한다고 제안하였다. 그리고 뒤낭은 전권 공사 케른의 조언에 따라 작성한 연방 정부로의 공식 요청 서한 표본을 토씨 하나 틀리지 않고 세세히 받아적으라고 무아니에에게 요청했다. 이와 동시에 뒤낭은 또한 케른이 연방 대통령에게 당장에 서신을 띄워 제네바위원회가 발송할 요청 서한을 긍정적으로 검토해 달라고 할 것이며, 드루앵 드 뤼스 장관도 스위스 주재 프랑스 대사에게 스위스 연방 정부가 회의를 소집하도록 부추기라는 명령을 내렸노라고 적었다. 뒤낭의 결론은 이러했다. "이제 제네바위원회에서 연방 정부로 편지를 쓰는 일만 남았다."는 것이다. 그리고 그 편지는 '공손하게 그리고 공식적으로 외교 회의를 소집해 줄 것을 요청'하는 내용을 담아야 했다.

흥미롭게도 온 건물의 초석이 기대고 있는 장본인인 무아니에는 연방 정부로 서한을 띄우는 데 상당히 뜸을 들였다. 그는 분명 뒤낭이 제안한 대로 연방 정부에 보내는 편지 초안을 작성하였다. 그런데 도무지 서신을 발송하지 않고 있었다. 대체 왜일까?

그 이유는 요컨대 언제나처럼 낙관적으로 호언장담하는 뒤낭에 대해 그가 의심을 품고 있었기 때문이다. 연방 정부로 편지를 띄우기 전에 무아니에는 5월 25일 베른에 직접 가서 개인적으로 간단한 탐방에 나섰다. 우선 프랑스 대사관을 방문하였고, 이어 레만 박사의 중개 덕에 스위스 연방 대통령과 국방부의 수장을 만날 수 있었다. 그러고 나서야 무아니에는 마음이 놓였다. 실제로 모든 일이 뒤낭이 그에게 말한 대로 진행되고 있었다. 즉 고위층에서는 이미 상호 간에 온갖 방향으로 서신 교환이 있었고, 지지 의사 표명이 된 상태였던지라, 이제 남은 일은 제네바위원회가 스위스 연방 정부로 공식 서한을 보내는 것뿐이었다. 무아니에가 '친애하는' 간사 뒤낭을, 어떤 때는 그럴만도 해서, 또 어떤 때는 별 근거 없이, 그토록 의심을 크게 품은 탓에 아직까지 발송을 못하고 있던 그 편지 말이다. 제네바로 돌아오자마자 무아니에는 위원회를 소집하였고, 결국 뒤낭이 사전에 요청한 그대로 서신을 보내게 되었다.[F3] 하지만 무아니에는 서한 발송에 대해 스스로 결정을 내릴 필요가 있었다. 자신이 직접 수집한 정보에 의지하고, 또 자체적으로 결론에 이르러 그러한 행보를 정당화해야 했다. 이 정도로 철저한 경계심은 무아니에의 강점인 동시에 약점이기도 했다.

> 저자 주석 F3: 적십자와 관련된 이 일화에 대해서는 프랑수아의 『적십자의 요람』, 13장을 참고했다.

불화의 첫 불씨

1864년 5월 25일, 그러니까 무아니에가 베른에서 탐정 흉내를 내던 바로 그날, 뒤낭은 이미 다음 단계로 진행한 상태였다. 스위스 정부가 외교 회의를 소집하는 문제는 뒤낭에겐 이미 끝난 일이었기에, 그는 프랑스 국내 관련 문제로 뛰어들었다. 즉, 바로 이날 '부상병구호협회의 프랑스 임시 위원회'가 발족되었다.

뒤낭은 몇 달 전부터 이 협회의 발족을 위해 이리 뛰고 저리 뛰었다. 개신교 상류층 사회를 누비고 다녔고, 프랑스 귀족 사회 전체와 온갖 문인들, 과학자들의 모임을 순회하면서 노력을 기울였다. 이렇게 하여 그는 명망있는 인사들을 끌어들이는 데 성공하였다. 플라비니 백작, 위베르살라댕 대령, 오귀스탱 코생, 테오도르 베른 그리고 여전히 뒤낭의 일에 함께하는 다리코 남작까지 포함되었다. 첫 총회를 열기 위해서 뒤낭은 귀스타브 무아니에의 처삼촌이자 자신의 오랜 지인인 프랑수아 바르톨로니에게 오를레앙 철도 회사의 이사회가 소유한 멋진 살롱 중 하나를 쓸 수 있게 해달라고 부탁했다.

뒤낭은 그 자리에서 설득력 있는 연설을 하였다. 그는 이 조직의 목적이 무엇인지 상기시키고 정관을 만들기 위한 초안을 제시했다. 임시 위원회는 몽테스키우 장군, 페장삭 공작 그리고 나폴레옹 3세의 후원 하에 설립되었다. 이렇게 높은 작위를 지닌 이들과 프랑스 학술원의 회원들, 프랑스 제국의 장군들, 그리고 대금융가들 사이에 자리한 제네바위원회 간사 뒤낭의 행복감은 극에 달했다. 스위스에서건 프랑스에서건 모든 일이 술술 풀리고 있었다. 발족 장소인 살롱의 금빛 장식 패널이 굽어보는 가운데 자신에게 뜨거운 박수를 보내는 청중에게 인사를 하면서, 뒤낭은 적어도 그렇다고 믿었다. 다른 일들은 좀 더 기다려도 되리라.

사실 그의 다른 일들은 이미 거의 2년 가까이나 방치되어 있었다. 『솔페리노의 회상』의 출판 후 회오리바람이 몰아치는 듯한 시간을 보내는 동안, 뒤낭은 자신의 사업에서 거의 손을 뗀 상태였다. 모든 게 알아서 잘 굴러가고 있다고 굳게 믿었기 때문이다. 물론 가치가 20만 프랑 정도로 평가되는 제분소와 광산, 사업 가능성이 유망한 방대한 숲까지 보유한 뒤낭이 알제리에서 토지 소유주로서 지닌 위치는 상당히 부러워할 만했다. 하지만 이 모든 건 항시 새로운 자본을 끌어들여야만 하는 사업이었고, 새 자본을 모으는 일은 시간이 갈수록 어려워졌다. 회사 이사회가 약속한 개별적인 투자로는 더 이상 충분하지 않을 거라는 사실을 뒤낭은 이제 막 파악한 참이었다. 우선 코르크 떡갈나무 숲을 개발하기 위해 50만 프랑 투자 모집을 1월에 개시했으나 기대 금액을 모으는 데 실패했기 때문이다. 게다가 알제리 사업에서 그의 오른팔이자 필수 불가결한 인물 앙리 닉이 밀 투기를 하다 상당한 돈을 잃었고, 그 과정에서 자기 돈만 갉아 먹은 게 아니라, 몽스-제밀라 제분 회사의 자본까지도 잠식하는 일이 있었기 때문이다. 뒤낭은 그래서 좀 더 건실한 회사와 협력하거나, 아니면 자신이 상상하는 사업 규모에 걸맞는 자본을 끌어들일 수 있도록 좀 더 스케일이 큰 무언가를 스스로 만들어 내야겠다고 생각했다. 이러한 맥락에서 나폴레옹 3세와 프랑스 귀족 사회가 그에게 보여준 선의뿐 아니라, 프랑스와 스위스 금융계 저명 인사들과의 교류는 구호위원회 차원을 넘어서 그의 알제리 사업이 발전하는 데에도 도움이 될 수밖에 없었다. 아니, 적어도 뒤낭의 생각은 그러했다. 그 당시, 즉 1864년 5월에는 아직 모든 게 구제 가능한 상황이었기 때문이다.

벌써 습관이라도 된 듯 무아니에는 행복에 겨운 뒤낭에게 찬물을 끼얹었다. 무아니에는 그에게 5월 28일자로 서한을 보내어 심히 쾌활하게도 자신이 베른에서 보낸 하루에 대해 이야기했다. 뒤낭의 눈에 그건 자신이 주도한 일에 대해 무아니에가 조종 아니 심지어 정정 작전에 나섰다는 사실 그 이상도 이하도 아님이 명백했다. 게다가 무아니에는 파리에 있는 스위스 팀, 말하자면 전권 공사 케른과 뒤낭에 대해 두 사람이 너무 말이 많다는 식으로 에둘러 나무랐다. 마지막으로는 '유럽 강대국들'로 초대 대상을 제한하겠다는 스위스 연방 정부의 입장을 찬성한다고 적었다. 무아니에의 핑계는 브라질이나 멕시코까지 소집하기에는 시간이 너무 촉박하다는 것이었다. 그 두 나라는 뒤낭이 애초부터 제네바 회의에 합류시키기를 원했던 국가들이었는데 말이다.

이번에는 너무 심했다. 뒤낭은 답장에 무아니에에게 그의 '훌륭한 서신'이 자신에게 '큰 기쁨'이었다고 적었다. 온갖 소식을 다 전하고 나서 마지막 단락에다 뒤낭은 이렇게 기록했다.

"이제, 친애하는 무아니에, 나는 내가 할 수 있는 한 우리의 과업을 가능케하고 또 진전시키기 위한 모든 일을 다 했다고 생각합니다. 이제 나는 완전히 물러나고자 합니다. 그러니 적극적으로 협력할 것은 기대하지 않으면 좋겠군요. 이제 나는 그림자가 되려고 합니다. 이제 우리의 과업은 개시되지 않았습니까. 나는 그저 하나님의 손에 들린 도구였을 뿐입니다. 이제는 다른 이들, 나보다 더 자격을 갖춘 이들이 그 일을 진행시켜야 할 때가 된 것입니다."

그리고 그가 지금까지 그래왔던 것처럼, 하지만 이제는 마지막으로 무아니에에게 '정다운 친교'의 인사를 보낸다는 문구로 편지를 마무리하였다.

이토록 갑작스런 간사 뒤낭의 사직서를 받아든 위원장 무아니에는 즉시 그를 붙잡으려 들었다. 다음은 6월 1일 무아니에가 보내온 편지의 내용이다.

"불행히도 자네의 편지는 우리 모두를 충격에 빠뜨린 소식으로 마무리되었네. 자네의 협력이 우리에게 꼭 필요한데도 더 이상 우리와 함께 일하지 않을 것을 진지하게 고려했다는 걸 도무지 믿을 수가 없다네. 우리는 모두 자네에게 도우미이지 자네를 대체할 수 있는 사람들이 아니지 않은가. 그리고 우리를 저버린다면 그건 가장 확실히 이 과업의 성공을 불투명하게 만드는 일이지 않겠는가. 이제 막 결실을 맺으려 하는 바로 지금 시점에 말일세."

이렇게 호소하긴 했지만 뒤낭을 잡으려 한 건 무아니에의 진심이었을까? 오른손으로는 분명 그를 붙잡으려 들었다. 허나 그는 동시에 왼손으로는 뒤낭에게 (맞아도 마땅한) 따귀 한 대를 또한 날렸다. 드루앵 드 뤼스와의 접견이 있은 지 얼마 되지 않은 4월 어느 날, 뒤낭은 곧 열릴 외교 총회의 주최지로 고향 제네바를 강력히 옹호했노라고 자랑하는 서한을 제네바 정부에 보냈다. 안타까운 일은, 뒤낭이 성과를 더해가면서 점점 더 눈에 띄게 허영에 가득찼고, 그런 태도로 이런저런 사람들을 언급하며 1인칭으로 편지를 쓰는 기쁨을 만끽하기 시작했다는 점이다. "프랑스인들의 황제께서 내게 말씀하시기를 내가 원하는 건 모두 해 줄 용의가 있다고 하셨습니다."라든지, "나는 제네바를 지목하는 것을 서슴지 않았습니다." 또는 "내가 오늘 또 뵈었던 드루앵 드 뤼스 장관께서는…" 등등의 문장을 예로 들 수 있다. 또 문제가 있었으니, 뒤낭이 제네바 정부에 서신을 보낸 며칠 후에 그가 혼자서 이런 행보를 하고 있는 줄 전혀 몰랐던 뒤푸르 장군 역시 엄숙한 어조로 다음 외교 회의에 대해 알리는 서한을 제네바 정부로 보냈다는 점이었다. 6월 1일 답장에 무아니에는 이렇게 적었다. "장군께서는 그런 역할을 하게 된 데 대해 자네에게 매우 언짢아하셨다는 걸 숨기지 않겠네. 게다가 제네바 주정부에서도 자네가 보낸 서한의 내용에 동의하기보다는 오히려 불쾌하다는 입장이었다네." 무아니에는 조언의 탈을 쓴 다음의 단락으로 편지를 마무리하였다.

"우리 입장이 얼마나 어려운지를 자네가 이해해 주었으면 하네. 자네가 보여주는 지나치게 열성적인 태도에 방어적인 태도를 취할 수밖에 없어도 말일세. 또한 내가 아주 단호하게, 우리에게 미리 알리거나 우리와 미리 상의하지 않고는 제발, 그 어떤 중요 업무도 진행시키지 말기를 재차 부탁하는데, 이런 부탁에 화내지 않기를 바라네. (물론, 긴급 상황은 제외하고 말일세) 왜냐하면 그에 대한 책임은 우리가 져야하기 때문이네. 그러니 우리에게 적어도 무슨 일이 벌어지고 있는지 알려주는 게 최소한의 예의 아니겠는가."

뒤낭은 항복했다. 순순히 말을 듣기로 하였다. 위원회에는 남겠지만 이제 그는 자신의 위치가 어딘지를 분명히 깨달았다. 국제적십자위원회의 리더십을 향한 경주는 이미 끝났다. 위원회에서는 이제 귀스타브 무아니에가 최고 지휘권을 갖게 된 것이 분명하며, 이렇게 된 데에는 필시 나머지 3명의 위원의 가호가 있었으리라.

외교 회의를 준비하다

외교 회의는 1864년 8월 8일 제네바에서 열리는 것으로 결정되었고, 스위스 연방 정부의 초청장은 6월 6일에 발송되었다. 그로부터 며칠 후 프랑스 정부는 초청받은 국가들에게 외교 회의 개최를 지지하는 서한을 보냈는데, 그러면서 제네바위원회에는 그 내용을 전달해 주지 않았다. 귀스타브 무아니에가 한숨을 쉴 만한 일이 하나 더 추가된 셈이었다.

소집된 25개국 중에서 16개국이 참석 의사를 분명히 밝혔다. 오스트리아와 바이에른[6], 그리고 가톨릭 국가들은 개신교의 로마라 불리던 제네바에 대한 불신이 여전하였는지 단호하게 참석을 거부하였다. 그 외 국가들은 성공 개최를 기원하면서도 대표를 파견하지는 않을 예정이었다.

각국의 대표단을 절차를 갖추어 맞이하는 건 중요한 일이었기에 우선 연방 정부가 공식 초청을 하고 제네바에서 손님맞이를 담당하기로 하였다. 그러나 여느 제네바 사람이 맡을 일은 아니었다. 준비위원들이 만장일치로 동의한 부분이 있다면, 제네바 주정부와는 가능한 한 거리를 두어야 한다는 점이었다. 수많은 부분에서 상이한 의견을 보여주던 무아니에와 뒤낭조차 이에 대해서는 놀랄 정도로 생각이 같았다. 대표단이 제네바 레만 호숫가 산책을 할 예정인가? 준비 과정에서 무아니에는 뒤낭에게 이렇게 서한을 보냈다. "아마 스위스 연방 평의회에 문의할 수 있을 걸세. 하지만 이 문제를 제네바 주정부에 의뢰해서는 안 되네. 온갖 부하들을 다 모아다가 일을 벌려서 우리 행사를 아주 천박한 모양새로 만들 게 뻔하니 말일세." 이에 대해 뒤낭은 "백 번 천 번 동의합니다."라고 답했다. 이토록 고상한 대행사를 극단주의자들의 길거리 축제로 전락시켜서는 안 된다는 생각이었다.

그러므로 부대 행사는 원칙적으로 비공식적인 차원에서 진행하기로 결정되었다. 비공식적이고 성대하면서도 행사의 숫자가 많은 탓에, 뒤푸르 장군은 심지어 "좀 너무 많다."고 할 정도였다. 무아니에 또한 '아침부터 저녁까지 여흥 행사로 가득 차' 있는 게 아닌가 하는 우려를 하였다. 부대행사 담당 앙리 뒤낭이 열과 성을 다해 준비한지라 실제로 외교 회의의 프로그램은 빡빡하게 차 있었다. 우선 대표단은 무아니에의 자택에서 열릴 '신사들의 모임'에 참석할 예정이다. 좀 더 정확히 말하자면 이 행사의 장소는 무아니에의 처가, 즉 파카르 가문이 소유한 레만 호숫가 세슈롱에 위치한 웅장한 저택이었다. 다음 날 대표단은 안내를 받으며 호숫가를 산책하고, 베르수아에 위치한 테오도르 베른의 자택으로 향할 예정이다. 그곳에서 이들은 렐베티호를 타고 다시 제네바로 돌아와 파브르 대령의 자택에서 만찬을 진행하게 된다. 그다음 날인 금요일의 계획은 프랑수아 바르톨로니의 자택에서 보트 경주 관람으로, 해가 저물면 음악을 연주하며 항해하는 두 증기선을 띄울 예정이다. 끝으로 그날 금요일 저녁에는 연방 정부가 메트로폴 호텔에서 주최하는 만찬이 계획되

6 오스트리아는 오랫동안 신성로마제국 황제를 배출한 가문이 통치하는 국가였으며, 바이에른 공국은 독일 제후국 중에서도 대표적으로 가톨릭교회를 수호하는 나라였다.

어 있고, 그 자리에는 식사가 끝날 무렵 합창단과 군악대가 등장할 예정이다.

이러한 멋진 행사 프로그램은 외교 회의 개회 직전까지 수차례에 걸쳐 수정을 거쳤다. 그렇지만 부대 행사의 메뉴 자체는 여전히 풍성하게 유지되었다. 행사 담당자 뒤낭이 준비를 좀 지나치게 한 것 같다면 그건 아마 그에게 딱히 명확한 역할이 주어지지 않았기 때문이리라. 무아니에가 뒤낭의 사퇴 의사를 반려하는 동시에 최후의 견책을 준 이후로 뒤낭은 두드러진 행동을 하지 않고 가만히 있기로 결심한 듯 보였다.

6월 중순에 무아니에는 쉰즈나흐로 온천 요법을 하러 떠났다. 그는 떠나기 전 개최지를 회의에 걸맞게 준비하는 데 아주 복잡한 온갖 지시 사항을 뒤낭에게 남겼다. 뒤낭은 완전히 순종적인 태도로 지시에 따랐다. (그들의 집사였던) "데라부르를 잘 감독하도록 하겠습니다. 당신이 그렇게 하기를 원하시니 당신의 지시 사항에 따르겠습니다." 얼마 후 7월에도 비슷한 태도를 보여주는 서한이 도착했다. 쉰즈나흐에 있는 무아니에에게 보낸 편지에 뒤낭은 "당신의 훌륭한 아이디어들을 알려주십시오. 실행은 제가 책임지겠습니다."라고 적었다.

그해 여름 동안 뒤낭은 단 한 번 예고도 없이 반기를 든 적이 있다. 무아니에는 아직 쉰즈나흐에 체류 중이었고 뒤낭은 마치 비서나 하인처럼 지시 사항을 따라야 하는 상황에 진저리가 나기 시작했다. 자신을 되찾은 듯 뒤낭은 7월 9일자 편지에 다음과 같은 말을 던졌다.

"돌아온다는 소식을 들으니 기쁩니다. 오직 당신만이 이 모든 걸 조직할 수 있기 때문이지요. 나로서는 도저히 상세한 것에 신경 쓸 수가 없습니다. 할 일이 너무나 많기 때문입니다. 중요한 문제라면 저를 믿어 주십시오. 하지만 구체적인 사항은 저의 일도 아니고, 그런 걸 다룰 시간도 없습니다. (중략) 회의 개최일이 가까워 오면, 당신이 자잘한 일들이나 장소 관련 일을 할 수 있게 제 비서 두 명과 하인 한 명을 딸려줄 생각입니다. 다만 제게 맡기지는 말아 주십시오."

안타까운 건 뒤낭이 아무리 버둥거려도 언성을 높여도 소용이 없었다는 점이다. 무아니에와 뒤푸르는 그에게 그 어떤 '중요한 사안'도 맡기지 않았다. 사전 준비 과정에서든 회의 개최 중에든 그리고 외교 회의가 끝난 후에도 마찬가지였다. 뒤푸르 장군과 법률가 무아니에는 함께 '법률적인 문제'로 협약 초안을 작성하는 임무를 맡았다. 반면에 뒤낭은 그러한 사항을 책임지기에는 역부족이었다. 5월에 이미 뒤푸르 장군에게 회의를 주재해 달라는 공식 요청이 있었고, 무아니에는 스위스 군대 최고 군의관인 레만 박사와 함께 스위스 연방 정부의 전권 대표로 낙점되었다. 원한다면 베르수아부터 에비앙에 이르는 온 정박지를 조명으로 환히 밝히는 일을 할 수 있을지는 몰라도, 뒤낭의 시대가 이미 지나갔다는 건 분명했다.

1864년 외교 회의

"우리가 원하는 바는 단 한 가지, 즉 교전 중에도 구급 차량과 의료 인력의 중립성을 보장하는 것입니다." 1864년 8월 8일 제네바 시청 내 과거 법정으로 쓰였던 회의실에서 뒤푸르 장군은 35명의 대표단을 향해 이와 같이 외교 회의의 목적을 선언하였다. 공식 대표단이 자리한 대형 원탁 뒤로 놓인 작은 책상 앞에는 바로 그 중립화 개념을 고안해 내고 끊임없이 옹호해 온 장본인이 앉아 있었다. 허나 그에게는 발언권이 없었다. 그 현장에서는 그저 제네바위원회 멤버 중 한 명일 뿐이던 뒤낭은 동일 자격으로 참석한 루이 아피아나 테오도르 모누아르처럼 그저 논의 현장에 입회만이 가능했다.

하지만 이 문제에 대한 접근 방식뿐 아니라 최종 결정 내용을 살펴보면, 뒤낭의 직감이 옳았음이 드러난다. 그럼에도 불구하고 제네바 협약은 뒤낭을 배제한 채, 아니 그를 옆으로 미뤄둔 채로 성사되었다.

일차적인 일련의 논의가 8월 8일부터 12일 사이에 이루어졌다. 이어 16일부터 18일까지 논의가 재개되었다. 이때 무아니에가 물론 포함된 '외교위원회'가 주도적으로 최종 협약문을 작성하는 임무를 맡았다. 제네바 협약의 서명은 1864년 8월 22일 월요일에 있었다. 불행히도 같은 날 제네바에는 선거 관련 돌발 상황이 발생하였다. 소요 사태가 악화하여 시청으로 군중이 몰려들었다! 그러다 보니 제네바 외교 회의 대표단의 엄숙한 서명식 광경 너머로 건물 밖에는 사람들의 몸싸움과 고함 소리가 울려퍼지는 상황이 되었다. 마침내 시위대가 시청 앞마당까지 진입하였다. 서명식에서 별 역할이 없던 뒤낭은 즉시 회의장을 나와서 그 앞의 대기실 문을 걸어잠궜다. 일단 대표단의 안전을 확보하였으니, 그는 이제 극도로 흥분한 시위대와 협상을 시도할 수 있었다. 뒤낭은 밖에 나와 시위대에게 그냥 가던 길을 계속 가라고 설득하였지만, 그들은 뒤낭의 말을 듣지 않았다. 시위대 중 일부는 건물 2층까지 들어와 제네바 정부를 몰아낼 기세였다. 그래도 뒤낭의 입장에서 최악의 사태는 피한 셈이었다. 그는 회의장으로 돌아갔고, 거기 있던 대표단은 바로 옆에서 벌어지는 소요 사태를 거의 알아차리지도 못하고 있었다.

협약 서명이 끝나고 대표단이 다 떠난 후에도 뒤낭은 혹시 어쩔지 모르니 뒤푸르 장군을 댁에까지 모셔드렸다. 장군은 외교 회의의 마지막 순간이 소란 속에 마무리된 데 대해 상당히 침울해 했다. 그러고 나서 시청으로 돌아온 뒤낭은 몇몇 최종 조처를 취했고, 현장에 아무것도 남겨두지 않았는지를 확인하였다. 아무도 없는 회의장에는 어수선하게 널려있는 의자와 뒤집힌 책받침, 버려진 메모지만 남았다. 그곳의 철저한 고요함이 마치 파티 다음 날과 같이 애잔함을 더하였다. 성취감도 느꼈지만 어떤 거리감에 대한, 아니 뭔가를 뺏긴 듯한 좌절감이 다가왔다. 그는 그 감정의 원인이 무엇인지, 그리고 누가 그에게 그런 감정을 느끼게 했는지를 곱씹고 싶지 않았다. 그럴 바에야 차라리 이 공동의 감정, 모든 참석자가 공유한 분명한 인식, 즉 역사적인 순간에 함께 했다는 생각을 떠올리는 게 나았다. 외교 회의 개회 전 그리고 진행 중에 대표들은 모두 자신들의 초상 사진을 서로 교환하였다. 그중 어떤 이들은 여러 칸이 있는 앨범을 챙겨오기도 했다. 아마도 몇 년 후에 혹은 몇십 년 후에라도 "그 사람이 참석했었지.", "이 사람도 있었어." 그리고 가장 중요하게는 "내가 그 현장에 있었지."라는 말을 할 수 있도록 대비하고 싶었으리라.

육전 부상자의 상태 개선을 위한 1864년 8월 22일 제네바 협약

제1조
구급 차량과 군 병원은 중립으로 인정되며, 교전 당사자들은 부상자와 병자가 수용되어 있는 한 구급 차량과 군 병원을 보호하고 존중해야 한다. 그러나 전투 부대가 구급 차량과 군 병원을 사용하는 경우 그 중립성은 종료된다.

제2조
병원과 구급 차량의 요원(병참 담당자, 의사, 행정 요원, 수송원, 군종 요원 포함)은 임무 수행 시 동일한 중립의 혜택을 누린다. 운반이나 도움이 필요한 부상자가 남아 있는 동안에도 그러하다.

제3조
제2조에 규정되어 있는 자들은 적에게 점령된 후일지라도 병원이나 구급 차량에서 구들의 임무를 계속 수행할 수 있으며, 또는 그들이 속한 부대에 합류하기 위해 철수할 수 있다. 병원과 구급 차량의 요원이 자신의 임무를 중단해야 하는 상황이라면, 점령군은 그들을 적군의 전초 부대로 인도해야 한다.

제4조
군 병원의 자재는 전쟁법의 적용을 받으므로, 병원 요원이 철수할 때에는 개인 재산에 해당하는 물건만 가지고 갈 수 있다. 그러나 유사한 상황에서 구급 차량은 보유 장비로 유지되어야 한다.

제5조
부상자를 돕는 주민들은 보호되어야 하고 자유를 누려야 한다. 교전국들의 장군들은 주민들에게 인류애를 호소하되 인도적인 행동의 중립성을 알리는 것을 자신의 의무로 삼아야 한다.
민가에 머물며 치료를 받는 부상자가 있다면 그 보호가 보장되어야 한다. 부상자에게 숙소를 제공하는 주민은 시설 사용 명령과 군용 징집의 일부를 면제받아야 한다.

제6조
부상자나 환자인 전투 요원은 국적을 불문하고 수용하여 치료해야 한다.
군사령관은 상황이 허용하고 교전 당사자의 합의가 있다면 교전하는 동안에도 부상당한 적군의 전투 요원을 적군 전초 부대로 즉시 인계할 수 있다.
부상당한 적군의 전투 요원이 치유된 다음이라도 더 이상 군복무에 적합하지 않다고 인정된다면 그들을 본국으로 송환돼야 한다.
그 밖의 다른 자들도 교전 기간 동안에 재무장하지 않음을 조건으로 마찬가지로 본국으로 송환될 수 있다.
부상자 후송 부대와 이를 행하는 요원들은 전적으로 중립으로 간주돼야 한다.

제7조
병원, 구급 차량 및 부상자 후송 부대를 위하여 공통된 식별 깃발을 채택해야 한다. 이는 모든 상황에서도 국기와 함께 게양돼야 한다.
중립의 혜택을 누리는 요원은 완장을 착용할 수 있으며, 그것은 군 당국에 의해 발급돼야 한다.
깃발과 완장은 흰색 바탕에 적십자로 표시되어야 한다.

제8조
본 협약의 이행은 각국 정부의 지시를 수행하는 교전국 군대의 군사령관에 의해 행해지며, 본 협약에서 규정된 일반 원칙에 따라야 한다.

제9조
본 협약의 체약국은 제네바 국제회의에 전권 대사를 파견할 수 파견하지 못한 정부에도 가입을 권유하기 위해 본 협약의 내용을 알리고 합의했다. 따라서 본 협약은 개방되어 있다.

제10조
본 협약은 가능한 한 4개월 이내에 비준돼야 하며, 그 비준서는 스위스 베른에서 교환돼야 한다.

각국 전권 대사들은 이 협약에 서명하고 날인하였다.
본 협약은 1864년 8월 22일 제네바에서 작성되었다.

단체 사진

1864년 회의의 대표단이 공동의 추억을 남기지 않고 작별할 수는 없었다. 현대에 국제 정상회담이 열리면 마지막에 꼭 단체 사진을 촬영하듯, 이들도 모두 함께 자리한 모습을 담은 가족 사진을 남겼다.

전권 대표들 모두가 사진에 있고 회의를 주재한 뒤푸르 장군의 모습도 보이지만 뒤낭은 단체 사진에서 찾아볼 수 없다. 그 어떤 정부대표도 아닌 탓에 사진 촬영에서 배제되었기 때문이다. 그는 촬영 현장에 함께 있었다. 심지어 회의 마무리를 알리는 이 의례적인 행사를 치를 때면 항시 그렇듯이 화기애애한 현장 분위기에도 잘 어우러지는 듯했다. 그러나 이제서야 텅 빈 회의장에 돌아오고 났더니 쓰라림이 확 느껴졌다. 그러다 차츰 절망에 빠진 그를 도울 한 가지 아이디어가 떠올랐다. 뒤낭은 외교 회의 부대 행사, 즉 축하 행사와 홍보 혹은 연회 등을 책임지고 있었을 뿐 아니라, 공식 사진이 고품질로 잘 인화되도록 직접 책임지고 살피겠노라고 주최 측에 약속을 했었다. 그러니 그는 위원회의 다른 멤버들에게 의견을 물을 필요없이 공식 단체 사진에 손을 댈 기회가 있었던 것이다. 뒤낭은 그 누구도 속임수를 눈치채지 못하리만큼 솜씨 좋게 단체 사진 속 대표들의 머리 위로 자신의 초상 사진을 상부에 돌출시켜 삽입하기로 하였다. 마치 공무원들이 일하는 관공서마다 독재자들이 강요해서 초상화를 벽에 걸어둔 모양새였다.

1864년 8월 국제회의 참석자들의 편집 사진. 이 회의의 끝에 제네바 협약의 서명이 이루어졌다.

돋보기를 들고 관찰하지 않는 이상 그 초상화가 원래 그 자리에 있었던 걸로 보일 정도였다. 무아니에를 포함한 모든 대표단이 직책도 없고 정부로부터 공식적으로 부여받은 권한도 없으며 그 어떤 외교상의 직급도 없는 한 남자의 초상 밑에 엄숙하게 자세를 잡고 찍은 사진이라고 믿을 수밖에, 또 감탄할 수밖에 없었다. 몇 가지 속임수를 쓴 걸 알아내려면 그 사진을 아주 가까이 살펴보아야만 한다. 탁자 주변 인물들의 배치부터 뒤푸르 장군의 머리 위로 — 과거에 법정이었던 당시 회의장에 뒤낭의 초상이 걸려 있을 리 만무하지만 — 만족스럽게 모두를 굽어보는 듯한 뒤낭의 초상 사진에 이르기까지 세밀히 살펴야만 알 수가 있다. 뒤낭의 초상은 회의장 벽에 걸은 것이 아니라, 촬영이 끝난 후 사진에 직접 삽입한 것이다. 당시에는 사진을 수정하는 일이 유별난 게 아니라 당연한 절차였다.

그러니 뒤낭이 회의 첫날 혹은 마지막 날에 타원형의 거대한 자화상을 손에 들고 시청으로 왔을 리 만무하다. 마지막 날 건물을 떠나는 길에 뒤낭에게는 단체 사진에 자신의 초상화를 끼워넣는 문제 말고도 더 심각한 염려를 하나 안고 있었다. 의사인 동생 피에르가 제네바 저지대에서 발생한 난투극의 부상자들을 치료하러 가는 길에 자기도 부상을 입었다는 소문을 들었기 때문이다.

제네바 협약이 서명된 회의실 바로 위층에 자리한 제네바 주정부와의 협상이 무위로 끝나자 줄지어 길가로 나선 시위자들은 방향을 바꾸어 론 강 건너편에 위치한 성밖 생제르베 구역으로 향했다. 바로 그곳에서 난투극이 시작되어 수차례에 걸쳐 총성이 울려 퍼지더니 행렬에 속해 있던 몇 명이 부상을 입은 것이었다.

뒤낭은 이러한 내용을 아랫동네와 강가로 향해 가는 동안 단편적으로 접했다. 그가 도착했을 때 강변은 텅 비어 있었고 반대편 강가에 도착해서야 '이루 말할 수 없이 기쁘게도' 동생의 부상 소문이 사실이 아님을 알게 되었다. 그제서야 평온한 마음으로 그는 원래 출발했던 장소로 가기 위해 강을 다시 건너서 왔던 방향의 반대로 움직였다. 방금 전만 해도 혼비백산해서 걸었던 바로 그 길이었다. 퓌생피에르가에 위치한 그의 아파트는 실제로 시청에서 불과 30미터나 될까 하는 거리에 있었다. 시청의 문은 이미 굳게 닫혀 방금 전까지 그곳에서 있은 역사적인 하루가 어땠는지를 상상하기조차 어려웠다.

〈육전 부상자의 상태 개선을 위한 1864년 8월 22일 제네바 협약〉[7]은 2년 전에『솔페리노의 회상』에서 앙리 뒤낭이 제시한 주요 제안사항들을 국제법으로 정식 도입

---

7 이날 체결된 최초의 제네바 협약(1864)의 정식 명칭.

하는 계기였다. 이 협약은 구급 차량 및 치료소와 거기 소속된 인력의 중립성, 부상병들을 구호하는 지역 거주민들에 대한 '존중'과 그들의 주택 보전, 부상병 치료에 있어서 공평성, 치료소와 인력을 위한 분명히 구별되는 즉 하얀 바탕에 붉은색 십자가가 새겨진 깃발과 완장의 도입 등의 내용을 적시하였다. 1864년 제네바 협약이 대놓고 부상병이나 간호 인력의 중립화를 논하지 않기는 하더라도, 시간이 조금 지난 후 무아니에가 스위스 연방 평의회에 보낸 보고서를 보면, 그 부분은 이미 당연하다고 간주한 듯한 인상을 준다. 무아니에가 기록하기를 "중립화된 인력에 대해 말하자면 이는 세 종류의 집단을 포함하는 것으로 합니다. 첫째, 부상병을 돌보기 위해 일하는 사람들, 둘째, 현장의 지역 주민들, 그리고 세 번째로 부상자들입니다." 라고 하였다. 이렇게 보면 뒤낭은 온전히 만족할 법했다. 비록 이제 이 과업에 있어 본인은 전초 역할을 한 사람에 불과하다는 게 현실이기는 해도 말이다.

이후로 몇 달 동안 앙리 뒤낭은 위원회의 다른 멤버들과 함께 가능한 한 많은 국가가 이 협약을 비준하도록 만드는 데 열성을 기울였다. 회의에 참석한 16개국(바덴, 덴마크, 스페인, 미국, 프랑스, 영국, 헤센 대공국, 이탈리아, 네덜란드, 포르투갈, 프로이센, 작센 왕국, 스웨덴, 노르웨이, 스위스 그리고 뷔르템베르크) 중에 12개국[8]은 대표단에게 협약에 서명할 수 있는 전권을 부여했다. 여전히 설득해야 할 나라들이 많이 남아 있었고, 제네바위원회는 비록 자신들의 공식 책무는 아니더라도 이를 위해 노력을 아끼지 않았다. 외교관들을 격려하여 협약 비준이 최대한 신속하게 이루어지도록 해야 했다. 또 외교 회의의 의사록을 널리 배포해야 했고, 마지막으로 프랑스 쪽에서 관련 업무에 다시 진전이 있게끔 해야 했다. 프랑스의 부상병 구호 임시위원회는 지난 5월 설립 이후 진척된 바가 거의 없었다. 어쨌든 뒤낭은 겨울을 파리에서 날 생각이었다. 이세 그는 제네바보다 파리가 더 편하다고 느꼈다.

한 사람의 두 인생

1864년에서 1865년으로 넘어가는 겨울은 뒤낭의 인생 그 어느 때보다도 적십자의 창립자와 알제리 투자자라는 자신의 두 지위를 결합시켜 파리의 명사들이 애타게 찾아줄 하나의 인물로 만들려는 노력을 기울인 시기였다. 제네바와 공통 요소가 많았던 파리의 개신교 상류층 사회에 이미 제대로 편입된 뒤낭은 그 겨울 동안 여러 다른 집단으로의 진입을 시도하였다. 그는 파리의 가톨릭교도 청중 앞에서 전쟁 피

---

8 스위스, 바덴, 벨기에, 덴마크, 스페인, 프랑스, 헤센, 이탈리아, 네덜란드, 포르투갈, 프로이센, 뷔르템베르크.

해자들에 대한 구호를 주제로 강연을 했는데, 그 자신의 표현에 따르면 현장에 '프랑스 최고 가문들'의 아들들이 모두 자리했다고 한다. 뒤낭은 또한 세계유태인연맹의 총회에도 초청받아 그 계기로 제임스 드 로스차일드 남작의 환심을 샀다. 그 덕에 뒤낭은 프랑스 구호 협회의 중앙위원회로 남작을 끌어들일 수 있었다. 당대 명망가들이 귀족이든 과학자든 종교인이든 가리지 않고 그에게 한마디 말이나 짤막한 편지로 관심을 표시해 왔다. 여기에는 페르디낭 드 레셉, 오귀스탱 코생, 이아생트 신부, 오를레앙의 주교, 샹보르 백작 등이 있다. 뒤낭은 오랜 세월이 지난 후 파리에서 영예를 누리던 멋진 시절을 떠올리며 이들에 대해 추억한 바 있다. '그저 초라한 제네바 사람에 불과한 나에게, 여전히 부자연스럽고 서툴며 점잔을 빼던 나에게 더할 나위 없는 호의를 보여준 공손하고 세련된' 이들을 만났다는 사실에 그는 어딜 가든 감탄하였다. 가장 단단히 잠겨 있던 문들도 하나씩 하나씩 그의 눈앞에 열리기 시작하였고, 마침내 그해 겨울 그는 레지옹 도뇌르 훈장[9]을 수여받기에 이른다.

심지어 알제리에서 사업을 시작할 즈음에는 절망적일 정도로 그에게 귀를 기울여주지 않던 랑동 원수의 태도조차 바뀌어, 뒤낭 개인에 대해서는 아니더라도 뒤낭의 '업적'에 대해서는 누그러지기 시작했다. 『솔페리노의 회상』을 읽고는 '이건 프랑스를 거스르는 책!'이라고 외쳤던 랑동은 추후 프랑스 부상병 구회 협회의 명예 회장직을 수락하기에 이르렀다. 그러면서도 그는 협회 창립자 뒤낭에게 마지막으로 쓴 소리를 하나 남기는 건 잊지 않았다. 1865년 2월 위의 협회가 공식 설립되기 한 달 전이었다. 1864년 구성된 임시위원회 멤버들이 협회 설립 허가에 감사하기 위해 전쟁부처를 방문한 바 있었다. 이미 나이가 지긋했던 랑동 원수는 잔인하리만큼 악의를 품고는 대표단의 일원이었던 뒤낭을 철저히 무시하는 태도를 취했다. 명망 높은 페장삭 공작에게 '공작께서는 도무지 자기들이 상관해서는 안 되는 일에 관여하는 제네바 사람들과 공통점이 없다고 생각합니다만'이라는 말을 던졌다. 그러고는 자신과 마주한 상대방들의 불편해하는 시선은 전혀 신경쓰지 않은 채, '그 뒤낭이라는 사람, 스위스 사람인 주제에 감히 프랑스 정부를 비판하려 드는 그 자'에 대해 험한 말을 이어갔다. 대표단으로 랑동을 찾아간 이들은 구두를 고쳐 신으며 침묵을 지켰고 그런 가운데 뒤낭은 완전히 당황하였다.

지난 6개월 간 이어지던 영예로운 시간에 흠집을 내듯 그 사건은 뒤낭을 깊숙이 뒤흔들었다. 뒤낭은 무아니에에게 그 접견 직후 연락을 취하며 그런 기색은 전혀 내비치지 않았으나, 이는 오히려 뒤낭이 얼마나 당시 상황을 치욕스러워 했는지를 엿

___
9 나폴레옹 보나파르트가 1802년 제정한 훈장으로, 프랑스에서 최고 명예로운 훈장이다.

보게 해준다. 뒤낭은 모든 게 술술 잘 풀렸다는 듯, "랑동 원수께서는 우리를 환대하셨습니다. 우리의 계획을 승인하셨고 또 명예 회장직을 맡겠노라 수락하셨습니다." 랑동은 심지어 임시위원회 대표단에게 추후에 구호 협회 이사회에 참여시킬 법한 장군들을 위원회가 직접 지목해 알려달라고 했다는 것이다. 대체 더 이상 바랄 게 뭐가 있겠는가? 뒤낭의 낙관적인 태도가 지금 걷고 있는 장미꽃길에서 가시에 한 번 찔렸다고 무너져 내릴 리 없었다. 1864년 임시 결성을 대체하여 프랑스의 부상병구호협회는 1865년 3월 11일 역시나 프랑수아 바르톨로니가 기꺼이 내어준 오를레앙 철도회사 소유의 살롱에서 공식 창립을 맞았다. 이 협회의 이사회 명단에서는 명망 높은 이들의 이름을 여럿 찾아볼 수 있다. 그중 일부는 그 후 몇 개월에 걸쳐 뒤낭의 알제리 사업 건에도 연루되는데, 이게 완전한 우연이 아니란 건 너무나 명백하다. 허나 그렇다고 계산된 일이라고 볼 수도 없었다. 사실, 뒤낭 특유의 생생한 속물근성이야말로 그의 최상의 핑곗거리라고 보아야 한다. 즉 집착이라고 여겨질 정도로 저명 인사들이나 특히 귀족들의 동의를 얻어내고자 했던 뒤낭의 태도는 직접적으로 그들을 자신의 사업에 이용하고자 해서라고 보기 어렵다. 오히려, 애초부터, 그리고 단순하게 정리해 보자면, 부르주아 계급 특유의 출세 지향주의, 혹은 제네바 사람으로서의 지방인 기질 때문에, 뒤낭은 오직 명망 있는 인사들만이 프랑스 땅에서 적십자를 확립할 수 있다고 확신했고, 이러한 접근을 당연하다 여겼기 때문이라 보아야 한다. 그런 속물근성 때문에, 나중에 가서 뒤낭이 자선 활동으로 맺은 인연을 자신의 개인 사업에 이용하려 했다는 점도 의심할 여지가 없다. 그렇지만 뒤낭이 오직 그럴 의도로 프랑스 상류층을 공략했다고 평가한다면, 그건 그를 지나치게 권모술수에 능한 사람으로 보는 것이며, 동시에 그가 지닌 허영심을 과소평가하는 것이기도 하다. 뒤낭은 분명 고위 인사들과의 교류를 즐겼고, 무엇보다 그러한 교류를 필요로 하였다.

1865년 3월은 뒤낭의 자선 활동과 사업 상의 인맥 관계가 한층 더 가까이 얽히게 된 달이다. 여러 요소 중 하나만 언급하자면, 프랑스의 부상병구호협회 창립에 프랑스와 제네바 두 곳에 다 기반을 둔 은행가 테오도르 베른과 샤보라투르 장군이 동참하였으며, 이 두 사람은 또한 뒤낭이 준비 중인 주식회사에도 창립 출자자로 함께했다는 점을 들 수 있다. 알제리종합금융 회사Omnium algérien라는 야심찬 이름으로 설립 예정이던 이 회사는 '알제리의 산업, 무역 및 농업 발전을 촉진'하려는 목적을 적시하였다. 위의 두 파리지앵 출자자 이외에도 뒤낭은 이 회사에 자신의 일에 자주 등장하는 이름들이 주주로 끌여 들었다. 이미 몽스-제밀라 제분 회사 이사였던 토마 막퀼로크, 그리고 나중에 다시 등장하게 될 앙주빌 백작이다.

알제리종합금융 회사는 도무지 일이 잘 풀리지 않고 있는 몽스-제밀라 제분 회사를 구제할 수 있는, 아니 심지어 구제할 목적으로 세워진 회사라고 볼 수 있다. 제네바위원회는 무아니에가 완벽히 장악하였고, 프랑스에도 부상병구호협회가 이제 막 파리에서 발족되었으니, 구호 협회들 관련 사항에 대해서 뒤낭은 이제 한숨을 돌려도 될 만한 상황이었다. 그러니 알제리종합금융 회사라는 새로운 프로젝트와 목표해 둔 설립 날짜에 온 에너지를 쏟을 수 있었다. 마침 프랑스 황제가 5월에 알제리를 방문하여 새로 임명된 알제리 총독이 보고한 만큼 현지 상황이 긴박한지를 직접 판단할 예정이었다. 새 총독 마젠타 공작은 솔페리노 전투가 있기 며칠 전 보르게토에서 뒤낭이 잠시나마 접견했던 마크 마옹 원수였다. 랑동 원수와는 달리, 마크 마옹은 적십자의 창립자에 대한 일종의 존경심을 보여주었을 뿐 아니라, 타고난 온화함을 갖춘 사람이었다. 어찌되었든 5월 9일 황제의 방문을 기념하기 위해 총독이 알제에서 개최할 연회에 뒤낭을 초대할 정도의 호의를 보여주었다. 황제를 직접 알현할 수 있는 기회가 이보다 더 가까이 다가온 적이 없었다. 그의 제분 사업에 대해 황제를 설득하고 무엇보다 자신의 새로운 사업에 대해 자랑할 수 있는 기회였다. 종합금융 회사에 대해 황제의 축복을 받아야, 아니 더 나아가 그가 꼭 집어 가호를 내려주게끔 해야만 했다. 일순간의 망설임도 없이 뒤낭은 가장 훌륭한 예복을 짐에 싸서 알제리로 떠났다.

이 1865년 봄에 마르세유에서 알제로 항해하는 뒤낭의 마음속에는 이제까지 항상 그랬던 것처럼 잔뜩 걱정이 어려 있지는 않았다. 그는 더 이상 동업자 앙리 닉으로부터 기적과 같은 소식을 기대하지 않았다. 벌써 한참 전부터 의심했어야 하는 사람이다. 뒤낭이 앙리 닉에 대해 품은 태도는 이제 인내에서 포기로 바뀌었다. 더 이상 코르크 떡갈나무 숲으로부터 엄청나게 거창한 수익을 기대하지 않았다. 그 숲이 수익성을 보이려면 여러 해의 세월이 필요했다. 아니 걱정은 없었다. 이번 여정에서는 승리가 임박했다는 생각으로 인해 그리고 그 누구도 거스를 수 없는 황제가 자신에게 소개된 수많은 프로젝트 중에서 가장 적합한 뒤낭 본인의 알제리종합금융 회사 사업을 간택하는 식견을 보여줄 것이고, 그로써 마침내 자신의 알제리 사업 형세가 바뀔 거라는 생각으로 인해 그는 잔뜩 고양되어 있었다. 이번 여행에서 뒤낭은 분명히 그런 낌새를 느낄 수 있었고, 그렇게 될 것이라 생각했다. 그리고 미리부터 만끽하고 있었다. 어쨌든 그 순간 해당 여정이 알제리로 향하는 자신의 마지막 항해가 되리라는 사실을 뒤낭이 깨달을 리 만무했다.

알제에 도착하자마자 나폴레옹 3세가 한 발언이 사람들의 입에 오르내리고 있었다. 시장의 환영사에 대한 답사로 황제는 알제리에서 '대단한 사업'을 하기 위해서

'강력한 기업'과 협약을 준비 중이라고 공언한 것이다. 이는 알제리로 1억 프랑의 융자, 그리고 또 식민 사업을 위한 1억 프랑 융자가 동반된 계획이었다.

뒤낭은 황제의 그러한 발언을 듣고는 행운의 여신이 자기에게로 돌아왔다고 확신했다. 레지옹 도뇌르 훈장을 수여받은 지 얼마 안 된 데다 알제리 총독이 자기를 연회로 초대해 주었고, 알제리 공병 부대의 상급 사령관인 샤보라투르 장군이 알제리 종합금융 회사 사업에 함께하고 있으며, 나폴레옹 3세가 그토록 귀하게 여기는 뒤푸르 장군이 몽스-제밀라 제분 회사의 주주 중 한 명이었으니 그럴만도 했다. 사적으로 알현할 기회가 생기지 않고서야 모든 건 5월 9일 연회가 어떻게 굴러가느냐에 달렸다. 무슨 일이 있어도 연회 중에 황제와 따로 이야기 할 기회를 확보해야만 했다.

알제리 총독의 여름용 관저는 알제만을 내려다보는 무스타파 언덕에 자리하고 있었다. 관저 건물 자체로는 대단할 것이 없었다. 하지만 관저의 여러 숙소 건물들은 흰색 대리석 소재의 섬세한 무어 양식 모티브 조각과 모자이크로 아름답게 장식되어 있는지라, 오렌지 나무가 늘어선 산책로나 물이 솟아오르는 분수들, 중첩된 테라스 공간뿐 아니라 정원에서 자유롭게 뛰노는 가젤과도 경쟁적으로 시선을 빼앗았다. 마치 유럽인 손님들을 동방의 설화 같은 공간으로 모셔오는 역할을 하고 있는 듯했다. 휘황찬란한 제복을 차려입은 이들과 호화로운 아립식 복장을 갖춘 손님들, 또 빳빳한 페티코트를 갖춘 드레스 차림의 손님들과 뒤섞이게 된 앙리는 몸에 꼭맞는 검정 예복을 입은 채 마법 같은 그 장소와 그 순간에 빠져들 수밖에 없었다. 그는 자신이 사랑하는 나라로 돌아왔다. 때는 5월 9일이요, 날씨는 온화하였으며, 밤이 찾아오면서 알제에는 언덕들부터 항구까지 불을 밝혀졌다. 나폴레옹 지지자인 뒤낭의 열성에 힘을 보태듯 황제의 방문을 기념하여 깃발로 장식한 수많은 선박이 정박지에 늘어서 있었다.

이미 알제리에서 사업을 시작한 지 10년이나 된 데다가 『솔페리노의 회상』의 저자라는 상당한 아우라가 더해져서 뒤낭은 그날 연회에서 수많은 인사와 찬사, 그를 향한 미소와 존경 어린 목인사를 받았다. 그는 이쪽저쪽으로 자리를 계속 옮겨다니며 사람들과 대화를 나눴다. 유럽과 동방이 함께하며 정치인과 군인, 인도주의자와 금융가들이 같이 자리한 이러한 세계를, 귀족 사회이면서도 국제적인 연회장의 분위기를 그는 진심으로 즐겼다. 해가 갈수록 뒤낭은 그러한 환경을 점점 편하게 느끼고 있었다. 그날 밤 뒤낭은 릴랭-소테르의 보잘것없는 중개 출납원이 제네바 협약을 가능케 한 인물로서 명성의 절정에 이르기까지 자기 자신의 여정을 가늠해 보았다.

10시쯤 되자 나폴레옹 3세가 연회에 등장했다. 황제의 요새[10]로부터 갑자기 1830년 프랑스군의 알제 함락을 흉내낸 불꽃놀이 공연이 시작되었다. 환희에 겨운 사람들의 소리가 시내부터 관저까지 들려왔다. 이어 깜짝 놀랄 만한 만찬이 진행되었다. 그날의 메뉴로는 거북이 수프, 영양의 콩팥으로 속을 채운 고슴도치 요리, 가젤 고기로 만든 갈랑틴, 흑기러기 파이, 새끼 돼지와 타조의 살코기 요리, 섬세한 남방 도마뱀 요리, 마지막으로 오니닥스, 마크루드, 세락보라크, 또 오리비아스 등의 예사롭지 않은 이름의 아랍식 과자들이 선보였다.

마크 마옹 부인은 손님들 모두와 대화를 나누며 안주인 역할을 완벽하게 했다. 부인은 뒤낭과 '오래' (뒤낭 본인의 생각에 따르면) 부상병 구호 사업에 대해 담소를 나눴고, "저는 뒤낭 씨의 사도 중 하나입니다."라는 한마디로 그에게 자신의 생각을 전했다고 한다. 뒤낭이 나폴레옹 3세와 나눈 대화는 이보다 훨씬 짧았고, 역시나 뒤낭이 후원해 온 적십자의 성공이 주제였던 걸로 보인다. 황제와의 만남에 대해 적은 회고록 내용을 보면 뒤낭은 그 이상의 언급은 피하고 있다. 적어도 황제에게 자신의 알제리종합금융 회사의 강점을 자랑했다거나 두세 군데 폭포 사용권을 추가 요청했다는 등의 언급이 일절 남아있지 않다.

연회에서 황제와 대화를 나누는 동안, 그는 부상병 구호라는 주제에서 위험에 빠진 식민지 개척민들을 위해 꼭 도움이 필요하다는 맥락으로 좀 더 우아하게 화제를 옮겨갈 방법을 찾아냈을까? 따로 뒤낭이 황제를 재차 알현했을 것이라는 단서가 한두 가지 있기는 하지만, 지금까지 뒤낭의 전기 작가들은 상당히 무례하긴 하지만 아마 뒤낭이 연회에서 대화를 그렇게 이끌어갔을 거라고 상상했다. 알제리를 방문하는 동안 촘촘하게 짜여진 일정을 따랐던 황제가 단독으로 뒤낭과 별도의 만남을 가졌을 가능성은 거의 없지만, 뒤낭은 분명 추후에 '재정 관련 문서'라고 분류한 메모에 황제와 두 번째 만남이 있었다는 기록을 남겼다. 그 메모에서 그는 황제를 '알제에서 따로 알현'하였다면서 비록 제네바에서 이제 막 설립되긴 했더라도 뒤낭의 더 큰 사업에 '특별한 보호'를 해주겠노라면서 황제가 자신을 안심시켜 주었다고 적었다. 심지어 황제는 이렇게까지 말했다고 한다. "귀하의 새 회사는 짐의 정부로부터 보호를 받을 겁니다."[F4] 허나 황제 본인은 이 만남을 전혀 다르게 기억하였다. 그는 매우 친한 뒤푸르 장군에게 5월 7일 혹은 9일에 서한을 보냈다.[F5]

저자 주석 F4: 재정 관련 문서는 뒤랑의 『나폴레옹 3세와 앙리 뒤낭』에 언급되었다. 황제의 서신 언급은 역시 뒤랑의 편저 『유토피아에서 현실로』, 104~111쪽에 나온다.

10 알제 남쪽의 언덕에 위치한 오스만 시대의 요새터.

저자 주석 F5: 황제가 수기로 작성한 편지의 날짜는 (뒤푸르문서기록재단의 소유) 5월 7일이나 9일로 보이지만 분명하게 읽기는 어렵다. 만약 5월 7일이라면 마젠타 공작 댁에서 열린 무도회가 9일에 열렸으므로, 실제 무도회가 있기 전에 단독이든 아니든 황제를 알현했다고 추정할 수 있다. 만약 황제의 편지가 5월 9일자라면 황제는 무도회가 있었던 날 당일 저녁에 편지를 썼다는 뜻이고, 이럴 경우 마크마옹 자택 연회 중에 뒤낭이 황제와 대화를 나눴을 것이라는 가설을 뒷받침해 준다고 할 수 있다. 이 모든 상황을 불분명하게 만들려는 듯, 뒤낭 자신이 알현의 날짜를 5월 8일로 기록하였기 때문에, 문제 해결이 어려운 형편이다.

"뒤낭 씨가 제안한 계획은 분명하다거나 상세하지는 못합니다. 사상누각을 세워놓고는 그걸 이렇게 저렇게 개조하겠다고 하는 것으로는 부족합니다. 회사가 번창하고 성공할 수 있는 현실적인 방법을 제시해야만 합니다. 긍정적으로 후원하겠노라 약속은 했습니다만, 본인이 우선 자기가 대체 무엇을 하려는지 정확히 알아야 합니다."

이렇게 쌍방의 해석이 다르다 보니 황제를 알현한 지 열흘 후 프랑스 정부가 루이 프레미[11]와 폴랭 탈라보[12]와 계약을 체결하고 신속하게 알제리 소시에테제네랄[13]을 설립하기로 했다는 소식을 들었을 때, 뒤낭이 얼마나 충격을 받았을지를 상상해볼 수 있다.

한마디로, 뒤낭이 제안한 종합금융 회사 사업 계획은 황제의 간택을 받지 못했고, 세상에 제대로 선보이기도 전에 존치 자체가 위협을 받게 되었다. 그 이유는 알제리에 소시에테제네랄이 설립되면 알제리 영토 전반을 장악하게 되기 때문이었다. 나폴레옹 3세가 명시한 계획에 따르면 소시에테제네랄은 알제리의 농업 및 산업의 근대화 공사에 1억 프랑을 약정하게 되어 있었다. 거기다 도로나 항구, 댐 건설 등의 대형 사업을 실행에 옮길 수 있도록 프랑스 정부가 추가로 1억 프랑의 융자를 약속하는 내용을 담고 있었다. 뒤낭으로서 이제 유일한 돌파구가 있다면 더 큰 회사로 자신의 회사를 흡수시켜서 본인도 소시에테제네랄의 이사로 영입되는 방법뿐이었다.

11 Louis Frémy 1805~1891. 19세기 프랑스의 정치인이자 고위 행정가로 프랑스 토지신용 은행 및 농업협동조합의 총재를 지냈다.
12 Paulin Talabot 1799~1885. 폴리테크닉 출신 엔지니어로 철도 업계의 거물이자 정치인이며 은행가였다. 현재까지도 프랑스 최대 은행들에 해당하는 크레디 리오네와 소시에테제네랄의 설립에 참여했으며, 파리-지중해 철도 회사의 최고 경영자를 지냈다.
13 프랑스의 소시에테제네랄은 1864년 폴랭 탈라보와 로스차일드 가문이 합작하여 설립한 은행으로 현재 프랑스 3위 은행이다.

그런데 황제가 이 새로운 회사를 설립하는 데 극도로 조급한 태도를 보였기에 뒤낭은 최대한 빨리 움직여야만 했다. 알제리에서 돌아오기도 전에 그는 종합금융 회사의 공동 출자자들, 즉 테오도르 베른과 샤보라투르를 폴랭 탈라보에게 급파하여 종합금융 회사 사업 계획의 강점을 홍보하고, 그 최고 경영자로 낙점된 — 뒤낭 자신이었다 — 인물이 몽스-제밀라 제분회사의 최고 경영자이자 알제리 현지 이사임을 — 역시 뒤낭 본인을 말한다 — 설명하게끔 했다. 곧 설립될 알제리 소시에테제네랄의 고위직 후보로서 가능성을 높일 수 있는 그 어떤 요소도 소홀히 하지 않기 위해서 뒤낭은 구호 협회의 모든 동료에게도 연락을 취해서 프레미와 탈라보에게 자신을 지지하는 말을 전해 달라고 부탁했다. 프랑스에서는 로스차일드 남작과 바르톨로니에게 청탁을 하고, 심지어 저 멀리 스위스에 있는 최후의 보루 뒤푸르 장군에게까지 부탁할 당시, 뒤낭은 마치 올가미가 목을 조여오는 것 같았다.

두 번째 광맥

하지만 한 마리 토끼만 쫓는 건 뒤낭답지 않은 일이었다. 탈라보와 프레미가 설립할 알제리 소시에테제제네날에 영입되려고 동분서주하는 바로 그 시기에도, 그는 알제리 동부에 위치한 채석장을 취득하면서 이것이야말로 일생일대의 사업이라고 확신했다. 그 채석장은 채무 변제가 불가능하게 된 이전 구매자 두 사람이 손을 털고 난 후 98,000프랑이라는 아주 보잘것없는 금액으로 뒤낭에게 제시된 곳이었다. 아니, 적어도 뒤낭 본인은 그게 적은 금액이라고 믿었다고 보아야겠다. 채석장을 취득하기 위해 그는 오랜 동업자 앙리 닉과 공평히 반반씩 자금을 내놓았다. 닉 또한 뒤낭만큼이나 그 같은 곳에, 그러니까 채굴이 악명 높게 어렵고 비용도 많이 드는 곳에서 채석장을 개발하는 데 들어갈 만한 투자금을 단 한 푼도 내놓을 형편이 아니었다. 아마도 채석장 사업 자체가 그들의 의도는 아니었을 것이다. 가장 개연성 높은 의도를 추측하자면 그저 채석장을 취득하자마자 되팔아서 최대한의 차액을 이득으로 취하고자 한 일이라고 볼 수 있다.

이 새로운 투자는 하던 일들을 감당하고 또 부채를 덜어내기 위해 뒤낭이 벌였던 수많은 계획 중 하나였다. 몽스-제밀라 제분소가 부딪힌 첫 번째 난관은 이미 악순환의 기원이 되어버렸다. 뒤낭은 우선 회사 자본 증자가 해결책이라 믿었지만, 추가 자본도 순식간에 흡수되어 버렸다. 다음에는 은연광석 광산에 사활을 걸었으나 이내 파산을 맞았다. 그러고는 동업자 앙리 닉의 아이디어로 두 번을 연달아 실패하였는데, 첫 번째가 자신들의 제분 회사에서 자체 생산하는 밀의 투기요, 두 번째는 경영에 실패하고 만 가축 사업이었다. 마지막으로 아크파두 코르크 떡갈나무 숲 사업이 있었다. 이 사업에도 엄청나게 자본이 들어갔다. 우선은 투자금이 엄청난 데다가 뇌물로도 큰 비용이 들었다고 전해진다. 그리고 각 사업 중간중간에 이전 사업의 피해 금액을 메꾸면서 다음 사업을 준비하기 위해 뒤낭은 제네바 퓌생피에르 거리의 자택 혹은 알제리 제분소, 그리고 회사 주주들의 명성을 담보로 해서 제네바에서건 파리에서건 가족으로부터나 은행, 친구들, 자선 사업계 지인들로부터 돈을 빌렸다. 이는 개인 명의일 때도 있었고 회사 명의일 때도 있었다. 이 사람의 담보를 바탕으로 혹은 저 사람의 보증을 바탕으로 해서 그리고 무엇보다 매번 새로 시작하는 사업이 이번만큼은 확실히 잘 될 것이라는 확신으로 그는 계속해서 일을 벌였다. 하지만 이제, 정말 이제는 더 이상 떡갈나무가 자라기를 혹은 새로운 폭포 양도권을 따내기를 마냥 기다리고만 있을 수 없는 상황에 이르렀다. 이제 돈이 들어와야만 했다. 그것도 빨리. 왜냐하면 몽스-제밀라 제분 회사의 주주들 대다수가 가족과 친지, 친구들이기는 해도, 이들은 뒤낭의 약속대로 매년 10퍼센트의 수익을 기대하고 있었기 때문이다.

이때까지만 해도 뒤낭은 어떻게든 '무마'한 걸로 보인다. 항상 적법한 방식은 아니었을지라도, 아마도 그는 속임수를 써서라도 어떻게든 다음 지급일까지만이라도 주주들을 진정시킬 정도의 수익을 분배해 주곤 했다. 그리고 당시 상당히 큰 금액을 증권 거래에 투자하기 시작했던 걸로 보인다. 매달 그가 취할 수 있는 선택지가 줄어들고 있었고, 펠펠라 채석장의 취득은 거의 모 아니면 도라는 식의 접근에 가까웠다. 마치 늦은 밤 도박판이 끝나갈 무렵 한 숫자에 전재산을 걸어버리는 사람 같았다.

황제는 알제리를 떠났고 뒤낭은 채석장을 구매해 버렸다. 6월부터 이미 뒤낭은 파리에서 시간을 보내는 게 더 유용하겠다는 생각을 하고 있었다. 부상병구호협회를 통해 맺어진 인연이 그토록 원하는 소시에테제네랄의 이사 자리를 얻는 데 도움을 줄 수 있다고 믿었기 때문이다. 1865년 6월 25일에 두 달 사이에 벌써 두 번째로 나폴레옹 3세와 스칠 기회가 있었으니, 뒤낭의 행운이 다시 반짝 빛을 발하는 듯했다. 아, 하지만 이건 그의 주장대로라면 알제에서 있었다는 '단독 알현'과는 전혀 다른 차원의 일이었다. 그가 회고록에다 튈르리궁에서 황제를 재차 '단독 알현'했다고 적었다 해도, 사실은 쓰라렸던 랑동 원수와의 만남과 같이 뒤낭은 구호 협회 위원들과 함께 단체로 황제를 알현한 것에 불과했다. 아마 '이 과업에 영감을 준 인물이자 최초의 실행자'로서 — 그가 허영에 찬 어조로 회고록에 기록한 표현에 따르면

― 황제가 특별한 호의를 보였을 수는 있다. 허나 이는 그저 의례적인 만남에 불과했고, 그 대표단에는 페장삭 공작과 샤보라투르 장군, 테오도르 베른, 세뤼리에 백작, 그 외에도 수 명의 위원들이 포함되어 있었다. 그러니 그를 괴롭히던 고민거리를 황제에게 언급할 수 있었을 리 만무하다. 이날 대표단 알현의 목적은 1867년 박람회에 대한 논의를 하기 위해서였다. 박람회에는 프랑스뿐 아니라 세계 각국의 부상병구호협회들을 위한 자리가 마련될 예정이었다. 그런데다가 뒤낭은 수상을 확신하듯 박람회를 학수고대하던 참이었다. 만약 구호 협회들의 전시관에서 공식적으로 경의를 표할 사람을 찾는다면, 뒤낭 자신 말고 대체 그 누구겠는가? 아마 무아니에도 대상이 될 순 있겠다. 과연 이러한 영예가 뒤낭의 몫이 될 것인가?

그렇지만 그러한 영예로운 일을 기대하고 있던 뒤낭의 기대감을 낮춰줄 예상치 못한 사건이 파리에서 발생한다. 1865년 6월 로피니옹 나시오날[14]에 조르주 상드[15]가 앙리 아로라는 인물에게 띄우는 공개 서한이 실렸는데, 상드의 글은 이렇게 시작했다.

"나의 친애하는 친구여, 얼마 전에 제네바에서 제안된 구급 차량의 중립화에 대해 그대에게 축하를 보냅니다. 이는 위대한 일이요, 고귀한 아이디어이지요. 그리고 바로 그대가 생각해낸 것입니다."[F6] (중략)

> 저자 주석 F6: 부아시에의 책에서 인용된 내용이다. 『솔페리노에서 추시마까지』, 217~218쪽.

조르주 상드는 이어진 글에서 제네바 외교 회의를 통해 도입된 협약의 조항들은 이 앙리 아로라는 인물이 '작성했던 항목들을 거의 문자 그대로 복사'한 것이라 단언했고, '제네바 출신의 뒤낭이라는 사람이 본인이 창시자라고 말하는 과실을 저지르다니 참으로 이상'하다고 적었다.

국제위원회가 이 문제로 대단히 염려하게 되었음은 말할 필요도 없었고, 뒤낭이 그 중에서도 가장 신경을 썼다. 그는 8월 7일자로 같은 신문에 장문의 반박 답변을 게재했다. 자신은 아로라는 사람이 썼다는 글에 대해 아는 바가 없으며, 또 얼마 전 뒤낭이 천박하게도 자신의 생각을 표절하였다고 불쾌함을 표시한 이탈리아 의사 팔라시아노의 기존 주장도 전혀 모르는 일이라면서, 자신의 행동은 어디까지나 선의를 바탕으로 했다는 점을 강조했다.

---

14 1859년 창간되어 1차 세계대전까지 발간된 프랑스의 정치 일간지.
15 George Sand 1804~1876. 프랑스의 여성작가이며, 아망틴 뒤팽의 필명이다. 작가 뮈세 및 음악가 쇼팽과의 로맨스로도 유명하며 여성운동의 선각자로 여겨지기도 하는 낭만주의 사조의 대표 작가다.

이 사건 이후로 뒤낭은 그전까지 도외시되었던 자신의 선구자들에게 치사를 보내는 걸 잊지 않았지만, 그와 동시에 어디까지나 자신이야말로 중립성 원칙의 유일한 창시자이자 선도자이며 발명자라고 간주했다. 그러한 가운데 1865년 여름이 끝날 무렵 뒤낭의 우선 순위는 적십자[F7]가 아니었다. 무엇보다 펠펠라 채석장을 빨리 되팔아야만 했다. 파리에서는 구매자를 찾을 수 없는 게 분명했다.

저자 주석 F7: 하이픈 없이 이렇게 적십자를 'la CroixRouge'로 표기하는 방식이 일반화된 계기는 1872년에 귀스타브 무아니에가 각국의 구호 협회와 국제위원회에 이렇게 표기하자고 제안했기 때문이다. 반면 현행 표기법은 하이픈을 사용한다. 본 전기에서는 전반적으로 현대 표기법을 사용했지만, 인용문을 따라야 할 경우에는 당시의 표기법을 고수했다.

제네바 신용 은행

펠펠라 채석장을 매수할 운명의 사람은 부분적으로는 뒤낭 자신이었다. 안개가 살며시 내려앉은 제네바가 가을의 우수에 잠긴 어느 날, 생긴 지 얼마 안된 금융 회사인 제네바 신용 은행 이사회가 소집되었다. 이사회는 이사 중 한 명이 놓칠 수 없는 사업 기회라며 발표하는 내용을 경청하였다.

2년 전에 생긴 이 은행의 설립 목적은 '제네바를 유럽 내 경제활동의 움직임에 적극 참여하도록 하며, 오늘날 대형 사업을 독점하는 금융 기관들 사이에서 하나의 고리를 형성'[F8]하는 것이었다. 허나 '대형 사업'의 대열에 끼어들기에는 제네바 신용 은행의 시작은 참 힘이 빠지는 모양새였다. 정관에는 자본이 2,500만 프랑으로 정해져 있지만, 초기 자본은 그 최소 요건에 이르지도 못했다. 회사 중역들은 자사의 주식 시세를 인위적으로 올려보려고 온갖 조작을 시도한 데다 석유와 철도 사업에도 뛰어들었고, 그로 인해 상당한 손해를 보기도 했다. 재정적인 대담함에 있어서는 자신들의 이사회 자리에 초대받아 흥미로운 거래를 제안할 참인 이 과감한 투기꾼 뒤낭에 비교해도 손색이 없는 기업이 아닌가.

저자 주석 F8: 구 앙리뒤낭연구소의 보관 문서. 이 중 일부가 제네바 도서관 수사본 보관 부서의 뒤낭 기금에 기탁되었다.

뒤낭이 그 현장에 있을 수 있었던 건 우연이 아니었다. 당시 제네바 신용 은행 이사장이 앙주빌 백작으로, 그는 알제리종합금융회사를 설립할 당시 문서상 창립 주주 중 한 명으로 참여했던 인물이다. 앙주빌 백작도 뒤낭도 제네바 신용 은행의 창립 주주는 아니었지만, 나머지 이사회 위원들에게 펠펠라 채석장의 매수를 제안할 당시에는 두 사람 다 제네바 신용 은행의 이사 신분이었다.

거래 조건은 다음과 같이 간단히 서술되었다. "앙주빌, 뒤낭 그리고 픽테 씨는 이사회에 다음과 같은 제안을 하는 바입니다. 뒤낭과 닉 씨는 알제리 펠펠라에 40만 프랑에 사들인 대리석 채석장을 보유하고 있습니다." 뒤낭은 조만간 알제리 소시에테 제네랄의 지원 하에 알제리종합금융회사가 설립될 예정이므로, 자신들이 제안하는 사업에 대한 투기성 이익 발생 여부가 알제리종합금융회사가 채석장을 확실히 매입해주는 데 달려있다고 설명하였다. 그의 설명에 따르면 종합금융회사는 자사 주식으로 50만 프랑을 지불할 예정이므로, 이로 인해 발생하는 10만 프랑의 수익을 제네바 신용 은행의 이사들과 — 본인을 포함하여 — 채석장의 현재 소유주들이 — 본인과 동업자 닉 — 나눠가지면 되는 일이었다.

아직 실제 설립되지도 않은 회사가, 그것도 자사 주식으로 채석장을 매입할 거라는 근거로 40만 프랑이나 하는 재산을 파는 데 성공하다니, 당시 뒤낭은 실로 엄청난 신뢰를 받고 있었던 게 틀림없다. 사실 1863년 제네바 회의가 성공적으로 개최된 이후로 제네바에서 뒤낭의 명성은 엄청나게 높아져 있었다. 게다가 그는 나폴레옹 3세부터 제국의 장관들에 이르기까지 상류 사회의 명망가들과 어찌나 친한 사이같이 보였는지, 신용 은행의 다른 이사들은 나중에 가서야 어안이 벙벙해져서는, '우리는 그가 정말 해낼 거라고, 펠펠라 채석장과 같은 사업을 성공시킬 수 있다고 믿었다'[F9]고 털어놓았다.

저자 주석 F9: 푸스, 『알제리인 앙리 뒤낭』, 141쪽.

실제로 제네바 신용 은행의 이사들은 뒤낭의 사업 설명을 지나치게 신뢰한 나머지, 채석장 매입을 위해 뒤낭이 '미리 지불해 놓았다'고 말한 20만 프랑을 해가 가기 전에 매수자에게 변제하겠노라고 약속하기까지 했다. 채석장 매입 가격이 40만 프랑이었다고? 또 20만 프랑을 '미리 지불'해 두었다니? 이 액수는 뒤낭과 닉이 이보다 몇 달 전에 실제로 채석장 매입에 들인 10만 프랑과는 아주 동떨어진 액수다. 뒤낭은 한참 지난 뒤에 회상하기를, 그전에 닉이 자신에게 그 사업을 처음 제안했을 때에도 이미 구매 가격을 매우 높여서 불렀다면서 첫 번째로 거짓말을 한 사람은 닉이라고 지목하였다.

이사들에게 말한 40만 프랑에 대해서 추후에 뒤낭은 채석장을 갖추는 데 필요한 엄청난 공사 비용 — 즉 도로 건설과 길 위에 자갈 깔기, 각종 건물 및 대장간, 노동자 숙소 등 — 때문이라고 설명하였다. 만약 채석장의 가치에 대한 해당 평가액이 엄밀하게 말해 정당화될 수 있다고 해도, 뒤낭 본인이 채석장을 닉과 사들일 때 지불한 금액에 대해서 이사회에 거짓말을 했다는 사실은 여전히 유효하다. 그리고 바로 그 거짓말이야말로 나중에 그에게 치명적인 타격을 입히게 된다. 거기에다 뒤낭은 알제리종합금융회사의 실제 설립이 매우 가까워오고 있다며 사실과는 다른 거짓 말을 했던 참이다. 자신만의 유토피아를 꿈꾸는 데 진심이었다는 것은 이미 뒤낭이 다른 영역에서 성공적으로 완수한 일을 통해 증명한 바 있다. 하지만 그의 유토피 아적인 상상은 분명 사업 영역보다는 자선 활동의 영역에서 더 잘 작용한 게 분명 하다. 지금 우리가 이미 알고 있는 바와 같이, 뒤낭은 이제 곧 크나큰 대가를 치르며 그러한 사실을 깨닫게 될 운명이었다.

그래도 그 순간에는 일이 숨가쁘게 진행되었다. 뒤낭이 제네바 신용 은행 이사회에 제시한 시나리오에 비춰 보면, 바람직한 정도가 아니라 필수 불가결하고 핵심적인 다음 사업 단계는 뒤낭이 반드시 이제 곧 설립될 알제리 소시에테제네랄의 이사로 임명되어야 한다는 것이었다. 그렇지 않으면 뒤낭이 계획한 사업은 개시조차 못하 고 끝나버릴 게 뻔했다. 제네바 신용 은행의 이사회가 열린 다음 날, 더 이상 제네바 에서 기다리지 못하고 뒤낭은 모든 결정이 이루어질 파리로 떠났다. 하지만 파리에 도착해서 수집한 소식 때문에 그는 매우 불안해졌다. 3월부터 품어온 희망은 이제 참기 힘들 정도의 초조함으로 바뀌었다.

그러니 뒤낭은 그 일에 대한 생각을 빠져있다가, 이내 생각을 밀쳐내어 머릿속 한 쪽에 미뤄두었다가, 밤이 되면 또 다시 곱씹곤 하는 날이 이어졌다. 9일째가 되는 날, 1865년 11월 20일 아침, 그는 스스로 항복을 선언하고는 매섭게 추운 호텔방에 서 마침내 펜촉을 들었다. 이날 그의 편지는 '베른에 계신 뒤푸르 장군님께'로 시작 한다.

"장군님, 현재 파리에 체류 중인 저는 장군님과 함께하고 있는 알제리 사업 건에 몰 두하고 있습니다. 우선 모든 게 잘 되고 있다고 말씀드리고 싶습니다. 그런데 제가 얼마 전에 들은 소식이 하나 있어서 장군님께 도움을 청하고자 이 글을 씁니다."

그가 말하는 소식이라 함은 이러했다. 황제가 알제리 사업의 진행이 더 신속하길 원하기 때문에 프레미와 탈라보의 대형 알제리회사가 '앞으로 15일 안에' 설립되기 를 희망한다는 소문이었다.

뒤낭은 자신이 믿고 있는 소중한 지인들, 즉 로스차일드, 샤보라투르와 바르톨로니를 인용하면서 편지를 이어갔다. "저는 그 회사에 참여하기를 크게 기대하고 있습니다." 하지만 얼마나 음모와 계교가 넘치는지! 그리고 황제는 '머릿속에 수많은 아이디어를 갖고 계신다'는 말을 들었다고 적었다.

아마도 장군은 편지를 끝까지 읽지 않더라도 뒤낭이 편지 말미에 어떤 부탁을 할지 충분히 짐작했을 것이다.

"그러니 친애하는 장군님, 이 부분에 대해 장군께서 직접 황제 폐하께 서한을 띄워 주십사 부탁을 드립니다. 그리하여 폐하께서 최대한 빨리 프레미 씨에게 제 이름을 언급해 주실 수 있도록 말입니다. 저는 우리의 작은 몽스-제밀라 회사의 미래가 탈라보와 프레미 씨가 설립할 알제리 사업체에 제가 이사로 지명되는 데에 달려있다고 보고 있습니다."

다시 한 번 뒤푸르는 그의 부탁을 들어주었다. 나폴레옹 3세에게 자신이 총애하는 뒤낭을 추천하는 서한을 보낸 것이다. 해당 서한이 남아있지는 않지만 그 편지에 대해 장군이 받은 답장은 현재까지 남아있다. 12월 15일 날짜 나폴레옹 3세의 서한에는 황제 또한 새롭게 설립될 식민지 사업체에서 뒤낭이 '이사로서 유용한 임무를 해내리라' 믿는다고 적혀 있다. 하지만 그 회사가 황제 본인 소유가 아니기에 인력 채용에 대해서는 프레미에게 '최대한 빠른 미래에' 자신이 말을 한 번 꺼내겠노라 하는 정도밖에 장군에게 약속할 수 없다고 하였다.

결정은 생각보다 늦게 내려졌다. 또한 최종적인 결정이었다. 1866년 5월 10일 나폴레옹 3세는 뒤푸르 장군에게 자신이 수년 전부터 열성을 다해 집필한 『줄리어스 시저의 역사』의 제2권을 보냈다. 그 책에 동봉한 편지 말미에 이와 관련된 한마디가 마치 급하게 덧붙인 추신마냥 보태져 있었다. 치명타였다. "장군이 추천하신 바를 잊지 않았습니다만, 탈라보 씨는 장군의 친구를 회사에 영입하고 싶지 않은 걸로 보입니다."[F10]

저자 주석 F10: 이 두 편지는 제네바 도서관의 뒤푸르 문서 기록관에서 보관 중이다. 뒤낭보다는 운이 좋았던 앙리 닉은 프랑스로 돌아와서 폴랭 탈라보가 1864년에 세운 소시에테제네랄에서 일자리를 구했다. 다음의 자료 참조. 위베르 보냉, 『소시에테제네랄의 역사』, 1권, 드로즈 출판사, 제네바, 2006.

해는 동쪽에서 떠오른다

실패를 겪는 이들은 상반되는 두 가지 방식으로 반응한다. 좌절을 겪을 때마다 야망이 조금씩 쪼그라드는 사람들이 있는가 하면, 반대로 그전의 계획보다 훨씬 더 원대한 무언가를 성공시켜야만 한다고 생각하는 이들도 있다. 바로 그런, 어쩔 수 없는 낙관주의자들이야말로 도박에서 잃을수록 판돈을 높이는 사람들이다. 온 세상 카지노에는 그런 이들로 가득하다. 카지노 밖 세상에도 그런 이들이 많다. 명백하게도, 또 앞으로 참 안된 일이지만, 뒤낭은 바로 그 두 번째 부류에 속했다.

1866년 초 뒤낭은 알제리종합금융회사 사업 정도는 마치 동네 구멍가게같이 보일 정도로 엄청난 계획을 궁리하고 있었다. 일종의 정복 사업 같은 데다 인도 회사 형식의 식민지 무역 회사, 식민지 사업체, 정치 운동 그리고 신앙에 기반한 십자군 운동의 성격을 모조리 뒤섞은 듯한 계획으로, 그 대상 지역은 바로 팔레스타인이었다. 뒤낭의 이 사업 계획은 '동방의 쇄신을 위한 국제보편협회'라고 명명되었다. 자체적으로 선언한 이 조직의 목표는 전 세계에 흩어져 있는 유대인들을 팔레스타인으로 모아들이고 성지를 복원하며, 아랍인들과 유대인들의 화해를 도모할 뿐 아니라, '세기의 천재'이자 '제국의 태양'이기에 '광휘 속에 반짝일' 나폴레옹 3세 황제가 치켜든 횃불을 따라 초대형 투자 사업을 실행하면서, 팔레스타인 지역의 경제 발전 역시 추진하는 것이었다. 앙리 뒤낭이 서명한 여덟 쪽 짜리 광고용 소책자에는 그가 예전에 집필했던 책, 그러니까 8년 전에 황제가 단칼로 헌사받기를 거절했던 『재건된 샤를마뉴의 제국』과 유사하게도 신비주의 색채가 묻어나는 과장스럽고 호언장담하는 어투가 그대로 드러난다. 다만 이번에는 순전한 찬사의 글이 아니라 실제로 식민 사업에 관한 계획이었고, 그 용법은 다음과 같이 간단히 요약 설명되었다.

겉보기에 심히 어려워 보이면서 그토록 고결한 목적을 이루기 위해서 가장 먼저 충족되어야 하는 조건 중 하나는 전 세계적으로 동방을 중립화하는 것이리라. 프랑스 제국의 국가 원수의 후원 하에 약 5억에서 6억 프랑의 자본으로 국제동방회사를 설립하여, 무엇보다 전 세계에 흩어져 있는 엄청난 유대인 자산가들로부터, 그리고 유럽 및 미국의 자본가들로부터 흥미를 유발할 필요가 있다.[F11]

> 저자 주석 F11: 프랑수아, 『앙리 뒤낭의 여러 면모들』, 45쪽. 이어지는 이야기는 또한 프랑수아의 글을 참조하였다. 36~37쪽 및 79쪽.

유태 민족주의에 치우친 위의 목표 너머로 금전적인 목적이 존재한다. 투자자들은

'상당한 결과를, 즉 서방에서 가능한 수준을 분명 훨씬 넘어서는 수익성을 기대해도 좋을 것'이란 게 그의 포부였다.[F12]

저자 주석 F12: 푸스, 『알제리인 앙리 뒤낭』, 130쪽.

뒤낭이 계획한 그 모든 일 중에 동방의 쇄신이라는 이 프로젝트가 분명 가장 야심 찼고, 가장 큰 실패를 기록한 일이기도 했다. 뒤낭은 아마 지난 겨울 파리에서 열린 세계유태인연맹 총회에서 자신의 발표에 대해 청중이 열성적인 반응을 보여준 것을 지나치게 개인적인 성과로 받아들인 게 아닌가 싶다. 그러나 그가 새롭게 연을 맺게 된 유태인 자산가들 중에 그의 팔레스타인 식민 사업의 꿈을 구체화시켜 줄 사람이 단 한 명도 나서지 않은 게 현실이었다. 끈질긴 성격의 뒤낭은 신기루를 즉시 포기하지 않았지만, 그렇다고 그 사업 계획을 혼자 힘으로 살려낼 수 있는 건 아니었다.

몇 주 후에 제네바에는 몽스-제밀라 제분 회사의 재정 상황이 '매우 나쁘다'는 소문이 돌기 시작했다. 얼마나 상황이 나쁜지 여전히 제네바 신용 은행의 행장이던 소테르드보르가르 백작이 제네바 신용 은행 알제리 지부의 현지 중역에게 더 이상 앙리 닉과 거래하지 말라고 권고하기에 이르렀다. 한편 뒤낭은 황제가 뒤푸르 장군에게 보내온 서한의 내용을 모르는 듯했다. 왜냐하면 그는 프레미와 탈라보가 설립하는 회사에 자리를 얻어보려고 아직도 온갖 문을 두드리고 다니고 있었기 때문이다. 그러는 중에도 제네바 신용 은행의 주주들은 굳건히도 펠펠라 채석장 매입을 기다리고 있었다. 바로 이 시점에 그는 또 한 번 방향을 선회한다.

1866년 여름 기록적으로 짧은 시간 내에 뒤낭은 가장 충실한 동료들과 오랜 친구들을 집결해서 새로운 모습과 새로운 이름으로 알제리종합금융회사 계획을 재개하였다. 회사 정관은 7월에 등록되었고 1886년 9월 18일에 명명식이 열렸다. 이 새로운 회사의 이름은 알제리회사였다. 모든 권력이 뒤낭에게 집중되었고, 이사회에는 친구 앙리 닉, 남동생 다니엘 뒤낭, 외삼촌 다니엘 콜라동이 포함되었다. 이사회에 함께한 다른 인물로는 제네바 신용 은행의 두 동료 알렉상드르 픽테와 앙주빌 백작뿐 아니라 몽스-제밀라 제분 회사의 이사 혹은 주주들, 즉 토마 막퀼로크, 피에르 샤를 트랑블레 장군, 앙리 드 소쉬르가 있었다. 또한 오랜 친구 테오도르 네케르, 에르네스트 드 트라즈가 자리했고, 마지막으로 저명 인사들이 꼭 필요했기에 교수 한 명, 법률가 한 명, 제네바 및 프랑스 적십자위원회로부터 몇몇 위원들이 포함되었다.

수없이 사업 계획을 세워온 뒤낭의 이번 프로젝트에서 그들은 무엇을 기대한 것일까? 물론 정도의 차이는 있었겠지만 기대하는 건 비슷했으리라. 투자액을 회수하는 것, 좀 더 건실하고 규모가 큰 회사로 흡수되어 몽스-제밀라 제분 회사가 구제되는 것, 같이 파산하지 않기 위해, 아니 적어도 연루되는 걸 피하기 위해 뒤낭의 완전 몰락을 막아보려는 것 등등을 생각해 볼 수 있다.

이 새 회사가 성립되려면 정관에 명시된 대로 '최초 발행된 주식의 절반'이 반드시 매입되어야만 했다. 허나 그 최소한의 조건이 충족되지 못했다. 알제리회사는 알제리종합금융회사와 마찬가지로 뒤낭도 그의 제분소도 구제해 주지 못했다.

프로이센으로부터 받은 영예

재정적인 걱정에 지나치게 사로잡혀 있는 바람에 뒤낭은 1866년 6월에 프로이센과 오스트리아 사이에 발발한 전쟁[16]을 먼발치에서만 겨우 살피고 있었다. 뒤낭이 이렇게 별 관심을 보이지 않는 듯하자, 뒷말하기 좋아하는 사람들에게 이는 좋은 얘깃거리가 되었다. 그중 하나가 제네바 출신 작가 앙리프레데리크 아미엘이었다. 몇 달 후 자신의 일기에 아미엘은 다음과 같은 빈정거리는 글을 남겼다.

> ― 제네바 협약은 그 잘나신 주창자의 잘못에도 불구하고 현재 유럽 전역을 사로잡았다. 그는 올해 보헤미아의 전쟁터로 달려가는 대신, 평온하게 파리의 아스팔트 거리를 누빈 인물이다[F13]
>   저자 주석 F13: 『아미엘의 일기』, 제6권 567쪽, 1866년 9월 15일.

뒤낭이 파리에서 황제를 알현한 것에 대해 아미엘이 넌지시 암시한 게 확실하다 해도 ― 뒤낭 본인은 그 소식이 제네바에 잘 알려지게끔 애를 썼기 때문이다 ― 비꼬는 말투로 제네바 협약이 '유럽 전역을 사로잡았다'는 언급 역시 뒤낭을 겨냥한 말이었을까? 아미엘의 논평 날짜가 9월 15일인 걸로 미루어 보면 개연성이 있는 일이다. 왜냐하면 궁지에 몰린 투기성 짙은 사업가 뒤낭은 국제적십자의 주창자 본인에게 영예로운 일이 새롭게 생겼음을 널리 알리고자 조치를 취했기 때문이다. 그 새로운 영예란 프로이센의 아우구스타 왕비가 베를린에서 열릴 프로이센 승전군의

---

16 1866년 6월에서 7월까지 치러진 전쟁으로, 독일 통일 방법을 둘러싼 프로이센과 오스트리아 사이의 힘겨루기였다. 오랫동안 전쟁을 준비한 프로이센의 압승으로 끝났으며, 오스트리아는 북독일 연방을 승인하게 되었다.

개선 행사에 뒤낭을 초청했다는 사실이었다. 마침 그 행사가 9월 중에 있었다.

이 베를린 방문을 뒤낭이 나중에 회고록에서 얼마나 중요하게 다루었는지, 그리고 당시 현장의 상황을 얼마나 감상적으로 묘사했는지를 보면 이 일이 그의 인생에서 자기도취의 기쁨에 잔뜩 취할 수 있는 마지막 기회였음을 가늠해 볼 수 있다. 저명한 오토 스톨베르크베르니게로데 백작[17]이 그를 에스코트한 데다, 도착하는 순간부터 뒤낭은 프로이센 깃발뿐 아니라 국제부상병위원회의 깃발, 즉 '자신의' 깃발로 뒤덮인 채 환희에 가득찬 베를린을 만끽했다. 날씨도 화창했다. 프로이센 왕자가 지체없이 뒤낭을 왕궁 대광장으로 안내했고, 왕가 파빌리온 바로 옆 예루살렘의 성요한 기사단에게 배정된 계단식 좌석으로 그를 안내하였다. 어딜 가도 흰 바탕에 붉은색 십자가 표장이 뒤낭의 눈에 들어왔다. 가정집의 지붕 위에도 그의 옆자리를 배정받은 기사들의 완장에도 심지어 행진 중인 두 연대 사이 행렬에 별안간 눈에 띈 자원 간호사의 복장에서도 — 그는 보헤미아 전장에서 근무하다 총탄으로 부상을 입은 탓에 상당히 고통스러워하며 행진하고 있었다 — 마찬가지였다. 그 간호사뿐 아니라 행진 내내 이럭저럭 그가 걷는 것을 도와주던 양 옆의 병사들도 적십자 완장을 차고 있었다. 뒤낭의 눈에 눈물이 고였다. 프로이센에 머무는 며칠 동안만큼은 제분소나 종합금융 회사, 프레미와 탈라보, 공작들이나 백작들, 동업자 닉이나 회계 문제 등은 잊을 수 있었다. 그는 프로이센에 있었고, 프로이센은 자국의 승리와 개선군을 자축하면서 뒤낭 역시 환대해 주었기 때문이다.

얼마 전까지만 해도 꿈도 못 꿀 법한 영예로운 일이 연이어 일어났다. 그날 밤에 바로 그는 '괴물 같은 대연회 만찬'(대단한 것을 '괴물'이라는 단어로 표현하는 방식은 생각만큼 최근 생겨난 표현이 아닌 듯하다)에 초대되었다. 뒤낭 본인이 잘 표현한 대로 그는 엄청난 인파가 일렬로 늘어선 연회장의 저 끝 구석에서 '쭈그러져 있어야' 할 것이라고 생각했다. 그러나 오히려 정반대로 왕가의 사람들과 함께 상석을 배정받았다. 뒤낭의 안내자 역할을 맡았던 스톨베르크 백작은 저녁 연회가 마무리될 때가 되어서야 뒤낭의 테이블로 다가와 군주와 주공들이 모인 방에 뒤낭의 자리가 마련되어 있다고 알려주었다. 그 순간부터 백작은 뒤낭의 곁을 지켰다. 백작은 뒤낭을 왕궁의 리셉션으로 그를 데려갔고, 거기서 온 궁정이, 심지어 왕가 일원들까지도, 그를 오! 아! 하는 감탄사와 함께 환영해 주었다. 오직 키가 190센티미터나 되는 거구의 비스마르크만이 마치 부조 조각처럼 아무 말 없이 서 있었다. 뒤낭의 말에 따르면 비스마르크가 자신을 '탐색하듯' 바라보았다고 한다. 뒤낭은 비

---

17 Otto zu Stolberg-Wernigerode 1837~1896. 독일의 장교, 외교관이자 정치가로 독일 제국 정부에서 1878년부터 1881년까지 비스마르크 휘하의 최초 부수상을 지냈다.

스마르크 장관이 '보잘것없는 검정색 예복'을 차려입은 자기 같은 사람에게 그토록 찬사가 쏟아지는 상황에 놀란 것이라 확신했다. 군주들로부터 이러한 대접을 받다니, 부르주아 계급 사람에게 궁극의 기쁨이지 않은가! 뒤낭은 이 며칠간 마치 이런 일은 다시 없으리라 예상하기라도 한 듯 넋을 잃고 그 기쁨을 만끽했다.

아우구스타 왕비야말로 그 누구보다 뒤낭에게 열성을 보여준 사람이다. 뒤낭은 왕비의 대담함을 강조하기라도 하듯 나중에 기록하길 만찬 내내 그녀가 '팔의 맨살을 드러낸 채' 있었다고 적었다. 한쪽 팔목에 적십자 완장을 차고는 전쟁 내내 그 완장을 단 한 번도 팔에서 빼지 않았다고, 그녀가 뒤낭에게 아무렇지도 않게 말했다고 한다. 그러더니 왕비는 뒤낭을 그날 저녁에 따로 불러들여서 그가 저술한 『솔페리노의 회상』이 자신의 마음을 완전히 뒤흔들어 놓았다고 털어놓았다. 남편 빌헬름 1세가 그 책을 읽게 된 이유도 아우구스타 왕비의 권유 때문이었다. 빌헬름 1세는 책을 읽은 후 '그 일을 반드시 성공'시키겠노라 굳게 다짐했다고 하며, 1863년부터 이미 그러한 의지를 증명해 보이고 있었다. 그날 밤 운터덴린덴 거리에 있는 상트페테르부르크 호텔의 자기 방으로 돌아온 뒤낭은 자그마한 미카엘 대천사 석고 조각상을 꺼내 놓았다. 대천사의 가슴에 새겨진 부조 십자가는 아우구스타 왕비의 명령으로 붉은색 칠이 되어 있었다. 뒤낭이 왕후에게 작별 인사를 하기 직전, 그녀는 '이 조각상을 뒤낭 씨가 작업하시는 책상에 두시고 저에 대한 기억으로 잘 간직하시길 바랍니다."라고 말했다.

그다음 날 뒤낭은 포츠담으로 떠났다. 프리드리히 빌헬름 4세[18]의 미망인 엘리자베트가 상수시궁으로 자신을 만나러 와 달라고 요청해 왔기 때문이었다. 뒤낭은 지각을 하고 만다. 게다가 본인의 고백에 따르면, 군수 일가의 사람을 기다리게 한 것은 이번이 처음도 아니었다 하니 반복해서 당혹스런 상황이 발생했음을 엿볼 수 있는 고백이다. 아무튼 그럼에도 엘리자베트 왕대비는 산책에서 돌아오는 길에 만난 그를 따뜻하게 맞이해 주었다. 그 외에도 다른 주공이나 백작 부인들과의 만남이 줄을 이었다. 만났던 모든 이가 제네바 원칙에 충실하겠노라고 입을 모았다. 뒤낭은 프로이센을 떠나면서 프로이센이야말로 그가 심은 씨앗 중에 가장 아름다운 꽃을 피운 곳이라고 생각했다.

사실은 프로이센이 그가 지난 10년 동안 아첨하고 공략하고 또 맘에 들어보려고 애를 썼던 '재건된 샤를마뉴의 제국' 프랑스보다 자신의 생각에 훨씬 가까운 가치들

---

18 당시 프로이센 국왕 빌헬름 1세의 형이자, 전임 국왕이었다.

이 자리잡은 나라라는 생각이 들었다.[19]

19 프랑스인들이 '샤를마뉴'로 칭하는 프랑크 왕국의 대왕을 독일인들은 카를 혹은 카롤로스 대제라 부르며 숭배해
왔다. 즉 뒤낭이 나폴레옹 3세에게 헌사한 책에서 '재건된 샤를마뉴의 제국'은, 프랑스가 아니라, 프로이센에 어울리
는 표현이라는 이야기.

적십자 완장을 찬
프로이센의 아우구스타 왕비의 초상

한겨울의 경주

사도바 전투[20]의 승리는 그가 누리던 영광과 명예로움에 최후의 불을 지펴주는 역할을 하였다. 그 후 몇 달 간을 살펴보면 뒤낭은 쫓기는 사람 같았다. 감히 신에게 직접 청하지 못하니 온갖 성인들의 문을 두드리는 모양새였다. 시작은 황제의 사촌인 제롬 나폴레옹이었다. 그는 뒤낭을 니옹 근처에 있는 레만 호숫가의 아름다운 자택으로 얼마 전 초청한 바 있었다. 1858년부터 1859년 사이 이 황제의 사촌 동생이 알제리 총독으로서 악명 높을 정도로 실패한 사례를 감안한다면, 이렇게 뒤낭이 그에게 연락을 취한 것은 부적절하기 이를 데 없었다. 게다가 바로 드러났다시피, 어차피 성과가 없을 게 당연했다. 11월 13일자 답장에서 제롬 나폴레옹은 뒤낭에게 "나는 모든 사업 관련 일에서 손을 떼었소. 그리고 무엇보다 뒤낭 씨도 이해하시겠지만 알제리 일에 더는 관여하지 않습니다. 그 식민지를 내가 책임지지는 않습니다."라고 적었다. 이어지는 서한의 내용을 보면 뒤낭이 제롬 나폴레옹에게 제분 회사뿐 아니라 알제리 소시에테제네랄의 이사 자리에 대해서도 청탁했음을 미루어 짐작할 수 있다. "그 이외 귀하가 관심을 보이는 일에 대해 나는 아는 바가 전혀 없습니다. 나에게 언급한 그 회사에 대해서도 전혀 입김을 행사할 수 없습니다."[F14]

> 저자 주석 F14: 별도의 언급이 없는 경우는 여기서 인용된 모든 편지는 (기독교청년회 회원이나 적십자 관계자의 서신을 제외하고) 모두 제네바 도서관의 수사본부서의 뒤낭 기금에서 보관하고 있는 자료들이다.

이제 연말이 다가오다 보니 뒤낭의 목이 조여왔다. 제네바 신용 은행에 펠펠라 채석장을 매두한 이후, 은행 이사들은 정확히 기한에 맞춰 약속한 20만 프랑을 지불했건만 그 어떤 회사도 알제리종합금융회사조차도 채석장을 매입하겠다는 제안을 하지 않았다. 크리스마스 다음 날 제네바 신용 은행 이사회는 임시 조치로써 알제리회사의 주식 2,000주를 내놓으라고 요구하였다. 그리하여 1867년 1월 초에 알제리회사의 주식이 양도된 것은 사실이다. 그 시점에서 해당 회사 자체가 오직 문서상으로만 존재하고 있다는 걸 모르는 사람은 아무도 없었음에도 일은 이렇게 진행되었다. 뒤낭에 대한 불신은 시간이 갈수록 커져갔다. 뒤낭은 고집스럽게도 자신의 라이벌 회사인 소시에테제네랄의 이사 자리를 얻어내려고 애쓰고 있었다. 그 방법만이 자신을 구해줄 유일한 수단이자 최후의 방도라고 믿었기 때문이다. 몇 달 전에 황제가 뒤푸르 장군에게 보냈던 부정적인 답변에 대해 뒤낭은 아예 몰랐거나,

---

20 쾨니히그레츠 전투라고도 하며, 1866년 7월 3일 프로이센-오스트리아 전쟁 중 프로이센군이 오스트리아군을 상대로 압승을 거두었다. 프로이센의 사령관은 『전쟁론』의 저자 클라우제비츠의 제자였던 헬무트 몰트케 백작이었다. 위의 베를린에서의 승전 행사가 열린 이유가 바로 사도바 전투에서 승리했기 때문이었다.

아니면 알고도 그냥 무시해 버렸을 수 있다.

이미 장군의 중개를 시도했지만 실패하였고, 최근에는 황제의 사촌인 제롬 나폴레옹을 접촉한 걸로도 모자랐는지, 뒤낭은 자신이 갖고 있던 마지막 성냥개비에 불을 붙여보기로 결정하였다. 그 말인즉슨 자신이 직접 황제에게 서한을 보내기로 결심한 것이다. 당시 즉 1867년 초에 뒤낭이 얼마나 공황 상태에 빠져있는지를 증명해 주듯, 황제가 그를 알제에서 상당히 '호의를 갖고 맞이'해 주었다는 이유로 그는 자신이 처한 불운한 상황을 기나긴 편지에다 자세히도 늘어놓았다. 자기 자신을 피해자로 묘사하기 좋게끔 상황의 시간적 흐름을 조작해 가며 알제리회사의 회장이라는 감투를 쓴 뒤낭은 감히 '알제리 소시에테제네랄이 같은 시기에 설립'되었기에 엄청난 피해를 입었다고 적었다. 마치 그 일이 불공정 경쟁이라도 된다는 듯한 어조였다. 그러니 대중에게 '이 두 회사 사이에 전혀 적의가 없다'는 걸 증명하는 게 당연하지 않은가 하는 이야기였다. 그렇게 곤란한 인상을 지워볼 방법으로 무엇이 있을까? 바로 프레미가 세운 알제리 소시에테제네랄의 이사회로 뒤낭 본인을 영입하는 길이 있다는 게 편지의 요지였다. 뒤푸르 장군이 이미 예전에 황제에게 부탁했던 바로 그 접근법이다.

이번에도 답장이 도착하기까지 오래 걸리지 않았다. 답신에서 황제 집무실은 그러한 요청에 대해서는 '완전히 손을 뗐다'고 하였다. 이미 그와 동일한 청탁을 프레미에게 전달한 바 있었다는 게 그 이유였다.

『튀니스 섭정에 대한 설명』 이후, 이어『재건된 샤를마뉴의 제국』, 그리고 몽스-제밀라 제분 회사에 대한 견해서, 그리고『솔페리노의 회상』, 또『튀니스 섭정에 대한 설명』에서 일부를 발췌해서 따로 펴낸 노예제 논의 소책자, 그리고 '동방의 재건' 등을 보낸 것 외에도 수없이 많은 매개자를 통해 청탁했던 적이 있는 점을 감안한다면, 나폴레옹 3세가 결국 앙리 뒤낭이라는 사람의 서신 공격에 진저리가 났으리란 걸 충분히 이해할 수 있다. 허나 그건 파산이 임박하고 있다는 공포에 시달리는 사람이 얼마나 완고하게 집착할 수 있는지를 모르는 이야기다. 튈르리궁의 답장은 방금 그의 눈앞에서 문이 쾅 닫힌 것이나 다름없는데도, 뒤낭은 행간에서 새로운 격려의 메시지를 읽어냈다고 믿었다. 뒤낭은 자신의 사업과 관련해서든지 부상병구호협회 일을 위해서든지 이미 여러 차례에 걸쳐 지원과 장소 제공을 요청했던 오를레앙 철도회사의 회장 프랑수아 바르톨로니에게 편지를 써서 그러한 속내를 털어놓았다. 그런데 바르톨로니가 과연 항상 사려깊은 조언을 해주었던가? 뒤낭에게 프랑스 사람들을 많이 끌어들여 '작은 알제리 회사'를 하나 차리고, 파리에 본부를 두지는 못하더라도 지점은 하나 설치해 두어야 한다고 제안했던 사람이 바르톨로니가 아니었나? 뒤낭은 순순히 그의 조언에 따랐다. 제네바에서 알제리회사를 설립한 후 그는 프랑스 명망가들을 십여 명이나 합류시켰다. 뒤낭은 바르톨로니에게 자신이 이제 "파리 뤼들라페 거리에 주소지를 두고 거기엔 사무실과 아파트까지 갖추었습니다."라고 알렸다. 이미 사무실에 차장까지 정규직으로 고용해 둔 상태였다. 프레미와 탈라보의 호감을 사려면 대체 더 이상 뭘 해야 한단 말인가?

바르톨로니에게 서신을 보내며 뒤낭은 이렇게 적었다. "지금쯤이면 프레미 씨가 더 이상 저에 대한 선입견이 없기를 바랍니다." 그는 여전히 희망에 차 있었다는 게 눈에 보인다. 그로부터 8일 후 2월 8일 뒤낭은 재차 서한을 보내는데 그의 맹목적인 태도가 여전했다. "친애하는 바르톨로니 씨, 당신이야말로 프레미 씨와 관련해서 제게 뭔가를 해줄 수 있는 분입니다." 예를 갖춘 형식은 에라 모르겠다는듯, 뒤낭은 아래와 같이 솔직하게 털어놓았다.

"(중략) 돈 문제는 이제 부차적입니다. 저에게 이제 이건 신용과 명예의 문제입니다. 그리고 나 자신의 명예뿐 아니라 내 가족의 명예가 걸린 일입니다. 저는 세상 사람들의 눈에, 그리고 친구들의 생각에, 제 상황을 소명하고 다시 일어서야만 하는 상황입니다. 그러니 당신의 선의에 호소합니다. 개인적인 부탁을 좀 들어주시기를 바랍니다. 당신이 제 미래와 제 명예를 손바닥 안에 쥐고 있는 셈입니다. 간청컨대 제가 부탁드리는 대로 저의 사업을 도와 주시기 바랍니다. (중략) 제발 부탁이니, 당신과 당신의 인자함을 믿는 동향 사람을 꼭 좀 구해 주십시오."

뒤낭의 편지는 같은 어조로 이어졌다. 세 번째 서한도 그다음 날 이어 발송되었건만 이미 너무 늦은 상태였다. 며칠 후 상황은 종료되었고, 이제 모든 게 끝장이 났다.

제네바 신용 은행은 1867년 2월 25일 청산 절차에 착수했고, 그와 동시에 뒤낭을 폭풍 속으로 끌고 들어갔다.

파산

제네바 신용 은행의 주주 총회가 열리기 나흘 전인 1867년 2월 21일 이사들과 뒤 낭 사이에는 펠펠라 채석장 계약을 해지하는 내용으로 조용히 합의가 이루어졌다. 이미 제네바 신용 은행이 지급한 돈을 뒤낭이 갚을 수 있을 때까지 기다리면서 '보 증금 차원에서' 알제리회사 주식 2천 주를 계속 보유하고 있기로 하였다. 은행이 미 리 지급한 액수는 1865년 11월 채석장 매각이 완료된 순간부터 총 20만 프랑을 조 금 넘는 금액에 이른다. 그 외에도 이사들이 자기 은행으로부터 대출을 받는 아주 나쁜 습관이 들은 터라, 뒤낭은 거기에다 5만 프랑을 추가로 갚아야 했다. 결국 그 의 총 부채는 약 25만 프랑[21]에 달했다.

조금만 운이 좋았더라면 일은 거기서 끝났을 수 있다. 실제로 뒤낭은 그로부터 몇 달 뒤에 펠팔라 채석장을 되파는 데 성공하였다. 그런데다 처음에 약속한 대로 자 신의 취약한 사업체 알제리종합금융회사에게 판 것도 아니고, 종합금융 회사 다음 으로 내세웠지만 유령회사에 가까운 자신의 알제리회사에 되판 것도 아니었다. 매 입에 나선 이들은 다름 아닌 프레미와 탈라보였다. 뒤낭이 제안한 무언가에 처음으 로 이 두 사업가가 긍정적인 답변한 셈이었다. 두 프랑스 사람은 이 거래를 가장 낮 은 금액으로 마무리지었으니 자연스레 이들은 판매자 뒤낭의 안타까운 상황으로 인해 이득을 본 것이라 할 수 있다. 뒤낭은 이를 통해 단지 10만 프랑만을 회수하게 되는데 이는 제네바 신용 은행의 주주들에게 갚아야 할 액수의 절반도 되지 않았 다. 그 거래에 대해서 뒤낭은 그가 숨을 거두는 날까지도 적개심을 품었다. 반면에 뒤낭의 가족은 앙리가 파산의 치욕을 겪지 않기 위해서라면 그 어떤 희생을 할 준 비가 되어 있었다. 시간만 있었더라면 아마 가족이 나서서 나머지 부채 금액을 흡 수했었을지도 모르겠다.

하지만 사태는 급물살을 탔다. 회의록에 남겨진 표현에 따르면 1867년 2월 25일 총 회에서 제네바 신용 은행 주주들은 뒤낭에게 '격렬히 비판받은 사업에 참여한 사 실'에 대해 해명을 요구하였다. 물론 이건 채석장 매각에 대한 이야기였다. 뒤낭은 가능한 대로 자신의 행보를 정당화하는 설명을 했지만, 주주들은 그걸로 끝나지 않 았다. 이들은 그 자리에서 제네바 신용 은행의 해체 및 청산을 결의한 것이다. 비록 뒤낭이 직접 관계한 일은 아니라 하더라도, 영구히 그의 부주의함에 결부될 수밖에

---

21 현재 화폐 가치로 산정하면 대략 한화 10억 원을 넘는 금액으로 추정된다. 당시 2파운드가 50프랑 환율이었음을 감안하여 계산하면(저자 주석 16 참조), 25만 프랑은 현재 화폐 가치로 60만 파운드를 넘는 금액으로 추정된다.

없는 채석장 매매 논란으로 파생된 불가피한 결론이었다고 하겠다.

그렇기는 하지만 제네바 신용 은행이 와해되는 과정에서 가장 곤란한 부분은 다른데 있었다. 뒤낭이 벌인 재난에 가까운 사업들 중에 빙산의 일각이 드러난 것에 불과하다는 사실이었다. 뒤낭이 부채액을 제네바 신용 은행에 상환하는 게 불가능하다고 생각한 이유는 이미 몽스-제밀라 제분 회사로 인한 부채에 허덕이고 있었기 때문이었다. 뒤낭의 제분 사업은 난감한 상황에 처해 있었고, 이미 오래 전부터 그래왔다. 1865년에, 그러니까 펠펠라 채석장을 사들이던 바로 그해에 뒤낭은 동업자이자 친구인 토마 막퀼로크와 공동 보증인으로서 크레디리오네 은행으로부터 30만 프랑을 대출받았다. 그런데 난감하게도, 악파두 숲이 수익성을 갖추어서 마침내 진정한 이득이 창출되기를 기다리는 동안, 그 돈은 다른 일에, 즉 제분 회사 주주들에게 실제로는 발생하지도 않은 수익 배당금을 지급하는 데 소진되고 말았다.

제네바 신용 은행의 청산은 그러니까 이미 흔들거리던 몽스-제밀라 제분소에 완전히 금이 가게 만든 폭탄과 같은 효과를 가져왔다. 뒤낭은 불과 며칠 사이에 걱정 가득한 이사들과 격분한 주주들 그리고 타협이라고는 모르는 채권자들로 둘러싸인 신세로 전락했다.

어떻게 해야 할까? 이권 쟁탈전에 완전히 뛰어들어야 할까? 아니면 꼬리를 내리고 저 멀리로 비밀리에 도망을 가야할까?

뒤낭은 후자를 선택했다.

프로이센과 작센 공국 군주들의 친구이자 프랑스의 황가 및 군대 원수들과 친교를 나누던 사람, 제네바 협약을 가능케 한 존경받는 인물이자 적십자 조직의 주창자인 뒤낭이었다. 기독교청년회의 국제 운동을 탁월하게 이끌었던 그, 장앙리 뒤낭은 1867년 5월의 어느 날 아니면 어느 저녁, 나고 자란 제네바에서 도피하는 길을 택했다. 정확한 날짜를 기억하고 싶어한 이는 그 누구도 없었다. 뒤낭의 온 가족뿐 아니라 그의 주변 사람들, 나아가 제네바 도시 자체가 뒤낭 덕에 누린 영광을 송두리째 삼켜버릴 정도의 불명예로만 기록될 날짜였기 때문이다.

39세가 되는 해의 초입에 앙리 뒤낭은 뒤도 돌아보지 않고 제네바를 떠났고 다시는 고향에 발을 들여놓지 않았다.

7

추락

1867~1869

파리로의 도주

뒤낭은 나중에 회고록에 암시한 대로 제네바를 떠난 당시 곧장 파리로 향했을까? 아니면 일단 제네바에서 약 60킬로미터 떨어진 프랑스 앵 지방 뒤낭 가문 소유지 셰브르리로 도피했던 것일까? 그런 가정을 해 보기 딱 좋은 장소였음은 분명하다. 셰브르리의 간소하고 견고한 집은 포도밭 한가운데 그리고 언덕에 바짝 붙어 있어서 외부 시선을 피할 수 있으면서도 집에 있으면 내부에서는 탁 트인 경관을 즐길 수 있는 곳이었다. 좌절에 빠져 도피하는 이에게 평온한 안식처가 되어주기 위해 지어진 게 아닐까 싶을 정도였다. 그렇긴 해도 뒤낭이 이곳을 거쳐갔다고 확신하기는 어렵다. 나중에 가서 뒤낭이 고백한 내용이라고는 남동생이 파리까지의 노잣돈을 쥐어 줬다는 것, 그리고 수개월에 걸쳐 깊은 우울에 빠져 있었다는 것뿐이었다. 역사 속의 자료로 추적해 보면, 그의 흔적은 몇 달 후 1867년 6월이 되어서야 다시 등장한다. 이때 제네바 신용 은행의 청산인들이 뒤낭을 찾아 파리에 왔다는 기록이 있기 때문이다. 가능한 한 빨리 부채를 청산하겠다고 약속하는 협약 문서에 서명하게 하려고 직접 찾아온 것이었다.

같은 시기에 몽스-제밀라 제분 회사는 뒤낭의 영향권에서 벗어나 과거 주주들 중 일부의 손으로 넘어갔다. 이들은 어떻게든 회사를 되살려보려고 애썼다. 하지만 법정 관리인들은 전 사장이 저지른 부주의한 일과 부정 행위를 아무 책임도 묻지 않고 눈감아 줄 생각이 없었다. 앙리와 동생 다니엘은 결국 회사가 침묵을 지켜주는 대신 자신들의 채권을 모조리 포기하고, 상소 권리도 포기하기로 합의하였다. 이와 마찬가지로 뒤낭의 부모도 뒤낭이 "몽스-제밀라 제분 회사의 이사로서, 사장으로서, 혹은 대리인으로서 저질렀을 수 있는 모든 오류에 대해 위협받거나 소추되지 않는다."[G1]는 조건으로 그들이 갖고 있던 권리와 채권, 주식 일체를 몽스-제밀라 제분 회사로 양도하였다. 이렇게 해서 소송이나 파산이라는 수치를 면해 보자는 희망에 기댄 뒤낭의 가족은 알제리에 가지고 있던 자신들의 자산을 완전히 내놓았는데, 그 주식의 가치는 약 6만 프랑에 달했다. 앙리는 철저히 몰락하였고, 동생 다니엘 역시 자산의 대부분을 잃었으며, 뒤낭의 지인들도 자신들의 유류분을 통째로 상실했다.

저자 주석 G1: 푸스, 『알제리인 앙리 뒤낭』, 147쪽.

얼마 후에 앙리의 가족은 몽스-제밀라 제분 회사의 이사회와 협의 하에 크레디리오네 은행에 갚아야 할 부채를 해결해 주는 합의에 이른다. 크레디리오네도 결국 그 부채의 일부를 변제받는 걸 포기하게 되는데, 그 이유는 알제리에 있는 자산을 압류해 봤자 그걸로 은행이 어찌해 볼 수도 없었기 때문이다. 반면에 뒤낭은 크레디리오네로부터 엄청난 금액을 대출받을 때 함께 보증인 역할을 한 오랜 친구 토마 막퀼로크에게는 결국 빚을 한 푼도 갚지 못했다. 나중까지도 뒤낭은 파산이 불러온 극적인 상황을 상기할 때마다 토마의 이름만 들어도 쓰라린 부끄러움에 휩싸이곤 했다.

뒤낭에게 양심의 가책을 느끼게 한 건 막퀼로크뿐이 아니었다. 뒤낭은 자기 사업에 끌어들였거나 돈을 빌렸던 수많은 다른 친구들에게도 상당한 피해를 입혔고, 그 액수는 수천 프랑부터 10만 프랑 이상에 이르기도 했다. 이들에게 변제를 해줄 수 있는 근본적이고 지속적인 가능성이 전혀 없는 상황에 빠진 뒤낭은 남은 여생 동안 그에 대한 가책에 시달리게 된다. 하지만 마침내 막대한 상금[1]을 받게 되었을 때, 그는 이미 제네바에 대해 격분한 상태였기 때문에 제네바의 친구들에게 부채를 갚는 일에는 단 한 푼도 쓰지 않으려고 온갖 방법을 동원했다.

만국 박람회

그해 1867년 봄 치욕스런 사건으로 뒤낭이 황급히 제네바에서 도피했어도 파리에는 상대적으로 그 추문이 크게 영향을 주지는 않은 듯했다. 친구이자 동업자인 앙리 드 소쉬르에게 보낸 서한을 보면, 뒤낭은 "부상병을 위한 과업으로 유럽 내에서 나는 도덕적인 인사로 평판을 얻었기에 여전히 다양한 활동과 자원을 확보할 여지가 있다."고 확신하는 모습을 보였다.

자원은 갖추지 못했을지라도 활동 거리는 바로 나타났다. 4월 1일 파리에서는 제2회 만국 박람회가 개막했고, 이 행사에 프랑스 부상병구호협회 역시 전적으로 협력했다. 크루프 회사[2]의 대포 전시관 바로 옆에 자리한 부상병구호협회 전시관은 700평방미터 규모로, 어떻게 보면 이웃 전시관이 일으키는 일을 애프터 서비스할 때 필요한 모든 물건과 발명품, 즉 전쟁에서 각종 무기로 부상을 입은 병사들을 간호하는 데 필요한 것들을 선보였다. 부상병구호협회가 존재하는 나라라면 모두 전시품을 제공해 달라는 요청을 받았다. 전 세계에서 물품이 쇄도한 탓에 프랑스군이

---

1 노벨 평화상의 상금을 뜻한다.
2 독일 에센 출신의 크루프 가문이 세운 철강 및 군수 회사.

내어준 거대한 천막에는 들것과 임시 구호 시설물과 다양한 구급 차량이 비좁게 들어찼다. 뒤낭은 이미 전시 준비가 시작될 때부터 이 일을 함께했다. 그는 벌써 그해 1월에 무아니에에게 '어떤 종류가 되었든 구호 선박을 하나, 최대한 보기 좋은 것으로' 제공해 달라고 요구했던 참이다. 뒤낭은 프랑스 부상병구호협회 중앙위원회의 명예 부회장으로서 이내 열정을 되찾고는 회장 폐장삭 공작을 수행하여 관계 부처 장관들과 황제의 측근들을 만나러 다녔다. 그런데다 그는 만국 박람회에서 여러 구호 협회들의 공동 전시관을 책임지는 위원회의 부회장으로 임명되기까지 했다. 그 덕분에 뒤낭은 다시금 프랑스 적십자에 속한 공작, 백작, 남작 등의 귀족들과 상대할 일이 많아졌다. 당시로서는 파리에서만큼은 그가 누렸던 명성에 아무런 하자가 생기지 않은 것으로 보였다.

하지만 귀스타브 무아니에는 뒤낭을 쳐내기 위한 행보에서 이미 한 발 앞서 있었다. 무아니에가 만국 박람회장을 처음 방문했을 때 구호용 카누와 들것과 구호 용품 상자 등의 전시품 앞으로 화려하게 장식된 뒤낭의 흉상이 원호 모양의 돌출된 돌을장식 위에 올려져 있는 걸 보고 얼마나 놀랐던지! 호수 너머 제네바에서는 제네바 신용 은행 사건으로 점점 더 큰 말썽이 되고 있던 참이었으니, 그런 인물에게 그와 같은 찬사를 바치는 것은 참으로 잘못된 일이었다. 제네바에서 온 박람회 방문객들이 악명 높은 파산자 뒤낭이 월계관을 쓰고는 떠받들여진 모양새를 보면 무슨 생각을 하겠는가?

6월 초에 이르자 무아니에 회장의 염려는 점점 커져갔다. 그 이유는 만국 박람회 시상식에서 대상 수상자 중 하나가 제네바국제위원회로 결정되었다는 소식을 들었기 때문이었다. 상황이 달랐다면 매우 기뻐했을 일이지만, 낭시로서는 내부의 날삽시 않은 인물을 긴급히 제거하는 일에 심각하게 신경을 써야 했던 때였다. 6월 12일에 무아니에는 파리 만국 박람회의 스위스 대표위원이자 수상자를 결정하는 심사위원단에도 포함된 페어헤어초크 씨에게 서한을 보냈다. 감사의 인사치레를 한 후 무아니에는 페어헤어초크에게 자신이 상을 받으러 직접 갈 수 없으며 '국제위원회의 특별 대표가 시상식에 참석하지 못하니' 우편으로 상을 보내주기 바란다고 적었다. 이어서 무엇보다도 무대에 오르기를 원하고 있을 그 누군가[3]가 개입하는 걸 철저히 막기 위해서인 듯, 마치 진짜 음모를 꾸미는 사람처럼 다음과 같이 첨언하였다.

"아주 극비리에 말씀드립니다만, 이와 관련해 최근까지 국제위원회의 간사였던 H. D. 씨의 개입이 있을 수 있다는 점에 조심하시라는 말씀을 위원님께 드립니다. 이

---

3 무아니에가 뒤낭을 염두에 두고 한 말이다.

제부터는 그가 우리 위원회를 대표하는 일이 없었으면 하는 아주 심각한 이유가 있습니다. 만약 그가 우리를 대표해서 수상하겠다고 나서는 일이 생기면, 그의 제안을 거절해 주시면 감사하겠습니다. 거절은 어렵지 않을 것입니다. 그저 직접 올 필요가 없다고만 말씀하시면 됩니다."

다다음 날 무아니에는 또 한 통의 서한을 보냈다. 이번에도 역시나 '매우 극비리에' 박람회의 조직위원회 회계 담당자에게 보낸 편지에서 무아니에는 제네바위원회가 "꼭 D.가 그 어디에서도 우리 위원회의 대표 혹은 대리인 아니면 단순한 동료로라도 소개되거나 그런 행세를 하지 못하도록 해주시기 바랍니다."[G2]라고 적었다.

저자 주석 G2: 구호 협회들과 관련된 모든 서신은 국제적십자위원회의 문서보관소의 자료들이다.

이러한 행보는 무아니에 본인의 상상보다도 훨씬 잔인한 일이었다고 볼 수 있다. 왜냐하면 위의 편지를 받은 '조직위원회 회계 담당자'는 다름 아닌 알제리종합금융회사 사업 추진 당시 뒤낭과 동업자였던 테오도르 베른이었기 때문이다. 마침 베른은 얼마 전에 뒤낭이 그토록 원하던 자리를, 즉 프레미와 탈라보가 설립한 알제리소시에테제네랄의 이사 자리를 꿰어찬 참이었다. 알제리소시에테제네랄에서 파리 사무실 서기라든지 알제리 지점의 사무원과 같은 일말의 하찮은 자리라도 뒤낭에게 주어질 가능성이 있었다고 해도, 이와 같이 무아니에가 넌지시 건넨 말들로 인해 그러한 일말의 가능성조차 완전히 무너져 내렸을 게 뻔하다.

어떤 의미에서는 국제위원회 회장으로서 무아니에의 행보가 이해된다. 부주의하게 알제리나 주식 거래소에서 뒤낭이 투기 수준의 사업에 임하는 동안, 무아니에 본인과 루이 아피아는 『전쟁과 자비La Guerre et la Charité』라는 방대한 저서를 준비하느라 고생을 했다. 이제 무아니에는 유럽의 모든 군주에게 그 책을 보내는 방식, 즉 뒤낭이 『솔페리노의 회상』을 알리기 위해 사용한 그 방법을 그대로 동원하여 본격 홍보에 나선 참이었다. 게다가 무아니에는 구호 협회 관련 파리 국제회의의 부의장 중의 한 명이기도 했다. 이 국제회의도 마침 만국 박람회 기간 중인 8월 말에 개최될 예정이었다. 이 국제회의는 다름 아니라 제네바 협약의 내용에서 불가피하게 수정해야 할 사항을 논하기 위한 자리였는데, 그러다 보니 무아니에는 신과 세상 앞에서, 이 협약의 '수호자'인 구호 협회들의 국제위원회를 대표하는 회장으로서, 해당 회의에서 제네바 협약을 위한 최전방의 수호자 자리에 서게 되었다. 이 국제회의를 준비하면서 무아니에는 부상병의 중립화에 대해 논하는 소책자를 집필해 두었고, 이를 모든 참석자에게 배포할 예정이었다.

한마디로 정리하자면 다음과 같다. 당시는 무아니에가 온갖 방법을 동원하여 적십자 사업에서 이론의 여지가 없는 지도자 입지를 확고히 하려던 바로 그 시점이었다. 그러니 무아니에는 어디로 튈지도 모르고 방해만 될 뿐인 전 간사가 저지른 바보짓들로 인해 적십자 자체의 신뢰도를 떨어뜨리는 위험을 무릅쓸 수 없었다. 하지만 할 일이 태산이었다. 뒤낭은 단연코 파리의 유명 인사였다. 그를 끌어내리기 위해서는 학술 저서들과 수많은 편지와 작당이 필요할 게 분명했다! 게다가 뒤낭은 파리에 머물고 있다 보니 무아니에가 염려한 대로 7월 1일 시상식에서 본인이 나서서 상을 받는 것을 포기할 생각이 전혀 없었다. 뒤낭은 "귀하와 외국에서 온 제 동료들과 함께 그 행사에 제가 참석한다면 좋겠습니다."라는 편지를 통해 만국 박람회 구호 협회 전시관의 대표 위원이던 세뤼리에 백작에게 언질을 주었던 참이다. 엎친 데 덮친 격으로 세뤼리에 백작과 뒤낭은 아주 돈독한 사이인 듯했다. 뒤낭은 본인이 직접 메달을 받고 싶은걸까 아니면 적어도 축하인사를 받고 싶은 걸까? 치욕의 시기를 보내는 중이던 뒤낭이 가능한 모든 수단을 동원할 게 분명했다.

해전 부상자

그로부터 며칠 뒤 7월 7일 뒤낭은 외제니 황후로부터 직접 호출을 받았다. 황후가 얼마 전 이탈리아 선박 난파로 천 명에 가까운 승객이 그 어떤 구조도 받지 못한 채 끔찍한 환경에서 희생된 사건을 접했기 때문이었다. 그렇기에 황후는 전쟁 중 부상병의 중립성 원칙이 해군에게도 확대 적용되기를, 그리고 지상의 구급 차량에게 부여된 중립성이 동일한 역할을 하는 해군 함선에도 적용되기를 원했다. 그 두 가지 이유로 황후를 알현할 만한 유일한 논의 상대자로서 부상병들을 위한 국제적십자의 창립자 뒤낭이 즉각 호출된 것이었다.

뒤낭은 숙연한 자세로 황후의 말을 경청하였으나, 그녀의 요청 사항에 대해 자신이 어떻게 접근해야 할지 말씀드리기는 어렵다고 답하면서, 본인의 개인적인 사명은 이미 완료되었다고 말했을 뿐이다. 황후는 자신의 남편 나폴레옹 3세의 총애를 사려고 그토록 애썼던 사람이 갑작스럽게 이토록 겸허한 태도를 취하니 깜짝 놀랐다. 검지를 들어 권위있게 그를 가리키며 그녀는 "아니요! 당신이 하실 일입니다!"라고 강력히 항변했다.

자신을 향해 치켜든 황후의 손가락이 그에게 얼마나 위안이 되었을까! 그의 가슴에 가득한 상처에 마치 시원한 습포를 댄 듯했으리라! 뒤낭은 그제서야 8월 국제회의에서 그 주제가 논의되게끔 자신이 동원할 수 있는 모든 방법을 동원하겠다고 약속했다. 그는 심지어 당일 즉시 세뤼리에 백작에게 황후의 바람을 알렸다. 파리 국제회의에서 '지상과 해상에서의 부상병'을 다룬 게 사실이기에 어느 정도는 성공적인 행보였다. 다만 그로부터 30년이 지난 후에야 헤이그 협약을 통해 1864년 원칙이 실제로 해상 전투 부상병들에게까지 확대 적용되게 된다.

황후를 알현한 지 얼마 되지 않아 이번에는 프로이센의 아우구스타 왕비가 파리를 공식 방문하였다. 그녀는 뒤낭의 안타까운 상황에 대해 알게 되어 뢰플러 박사에게 뒤낭을 찾아가라 명하였다. 박사는 어렵게도 뒤낭이 숨어지내던 숙소에서 그를 찾아냈다. 뢰이이 거리 끝자락 건물에 있는 초라한 지붕 밑 다락방이었고, 이는 현재 나시옹 광장 바로 근처. 4년 전만 해도 베를린에서 자신을 왕가에 소개해 주고, 1863년 제네바 회의 동안 '중립화'라는 아이디어를 적극 지지해 준 뢰플러 박사를 자신의 누추한 숙소에 맞이하는 뒤낭의 마음은 얼마나 기쁘고 또 얼마나 불편했을까! 선량한 성품의 소유자였던 뢰플러는 모든 상황을 다 알고 있었다. 제네바로부터의 소문을 자세한 사항까지 알고 있었을 뿐 아니라, 심지어 누군가에게 직접 이야기를 들은 듯했다. 그럼에도 불구하고 그는 뒤낭에게 친절한 말투로 이렇게 말을 건넸다.

"그런 소문을 듣고 저는 매우 불쾌했습니다. 뒤낭 씨에 대해서가 아니라 제네바 사람들에 대해서요. 또한 왕비 전하께서도 분명히 말씀하시기를 전하의 관심은 여전하며, 파리를 방문하시는 동안 뒤낭 씨를 직접 만나지 못해 유감이라고 전해 달라 하셨습니다."

뢰플러는 프록코트를 만지작거리며 뭔가 알아들을 수 없는 말을 웅얼거리더니 코트 안에서 두꺼운 봉투를 하나 꺼냈다. 뒤낭에게 그 봉투를 건네며 그는 "이건 시작에 불과합니다."라고 말했다. 봉투 안에는 3천 프랑이 들어 있었다. "저는 뒤낭 씨가 당연히 누려야 할 품위를 회복할 수 있도록 궁정에서 노력하겠습니다."

이렇게 황후부터 왕비 그리고 백작과 남작들에 이르기까지 뒤낭은 1867년 여름까지만 해도 언제나 그래 왔던 대로 궁정의 총애를 받고 있었다. 게다가 부채를 탕감하고 오점을 지워버리기 위해 필요한 '지위와 자본을 재확보'하는 데 도움을 주리라 자신이 철석같이 믿은 몇 가지 계획도 마련하는 중이었다. 하지만 8월 중순에 상상할 수 없을 만큼 큰 충격을 안겨준 소식이 들려왔다. 50세도 채 되지 않은 친구 토마 막퀼로크가 — 크레디리오네로부터 엄청난 액수의 대출을 받을 때 함께 보증을 서자며 뒤낭이 끌어들였던 바로 그 친구다 — 갑자기 세상을 떴다는 소식이었다. 토마의 사망 소식은 뒤낭이 품고 있던 수치심을 면전에 폭발시킨 듯한 효과를 일으켰다. 마치 자신의 파산으로 인해 동업자들과 출자자들, 그리고 친구들이 겪은 맹렬한 고통이 막퀼로크의 죽음을 통해 견딜 수 없을 정도로 분명하게 온 천하에 드러난 것 같았다.

— 그토록 선하고, 그토록 너그럽고, 그토록 내가 사랑하고 존경했던 토마가 세상을 뜰 때, 나를 아마도 배은망덕한 인간이라고, 부정직한 인간이라고 여겼을 거라 생각하면 가슴이 찢어진다! (중략) 이 소식은 그 어떤 시련보다도 더욱 잔인하구나. 나는 완전히 좌절에 빠졌다.

글쓰는 일을 아주 쉽게 여기던 뒤낭이건만 토마의 미망인에게 애도의 서한을 보내야 한다는 생각에 문자 그대로 마비된 듯한 반응을 보였다. 그는 동생 피에르에게 '내가 감히 그럴 수는 없다'고 고백했다. 그리고 모든 게 나아지고 있다고 말씀을 드릴 수 있는 상황이 아니다 보니 어머니께도 직접 편지를 쓰지 못하던 뒤낭은 동생에게 대신 안부를 전해 달라고 부탁했다. 분명한 점이 있다면, 막퀼로크의 죽음은 뒤낭이 직시하길 거부하던 현실의 커튼을 거칠게 열어제끼는 역할을 하였다는 사실이다. 그가 아무리 새로운 계획을 세우든, 착각에 빠져 있든, 덧없는 꿈을 꾸든 간에 파산으로 인해 이제 결코 회복할 수 없는 부분이 생겨버렸다는 현실 말이다.

하나로 수렴된 두 경쟁 관계

1867년 8월 말 파리에서 열린 구호 협회들의 국제회의는 두 종류의 경쟁 구도 속에서 열렸다. 한 가지 경쟁구도는 제네바 협약을 주도한 두 명의 핵심 인물들 사이의 경쟁 관계였고, 또 하나는 제네바와 파리 사이의 경쟁 관계였다.

제네바위원회의 전 동료들은 아마도 제네바에서 쫓겨나다시피 한 뒤낭이 여전히 파리의 동료들로부터는 신뢰와 호의를 누리고 있다는 데 대해 상당히 놀랐을 것이다. 그 예로 구호 협회 전시관을 책임졌고, 추후 국제회의에서 의장 역할을 여러 번 한 세뤼리에 백작이 뒤낭에게 친절한 관심을 보였다는 점을 들 수 있다.

세뤼리에 백작은 여름 동안 뒤낭에게 서한을 보내어 "사업 문제는 어떻게 되고 있는지요?"라고 물었다. "저는 상당히 염려하고 있습니다. 제네바 사람들은 철저히 피하셔야 합니다. 부디 우리의 엄숙한 회의가 개최될 때 즈음에는 모든 상황이 가라앉기만을 바랄 따름입니다."

무아니에로부터 뒤낭을 둘러싼 이야기를 직접 들은 데다가 무아니에의 브리핑을 접한 테오도르 베른으로부터도 언질을 받았지만, 세뤼리에로서는 뒤낭의 편을 들어줄 이유가 있었다. 그는 당시 제네바에 상당히 분노한 상태였다. 구호 협회들의 전시를 준비하는 대표위원으로서 그는 만국 박람회 심사위원단이 제네바국제위원회에 수여해 버린 대상이 사실 자신의 몫이라고 기대했기 때문이다. 프랑스 위원회의 분노는 가라앉지 않았고, 세뤼리에는 그 결정을 번복시키기 위해 온갖 방도를 강구했다. 그는 무아니에에게 직접 비난을 퍼부었을 뿐 아니라, 테오도르 베른을 시켜 재차 항의하게 했으나, 결정은 번복되지 않았다. 제네바위원회가 대상 메달을 그의 코앞에서 채갔고, 심사위원단은 무아니에의 정확한 분석 대로 '전시 자체보다는 그 전시가 보여주고자 하는 아이디어에 메달을 수여하기로' 결정한 셈이었다.

이러한 갈등을 무마하려는 시도로 귀스타브 무아니에는 제네바위원회를 '대표하기에 가장 마땅하다'면서 백작에게 7월 1일 시상식에서 대리 수상자로 참석해 달라 부탁하는 무례를 범했다! 뒤낭이 무대로 올라서는 일만큼은 무슨 수를 써서라도 막고자 하는 바람에 그와 같은 실수를 범했다고 생각해야 한다. 뒤낭이 수상자로 나서는 사태를 막기 위해서라면 무아니에는 하지 못할 일이 없었다.

우리의 조사 결과로는 결국 7월 1일 시상식에 누가 메달을 받으러 갔는지를 알려주는 문서 자료는 남아있지 않는 것으로 보인다. 하지만 제네바 근처 프랑스 접경 마을 페르네의 자택에서 평온한 여름을 보내는 동안, 무아니에는 그때까지는 생각하지도 않던 철저한 방도를 택하자는 결심에 이른다.

6월에 이미 무아니에는 앙리의 동생 피에르 뒤낭에게 앙리의 퓌생피에르 거리 아파트에 남아있던 위원회 관련 문서 일체를 돌려 달라고 요구하였다. 그의 집은 국제위원회 탄생 이래로 본부 역할을 해왔다. 그러고 나서 무아니에는, '위급한 상황'이 아니라고 보아 차분하게 테오도르 베른에게 서한을 보냈고, 그저 '극비리에' 국제위원회 전 간사의 영락을 온 파리에 알리는 일 말고는 별다른 조치를 취할 이유가 없다고 생각했다.

그러나 8월이 되자 무아니에의 생각이 달라졌다. 뒤낭이 회중시계를 달고 뿌듯한 얼굴로 파리 국제회의장에서 공식 대표단 사이를 누빌지도 모른다는 상상을 하기만 해도 그는 뒷목을 잡고 쓰러질 지경이었다. 무아니에는 본격 행보에 나섰다. 8월 12일 그는 국제회의 의장인 세뤼리에 백작에게 서한을 보내어 뒤낭은 이제 "평판이 완전히 바닥에 떨어졌기에 저는 더 이상 국제회의 본부 사무소에서 그와 나란히 자리하는 것을 상상할 수 없습니다."라고 하였다. 동료를 완전히 못박는 조치를 취하면서도 무아니에는 자신은 'D 씨에 대해 들리는 소문을 마지막까지도 믿고 싶지 않았던 사람'이었지만, 어떻게 된 사연인지를 직접 알아보고 '너무나 명백한 증거들'을 접하다 보니 생각이 달라졌을 뿐이라고 단언하였다. 무아니에는 세뤼리에 백작에게 국제회의 개회 전에 소식지에다 국제위원회 위원 중 한 명을 둘러싼 수치스런 소문들과 관련해서 위원회 자체는 철저히 '결백'하다는 사실을 알리는 글을 실어달라고 강력히 요구했다.

8월 16일 눈에 띄게도 원기를 회복한 듯한 뒤낭으로부터 편지를 받은 후 무아니에는 그에게 정중하지만 적의에 찬 답장을 보냈다. "금전 문제가 나아지고 있다는 소식을 들으니 기쁘군."이라고 운을 떼운 무아니에는 '자네에 대한 현재 제네바의 여론을 자네가 꼭 뒤바꿀 수 있기를 진심으로 기원하는 사람들 중 하나'가 본인이라는 점을 강조했다. 그러면서 그는 뒤낭에게 '국제위원회가 오래전부터 자네에게 보내려 했던' 서한을 한 통 동봉하였다. 그 서한에는 위원회를 위해 '수고'하신 데 대해 감사하면서도, '정식으로' 사직서를 보내 달라는 요청의 내용이 담겨 있었다.

그런 진부한 감사 인사로 인해 너무나 큰 모욕감을 느낀 뒤낭은 항의조차 하지 않고 즉시 그들이 원하는 대로 이행했다. 1867년 8월 25일 국제회의 개막일 하루 선 뒤낭은 단 한 줄의 편지로 국제부상병구호위원회에 사의를 표명하였다. 온 세상이 자신을 적십자의 창립자이자 주창자라고 인정해 주는 마당에, 궁극적으로 보면 그 우스운 지위가 무슨 소용이랴! 그리고 제네바위원회의 배은망덕함이 뭐가 중요하랴. 편지봉투를 봉하면서 뒤낭은 혼자 그렇게 생각했다.

파리 국제회의

그다음 날 개막한 국제회의가 진행되는 5일 동안 두 사람은 솜씨 좋게 서로를 피해 다녔다. 무아니에는 자신의 요구를 부분적으로나마 관철시켰는데, 뒤낭이 회의 조직위 본부의 일원이 아니었기 때문에 무아니에 바로 옆에 앉을 이유가 없었다.

현장에서 뒤낭은 이러한 상황을 감수하였다. 그는 어머니에게 국제회의 마지막 날 보낸 편지에다, "무아니에를 본 척도 하지 않았습니다. 그도 제게 다가오지 않았으니 우리는 서로를 보거나 만나지도 않은 거나 다름없지요."라고 적었다.

게다가 앙리는 무아니에 말고도 인사를 나눌 사람들이 많은 게 사실이었다. 마드리드에서 온 리팔다 백작은 1863년에 베를린에서 처음 만났던 사이다. 1864년 제네바 회의에 미국 대표로 참석했다가 뒤낭의 친구가 된 찰스 보울스도 이번 회의에 함께했다. 프로이센 궁정에서 뒤낭을 위해 '적극적으로 일하고 있는' 뢰플러 박사와 그의 동료 벤트 박사도 파리 국제회의에 왔을 뿐 아니라, 프랑스 중앙위원회의 동료들도 전원이 참석하였기 때문이다. 프랑스 동료들로는 세뤼리에 백작과 의사인 셰뉘, 위베르살라댕 대령, 또 비록 무아니에와 연루된 인물이긴 해도 테오도르 베른이 포함된다.[G3]

저자 주석 G3: 본 저서는 파리 회의와 관련해서 구호 협회 국제회의의 보고서 (1867년 파리) 및 카즈노브의 『19세기의 전쟁과 인류』를 주요 출처로 활용했다.

사교계에서는 아직 입지가 괜찮다고 해도, 뒤낭은 적십자와 관련해서는 자신의 입지가 상당히 약화되어 있음을 깨달았다. 더 이상 제네바위원회를 대리할 자격이 없기에 뒤낭은 이 국제회의의 정식 참가자가 아니었다. 게다가 8월 정식 회의에서 논의되기를 희망하며 6월에 전쟁 포로 문제에 대한 장문의 변론을 제출한 바 있었다. 그 보고서는 정중히 '수락'되긴 했으나, 실제 현장에서 토의 대상으로 채택되지는 못했다.

대표단들이 자리를 잡고 본부 임원으로서 무아니에가 상석에 자리잡는 동안, 뒤낭은 모든 대표단의 팔에 적십자 완장이 채워져 있는 모습을 보고는 다시금 마음이 평온해지는 걸 느꼈다. 이제 9시가 막 지났다. 보나파르트 거리 44번지의 문이 닫히고 이번 회의의 의장을 맡은 세뤼리에 백작이 논의의 규칙을 발표하기 시작했다.

"신사 여러분, 회의에 참석하신 모든 분에게 발언권이 있고 또 토의에 참여하실 수 있습니다. 투표권은 정식 대표들만으로 제한합니다. 다만 예외적으로 우리의 과업을 주창하신 뒤낭 씨에게는 투표권을 드립니다."

"아주 잘하셨소! 좋습니다!" 뒤낭에게로 정겨운 태도로 몸을 돌리면서 몇몇 대표가 큰소리로 찬성했다. 뒤낭은 이러한 작은 영예를 마치 구멍가게에서 몰래 훔친 사탕을 까먹듯 만끽했다. 이미 무아니에가 승리자라고는 해도 인기 투표에서는 아직까지 패배자 뒤낭이 이기고 있었다.

전쟁 포로가 논의 대상에서 배제되다 보니, 대표단에게 제시된 주제 중 다른 한 가지가 뒤낭을 몹시도 초조하게 만들었다. 바로 국제적인 차원에서 구호 협회 신문을 만들 필요성, 그리고 대중에게 구호 협회가 하는 일에 대해 널리 알릴 수 있는 가장 좋은 방법은 무엇인가 하는 논의였다.

모두가 자기 생각이 기발하다고 확신하며 온갖 아이디어를 내놓았다. 짧은 출판물을 내자는 사람, 소책자를 펴내자는 사람, 우리들의 원칙을 '간단명료하게' 설명하는 문서를 제안하는 사람부터, 국제적인 소식지를 원하는 사람도 있고, 이미 '파리, 베를린, 브뤼셀'에 존재하는 신문 매체를 발전시켜 보자는 사람도 있었다. 뒤낭은 속으로 발을 동동 굴렀다. 이렇게 떠드는 이들 중 그 누구도 해당 분야에 범접할 수 없는 능력을 지닌 본인을 언급하는 사람이 없었기 때문이다. 4년 전부터 밤낮으로 그러한 일에, 바로 그 일에 뒤낭이 심혈을 기울여 왔다는 사실을 상기시키는 이가 없었다. 이미 그는 '짧은 출판물'이나 '소책자'들을 통해 새로운 소식을 전했고, 선전지 역할을 했으며 위원회의 사명을 장려하고, 각국의 위원회들을 연결해 왔다. 게다가 이미 1863년에 뒤낭은 무아니에에게 국제위원회 차원의 정기 간행물을 시작하자고 제안한 바도 있었다. 회장 무아니에는 혈기왕성한 간사의 좋은 아이디어에 언제나처럼 떨떠름한 반응을 보였고, 결국 당시의 호기를 잡지 못한 적이 있다. 그리하여 동료들의 무관심 속에서 뒤낭은 그 일을 혼자 도맡아야 했다. 국제위원회 내에서의 활동이나 제네바에서의 적십자 창립, 그리고 파리 위원회 설립에다가 알제리의 제분 사업까지 감안하면, 믿기 어려울 성노의 빈노로 그는 이러한 문서 홍보 임무를 수행했다. 최초의 소책자는 '상설 국제위원회'의 이름으로 1863년에 이미 선을 보였다. 『제네바 회의』, 『제네바 회의와 제네바 협약』, 이어서 『전쟁터에서의 형제애』, 『전장에서의 자비』이 모든 출판물이 1863년부터 1865년 사이에 발간되었다. 이 소책자들은 모두 동일한 재료를 동원해서 제작되었다고 볼 수 있되, 그 분량에서만 차이가 있었다. 본인을 업적을 연결시키려고 『솔페리노의 회상』에서 상당 부분을 발췌하기도 하고, 『솔페리노의 회상』이라든지 제네바국제위원회 혹은 1864년 제네바 회의 및 협약에 대해 찬사를 보내는 언론 기사들, 유럽의 군주들이나 장성들의 의견 혹은 치하의 메시지, 이미 활동 중인 구호 협회들로부터 들어온 최근 소식들, 신생 구호 협회의 창립 소식, 적십자의 과업과 관련된 최근 출판물 목록 등등으로 이루어진 문서는 최근 몇 차례 발송 시에는 300쪽을 훌쩍 넘기고 있었다. 이 모든 게 편집자가 누군지 알아볼 서명 없이 이루어졌지만, 솔직히 말해 위의 출판물 그 어디에도 앙리 뒤낭의 존재감은 분명하였다. 제네바국제위원회 간사로서 전방위로 출판물을 발송한 이는 바로 앙리 뒤낭이었다.

아니, 발송하던 사람이라고 해야겠다. 이제 더 이상 그 직책을 맡고 있지 않으므로 그는 토의장에서 발언권도 없었다. 생각에 푹 빠져 있던 뒤낭은 대표들이 해당 사항에 대한 논의를 종결지었음을 깨닫고는 갑자기 정신을 차렸다. 지난 4년간 뒤낭이 많은 노력을 기울여가며 지속해 온 여러 종류의 출판 홍보 업무가 마치 참신한 의견인 양 다들 떠들면서도 아무도 그에게 의견을 묻지 않았다. 국제적인 소식지를 해보자는 의견도 결국에는 채택되지 않았다. 자신이 그 일을 책임지지 못한다는 현실을 받아들이기 어려웠을 테니 뒤낭은 오히려 안심했다.

두 사람 사이 경쟁 구도에는 부상병구호협회들 간의 경쟁구도가 겹쳐있었다. 파리 국제회의에 프랑스 중앙위원회를 대표해 참석한 브레다 백작은 적십자의 기원이 된 아이디어의 선구자 중 한 명이라는 사실에 우쭐할 만도 했던 인물이다. 1852년에 그러니까 『솔페리노의 회상』이 나오기 10년 전에 벌써 그는 부상병들의 처우를 개선하고자 하는 목적으로 『군대 의료 조직을 위한 계획』이라는 글을 펴냈다. 1863년 첫 회의가 제네바에서 열릴 당시, 그는 잊지 않고 제네바위원회로 자신의 저서를 송부하였지만, 제네바위원회는 브레다 백작의 책을 논의하는 건 적절치 않다고 판단했었다. 그러다 보니 1863년 10월 회의가 성공적으로 열리고, 이어 1864년 제네바 협약이 체결되자, 브레다 백작은 이 모든 아이디어를 모두 자기들이 생각해낸 양 행세하는 제네바 사람들에게 화가 단단히 났다 해도 과언이 아니다. 게다가 브레다가 앙리 아로를 지지한다는 사실도 잘 알려져 있었다. 또 한 명의 무시당한 선구자로서 2년 전에 조르주 상드가 나서서 공개적으로 옹호했던 그 사람이다. 이러한 연유로 인해 이번 국제회의 기간 동안 브레다 백작은 제네바의 창립자들이 지닌 정당성에 의혹을 제기함으로써 구호 협회 국제위원회를 파리로 완전히 옮겨오려고 갖은 애를 썼다. 자신의 의도가 회의에 참석한 대표단들로부터 부정당하자 백작은 요란하게 사퇴를 선언했고, 이 사실은 아마도 적십자가 지금까지도 유지되는데 기여했다고 볼 수 있다. 만약 1870년 프로이센-프랑스 전쟁 발발 3년 전인 당시 1867년에 국제위원회가 파리로 이전했더라면, 의도적인 자침自沈은 아닐지라도, 적어도 국제위원회의 존재 자체가 극도로 위협받았을 가능성이 실제로 있었을 것이다.

파리 국제회의는 제네바를 국제적십자의 종신 본부로 인정해 주는 무대가 되긴 했지만, 뒤낭과 무아니에 사이의 갈등에는 종지부를 찍지 못했다. 회의 폐막 1주일 후 무아니에로부터 새롭게 서한이 도착했고, 이는 간사로서 뒤낭의 공식 사퇴를 최종 확인시켜 주었다. 그와 동시에 무아니에는 이미 쓰러져 있는 뒤낭에게 필연적인 최후 일격을 가했다. 무아니에는 '그 어떤 오해도 미연에 방지하기 위해서' 위원회는 본인에게 뒤낭의 간사직 사퇴가 동시에 위원회 멤버로서 사퇴를 의미한다는 점을 공지하라는 책임을 안겼다고 적었다. "자네가 제네바에 있지 않으니 우리의 일에 함께할 수 없고, 우리는 자네의 빈자리를 메우기를 원하네." 이번만큼은 아이에게 세례도 주기 전에 부모와 자식 간에 연을 끊듯 완전한 단절이 실행되었다. 자신들을 상징하는 붉은 십자가의 이름 즉 적십자로 공식 개명하기도 전에 '적십자의 창립자'로 전세계에 알려져 있는 앙리 뒤낭은 영구적으로 부상병 구호를 위한 국제위원회에서 제명되었다.

비참한 모양새

파리 국제회의가 마무리되고, 뒤낭은 나중에 회고록에서 고백한 대로 '그 누구도 상상할 수 없을 깊은 슬픔과 좌절, 궁핍, 굶주림의 상태'에 빠졌다.

불르바르데지탈리앙 거리의 호텔드바드에 머무르곤 하던 시절은 이제 까마득한 옛일이 되었다! 뒤낭은 어머니에게 애써 쾌활한 척하며 "저는 크고 푸르른 정원이 있는 작은 빌라 안에 아주 편안히 묵고 있습니다. 번잡한 파리의 길을 걷다 숙소로 돌아오면 아주 기분이 좋지요."라는 글귀가 적힌 편지를 보냈다. 나중에 가서 더 이상 괜찮은 척할 기력조차 없게 되자, 뒤낭은 평화롭고 푸르른 안식처라는 이곳을 생앙투안 거리의 맨 안쪽에 위치한 음침한 다락방이라고 묘사했다. 가능한 한 그는 자신의 주소를 알리지 않았다. 누군가가 그리로 직접 찾아올 위험을 무릅쓰고 싶지 않았기 때문이다. 어디를 가든 걸어서 몇 킬로미터는 무조건 걸어야 하는 데다, 끼니도 제대로 챙기지 못했고, 매일 아침이면 동네의 온갖 쓰레기와 배설물이 실개천을 따라 쓸려 내려오면서 길거리는 엄청난 악취를 풍겼다. 하지만 시간이 갈수록 그를 점점 더 짓누르고 눈가에 그늘이 지게 만드는 고통에 비하면 그 모든 환경은 뒤낭에게 아무것도 아니었다. 그 고통이란 바로 더 이상 숨길 수 없을 정도의 곤궁함이었다. 해진 깃과 소매, 속이 들여다보일 정도로 닳은 겉옷 팔꿈치, 거의 회색빛으로 변한 검정 옷, 노란색으로 변해버린 하얀 셔츠, 더 이상 왁스질로는 버텨내지 못할 만큼 악천후에 시달려 갈라져버린 가죽구두 등이 적나라하게 그가 처한 상황을 드러냈다. 이것이야말로 그의 아킬레스건이었고 그의 약점이자 소죄였다. 뒤낭은 항상 외모에 정성을 들였다. 이발이나 양복 맞추는 데 드는 비용은 절약해 본 적이 없었다. 그는 가까이 지내는 이들과 비슷하게 보이기를 좋아했고 프랑스 제국의 유행에 따라 혹은 친구인 주변 백작 혹은 후작들의 예복과 똑같이 재단된 옷을 입고 다녔다. 1867년 그에게 빈곤이 닥쳐왔을 당시에도 그는 지인들의 세상에서 같은 사람들과 활동을 이어갔다. 즉, 프랑스 적십자를 이끄는 매우 고상한 취향의 상류층 사람들을 말한다. 그러나 이제 단추 하나가 없다는 이유로 비난을 받는 세계에서 그 견디기 어려울 정도로 까다로운 조건들을 어떻게 맞춘단 말인가? '검정 양복으로 버티는 곤궁'이라고 할 법한, 뒤낭에게 극도로 끔찍한 악몽의 시기가 시작되었다. 그는 이때부터 윗도리 앞섶을 잉크로 물들이고 셔츠의 깃은 백묵으로 칠하는 것 외에는 방법이 없었다. '옷가지가 완전히 망가져가는데도 새 옷을 살 수 없는' 상황은 뒤낭에게 그 모든 불행 중에서도 '가장 잔인한' 일로 다가왔다. 특히나 '명망가의 자택에 초대받아 그 집에 도착했을 때, 하인이 당신의 차림새에서 뭔가 이상한 부분이 있거나 가난의 냄새가 난다고 생각하고는 면전에서 문을 닫아버릴까' 걱정했다고 뒤낭은 기록했다.

그의 회고록에서 뒤낭은 이와 같은 절규를 첫 장에서 마지막 쪽까지 이어갔다. 다시 말하자면 사회적 추락이 가져오는 고통을 뒤낭이 참아내기 힘들어했다는 이야기였다. 지난 15년간 그의 지위 상승은 지속적이면서도 전격적으로 일어났다. 1852년 제네바의 기독교청년회를 설립하고, 1855년 파리에 모인 국제기독교청년회 총회에서 기립 박수를 받았으며, 륄랭-소테르 은행에서 그저 하급 직원으로서 급하게 다른 사람을 대신해 알제리로 파견되었을 뿐이었지만 그곳에 토지와 숲, 제분소를 소유한 부유한 경영자가 되었고, 『솔페리노의 회상』을 단독 집필하고는 적십자를 창립하여 전 세계적으로 찬사를 받았으며, 마지막으로, 또 무엇보다 제네바 부르주아 계층 출신에 불과하지만, 유럽 전역의 귀족 사회와 군대와 금융계의 최고위층 인사들의 총애를 받는 인물이 되었으니, 그는 모든 측면에서 성공하였다고 볼 수 있었다.

이제는 하룻밤 사이에 그저 뒤낭 씨로 전락해 버렸다. 묵고 있는 숙소에 제때 돈을 낼 수 있을지 알 수 없는 신세가 되었다. 물론 그는 프랑스 적십자의 명예 부회장 직함은 여전히 갖고 있었고, 이를 죽을 때까지 간직하였다. 허나 그의 옷차림, 그의 머리매무새, 그의 수염을 관리하지 못하다 보니, 그 지위가 의미를 갖는 세계에 속한 이들과 만나지도 못하는 상황에서 그 명예직이란 것이 무슨 의미가 있단 말인가?

동방이 돌아오다

진정 단 한 순간도 뒤낭은 먹고 살기 위해 뭐가 되었든 일자리를 구할 생각은 하지 않은 듯하다. 여러 해가 지나고 나서 그는 이 당시를 돌이키며 '그런 일을 해서 재기하고 또 빚을 갚을' 수 있을 거라 생각했었다면 '길거리 청소라도 했을 것'이라 단언했다.[G4] 하지만 자신의 부채 액수를 감안한다면 그는 오직 엄청나게 거창한 프로젝트로만 자신이 처한 상황에서 벗어날 수 있다고 생각했다. 상류 사회의 지인들을 만나러 다니면서 매일같이 자신의 곤궁함을 절실히 느껴야 하는 고통은 이루 말로 할 수 없었지만, 바로 위의 이유 때문에 1867년부터 뒤낭이 유일하게 노력을 기울인 부분은 '상류' 사회의 인맥을 '대단한' 사업 계획으로 끌어들이는 것이었다.

저자 주석 G4: 루돌프 묄러에게 보낸 날짜 미상의 편지 내용이다.

몇 달 전부터 그가 몰두하고 있는 프로젝트가 두 가지 있었다. 첫 번째 프로젝트는 한 해 전 1866년에 뒤낭에게 상당한 기대를 주었던 '동방의 쇄신' 계획을 통해 드러난 그의 환상을 다시금 부활시켰다. 1864년 제네바 회의에 미국 대표로 참석했던 은행가 찰스 보울스는 파리에 거주하면서 뒤낭에게 변함없고 너그러이 베푸는 친구가 되어주었다. 이 두 사람은 사업 이야기를 나누게 되었고 보울스는 뒤낭에게 파펜구트라는 러시아 장교를 소개해 주었다. 이어 이 세 사람은 팔레스타인에 정착지를 조성하기 위한 '위원회'를 결성하였다. 물론 이를 통해 상당한 수익을 기대한 게 사실이다. 앙리는 그해 6월 어머니에게 보낸 편지에 마치 이 일이 엄청난 소식인 양 이야기하며 이번에는 프로젝트의 기반이 '건실하고 분명하다'고 적었다. 또한 "이 건은 하는 일마다 너무나 힘들었던 알제리에서의 고약했던 사업늘과는 다릅니다."고도 했다. 미래의 성공 열쇠는 약속의 땅 즉 팔레스타인에서 토지를 사들이기 위해 필요한 사업권을 적절한 가격에 매입하고 더 높은 가격에 파는 능력, 즉 중개인으로서의 그의 능력에 달려 있었다. 세 명 중에 유일하게 이 사업을 상시로 살피는 역할을 했기에 뒤낭은 매달 500프랑이라는 월급을 받을 뿐 아니라 사무실도 제공받았는데, 이 점이 더 큰 이득이었다고 할 수 있다. 보울스가 이미 알제리종합금융회사에 쓰라고 제공했던 뤼들라페 거리에 위치한 사무실을 쓰게 된 뒤낭은 마침내 진짜 세상으로 다시 돌아갈 수 있는 기회를 잡은 셈이었다.

1867년 10월이 되자, 이 사업의 전반적인 양상은 이미 상당히 바뀌어 있었다. 보울스와 부유한 러시아 장교는 더 이상 동업자가 아니었다. 독일의 한 개신교단에서 이 팔레스타인 정착지 프로젝트에 매우 큰 관심을 표시해 왔다. '적십자 창립자이자 주창자'인 뒤낭의 이름으로 유럽 전역의 신문에 실은 광고가 결실을 맺은 게 분명했다.

템플러[4]에 속한 독일 개신교도들은 대다수가 농부거나 장인이었고, 팔레스타인 정착을 통해 수익을 낼 의도가 전혀 없었다. 이들은 오직 자신들이 직접 자신들의 신앙과 문화와 노동력을 성지 팔레스타인에 가져가 그곳을 회복시키고자 하는 소망에 의해 움직이는 사람들이었다. 뒤낭과 논의 한 번 만에 이들은 국제팔레스타인 회사의 대담한 설립자 뒤낭이 자신들을 위해 술탄으로부터 팔레스타인 정착에 필요한 모든 특혜를 얻어낼 수 있을거라 확신하였다. 이들은 '오스만 제국과의 협상을 위한' 2,500프랑과 더불어 자신들의 미래를 뒤낭에게 맡겼다. 계약 내용에는 추후에 정착지 개척에 대한 승인이 나면 그때 추가로 2,500프랑을 중개인에 지불한다는 내용이 포함되었다. 반면 뒤낭이 이들에게 약속한 내용은, 경작 가능한 땅 수만 헥타르(헥타르당 25센트의 가격으로)와 정착 후 30년간 거의 자주적인 영토의 지위가 정착민들에게 부여되도록 ─ 팔레스타인에 성전을 세운 첫해부터 5천 프랑의 비용을 지불한다는 조건으로 ─ 오스만 제국과 협상을 하겠다는 것이었다.

전 세계적인 명성을 좇는 뒤낭의 야망이 초창기 같은 생기를 되찾았다. 1867년 12월 어머니에게 보낸 편지에, 뒤낭은 술탄(팔레스타인은 당시 온전히 오스만 제국 터키의 지배 하에 있었다)에 접근이 가능하다는 이유로 어쩔 수 없이 중개인 역할을 하는 거라면서, 프랑스, 스페인, 독일, 벨기에, 영국 등 유럽 전역의 군주들이 앞다투어 자신의 팔레스타인 정착 사업을 후원하기를 원한다고 적었다. 여기서 유일한 문제는 그가 해당 편지를 보내던 순간까지도, 술탄에게 연락을 취한 적이 없었으며, 그 뒤로도 오스만 제국으로부터 그 어떠한 권리도 얻어내지 못했다는 사실이다. 정착민을 위한 토지 불하도, 폭포수 사용권도, 뒤낭에게 의뢰한 고객들이 원하는 양호 시설이나 농장이나 수로 건설권 역시 마찬가지로 무위로 돌아갔다. 알제리 제분소와 다름없이 팔레스타인에 지으려던 오두막들도 덧없는 꿈에 가까웠다.

템플러 공동체에게 이는 대단한 실망이었다. 특히나 성지_{聖地}로의 귀환이 교단 신학의 핵심이었기에 더욱 그러했다. 허나 이들 또한 그 정도 일로 좌절할 사람들이 아니었다. 이 공동체의 두 지도자 크리스토프 호프만과 게오르크 다비드 하르데크는 직접 술탄에게 호소하여 팔레스타인 정착권을 얻어내겠다는 목표를 가지고 1868년 8월 현지로 떠나기로 자체 결정을 내렸다. 야파에 한 가족, 그리고 하이파 지역

---

4 독일어로 Tempelgesellschaft인 19세기 중반 뷔르템베르크 왕국에서 생겨난 개신교 경건주의자들의 집단. 지금도 독일과 오스트레일리아에 교단이 존재한다.

에 또 한 가족이 우선 정착한 후, 그곳에 추가로 몇 가족들이 이내 합류한다는 계획이었다.

이 개연성 낮은 프로젝트에 대해 뒤낭이 진심이었다는 걸 증명하기라도 하듯, 독일 뷔르템베르크 템플러 공동체의 친구들은 뒤낭이 술탄과의 사이에서 중개 역할을 해주겠다고 하고서는 완전히 실패했음에도 뒤낭에 대한 신뢰나 우정을 저버리지 않았다. 이들은 심지어 선물로 지급한 2,500프랑을 돌려달라 요구하지도 않았으며, 그에게 빌려준 3천 프랑도 언제가 되어도 좋으니 뒤낭이 갚을 수 있을 때 갚으라고 조치해 주었다. 이들은 심지어 뒤낭을 템플러 공동체의 '명예 회원'으로 임명했고, 이러한 대접을 뒤낭은 평생 잊지 않았다. 팔레스타인에 세워진 템플러 공동체로 직접 자기도 정착하러 가겠다는 꿈을 포기하기까지는 뒤낭에게 수 년의 세월이 필요했다. 뒤낭은 이들을 당시 그토록 암울한 시기에 만난 유일한 자비로운 영혼의 소유자들이라 생각했을 것이다.

국제보편도서관

재기를 위한 뒤낭의 두 번째 프로젝트는 팔레스타인 정착지 계획보다는 조금 더 오래 버텨주었다. 1867년 파리로 온 지 얼마 되지 않았을 때, 그는 막스 그라치아라는 이탈리아인을 알게 되었다. 그라치아는 뒤낭보다 약간 연배가 위였고, 뇌샤텔 출신의 약혼녀가 있었다. 뒤낭처럼 열렬한 나폴레옹파였던 그녀의 아버지가 그라치아와 뒤낭 두 사람 사이에 다리를 놓아주었다. 이 막스 그라치아라는 사람은 뒤낭의 숙소에서 몇 길 건너, 그러니까 그때까지만 해도 프랑스외젠 대로라 불리던 볼테르 대로에 살았다. 그라치아는 유배자 같은 신세인 뒤낭에게 도움의 손길을 뻗어주었다. 그는 여기저기서 빗발치고는 있지만 뒤낭 본인이 차마 답장을 보낼 기력이 없었던 행정 및 사법 관련 서신들에 대신 답장을 작성해 주는 호의를 베풀었다.

하지만 1867년 가을 뒤낭이 홀로서기를 할 수 있을만큼 원기를 회복하자 이번에는 그라치아가 그에게 협조를 부탁해 왔다. 그라치아는 보편주의를 유난히도 좋아하는 뒤낭이 매혹되지 않을 수 없는 프로젝트를 개시한 참이었다. 출범 안내서가 약속한 내용에 따르면, 바로 '모든 시대와 모든 나라를 아우르는 인류 지성의 명작들'을 모두 모아놓은 도서관을 점진적으로 구성하겠다는 계획이었다. 출판과 관련된 문제는 그라치아의 책임이었지만, 이 도서관이 누려야 마땅한 위엄을 갖추기 위해서는 프랑스 학술원 회원인 뒤낭의 지인들이, 즉 드루앵 드 뤼스, 엘리 드 보몽, 오귀스탱 코생, 그리고 구호 협회 일원이면서 여러 학술 아카데미의 회원인 사람들이 아주 소중한 자산이 되어 줄 필요가 있었다. 드디어 뒤낭은 마치 청년과 같은 열정으로 일을 재개하였다. 그 어느 때보다도 뒤낭에게 힘을 실어준 건 그라치아가 그에게 비용 처리를 하라고 서명해 준 10만 프랑짜리 전표였다. 1868년 1월 16일 뒤낭은 어머니에게 장문의 편지를 보냈다. 얼마나 미래가 장밋빛인지를 자세히 언급한 그 편지에다 그는 1월 1일 하루에만도 126장의 명함을 받았다며 그중에서도 가장 알려진 이름들을 나열했다. 여기에는 제국의 대공 한 명 외에도 여러 장관과 수많은 군대 장성들 그리고 '온갖 종류의 사회 명사들'이 포함되어 있었다. 이날의 서한은 어머니를 그리워하지만 만날 수 없는 신세인 낙심한 아들의 애정이 가득한 글이었다. 생미셸 분수에서는 얼음물이 쏟아져 나오고 길가에서는 말들이 추위로 픽픽 쓰러지는 날씨지만 자기는 요즘 찬물로 몸을 씻으니 겨우내 감기를 면했노라고 적었다. 또한 '국제보편도서관' 프로젝트는 상당한 진전을 보이고 있어서 '8년이나 기다릴 필요 없이' 이내 10만 프랑의 수입이 들어올 것이라고도 했다.

그날의 편지는 길고도 애틋했다. 뒤낭이 가족과의 거리를 통감하고 있었기 때문이다. 그다음 편지인 1월 31일자에서는 어조가 한층 더 간절해졌다. "이토록 어머니를 안아드리고 싶은 저를 봐서라도 제발 건강하셔야 해요."

이로부터 사흘 후 제네바에서 낭시 뒤낭콜라동은 큰아들을 다시 한 번 보지 못한 채 눈을 감았다. 앙리는 장례식을 위해 제네바로 돌아갈 생각을 감히 하지 못했고, 그해 내내 깊은 슬픔에 잠겼던 걸로 보인다. 1868년 말에 남동생에게 보낸 편지에서 그는 "비통함은 오늘이나 11개월 전이나 마찬가지구나."라고 고백했다.

이러한 깊은 애도는 두 모자가 서로를 향해 품었던 사랑에 상응하는 수준이라 할 수 있다. 연약한 성격의 이 두 사람은 환희와 쇠약의 상태를 오갔다는 점에서 너무나 닮아있다. 그러한 성격으로 인해 모자의 삶은 참으로 쉽지 않았다. 샹펠의 고향 집에서 아버지, 형제자매들과 모두 함께 어머니를 애도하고 싶지만 그럴 수 없음에 뒤낭은 끝도 없는 슬픔에 빠진 채 자신의 처지를 그 어느 때보다도 뼈저리게 느꼈다. 상황이 이러하다 보니 외삼촌 다니엘 콜라동이 파리에 살고 있다는 사실은 그에게 진정한 위안이었다. 저녁이 되면 저명한 학자인 콜라동은 종종 뤼들라페 거리로 조카를 찾아와 함께 외식을 하러 나갔다. 외삼촌과의 저녁 식사는 뒤낭이 유일하게 배를 충분히 채울 수 있는 끼니의 기회면서, 다니엘에게도 자신이 매우 아꼈던 다정한 여동생에 대한 이야기를 마음껏 나눌 수 있는 시간이기도 했다.

차마 입 밖에 낼 수도 없고 모순되지만 뒤낭의 어머니가 이미 돌아가신 게 다행이라고 생각할 법한 사건이 그해 1868년 8월에 발생했다. 주르날드주네브의 1면[G5]에 제네바 신용 은행 소송 건에 대한 민사법원 항소 판결 내용이 실린 것이다. 아들이 겪은 치욕적인 이야기가 온갖 상세한 내용과 함께 신문 1면에 펼쳐진 모습을 보지 않고 어머니가 돌아가신 게 얼마나 다행인가!

저자 주석 G5: 1868년 8월 23일자 보도. 이 기사에서 민사법원 판결문 전문을 실었다.

— 지난 가을 상사법원 판사들은 제네바 신용 은행 이사들의 '부주의, 경솔함 그리고 무능력'을 인정하면서도 이들에게 '중대한 과오'는 없다고 판결하면서 주주 조합의 소송을 기각한 바 있었다. 주주들은 거기서 포기하지 않고 항소했고 이번에는 승소 판결을 얻어냈다.

1868년 8월 17일 월요일 제네바 민사법원은 (민형사 영역에서 이보다 상위 연방법원이 없었던 탓에 당시에는 최고법원의 지위를 지녔다) 이전 판결에 수정을 가했다. 법원은 이사회 소속 7명이 펠펠라 채석장과 관련된 거래를 할 당시 '중대한 과오'를 저질렀다며 위법 판결을 내렸다. 법원의 판결은 7명 중에서도 특히 한 사람에게 유난히 엄중했다. '뒤낭 씨는 사정을 알면서도 동료들을 속였기에 이 거래로 인해 발생한 모든 손해에 대한 책임이 있고', 나머지 6명의 이사들은 '손실액의 7분의 1씩 각각 책임이 있다고 할 수 있다'면서, 해당 6명은 본인이 내놓아야 하는 금액에 대해 뒤낭에게 지급을 요구할 권리가 있다고 판결하였다. 이렇게 하여 펠펠라 채석자를 매수한 장본인 앙리 뒤낭은 제네바 신용 은행 파산의 희생양이 되어버렸다. 이 최종 판결로 인해 뒤낭은 '알고도 동료들을 속인' 유일한 책임자라는 불명예를 얻었다.

그런데 주르날드주네브는 분명 정상참작 요소라고 볼 수도 있는 이 사건의 맥락에 대해서 독자들에게 설명해 주지는 않았다. 1866년 가뭄으로 인해 알제리에 있는 상당수의 개척지가 위험에 처해 있었다는 사실은 기사에서 생략되었다. 또 나폴레옹 3세가 사도바 전투에서 오스트리아가 이길 것이라 자신했지만, 그렇지 못하자 프랑스 화폐 가치에 위기가 닥쳤다는 점도 누락되었다.[5] 무엇보다 그 기사는 제네바 신용 은행의 주주들과 이사들의 맹신이 원인이었을 수 있다는 점을 짚어내지도 않았다. 실제로 그들은 몽스-제밀라 제분 회사 회장 뒤낭의 지나친 낙관주의를 일절

---

5 오스트리아와 프로이센이 팽팽히 경쟁 관계를 유지하리라 생각됐지만, 판세가 완전히 프로이센 쪽으로 기울면서 이탈리아와 프랑스의 국채 공매도가 발생했고, 주식 중개인들의 파산이 이어졌다.

경계하지도 않았고, 또 대차대조표 하나 요구하지 않은 채 매입자로 나설 이가 과연 있는지도 전혀 알아보지도 않은 채 채석장 거래에 덥석 뛰어들었던 장본인들이었다.

뒤낭은 이 소송에 대처하기 위해 제네바에 돌아갈 생각을 감히 하지 못했다. 신용이 바닥에 떨어져 버린 그는 제네바 사람들의 실망과 분노 혹은 경멸을 견뎌낼 자신이 없었다. 오늘이든 나중이든 마찬가지였다. 사실 그는 채권자들이 그를 찾으러 오지 않게 되는 그날까지, 그게 언제가 되었든, 쥐죽은 듯 지내리라고 결심했다. 이 순간부터 남은 여생 42년을 사는 동안 뒤낭은 제네바에 발도 들여놓지 않았고, 가족을 제외하고는 그 어떤 제네바 출신 사람도 만나지 않았다. 그런 가운데 1868년 말이 되면서 국제보편도서관 프로젝트가 드디어 구체화 단계에 들어섰다. 12월에 몇몇 투자자들이 참여 증서에 서명을 하였고, 그중에는 '상당한 규모의 철강 사업체를 보유한 프랑슈콩테 지방의 유지' 잭슨프조 가문[6]이 참여했다. 이렇게 보면 이 프로젝트는 선의만 가득한 위원회들의 집합체 수준은 넘어섰던 게 분명해 보인다. 교육부 장관 빅토르 뒤뤼가 국제보편도서관의 장서를 프랑스 제국의 전 도서관에 포함시키겠다고 서면으로 약속하기까지 했다.

그런데다 이 사업이 뒤낭의 맘에 든 이유는 이 일을 통해 학식있는 사람들과 가까이 교류할 수 있기 때문이었다. 그는 지식인들과의 교류를 어찌나 소중히 여겼던지, 여러 지식인을 모아 '상급 지도위원회'를 즉각 꾸렸다. 뒤낭이 애착을 가졌던 또 하나의 이유는 이 사업을 통해 여행을 할 수 있는 기회가 생겼기 때문이었다. 그해에만도 그는 고대와 역사를 다룬 국제회의에 참석하기 위해 독일 본으로 출장을 다녀왔다. 그 국제회의에서 그는 이상주의로 가득한 연설을 했는데, 정치적이고 언어적인 경계를 넘어선 '호의적인 관계를 확대'하기 위해, 그리고 지상의 평화를 좀 더 쉽게, 지속적으로 유지하기 위해 '만국 박물관'을 세운다면 파생될 장점들을 설파하는 내용이었다. 뒤낭은 도서관 프로젝트가 아주 잘 풀리고 있다고 믿었기에 사업의 동반자 아니 파산의 동반자였던 동생 다니엘을 파리로 불러들여 '도서관 사업에 한 자리'를 마련해 주었다. 인쇄기가 활발하게 작업을 시작하였고, 첫 장서의 인쇄가 끝났다. 뒤낭은 마치 한밤중에 저 멀리 터널 끝에 아른거리는 빛자락이 보이는 것 같다고 확신했다.

---

6 19세기 초반 프랑스에 기술 전수를 위해 초청되었던 영국 버밍엄 출신 철강업자 제임스 잭슨의 후손이 프랑스의 프조 가문과 겹사돈을 맺으면서 그 지역의 재력가로 자리잡았다.

마지막 다툼

파산, 치욕, 도피, 이 모든 게 소용없었다. 공식적으로는 그 어떤 능력도 권한도 없지만, 앙리 뒤낭은 여전히 자신을 적십자 사람이라고 또 적십자는 자기 작품이라 생각하였다. 1869년 3월 뒤낭은 1864년 외교 회의 준비를 통해 잘 알게 된 프랑스 주재 스위스 전권 대사 요한 콘라드 케른에게 정중한 서한을 보냈다. 콜롬비아 합중국[7]이 제네바 협약에 가담하기를 원한다고 전하면서도, 뒤낭 자신은 그저 스위스 정부에게 그 의중을 전달하는 사자일 뿐이라는 내용이었다. 뢰이이 거리 작은 시골집 같은 숙소에서 뒤낭이 받아든 친구 케른의 답장에 적인 내용을 보면 이제 뒤낭의 지위가 어디까지 추락했는지를 정확히 알 수 있다. 만약 콜롬비아 합중국이 제네바 협약과 관련해서 공식 전언을 받기 원한다면, 그들은 이전의 모든 나라와 마찬가지로 '콜롬비아 합중국 정부의 이름으로 나에게 직접 연락을 취해 주기를 원한다'는 게 케른의 요지였다. 그러면서 이는 공식적인 일이므로 당연히 그와 같은 요청은 자신에게 '공식적으로' 들어와야 한다고 강조하였다. 물론 대놓고 그렇게 말하지는 않았다 해도, 케른의 말인즉슨 모든 지위를 박탈당한 자의 개인적인 연락으로는 일을 처리할 수 없다는 뜻이었다.

이렇게 자신의 분수를 알라는 신호가 있었음에도 불구하고, 뒤낭과 무아니에 사이의 마지막 갈등은 그해 4월과 5월 사이에 발생하였다. 무아니에는 베를린에서 개최된 제2차 국제적십자회의를 주재하는 동안 뒤낭에게 서한을 띄워서, 앞으로는 뒤낭이 편지를 쓸 때 '이미 오래전부터 일원이 아닌 국제위원회 표식이 들어간 편지지'를 사용하지 말라고 촉구하였다.

뒤낭은 답장에 공을 들였다. 초고는 조금 눈물겹게도 자신이 겪은 불운과 자초한 모든 잘못을 돌이키기 위해 뒤낭 자신이 어떤 노력을 기울이고 있는지를 늘어놓는 글이었다. 초고를 완성하고 나서는 더 존엄성을 갖춘, 그리고 공격적인 어조로 뒤낭은 다시 편지를 썼다. 그는 '국제적인 이 과업의 창립자로서 전적으로 자격이 있는 자신이 적십자 표식가 박힌 종이를 남용한다는 비난'은 잘못되었다며 자신의 입장을 변호하였다. 이어 편지지에 인쇄된 국제위원회의 표식에는 제네바라는 말도 국제위원회라는 말도 명시되어 있지 않으며, '나는 붉은 십자가 표시와 그 이름을 편지지에 사용할 권리가 있을 만큼은 부상병 구호 사업에 충분히 기여'했노라고 강

---

7 1863~1886년 사이 콜롬비아와 파나마에 있었던 연합 국가로, 후에 콜롬비아 공화국과 파나마 연방국으로 갈라졌다.

조하였다.

"당신은 전 동료에게 모욕적인 방식으로 편지를 성급하게 보낸 것 같습니다. 떳떳하게 밝힐 수 있는 이유가 전혀 없음에도, 나의 과오와 불운에도 불구하고 여전히 내게 존경심과 호의를 갖고 있는 이들을 상대로 당신이 전 동료인 나를 헐뜯고 다닌다는 사실을 잘 알고 있습니다. 하지만 당신의 이번 공격에는 나는 신경 쓰지 않습니다."

엄청난 돈을 잃었음에도 불구하고 뒤낭의 가족과 친구들이 여전히 그에게 호의적이었기에 그는 마치 깜짝 놀란 순교자 행세를 하며 다음의 마지막 문장을 무아니에에게 던질 수 있었다.

"반대로, 내가 전혀 피해를 입히지도 않은 사람들 가운데 내가 처한 현 상황 때문에 나에 대한 존경심을 저버리는 사람이 있다면, 그러한 죄업에 대해서는 그들 자신이 책임을 져야겠지요. 하지만 당신이 그렇게 행동한다면 사람들이 놀랄 겁니다. 솔직히 고백해 보십시오. 당신이 적십자에서 그 지위를 누릴 수 있는 것이야말로 내가 그 자리를 마련하는 데 크게 기여했기 때문이 아닙니까?"[G6]

저자 주석 G6: 1869년 4월 29일자. 국제적십자위원회 문서보관소. 같은 날짜의 초고는 제네바 도서관의 가족문서기록관에서 소장 중이다.

베를린에서 돌아온 무아니에는 놀란 순교자 행세를 하는 뒤낭의 맞대응에 놀란 형리 행세를 하며 답장을 보냈다. "자네에 대한 내 태도와 내 조치에 대해서 참으로 이상하게도 오해를 하고 있네만, 뭐 그건 중요하지 않네." 그러면서 무아니에는 국제위원회의 구 멤버가 하얀 바탕에 빨간색 십자가가 새겨진 봉인을 계속 사용하면 혼란을 불러올 수 있다는 입장을 유지했다. 충분히 이해 가는 말이었다. 무아니에는 그걸로 멈추지 않고 법률가로서의 반격에 나섰다. 뒤낭이 적십자 봉인을 포기할 '생각이 전혀 없어' 보이니, 자신이 나서서 부상병구호국제위원회가 '또 새로운 문제'가 생기지 않게끔, 무아니에 '자신의 책임을 면할' 방도를 취하겠다는 것이었다.

이것이 그들의 최후의 싸움은 아니었다. 다만 적십자의 두 아버지 사이에서 이루어진 직접 소통은 남은 일생 동안 이때가 마지막이었다.

8

전장이 돼버린 파리

1870~1871

명성의 이름으로

1870년의 첫 몇 달 동안은 뒤낭에게 자신의 소박한 일상이 완전히 뒤엎어지리라고 생각할 이유가 없었다. 그의 터무니없는 계획들이 구체화되지는 않았더라도, 뒤낭은 여전히 국제보편도서관 사업을 통해 선정된 명작들이 전 세계를 뒤덮으리라 굳건히 믿고 있었기 때문이다. 4월이 되자 첫 장서 두 권의 인쇄가 마무리되었다. 막스 그라치아는 투자자들에게 언성을 높이며 자금을 더 내놓지 않으면 사업을 '인수할 의도가 있는 다른 사람'에게 통째로 넘겨버리겠다고 위협하였다. 뒤낭은 여동생 마리에게 보낸 편지에서 '다른 사람'이라는 인물은 '매우 부유한 자본가'라면서 그 자본가를 찾아낸 게 바로 자기이므로 협상이 잘 끝나기만 하면 도서관 사업은 자신 명의로 재개할 수 있다고 설명했다. 그는 벌써부터 축배를 드는 분위기였다. 물론 몇 가지 늦어지는 부분이 있었다. 동생을 도우려는 의도로 파리로 불러들인 다니엘의 봉급뿐 아니라, 그라치아와 그 외 모든 직원의 급여도 벌써 몇 달째 밀려 있었다. 그 무슨 일이 있어도 뒤낭은 마리에게 '개인적인 면에서는, 나 자신의 행보에 대해 더할 나위 없이 만족'하고 있다고 이야기했다. 그의 낙관주의는 꺾일 줄 모른다! 불쌍한 다니엘은 형처럼 인내심이 많지 않았다. 이 사업이 수익을 올리기를 헛되이 기다리다 지친 그는 아내와 두 딸을 제네바로 돌려보냈고, 몇 주 후에 터덜터덜 본인도 귀향하고 말았다. 다시 한 번 가망 없는 일에 동생을 연루시킨 셈이 되자 형 앙리는 굴욕감을 느꼈다.

이렇게 해서 1870년 6월 12일 행사에는 그 자리에 함께하여 다른 수상자보다 뒤낭을 위해 더 크게 박수를 쳐 줄 사람이 하나도 없는 상황이 되었다. 앙리 뒤낭은 이날 나폴레옹 3세의 숭배자 오노레 아르눌이 8년 전에 설립한 사회 복지 단체인 선행장려협회로부터 공로 표창을 받았다. 이 메달은 『솔페리노의 회상』의 저자 자격으로 뒤낭에게 수여된 것으로, 아르눌은 '대중의 감사'를 의미하는 '시민의 월계관'을 '모든 가족의 이름으로, 모든 문명국가의 이름으로, 인류라는 신성한 이름으로' 뒤낭의 머리에 씌워 주었다.

시상식 장소는 나폴레옹 서커스였다. 그날 행사로 내부는 초만원 상태였다. 자기 할머니든 자기 하녀든, 자기의 소작인이나 근처 수도원의 수녀님이 상을 받는다고 하여 6천 명의 인파가 시상식에 몰렸기 때문이었다. 수상자들은 이웃 고아 소녀를 입양했다든지 거동이 불편한 연로한 숙부를 돌본다든지 하는 선행을 통해 선정된 사람들이었다.[1] 온갖 시골 사람들이 복작거리는 행사에 귀족 지인들을 초대하지 않기로 결정한 뒤낭은 다니엘 가족이 성급히 파리를 떴다는 사실이 그 어느 때보다도 안타까웠다. 다니엘 가족이 아직 파리에 있었다면, 제네바 출신 조각가 프라디에가 장식을 담당한 신기한 이 겨울 서커스 건물로 뒤낭이 기꺼이 데리고 왔을 법한 유일한 손님이었을 것이다. 다만 파리에 천연두가 창궐하고 있다는 사실이 그에게 위안이 되었다. 그는 여동생에게 보낸 편지에 아직 어린 조카딸들이 위험했을 테니 차라리 잘 되었다면서, '셰롱 박사가 개발한 훌륭한 백신을 맞고는 아주 잘 반응'했기에 본인은 전염병을 무사히 피해갔다고 자찬하였다.

일정상의 우연이었을까? 이 행사를 주최한 선행장려협회는 몇 주 뒤에 군대를 돕기 위한 구호 부서의 설립과 운영에 활동을 집중할 것이라고 발표했다. 그날 수상자 중 한 사람의 영향을 받아서일까? 그날 시상식에서 '인류에 기여한 사람'이라고 찬사를 받은 뒤낭은 외교 위기 발생 직전이던 당시에 오래전 추억일 뿐이라고 접어 뒀던 적십자 창립자로서의 습관을 되찾은 게 사실이었다. 그는 시사 문제를 놓치는 법이 절대 없었다. 전화戰火의 기미가 보이기 시작하자마자 뒤낭은 『솔페리노의 회상』의 10쇄본을 발행하기 위해 서둘렀다.

훌륭한 역할

『솔페리노의 회상』의 재인쇄 시점과 거의 동시에 파리의 라쇼 출판사에서는 셰롱 박사라는 사람이 쓴 『전쟁의 희생자들과 문명의 발전』이라는 책이 출간되었다. 뒤낭을 천연두로부터 보호해 준 '훌륭한 백신'을 개발한 바로 그 의사다. 흥미로운 점은 셰롱 박사의 책이 사용한 활판 인쇄의 활자가 같은 시기에 나온 『솔페리노의 회상』 재판본과 미세한 결함까지도 완전히 동일했다는 사실이다. 또 한 가지 신기한 건 전체 구성과 각 장의 내용에서 셰롱의 책이 『전장에서의 자비』의 여러 판본과 매우 흡사했다는 점이다. 예를 들자면 전쟁 부상자들 구호의 역사를 상기하는 부분, 적십자 창설에서 앙리 뒤낭이 한 역할을 논한다는 점, 『솔페리노의 회상』을 80쪽이나 되는 상당한 분량으로 발췌 인용했다는 점 등등이다. 더더욱 기묘한 사실이 있다면, 이 셰롱이라는 의사가 책의 연보 부분에서 5인 위원회나 부상병구호국제위원회, 심지어 귀스타브 무아니에의 이름조차도 언급하지 않고, 그저 『솔페리노의

---

1 시상식이 행해진 나폴레옹 서커스는 현재 시르크 디베르 즉 겨울 서커스라 불리는 건물이다. 현재 기준으로 약 2,100명을 수용한다. 그러니 이날 인파가 엄청났음을 짐작할 수 있다.

회상』의 저자만 두드러지게 기록한 점이었다.[H1]

저자 주석 H1: 이러한 '우연'은 앙드레 뒤랑이 지적한 부분이다. 앙드레 뒤랑, 『세롱 박사의 협력 하에 집필된 앙리 뒤낭의 책』, BSHD 6, 1981년 제네바, 1~9쪽.

사실 이런 일이 생긴 까닭은 앙리 뒤낭이 세롱의 대필을 해줘서가 아니라, 아예 세롱이 뒤낭에게 자기 이름을 빌려 줬기 때문이었다. 국제위원회에서 제명된 후에 적십자 창립자 뒤낭은 당연히, 적십자 사업을 위해서건 자신이 적십자에서 했던 일에 대해서건, 지속적으로 정기 출판물을 통해 홍보할 방도가 없게 되어버렸다. 그렇기 때문에 뒤낭은 친구이자 함께 사업도 하고 있던 세롱에게 말 그대로 그의 이름이 지닌 권위를 빌려달라 부탁했던 것이다. 책을 출판함으로써 언론에 다시 언급되고, 이어 당연히 자기가 누려야 마땅한 명예를 되찾으려는 의도였다. 이렇게 뒤낭이 누군가의 이름을 빌리는 일은 이번이 처음이었지만, 이걸로 마지막은 아니었다.

위의 책은 세롱 박사의 이름으로 1870년 7월 말 출간되었다. 참으로 시의적절했다. 왕위 계승의 문제로 프랑스와 프로이센 사이의 전쟁이 막 발발한 참이었기 때문이다. 스페인 왕위에 공백이 생기면서 프로이센 국왕 빌헬름 1세의 사촌인 레오폴트 폰 호헨촐레른지그마링엔 대공이 본인이야말로 적법한 왕위계승자라고 나섰다. 프랑스는 양쪽으로 독일 계열 군주로 둘러싸일 위협에 즉각 반발하였다. 이렇게 되자 대공은 물러나기로 합의했지만, 프랑스 내부에서 전쟁을 도모하는 세력은 대공의 왕위 후보 사퇴 정도로 만족하지 않았다. 이들은 호헨촐레른 가문의 수장이기도 한 빌헬름 1세가 나서서 앞으로 자신의 가문에서 스페인 왕위를 주장하는 일이 절대 없도록 확실한 포기 선언을 해야 한다고 종용하고 나섰다. 프로이센 국왕은 이러한 요구를 매우 못마땅히 여겼디. 사촌이 포기한다는 걸 확인해주기는 했지만, 빌헬름 1세는 프랑스 대사에게 자신은 '그 외에 더 할 말은 없다'는 메시지를 전했다.

군주로부터 이 사건에 대해 전해들은 프로이센의 비스마르크 수상은 바로 불난 집에 부채질을 하기 시작했다. 바로 그 유명한 엠스 전보 사건[2]이다. 비스마르크는 조심스레 내용 일부가 누락된 전보를 언론에 흘렸다. 독일인들은 프랑스의 교만함에

2 프로이센-프랑스 전쟁(1870~1871)의 시발점이 된 중요한 사건. 엠스라는 이름의 작은 마을에서 휴양 중이던 프로이센 국왕이 산책하던 중에 프랑스 대사가 선약없이 찾아와 프랑스의 요구를 전하자, 국왕은 프로이센이 스페인 왕위 계승 문제에 관여하지 않기 때문에 더 이상의 요구를 받아들일 수 없다고 정중히 거절하였다. 국왕의 비서가 이 문제를 비스마르크 수상에게 전보로 보고하자, 비스마르크는 용의주도하게 문장을 수정하여, 프랑스 대사는 무례했고 국왕은 분노했다는 의미로 전보 내용이 바뀌었다. 그다음 이를 언론에 배포함으로써 독일인의 애국심을 자극하면서 프랑스에 대한 적대적인 여론을 조성했다. 프랑스 통신사가 수정된 전보를 번역하는 과정에서, 프랑스 대사는 무례하지 않았고, 프로이센 국왕이 대사를 모욕했다는 의미로 전보 내용이 다시 바뀌었다. 그러자 이번에는 프랑스에서 프로이센과의 전쟁을 요구하는 여론이 들끓게 되었다. 전쟁을 원하지 않았던 나폴레옹 3세는 이런 여론을 무시할 수 없었고, 전쟁이 발발했다.

분노하게끔 만들었고, 프랑스인들은 자신들의 대사가 모욕당했다고 생각하게 조종한 것이다. 여론 조작은 성공적이었다. 파리의 분위기는 후끈 달아올랐고, 열성적인 지지 속에 전쟁 동원령이 의결되었다. 결국 7월 19일 프로이센을 상대로 선전 포고가 행해지기에 이른다. 이는 여론의 압박뿐 아니라 정치적으로나 육체적으로 약해져 있던 나폴레옹 3세의 마지못한 동의로 인해 생겨난 사태였다.

프로이센과 연합군으로 참여한 독일의 공국들은 이내 승기를 잡았다. 뒤낭은 파리를 떠날 생각이 없었다. 전쟁 발발이라는 격앙된 분위기 속에서 그는 자신의 사명이 여전함을, 아니 생생히 살아 있음을 느꼈다. 너무나 오랫동안 침묵을 지킬 수밖에 없는 상황에 처했다가, 마침내 기회를 얻어 몸을 털고 일어나는 듯한 느낌이었다. 이제 다시금 부상병 구호라는 과업의 위대한 창시자로서 뒤낭에게 서신이 쏟아졌다. 적십자가 이미 도덕적인 측면에서나 실제 활동에서나 이 분야의 절대 권력을 지닌 존재가 되어 있었기 때문이다.

7월 20일에는 한 가톨릭 신부가 자신의 휴가를 뒤낭이 지정해 주는 구호소에서 봉사하는 일에 모두 쓰겠다며 편지를 보내왔다. "저에게 일을 주십시오. 그날부터 밤낮으로 헌신하겠습니다." 신부는 이미 지금도 갖추고 있었다. 마침 한 학년이 끝나는 시기였다. 신부는 "제가 가르치는 학생들이 학년말 상을 받는 걸 포기하였습니다. 거기에 쓸 500프랑을 프랑스 부상병들을 위해 쓰려고 합니다."라고 설명하였다. 이토록 자발적이고 이토록 구체적인 이타심 앞에 어찌 뒤낭은 녹아내리지 않을 수 있겠는가? 허나 뒤낭은 무엇보다 자기 자신의 이해관계에 따라 당시 상황을 가늠하고 있었다는 사실을 여동생 마리에게 보낸 편지 한 통에서 확인할 수 있다.

"이 전쟁의 비참하고 비인간적인 점을 배제하고 생각을 해보면, 개인적으로 나에겐 이보다 더 잘된 일이 없구나. 내가 재조명을 받게 되었고, 그건 모든 관점에서 내게 유용한 일이다. 신문들은 그 어느 때보다도 많이 나를 언급하기 시작했지. 지금으로선 못된 인간들이 나에 대해 나쁜 말을 하는 걸 삼가고 있음을 너도 알 거라 생각한다."

그렇지만 7월 25일 뒤낭은 상원의원이자 프랑스 구호 협회 부회장인 브레니에 남작에게 서한을 보내어, 프랑스가 1864년 9월에 비준한 제네바 협약을 존중하도록 프랑스 정부에 환기시켜 달라고 요청했다. 남작은 그의 요청에 응하여 자신이 속한 상원에서 정부에게 제네바 협약을 지키라고 발언했다. 다만 프랑스 정부는 '우리 군대는 다른 어떤 면에서나 마찬가지로 부상병 구호 분야에서도 부족한 부분이 없다'는 답변을 내놨다. 한편 동료 상원의원들은 그가 발언하는 동안 자기 자리에서 종이자르개를 만지작거리거나 서로 잡담하는 등의 반응을 보였다. 별로 성공적이지 못했던 자신의 발언에 대한 이야기를 뒤낭에게 전했을 때, 브레니에의 분노는 아직 누그러지지 않은 상태였다. 이미 며칠이 지났음에도 불구하고 남작은 "파렴치한 인간들 같으니라고! 내 발언을 무시해버리지 않았나!"라며 분노했다.[H2]

저자 주석 H2: 가뉴뱅 편저 『회고록』, 238쪽.

상원에서 아무 말도 듣고 싶어하지 않았다면, 이제는 관련 정부 부처들을 공략하는 수밖에 없다. 프랑스 적십자 회장인 플라비니 백작(그는 장인 어른인 페장삭 공작의 자리를 이어받았다)은 이미 전쟁장관을 찾아갔다. 장관은 난처하다는 듯 본인이 알기로는 프랑스는 제네바 협약을 비준한 바 없다고 대답했다. 실망한 백작은 그 접견 이후 더 이상의 노력을 하지 않은 채 남은 일은 뒤낭이 하게 내버려 두었다. 뒤낭은 우선 내무부에 연락을 취하였으나 답을 받지 못했다. 그러자 뒤낭은 항상 그래왔던 것처럼 이보다 더 상부 조직을 겨냥하였다. 몸을 겨우 가누면서 나폴레옹 3세가 말을 타고 전선에서 군대를 이끄는 가운데,[3] 뒤낭은 8월 16일 섭정 중인 황후에게 서신을 보냈다. 그는 '1864년 협약에 대해 폐하의 존엄한 관심'을 요청하면서 해외 언론이 프랑스가 제네바 협약을 존중하지 않는다며 야유를 보내고 있다는 사실을 정중하게 알렸다. 이와 동시에 그는 트로쉬 장군에게 (뒤낭은 그 또한 프랑스 적십자를 통해 알고 있었다) 파리 주변과 샹파뉴 지방, 그리고 로렌 지방의 일부 도시를 중립 지역으로 선포해 달라고 제안하였다. 지정된 장소에서 부상병들을 적절하게 맞이할 수 있게 하기 위해서였다.

트로쉬 상군은 그런 문세를 생각하기에는 너무 바쁘다고 즉시 답했다. 황후 역시 그다지 고무적인 반응을 보이지 않았다. 황후는 뒤낭의 청원을 내무부로 넘겼고 그 덕에 마침내 내무부가 뒤낭에게 답변을 하기는 했다. 하지만 문제의 본질을 벗어난 내무부의 답장에는 제네바 협약이란 말이 언급조차 되지 않았다.

이 서한을 받은 다음 날 뒤낭은 동생 피에르에게 편지를 쓰면서 상황을 다소 윤색하였다. 그는 황후가 자신의 의견을 어찌나 경청했는지, '프랑스 군들은 어제부터 적십자 완장을 차기 시작했고, 제네바 협약은 분명 프랑스군에게 일일명령으로 하달될 것'이라고 적었다. 만약에 그게 맞는 얘기라 해도 오래가지는 않았다. 한참의 세월이 지난 후 집필한 회고록에서 뒤낭은 오히려 '동부 부대의 그 어떤 군의관도

---

3   나폴레옹 3세는 1860년대 내내 만성 통증에 시달려 지팡이를 짚고 걸어야 했고, 요로 감염 때문에 아편을 진통제로 사용했다. 1870년에는 담석 진단까지 받았으나 정부에서는 반대파가 양위를 요구할까 두려워 황제의 건강 상태를 비밀로 하였다.

신성한 완장을 차지 않았다'면서, 공식 구급 차량들도 분명한 표식 없이 '그저 온통 회색으로 칠해져' 있었다는 불평을 기록했다.

피에르에게 보낸 그 같은 편지에 뒤낭은 "마치 프로이센인들이 파리까지 진격하기를 원하는 건가 싶다."면서 경악을 금치 못했다. "아마 그렇게 되겠지. 어찌되었든 나에 대해서는 걱정 말아라."라며 뒤낭은 다음의 마지막 문장을 강조했다. "내가 훌륭한 역할을 하게 되었구나. 내가 지금까지 겪은 무관심에 대해, 또 내 적들에게 프랑스 언론이 대신 복수를 해주고 있지."

그렇다. 뒤낭은 전혀 잊어버리지 않았다. 오히려 정반대였다. 파산 이후 뒤낭은 부채 상환이라는 유일한 염려에 사로잡혀 지냈다. 그런데 서서히 지난 3년간 제네바 사람들의 고의적이고 가차없는 대우가 파리 개신교도들의 지지를 등에 업고 자신이 겪고 있는 모욕과 곤궁과 슬픔을 가중시킨다고 믿기 시작했다. 사실 그러한 고통은 모두 자기가 스스로 가한 것임에도 뒤낭은 그렇게 믿었다. 그런 상황에서 자신이 빛을 다시 발할 시간이 돌아왔다. 모든 게 다시 가능해졌다. 자신의 '훌륭한 역할'을 재개하면서 뒤낭은 다시금 적어도 며칠간은 여전히 친했던 파리의 명망가들, 그리고 위인들과 교류를 할 수 있었다.

위에서 언급한 고위층과 정부 부처 공략 당시, 뒤낭은 바로 1년 전에 무아니에의 강력한 반발을 샀던 편지지를 사용했다. 궁형으로 배치된 '인류의 국제보편과업'이라는 공식 명칭으로 — 이 단체 소속인은 뒤낭 한 명뿐이다 — 붉은색 십자가 표장이 둘러싸여 있는 장식이 찍힌 편지지였다. 게다가 황후에게 서한을 보낸 며칠 후 8월 24일, 뒤낭은 프랑스 적십자의 회장인 플라비니 백작으로부터 호출을 받은 바 있고, 또 같은 날 파리 주변 도시들을 중립화시키자는 '훌륭한 생각'에 대해 부회장인 세뤼리에로부터 찬사를 들었다. 이 모든 일화는 뒤낭이 이미 단독 행동을 시작했다는 걸 증명해 준다. 그는 프랑스 적십자의 명예 부회장이었지만 그 자격으로 움직인 것이 아니었다. 1870년 프로이센-프랑스 전쟁은 뒤낭을 무대 위로 다시 끌어올렸지만, 파리 귀족 사회의 살롱 안으로 다시 들여보내 주지는 못한 게 명백하다.

다만 그 살롱들은 마침 당시 시류로 인해 위협을 받고 있었다. 9월 2일 프랑스군은 스당에서 포위된 상태였다. 황제를 포함한 10만 명의 군사가 독일군의 포로 신세가 되었다. 프랑스 제국은 이틀 후 붕괴했고, 제국이 무너지는 과정에서 뒤낭은 그때까지 쌓아올린 자신의 지지층을 송두리째 빼앗겨버렸다.

십자가 아래로 피신하다

파리 코앞까지 독일군이 진격했다고 해서 뒤낭은 수익 사업 계획들을 단념하지는 않았다. 자신의 '훌륭한 역할'을 재개하자 그는 자신감을 되찾았고, 전쟁으로 인해 온갖 새로운 아이디어를 떠올리게 되었다. 의사인 친구 셰롱, 그리고 시렉이라는 이름의 약사와 함께, 뒤낭은 임시 변통이라 할 법한 일에 뛰어들었다. 혁명적이라 할 법한 붕대 제작 사업이었다. 그들이 개발한 붕대는 사전에 염화철 용액에 적셔놓은 붕대로 지혈 효과 외에도 사용법이나 포장 방법 등에서 다양한 장점을 지닌 제품이었다. 늦여름에 남동생에게 보낸 편지에다 뒤낭은 "모든 게 잘 되고 있다. 엄청나게 주문이 많이 들어온 걸로 알고 있어."라면서, "전쟁이 끝나면 난 붕대 사업뿐 아니라 (사람들은 내가 관여했었는지 알지도 못할 거다), 이제 곧 내 손으로 들어올 도서관 프로젝트에서도 아주 잘 자리잡으리라 생각한다."고 적었다. 전장의 자선가라는 자신의 아우라가 지혈 기능성 붕대라는 비속한 사업 개입으로 위태로워져서는 안 될 일이기에, 뒤낭은 이 사업과 관련해서 익명을 유지했다. 그래도 자신이 보유한 구호위원회 인맥을 통해 매우 직접적인 사적 이득을 취한 게 사실이다. 동생에게 보낸 또 다른 편지에서 뒤낭은 "모든 구호위원회로부터 구매 요청이 들어오게끔 할 수가 있다."면서 "항상 비관적인 면만 생각하는 성격인 셰롱 박사가 내게 설명하길, 내 지분만 계산해 봐도 1년에 125,000프랑을 쉽게 벌 수 있다고 단언했단다. 1프랑짜리 작은 붕대 상자 하나를 팔면 내게 떨어지는 돈이 4분의 1, 즉 25센트씩 버는 셈이다."라고 설명했다.

항상 그래왔던 대로 뒤낭은 사업상의 야심과 인도주의적인 소망을 완벽하게 소화시켰다. 두 영역이 서로에게 피해를 주지 않고 오히려 상호 도움이 되게끔 애를 썼다. 사업가 뒤낭이 파산을 겪음으로써 선의의 자선가 뒤낭에게도 치욕의 세월이 닥쳤지만, 그는 이러한 접근 방식을 한순간도 포기할 생각이 없어 보였다. 그가 모욕을 겪은 데서 얻은 유일한 교훈은 신중함뿐이었다. 붕대 사업에 대해 그는 '사람들이 내가 관여했었는지 알지도 못할 것'이라고 조심스레 강조했다.

국제보편도서관은 압박 붕대보다는 당연히 전쟁 경제에 편입되기 어려운 게 사실이다. 허나 이에 대해서도 뒤낭은 제네바에 있는 가족들에게 변함없이 낙관적인 태도를 보였다. 이제 그 사업은 '내 손 안에' 있고 자신은 그로 인해 '매우 기쁘'며, 이 사업으로 곧 부유해질거라는 데 일체의 의심도 하지 않는다고 전했다.

9월 4일 일요일 마치 아무일도 없었던 것처럼, 그리고 셰롱 박사의 자택에 차린 지혈 붕대 제작소가 전력으로 돌아가기 시작한 이후 매일 그랬던 것처럼, 뒤낭은 작업을 도우러 셰롱의 집으로 향했다. 아니 아마도 뒤낭에게 더 큰 동기로 작용한 것은 셰롱 부인이 이쯤 되니 자동으로 가족들의 점심과 저녁 식사 자리에 뒤낭의 몫까지 챙겨주고 있었기 때문이리라. 바스티유를 훨씬 지나서, 뢰이이 거리와 오페라 근처의 테부 거리 사이에 위치한 셰롱 박사 댁까지 가려면 합승 마차 승차권을 한 장 써야 하지만 그래도 점심값을 아낄 수 있다는 점에서 그 비용이 아깝지 않았다. 날씨가 좋을 때면 그래왔듯이 뒤낭은 그날 합승 마차의 지붕 위 좌석에 자리잡았다. 그 자리에 앉은 뒤낭은 신난 모습의 군중이 모여들어 아마도 독일 계열인 듯한 이름의 상점 여러 곳을 약탈하는 광경을 보고 대경실색하였다. 깃발을 휘두르며 지나가는 사람들이 보였고 거기에서 수백 미터 거리에는 다수의 무리가 모여 '제국을 무너뜨리자'고 외치면서 당시 하원의 기능을 하던 제국 의회 건물로 몰려가고 있었다. 그날은 공화국이 선포된 날이었다.[4]

이 일화를 뒤낭은 나중에 그만의 특별한 관점을 보여준 바 있다. 뒤낭의 회고록은 당시 공화국 수립을 단 한 문장으로 언급한 반면, '부상병구호협회의 일을 함께한 헌신적인 회원' 한 명이 황후를 '구해냈다'고 자랑스레 설명하고는, 황후의 도피 여정에 대해서는 3쪽 분량을 할애했다. 1867년 만국 박람회 당시 구호 협회들의 전시관은 바로 옆 전시관의 덕을 톡톡히 본 일이 있었다. 그 전시관에는 아메리카 대륙에서 수송해 온 위생 보건 용품들이 관람객들의 눈길을 매우 끌었기 때문이다. 그 전시관의 수집가이자 후원자가 뒤낭이 존경해 마지않은 미국의 부유한 치과의사 에반스 박사였다. 이 에반스 박사가 황후를 구해준 인물이라니 얼마나 기쁜 소식인가! 그분이 황후를 파리에서 무사히 도피시켰다니! 에반스 박사는 황후를 도빌까지 모셔갔고, 거기서 에반스 박사의 부인이 자신의 호텔 방에 황후를 숨겨주었으며, 적당한 때가 올 때까지 기다렸다가 황후가 영불해협을 건너 영국으로 무사히 망명하게끔 도와주었다고 한다! 이 일화가 알려지자마자 당시 사람들은 부상병구호협회들과 몰락한 프랑스 제국이 매우 밀접한 관계에 있다고 생각하기 시작했다.

제3공화국이 선포되자마자 뒤낭에게는 갑자기 프랑스 적십자의 상류층과 귀족 관계자들로부터 간청이 부쩍 쏟아지기 시작했다. 당시 상황이 상당히 불편했던 이들 상류층 사람들은 국가 방어 임시 정부의 대통령이 된 트로쉬 장군이 자유주의자 성

---

4 프랑스의 네 번째 혁명으로, 1789년(프랑스 대혁명), 1830년(7월 혁명), 1848년(2월 혁명)에 이어 나폴레옹 3세의 폐위, 제2제국 붕괴 그리고 프랑스 제3공화국(1870~1940)이 수립된 날이다.

향의 오를레앙파[5]였음에도 불구하고, 제국의 붕괴를 부추긴 이들과 직접 상대하기를 꺼리는 게 분명했다. 상황이 이렇다 보니 프랑스 적십자의 지도층은 이 제네바 출신 평민이 새롭게 자리한 공화국 정부를 상대로 벌이는 활동을 훨씬 더 너그러운 시선으로 바라보게 되었다. 뒤낭이 이렇게 휘젓고 다니지 않는다면 그를 대신해서 적십자 관련 일을 하려는 사람이 별로 없는 게 사실이었다.

그리하여 뒤낭은 과거 더 이상의 행보를 제지당했던 바로 그 지점에서 벗어나 자신만의 십자군 행군을 재개하게 되었다. 얼마 전 그가 황후에게 했던 청원이 하마터면 실현될 뻔 했다. 황후의 시종이 보내온 서한에 뒤낭의 제안 내용이 내각회의에서 논의될 것이라고 언급한 시점은 나폴레옹파인 우리의 십자군 뒤낭이 표현한 대로 '제국의 재난' 즉 공화국 수립이 닥치기 직전, 그러니까 얼마간은 모든 일이 마비되기 직전의 일이었다. 정권이 바뀌었다고 해서 옳은 길을 걷고 있는 뒤낭을 완전히 멈춰서게 할 수는 없었다! 친분 관계를 최대한 이용하는 평소 접근 방법으로, 뒤낭은 우선 새로운 교육부장관 쥘 시몽의 부인에게 서한을 보냈다. 자신이 보내는 세 가지 청원 내용을 남편인 시몽 장관이 직접 임시 대통령 쥘 트로쉬에게 전하도록 부탁하는 편지였다. 이러한 청원서의 내용은 그가 일전에 황후에게 보냈던 내용과 거의 동일했다. 모든 공식 군의관과 간호사가 완장을 착용할 것, 전쟁 부상자에 대해 제네바 협약을 적용할 것, 그리고 협약의 보호 대상에 기동대와 국민 유격대를 포함할 것, 그리고 마지막으로 파리 주변의 몇몇 도시들을 중립 지역으로 지정하는 것이었다. 그 마지막 사항에 대해서 그는 보잘것없지만 자신이 지닌 '국제적인 성격'을 '모두가 인정'하기에 '적국들'의 동의를 얻어낼 수 있다고 자부하였다. 다시 만나지는 못했지만, 실제 뒤낭은 독일인들이 자신을 오랜 친구처럼 맞이해 주리라 믿어 의심치 않았고, 그의 생각은 틀리지 않았다.

9월 11일 일요일, 이어달리기 같은 행보를 하는 세 번째 과정에서 그는 쥘과의 접견 기회를 얻었다. 바로 프랑스 외무장관 쥘 파브르였다. 장관은 뒤낭의 제안을 그날 저녁에 열리는 새 내각회의 자리에서 적극 옹호하겠노라고 약속했다. 뒤낭의 입장에서는 우선 첫 전투는 승리를 거둔 셈이었다. 그날 바로 여동생에게 보낸 편지에서 그는 "네게 어찌 표현할 수 없을 정도로 기쁘단다. 난 정말로 살아있구나. 자유롭게 숨쉬고 있구나. 한마디로 부활한 것 같다."

이번에는 그의 제안이 목표 지점에 명중하였다. 다다음 날 제네바 협약의 발췌본이

---

5 역사적으로는 7월 혁명 정부의 집권 세력이었으며(1830~1848), 부르봉 왕가의 방계 오를레앙 왕가를 지지하는 입헌군주파였다. 재정복고를 한 나폴레옹파에 의해 쫓겨났다.

관보에 게재되었다. 지금까지 제네바 협약에 대한 대중의 무관심과 대비되게도, 제네바 협약 제5조가 관보 게재 즉시 전격적이고 열성적인 반응을 일으켰다.

— (제5조 내용 중 일부) 민가에 머물며 치료를 받는 부상자가 있다면 그 보호가 보장되어야 한다. 부상자에게 숙소를 제공하는 주민은 시설 사용 명령과 군용 징집의 일부를 면제받아야 한다.

불과 2주 전만 해도 파리 시민들은 제네바 협약의 의미가 무엇인지 아예 알지 못했다. 적어도 이제 확실해진 점은, 이 협약이 자신들에게 어떤 이점을 가져다 주는지를 시민들이 재빨리 파악했다는 사실이다. 순식간에 수도 파리 전체가 적십자 표식으로 뒤덮였다. 하룻밤 사이에 붉은 십자가가 여기저기 등장했다. 뒤낭은 당시 상황에 대해 '팔뚝에, 모자에, 수많은 남녀와 아이들 가슴에, 자동차에 그리고 말에 얹은 마구에도'라고 기록했다. 독일인들이 이 신성한 표장을 존중한다는 사실을 정식으로 통지받은 파리 시민들은 점령 세력이 국내에서 일으킬 불쾌한 일들로부터 스스로를 지켜낼 수 있게 되었다고 믿었으리라. 적십자 표장을 한 곳은 게다가 '군사들의 숙소로 쓰이지 않아도' 되었다. 어떤 군대든 마찬가지였다. 트로쉬가 얼마 전 국가 방위대로 수천 명을 모집하였기에 이들을 수용할 병영조차 찾기 어려웠다. 게다가 적군의 진격으로 인해 살던 곳에서 쫓겨난 파리 교외 주민들 또한 무리지어 수도로 몰려든 상황이었다. 그러다 보니 갑자기 파리 시내 주택 네 곳 중 한 곳에 적십자 표장이 나붙었다. 실제 의도가 무엇인지를 의심하지 않기에는 너무 과한 자비심이 아닌가.

파리를 한 바퀴 돌며 실태를 파악하고 나서 뢰이이가의 초라한 숙소로 돌아오며 뒤낭은 한숨을 내쉬거나, 아니면 심지어 낙담과 분개의 눈물을 흘리지는 않았을까. 신성한 적십자 표장은 도망자들을 뿌리치게 해주는 저속한 미끼로서, 아니면 군모를 쓴 병사를 쫓아 줄 허수아비 역할이나 하라고 만들어진 게 아니었다. 그 참담한 상황을 바로잡아야만 했다.

9월 11일, 그러니까 외무장관 파브르를 만난 바로 그날, 그리고 관보에 시행령이 실리기도 전에, 뒤낭은 이미 음울한 다락방(뒤낭은 언제 혹은 누구에게 하는 이야기냐에 따라 이 숙소를 '작은 빌라' 혹은 '누옥'이라고 불렀다)을 떠나 파리 중심가에 위치한 한 호텔의 방 두 개짜리 객실로 옮겨갔다. 뒤낭은 그곳에서 여기가 '뢰이이 거리에서 지낼 때보다 천 배는 낫다'고 기록했다. 뒤낭이 매우 기뻐한 이러한 숙소 수준의 격상은 어떻게 가능했을까? 다른 모든 파리 사람들처럼, 그 또한 시행령을 왜곡했기에 가능한 일이었다. 상황이 변하지 않고서야 뒤낭도 간호사나 병사나 부상자가 아니었다. 하지만 그는 별 가책 없이 한편으로는 자신의 명성에 대한 인정을 받고, 다른 한편으로는 파리에서 가장 상류층이 사는 동네로 이사갈 절호의 기회를 잡는 이중의 만족을 즐겼다. 새로이 묵게 된 호텔은 엘리제궁에서 불과 몇십 미터 거리에 위치하였다. 파리 8구의 한 인심 좋은 호텔리어, 그 라빌드파리 호텔의 주인이 생각지도 않은 제안을 하자 이를 받아들인 것이다.

당시 '제네바 십자가'라고 불리던 적십자 상징이 파렴치하게도 남용되는 바람에, 1주일 후 새로운 시행령이 반포되었다. 제네바 협약의 깃발은 이제부터 '적어도 침상이 6개는 구비된 사람들'에게만 사용이 허락된다는 내용이었다. 하지만 이조차 규칙 위반자들을 통제하기에는 역부족이었다. 사람들은 세탁에 쓰는 냄비나 심지어 빵 보관 상자까지도 거리낌없이 침상으로 계산하였다. 상황이 이렇게 되자 9월 24일 한층 더 엄격한 조치가 내려졌다. 적십자 표장은 이제부터 '실제 부상병을 치료하는' 집에만 허용되었다. 이제는 적십자 깃발을 달기 원하는 이들이 부상병을 찾아나섰고, 귀부인들은 부상병 한 명이라도 들여서 더 큰 피해를 입을지 모를 적군의 침입 가능성을 미연에 방지하고 싶어했다. 그러한 상황 속에 뒤낭은 절망했어야 맞겠지만, 사실 그러지는 않았다. 호텔 주인 부부가 호텔 건물에 진료소를 마련해 두었기에, 실제 진료가 이루어지든 아니든, 적어도 양심의 가책을 느낄 필요가 없어졌기 때문이다. 이들 부부는 '프로이센군을 끔찍하게도 두려워'했기에, 자신을 '극진하게' 대했다고 뒤낭은 기록하였다. 하루는 저녁 나절에 호텔 하인이 뒤낭의 방으로 설탕 그릇과 오렌지 꽃물을 가져다 주었다. 또 하루는 주인이 뒤낭의 두 번째 방에다가 휴식용 침대를 설치해 주었다. 또 매일 밤 그는 주인 내외와 티타임을 가졌다. 뒤낭은 이를 즐기듯 여동생에게 '그리고 이것지것'을 대접받는다고 전하며, 마지막으로 "인류 차원에서 슬픈 전쟁 상황이라는 것만 빼면 개인적으로 내게 이보다 더 좋은 일은 없다. (중략) 한마디로, 난 가능한 최상의 상황에 있다."고 편지를 썼다.

하룻밤을 묵을 돈이라곤 1상팀[6]도 없던 그가 어떻게 이 상급 호텔에 오게 된 것일까? 개신교도 쪽의 인맥이거나, 구호 협회 인맥이거나, 아니면 둘 다였을 수 있다. 리옹 출신인 그의 친구 레옹스 드 카즈노브는 프랑스 부상병구호 협회이 설립되는데 지주와 같은 역할을 했고, 나중에는 파리 포위전의 역사를 처음으로 기록한 역사가로 남은 인물로서, 그 포위전이 시작되기 전에 그 호텔에 묵고 있었다. 그 외에도 프랑스 부상병구호협회 회장이자 이제는 뒤낭의 '매우 가까운' 친구가 된 플라

---

6 1프랑은 100상팀(centime)이다.

비니 백작의 자택 역시 같은 길에 있었다. 백작은 이 호텔을 구호 협회 사무실의 지부처럼 활용하고 있었다. 그러니 라빌드파리 호텔은 이미 오래전부터 프랑스 적십자 관계자들이 드나들던 장소였다고 보인다. 하지만 같은 신앙에 바탕을 둔 연대 의식도 작용했을 가능성이 있다. 이 호텔의 주인 리브 씨에 대해 뒤낭은 남동생에게 '앙시앵레짐[7] 당시 가르 지방의 오래된 개신교도'라고 설명한 바 있었다. 리브 씨는 "자신의 호텔에 부상병 구호사업의 창립자요, 제네바 협약의 주창자인 나를 묵게 하는 걸 아주 기쁘게 (혹은 심지어 영광으로) 생각하기 때문에, 내가 부족한 게 전혀 없도록 그가 잘 돌봐주면서도 돈은 일체 내지 못하게 한다."는 것이다. 그러니 '프로이센군에 맞서주는 호위병' 역할로 이용된 뒤낭은 자신의 존재 자체가 적십자의 역할을 하는 셈이었고, 그러한 사명에 대해 그는 분명 기분이 좋았을 것이다. 리브 씨는 호텔에 묵고 있는 여성 하숙객들에게 적십자 깃발 그리고 쌍둥이지만 색이 반대인 스위스 깃발을 만들어 달라고 부탁했다. 그러고는 뒤낭에게 그 깃발들을 2층에 위치한 뒤낭의 객실 발코니에 걸어달라고 부탁했다. 그 깃발들이 잘 보이게 하기 위해서는 꼭 해당 객실 발코니여야 했기 때문에, 앙리는 자그마한 빌렐레베크 광장[H3]이 내려다보이며 엘리제궁에서 몇 발자국 거리에 있는 호텔 내 가장 좋은 방 두 개를 차지할 수 있었다.

저자 주석 H3: 현재는 소세SAUSSAIES 광장이라 불린다.

9월 19일 파리는 결국 포위되었다. 아직 다소 먼 거리에 있기는 해도 독일군은 몇백 킬로미터 정도의 거리에서 파리를 전방위로 둘러싼 경계선을 형성하고 있었다. 파리 포위전 의 시작이었다.[8]

교차 행위

전쟁 발발 이후 '앵테르나시오날'은 (공교롭게도 당시 프랑스 적십자는 보통 이 이름으로 불렸다[H4]) 수수방관하고 있지 않았다. 프랑스 적십자는 여섯 군데의 대형 임시 병원과 '야전병원'(부상병을 치료하고 유숙시키는 임시 장소를 말한다) 33개소

---

7   구체제. 1789년 프랑스 혁명 전의 사회를 뜻한다.

8   Siege of Paris. 프로이센-프랑스 전쟁의 과정에서 프랑스군이 패전하고 나폴레옹 3세가 포로가 되자, 파리는 1870년 9월 4일 공화정을 선언하였다. 그리고 1870년 9월 19일부터 1871년 1월 28일까지 프로이센군과 북독일연방 연합군에 의해 파리가 포위되는 위기 상황에 빠졌다. 결국 독일군에 의해 파리가 점령됨. 이 과정 중에 빌헬름 1세는 베이사유궁에서 독일제국 탄생을 선언했고, 전쟁은 독일의 승리로 끝났다. 이 즈음 정부에 대한 프랑스인, 특히 파리 시민들의 불만이 쌓여 결국 1871년 파리 코뮌 사태가 발생하게 된다.

를 설치했고, 그뿐 아니라 정보 부서를 운영하였는데, 가족을 찾는 4만 가구 이상의 문의가 있었다. 프랑스 적십자는 상류층 귀족 남녀를 중심으로 구성되어 있었기 때문에, 거의 대부분의 야전병원에 적어도 한 명은 작위를 지닌 책임자를 배치할 수 있었다. 뒤낭은 프랑스 적십자의 활동만을 기록했지만, 당시 프로이센-프랑스 전쟁 중에 부상병들을 돌본 단체가 지상 및 해상 부상병구호협회만 있던 것은 아니다. 그럼에도 뒤낭은 구호 협회에서든, 당연히 언론 기관들이 주도하여 운영된 이동 병원에서든, 또한 파리 각지에 우후죽순처럼 생겨난 수많은 임시 진료소에서도 봉사자로는 일하지 않은 걸로 보인다. 몇 번 정도 플라비니 회장을 수행하여 구호협회의 '공식' 야전 병원들을 순회한 적은 있지만, 흰 양복을 입은 카스틸리오네의 사마리아인으로 돌아갈 생각은 전혀 없었던 듯하다. 이제 그는 1864년 협약과 적십자 표장의 창시자라는 지위를 수호하는 입장이었고, 이미 그것으로 일은 충분했다.

> 저자 주석 H4: 앵테르나시오날이란 당시에 '부상병 구호 국제과업'을 의미하지만, 또한 국제노동자협회[9]를 의미하기도 한다. 뒤에서 다시 논하겠지만 이러한 혼동으로 인해 뒤낭은 여러 가지 문제를 겪게 된다.

흥미로운 점은 뒤낭과 무아니에의 상황이 도치었다는 사실이다. 임명되는 장관들마다 제네바 협약을 상기시키느라 뒤낭이 어떻게든 애쓰던 당시, 협약의 수호자 적십자국제위원회의 회장 무아니에는 이제 전쟁 포로 문제로 관심을 옮겨갔다. 전쟁 포로에 대한 논의는 1864년 당시 뒤낭이 포함시키고 싶어했으나 실패했고, 이어 1867년에도 수포로 돌아간 문제였다. 엄격한 법률가 무아니에는 그때까지만 해도 전쟁 포로 논의를 제네바 협약의 틀로 들여올 생각이 전혀 없었다. 그렇지만 프로이센-프랑스 전쟁으로 인해 무아니에는 마침내 이 문제에 관심을 기울이게 되었다. 전쟁이 선포되고 2주 후 회장 특유의 효율성을 자랑하듯, 무아니에는 국제위원회가 회원국들의 기존 권한 외에도 전쟁 포로와 가족들 간의 서신 교환을 보장하고, 수용되어 있는 포로 병사들에게 송금이 가능하게끔 하는 역할을 국제위원회가 나서서 하겠노라 제안하였다. 이 두 항목은 1867년 파리 국제회의 당시 뒤낭의 청원에 포함되어 있던 내용이다. 일을 수월하게 하기 위해서 그 활동은 전쟁 중인 프랑스와 프로이센 국경 지역에 집중할 것인데, 이는 바젤에 위치한 사무소를 활용하기는 하더라도 제네바국제위원회가 온전히 감독 관리하는 방식으로 운영할 것이라는 뜻이었다.

이렇게 무아니에가 자기가 가꿔놓은 꽃밭에 성공적으로 발을 들여놓은 데 대해 뒤낭은 어떤 생각을 했을까? 뒤낭의 서한에서나 회고록에서도 이에 대한 언급은 일

---

9 1864년에 결성된 세계 최초의 국제적인 노동 운동 조직으로 흔히 '제1인터내셔널'이라고 불린다. 앵테르나시오날은 영어의 인터내셔널과 같은 프랑스어 단어다.

언반구도 찾아볼 수 없다. 그 당시에 뒤낭은 뒤틸 들 라 튀크 남작과 피르맹 마르보 (프랑스의 유아원을 '고안'한 것으로 유명한 인물)와 함께 새로운 자선 단체를 창립 하느라 정신없이 바빴다. 그들의 새 자선 단체의 이름은 '전쟁 중 시민들을 위한 공 제조합'으로, '부상병구호협회의 보조 기관'이라고 홍보되었다. 뒤낭이 회장직을 맡 았고 뒤틸 들 라 튀크 남작이 부회장이 되었다. 당시 관계자들은 이 두 사람의 조합 이 추후에 얼마나 파란만장한 사건들을 일으킬지 상상조차 하지 못했을 것이다. 이 사회 나머지 구성원으로는 항상 그랬듯이 귀족층 대표들, 프랑스 학술원 회원 몇 명, 두세 명의 군인들이 참여하였고, 이들 중 대부분은 제국에 대해 향수를 갖고 있 었다.

대체 무슨 이유로 뒤낭은 프랑스 적십자와 완전히 동일한 대상으로 회원을 구성한 새로운 단체를 창립한 것일까? 마치 일부러 혼란을 주려는 듯하게 '흰색 방패꼴 모 양의 바탕에 그려진 국제적십자 표장을 종려나무 가지 두 개로 둘러싼' 디자인을 사용한 건 왜일까? 또 무슨 이유로 이 단체 설립이 뒤낭 본인의 표현대로 '그 세계 에서는 큰 반향'을 일으켰을까? 뒤낭이 이를 설명해 주지는 않았다. 반면에 간단한 소개문에 요약된 대로 이 단체 설립의 전제를 살펴볼 수 있다.

— 군인이란 무기를 든 시민으로서, 특수한 상황에 처해 있는 사람이다. 이들에 게는 맞춤형 교육, 훈련과 위생이 필요하다. (중략) 군에 징집된 시민들의 도덕 성과 지적 수준을 높이고, 이들이 배움을 즐기도록 하며, (중략) 이들이 활용할 도서관 시설과 절제를 장려하는 기관들을 설립하며, (중략) 성품을 고양하고 고 귀하게 만들어 줄 수 있는 모든 요소를 각성시키며 계발해 주는 일. 우리 단체가 달성할 목표는 바로 그러하다.

하지만 이 단체는 복무 중인 시민들의 '물질적인 측면'에도 신경을 썼다. 전시 행정 을 대체하겠다고 나서지는 않았지만, 징집된 시민 즉 군인들의 보건 상태와 물리적 환경에 대해 '공제조합에서 유용하다고 판단되는 모든 개선 사항이 도입되도록 노 력할 것'이라고 적시하였다.

한편으로는 군인들을 대상으로 도서관 설립을 준비하고, 또 다른 한편에서는 군인 들의 보건 상태에 대해 '유용한 개선'을 이루도록 노력한다… 이는 뒤낭이 이미 벌이고 있던 수익 사업을 활용할 수 있는 두 가지 틈새 분야가 아니던가? 뒤낭의 프 로젝트 중 하나는 '병사들의 교육과 훈련'에 들어맞을 법한 국제보편도서관 사업이 요, 또 하나는 '보건 환경의 개선'에 도움이 될 법한 붕대 사업이었던 점은 과연 우연일까? 이 신설 자선 단체의 본부가 파리 8구 빌레베크 광장, 즉 뒤낭이 막 이사한 호텔 주소로 등록되어 있다는 사실을 확인할 수 있다. 신생 공제조합에서 뒤낭은 분명히 창립자일 뿐 아니라, 핵심 주동자요 사무총장이요, 모든 활동의 조율과 진행 담당자였을 게 확실하다.

이번에도 역시 그의 상업적인 활동과 인도주의 활동 사이의 움직임이 어디에서 어디로, 어떤 방향성을 띠는 건지를 분명히 파악하기는 어렵다. 보편주의적인 비전이 없고서야 뒤낭은 국제 도서관 같은 프로젝트에 관심을 가졌을 리 없다. 인도주의자다운 사고가 없었다면 부상병의 상처를 붕대로 감아주는 일이 중요하다고 느끼지도 않았을 것이다. 하지만 반대로, 붕대 제작소나 보편 도서관 프로젝트가 없었다면 공제조합은 아예 생기지도 않았으리라 생각해 볼 수 있다. 궁극적으로 말하자면, 부끄러울 일은 아니었다. 뒤낭은 빈곤에 처해 있었고, 생계를 이어가야 했다. 그가 유일하게 잘하는 일은 원대한 아이디어를 놓고 상류층 사람들을 모아 위원회를 구성하는 게 아니었던가. 뒤낭은 당장 잡아챌 수 있는 기회를 어떻게든 활용하여 곤궁을 벗어나려 애쓰는 사람, 궁지에 몰린 유배자에 불과했다. 당시의 뒤낭이 순수한 이상주의자이기를 바란다면 그건 잘못된 기대인지도 모르겠다.

자신의 진가를 발휘하여 구성한 위원회를 통해 필수불가결한 인물로서의 위치를 되찾은 뒤낭은 마치 숨통이 트인 듯했다. 중심을 다잡아 마침내 안정감을 느끼게 되었다. 또한 몸무게도 몇 킬로그램 늘어났다. 10월 5일에 여동생에게 보낸 편지에서 뒤낭은 "나는 지난 3주간 좀 살이 쪘단다. 왜냐하면 나에게 잘 맞는 활동을 하고 있기 때문이지."라고 적었다. 그리고 자신이 묵고 있는 호텔 바로 옆에 한 미국 여성이 운영하는 레스토랑이 하나 있는데, 그 식당은 '물자공급이 잘 되는' 곳이라 상조하면서 거길 가면 '융숭한' 대접을 받는다고도 적었다. 태평스레 다음과 같은 말도 덧붙였다. "매일같이 나는 파리에 남은 걸 자찬한단다. 아마 여길 떴더라면 다시금 내 존재를 확고히하고 개인적으로 겪은 재난에서 재기할 가장 훌륭한 기회를 놓쳤을테니 말이다."

파리 포위전이 이어지는 내내 뒤낭은 '이루 말할 수 없을 정도로 바빴다'고 한다. 그가 새로 설립한 공제조합은 〈파리 시민에게 호소한다〉는 제목의 14쪽 짜리 소책자를 10만 부 인쇄 배포하였다. 분명 뒤낭 본인이 대부분의 내용을 집필하였을 것이고, 시민들에게 '패배한 적군이나 부상병, 포로들에게 자비와 존중'을 보여달라고 읍소하는 내용을 담았다. 새로운 이사회는 부상병들을 위해 사용할 붕대 수천 상자를 주문하기로 의결하였다. 이는 분명 주문이 의결되는 그 순간에도 테부 거리에 위치한 제작소에서 뒤낭과 친구 셰롱, 약사 시레크가 있는 힘껏 제작하고 있었을 바로 그 붕대였을 것이다.

한편 무아니에는 전쟁 포로 논의를 위한 행보를 이어갔다. 11월 12일 스위스 바젤에서는 전쟁 포로 구호 국제위원회가 결성되었다. 적십자와의 혈연 관계를 증명하듯 이 위원회의 표장은 하얀 바탕에 초록색 십자가를 쓰는 걸로 결정되었다. 이 위원회는 전쟁 포로들에게 구호 용품과 생필품을 배포하는 일뿐 아니라, 가족들이 보내오는 서신과 돈을 이들에게 무사히 배달하는 역할을 맡았다.

국경 너머에서 뒤낭이 무아니에의 이러한 행보를 몰랐을 리 없다. 10월 17일 뒤낭은 프랑스 부상병구호협회와 매우 밀접하면서도 호의적인 관계에 있는 새로운 단체를 설립했노라고 자랑했다. 여동생 마리에게 보낸 편지에 뒤낭은 "나는 전쟁 포로를 위한 위원회를 창립했단다. 회장직은 내가 맡았지."라고 적었다. 12월 초에는 마리에게 공제조합의 활동은 '전쟁의 피해자들을 구하고 전쟁 중인 나라 양쪽의 전쟁 포로를 모두 보호하는 등등의 일을 하는 것'이라 설명하였다. 뒤낭의 그러한 말들은 허세가 아니었다. 실제로 프랑스 정부의 전쟁장관에게 독일군 전쟁 포로들을 방문할 수 있도록 허가해 달라는 요청을 한 바 있었다. 다만 단호한 답장이 신속하게 도착했다. "현재 상황에서는 귀하에게 그러한 승인을 절대 내드릴 수 없습니다."라는 게 외무부 담당자의 답변이었다.

무아니에가 세운 녹십자는 평온하게도 가던 길을 갈 수 있었다. 녹십자는 파리와의 끈질긴 경쟁 관계에 신경 쓸 필요가 없었다. 뒤낭은 자기가 원하든 원하지 않든 전쟁 포로보다는 부상병을 보호하는 문제의 주요 인사였기 때문이다. 그 지위 덕에 사람들의 부름을 받아왔고, 특히 당시로서는 이를 통해 무시하기 어려운 몇 가지 이득이 있었다.

"파리가 포위된 상태란 것을 믿기 어려울 정도였다. 나는 여기저기 만찬에 자주 초대를 받았다. 자택에 임시 진료소를 설치해 둔 부인들께서 저마다 부상병을 확보하기 위해 (이건 어렵지 않은 일이었다) 그리고 이런저런 다른 일로 내 환심을 사려 했다."

12월 3일에 전쟁 발발 이후 처음으로 전쟁 피해자들과의 직접적으로 접촉한 이야기를 뒤낭이 기록해 두었다.

"센느 강에서는 선박들로 그리고 지상에서는 인력을 동원해서 수송한 수많은 부상병들로 인해 지난 3일간 놀라운 시간을 보냈다. 나는 특히 독일과 프로이센의 부상병과 전쟁 포로들이 신경 쓰였고, 그들이 가능하다면 바람직한 치료를 받게끔 조치해 주었다."

이제 중요한 인사 대접을 받는 순간이 찾아온 것이다.

가차없는 겨울

그 어느 해보다도 매서운 겨울이 찾아왔다. 전시 겨울답게 매서운 추위였다. 파리의 여론은 어수선했다. 공제조합에서는 징집된 시민들의 위생 복지를 살피는 일을 사명으로 했으므로, 뒤낭은 이제 '겨울옷 위원회'를 만들어 최전선에 나가 있는 병사들을 위해 양말과 조끼, 셔츠와 담요를 잔뜩 수집하는 일을 담당하도록 하였다. 이는 즉각 대성공을 거뒀다. 호텔 주인 리브 씨가 공제조합을 위해서 기꺼이 내어준 호텔 로비 공간에는 엄청난 양의 옷가지가 밀려들어 왔다. 곧 옷가지를 내려놓고 분류할 공간조차 부족해졌다. 이 겨울옷 위원회를 만들면서 역시나 위원회장 감투를 자청한 뒤낭은 과거 황실에서 사용하던 건물을 하나 찾아냈다. 뒤낭은 자신의 인맥을 총동원한 끝에 튈르리궁의 정자를 마주보는 리볼리가에 있는 그 건물 사용권을 얻어냈다.

전시 겨울 동안 뒤낭이 따뜻한 옷가지에 집착한 까닭은 단지 병사들을 생각해서만은 아니었다. 이 당시 그가 주고받은 서신들을 살펴보면 지속적으로 후회와 회한, 그리고 집요하게 그의 머릿속에 떠오르는 생각이 있었다. 지난봄 동생 다니엘이 어찌나 급하게 파리를 떠났던지 다니엘 가족의 겨울 옷가지들이 그대로 파리에 남아 있다는 사실이었다. 다니엘이 떠난 후 프랑스가 전쟁에 돌입한 탓에 동생이 돌아와서 물건을 챙겨가지도 못했다. 그 사실 때문에 앙리는 정말로 괴로워했다. 어떤 눈으로 바라보아도 동생 가족이 황급히 남기고 간 짐은 국제보편도서관 일에 다니엘을 끌어들인 끝에, 또 한 번 동생이 쓰라린 파탄과 곤궁 속에 제네바로 돌아간 사실을 연상시킬 따름이었다. 실로 믿을 만한 사람이 못되는 맏형 앙리가 상상한 노다지 탓에 동생 다니엘은 재차 파산을 면치 못하게 되었다. 뒤낭이 다른 동생들, 즉 피에르나 마리에게 보낸 이 당시 편지에 도저히 다니엘의 가족에게로 보내줄 방법이 없는 이 '겨울 옷가지' 이야기를 거의 매번 꺼냈다. 이제 온 파리가 칭송하는 사람이 된 뒤낭은 "지금 내가 하는 일 때문에 모두가 나에게 칭찬을 해주어도 그 상황으로 인해 나는 기쁘지가 않구나." 하고 고백했다. 이는 다니엘 가족의 겨울옷 문제 때문에 뒤낭이 진심으로 괴로워 했음을 보여준다. 당연한 일이긴 하지만, 수천 명의 병사들에게 따뜻한 옷을 보내준다고 해도, 자기 친동생과 제수씨 그리고 어린 조카딸들이 겨울옷 없이 지내는 신세가 되게 했다는 사실 때문에 위안이 되지는 않았으리라. 이로 인해 다니엘과 앙리의 사이는 완전히 틀어졌을까? 시련이 몰려와도 언제나 굳게 결속된 모습을 보여준 뒤낭 가문에서 그런 일이 있었을 리는 없다. 다만 이두 형제 사이가 냉전 상태였던 건 분명하다. 여동생 마리와 다른 남동생 피에르에게 꼬박꼬박 편지를 보내면서도, 그는 다니엘에게는 단 한 통의 편지도 보낸 흔적이 없다. 딱 한 번, 1871년 2월 피에르에게 보낸 편지에서 뒤낭은 새로운 일자리에 관해 막내 동생 다니엘에게 자기가 편지를 보냈노라고 언급한 적이 있다. 그러던 중에 이 불쌍한 막내에게 다시 비극이 닥쳤다. 단연코 앙리만큼이나 다니엘에게도 행운의 여신이 미소를 띠지 않았던 듯하다.

동생 다니엘과 제수씨와 조카들 그리고 포위전을 견뎌내고 있는 군인들이나 절대다수의 파리 시민들과는 다르게, 뒤낭 본인은 리브 씨와 부인의 지극한 돌봄 덕에 1870년과 71년 사이 겨울의 매서운 추위에 전혀 시달리지 않은 것으로 보인다. 프랑스군이 전투 자체보다도 동상과 폐렴으로 인해 더 큰 피해를 입고 있는 상황이었음에도, 그는 심지어 여동생 마리에게 1871년 초에 보낸 편지에서 "내가 이렇게 건강해 본 적이 없다."며 기뻐하기까지 했다. 그와 동시에 뒤낭은 마치 지나가는 일화를 소개하듯 파리가 포위된 이후로 발발한 기근 사태를 언급했다. 그러면서 1870년 12월부터 벌써 한 마리당 2~3프랑 정도로 쥐고기 가격이 올라가기 시작한 반면에 파리 최고급 식당들에서는 파리 식물원이나 불로뉴의 순화원에서 가져온 이국의 동물 고기를 선보인다는 이야기를 적기도 했다.

뒤낭은 정말로 배를 곯았을까? 회고록에 파리의 기근에 대한 기록을 남기긴 했지만, 당시에 주고받은 서신을 보면 뒤낭은 단 한 번도 그것을 직접 겪고 있다고 언급한 적이 없다. 그것은 가족이 걱정하지 않기를 바라는 마음에서 그랬을 수 있다. 바로 그 이유로 그는 프로이센-프랑스 전쟁 시작부터 끝까지 가족에게 보낸 편지에 자신이 호의호식하며 잘 지낸다고 말했을지도 모른다. 반면에 오랜 세월이 지난 후 뒤낭은 회고록에 적기를, 열과 성을 다했지만 사실 자원봉사로 공제조합 일을 하던 당시, 전쟁 기간 내내, 파리 '친구들'이 자신을 빈곤한 상태로 방치했다면서 원한 가득한 태도로 불평을 남겼다. 아무리 분주히 돌아다니고 전단 인쇄를 책임지고 붕대 구매 계약을 (본인과 동업자들에게 갈 계약이지만, 쉿, 조용히!) 마무리해서 필요한 곳에 붕대를 보내고 또 겨울옷을 수집, 분류하고 분배하는 일을 했어도, 자신이 금전적으로는 전혀 보상을 받지 못했다는 이야기였다. 심지어 공제조합 이사회가 의욕적으로 사들여 널리 배포한 덕에 병사들이 고마워했다고 알려진 수천 개의 붕대도 알고 보면 대금 지불이 되지 않았다고 한다. 이사회 그 누구도 알면 안 될 일이지만, 심지어 뒤낭이 그 거래에서 커미션까지 챙길 생각이었는데 말이다. 파리의 그 모든 귀족과 자선가들이 뒤낭을 애지중지하는 듯했고, 찬사를 보내주며 그의 열정을 존경하고, 또 그에게 감사하는 마음을 가졌다고 해도, 뭔가 실질적인 방식으로 뒤낭에게 감사 표시를 한 사람은 정말이지 단 한 명도 없었던 모양이다. 수 해가 지난 후에도 그 시기를 곱씹는 뒤낭의 말투에는 쓰라림이 묻어났다.

"3년 반 동안 나는 파리에서 칠흑과 같은 절망에 빠져 있었는데도, 그 3년 반 내내 이사회 전체가 내 빈궁한 상태를 모르는 척했다. 그리고 이들은 심지어 전쟁 중 사람들로 넘쳐나는 여기저기 사무실이 있었음에도 어딘가에 작은 직책 하나 마련해 줄 생각조차 하지 않았다!"[H5]

저자 주석 H5: 가뉴뱅이 펴낸 『회고록』, 262쪽.

파리의 포위가 풀리면 친구들이 현실 세계로 돌아와 마침내 도덕적으로나 물질적으로 자신에게 얼마나 큰 빚을 지고 있는지를 깨달을 거라고 뒤낭은 굳게 믿었다. 허나 그 환상은 이내 깨졌다. 공제조합 회원들은 파리를 떠날 방도도 없고 시간을 떼울 만한 활동도 딱히 없었으므로, 빌레베크 광장에 있는 호텔 로비에서 가상한 활동을 벌인 게 사실이다. 그러던 중에 1871년 1월 말 프로이센과 휴전이 선언되면서 파리 봉쇄가 드디어 풀렸다. 소책자 10만 부를 배포하자고, 붕대 몇천 상자를 구매하자고, 최전선에 따뜻한 겨울옷을 보내자고 결의하던 열성 가득한 조합원들이 하나하나 뒤도 돌아보지 않은 채 자취를 감추면서 공제조합은 외상 8,000프랑만을 남겼다. 이 사실은 20년이 지난 후에도 뒤낭이 여전히 참기 힘들어 한 일이었다.

"공제조합의 멤버들은 포위전 내내 그토록 열성적이었다. 하지만 포위가 풀리고 어수선한 상황이 이어지자 이들은 그 틈을 타서 아무 말도 없이 사라지더니 다시는 나타나지 않았다. 나만 혼자 책임자로 남겨졌다. 이들은 연대 의식이 있던 사람들이었다. 그때 나는 개인적으로 1867년에 모든 것을 잃고 철저한 빈궁에 빠져 있던 시기였다. 공제조합에는 다양한 의견을 가진 이들이 모여 있었고, 모두 재산가들이었다. 이들 중에는 매우 부유한 파리 상인들도 있었다. 내 개인적인 이야기를 하자면, 조합 일을 통해 내가 득을 볼 일은 아무것도 없었다. 고생만 하고 환멸만 느꼈다. (중략) 이 일은 나에게 그 직전 3년 반 동안의 고생에 추가된 새로운 고통에 불

과했다. 최악으로 비통한 번민을 겪은 사실 외에 내가 얻은 것이라고는 중상모략의
대상이 되었다는 점과, 내게 새롭게 적의를 품은 이들이 생겼다는 것 뿐이다."[H6]

저자 주석 H6: 가뉴뱅이 펴낸 『회고록』, 260쪽.

새로운 친구

1870년 9월 창립 이후 공제조합은 변화를 겪었다. 1871년 초에 뒤낭은 회장직을
내어 주고, 그때부터 플라비니 백작과 함께 명예 회장이 되었다. 이와 함께 명망가
출신 사람들 여럿이 새롭게 '부회장'으로 승격되었다. 뒤낭은 파리 저명 인사들과
의 인맥을 뽐내서 제네바에 있는 가족들을 감탄시키는 것을 즐겼던지라, 2월 5일
자로 피에르에게 보낸 편지에 그들의 이름을 하나하나 짚어가며 설명해 주었다. 이
때 소개된 새로운 인물들 중 제일 먼저 언급된 사람이 레날 드 슈아즐 백작이었다.
이때 처음으로 그의 이름이 뒤낭의 서신에 등장했다. 뒤낭과 슈아즐 백작은 아마
도 부상병들을 위한 활동을 하는 과정에서 처음으로 만나 인사를 나누었으리라 추
측된다. 구호 협회의 회원인 세뤼리에 백작과 보포르 백작에 대해서는 피에르에게
'명예 회원'이라 언급했고, 다른 백작 두 명이 간사로 선임되었다고 전했다.

회원들이 변한 것처럼 '전쟁 중 시민들을 위한 공제조합'이라는 정식 명칭도 설립
자의 기분이나 상황에 맞게 몇 차례 수정을 거쳤다. 징집된 시민이라는 표현을 포
함했다 제외되기도 하고, 어떤 때는 '보편협회'나 '국제협회'라고 불리다가, 1871년
초부터 단순히 '보편 공제조합'으로 명칭이 바뀌었다.

이 단체에 속한 고매한 인물들은 뒤낭이 처한 빈궁한 상태를 여전히 알아차리지 못
했다. 그러면서도 그들은 심히 개인적인 온갖 종류의 대의를 위해 뒤낭의 개입을
요청하기를 서슴지 않았다. 1871년 3월 플라비니 백작은 뒤낭에게 중상을 입은 두
명의 의용병을 구하는 일을 도와달라고 부탁했다. 퐁텐블로 임시 치료소에서 치료
받고 있지만 프로이센군은 그들이 회복되는 즉시 총살형에 처하겠다고 위협하고
있었다.

"제발 부탁드립니다. 베르사유로 가셔서 플레스 공[10]을 만나 주십시오. 그분은 독일

10 프로이센 왕국으로 편입된 슐레지엔 지역 중 한 곳이다. 19세기에 플레스 공국의 지배권을 차지한 호호베르크 백
    작 가문은 광산을 소유하고 있어 매우 부유했고, 여기서 언급하는 플레스 공은 프로이센의 기병대 장성으로 프로이
    센-프랑스전쟁에 참전했던 한스 하인리히 폰 호호베르크 백작(1833~1907)을 의미한다.

의 부상병구호협회를 주관하는 분이니 뒤낭 씨의 말씀은 들을 겁니다!"

뒤낭은 플라비니를 안심시키려 노력했지만 헛수고였다. 프랑스 적십자 회장인 플라비니 백작은, 비록 자기가 직접 나설 생각은 전혀 없더라도, 이 두 병사의 구제가 자신의 의무라고 믿었다. 주위 사람들의 비위를 맞추는 데 항상 신경을 쓰던 뒤낭은 승낙을 하고 베르사유로 가기로 했다. 허나 플라비니가 부여한 임무를 제대로 수행하기 위해서는 파리 포위 기간 동안 알게 된 로잔 출신의 자산가 베르데이 씨로부터 돈을 빌려달라고 부탁해야만 했다. 이번에도 플라비니는 뒤낭의 재정 상황과 베르사유를 다녀올 여비라는 부수적인 사항을 깜빡 잊어버린 척해버렸다. 반면에 베르데이 씨는 관대하기 이를 데 없었다. 그가 건넨 기부금 덕에 뒤낭은 우선 모튼 양에게 선금을 상환할 수 있었다. 모튼 양은 마들렌 근처에서 작은 식당을 운영하는 친절한 미국 여성으로, 벌써 석 달 동안이나 뒤낭이 외상으로 식사를 할 수 있게 해주었다. 그러고 나서 뒤낭은 베르사유로 떠났다. 독일군의 전선을 통과해야 한다는 점으로 인해 상당히 여러 장애물이 존재하는 여정이었다. 그는 일단 플레스공으로부터 플라비니가 말한 두 부상병의 목숨을 구해 주겠다는 약속을 얻어냈다. 당일 밤에 파리 복귀가 불가능해지자 뒤낭은 레제르부아르 호텔에서 하룻밤 묵어 가기로 했는데, 물론 이 호텔에는 물론 주변을 점령한 프로이센군이 가득했다. 놀랄 일도 아니긴 하지만, 뒤낭은 그 호텔에서 옛 지인을 맞닥뜨렸다. 프로이센 부상병구호협회에 속한 그 지인은 커피나 한 잔 하자면서 뒤낭을 사방이 트인 작은 휴게실로 초대하였다. 운 나쁘게도 뒤낭을 환대한 이 사람은 비스마르크의 제1서기관이기도 했다. 그로 인해 이날 이후로 뒤낭은 프랑스인들 사이에서 프로이센 스파이 취급을 받게 된다.

이토록 난처한 소문이 도는데도 뒤낭은 마치 소문을 일부러 가중시키려는 듯, 그 이후로도 베르사유를 여러 번 재방문했다. 이번엔 슈아즐 백작이 부탁한 일 때문이었다. 함께 공제조합 회원이기도 하고 뒤낭과 충분히 친했기에 그런 류의 도움을 요청했겠지만, 슈와즐 백작 역시 플라비니 백작처럼 프로이센인들에게 사정을 알리고 선처를 요청해 달라는 부탁을 해왔다. 그 내용인즉슨 나폴레옹 3세 내각에서 장관이었고 나중까지도 제국 옹호론자였던 외젠 루에르의 별장이 약탈되지 않도록 해달라는 청탁이었다. 자기가 직접 알지도 못하는 데다 도피 중인 루에르를 위한 이런 부탁을 뒤낭은 대체 왜 들어주었을까? 다른 상황에 있었을 때 언제나 자신에게 잘 해주던 프로이센 사람들과 시간을 보내는 게 좋아서였을까? 자기에게 부탁을 해오는 젊고 매력적인 청년 백작의 환심을 사기 위해서였을까? 뒤낭은 슈아즐 백작의 그런 부탁을 들어준 이유에 대해서 설명을 남기지 않았다. 더욱 흥미로운 점은 슈아즐 백작은 뒤낭에게 청탁을 하면서 별장에 남아 있는 '루에르 백작의 조상들'의 초상화를 구할 생각에 기뻐했다는 기록이다. 가당키나 한 지 몰라도 귀족 혈통인 슈아즐 가문 출신 백작이 오베르뉴 지방 검사 가문에 불과한 루에르 가문의 유산을 구하는 일에 관심 있는 양 행동했다는 이야기다.

뒤낭이 가장 잘 간직한 비밀 중 하나는 바로 자신이 취한 행동에 대한 진정한 동기가 무엇인지 하는 부분이다. 도저히 이해가 가지 않지만 어쨌든 뒤낭은 자신과 아무 상관 없는 루에르 가문의 추억을 구하기 위해 대단히 애를 썼다. 파리는 포위 중이요, 프로이센-프랑스 전쟁도 한창일 때, 그는 전선을 넘어 야간에 베르사유로 향했고, 비스마르크가 차지한 프로방스 거리 14번지 저택을 찾아갔다. 바로 옆 방에서 쩌렁쩌렁한 비스마르크의 목소리가 들리는 가운데 뒤낭은 비스마르크의 개인 비서에게 모든 상황을 설명했다.

이런 행동의 대가는 즉각 찾아왔다. 몇 분 뒤 저택의 정원을 나오고 있을 때 뒤낭은 잠행하는 듯한 그림자를 느꼈다. 하지만 뒤낭이 지나가자 그 그림자는 재빨리 사라졌다. 회고록에 따르면 이날 이후로 그 그림자는 그를 평생 쫓아다녔다고 한다. 파리나 로마, 이어 런던에서, 또 알자스와 심지어 슈투트가르트에서도 나타났다고 한다. 뒤낭이 숨을 거두는 순간까지 이 그림자는 그의 삶을 망쳐놓은 요인이 되었다. 어디나 그를 따라다닌 그림자는 바로 이날 시작되었다. 알지도 못하는 몰락한 한 장군 가문의 추억을 지켜주기 위해 프로이센군 본부를 찾아가는 말도 안되는 짓을 한 날이었다. 하지만 뒤낭 씨, 친애하는 뒤낭 씨, 대체 왜 그런 고생스런 일을 하러 가신 겁니까? 뒤낭의 회고록은 아무 설명도 해주지 않는다.

도무지 알 수 없는 부주의한 행동은 거기서 그치지 않았다. 뒤낭은 또 다른 청원을 들어주기 위해 같은 일을 반복했다. 위의 사건이 있은 지 몇 주 후, 그러니까 파리 코뮌[11]이 정점에 달했을 때였다. 나폴레옹파 귀족의 절반이 그랬듯이 런던으로 피난을 가 있던 레날 드 슈아즐 백작이 재차 부탁을 해왔다. 이번에 비하면 백작의 지난번 부탁은 가벼운 산책이나 다녀오는 수준으로 느껴질 정도였다. 뒤낭의 이번 임무는 웨일스 공[12]으로부터 온 서신들이 들어있는 갈리페 장군[13]의 금고 회수였다. 그

---

11 프로이센군이 물러간 후, 파리 시민들이 세운 자치 정부(1871년 3월 18일부터 5월 28일까지 존속).

12 영국의 왕세자를 일컫는 표현. 당시 웨일스공은 빅토리아 여왕의 장남이자 1901년 에드워드 7세로 왕위에 오른 에드워드 앨버트였다.

13 가스통 드 갈리페 후작은 '파리 코뮌의 총살 집행자'라는 별명이 붙었을 정도로 가혹한 처벌을 가했던 프랑스 장군이다. 나폴레옹 3세 통치 하에서 알제리, 멕시코 등으로 원정을 갔고, 프로이센-프랑스 전쟁에서는 패하기는 했지만 용맹함으로 프로이센 국왕의 감탄을 사기도 했다고 전해진다.

금고가 현재 파리 코뮌 주동자들 손에 들어가 있고, 이들이 그 서신들에 적힌 내용을 세상에 알리려 하는데, 분명 내용을 각색할 게 뻔하고, 이런 상황을 영국 왕실이 매우 불편해한다는 것이 금고 회수의 이유였다! 런던에 피신한 외제니 황후로부터 재촉을 받은 슈아즐이 뒤낭에게 편지로 요청을 해 왔고, 뒤낭은 다시금 주어진 임무를 성공적으로 수행하였다. 갈리페 장군의 금고를 직접 회수한 건 아니었다. 허나 공제조합 부회장인 뒤틸 들 라 튀크 남작의 손자가 결정적이고 위험한 일을 감행해 준 덕에 웨일스 공의 편지가 공표되는 사태를 지연시킬 수 있었다. 이후 근본적인 문제점은 저절로 해결되어 버렸다. 코뮌 주동자들이 재무부 건물을 방화하면서 거기에 보관해 둔 갈리페 장군의 금고도 소실되었기 때문이다.

이 사건에 대해서도 같은 질문을 하게 된다. 뒤낭은 무슨 의도로 위험을 무릅쓴 것일까? 아니, 남작의 손자라는 제3자에게 위험을 짊어지게 만들었다는 점이 더 나쁘다. 이 금고 회수 사건에 대한 이야기 외에도, 회고록에 두 차례에 걸쳐 갈리페 장군이 파리 코뮌 진압 당시 죄수들을 놀랄 만큼 잔인하게 취급했다고 주장한 것처럼, 뒤낭이 그를 그다지 높이 평가한 것도 아니었다. 웨일스 공, 망명 중인 황후, 또 자신의 지인 귀족들, 그리고 그들의 대변인 역할을 하고 있는 레날 드 슈아즐에 대해 모순적일 만큼 부조리하며 무한한 헌신이 상식에서 벗어난다는 사실을 본인은 왜 알지 못했을까? 사실 관계를 밝히는 데 그토록 할 말이 많았던 뒤낭의 회고록은 이 문제를 둘러싸고 참으로 불분명한 자신의 행동 동기에 대해서 다시 한 번 침묵하고 있다.

당시 호사가들은 뒤낭이 비이성적으로 영웅 행세를 한 이유가 아마도 이 레날 드 슈아즐 백작 때문일 거라고 입방아를 찧었다. 눈부시게 잘생긴 이 서른 살 청년은 슈아즐 프랄랭 공작의 막내아들로 태어났다. 공작은 1847년 부인을 살해하고 며칠 후 자신도 스스로 목숨을 끊음으로써 7월 왕정 시대 장안의 화젯거리가 되었던 인물이다. 공작 부부의 아홉째이자 막내 자식인 레날은 사건 당시 여덟 살밖에 되지 않았다. 이렇게 어린 나이에 유명세를 타버렸음에도 레날은 사람들의 입에 오르내리는 것을 상당히 즐겼다. 여장과 연극 애호가였던 그는 튈르리궁에서 열린 한 무도회에서 선풍을 일으킨 적이 있는데, 이 사건을 카레트 부인[14]은 자신의 회고록 『튈르리궁의 내밀한 기억』에서 다음과 같이 기록했다.

---

14 흔히 '카레트 부인'이라 불리는 아멜리 카레트(Amélie Carette 1839~1926)는 부유한 정치가 장 카레트의 부인으로 외제니 황후의 총애를 받은 황후의 여관(女官)이었다. 보통 출퇴근 방식으로 일하던 여관들과 달리 튈르리궁에서 거주하며 황후의 시중을 들었다.

"레날 드 슈아즐 백작은 한 무도회에서 모두의 고개를 돌리게 했다. 우아한 도미노 의상[15]을 여성적인 매력이 넘치게 차려 입었기에 그 사람이 여성이 아닐 것이라고 는 아무도 상상조차 하지 못했다. 모두가 한참 동안 이 재치있고 대담한 여성이 누 구일지 궁금해 했다. 심지어 그가 다량 배포한 가면을 쓰고 찍은 사진에서도 속임 수를 알아채기는 불가능했다."[H7]

저자 주석 H7: 아멜리 부베로 태어난 카레트 부인의 책, 『튈르리궁의 내밀한 기 억』, 폴 올렌도르프 출판사, 1889, 파리. 1권. 232쪽.

카레트 부인이 언급하는 문제의 사진은 지금도 엽서 수집가들 사이에서 찾아볼 수 있는데, 정말 혼란스러울 정도로 성별을 가늠하기 어려운 게 사실이다. 백작에 대 해 언급하는 당대의 다른 몇 가지 문서에서도, 깃털 달린 도미노 의상을 입고 장밋 빛 타프타 원단으로 만든 자그마한 양산을 든 모습에 선남선녀들을 졸도시킬 정도 의 미모를 뽐낸 인물로 묘사되고 있다. 뒤낭의 긴 독신 생활, 남성들만의 세계에 대 한 매혹, 걱정스러울 정도로 어머니에게 애착을 보이는 점, 여성들과의 연애담을 스스로 자신이 인정한 사실이 없다는 점 등으로 인해 이미 지난 1세기 동안 역사가 들은 한 가지 가설을 반복적으로 내세웠다. 그러한 추측이 없다면 레날 드 슈아즐 에 대한 뒤낭의 극진한 친절은 상당히 놀랄 일로 다가왔을 것이다. 뒤낭은 1870년 과 1871년 사이에 슈아즐이 "나를 헌신적으로 보좌한 사실에 대해서는 그 어떤 칭 송을 해도 모자라다."[H8]고 말했지만, 슈아즐도 뒤낭을 이용해서 뒤낭과 제3자들까 지도 위험을 무릅쓰게 한 끝에, 결국 슈아즐 본인이 원하는 바를 이룬 것 또한 사실 이다.

저자 주석 H8: 1871년 3월 15일에 마리 뒤낭에게 보낸 편지.

뒤낭은 마치 그저 스쳐지나간 인연인 양 추후의 기록에 일절 슈아즐 백작을 언급 하지 않았다. 명사들부터 소박한 사람들까지 매우 다양한 이들과 서신을 교환했고, 그러한 기록을 광적일 정도로 잘 보관했던 뒤낭이지만, 슈아즐 백작으로부터 온 서 신은 단 한 장도 남아있지 않다. 하다못해 갈리페 장군의 금고에 대해서라도 백작 이 런던에 있는 동안 교환한 서신이 있을 법하지만, 백작에게 보냈을 뒤낭 본인의 편지 사본이나 백작을 언급하는 다른 편지들조차 찾아볼 수 없다. 나중에 카스트네 르 부인의 경우와 마찬가지로 레날 드 슈아즐의 흔적은 — '어떻게 칭송해도 모자 랄 정도로' 뒤낭을 잘 보좌했음에도 불구하고 — 뒤낭이 보관한 방대한 문서록에 일체 남아있지 않다. 그러니 더 언급할 일이 아니지만, 그렇다고 해서 언급하지 않 을 수 없기도 하다.

15 두건이 달린 가장무도회 의상이다.

파리 코뮌

파리가 포위에서 풀리자 파리 시민들은 차분해지기는커녕 오히려 격앙되었다. 프로이센군에 용감하게 저항했던 시민들이 휴전협정을 치욕스러운 항복으로 여겼기 때문이다. 1871년 2월 8일 의회 선거는 농촌과 가톨릭교회 중심의 보수적인 프랑스 전역과 '붉은' 성향의 공화주의적인 수도 파리 사이의 간극을 더욱 벌려놓았다. 새롭게 선출된 의원들은 대다수가 왕정복고주의자들로, 연로한 아돌프 티에르를 내각의 수반으로 추대하고는 일련의 인기 없는 정책을 추진하였다. 그중에는 파리 포위 기간 동안 국민방위대[16]에게 허용된 얼마 되지도 않는 봉급을 폐지하겠다는 조항이 있었다. 문제는 이 국민방위대가 마침 정부의 통제를 벗어나고 있었다는 점이다. 국민방위대 대부분의 중대 및 대대는 연맹으로 재편성한 상태였고, 이내 국제노동자협회가 가담하였다. 여기에 역시나 동요하고 있던 파리시 20개구 위원회들도 규합했다. 우선은 위협받고 있는 공화국 체제를 무슨 수를 써서라도 수호하기 위해 연합한 이들의 '연맹'은 불꽃 하나만 튀면 바로 폭발할 기세였다. 점점 더 세력을 키워가는 이 '연맹'과 연맹의 '중앙위원회'가 가진 권력을 우려한 나머지 아돌프 티에르는 3월 17일 밤 몽마르트르 언덕으로 정부군을 파견하여 국민방위대가 보유하고 있던 대포들을 수거하려 시도하였다. 파리 동부와 북부 시민들이 누구 편인지는 이내 명백히 드러났다. 바로 이날 저녁의 사건이 파리 코뮌의 기폭제였다. 대다수 시민의 지원 덕에 연맹의 중앙위원회는 파리 시청을 점거할 수 있었다. 티에르 내각은 베르사유로 도피하였으며, 그 과정에서 파리 시민 10만 명도 공포에 떨며 파리를 떠났다.

혁명을 일으킬 법한 이러한 요인들이 뒤낭의 주 활동 무대인 '문명화된' 사교계 사람들에게는 분명 별로 맘에 들지 않았다. 공제조합이나 부상병 구호위원회나 마찬가지로 하룻밤 사이에 회원들이 파리를 떠나고 가장 굳건한 지주 같은 인물들 몇 명만 남았다. 자녀들과 손주들이 이미 피신했음에도 플라비니 백작과 부인은 '그들의 고매한 지위가 요구하는 의무를 다하고자 했다'고 뒤낭은 기록했다. 그렇기에 공제조합의 이사회는 어찌되었든 파리의 포위가 풀린 후에도 여전히 뒤낭의 거처였던 리브 씨의 호텔에서 회합을 이어갈 수 있었다.[H9]

저자 주석 H9: 별도의 언급이 없다면 코뮌 당시의 이야기는 모두 뒤낭의 『회고록』

---

16 1789년 대혁명 발생 당일 이후로, 자발적으로 치안 유지를 위해 조직된 시민 의용군. 이미 15세기 이후로 신체적 안전과 재산 보호를 위해 존재한 부르주아 계층의 민병대 조직을 전신으로 한다. 프로이센-프랑스 전쟁 직후 프랑스의 티에르 정부의 대응에 반대하던 파리 시민들이 국민 방위대를 중심으로 파리 코뮌 자치 정부를 선포했다. 국민방위대는 파리 코뮌 직후인 1872년 해산되었다가 프랑스 정부가 같은 이름Garde natioanle으로 2016년 부활시켰다.

코뮌이 파리를 장악하자, 뒤낭은 동생 피에르에게 쓴 편지에 이미 몇 주 전부터 내전이 임박했다고 자신이 예고했건만, 공제조합 이사회는 고집스레 그러한 가능성을 부인했다고 개탄하였다. 뒤낭의 말에 따르면 오직 레날 드 슈아즐 백작만이 자신과 의견을 같이했다고 한다. 국민방위대와 정부군이 첫 충돌을 일으키자마자 슈아즐은 심지어 '간호병'으로 입대했으며, 더 최근에는 코뮌 본부가 자리한 몽마르트르에 '포로가 되겠다고 자청'하고 나섰다. 또 하나의 영웅주의 행동이었지만, 회장 플라비니가 백작의 요청에 대해 거부권을 행사하여 수포로 돌아갔다. 그래도 젊은 레날은 몸소 현장을 찾아다녔다. 그는 뒤낭이 열 살만 젊었어도, 또 침대 밑에 숨겨둔 돈이 만 프랑만 있었어도 그렇게 했을 법한 행보를 보여주었다. 근거리에서 무슨 일이 벌어지고 있는지를 관찰할 수 있었던 슈아즐 백작은, 친구 뒤낭과 마찬가지로 당시 정세를 있는 그대로 평가하기를, 폭발 직전이라고 판단했다.

3월 23일 목요일이 되자 상황을 지나치게 낙관하던 공제조합 이사회는 이 두 흉조, 즉 뒤낭과 슈아즐의 상황 파악이 정확했음을 인정할 수밖에 없었다. 파리는 반란자들의 손에 들어갔다는 사실이었다. 아직 파리에 남아있던 회원들은 서민들로부터 점점 더 존경을 받고 있는 뒤낭에게 국민방위대의 중앙위원회를 방문하라고 끈질기게 부탁하였다. 이 중앙위원회는 며칠 후 코뮌평의회로 발전했다.

뒤낭은 회원들이 간청한 바를 실행에 옮겼다. 그는 3월 24일 파리를 장악한 새 정부를 찾아갔다. 한 쾌활한 근위병과 농담을 몇 마디 주고받고 나서 그는 위원회 대표자 한 명을 찾을 수 있었다. 뒤낭이 그를 '무슈'라고 호칭하자, 그는 '시민'이라 부르라고 과장되게 답하였다. 군대식 말투가 무슨 상관이랴! 이 대표자는 뒤낭이 누군지 알고 있었다. 바로 뒤낭이 기대하던 바였다. 국민방위대 측에서는 뒤낭의 과업과 그의 신원이 신성한 가치를 지닌다고 인정하였고, '만약 내전이 발생한다면' 어떻게 해야할지 그에게 조언을 구하겠노라 약속했다. 뒤낭은 매우 흡족해서 자리를 떴다. 플라비니 백작에게 이 만남의 내용을 보고하자 백작 또한 '매우 만족'했다고 한다.

봉기한 시민들에게 다녀온 사절 뒤낭 덕에 잠시나마 안심했지만 부상병구호협회 회장 플라비니의 평온은 오래가지 못했다. 국민방위대 위원회가 있었을 때도 그다지 안심되지는 않았지만, 코뮌평의회는 실로 백작에게 공포를 불러일으켰다. 4월 14일 플라비니 백작은 더 이상 가만있지 못할 지경에 이르렀다. 그는 부상병구호협회의 이사회를 소집하고는 "(파리 코뮌의) 전쟁 대표자 클뤼즈레 씨가 구호 협회를 해산하겠다는 결정을 내렸다."고 통보하였다.

정말 코뮌에서 그런 결정을 내렸던 것일까? 외교적 수완이 뛰어났던 뒤낭은 나중에 가서도 이때 상황을 언급하며 직접 사실관계를 수정하지는 않았다. 다만 이 '암울한 시기'에 구호 협회 사무총장이던 보포르 백작이 제출한 '놀라운 보고서'를 인용하는 데 그쳤다.

플라비니가 코뮌의 명령이랍시고 통보한 대로 협회를 '해산'하는 대신, 협회는 사실 회장 및 부회장과 갈라서는 게 더 적절하다는 판단을 했었다는 이야기를 이 '놀라운' 보고서는 역시나 놀랄 만큼 뱅뱅 돌려서 하고 있다. 다시 말하면 이러하다. 만약 파리가 화약고가 되어버린 순간 세뤼리에와 플라비니가 협회를 떠나겠다고 하면, 그런다고 협회가 붕괴되지는 않을 테니 협회는 '맘대로 하시죠'라고 반응할 것이라는 뜻이었다.

이후로 벌어진 상황을 살펴보면, 왜 플라비니 백작이 급하게 구호 협회를 해체하려 했는지를 더 잘 이해할 수 있다. 4월 14일의 침통한 회의가 있고 며칠 후 백작은 얼이 빠진 모습으로 아침 일찍 뒤낭이 묵고 있는 호텔을 찾았다. 유명 인사인지라 건드리지 못할 것이라 믿었던 샹젤리제 임시 진료소장 셰뉘 박사가 코뮌 정부에 의해 체포되었고, 믿을 만한 몇몇 친구들의 얘기에 따르면, '플라비니 자네가 다음 차례'라고 했다는 사연이었다. 신성 불가침의 역할로 여겨지던 백작의 구호 협회장 지위가 오히려 위험을 불러일으키게 되었고, 그는 바로 그런 이유로 며칠 전에 협회에 빗장을 걸어 잠그려 했던 것이다.

"뒤낭 씨가 나를 부상병 협회 일에 끌어들이지 않았습니까!" 플라비니는 이마에 땀이 송글송글 맺힌 채 말했다. "우리가 처한 상황이 이러하니 이제 저를 끌여들인 결과에 대해서도 책임을 져 주실 거라 믿습니다. 그러니 뒤낭 씨 댁에 피신해 있으려 합니다."

뒤낭은 불공평하게도 자신에게 책임을 전가하는 백작의 태도에 어안이 벙벙해졌다. 회장 지위가 가져다 주는 명예를 만끽하더니만 이제 와서 백작은 자신이 처한 위험을 뒤낭의 책임이라고 말하고 있었다! 뒤낭은 분한 마음을 감추고 이렇게 말했다.

"제 방은 마음대로 사용하셔도 좋습니다만, 제일 슬기로운 대책은 파리를 최대한 빨리 떠나는 방법 같습니다. 부인과 함께요. 외국 대사관 몇 군데에 아는 사람들이 꽤 있으니 그 사람들을 만나 보고 우방국 여권을 구해드리겠습니다."

뒤낭은 단 한 군데의 대사관도 찾아가지 않았다. 다만 자신은 부랴부랴 '어려운 시기에도 용감하게 파리에 남아있던' 친구 레날 드 슈아즐에게 달려갔다고 나중에 기록하였다. (슈아즐은 이 만남 직후 런던으로 건너갔고, 거기서 뒤낭에게 갈리페 장군의 금고와 관련된 부탁을 했던 것이다.) 뒤낭은 그 일이 어떻게 가능했는지는 상세히 설명하지 않은 채, 슈아즐이 '즉시' 이탈리아 대사관으로부터 소중한 여권 두 개를 발급받게끔 해주었다고 덧붙였다. 피난을 떠나는 백작 내외는 이제 이탈리아식으로 시뇨르와 시뇨라 플라비니가 되었다.

몇 시간 후 뒤낭은 사전에 약속해 둔 장소인 아스토르 거리에서 백작 부부을 만났다. 부인은 삯마차 맨 뒤에 가련한 모습으로 앉아 있었다. 지난번 만남 이후로 부인은 스무 살은 더 나이를 먹은 듯했다. 그녀는 폐장삭 공작의 영애로 부상병 구호위원회 창립자인 뒤낭을 맹목적으로 신뢰했다. 아버지가 초대 위원회장이었다가 지금은 남편이 회장직을 이어받지 않았던가. 이 불확실한 시기에 백작 부인이 그 누구를 신뢰할 수 있겠는가? 뒤낭은 공포에 떨며 자신에게 배은망덕하게 행동한 남편 플라비니 백작의 태도에 대한 보상이라도 되는 듯 백작 부인이 보여주는 이러한 독점적인 신뢰를 만끽했을 것이 분명하다.

세 사람은 삯마차를 타고 파리 북역으로 향했다. 이곳은 파리에서 유일하게 '자유'를 향해 떠날 수 있는 통로였다. 요컨대 프랑스 사람 플라비니Flavigny에서 이탈리아인 플라비니Flavigni가 된 백작 부부가 지금으로서는 자국민보다 선호하는 프로이센 점령 세력을 향해 떠날 수 있는 곳이라는 뜻이다. 대기실은 긴장된 침묵 속에 다음 기차를 기다리는 상류층 인사들로 득시글거렸다.

뒤낭이 이제 자기가 할 일은 했다고 생각하고는 백작 부부와 작별 인사를 하려는 순간이었다. 한 익숙한 실루엣이 무리를 헤집고 나와 그에게 달려들면서 주변 사람들의 무거운 침묵을 깨뜨렸다.

세뤼리에 백작이었다. 잔뜩 겁먹은 고요함이 이 희한한 대기실에 감도는 가운데 세뤼리에는 창백하고 초췌한 모습으로 "나에게는 여권을 구해 주지 않았잖소!"라고 화를 냈다. 그러더니 앙리와 플라비니 백작 내외를 동시에 경악시키는 다음의 발언을 했다. "클뤼즈레에게 분명히 말해 두시오! 내가 파리로 돌아올 거라고. 필요하면, 그가 원하면… 그렇소, 난 다시 돌아올 거요!"

클뤼즈레. 클뤼즈레? 대체 세뤼리에는 무슨 소리를 하는 것인가? 클뤼즈레는 파리 코뮌의 최강자이자 현재 파리에 군림 중인 장성이요, 이 대기실에 모여있는 모든 이의 절대 공포의 대상이고, 또 티에르 정부와 프로이센의 철천지 원수가 아니던가! 클뤼즈레는 뒤낭과 아무런 관계도 인연도 없었다. 가까이서든 멀리서든 스쳐 지난 적도 없는 클뤼즈레 이야기를 세뤼리에는 마치 그가 뒤낭의 사촌이라도 되는 양 내뱉고 있었다!

그러던 중에 어떤 움직임이 느껴졌다. 그렇다. 바로 그렇다. 기차가 도착했기 때문이었다. 이제 기차에 오를 시간이었다. 순식간에 대기실은 텅텅 비었고 세뤼리에도 다른 이들과 마찬가지로 급히 움직였다. 심지어 플라비니 내외보다도 재빨리 움직이느라 그는 하던 말을 다 마치지도 못했다. 뒤낭은 5분도 안되어 아무도 없는 역에 홀로 남게 되었다. 오직 기관차 호각에서 나는 길다란 새된 소리만이 들려왔다. 그는 그제서야 발길을 돌렸고 최대한 서민 구역을 피하면서 호텔로 걸어 돌아왔다.

강화협상

코뮌 때문에 상류층 인구의 9할은 파리를 떠났다 해도 뒤낭의 일상은 거의 변함이 없었다. 스위스 여권을 소지한 덕에 그는 내키는 대로 파리를 드나들 수 있었고, 사실상 뒤낭은 그런 지위를 마음껏 즐겼다. 그러면서도 항시 두 가지의 상반된 감정, 나아가 두 모순된 심사心思가 그를 밀고 당기기를 계속했다. 우선 한편으로 그가 가족들에게 보낸 편지에는 편파적인 태도가 분명하게 드러난다. 그는 프랑스인보다는 프로이센인을 높이 샀고, 봉기하는 파리 시민들보다는 '베르사유 사람들'을 선호했다. 1871년 4월 말쯤 그는 콩피에뉴에 가서 작센 왕국의 왕세자 알베르트를 알현하였고, 그에 대해 '이보다 더 품위 있을 수가 없는' 인물이었노라고 기록하였다. 뒤낭의 회고록을 보면, 기사도 정신에 입각해 전쟁을 치른 점, 제네바 협약의 원칙을 철저하게 지키고 부상병과 전쟁 포로를 그에 따라 대우한 점 등의 이유로 그가 독일인들에 대해 얼마나 한없이 감탄해 마지않았는지가 고스란히 드러난다. 반면에 "프랑스인과 파리 사람들은 무엇보다 그들이 겪어 마땅한 상황이 왔다고밖에 할 수가 없다. 왜냐하면 그들 사이에는 파리 포위 중에도 그리고 그 전에도 오직 이기

주의만이 팽배했기 때문이다. 이들은 독재를 당해 마땅하니, 그런 일이 생기면 난 기뻐할 것이다."라고 평가했다.[H10] 이어지는 편지마다 뒤낭은 파리라는 도시를 '바 빌론' 같다며 격하게 비난했다. 그는 이제 그 어느 편이든 파리 사람이라면 치를 떨 게 되었고, 유일하게 참아낼 수 있다고 느낀 파리 사람들조차 혁명이 발생할까 두 려워 이미 한참 전에 도피를 감행해 버린 상태였다.

저자 주석 H10: 1871년 4월 27일 마리 뒤낭에게 보낸 편지에서 발췌.

이와 동시에, 한편으로 프로이센인들을 특별히 편애함에도 불구하고, 다른 한편으 로 그 어떤 류의 민주주의자들에 대해서도 거부감을 느낌에도 불구하고, 뒤낭은 여 전히 자신의 역할이 구세주와도 같은 것이라 믿었다. 1871년 4월 27일 여동생에게 보낸 편지에 그는 "프랑스에 있는 모든 당사자들, 즉 독일인들과 티에르와 오를레 앙파 추종자들, 또 제국주의자들이나 파리 코뮌과 그 중앙위원회와 인터내셔널 등 등이 모두 나를 인류의 대표로, 그렇기에 신성 불가침한 존재로 대우해 주고 있단 다."라고 적었다. 5일 후 그는 행동을 개시했다. 여동생에게 보낸 또 다른 편지에 따 르면, 뒤낭은 프랑스에 있는 세 분파 즉 "작센 왕국의 왕세자가 대표하는 프로이센, 티에르가 대표하는 프랑스, 그리고 코뮌이 대표하는 파리에게, 나는 몇몇 전권 대 표들을 포함하고 나를 회장으로 하여 국제위원회를 구성하자고 제안했다."고 한다.

해당 위원회의 목적은 무엇이었나? 약 30만에서 40만 명의 부녀자와 노인을 파리 에서 나갈 수 있게 하여 그들의 목숨을 구하는 것이었다. 뒤낭은 엄숙한 어조로 동 생에게 "이들은 내 제안을 받아들였고, 이 계획은 조만간 실행에 옮겨질 가능성이 크지."고 적었다.

이렇게 미움 가득한 신랄함과 위대한 인도주의적 야심이 모순 속에 공존하는 가운 데, 또 하나 더 놀라운 공존을 하는 요소들이 있었다. 바로 뒤낭의 이상이 얼마나 높 으면서도 동시에 자기 이해관계를 놓치지 않는가 하는 점이다. 30만 명의 목숨을 구하는 소망을 이야기하고 나서 편지는 이렇게 이어졌다. "그렇게 해서 난 다니엘 가족의 물건을 전부, 조심스레 스위스까지 돌려보낼 방법을 찾아내려고 해."

자, 이렇게 겨울마다 찾아오는 뒤낭의 집착이 다시 수면 위로 떠올랐다. 여전히 고 통스러웠고 언제나처럼 강박과 착각을 동반한 집착이었다. "제네바에서는 아무것 도 알려져서는 안 된다. 나를 방해하기 위해서는 무슨 짓이라도 할테니 말이지. 뒤 틸 들 라 튀크 남작이 국가적 보상 차원에서 내가 50만 프랑을 받을 수 있게 청원을 해놓은 상황인데, 남작의 계획을 틀어놓으려 들게 뻔해."

뒤낭을 위해 남작이 인심 후하게도 중재 역할을 자청한 일도, 파리에서 부녀자와 노약자를 철수시키고자 한 계획도 실현되지는 못했다. 뒤낭은 그런 분위기를 상당히 금세 알아차린 듯하다. 왜냐하면 이후로 몇 주 간 남작이 공제조합 활동을 하는 동안 남작을 수행하는 것으로 만족했기 때문이다. 그가 주인공을 맡던 시대는 이미 끝났다.

5월 6일, 남작과 뒤낭 두 사람은 보포르 백작을 방문하러 갔다. 백작은 남다른 끈질긴 용기를 보여주며 파리에서 자기 자리를 지키고 있었다. 부상병구호협회가 부당하게 해체되고, 플라비니와 세뤼리에는 황급하게 피신한 직후, 보포르 백작은 코뮌 지도자들로부터 협회 소속 구호소들을 완전히 자율적으로 운영할 수 있는 허가를 받아냈다. 백작은 또한 샹젤리제에 위치한 구호소를 직접, 매우 효율적으로 운영하고 있었다. 대포의 굉음과 기관총에서 나는 끊임없는 따닥따닥 소리가 들려오는 가운데, 바로 그 샹젤리제 구호소로 뒤낭과 친구 뒤틸 들라 튀크 남작이 함께 보포르 백작을 찾아갔다. '제2차 파리 포위전'이 시작된 시점이었다. 한 달 전에 티에르 정부는 봉기 중인 국민방위대와 싸우기 위해 파리 시민 징병을 통해 충원한 정부군을 정기적으로 파견하기 시작했다. 폭격 소리가 점점 더 격렬해지던 시기에 뒤낭과 뒤틸 들 라 튀크는 몸소 그 현장을 경험하게 된 셈이다. 이들이 샹젤리제 구호소를 방문했을 때, 베르사유에 주둔한 군대가 쏴올린 포탄이 바로 그들 앞에 떨어졌다. 직격탄을 맞은 바로 옆 건물에서 튄 회반죽과 먼지가 그들을 순식간에 뒤덮었다.

그날 뒤낭의 프록코트에 묻은 희멀건 자국만이 파리 코뮌 기간 내내 그가 입은 유일한 피해였던 걸로 보인다. 5월 20일, 즉 파리 코뮌에 종지부를 찍게 되는 피의 일주일이 시작하기 바로 전날까지도, 뒤낭은 파리 시내의 민간인을 구출하려는 자신의 '탈출 계획'이 유효하다고 확신하고 있었다. 갑자기 영국이 당시 상황에 결정적인 역할을 하게 되면서 뒤낭은 얼마 전부터 심지어 영국이 도움을 주리라 기대하고 있었다. 뒤낭은 5월 10일에 여동생에게 보낸 서한에서 '온 영국 언론'이 자신의 구조 계획에 대해 보도했거나 보도할 예정이라고 적었다. 파리 현지에서 협상을 이끄는 주체는 공제조합이었고, '조합은 계속해서 회합을 열고 있으며', 이 탈출 계획 협상 당사자들 사이에서 '연결고리 역할을' 하고 있다고 단언하였다.

영국이 왜 이 문제에 관심을 보이는지는 바로 다음에 이어진 서한의 내용을 보면 더 이해가 쉽다. 뒤낭은 이틀 뒤에 추가로 보낸 서한에서 "(공제조합의) 부회장단 중 한 명인 슈아즐 백작이 나의 제안을 받고 런던으로 갔단다. 그의 형이 로마에 대사로 있지."라고 적었다. 또 "백작이 영국인들의 관심을 불러일으켰고 그들이 우리를 도와줄 예정이야."라고 이야기했다. 이제 모든 게 다 명백해졌다. 레날 드 슈아즐이 런던에 있었다. 프랑스에서는 뒤낭의 민간인 구출 계획에 대해 어디서도 언급을 찾아볼 수 없는 반면에 해협 너머의 목소리를 규합한 사람은 슈아즐이었음이 분명하다. 실제로 뒤낭에 대한 주요 기사가 5월 12일자 타임스 신문 12면에 실렸다. 고맙소, 레날.

뒤틸 들 라 튀크 남작은 분명 담대한 인물이었다. 같은 시각 프랑스에서는 남작이 그전에 그 누구도 — 시장이건 국회의원이건 권리동맹[17]이건 — 성사시키지 못한 일을 이뤄내기 위해 동분서주하고 있었다. 베르사유(정부)와 파리(코뮌) 사이에 단순히 민간인 구출 차원이 아니라, 강화 협상을 성사시키기 위해서였다. 뒤틸 남작은 파리에서 연맹을 이룬 국민방위대 지도자 세 사람과 신뢰 관계를 구축하기에 이르러서, 이들이 베르사유로 도피한 정부 대표와 협상을 시작할 의도가 있음을 내비쳤다. 기적이나 다름없는 그들의 의사를 티에르 정부에 전달하기 위해 뒤틸에게는 뒤낭과 그의 스위스 여권의 도움이 필요했다. 즉 뒤낭에게 베르사유까지 가는 길에 자신과 동행해 달라는 것이었고, 뒤낭은 이를 수락하였다. 이 두 사람이 움직인 5월 11일은 최악의 시점이었다. 그날 연로한 심미가 아돌프 티에르의 파리 자택에 코뮌 사람들이 침입하여 티에르가 평생을 바쳐 열정을 갖고 수집한 보물같은 예술품을 약탈하였기 때문이다. 심기가 틀어질 대로 틀어진 티에르는 자신을 찾아온 뒤낭과 뒤틸의 이야기를 아예 들어보지도 않은 채 되돌려보냈다.

뒤낭은 여전히 구출 작전의 실효성을 믿은 반면, 뒤틸 들 라 튀크는 강화 협정이 가능하다고 믿었다. 그 뒤로 며칠 사이에 남작은 코뮌을 이끄는 장성들 세 명을 다시 만났다. 그러고는 티에르와의 평화 협상을 성사시키기 위해 다시 베르사유로 향했다. 하지만 이번에는 혼자 베르사유로 가는 도중에 파리 코뮌 내부 강경파가 국민방위대 연맹의 세 장성과 남작 사이의 물밑 논의에 대해 알게 되었고, 즉시 그 세 명뿐 아니라 비밀 만남의 장소를 제공한 엔지니어 카뮈까지도 체포 감금했다. 카뮈의 부인은 절망에 빠져서 뒤틸 남작의 누이에게 달려왔다. 그녀는 남작의 누이에게 그날 저녁 남작이 파리 북역으로 돌아오면 기차에서 내리는 순간 남작도 같은 신세가 될 것이라고 말해 주었다.

유일하게 의지해볼 수 있는 대상은 뒤낭과 그의 스위스 여권뿐이었다. 오직 뒤낭만이 제때 생드니까지 가서 뒤틸 들 라 튀크 남작이 파리행 기차에 오르지 않도록 할

---

17 〈파리의 권리를 위한 공화주의연대동맹〉으로, 1871년 4월에 프랑스 정부와 파리 코뮌 사이에서 중재 역할을 하기 위해 결성된 정치 조직이다.

수 있었다. 참으로 운이 좋게도, 앙리 뒤낭이 그 비극적인 소식이 들렸을 때 마침 남작의 누이 댁을 방문하고 있었다. 또 다른 한 명이 그 자리에 같이 있었으니 바로 로즈 머리라는 어여쁜 이름의 스코틀랜드 여성이었다. (뒤낭은 그녀가 백작의 조카이자 공작의 후손이라고 군이 기록에 남겼다.) 머리 양은 뒤낭에게 자기는 영국 여권이 있으니 그와 동행하겠다고 제안했다. 뒤낭 혼자서 첩자 같이 보이기보다는 부부가 여행하는 듯한 인상을 주기 위해서였을 것이다.

뒤틸 남작은 극적으로 목숨을 건졌다. 파리행 기차를 타기 위해서 2륜마차를 타고 가던 남작이 생드니역에 들어서기 직전에 뒤낭과 머리 양이 시간에 맞춰 도착한 덕분이었다. 이 두 사람은 남작에게 상황을 설명하고는, 왔던 길로 다시 베르사유로 돌아가서 나중에 상황이 나아질 때를 기다리라고 권하였다.

그날 저녁에 바로 뒤틸로부터 직접 이러한 이야기를 듣고 매우 감격한 티에르는 자신의 살롱에 모인 이들에게 남작을 소개하면서 공개적으로 그에게 찬사를 보냈다. 파리 코뮌의 연맹군과의 평화 협상 노력이 (사실 티에르 본인은 별로 가능하다 생각지 않았다.) '절대적으로 허사로 돌아갔음'을 지적하며, 티에르는 '뒤틸 들 라 튀크 남작뿐 아니라 친구를 구하기 위해 자신의 목숨을 무릅쓴 앙리 뒤낭 씨에게도' 감사를 표시했다.

실제로 티에르가 맞는 말을 한 것이다. 만약 뒤틸이 강화 협상을 위해 자신의 목숨을 걸었다면, 뒤낭은 친구를 위해 자신의 목숨을 걸었다고 볼 수 있다. 파리의 역사 속에서 이토록 혼란스런 당시 상황에서 보편주의를 표방하던 적십자 창립자의 지평선은 그 가치를 얼마간은 상실한 셈이다.

피의 일주일

자신들의 상황에 가망이 별로 없다고 생각하기 시작한 코뮌 사람들은 1871년 5월 하순부터 훨씬 강경하게 파리를 장악하려 들었다. 이들은 베르사유 측의 정보원이라고 조금이라도 의심이 드는 사람들은 모조리 잡다가 임의로 처형하기 시작하더니, 그 빈도가 점점 더 잦아졌다.

그럼에도 불구하고 뒤낭은 경솔하다 싶을 정도로 평정심을 보이며 지인들의 종용에도 불구하고 파리 시외로 나갈 일이 있어도 꼭 다시 파리로 돌아오곤 했다. 뒤낭은 회고록에서 그렇게 한 이유가 그저 대안이 없었기 때문이라고 설명했다. 이는 당시 뒤낭이 금전적으로 얼마나 불안정했는지를 암시한다. 그럼에도 불구하고 그는 편지에는 "비록 끊임없이 귀가 멍멍할 정도로 포격이 이어지지만 그래도 파리에서 나는 아주 잘 지내고 있다."는 식으로 안부를 전하곤 했다. 또 내전이 자기에게는 거의 영향을 주지 않는다고도 했다. "이번 겨울의 큰 전투들로 인해 목숨을 잃은 1만, 2만, 아니 3만 명에 비하면 나는 피해를 입은 게 없다."고 하면서 환멸에 가득한 어조로 "프랑스인들은 동족끼리 싸우는 걸 즐기는 모양이니, 그냥 그렇게 싸우라지."[H11]라는 말을 던진 적도 있다.

저자 주석 H11: 1871년 5월 1일 마리 뒤낭에게 보낸 편지.

이렇게 그는 파리 내부에서 파리 코뮌의 최후 일주일, 실로 악명 높은 피의 일주일을 겪었다. 5월 21일 일요일 그는 평온하게도 앙기엥에 있는 친구들 집에서 하루를 보냈다. 그날 저녁 파리로 돌아오는 기차에 자리잡은 그는 승객이 온통 여자뿐이라는 걸 알아차리고는 깜짝 놀랐다. 그중 몇 명이 그에게 다가와 말을 건넸다. "아니, 파리에 가시면 안 돼요! 내리는 즉시 잡혀가실 겁니다! 종점에서 한 정류장 전에 내리시지 않으면 체포될 거라구요!" 북역에서 한 정거장 전에 이르자 같은 칸에 앉았던 여성들이 다시 한 번 뒤낭에게 내릴 것을 권했지만 뒤낭은 말을 듣지 않았다. 역에 도착하자 국민방위대 병사들이 기차 안으로 들어와 그를 샅샅이 뒤졌다. 허나 스위스 여권 소지자였기에 뒤낭은 걱정할 이유가 없었다.

별 문제없이 호텔로 돌아온 그는 — 빛나게 아름다운 그날 밤은 여전히 차분하기 그지없었다 — 잠자리에 들었고 시골에 갔다 돌아온 사람답게 아주 단잠이 들었다. 그런데 새벽 4시경이 되자 무시무시한 소동이 그의 방 창문 밖으로 이미 시작되었다. 사람들이 북을 두들기고 경종을 울리고 있었다. 앙리는 별 감흥이 없었는지 평온하게 다시 잠을 청했다. 아침이 되자 발포하는 소리가 들려왔다. 뒤낭의 창문 밖으로 건너편 호텔 지붕 위에 붉은색 바지[18]를 입은 군인 두 명이 보였고, 또 다른 군인들이 마치 도둑떼처럼 빗물받이 홈통을 따라 건물 전면을 타고 올라가고 있었다. 베르사유 정부군이 파리에 진입한 것이었다. 티에르 정부의 정규 군대는 수도 파리와 코뮌 가담자들에 대한 대대적인 공세에 나섰다.

그 순간 호텔 1층에서 울부짖는 소리가 들려옴과 동시에 누군가가 뒤낭의 방문을 두드렸다. 호텔 주인이 그에게 아래로 내려와 달라고 부탁한다는 전언이었다. 매우

18　프랑스군의 군복을 상징.

긴급한 일인 듯했다. 뒤낭이 1층에 내려오자 정규군 대령 한 사람이 리브 씨에게 그의 호텔을 가로질러 통과해야만 한다는 이야기를 하고 있었다. 뒤낭이 내려온 걸 보고는 리브 씨의 얼굴이 환해졌다. 그는 뒤낭을 즉시 대령에게로 데려갔다.

리브 씨는 뒤낭을 가리키며 "보세요, 여기 제네바 협약의 주창자가 계십니다! 이분이 여기 살고 계세요. 그러니 이 건물은 신성 불가침한 곳입니다!"

점점 더 격앙되어가는 사람들로부터 떨어져 뒤낭과 대령은 따로 대화를 나눴고, 이내 말이 통했다. 뒤낭은 대령에게 이 호텔을 관통하더라도 그 뒤로도 관통해야 할 집들이 십여 채나 있고, 그래 봤자 아무 이득이 없을 것이라고, 아니 적어도 대령이 기대하는 지점에 닿기는 어렵다고 설명하였다. 대령은 결국 호텔에서 매트리스를 여러 개 징발하는 것으로 그쳤기에 호텔 주인장에게 흡족한 결과였다. 뒤낭도 그러한 결과에 만족스러워했다.

꼬박 이틀 동안 뒤낭은 호텔방 창문을 통해 코뮌 연맹군과 베르사유군 사이, 수도 파리에서 봉기한 이들과 '적법한 프랑스'의 대표자들 사이, 국민방위대와 티에르의 정규군 사이, 하나의 프랑스와 또 다른 프랑스 사이의 전투를 목격하였다. 관찰 지점은 아주 이상적이었다. 호텔 바로 앞의 작은 광장은 쉬렌느 거리로 통했다. 코뮌 연맹군이 그 길을 루아얄가 방향으로 봉쇄해 두었고, 베르사유 정부군은 쉬렌느가의 반대쪽 끝, 그러니까 빌레베크 광장 쪽을 산더미같이 쌓은 매트리스로 봉쇄한 상태였다. 시가로 일체 나갈 수 없다 보니 뒤낭은 호텔에서 삼시 세끼를 아무 비용도 내지 않은 채 신세져야 하는 상황에 처했다. 창밖을 내다보지 않는 나머지 시간에 뒤낭은 〈흰 옷을 입은 여인〉이라는 흥미진진한 영국 연애 소설을 읽으며 보냈다. 열정적인 연인들이 온갖 악역 보조 인물들로부터 훼방받는 사랑이야기였다. 코뮌군의 사격으로 맞은편 건물이 벌집이 되는데도 책에서 거의 시선을 떼지 않았다. 당황스러울 정도로 평온한 어투로 뒤낭은 "마치 전혀 훼방 놓을 수 없는 나의 차분함을 응징하기라도 하려는 듯, 코뮌 연맹군의 총탄 몇몇 발은 내 방문 뒤나 회랑의 유리를 맞추기도 했고 (중략) 일부 타일이 부서졌다."고 기록하였다.

그러면 총격전은? 방화는? 약식 처형, 총검을 사용한 학살, 이동 진료소 공격, 부상병 학대는? 뒤낭은 이 일주일 사이의 끔찍함이 어느 정도였는지를 나중에서야 그것도 천천히 깨닫게 된다. 마치 첫 며칠간 강제로 관객 신세가 되어버린 탓에 그의 시선이 마비되고 만 듯했다.

처음에는 그가 어느 편인지 분명했다. 정규군 대령과의 대화를 마친 후, 그는 리브 씨에게 요청하기를, 코뮌 세력을 피할 수 있게 그 정규군 군사들이 호텔 안뜰에서 야영하게 해달라고 할 정도였다. 그러나 시간이 갈수록 그의 초연한 태도는 점점 더 혐오와 절망으로 뒤섞인 냉소주의로 바뀌었다. 정죄하거나 질질 짜지도 않는 어조로 뒤낭은 회고록에서 이 지옥 같았던 일주일에 상당 분량을 할애했다. 총구를 바짝 들이댄 채 열여섯 살 소년들을 총살했고, 죄수들은 머리를 짧게 밀어버려서 이동 중에 비틀거리거나 줄에서 이탈하기라도 하면 즉각 눈에 띄어 총살당하는 사태가 벌어졌다. 그의 기록에는 뒤낭 특유의 눈감아 주는 태도가 엿보인다. 코뮌 가담자들에 대해서 "이 민중 남녀들은 분노로, 또 절망의 에너지로 싸운다. 자신들이 내세운 깃발, 그 피투성이 깃발에 충실한 이들은 그걸 자유의 깃발이라 부른다."고 기록했다. 상대편에 대한 평가도 별 나을 게 없었다. "코뮌 가담자들을 인정사정 없이 가차없이 처벌하는 전쟁이다. 말은 바로 하자. 이 전쟁은 온갖 끔찍한 일을 동반하는, 가담자들의 철저한 궤멸을 목적으로 한 전쟁이라고 말이다. 그게 엄연한 사실이다."

뒤낭이 자신의 정치 성향을 감춘 것은 아니다. 그는 베르사유 정부군이 파리를 재탈환하고 보수 정권이 복귀하는 것을 찬성하는 입장이었다. 뒤낭은 파리 코뮌이 제시하는 그 어떤 바에도 일체 공감하지 않았다. 그렇기는 해도 그는 정규군의 잔인한 행태, 사관들의 비인간적인 행동에는 분명 격분하였다. "온통 피투성이요, 끔찍한 일뿐이고, 미래에 대한 증오만 남았다! 티에르가 조금만 더 아량이 있고, 조금만 더 노련하고 또 너그러웠더라면 이러한 일은 피할 수 있었을텐데!" 여러 해가 지난 후 기록한 회고록에서 뒤낭은 파리 코뮌에 대한 기록을 "그건 거대한 인간 도살장이었다."라는 짧은 문장으로 마무리했다.

관찰자 뒤낭에게는 결국 이것이야말로 파리 코뮌의 유일한 결과였다. 봉기한 파리 시민들의 동기 자체를 혐오했기 때문인지, 주동자들에 대한 반감 때문인지, 혹은 전쟁 자체의 명예로움을 인정하지 않기 때문인지, 또 그것도 아니라면 프랑스 적십자로부터 영웅적인 행동을 전혀 요구받지 않았기 때문인지를 알 수 없지만, 뒤낭은 이 내전에서 유난히도 외부자의 위치를 유지했다. 파리 코뮌 시기에 발생한 부상자와 죄수와 포로, 또 학살자와 희생자 그 모두가 자기와 아무 관계가 없다는 듯한 태도를 보였다. 다만 이 사람 저 사람을 위한 개인적인 부탁이 들어올 때에만 (앞에서 언급했듯이 우선은 두 명의 의용병 포로들이었고, 이어서 루에 장관, 갈리페 장군, 뒤틸 들 라 튀크 남작, 이어 파리의 대주교와 마들렌 성당의 신부에 관한 청탁이 있었다) 코뮌에게건 프로이센에게건, 베르사유 정부 관계자에게건 위험하더라도 뭐라도 조치를 취해 주기는 했다. 하지만 적십자와 함께든 아니면 적십자 외부에서의 활동으로든, 뒤낭은 개인적인 부탁을 들어주는 이상의 야심찬 구호 또는 개입 전략을 짠다는 것을 생각조차 하지 않았다. 다만 부녀자와 노약자 피난 계획을 세워 영국 언론의 찬사를 받기는 했으나, 그것조차 별로 신빙성 있는 계획이 아니었다. 더욱 흥미로운 점은, 뒤낭의 회고록에서 이 시기에 대한 어조가 경망스럽다는 인상을 줄 정도로 당시 사태와 거리를 두었다는 사실이다. 그 시기에 읽었던 흥미진진한 연애 소설이나 별이 빛나는 아름다운 밤을 강조한다든지, 방화로 인한 불길로 웅대한 광경이 펼쳐졌다는 등의 기록을 예로 들 수 있다. 마치 이토록 고통스러운 프랑스 역사의 한 페이지에서 자신은 전혀 개입한 바가 없다고 천명하고 싶은 듯한 모양새였다. 나중에 이 당시를 돌이켜 보며 뒤낭은 자기가 그러한 상황보다 더 나은 사람이라고 말하고 싶지도 않고, 그저 철저히 외부자로 기억되기를 원한 것으로 보인다.

적어도 뒤낭의 당대 사람들이 생각했던 것보다는 자신을 외부자로 기록하고 싶었던 게 분명하다. 뒤낭 덕에 목숨을 구한 뒤틸 들 라 튀크 남작은 뒤낭이 그러한 봉사 덕에 '국가보상금' 50만 프랑을 받을 수 있도록 코뮌 사태가 끝나기도 전부터 애쓰기 시작했다. 그러자 뒤낭은 즉시 남작의 계획이 제네바 사람들의 귀에 들어갈까 봐 걱정하였다. 왜냐하면 뒤낭의 생각으로는 제네바에 있는 자신의 '끈질긴 적들'은 남작의 계획을 좌초시키기 위해 뭐든지 할 사람들이었기 때문이다. 그 돈을 받는다면 채권자들에게 빚을 갚고 그를 짓누르던 치욕을 씻어낼 수 있는 기회가 됨에도, 대체 뒤낭이 금전적으로 풍요로워지는 것을 제네바 사람들이 막으려 들 이유가 뭐가 있겠는가? 아마도 그가 염려한 부분은 보상금을 손에 쥐기도 전에 차압될지도 모른다는 것, 또 자신의 수치스런 과거가 재조명 받을 수 있다는 점이었을 것이나. 그것이야말로 뒤낭이 그 어떤 대가를 치르더라도 기필코 피하려 했던 부분이다. 그는 출구를 마련하고 있었기 때문이다. 새로운 위대한 과업을 성공시켜야 했기에 그에게는 자신의 명망이 그 어느 때보다도 중요했다.

뒤틸이 기대했던 보상은 실현되지 않았다. 이는 기나긴 일련의 실패 중 제1차 사례로 남았다. 뒤낭은 과거에 발목이 잡힐까 집착하는 바람에 적어도 부분적으로 빚을 갚을 수 있는 기회를 수차례나 놓친다. 그러면서도 그는 계속 이것이야말로 자신이 짊어진 가장 잔인한 십자가라며 한탄했다. 당시, 그러니까 1871년 가을에 시작된 이러한 뒤낭의 모순은 그가 죽는 날까지 이어지면서 끊임없는 회한과 이미 오래전에 더럽혀진 명성만을 남긴 이유가 되었다. 허나 1871년 당시의 그는 오직 다음 날만을 바라볼 뿐이었다. 전쟁은 끝났고, 파리 코뮌은 진압되었다. 뒤낭은 이제 국제

무대에서 신속하게 자신의 자리를 되찾아야만 했다.

9

박애주의자 깨어나다

1871~1874

충격 직후

파리 코뮌 진압 직후 프랑스의 지도층은 엄청난 충격에 빠진 상태였다. 코뮌 주동자들의 이론에 대해 파리 민중이 보여준 반응 때문만이 아니었다. 그보다 더 큰 문제가 있었다. 지도층은 부도덕성과 폭력성과 야만성이 사회에 만연했기 때문에 시민들이 코뮌에 찬동한 것이며, 프랑스 상류층이 확고부동하다고 믿었던 가치들을 사람들이 부정하기 때문이라고 보았다.

그러니 이에 대처할 방안을 마련해야 했다. 또한 강력한 권력을 회복해야만 했다. 그리하여 코뮌 직후의 프랑스는 보수적이고 왕정주의 색채가 강한 정부와 양원을 갖추었다. 코뮌을 진압했으니, 이제 재기할 차례였다. 또한 사회주의자들이 민중에 끼치는 영향을 차단하고, 대중을 재교육할 필요가 있었다. 1815년의 신성 동맹[1]을 연상시키는 일종의 십자군 원정 같은 상황 속에서 자칭 '순수 귀족' 뒤낭은 자신의 새로운 사명을 깨달았다.

1870년 창립 직후부터 공제조합은 군에 징집된 시민들의 영적인 교화가 필요하다고 역설했다. 조합의 정관 제2조를 보면 조합 설립의 목적이 '징집된 프랑스 시민들의 도덕적이고 지적인 수준을 향상시키고, 이들의 상황을 개선하는 데 도움이 될 만한 모든 요소를 고양하는 데' 있다고 명시되어 있다. 코뮌이라는 시련을 겪은 후 공제조합 회원들은 조합이 애초부터 내세웠던 이러한 계획이 당시 지극히 시의적절한 내용을 담고 있다고 느꼈다. 평화가 찾아왔으니 거기에 들어맞게끔 조율만 하면 될, 이토록 훌륭한 사업을 군이 자진해서 그만둘 이유가 뭐가 있겠는가? 뒤낭은 1871년 하반기부터 바로 그러한 일에 매달렸다.

열과 성을 다해 일한 뒤낭에게 8천 프랑의 부채만을 남겨버린 구 이사회에 대해 그는 전혀 악감정을 품지 않은 듯하다. 오히려 그는 공제조합 일을 재개하면서 그전에 그가 구성했던 여러 단체 이사회의 임원들과 동일한 사회 계층 출신인 사람들, 심지어 동일 인물들로 새 이사회를 꾸렸다. 이렇게 해서 1871년 6월 구 공제조합의 잿더미 속에서 새로운 단체 〈질서와 문명을 위한 만국연합〉이 탄생했다. '만국'이라는 말을 포함한 이 거창한 명칭만 봐도 앙리 뒤낭의 입김이 강했다는 데 의심의 여지가 없다.

---

1 1815년 9월 26일 러시아가 프로이센, 오스트리아와 체결한 동맹. 당시 러시아 황제 알렉산드르 1세가 유럽을 기독교 정신으로 재건하여 대륙의 평화를 도모하려는 의도로 추진하였지만, 실제로는 프랑스 대혁명의 영향이 확산될까 두려워한 유럽 열강의 계산과 러시아의 영향력을 넓히려는 알렉산드르 1세의 이해관계가 모두 반영되었다.

만국연합의 전반적인 계획을 설명하는 첫 문장부터 이들의 색깔이 나타난다. "만국 연합은 종교, 가족, 노동 그리고 재산권에 대한 정당한 관심을 원칙으로 한다."

파리 코뮌이 불러일으킨 충격파가 만국연합의 정치적인 계획안을 관통하고 있다고 해석할 수 있다. 이들은 '질서를 강화'하고, '정치 사회적인 평화의 보전'이 목표라고 명시하였다. 이를 위해서는 '재산과 교육 수준 면에서 가장 부족한 사회 계층의 생활상을 개선'시켜야만 한다는 논리였다. 말하자면 하향식 접근으로 만국연합의 주적인 '노동자 인터내셔널'이라는 빨갱이 요부의 유혹을 무력화시키겠다는 의도였다.

명시된 목적을 보나, 이사회 구성원들의 면면을 보나, 만국연합은 보수적인 성격을 지녔음이 분명했지만, 그럼에도 불구하고 "개인들 간의 투쟁을 초월하며 정당들이나 정부들 사이의 정치 갈등에도 개입하지 않는다."고 단언하였다. 이러한 부분을 명시해 두는 건 중요했다. 왜냐하면 국내 정치상의 목표 이외에도, 뒤낭은 이 만국연합을 통해 자신이 오랫동안 집착해온 다음의 목표 두 가지를, 몇 가지 새로운 아이디어와 접목하여, 재개하고자 했기 때문이다. 우선 제네바 협약이 전시 부상자만을 대상으로 했으므로, 따로 필요했던 전쟁 포로들에 대한 외교 협약이었다. 또 하나는 '문명국들 사이의' 갈등을 해결하기 위한 외교적인 조정 절차를 갖추고, '문명국가들'을 추구하는 이들을 위한 국제인권법을 제정하는 일이었다. 거기에다가 '만국'연합이기에 시작부터 세계 각국에 지부를 설립하여 국제적으로 자리매김하고자 하는 의지를 천명하였다. 뒤낭은 1871년 파리 코뮌 사태가 일단락된 직후부터 인도주의 국제 무대의 최전선에 다시금 자리를 잡고자 했다는 것이 명백하다. 게다가 모든 전선을 한꺼번에 공략하는 방식이었다.

만국연합의 계획안에 뒤낭이 친필로 적은 메모가 보인다는 사실을 통해 그가 그 계획을 손수 작성했고, 그로부터 1년 후에 선보인 '선언'도 직접 썼다는 걸 알 수 있다. 만국연합의 행보에 뒤낭이 주동자였다는 사실이 여러 증거를 통해 짐작할 수 있음에도, 그의 이름이 전면에 내세워지는 일은 매우 드물었다. 뒤낭은 성공의 기미가 보여야만 그제서야 배후에서 모습을 드러내겠다고 마음먹은 듯했다. 우선은 프랑스 적십자든 공제조합이든 아니면 국제보편도서관이든 과거 활동 당시 위원회에서 함께했던 이들 중에서 다시 추려낸 만국연합 위원회의 모든 유명 인사를 전면에 내세웠다. 그러다 보니 뒤낭이 하는 일에는 언제나 그랬듯이 온갖 분야의 사람들이 뒤섞여 있었다. 오를레앙파, 정통왕조파, 나폴레옹파 귀족들로부터 계급장과 표창을 잔뜩 단 군인들, 학술원 회원들로 구성된 고대 그리스 아레오파고스 재판소 같은 모임인 데다, 이번 만국연합에는 상당히 가톨릭 교회의 존재감이 강화되었다. 대주교 한 명, 주교 다섯 명에다 또 한 명의 부주교가 포함되었다. 프랑스 학술원 회원이자 상원의원인 아메데 티에리가 초대 회장의 임무를 맡기로 하였다. 과학 아카데미의 종신 간사이자 공제조합의 전 회장이었던 엘리 드 보몽, 수에즈 운하 건설을 주도한 엔지니어 페르디낭 드 레셉, 그리고 평화주의자이자 추후 뒤낭과 노벨평화상을 공동 수상하게 될 경제학자 프레데리크 파시를 위시해서, 해군 제독, 육군 장성, 대령, 세 명의 공작과 여섯 명의 후작, 여섯 명의 백작과 열일곱 명의 자작, 수많은 남작들과 셀 수도 없는 그 외의 귀족 혈통의 인물들이 나란히 자리했다. 이들과 어깨를 나란히 한 앙리는 여동생 마리에게 자랑스러운 듯이 1872년 3월 편지를 보냈다.

"나는 궁극적으로 선을 행했을 뿐인데도 나를 해하려고 혈안이 된 못된 인간들의 방해에도 불구하고, 이 수많은 명사를 다 한자리에 모은 게 바로 나란다. 파리 개신교도들은 전반적으로는 그러하다. 이게 사실이니 그렇게 말할 수밖에 없구나. (중략) 그 어떤 거짓말에도 가책을 느끼지 않는 듯하단다. 파리 포위 당시에 그들은 소리높여 내가 프로이센의 첩보원이라고 떠들어댔지. 이번에는 내가 교황 예찬자라는 둥 비난을 하고 있구나."

나중에 가서 그를 끈질기게 괴롭힌, 핍박받는다는 피해 망상이 이때 첫 기미를 보였던 걸까? 뒤낭의 일생 중 당시 단계에서는, 이러한 반응을 편집증이라보다는 오히려 행복에 겨워 무분별하게 행동했던 것이라 보아야 한다. 그는 파리가 포위되어 있던 기간 내내 독일인들과의 친밀한 관계를 공공연하게 알린 데다, 파리의 경계를 스무 번이나 넘나들고서는 나중에 사람들로부터 독일인들과 내통한다는 의심을 받자 놀랍다는 반응을 보였다. 이와 마찬가지로, 그가 가톨릭 교회 고위 성직자들에게 접근한 사실도 파리 상류층 개신교도 사회가 모르고 지나칠 수가 없는 게 당연하다. 제네바 사회와 매우 가깝고도 유사한 파리 개신교도 사회는 상당히 엄격한 종교적 국수주의 색채를 고수하였기 때문이다. 게다가 뒤낭이 가톨릭 고위층에 취한 접근은 상당히 집요했다. 1871년 8월에 이미 그는 낭시의 주교에게 편지를 보냈고, 이어 9월 13일에는 낭트의 주교에게 서한을 띄웠다. 1872년 2월에 파리 대주교에게 알현을 요청하는 서한을 보냈고, 2월 27일에는 뒤팡루 대주교에게 '대주교님의 마음에 들게끔 만국연합의 정관을 수정'했노라고 전한 서한이 남아있다. 그래놓고는 3월 6일에 여동생에게 보낸 편지에서 자신의 적 개신교도들이 자신을 교황 예찬자라고 의심한다며 불쾌한 심경을 드러냈다!

하지만 뒤낭이 조롱의 대상으로 삼은 건 파리의 개신교도뿐이 아니었다. 자신의 신조처럼 '국가 및 개인의 화합'을 옹호했던 뒤낭이지만, 파리 코뮌 이후로 격렬한 혐오감을 표하는 대상이 몇몇 생겨났는데, 그는 사적인 편지에 이러한 감정을 거르지 않고 표현하곤 했다. 예를 들어 위에서 말한 3월 6일자 편지에서 마리에게 이렇게 말했다.

"이 파리의 부르주아들은 너무나 타락했어. 그래서 독재자가 등장해서 철권통치를 하는 모습을 보고 싶을 정도지. 그 독재자를 기꺼이 돕고 싶은 맘이란다. 차라리 파리 노동자들에 대해 관심 갖는 게 낫지. 내가 너에게 하는 말이 모순 같이 들릴 거다. 내가 창립한 만국연합은 노동자들의 인터내셔널을 타도하자는 목적을 갖고 있으니 말이야. 하지만 그게 내 진짜 심경이란다."

이것은 모든 해당 쟁점에 대한 명확한 입장을 한 번에 드러내 주는 문장이 아닌가. 만국연합의 진정한 목적, 진짜 적이 누구인지, 또 집착에 가까운 원한을 키우는 사람으로 뒤낭의 성격이 현저히 변화했음을 한눈에 알아볼 수가 있다. 만국연합은 그가 계속해서 '바빌론'이라고 부른 도시 파리에 대한, 규율도 없는 파리 부르주아들에 대한, 노동자 인터내셔널에 속하든 아니든 순응하지 않는 파리의 노동자들에 대한, 그리고 개신교도들이 드글거릴 뿐 아니라 무질서와 경박함으로 가득한 파리에 대한, 뒤낭의 증오를 실행에 옮길 수 있는 집행력 있는 기관으로서 창립되었음이 분명하다. 증오란 말이 지나치지가 않다.

새로운 연합

1872년 내내 뒤낭은 만국연합을 전격 가동하기 위해 끈질기게 애를 썼다. 주교들을 끌어들였고 위원회를 꾸렸으며, 도처에 첫 전단을 배포하고 활동 계획을 완성했고, 선언서/성명서와 기타 소식지를 작성한 것으로도 모자랐는지, 뒤낭은 오를레앙파든 나폴레옹파든 현저한 귀족 후원자를 확보하고자 하는 소망을 품었다. 그는 루이 필립 도를레앙 왕자[2]부터 공략한 듯하다. 왕자는 뒤낭의 첫 편지에서 '질서 연맹' 가입을 요청한 데 대해 조심스러울 수밖에 없노라고 정중히 답하였다. 그러나 3주 후에 뒤낭에게 두 번째 답장이 도착한 점으로 미루어 볼 때 (뒤낭은 사려깊은 걸로 알

---

2 prince Louis-Philippe d'Orleans 1838~1894. 루이필리프 1세(재위 1830~1848)의 손자로 루이필리프 2세라고 자칭하며 왕정복고를 추진했고, 이를 오를레앙파 귀족들이 지지했다.

려진 사람이 아니다) 그는 재차 왕자에게 서신을 보내어 강권한 게 분명하다. 왕자의 어조는 어렴풋이 귀찮아하는 느낌이었다. "귀하께 내가 지난번 서한에 적은 내용을 똑같이 말씀드릴 수밖에 없습니다."라며 '질서 연맹' 참여를 거절하는 답장 내용은 신설된 뒤낭의 만국연합에 대한 것으로 볼 수 있다.

이렇게 되자 뒤낭은 자신이 좀 더 잘 알고 있는 전선을 공략하기로 했다. 3월에 그는 당시 런던 남부 치즐허스트에서 망명 중인 나폴레옹 3세 전 황제의 후원을 요청했으나, 이때까지 그가 군주로부터 받은 다른 모든 답장과 비슷한 답변을 받았다. 황제는 부관을 통해 만국연합의 후원자가 되어달라는 뒤낭의 제안에 대해 '그러한 생각에 감사'한다면서도, '현재 상황에서, 폐하께서 이를 승낙하시기 어렵다는' 점을 이해해 주시기 바란다는 답장을 보내왔다. 뒤낭은 몰락한 전 황제가 당시 얼마나 비참한 상태였는지를 몰랐던 것일까? 신장결석으로 인해 심한 고통에 시달리던 나폴레옹 3세는 뒤낭과 서신을 교환한 지 불과 1년도 되지 않아 숨을 거뒀다. 아니면 뒤낭은 이를 알면서도 신체의 병약함을 이용해서 황제로부터 최후의 특혜를 얻어내려 한 걸까? 만국연합에 참여한 수많은 나폴레옹파 귀족들이 분명 뒤낭에게 나폴레옹 3세의 상태를 알려주었을 테지만, 그의 이러한 행보를 그 어떤 것도 막을 수 없었다.

아버지가 안되면 아들이라도 좋다고 생각했는지, 며칠 후 뒤낭은 젊은 황태자 루이나폴레옹에게 접근했다. 특히 친구들인 세롱 박사와 카즈노브가 쓴 글을 포함해서 뒤낭 본인을 칭송하는 여러 출판물을 치즐허스트로 보낸 것이다. 루이나폴레옹은 '우리 시대 인류에게 가장 흥미롭고 유용한 과업 중 하나에 이름을 올리신 분'께 경의를 표하는 감사의 답장을 보내왔다. 뒤낭은 다음번 출판을 할 때 활용할 수 있는 또 하나의 헌사를 획득한 셈이지만, 최정상에 있는 인물의 적극 지지를 끌어내지는 못했다. 이번만큼은 뒤낭도 포기를 선언해야만 했다.

이제 때는 1872년 3월이었다. 그가 교환한 서신들로 미루어볼 때, ― 그는 상태가 좋을 때면 항상 편지를 더 많이 주고받았다 ― 뒤낭은 분명히 원기를 회복했던 걸로 보인다. 1871년에 그는 여러 사건들로 인해, 그리고 새롭게 찾아낸 본인의 '훌륭한 역할'이 종결됨으로 인해, 몇 달 간 프로이센-프랑스 전쟁 직전의 암울한 상태로 다시 가라앉을 수밖에 없었다. 이 기간 동안 가족과의 편지 중 남아 있는 건 단 한 통이다. 1871년 11월에 보낸 그 편지에서 뒤낭은 여동생 마리에게 그녀가 보내준 것이 '실로 적시에 도착'했노라고 적었다. 분명 곤궁에 빠진 오빠를 돕기 위해 마리가 보낸 얼마간의 현금이었으리라. 그런데 뒤낭의 주소는 여전히 캉바세레스 거리로 되어 있었다. 즉 라빌드파리 호텔의 주소였다는 뜻이다. 프로이센인들이 파리를 뚫고 진입했을 당시 호텔에 묵고 있었기에 큰 화를 면한 데 대한 감사의 표시였는지, 아니면 단지 연민 때문인지는 몰라도 리브 씨는 여전히 뒤낭에게 숙소를 제공하고 있었다. 다만 이제는 맨꼭대기층에 자리한 작은 방 한 칸이었다. 전쟁 기간 동안 행복감에 젖어 있던 시기가 지나고 나자, 그해 가을부터는 반작용으로 우울감이 그를 덮쳤다. 뒤낭은 1872년 초반이 되어서야 우울에서 벗어날 수 있었다.

왕가의 후원을 받고자 했던 애타는 노력이 수포로 돌아간 후, 뒤낭은 1872년 봄을 만국연합의 제1차 총회를 준비하는 데 온전히 할애했다. 총회는 6월에 파리에서 개최 예정이었다. 의사록 준비에 도가 텄던 뒤낭은 이 총회 논제로 본인이 관심을 갖고 있는 주제, 지난 몇 년 간 고민해 왔던 주제를 모조리 포함시켰다. 4년간 그늘에 숨어 지내던 그는 제네바국제위원회의 업무와 상당히 비슷한 주제들을 가지고, 심지어 제네바위원회를 능가하려는 희망을 품은 채, 제도권 국제 무대로의 화려한 복귀를 준비하는 게 분명했다.

이러한 가운데 뒤낭의 기분을 아주 향상시켜준 일이 있었으니, 바로 그의 '충실한 지인들'이 즉 뒤틸, 플라비니, 세뤼리에, 마르보, 카즈노브, 우드토 등등이 완전체로 모여서 뒤낭을 위한 새로운 후원금 모금을 위한 위원회를 결성했던 것이다. 한해 전에 뒤틸 남작의 '국가보상금' 50만 프랑 수여 청원이 실패로 돌아갔으니, 좀 더 영리한 방도를 동원해야 했다. 제네바의 '끈질긴 적들'과 채권자들을 따돌리기 위해서 프랑스인 친구들이 고안한 모금 계획은 파리 사회와 '공식적인' 프랑스에는 숨긴 채 영국에서 개시될 예정이었다. 심지어 프랑스 적십자위원회에 소속된 이들, 예를 들어 플라비니와 세뤼리에는 적십자에는 사실을 숨기고 등 뒤에서 이 모금에 대한 지지 서한에 서명을 했다. 그 정도로 유럽 대륙에서는 쉬쉬해 가면서 준비된 일이었다.

위의 모금 계획이 가져다 준 새로운 희망은 1872년 봄에 '진정한 창립자'의 기분이 현저하리만큼 나아진 이유 중 하나임이 분명하다. 뒤낭은 그 상황을 당연히 그래야 할 일로 여겼다. '내가 직접 설립한 기관인데도 셰뉘 박사가 창립자로 여겨져서 미국인으로부터 천백만 불을 상속받다니'라며 그는 누이에게 신랄하게 빈정거렸다. "진짜 창립자도 제대로 인정을 받을 수 있으려는지 궁금하구나." 하지만 부상병구호협회는 마침 바로 그 셰뉘 박사를 통해 영국에서 뒤낭을 위해 준비되고 있는 모금 움직임을 알게 되었다. 뒷북치는 모양새를 보이고 싶지 않았던 협회는 20만 프랑 수준의 자본이든 혹은 어떤 연금의 형태든 뒤낭에게 뭐라도 성의 표시를 하고자 하는 의사를 밝혔다. 그러자 덜컥! 뒤낭은 겁을 먹었다. 그는 프랑스에서 자신을 위한 그 어떤 움직임이 시작되면 스위스에서 알아차려 즉각 채권자들이 탐을 낼까 봐 걱정이었다. 하지만 영국이라면…

"만약 그와 비슷한 액수, 아니 심지어 그보다 적은 액수라도 얻을 수 있다면, 프랑스에서 그런 모금을 하도록 내버려 둘 거란다. 그런 돈이 있었더라면 채권자들 하고 어떻게든 조정을 할 수 있었을 테니 말이다. (중략) 채권자들에게 조금이나마 돈이 돌아가게끔 했을 테고, 그러면 내가 성실하게 부채 청산에 임하고 있음을 그들이 알게 되었을 테니 말이다."[11]

저자 주석 I1: 1872년 6월 23일 마리 뒤낭에게 보낸 편지.

채권자들을 향한 뒤낭의 이러한 모호한 태도는 상당히 규칙적인 노선을 따라 일생 동안 지속되었다. 뒤낭이 생각하기에 이상적인 해결책은 자신이 빚을 지게 된 이유와 동일한 방식으로 부채를 청산하는 것이었다. 그 말은, 굉장한 사업을 통해 엄청난 부자가 되어 채권자들 모두에게 단숨에 빚을 갚겠다는 생각이라는 뜻이다. 실로 큰 금액이었던 자신의 부채를 조금씩 정기적으로 갚아나가는 방식에 대해서는 생각조차 하지 않은 듯하다. 그렇기에 뒤낭 본인처럼 금전적 궁핍에 빠진 사람이라면 누구라도 그럴 법한 접근, 즉 소박한 정규직 일자리를 찾는 일에 나서지 않았다. 하지만 그에게 훨씬 더 괴로웠던 건, 적십자의 창립자에게 경의를 표하는 상금을 압류당할 수 있다는 생각이었다. 마치 자기의 다른 생에서 받는 상금이라도 되는 양, 심지어 순진하고 운도 없는 알제리 제분 사업가 하고는 다른 사람이 받는 상금인 양, 그 두 사람의 돈주머니가 뒤섞이는 일은 어떤 수를 써서라도 막아야 한다고 여겼다! 뒤낭은 생을 마감하는 순간까지도 그러한 태도에서 벗어나지 않았다. 사업가로서 뒤낭의 금고는 대형 사업 하나로든 자잘한 일들로든 결코 다시는 채워지지 않았으니, 채권자들이 돈을 돌려받으려 해도 ― 자신들이 먼저 죽지나 않는다면 ― 뒤낭이 죽을 때까지 그저 기다리는 수밖에 없었다.

다만 1872년 6월에 막 들어섰을 무렵, 그가 처한 막다른 길에 출구가 있을 수 있다는 희망이 살짝 보인 적이 있다. 앙리의 숙부 다비드 뒤낭이 세상을 떠났고, 그가 파산을 겪은 조카 두 명에게 매우 요령있게 호의를 베푼 사실이 드러났다. 그는 "상당히 난처한 가족을 위해 이러한 상황에서 내가 남길 수밖에 없는 유언 조치에 대해 온 가족이 동의해 주기를 바란다. 어떤 일이 있더라도 내 두 조카 앙리와 다니엘에게 종신연금을 보장해 주기 위한 조치를 취하고자 한다."는 유언을 남긴 것이다.[12]

저자 주석 I2: 뒤랑, 『앙리 뒤낭과 가족』, BSHD 1, 10쪽.

숙부가 앙리에게 남긴 종신연금은 연간 1,200프랑 정도였다. 즉 하루에 3프랑 꼴로서 그가 소박하게나마 숙식을 해결할 수 있는 금액이었다. 그렇지만 채권자들의 계산은 전혀 달랐다. 이걸 유증이라 치면 약 16,000프랑에 달하는 액수가 된다! 이들은 즉각 반응을 보였다. 6월 1일 다비드 숙부가 사망한 지 열흘이 되던 날 제네바 신용 은행의 파산관리인 세 명이 다비드 숙부가 뒤낭에게 남긴 유산의 압류를 청구하였다. 파산 당사자인 뒤낭이 더 이상 그 어떤 답변도 하지 않는 상황에서, 그들이 청산인들에게 대신 지불해야만 했던 뒤낭 몫의 부채에 대한 변상을 받아야 한다는 이유 때문이었다.

어찌 해야 할까? 운명의 장난처럼 희망이 보이자마자 바로 산산조각을 내버린 이 압류 청구의 소식이 게다가 뒤낭에게 최악의 순간에 도착했다. 그날은 만국연합의 총회가 열리기 바로 전날이었다. 뒤낭의 삶을 송두리째 바꿔 놓을 운명의 날을 하루 앞두고 있었던 것이다. 뒤낭은 극도의 불안에 빠졌다. 다른 데 신경 쓸 여유가 없는 참이니, 직접 제네바로 가서 자기 변호에 나서는 건 말도 안될 일이었다. 유일한 구제책이 있다면 항상 믿어왔던 단 한 사람뿐이었다. 그는 모든 일은 남동생 피에르에게 맡겼다. 실질적인 뒤낭 가문의 가장이요, 이제 모두가 의지하는 책임감 있는 의사 피에르였다. 부탁을 들어준다면 피에르가 압류 청구에 대한 소를 책임질 것이다. 그렇다, 바로 그 방법이다. 피에르에게 다 맡기면 된다. 다음 날 6월 3일 월요일, 뒤낭은 캉바세레스가의 작은 다락방에서 나와 백여 미터 떨어진 팡티에브르 거리 소재 만국연합 본부로 향했다. 그는 다비드 숙부님, 숙부가 남긴 종신연금, 그리고 채권자들의 찌푸린 얼굴을 머릿속에서 몰아냈다. 이제 이 순간부터는 오직 만국연합에만, 이 총회에만, 그리고 세상에만 온전히 집중할 때였다.

1872년 총회

만국연합의 제1차 총회는 1872년 6월 3일부터 8일까지 파리에서 개최되었다. 모든 분과를 다 합하면 참석 인원이 1,000명을 넘겼다. 참석자들은 개인 자격으로 자리한 지지자들로서, 총 14개국에서 온 사람들이었다. 뒤낭은 사람들을 모으는 재주, 그것도 자신이 시작부터 고안하고 준비한 행사를 위해 상류층 사람들을 한자리에 규합하는 재주를 전혀 잃어버리지 않은 게 분명했다. 당시 그가 극도의 빈곤에 처해 있었음을 감안할 때, 완전히 혼자서 그 규모의 회합을, 그것도 그 정도의 명사들을 규합하여 성사시킬 수 있었다는 건 오직 뒤낭의 놀라운 사교 수완, 매력과 설득력으로 가능했던 일이다. 앙리 뒤낭의 명성은 제3공화국 정부 하의 프랑스에서도 흠집 없이 통했다는 것을 새삼 확인할 수 있다.

총회는 크게 두 주제를 다루었는데, 이 두 가지 주제는 나중에 영불 해협을 사이에 있는 두 나라 사이에서 각각 하나씩 주요하게 다루게 된다. 총회 절반은 프랑스 내전의 트라우마와 직접 관련있는 문제들을 다루었다. 노동자와 농민들의 생활 조건이라든지 사회의 근간으로서의 가족의 회복, 또 '선을 장려하는' 최선의 방법은 무엇인가 등등 프랑스의 사회 질서와 연계된 내용이었다. 참석자들은 저축 은행이라든지 가톨릭 농민 단체, 또는 공제 조직과 지휘 관리 담당 조직이 가져올 장점을 논하였다. '남성과 여성을 위한', 그리고 '농민과 노동자 계급의 지적, 도덕적 발전'을 위한 '초등' 교육과 '기술' 훈련이 중요하게 논의되었다. 동거나 혼외 출산의 퇴치 활동만큼은 이 일에 적합하다고 추천을 받은 부인들이 맡는 게 좋겠다고 총회에 참석한 신사분들이 판단했다. 프랑스 사회의 도덕을 '재정립'하겠다는 의지는 만국연합의 활동을 이끄는, 그리고 모두가 동의하는 우선 과제로 대두되었다. '재산도 없는' 계층에 대해 생색을 내면서도 이해관계가 분명 얽혀있는 일종의 이타주의를 보여주는 태도였다. 이는 식민지 정착민들과 식민 사업가들이 정복지를 개발하겠다고 나서면서 현지 주민들에 대해 보이는 태도와 정확히 일치한다.

하지만 이미 프랑스에 대한 애정이 완전히 식어버린 뒤낭에게 중요한 일은 다른 데 있었다. 1867년 파리 회의가 열렸을 당시, 그는 전쟁 포로가 된 병사들의 처지에 대해 관계자들의 관심을 끌기 위해 애썼지만 별다른 성과를 얻지 못했다. 훌륭한 보고서를 작성했건만 총회의 토론 주제에 포함되지도 않았다. 당시 참석자들은 — 무아니에의 세심한 주의 하에 — 부상병에 대한 제네바 협약 내용에 어떠한 수정을 해야할지에 대해서만 집중하였기 때문이다. '질서와 문명을 위한 만국연합'의 제1차 총회에서 발표된 보고서를 읽어 보면, 뒤낭이 얼마나 끈질기게 그점에 대해 불만을 품고 있었는지 확연히 드러난다. 만국연합 총회 당시의 문서는 그가 5년 전에 파리 회의를 위해 준비했던 보고서와 거의 토씨 하나도 다르지 않았다.

아메데 티에리가 주재한 첫 번째 회기에서는 '전쟁 포로에 대한 문명국 사이의 외교 협약의 초석을 놓기 위한 프로젝트'를 논의했다. 앙리 뒤낭은 자신의 결심을 준수하여 전면에 등장하지 않았다. 다만 친구들에게 분명히 역할 분담을 시켜두었다. 프랑스 적십자위원회 동료이자 공제조합의 구 회원인 우드토 백작에게는 1867년 보고서 중에서 장문의 발췌 글을 낭독하는 역할을 맡겼다. 아무것도 낭비하지 않고 다시 수정해서 재활용하는 습관은 뒤낭에게 아주 소중한 원칙이었다. 뒤낭의 요청에 항상 기꺼이 답해주는 세롱 박사는 전쟁 포로 논의를 제네바 협약 차원에서 어떻게 조율할 것인가 하는 문제를 맡았다. 마지막으로 또 한 명의 충복인 앙리 뮈송은 혹시라도 맥락을 모르는 이들이 있을까 걱정이 되었는지 전쟁 포로 문제의 선구자로서의 뒤낭에 대해 장황한 찬사를 바치는 역할을 하였다. 사실 그렇지 않은가. 부상병의 처지를 개선시킨 인물이라면 부상병들만큼이나 고통받는 군인 포로들의 처지도 개선시킬 수 있지 않겠는가.

물론 이미 전쟁 포로 논의에서 빠질 수 없는 존재로 자리잡은 바젤 기구[3]와 무아니에의 녹십자는 조심스럽게 언급에서 배제되었다. 반면에 모든 상황이 부상병들을 다룬 제네바 협약의 절차를 연상시켰다. 1863년 10월 제네바 회의가 결의와 권고 발표로 마무리된 것처럼 만국연합의 총회 또한 '결론'을 내놓았는데, 작성인으로 추정되는 앙리 뒤낭은 그 결론 역시 1863년 회의 결과만큼이나 빛나는 미래를 맞으리라 기대하였다. 뒤낭은 상설국제위원회(1863년 2월에 구성된 위원회의 자칭 명칭이다)를 두어서 '문명국에서 전쟁 포로의 처우 문제를 일괄적으로 해결할 회의를 개최'하기 위한 준비를 담당하기로 했다. 이 위원회는 부상병위원회 때와 마찬가지로, 관심있는 정부들이 대표단을 파견하여 전쟁 포로에 대한 국제회의가 열릴 때를 대비해서 협약 초안을 작성하는 역할을 맡았다. 위원회장 직함을 뒤낭이 차지했다.

마지막으로 역시나 제네바 협약처럼, 1872년 6월 8일 날짜의 보고서에 따르면 만국연합 총회에서는 '외교협약 개최를 위한 공식 초청'을 프랑스 정부가 해주기를 기대했다. 허나 뒤낭은 이내 생각이 바뀌었다. 6월 23일에 누이에게 보낸 편지에 그는 해당 외교 회의의 공식 초청자 역할을 벨기에 정부에게 맡기고자 하며, 이에 대해 벨기에 국왕과 고위층 관계자들이 '손을 비벼 가며 아주 만족해'하고 있다고 적은 기록이 있다.

만국연합 총회의 두 번째 주요 주제도 뒤낭이 오랫동안 품어왔던 생각 중 하나였다. 요컨대 전쟁으로 인해 발생하는 온갖 문제들을 어떻게든 해결해 보려고 고된 노력을 기울이느니, 차라리 전쟁에 대비하고 또 무력 갈등을 애초부터 피하도록 하자는 논의였다. 뒤낭은 이 문제를 이미 오랫동안 고민해 왔다. 끔찍한 파리 코뮌의 경험이 있기 전에도, 그는 공제조합 내에서 국제 중재의 원칙을 옹호한 바 있었다. 모든 의례 절차까지도 이미 생각해 둔 상태였다. 우선 문제 제기를 맡을 위원회를 구성하고, 의장 직은 그의 일에 빼놓을 수 없는 레날 드 슈아즐 백작이 맡을 것이며,

---

3 1870년 프로이센-프랑스 전쟁 발발 직후 설립된 국제적십자위원회 산하의 전쟁 포로 관련 기관.

이어 국제 중재에 관한 국제회의를 소집한다는 계획이었다. 이러한 뒤낭의 생각은 이미 상당히 확고해서 그의 동지이자 공제조합 공동 설립자인 피르맹 마르보가 1871년 4월에 모니퇴르 위니베르셀 지[4]에 관련 기사를 싣기까지 하였다. 그 글에서 마르보는 '섬멸전을 결심할 정도로 심각한 분쟁 사항을 넘겨받을 수 있는 국제 차원의 대배심 기관' 추진이야말로 신생 공제조합의 선도 활동이 될 것이라고 밝힌 바 있었다.

그러니 만국연합의 계획에 등장할 당시 국제 중재라는 개념은 새로운 생각은 아니었다. 다만 몇 년 전에만 해도 위원장으로 언급된 매력 넘치는 슈아즐 백작은 이미 더 이상 위원장감이 아니었다. 총회 의사록에서 만국연합의 수많은 부회장 중 한 명으로 그의 이름을 찾아볼 수 있기는 하지만, 슈아즐 백작은 국제 중재에 대한 토론을 주재하지도 않았고, 심지어 토론에도 거의 참여하지 않았다. 뒤낭은 사교계 유명 인사들보다는 좀 더 무게감 있는 지성인들과 도덕성으로 이름난 지도자들로 이 총회를 채우고 싶었던 것일까? 실제로 그는 전쟁 포로라는 주제를 프랑스 학술원 회원인 아메데 티에리에게 '선사'했고, 국제 중재 논의는 유럽의 연합에 대한 선견지명을 보여주었던 정치가 펠릭스 에스키루 드 파리외에게 맡겼다. 역사적인 배경에 대한 소개는 평화협회 사무총장 앙리 벨레르가 담당하였다. 연설자들 중에는 또한 프레데리크 파시를 찾아볼 수 있는데, 그는 국제평화동맹의 창립자이자 중재라는 방법론을 국가간 갈등의 해결 방침으로 적극 옹호했던 인물이다.

국제회의 소집까지 이르지는 못했지만 만국연합의 총회는 이렇게 '합의와 보상의 방식을 통해 학자들과 법률가들이 관련 국제법 기안에 대해 진지하게 고민하게끔'[13] 하는 것을 목표로 삼음으로써 국가간 갈등 중재라는 주제에 최초로 학문적이고 지적인 지지를 보내준 셈이다.

저자 주석 13: 부아시에, 『솔페리노에서 추시마까지』, 379쪽.

영국의 지지

총회가 성공적으로 개최되자 뒤낭은 만국연합이 목표하는 바가 적중했음을 그리고 지속될 수 있음을 확신하게 되었다. 폐회 며칠 후 그는 누이 마리에게 편지를 보내어 언제나처럼 좋은 소식을 전했다.

---

4 1789년부터 1901년까지 발행된 프랑스의 신문으로 프랑스 정부의 선전 기관이나 다름없었다.

"무대 뒤에 숨은 채로 내 아이디어를 통해 모든 걸 이끌어서 만국연합을 온전히 가능하게 만든 게 나라는 사실을 생각해 보렴. 모두가 (대단한 위인들까지도 포함해서) 나 아니면 안된다고 할 만큼 엄청난 장애물들을 별 문제없이 통과할 수 있었단다. 아! 그들이 내 두려움을, 내 번뇌와 고민, 내 슬픔과 절대 곤궁의 상태를 알았더라면! 이제 그들이 나를 에너지가 넘치는 사람으로 여길 터이고, 내가 만국연합을 어디까지 이끌 수 있을지를 알아차렸 터이니 다행이다!"

다양한 국적의 사람들이 참석한 덕에 총회 이후에 만국연합은 '해외 지부'들을 굳이 따로 인준할 필요도 없었다. 각 국가의 지부들은 그 나라별로 관심사에 따라 자체적으로 집중할 분야를 결정하였다. 만국연합의 본부 지위를 유지하는 프랑스에서는 최근 정치계의 사건들로 인해 활짝 열린 행로를 지속하기로 하였다. 요컨대 '불운한 계층'을 회복시키고 국가 질서를 복구하는 일이었다. 반면에 뒤낭이 개인적으로 깊은 관심을 가졌던 문제들, 예를 들어 전쟁 포로라든지 국제 중재의 문제는 제네바 협약에서 다루지 않는 주제이기에 이를 국제무대에서 적극적으로 옹호할 주체가 필요했다. 이 문제들은 영국에서 다루는 것이 더 유망한 미래를 기대할 수 있을 듯했다. 그런 데다가 뒤낭은 지인들이 그를 위해 런던에서 개시하려던 그 문제의 성금 사업에 매우 신경을 쓰고 있었다. 1872년 5월 영국의 여러 신문에 뒤낭의 프랑스인 친구들의 호소문이 실렸다. 이는 뒤낭의 과업뿐 아니라 그가 금전적인 어려움을 겪고 있다는 사실을 솜씨 좋게 조합한 글이었다.

"11년 전에 뒤낭 씨가 창시한 중요한 자선 사업으로 인해 그의 재산은 모두 고갈되었습니다. 수많은 전쟁의 피해자들이 그의 노력 덕분에 혜택을 입었지만, 뒤낭 씨 본인은 재정적인 어려움에 처하고 말았습니다."

뒤낭은 모금 호소에 모금 대상자 본인의 목소리가 동반해야 한다고 확신하고는 영국으로 떠날 채비를 시작하였다. 6월말 누이에게 상황을 설명하면서 뒤낭은 영국에서는 자신을 크게 도와줄 '준비가 되어있다'고 말했다.

"(중략) 길은 이미 뚫려 있고 행로가 마련되어 있단다. 더타임즈뿐 아니라 여러 신망있는 영국 신문이 내게 헌신적이란다. 영국인들은 너그럽고 후한 사람들인 데다 그들의 허영심이 더해지면, 그리고 일을 잘만 진행시키면 몇십 만 프랑 정도는 아주 금방 모금될 거야. 제발 그러기만을 바랄 뿐이지."

영국에서 이렇게 분위기를 조성한 사람은 누구였을까? 영국 신문들이 동조하게 만든 이는 누구였을까? 영국의 후원자들이 뒤낭의 처지에 관심을 갖게끔 자기 이름을 내세워 성금 모금을 주도했던 부감찰관 C.A. 고든이라는 사람은 대체 누구인가? 뒤낭이 한 번도 방문한 적 없는 영국에서 오직 앙리 뒤낭을 위해서 — 5인 위원회 당시 동료 모누아르가 했던 표현을 빌자면 — '소동을 일으킨' 사람은 누구인가?

적십자 창립자를 둘러싼 이 모금 캠페인이 영국 땅에서 자생적으로 시작된다는 것은 불가능하다고 보아야 한다. 수개월에 걸쳐 앙리에게 도움이 되는 일을 하기 위해 누군가가 나서서 조율한 것이 틀림없다. 대체 그게 누구인가? 뒤낭은 이 사람이 누군인지 아무도 알아낼 수 없게끔 조심한 흔적이 있다. 한 사람의 이름이 떠오른다고 해도, 그 이름을 입 밖으로 꺼낼 만한 분명한 단서는 일절 찾을 수가 없다.

포로들을 위한 제안

1872년 7월 중에 뒤낭은 영국으로 떠났다. 프랑스와 영국에서 성금 호소는 진창에 빠진 듯했고, 5월에 개시된 영국 언론을 통한 캠페인도 김이 완전히 빠져버린 상태였다. 그는 자기 자신을 대신해서 영국을 들썩이게 만들 사람은 따로 없음을 깨달았다. 6월 말에 아직 파리에 있었던 뒤낭은 제네바에 있는 누이에게 감정을 분출했다. "오직 나만이 이 캠페인을 이끌 수가 있구나. 내가 직접 영국에 가야만 하는데 여비가 단 한 푼도 없단다." 마리가 이 사연을 피에르에게 알렸음이 분명하다. 불과 며칠 후에 피에르 뒤낭으로부터 꼭 필요한 영국행 노잣돈으로 쓰라고 300프랑이 도착하였다.

이 여행의 핑계를 마련하는 건 어렵지 않았다. 영국의 한 자선 단체인 '국립사회과학후원협회'[5]가 8월 6일 날짜로 뒤낭에게 런던 강연을 부탁해 왔는데, 이건 아마 뒤낭의 제안으로 이루어진 초대였을 것이다. 영국인들에게 성금 캠페인을 상기시키기에 이상적인 자리였다. 뒤낭은 적십자 주창자로서의 후광을 내세우는 데 그치지 않았다. 그는 만국연합의 위성 기관인 '국제상설전쟁포로위원회'의 이름을 걸고 연설에 나설 생각이었다.

피에르가 보내준 여비 덕분에 잠시나마 여유를 즐기게 된 앙리는 피카딜리에 위치

---

5   이 단체는 대영제국의 대법관을 지낸 브로엄경이 1857년에 창설한 기관으로 흔히 '사회과학협회'라고 불렸다. 보건, 형법 개선, 여성 교육 등의 분야 등에서 1886년까지 활동하다 해체되었다.

한 세인트제임스 호텔에 여장을 풀었다. 허나 도착한 지 얼마 되지도 않아 제네바에서 그를 완전히 무너뜨릴 비보가 도착했다. 그의 제수 그러니까 다니엘의 부인 소피가 셋째 아이이자 늦둥이인 아들을 낳고서 산욕열에 시달리다 목숨을 거두었다는 소식이었다.

앙리는 피에르에게 보낸 편지에 이렇게 적었다. "소피가 세상을 떴다는 갑작스런 소식에 도무지 기운을 낼 수가 없고 계속해서 생각이 나는구나. 하지만 도무지 편지를 보낼 용기가 나질 않아." 다니엘에게 편지 쓸 용기가 없었던 이유는 아마도 알제리 사업 실패로 인한 상처가 여전히 생생했을 뿐 아니라, 그와 더불어 국제보편도서관 사업의 실패[14], 그리고 의도한 것은 아니지만 파시 지구에 놓고 가버린 다니엘 가족의 겨울 옷가지를 뒤낭이 감금해 둔거나 다름없었던 일 등 파리에서의 비참한 경험이 탓에 앙리와 다니엘의 관계가 악화될 대로 악화된 상태였기 때문일 것이다. 다니엘에게 위로의 편지를 쓸 용기가 없다는 것은 충분히 이해가 간다! 하지만 한편으로 얼마나 수치스러운 일인가. 큰형님 앙리는 여전히 온 가족이 그에게 보여온 존경을 받을 자격이 없었다.

> 저자 주석 14: 수익을 내지 못하면서도 국제보편도서관 사업은 여전히 명맥을 이어가고 있었다. 1872년에도 여전히 막스 그라치아, A. 피노, J. 다비드 및 프레데리크 귀스타브 아이흐호프와 함께 앙리 뒤낭이 편집위원회라고 명기된 책들이 여러 권 나왔다.

그럼에도 뒤낭은 그렇게 무너져버릴 수는 없었다. 그의 말마따나 '극복하고, 할 일을 해야만' 했다. 영국인들의 마음을 사로잡아서 자신을 위해 영국인들의 지갑이 열리도록 해야만 했다. 뒤낭은 영국에서는 자신의 평판이 여전하다는 점을 최대한 이용해야 한다고 보았다. 전 동료인 무아니에가 벌써 자신보다 훨씬 여러 발 앞서 나갔음을 그가 알 리 만무했다. 뒤낭이 영국으로 갔다는 소식을 듣자마자 국제위원회 회장 무아니에는 영국 적십자의 유력 인사들에게 제네바 신용 은행을 둘러싼 판결문의 일부를 발췌하여 보냈다. 그러면서 '이 사건은 제네바에서 커다란 파문을 일으켰고', 그리하여 뒤낭 씨는 '감히 제네바에 발을 들이지 못하고 있다'고 덧붙였다. 소통의 천재 앙리 뒤낭은 그에 걸맞은 적수를 상대하고 있음이 분명했다.

뒤낭의 8월 6일 강연 초청장에는 당연히 영어로 '전쟁 포로의 처지를 통일하기 위한 제안'이라고 적혀있었다. 강연은 영국 국회의원 엘코 경의 주재 하에 아담가 1번지에서 15시에 열렸다.

의무 사항이나 다름없는 나이팅게일과 디킨스에 대한 경의를 표한 후, 뒤낭은 제네바 협약의 유래, 그 준비 과정 중 독일을 돌며 개인적으로 자신이 했던 역할, 또 1867년 파리에서 외제니 황후의 요청으로 해군 부상병의 처우 개선을 위해 중개자 역할을 한 점, 그리고 1870~71년 프로이센-프랑스 전쟁에서 자신이 중재인으로 노력했던 점 등을 되짚었다. 서론이 30분이나 이어진 후에야 초청장에 공지된 대로 연설의 본론, 즉 전쟁 포로에 대한 논의를 시작한 뒤낭은 자신의 초창기 출판물에서나 1867년 파리 회의에서도 해당 문제를 고민해 왔다고 말했다. 그는 포로 신세가 된 병사들의 고통스러운 현실 즉 배고픔과 추위, 가족과의 이별 등등을 마치 자신이 조금은 안다는 듯 시간을 들여 설명하였다. 그는 전쟁 포로의 불안정한 지위에 대해서도 청중에게 상기시킨 데 이어 마지막으로 자신의 제안을 내놓았다. 바로 부상병들을 위한 구호 단체와 같은 방식으로 전쟁 포로 문제를 다룰 국가별 위원회를 설립한 후, 그러한 각국 위원회의 대표뿐 아니라 정부에서 파견하는 대표단도 포함하여 ─ 1863년 제네바 회의와 같은 방식으로 ─ 예비 국제회의를 개최하자는 제안이었다. 이 두 단계를 거치고 나면, "유럽의 중립국 중 하나인 벨기에가 각국 정부를 초청하는 역할을 맡아줄 것이고, 정상적인 외교적 통로를 통해서 우리의 목적을 실현할 수 있으리라 본다."고 발언하였다.

뒤낭 본인의 말에 따르면 그날 강연은 매우 성공적이었다고 한다. 피에르에게 8월 10일에 보낸 편지에서 그는 6일 강연에 대해 "목표를 달성했단다. 덕분에 영국에서 내가 어찌나 유명해졌는지 이제 다시금 희망을 가져볼 수 있게 되었구나."라고 적었다. 뒤낭이 언급한 희망이란 무슨 말인가? 사람들로부터 잊혀진 채 정체되던 성금 모금 활동이, 그날 강연 덕에 여론이 호의적으로 형성되어 다시 활기를 띠리라는 희망을 의미한다. 또한 '대위원회'와 '강력한 후원자'가 전쟁 포로 옹호 분야에 등상해서 자신의 운명을 뒤바꾸어 주고 '나와 관련된 네까시 이르러 주기를' 바라는 희망을 말한다. 이는 금전적인 어려움을 돌려 표현한 것이다.

본인의 말마따나 '상상했던 그 어떤 차원을 넘어선' 성과 이외에, 그의 런던 강연은 뒤낭의 상처난 마음에도 치료 연고처럼 작용했다. 런던에 사는 몇몇 스위스인들이 그의 강연을 들으러 왔는데, 그가 연루되었던 불상사가 어떤 일이었는지를 감안하면 아무나 온 게 아니라 좀 더 의미가 있었다. 강연을 찾아온 스위스인 중에 뒤낭의 지인 여성의 사위가 있었다. 그녀가 1866년에 스스럼없이 내어주었던 돈을 뒤낭은 갚지 못했었다. 스위스인 목사 한 명도 스위스 교회의 성도들 몇몇과 함께 강연에 찾아왔고, 이들 모두 뒤낭에게 '공감한다는 의사'를 전해 주었다고 한다. 벌써부터 영국 사람 행세를 하듯 절제된 말투로 그는 피에르에게 "나는 그 말에 기뻤다."고 담백하게 고백했다. 과거 함께한 기독교인 '형제자매들'로부터 고통스럽게도 배척당한 이후, 프랑스어권 스위스 개신교도들 몇 명이 그에게 손을 뻗어주었다는 사실만으로, 뒤낭은 그날 밤 조금은 더 평온한 마음으로 잠자리에 들 수 있었다.

1872년 8월 6일의 강연은 실로 그를 수렁에서 건져주었다. 다만 그가 상상한 방향은 아니었다. 아직은 때가 되지 않았던 전쟁 포로를 위한 제안을 통해서도 아니고, 무아니에가 미리부터 방해 공작을 해놓은 '적십자위원회 회원들로 구성된 대위원회' 활동을 통해서도 아니었다. 심지어 영국 언론이 이미 묻어버린 성금 모금이 재개되어서도 아니요,[15] 용서할 준비가 된 몇몇 개신교도들을 통해서도 아니었다. 그를 구제한 길은 지금까지 결코 생각해 보지도 않은 행로였다.

> 저자 주석 15: 1892년의 한 편지에서 이 영국에서의 모금 활동의 결과를 찾아 볼 수 있다. 총 모금액은 단 한 명의 기부자가 낸 2파운드, 즉 50프랑이었다. "그게 다였다네. 고든 박사는 그 돈을 뒤틸 남작에게 보냈고, 환전하고 남은 금액을 남작이 내게 보내주었어. 그 돈으로 겨우 영국에 가기 위해서 꼭 필요했던 검정색 예복을 하나 구입했다네." (루돌프 뮐러에게 보낸 1892년 9월 11일자 편지)

아담가에 나타난 이브

1872년 8월 6일 아담가에 위치한 강연장에는 뒤낭의 생에서 알려진 최초의 이브가 자리하고 있었다. 그녀는 뒤낭보다 몇 살 연상이었고, 남편과 사별한 미망인이었으며, 그날 아들을 동반하였다. 그녀의 이름은 레오니 카스트네르Léonie Kastner였다. 레오니는 연단 위 뒤낭의 이야기를 주의 깊게 들으며 뒤낭의 매무새도 영어 실력도 여유롭지가 못함을 알아차렸다. 그날 이후로 그녀는 그에게서 눈을 떼지 않았다. 뒤낭의 회고록은 이날의 만남을 이렇게 기록하고 있다.

"카스트네르부르소 부인[16]은 망명 중이던 나폴레옹 3세를 브라이턴에서 1872년 8월에 아들과 함께 알현했을 때 폐하로부터 나를 도와주라는 권유를 받았다. 그리하여 부인께서는 8월 6일 엘코 경의 주재 하에 사회과학협회 본부에서 열린 '강연'에 참석하셨다. 나를 향한 카스트네르 일가의 관대한 호의가 시작된 것은 바로 그날로 거슬러 올라간다. 황제 폐하께서는 아주 친절하게 그들을 맞아주셨고, 카스트네르 모자는 황제께 깊은 경의를 표하였다. 나폴레옹은 그들에게 "뒤낭은 무얼 하고 지내는가?" 하고 극히 호의가 가득한 어조로 여쭤보셨다고 한다. 그리고 8월 6일 내가 한 '강연' 내용을 읽어보셨다."[17]

> 저자 주석 16: 레오니 카스트네르는 장프랑수아 부르소(흔히 부르소 말레르브라고 알려져 있다)의 딸로 태어났다. 장프랑수아 부르소는 배우였다가 여러 산업과

무역 분야에서 엄청난 부를 축적했던 사람이다. 재혼한 부인에게서 둘째 아이로 1820년 레오니가 태어났을 때 그의 나이는 69세였다. 상당히 음악적인 재능이 있었던 레오니는 16세에 자신의 음악 선생님이던 27세의 장조르주 카스트네르와 결혼했고, 1867년에 남편과 사별하였다.

저자 주석 17: 앞에서 인용한 『회고록』 325쪽. 회고록은 카스트네르 부인이 후한 인심을 베풀기 시작한 시기를 '파리에 질서가 회복되고 몇 달 후'라고 기록하고 있다. 말하자면 공제연합의 빚을 조금씩 갚아주시기 시작했다는 뜻이었다 (324~325쪽). 하지만 회고록은 뒤낭의 삶에서 이 시기의 사실 관계를 의도적으로 흐려놓고자 했던 것으로 보인다. 또한 런던 체류 이전에는 카스트네르 일가와 특별한 관계가 있었다고 추정할 수 있는 단서가 일절 존재하지 않는다.

그러니 카스트네르 가족과 우애가 시작된 것은 1872년 8월 6일 즈음이 맞다. 강연 당일이었을 수도 있고, 아마도 그 조금 전에 망명 중인 나폴레옹파 귀족들의 한 사교 모임 자리에서 처음 만났을 수도 있다. 실제로 카스트네르 가문은 제국이 몰락한 후 런던으로 피신한 소규모 프랑스 이주민 집단의 일원이었다. 뒤낭은 분명 영국에 오자마자 이들에게 접근하고자 했을 것이다. 놀랍지 않긴 하지만, 뒤낭이 자신이 강연할 내용을 미리 황제에게 보냈다는 사실을 알 수 있다. 이는 당연히 황제를 향한 찬사가 가득한 글이었고, 구 황제의 보좌관들은 며칠 후에 잊지 않고 뒤낭에게 감사 인사를 전했다.

카스트네르 부인과 아들이 8월 6일 강연이 끝난 후 인사를 하러 왔을 때, 뒤낭은 이들이 황제의 치즐허스트 자택의 단골 손님이라는 점 때문에 훨씬 더 경의를 갖추었다. 또한 그는 이들 모자에게 자신이 그날 다룬 주제와 관련된 새로운 문서를 맡기면서 — 뒤낭은 항상 여분을 가지고 다녔다 — 다음에 그들이 황제를 알현할 때 이를 전달해 달라고 부탁하기도 했다.

카스트네르 모자는 약속을 지켰다. 8월 14일 나폴레옹 3세 비서실에서 온 서한에는 모자가 뒤낭의 부탁을 실제 이행했음을 증명하는 내용이 담겨 있었다. "뒤낭 씨, 귀하의 추천에 따라 황제께서는 카스트네르 씨의 알현을 허락하셨고, 그는 폐하께 귀하의 런던 강연문을 전달하였습니다."

이제 우리는 뒤낭이 회고록에서 나폴레옹 3세가 카스트네르 모자를 '친절'하게, 또 '호의'를 가지고 맞이했다고 왜 그토록 강조했는지를 더 잘 이해할 수 있다. 감히 싸구려 예복밖에 없는 자신이 그런 차림으로 황제 앞에 모습을 드러낼 수 없다 보니, 뒤낭에게 카스트네르 모자는 자신의 대사 역할을 했던 것이다. 그러니 황제가 했다는 그 질문, 그에게는 마치 성배에서 떨어진 성수 한 방울처럼 느껴진 "뒤낭은 무얼하고 지내는가?"라는 물음도 뒤낭의 밀사들에게 황제가 그 말을 건넨 순간부터 사실 황제로서는 당연한 질문이었다. 실제로 뒤낭의 회고록에서 이 일화 부분을 읽고 있으면, 자신이 추앙하는 별의 궤도로 돌아오긴 했지만 이제 감히 가까이 다가갈 수 없는, 또 대리인을 통해 그 별의 빛을 쬐는 것만으로 만족해야만 하는 한 남자의 엄청난 고통만이 느껴진다.

1872년 여름과 가을 사이에 뒤낭의 생에 있어서 '카스트네르 시대'가 시작되었음을 확인할 수 있는 요소가 하나 더 있다. 파리의 만국연합 본부는 뒤낭이 영국으로 떠날 때까지만 해도 사무총장 펠트르 공작의 주소인 팡티에브르 거리로 되어 있었다. 뒤낭이 런던에서 돌아온 후에 본부는 클리시가로 주소를 옮겼다. 카스트네르 부인의 소유 건물 중 하나가 위치한 곳이었다. 이 시점부터, 앙리 뒤낭이 설립한 만국연합은 확고히 또 끝까지, 레오니 카스트네르와 그녀의 아들 프레데리크와 운명을 같이하게 된다.

1872년 뒤낭은 레오니 카스트네르와 연을 맺게 된다. 레오니 카스트네르의 막내 아들 프레데리크 카스트네르. 레오니 카스트네르의 초상은 전해지지 않는다.

런던에서 살아남기

그들이 정확히 어떤 정황에서 만나게 되었든, 카스트네르 부인이 적십자 창립자를 만나자마자 후한 인심을 보여준 것은 아닌 걸로 보인다. 1872년 8월과 9월 사이에 자신의 강연 내용을 서둘러 인쇄하여 여기저기 배포하고 난 뒤낭은 파리에서와 마찬가지로 런던에서도 내일을 걱정해야 했다. 어떻게 버텨야 할까? 호텔에서 차 한 잔과 냉육을 조금 먹는 것으로 조촐하게 조식은 해결하고 있었다. 이조차 피에르가 형에게 추가로 보내준 100프랑 덕분에 가능한 일이었다. 하지만 어디에도 초대를 받지 못한 날이면 뒤낭은 점심과 저녁을 그냥 걸러야 했을 정도로 주머니 사정이 나빴다. 나중에 그는 "이렇게 15일이나 지냈지만, 내가 그런 상태임을 생각하는 사람이 아무도 없었다"고 고백했다.

8월에 그를 초청하였던 단체, 국립사회과학후원협회는 뒤낭이 만국연합의 이름으로 옹호하는 두 번째 대의, 즉 국가간 국제 중재에 대해서도 상당한 관심을 갖고 있었다. 해당 협회는 9월에 데번셔 지방 플리머스에서 성대한 학회를 개최할 예정이었고, 토의 주제 중 하나는 '전쟁을 피하기 위해 국제 중재 법정을 만들어낼 수 있는가? 만약 그렇다면 어떠한 방식으로 만들어야 하는가?'라는 문제였다. 뒤낭은 당연히 그 의문에 대해 자신만의 답변이 준비되어 있었고, 플리머스에서 열릴 학회에서 그 내용을 발표하고 싶어했다. 허나 대체 어떻게 플리머스까지 간단 말인가? 누가 비용을 대겠는가?

뒤낭은 마침 런던평화협회와 그 사무총장인 헨리 리처드를 기억해 냈다. 목사 출신 리처드는 1850년부터 평화 운동, 중재를 통한 무력 갈등의 해결, 그리고 노예제 폐지라는 세 가지 대의를 위해 일하기 시작한 인물이었고, 뒤낭 역시 그 세 가지 문제에 대해서 어느 정도의 식견을 갖춘 사람이라 할 수 있었다. 헨리 리처드는 그를 극진히 맞이해 주었고, 평화협회 재정이 풍족하니 분명 뒤낭의 여비 일부는 환급해 줄 수 있을 것이라면서, 그에게 플리머스 학회에 꼭 참석하라고 권했다.

그 말이 떨어지자마자 뒤낭은 바로 움직였다. 자신에게 남은 마지막 돈을 탈탈 털어서 플리머스로 향한 뒤낭은 학회에서 1872년 9월 13일 국제 중재를 위한 상급법원을 재정해야 할 필요성에 대해 강연했다. 8월 전쟁 포로에 대해 했던 런던 강연과 마찬가지로 그는 인류 문명의 발전에 대한 지나치게 형이상학적이고 끝도 없는 서두로 운을 띄웠다. 뒤낭은 제네바 협약을 예시로 들면서 이는 문명을 이루는 인간

정신 그 자체를 보여주는 사례라고 언급했다. 그러고 난 후에야 본론으로 들어간 뒤낭은 자신이 고민해온 형태의 중재법원이 어떤 모습인지를 설명하였다. 국제 중재라는 인류에게 유익한 활동을 통해서 모두가 인정하는 도덕적인 권위를 갖춘 중재 기관이어야 한다는 내용이었다. 뒤낭은 다만 어찌되었든 이 기관은 결코 재판소가 되어서는 안 된다는 입장이었다. 왜냐하면 정부들과 국가들은 심판받기를 매우 싫어하기 때문이라 보았기 때문이다.

뒤낭은 강연 당일 상당히 민감한 시사 문제의 덕을 보았다. 영국에서는 알라바마호에 대한 미국과의 갈등에 대해 제네바에서 내려질 중재 판결을 관심을 갖고 기다리던 참이었다. 알라바마호는 미국 남북전쟁 중에 영국에서 무장하여 남부군 지원을 위해 보내진 전함이었다. 알라바마호는 북군 함대에 상당한 타격을 가했고 최후에는 해전 중 침몰하였다. 최종 승자가 된 미국의 북군 정부는 알라바마호가 일으킨 피해를 영국이 보상해야 한다고 주장했다. 영국은 미국의 청구에 이의를 제기하면서 중립적인 중재인을 요청했다.

중재법원은 마침 플리머스 학회 기간 동안 제네바에서 심의 중이었고, 뒤낭의 강연 다음 날 결정이 나올 예정이었다. 솔직히 이러한 우연의 일치가 영국에게 좋은 일은 아니었다. 왜냐하면 결국 영국이 미국에게 보상금 1,500만 달러를 지급하라는 결정이 나왔기 때문이다. 다만 운 좋게도 이 제네바 사람 뒤낭이 국제 중재에 대해 영국 청중을 놓고 강연을 하는 시점에는 그런 결정이 아직 나오지 않은 상태였다. 그러다 보니 당시 시사 문제가 뒤낭에게 아직 몇 시간 동안은 유리하게 작용한 셈이다.

실제로 그의 강연은 상당한 성공을 거두었다고 볼 수 있다. 언제나처럼 나폴레옹 3세에게 바치는 찬사를 잊지 않은 뒤낭은 — 공개 강연 전에 찬사의 당사자인 황제에게 이미 이를 알렸다 — 플리머스 강연 이후에 처음이자 유일하게 황제가 직접 서명한 짤막한 메모를 전달받는 기쁨을 누렸다. 9월 20일 날짜 친필 서한에는 "플리머스 학회 강연에서 나에 대해 호의적인 평가를 해주어 감사합니다. 그리고 인류에게 도움이 되는 대의를 위해 큰 노력을 기울이시는 귀하를 치하합니다."라는 황제의 인사가 적혀 있었다. 언론도 찬사를 아끼지 않았고, 상세한 요약문을 게재하였다. 더글로브앤트래블러와 웨스턴데일리머큐리와 같은 신문에서는 뒤낭의 강연 내용을 심지어 전문 게재하면서, 이는 플리머스 학회에서 가장 의미 있는 논의 중 하나였다고 평가했다.

먹고사는 문제가 제대로 해결되었더라면 뒤낭은 이러한 성공을 만끽할 수 있었을지 모른다. 평화협회가 비용을 처리해 주지 않는 바람에 뒤낭은 지난 2주간 런던에서 겪었던 것보다도 더욱 극심한 굶주림에 시달리고 있었다. 플리머스 강연을 마칠 무렵에 심지어 졸도할 뻔해서 자기의 발표문을 연단 위에 자리한 옆 사람에게 잠시 넘겨주기도 했다.

이토록 곤궁한 상태임에도 불구하고 그는 플리머스에서 머무는 기간을 연장하였다. 누이 마리에게 10월 4일 플리머스로부터 편지를 보내면서는 항상 그랬던 것처럼 상황을 가능한 한 실제보다 낫게 포장하려 애썼다. 이번에는 아무 소용이 없었다. 아무리 미화하려 해봐도 뒤낭이 이날 보낸 편지의 행간에는 그의 깊은 우울감이 묻어났다. 그는 영국의 날씨를 더 이상 견딜 수 없어 했고, 제수 소피의 죽음에서 헤어나오지 못하고 있었으며, 런던의 평화협회로부터 '암암리에' 작은 일자리라도 얻고 싶지만 어떻게 접근해야 할지를 모르는 상황이었다. 이제 정말 지칠 대로 지쳐 있었다. 10월 중에 '무엇을 어떻게 해야 할지 모르겠는 상태로, 또 습기와 추위를 견뎌내기엔 턱없이 부족한 옷차림으로, 추운 날씨에 고약한 객차 안에서' 덜덜 떨며 런던으로 돌아온 뒤낭은 크게 앓아누웠다. 의사의 진단에 따르면, 극심한 황달이었고 나중에 가서 고백하기를 거의 죽을 뻔했다고 한다. 다만 뒤낭 본인의 생각에 당시 병을 얻은 이유는 지난 몇 달에 걸쳐 '번민과 결핍, 추위 그리고 제대로 먹지 못한 것' 때문이었다고 보았다. 다시 말하자면 자신의 생활상이 불안정하기 때문이었고, 그는 이제 더 이상 정신적으로든 육체적으로든 견딜 수 없을 지경에 이르렀다.

25년 후 뒤낭은 회고록에 이렇게 담담하게 기록했다. "하지만 바로 그때 나폴레옹 3세를 알현한 후 브라이턴으로부터 돌아온 카스트네르 가족이 진정 놀랄 만치 친절과 헌신을 보여주셨다." 이는 폐위와 망명의 세월 속에 나폴레옹 지지자들 사이에서 생겨난 연대 의식이었을까? 고통을 겪는 이에 대한 모성 본능이었을까? 아니면 새롭게 싹트는 사랑의 감정이었을까? 뒤낭이 가장 필요로 할 때인 1872년 가을 레오니 카스트네르가 다시 모습을 드러냈다. 우아한 실루엣에 상냥한 표정을 한 레오니, 세상에 거의 알려지지도 않은 대모가 이번에는 아들을 동반하고 하숙집에 드러누운 그를 찾아온 것이다. 그즈음 뒤낭은 호텔에서 묵을 형편도 못되었다. 레오니는 비쩍 마른 데다 병에 걸려 비참한 상태에 빠진 뒤낭을 측은히 여겼다. 그는 프랑스인의 황제께서 신경을 쓰는 사람이 아니던가! 그녀는 뒤낭에게 당장 500프랑을 받아두라고 강권하고는, 부드럽지만 권위있는 태도로 그에게 도무지 맞지 않음이 명백한 런던을 이제 떠나야 한다고 권했다. 그녀의 아들 프레데리크가 뒤낭의 여정에 동반하면 되고 그가 안심할 수 있게 모든 비용을 책임질 것이라고 말했다. 도버에서 칼레로 가는 페리 갑판에 위치한 1인실을 예약해 둘 것이고, 파리 숙소는 "글쎄요! 그건 그때 가서 생각하지요."라며 카스트네르 부인은 작별 인사를 했다.

왜인지는 모르겠지만 뒤낭은 그녀의 말을 믿었다. 그는 레오니가 어떤 사람인지 어렴풋이 알고 있을 뿐이었다. 배우였다가 사업가로 성공한 장프랑수아 부르소의 늦둥이 딸로 태어났고, 상당한 명성을 지닌 알자스 출신 작곡가 알베르 카스트네르와 결혼했다 최근에 미망인이 되었다는 정도였다. 뭐가 중요하랴. 몇 주만에 처음으로 뒤낭의 마음이 편안해졌다. 1872년 늦가을 그는 프레데리크 카스트네르와 함께 파리로 향했다.

파리에서의 공백기

뒤낭은 1872년 말부터 1873년 여름까지 거의 흔적을 남기지 않았다. 다만 그가 카스트네르 모자 곁을 떠나지 않았고, 그들도 뒤낭과 가까이 지냈다는 것은 분명하다. 아마도 그것이 급작스레 그의 서신 교환에 공백 기간이 발생한 유일한 이유가 아닐까 싶다.

이 세 사람이 이룬 작은 공동체는 파리에 자리잡았다. 카스트네르 부인은 아들을 과보호하는 엄마였고, 아들 프레데리크가 이미 성인이 되었건만 단 한시도 떨어지려 하지 않았다. 그녀에게는 그럴 만한 이유가 있기는 했다. 첫아들은 다섯 살도 되지 않아 세상을 떴다. 3년 전에는 둘째 아들 알베르와 절연을 했다. 알베르가 동생의 하녀였던 연상의 여인과 1865년에 아이를 가지더니 그해 결혼까지 강행한 탓이었다.[18] 그러니 부인에게는 오직 프레데리크만 남은 셈이었다. 이 늦둥이 셋째 아들을 그녀는 애지중지하며 품고 지냈다.

저자 주석 18: 카스트네르 부인과 이 둘째 아들의 불화는 카스트네르 부인이 세상을 뜰 때까지도 이어진 것으로 보인다. 그 이유는 그녀의 남편 장조르주 카스트네르의 방대한 전기 내용(레오니의 요청에 의해, 또 레오니가 협력하여 헤르만 루트비히가 집필)을 보면, 카스트네르 부부에게는 아들이 두 명 있었다고 기록하고 있다. 즉 1838년에 태어나 어렸을 때 사망한 조르주, 그리고 1852년생 프레데리크이다(루트비히의 책, 2권 219쪽, 3권 179쪽). 루트비히의 책을 신뢰했던 장프랑수아 부르소의 전기 작가 에른스트 르베그 또한 이 오류를 그대로 반복했다(르베그의 책, 260쪽). 가족의 연대기에서 삭제되어버린 이 알베르 카스트네르는 그럼에도 뒤낭의 인생에서 중요한 역할을 하게 된다. 뒤낭은 1872년부터 1887년 사이 카스트네르 부인과 자신이 겪은 수많은 핍박의 큰 부분(특히 예수회로부터의 핍박)을 알베르 카스트네르의 탓이라고 보았다(루돌프 뮐러에게 보낸 1892년(추정) 6월 3일자 편지, 1894년(추정) 조카 모리스 뒤낭에게 보낸 편지).

프루스트 소설의 주인공마냥 처진 눈꺼풀을 한 프레데리크는 우수에 찬 예술가 같은 모습이었다. 그는 파리 같은 도시가 스무 살 청년 앞에 내밀 수 있는 온갖 유혹을 마다하지 않았다. 그러한 일탈에 대한 대가는 어머니가 눈 하나 깜짝하지 않고 치루곤 했다. 이런 사실을 알고 보면, 카스트네르 부인은 앙리 뒤낭이 프레데리크에게 아버지의 부재와 형의 나쁜 본보기를 상쇄해 줄 기대치도 않은 구원의 손길이 되어줄 사람이라고 생각했을 개연성이 상당히 높다. 런던에서 그를 만나자마자 부인이 뒤낭에게 베푼 후한 인심을 고려하면 그러한 대체자로서의 역할을 기대한 게 아닌가 하고 쉽게 상상해 볼 수 있다. 게다가 이 세 명이 그토록 빠르게 가족 같은 인연을 맺게 된 점을 설명할 수 있는 접근이기도 하다.

카스트네르 부인이 요청한 대로 뒤낭은 프레데리크가 첫 '파이로폰'을 제작할 수 있도록 도와주는 멘토 역할을 하기로 즉시 승낙하였다. 파이로폰은 프레데리크가 음향학 연구 결과를 실용화하게끔 발명한 일종의 악기였다. 프레데리크 카스트네르는 작곡가인 아버지 장조르주 카스트네르의 음악적 재능을 물려받았을 뿐 아니라 물리학에도 재능을 보였다. 스무 살이 되기도 전에 프레데리크는 유리관을 순환하는 가스 불꽃을 가지고 안정적인 음을 만드는 이 파이로폰의 시스템을 고안했다. 이 발명품은 '노래하는 불꽃'이라는 별명으로 불렸다. 이때까지만 해도 음악에 대해서는 일절 흥미를 보인 적 없는 뒤낭은 카스트네르 가족에 대해서만큼은 관심을 기울였기에 특유의 열정을 가지고 이 새로운 사업에 뛰어들었다. 프레데리크에게 그의 발명품을 제대로 된 프로토타입으로 제작하라고 압박한 그는 자기 자신의 표현을 빌자면, "프레데리크가 혼자서는 할 수 없었기에 내가 그 제작을 주관했다."[19]고 한다. 이 두 사람의 협업은 파리에서 1872년 가을부터 1873년 3월까지 이어졌다. 이 시기에 질서와 문명을 위한 만국연합은 본부 주소를 클리시가 43번지로 옮겼다.

저자 주석 l9: 1885년 6월 29일 조카딸 앙드리엔 뒤낭(남동생 다니엘의 딸)에게 보낸 편지 내용.

이 건물은 카스트네르부르소 가문이 보유한 상당한 부동산 자산 중 하나였다. 1층에는 정원과 안뜰 사이에 가구를 완벽히 갖춘 웅장한 아파트가 있었다. 이를 카스트네르 부인은 만국연합뿐 아니라 그 창시자인 뒤낭이 사용하도록 배려해 주었고, 그 덕에 그는 널찍한 침실과 식당을 쓸 수 있었다. 그러는 과정에서 프레데리크 카스트네르가 돌연 만국연합 프랑스 지부의 기록 보관 담당자로 임명되었다. 뒤낭과 카스트네르 가문과의 관계가 더욱 단단하게 맺어진 셈이다.

나중에 뒤낭이 남긴 고백의 내용을 믿자면, 레오니는 만국연합에 멋진 아파트를 선사했을 뿐 아니라, 1872년부터 1876년 사이에 만국연합 운영비의 대부분을 책임졌다고 한다. 게다가 만국연합의 설립자에게는 뒤낭 본인이 더 이상 상상조차 못했을 수준의 안락한 삶을 보장해 주었다. 그녀는 앙리에게 생활 공간을 거저 쓸 수 있게 해 주었을 뿐더러, 뒤낭에게 매일 ― 그가 나중에 기록하기를 '지나치게 호사스러울 정도로' ― 풍성한 점심이 배달되도록 해주었다. 그것도 파리의 부유한 가문들의 인기를 독차지 하던 레스토랑 슈베에서 주문한 음식이었다.

이 정도의 아량을 보여준 이유는 그녀가 만국연합의 목적에 열정적으로 동의하기 때문이었을까? 한 명은 파산으로, 한 명은 사별로, 1867년 같은 해의 저주를 받은 52세의 미망인과 44세의 독신 남성이 낭만적으로 첫눈에 반했기 때문일까? 수 해가 지나 상처가 아물고 난 뒤, 뒤낭은 레오니가 이처럼 엄청난 호의를 보여준 심오한 이유를 몇 마디로 설명해 두었다. 만국연합이 활동을 지속할 수 있게 도와줌으로써 "그녀는 자신의 아들도 고칠 수 있으리라 기대했다. 프레데리크에게 뭔가 목적을 갖게 하고, 좋은 인맥을 쌓게 하며, 그가 쓸모 있는 사람이 되기를 기대했던 것이다."[110] 산만하기 그지없던 프레데리크가 즉각 문서 관리자가 되더니, 이내 간사 자리를 차지한 사연이 바로 이러했다. 또한 그런 이유로 그는 뒤낭에게서 만국연합의 주요 활동가로 일할 수 있는 놀라울 정도의 특혜를 받았던 것이기도 하다. 카스트네르 부인은 분명 뒤낭이 자기의 말썽쟁이 아들을 가까이서 대신 감독해 주기를 요구했으리라 추측할 수 있다. 허나 불쌍한 앙리. 본인보다 꼬박 한 세대가 젊은 청년, 자신과 관심사가 정반대인 이 청년에게 그가 할 수 있는 게 무엇이 있겠는가. 이건 불가능한 임무였다.

저자 주석 I10: 루돌프 뮐러에게 보낸 일자 미상의 '각종 메모'. 아마도 1892년 11월일 것이다.

20년 후 뒤낭은 "그 안타까운 청년(프레데리크)은 어머니의 끊임없는 정성에도 불구하고 성장할 줄 몰랐다."면서, "그는 자기를 바보로 만들어버린 정부에게 빠진 데다 술꾼이 되어버렸다."[111]고 언급했다. 자기 아들이 화를 면하게끔 하려던 카스트네르 부인의 노력 덕에 오히려 뒤낭이 암울한 운명에서 구제받는 결과가 나타났다.

저자 주석 I11: 루돌프 뮐러에게 보낸 일자 미상의 '각종 메모'.

앙리는 십중팔구 1873년 여름까지는 파리에 머물렀던 것으로 보인다. 1월에 영국에 갔더라면 그의 회고록에 1월 15일에 치즐허스트의 작은 성당에서 열린 나폴레옹 3세의 장례식에 대한 언급이 있었을 것이다. 자신들의 과거 군주에게 마지막 경의를 표하기 위해 수천 명의 프랑스인들이 영불해협을 건너 장례식에 참여했으니 말이다. 마찬가지로, 황제에게 절대적인 경의를 품었던 카스트네르 부인과 함께 장례식에 갔으리라 추측할 수 있다. 하지만 그의 이름이 나폴레옹 3세의 장례식에 참석한 사람들에 대한 기록에는 남아 있지 않다. 다만 프레데리크 카스트네르의 이름은 찾을 수 있다. 로르드르 신문에 며칠 후 G. 카스트네르의 미망인이 치즐허스트에 있었다는 기사[112]가 실린 사실을 보면 아마도 레오니는 조금 시간이 지나서 합류한 걸로 보인다.

저자 주석 I12: 나폴레옹 3세의 장례식. 캉바세레스 공작이 작성한 보고서, 1873년, 57쪽과 80쪽.

숙식 문제가 해결된 뒤낭은 파리에서 자신의 '과업'에 온전히 집중할 수 있었다. 1867년 제네바위원회에서 추방당하듯 쫓겨난 기억에 시달린 그는 자신의 직책이 만국연합 프랑스 지부의 '종신 사무총장', 그리고 영국 지부의 '종신 명예 국제 간사'가 되도록 신경을 썼다. 그 누구도 모를 일 아닌가. 그리고 만국연합의 여러 지부에서 펴내는 소식지나 출판물의 핵심 내용을 작성하는 일은 분명 뒤낭이 맡아서 했을 것으로 보인다. 그는 그러한 소식지에 뒤낭은 무아니에가 봤다면 눈이 휘둥그레질 이름, 예를 들어 '적십자의 깃발'이라든지 아니면 더 간단하게 '적십자'라는 이름을 붙였다.

그는 전쟁 포로 문제에 가장 큰 노력을 기울였다. 관심뿐 아니라 감수성이 기우는 방향도 역시 전쟁 포로였다. 만국연합의 또 한 명의 멤버가 이 대의에 대해 뒤낭만큼이나 열성이었으니 바로 우드토 백작이었다. 그는 뒤낭이 프랑스 적십자위원회를 통해 알게 된 인물로 뒤낭을 열정적으로 그리고 아주 효율적으로 보좌하였다. 1864년 제네바 회의를 위해 그랬던 것처럼, 뒤낭은 전쟁 포로 문제에 대해서도 프랑스의 후원을 얻고자 동분서주하였다. 1873년 3월 7일 티에르 대통령에게 다른 근심거리가 있을지에 대해서는 전혀 개의치 않은 채(티에르는 불과 두 달 후에 퇴임을 선언한다), 뒤낭은 평온하게도 공화국 대통령에게 그의 후원을 요청하는 서한을 보냈다. 답변은 신속히 도착했다. 한때 공제조합의 수많은 부회장 중 하나로 뒤낭이 잘 알고 지내던 바르텔레미 생틸레르가 보내온 답장은 의례적이었다. 아무리 훌륭한 시도일지라도 국가 원수가 개인적으로 '특정한 활동의 후원자라고 공언할수는' 없다는 얘기였다. 그러면서 생틸레르는 뒤낭에게 — 역시나 의례적으로 — 그의 청원을 예를 들어 외교부 장관 같은 사람에게 보내는 것이 어떻겠느냐는 제안을 했다.

외교부 장관 역시 뒤낭이 이미 아는 사람이었다. 파리 코뮌의 최악의 순간에 민간인 구제 계획을 준비할 당시, 뒤낭이 끌어들인 바 있었던 레뮈자 백작은 만국연합의 회원이기도 했다. 우드토 백작을 동반하여 1873년 3월 26일 베르사유로 찾아간 뒤낭은 장관을 만난 자리에서, '문명국에서 전쟁 포로 처우에 대한 규칙을 통일시키기 위해' 국제회의를 개최할 필요가 있다고 상세히 역설하였다. 뒤낭과 우드토는 제네바 협약과 유사함을 강조하면서, 1863년에 제네바 협약을 위한 '준비' 회의가 있었고, 그때 황제가 후원해 주었던 점을 언급하였다. 그러면서 마치 벌써 정해진 양 전쟁 포로에 관한 국제회의는 파리에서 1873년 6월 2일에 개최될 예정이라고 알려주었다.

그러나 서한도 먼저 보내고, 직접 찾아가서 점점 다급하게 요청도 했지만, 프랑스 정부가 구체적인 답변을 하지는 않았다. 4월 7일 레뮈자 백작의 서한에는 격려의 말은 가득하지만 후원을 보장하는 언급은 일절 찾아볼 수 없다. 우리의 두 자선가 뒤낭과 우드토는 이내 체념하고, 이 문제에 관해 프랑스 정부로부터 얻어낼 수 있는 바가 전혀 없다는 현실을 인정할 수밖에 없었다. 6월 2일에 국제회의를 개최하겠다는 계획도 단념하였다. 시작하기도 전에 실패한 셈이었다.

페르시아인의 편지

이리하여 뒤낭은 런던 쪽으로 눈을 돌렸다. 그쪽으로부터 격려를 받고 있었기 때문이다. 우선 전쟁 포로라는 주제는 지난해 사회과학협회에서 했던 강연이 심심한 성공을 거둔 덕에 이미 런던에 알려져 있었다. 1873년 6월에는 런던에서도 가장 선별적이고 명망 높은 사교 클럽 아테넘이 뒤낭에게 클럽이 위치한 팔말 거리의 아름다운 흰색 건물에 한 달 동안 머물도록 초청했다. 아테넘 클럽은 다윈, 테크레이, 디킨스, 그 외 수많은 명사가 거쳐간 사교의 장이었다. 클럽 건물에는 안락한 응접실도 여러 군데 있고, 엄청난 장서를 보유한 도서관도 있을 뿐 아니라, 뒤낭처럼 저명한 손님들이 묵어갈 수 있는 침실도 여럿 보유하고 있었다. 더 바랄 게 무엇이 있겠는가?

이유는 정확히 알 수 없지만 뒤낭은 아테넘 클럽의 초청에 응하지 않았다. 6월 말에 이미 영국에 돌아가 있었지만, 그가 런던에서 보낸 서한에는 팔말가의 주소가 찍혀 있지 않았다. 송신자의 주소로는 캠버웰에 위치한 기분 좋은 동네 플로든 로드가 적혀 있다. 그곳은 뒤낭이 지난번 영국 방문 당시 플리머스 강연에서 돌아온 후 묵었던 숙소로, 뒤낭이 매우 흡족해 했던 걸로 보인다. 그는 마리에게 보낸 편지에, '아주 훌륭한 가족'과 함께 머물고 있으며 아주 반갑게도 영국 시골의 평온을 즐기고 있노라고 적었다. 다만 단 한 가지 단점이 있다면, '런던의 한복판이자 세상의 한복판에 있는 빅토리아 역'으로 가려면 기차를 타야만 한다는 사실뿐이었다.

그는 전쟁 포로 협약을 재추진하려는 목적으로 런던으로 간 것이었을까? 아니면 그 때 마침 영국에 있던 참에 영국에서 이를 재개하려고 시도한 것이었을까? 그가 교환한 서신을 보면 런던에 정착한 마르지알이라는 한 목사가 얼마 전에 '영국에 오느라 시간을 버리지 않아도 되게끔' 파리에 있는 뒤낭을 이미 이 일에 개입시켰다는 사실이 드러난다. 이 목사는 오래된 지인이었다. 1864년에 뒤낭은 복음주의 계열 활동을 함께 하던 친구들과 『솔페리노의 회상』을 영어로 번역하려고 애썼다. 다만 뒤낭 특유의 끈질긴 자세로 임하지는 않았다. 그 당시 뒤낭은 미래에 적십자가 될 그의 아이디어가 개신교 세상 밖으로 끌어내게끔 신경을 곤두세우고 있던 게 사실이다. 아마 그래서 이 마르지알이라는 목사의 활동 제안에는 별로 서두르는 모습을 보이지 않았는지도 모르겠다. 마르지알, 존 웨슬리[6]의 저작을 프랑스어로 번역한 사람이다 보니, 경건주의 개신교도 사회에 속한 인물로 명백히 알려져 있었다는 점에서 더욱 그러하다. 하지만 십 년이 지난 지금 더 이상의 망설임은 없었다. 작년에 뒤낭이 플리머스에서부터 돌아와 병에 시달리고 우울에 빠져있을 때, 바로 이 마르지알 목사가 그를 쿰스 부인에게 맡겨 보살핌을 받게 해주었다. 플로든 로드에 위치한 쿰스 부인 댁은 초목이 푸르르고 꽃과 새소리가 가득한 곳이었다. 그리고 올해, 뒤낭은 다시 한 번 이 헌신적인 목사를 믿기로 했다. 그러면서 런던에서 자신에게 절실히 필요한 지지자들을 찾아내고자 했다.

1873년 7월 누이에게 보낸 편지에 뒤낭은 "안타깝게도 런던의 프랑스 교회에서 봉직하시고 있는 마르지알 목사님이 병이 나셨구나. 그는 아는 사람도 많고 사실상 영국인이라고 할 수 있는데, 내가 막 런던 사교계에 소개될 때쯤 병이 나서 지금까지도 회복을 못하고 계신단다."고 적었다. 그러고는 며칠 후에 더 이상 경칭도 없이 "마르지알 씨는 이제 괜찮단다. 그리고 난 그를 믿어."라고 썼다.

다만 필수 불가결한 마르지알 목사가 회복되기를 기다리는 동안에는 뒤낭이 혼자서 모든 것을 해내야만 했다. 세상에나, 그는 꽤나 잘 해냈다. 영국에 온 지가 2주도 되지 않은 시점인 데다 첫 주에는 '몸이 좀 안 좋았'지만서도, 그는 꿈속에서도 상상

---

6 18세기 신학자이자 사회운동가로 감리교의 창시자.

할 수 없는 성과를 냈다. '내 요청에 따라' 페르시아의 샤[7]가 제네바 협약 가입을 선언했다는 사실이다.

그 말인즉슨, 귀스타브 무아니에 씨는 '무아니에, 그가 이끄는' 협약에 새로운 가입국이 생긴 데 대해 부상병구호국제위원회로부터 배척된 앙리 뒤낭 씨에게 감사해야 할 처지가 되었다는 뜻이었다. 뒤낭은 심지어 샤의 협약 가입 문서를 런던에 있는 스위스 총영사에게로 직접 가지고 와서는 이를 베른으로 전달해 달라고 요청하기까지 하였다. 그러니 무아니에의 하루를 분명 망쳐줄 거라는 그 생각만으로도 뒤낭의 이번 영국 방문은 실로 기분 좋은 성과를 낸 셈이다! 실제로 며칠 후에 페르시아의 샤가 제네바를 다녀갔다. 그때 위원회는 자신들의 전 간사가 자신들을 따돌리고 정식 절차를 무시했음을 알게 되었다. 무아니에가 잔뜩 찌푸린 얼굴로 연방 자문위원 셍크에게 다음의 편지를 쓰는 광경을 충분히 상상해 볼 수 있다. 그 편지에서 무아니에는 분노가 묻어나는 과격한 어휘를 사용했다.

"사태의 본질을 살펴보자면 우리가 원하던 결과를 얻어낸 셈이고, 분명 그것이 핵심입니다. 하지만 국제위원회는 뒤낭 씨의 자격에 대해서 그 어떤 혼선도 없기를 강력히 원합니다. (중략) 적십자의 명예를 위해서라도 결함있는 사람들에 의해 적십자가 이용돼서는 안 된다는 우리의 입장을 분명히 하고자 합니다."[113]
저자 주석 I13: 부아시에, 『솔페리노에서 추시마까지』, 367쪽.

하지만 무아니에는 머지않아 앙갚음을 할 수 있었다. 파리 주재 스위스의 전권 공사 요한 콘라드 케른이 10월에 페르시아의 협약 가입에 관해 뒤낭이 주도한 절차를 무효화시켰기 때문이다. 케른은 상부에 보고하기를, 가입 신청서가 '공직 직함도 권한도 없는 인물'을 통해 전달되었기 때문에,[114] 적법한 자격이 없는 문서로 판단된다는 것이다. 페르시아가 가입 절차를 처음부터 다시 시작해야만 함을 뜻하며, 그 잘못은 뒤낭에게 있는 셈이었다.
저자 주석 I14: 케른이 연방 대통령에게 보낸 1873년 10월 18일자 서한.

그러는 동안 뒤낭은 외교관으로서 페르시아에 파견되기를 꿈꾸고 있었다. 그는 '높은 자리에 있는 영국인 지인들'이 그러한 목적 달성을 위해 움직여 줄 것이라 기대했다. 영국 음식만으로도 심신이 이상해진 이 사람, 사회적인 인맥을 위해, 그리고 그 인맥에 의해서만 살 수 있는 이 사람, 게다가 가족과의 거리로 인해 매일 같이 고통받는 이 사람은 대체 얼마나 낭패감이 컸기에 45세나 되어서 결핍과 불운으로 완

---

7   샤(Shah)는 페르시아어로 왕이라는 뜻이다. 이란의 군주는 전통적으로 '샤'라 불렸다.

전히 지친 상태로 페르시아로 떠나고 싶다는 생각을 한 것이었을까?

그가 느끼는 좌절감은 엄청났다. 그래도 아직은 완전히 절망에 빠진 건 아니었다. 기쁨에 겨운 시기와 우울한 시기가 교차 반복되었고 그러는 가운데 그는 열정이 넘치기도 하고 말도 안되는 환상을 빠지기도 하고, 또 금세 무너져 내릴 게 뻔한 확신에 가득 차서 행동하기도 했다. 다만 당시 그가 느낀 좌절감은 도무지 어디에 기대야 할지 모르는 데서, 아니 그것보다는 자신의 강박과 적들로부터 대체 어디로 도망가야 할지를 알 길이 없다는 데서 기인하였다.

"그 일을 해야 하는 것일까?" 평소에 누이에게 조언을 구한 적이 없는 그가 온화한 마리에게 물어왔다. "그 일을 해야 하는 것일까? 프랑스에서의 미래는 너무나 불확실한 데다, 난 프랑스인들이라면 정말 진저리가 난다. 그래서 페르시아에 그 높은 자리를 만약 얻어낼 수 있다면, 내게는 아주 유용할 거야. 그렇게 되면 아마 다시 재산을 모을 수도 있겠지."[115]

저자 주석 115: 마리 뒤낭에게 보낸 1873년 7월 1일 편지.

자, 진상을 밝혀보자. 뒤낭 개인의 역사를 아우르는 두 단어로 된 결정적인 표현은, 언제나 똑같았고 언제나 집착에 가까우며 언제나 실망을 안겨주었다. 바로 '다시 일어난다', 즉 재기하겠다는 말이었다. 어디가 되었든, 그 어떤 방법으로든, 붕대 사업이든 책을 모아 도서관을 건립하는 계획이든, 외교 분야든 자선 분야든, 다시 일어나 재기하는 것을 의미한다. 그가 스스로 이래야만 한다고 머릿속에 그리는 자신의 모습으로 돌아가는, 거기서 벗어나서는 안 되었을 그 상황으로 돌아가는 재기를 의미한다. 다시 말해 그는 돈이 충분히 있기에 돈 문제가 중요하지도 않은 그런 사람의 모습을 상상했다.

편지를 쓸 때마다 다음번에는 이렇게 해서 부자가 될 거라고, 그러니까 다시 말하면 그 수치스런 과거를 곧 청산하겠다고 말하는 오빠를 마리는 아직도 믿고 있었을까? 뒤낭은 마리에게만 항상 이토록 낙관적인 모습을 보였다. 채무를 곧 청산할 수 있다고 말하면서 자신의 금전적인 상황을 언제나 미화하곤 했다. 독신으로 남아 뒤낭 성을 여전히 쓰고 있었고, 자신의 사회적 야심을 다른 데로 옮기게 할 가정도 꾸리지 않은 마리 뒤낭은 오빠의 파산과 재정 상황에 관련된 문제에 유난히 민감했을 가능성이 높다. 그러니 오빠 앙리 뒤낭이 그녀에게 보내는 편지에 언제나 긍정적인 태연함이 묻어나고, 무엇보다도 아주 고상한 계획들을 통해 '이득'이 날 것이라는 집착이 드러난다는 점은 놀랄 일이 아니다. 남동생 피에르에게는 솔직한 심경을 기꺼이 토로하던 앙리는 마리에게만큼은 항상 안심시키는 어조로 편지를 썼다. 그렇기에 고상한 대의를 위한 일들도 늘 어떤 수익이나 수입을 얻을 수 있는 방법으로 연결해서 마리에게 설명했다는 점이 이해가 되기도 한다. 하지만 이 두 남매 사이에 벌어진 속고 속이는 상황 속에서 누가 더 쉽게 믿어 주었을까? 그들의 편지 내용만으로는 알아내기가 어렵다.

그래도 그해의 런던은 뒤낭의 맘에 들기 위해 아주 애쓴 모양이다. 뒤낭이 묵고 있던 하숙집 여주인 쿰스 부인은 젊은 여성들을 위한 기숙사를 운영하는 사람이었고, "그녀뿐 아니라 기숙 여성들 모두 자기들이 도울 수 있는 것이라면 무엇이든지 도와주었다."고 한다. 예쁘게 손질된 영국식 잔디밭에 비치는 햇살, 그리고 시골 특유의 주변 소리들이 '30년 전' 뒤낭 가족의 보금자리였던 농가 라모네를 연상시켰기에 그의 마음도 따스해지곤 했다. 무엇보다, 정말 무엇보다도, "내가 갈 길은 영국에나 있는 것 같다."는 게 당시 뒤낭의 생각이었다. 이러한 갑작스런 선로 변경의 원인은 무엇일까? 페르시아 샤의 협약 가입 소식은 런던에서 상당한 뉴스였기에, 더 이상 직접 뒤낭이 페르시아에 갈 생각을 할 필요가 없었다. 그사이 영국은 뒤낭과 뒤낭이 세운 계획에 상당한 호의를 보이며 심지어 강대국들을 초청하여 '전쟁 포로를 위한 런던 협약'을 위한 준비 회의를 개최하겠다는 생각을 하기 시작했기 때문이다. 뒤낭은 마리에게 "당연히 내가 그 준비위원회의 핵심이 되겠지. 중요한 역할들을 맡게 될 거다."라고 전했다. 게다가 그게 다가 아니었다. 보건박물관 건립 계획도 진행 중이었다. 뒤낭은 당연히 자기가 그 사업을 주도해야 할 것이고, 이를 위해서 온 유럽에 서신을 띄워야 한다는 등등, 이미 그 사업이 기정 사실인 양 이야기했다. "한마디로 영국에서의 내 위치는 이미 확보된 것으로 생각한다."[116]

저자 주석 116: 마리 뒤낭에게 보낸 날짜 미상의 편지(1873년 여름).

또한 건강을 회복한 마르지알 목사가 사교술을 발휘하겠다는 약속을 지켜준 듯하다. 7월이 가기 전에 앙리 뒤낭 씨는 '이토록 강력하고 부유하며 영향력이 상당하고, 게다가 정말이지 확고하며 유쾌한'[117] 영국의 귀족 사회로부터 상당히 융숭한 환대를 받게 되었다. 그는 전쟁 포로를 위한 국제회의가 영국에서 개최되도록 영국 정부를 설득할 수 있음을 여전히 믿고 있었다. 그의 이러한 착각이 강화된 계기가 있었으니, 9월에 런던 시장이 친절하게도 '뒤낭 기금'의 재정 담당자가 되어달라는 요청을 수락하였기 때문이었다. 뒤낭이 누이에게 설명한 바에 따르면, 이 뒤낭 기금이란 '전쟁 포로를 위한 협약을 성공시키고', 단념할 생각이 없었던 보건박물관 건립 계획을 추진하기 위한 기금이라고 한다. 자신이 과업에 전념할 수 있도록 이 기금이 자기 생계를 책임져 줄 것이며, 그것도 '대륙에서는 내가 감히 상상조차 못할 수준의' 생활을 할 수 있도록 하리라는 점은 말할 필요도 없다는 것이 뒤낭의 설명이었다.

이번 영국 여정에서 얻은 점을 또 한 가지 더하자면, 적십자 영국 지부가 섬나라답게도 제네바위원회라면 아예 그 이름도 듣기 싫어할 만큼 독자적으로 행동한다는 사실이었다. 뒤낭은 마리에게 '그 사실을 알게 되어 매우 흡족하다'고 편지를 썼다. 아마 마리는 뒤낭가의 샹펠 본가 정원에 앉아 그 편지를 읽으며 행간에서 오빠의 미소를 읽어낼 수 있었으리라.

브라이턴 회의

1873년 9월 15일 앙리 뒤낭은 고매한 자선가들이 가득 모인 자리에서 강연을 했다. 장소는 이국적인 브라이턴 파빌리언으로, 이는 조지 4세의 옛 여름 별장이자, 쇠시리 엮음 장식으로 풍성하게 꾸며진 영국 왕가의 별채였다. 그날 강연은 전쟁 포로를 위한 협약을 다루었고, 이는 뒤낭은 이미 상당히 자신감을 갖고 논할 수 있는 주제였다. 그는 영국인들을 매혹시킬 법한 강한 소재로 운을 떼워 청중을 놀라게 했다. "현재 유럽 대륙에는 사회가 붕괴될지도 모르는 커다란 위험이 도사리고 있습니다." 그러나 그의 말은 다행히도 지혜로운 영국인들이 있다는 논지였다. 또 한 가지 다행인 것은 적십자와 같은 천재적인 아이디어가 있었듯이, 다시 말하면 당대의 문제들을 외교적으로 해결할 수 있는 방법은 반드시 존재한다는 사실이라고 발언했다. 바로 그렇기 때문에 뒤낭 본인과 강연에 자리한 청중이 함께 나서서, 전쟁 포로들의 고통과 취약한 처지에 대한 해결책을 찾는 게 아니냐고 역설하며 영국 청중에게 한껏 비위를 맞추었다. 이어 그는 런던에는 이미 전쟁 포로와 관련된 협회가 결성되었고, 런던 시장이 그 단체의 재무를 책임지고 있다고 언급했다. 그러고는 앞에서 언급한 바 있는 장화 신은 고양이 수법을 다시 동원했음을 알 수 있다. "수많은 경lord과 국회의원 외에도 사회 다른 분야의 명망가들이 후원을 약속하셨고, 이 일에 특별한 관심을 표현하셨습니다."고 말했기 때문이다.

우리가 이미 알고 있는 대로 뒤낭이 여기서 언급한 협회의 설립 목적은 빅토리아 여왕 폐하의 정부로 하여금 전쟁 포로 국제 협약을 목표로 하는 외교 회의를 런던에서 개최하도록 설득하는 일이었다. 그러니 뒤낭이 브라이턴에서 제안한 바는 적십자 설립 과정의 진행 단계와 완전히 일치했다. 뒤낭은 대체 왜 제네바 협약과 같은 속도로 이 일이 진행되지 않는 것인지 매우 의아해했을 것이다.

한 세기 반이라는 시간이 지나 현재 우리는 1864년의 성과가 절대적으로 기적이었으며, 다시는 재생산될 수 없는 사건이었음을 매우 분명히 알 수가 있다. 무명에 가까운 데다 그 흔한 작위 하나 없는 저자가 쓴 책의 결론에서 제시된 내용이 2년 반 만에 당대의 강대국 정부들이 모두 서명한 국제협약으로 변신한 사건은 성경의 오병이어 사건과 견줄 만한, 혹은 우리 시대의 예를 들자면 기후 온난화 현상이 갑자기 중단되는 것과도 같은 일이라고 보아야 한다. 참으로 안타까운 일이지만, 뒤낭은 믿기 어려운 정도의 야심을 품고는 당시 자신의 시도를 제네바 협약과 같은 척도로 가늠하고 있었다. 당시 뒤낭의 고집스러운 태도는 그것 말고는 다른 설명으로는 이해하기 어려울 정도다. 사람들이 불가능하다고 하는 일을 내가 벌써 해낸 적이 있으니, 불가능하다는 것은 사실 해낼 수 있다는 말과 같은 게 아니겠는가!

하지만 그사이 세상은 변했다. 그리고 뒤낭 자신도 변했다. 그의 머리는 희끗희끗해졌고 과거의 멋부린 매무새도 이제는 그저 사람들 앞에 나설 수 있는 수준의 차림으로 변했다. 게다가 매일같이 불안해하면서 내일을 걱정하는 사람에 걸맞게 미간에는 세로 주름이 확연했다. 어느덧 5~6년의 적개심, 빈궁, 불운뿐 아니라, 인도주의적인 야심과 돈벌이를 해야 한다는 근심 사이의 혼란까지 모두 더해져서 뒤낭은 얼굴빛이 어두워졌다. 그리고 판단력까지도 흐려지고 말았다. 제네바의 무아니에는 법률가로서의 능력과 자선 사업에 대한 열정을 성공적으로 잘 조화시키며, 헨트에서 열린 국제법연구소의 창립에 참여하는 행보를 보이고 있던 반면에, 뒤낭은 그 어느 때보다도 필사적으로 선구자와 사업가라는 두 정체성을, 아니 좀 더 소박하게는 미래의 계획과 현재의 필요를 조화시키고자 온갖 애를 쓰고 있는 상황이었다. 1873년 10월 누이에게 보낸 편지에서 뒤낭은 아직 이 일이 가능하다고 믿는 듯하면서도 상당히 힘에 부쳐있는 모습을 보였다.

"만약 전쟁 포로협회가 내가 기대하는 바대로 확고히 설립되고 본부가 런던으로 확정된다면, 나는 그 위원회의 현역 간사로 임명되어 지낼 곳도 정해지는 셈이 되겠지. 바로 그렇게 되기를 바라고 있단다. 그렇지만 다른 방향으로 여러 돌파구를 찾는 노력도 겸하고 있는데 별 성과가 없구나."

그는 아무 일도 구체화되지 않는 가운데 그냥 런던에 남아있는 신세가 되었다. 카스트네르 가족과 냉전 중이었으리라는 가정을 제외하면 그 이유를 알 수 없지만,

뒤낭은 극히 중요한 일이 아닌 이상 프랑스로 돌아올 생각을 도무지 하지 않았다. 그런데 바로 그 정도로 매우 중요한 일이 연말에 발생했다. 1873년 11월 24일 제네바 법정은 다비드 숙부의 유산 압류 소송에서 뒤낭의 채권자들의 항소를 최종 기각하는 판결을 내렸다. 즉 숙부님이 그를 위해 남겨놓은 소박한 종신연금을 마침내 수령할 수 있게 되었다는 뜻이다. 뒤낭은 1873년 12월 4일 파리 메나르가로 가서 연금 지급 방식을 명시한 계약서에 서명하였다. 그는 이제부터 1년에 두 차례 6월과 12월에 600프랑씩 지급받게 되었다.

이 일은 파리에 다녀올 이유로 충분했지만, 뒤낭은 나중에 그 대가를 톡톡히 치렀던 모양이다. 그해 12월 31일 마리에게 보낸 회한의 편지에 그는 이렇게 적었다.

"내가 말을 꺼내지 않긴 하지만, 가끔은 이런 생각이 드는구나. 한편으론 내 자신의 실수로, 다른 한편으론 인간의 못된 성격으로, 또 어떤 면에서는 불행한 정황으로 인해 발생한 이토록 커다란 고통을 나는 도무지 견뎌낼 수가 없구나. 하지만 이내 하나님께서 체념의 마음을 보내주셔서 나를 잡아 주신다. 내가 이 고통스러운 감정에 머물면서도, 이런 괴로움에서 벗어날 수 있을 거란 확신이 들기도 한다. (중략) 사랑하는 마리야, 내가 내일 새해 첫날 너를 안아줄 수 있으면 얼마나 좋으랴! 아버지를, 안나를, 다니엘을, 다니엘의 고통은 생각만 해도 가슴이 아프구나. 그리고 피에르와 아이들을 안아줄 수 있다면 얼마나 좋을까!"

이 편지를 보낼 때 뒤낭의 주소는 캉바세레스가였다. 뒤낭이 만국연합에도 끌어들였던 친절한 호텔주인 리브 씨가 과거 손님 뒤낭에게 방 하나를 다시 내주었던 것으로 볼 수 있다. 그러면 뒤낭은 왜 클리시가의 거처로 가지 않았던 길까? 1873년의 슬픈 새해 전야에 뒤낭은 홀로 싸우고 있었다. 기운이 완전히 꺾인 채 오직 런던으로 최대한 빨리 돌아가야 한다는 생각뿐이었다. 그러나 프랑스의 정세는 그에게는 그 어느 때보다도 유리한 상황이었다. 5월부터 프랑스는 '도덕 질서'라 불리는 정부가 지배하고 있었다. 이는 마크 마옹 원수를 기점으로 성립되어 알베르 드 브롤리가 이끄는 내각이었고, 이들 모두가 뒤낭의 오랜 지인들이었기 때문이다. 이들이 바탕으로 삼은 가치들은 만국연합이 주창한 바와 완벽하게 겹쳤다. 하지만 뒤낭은 이미 만국연합 활동에서 손을 뗀 후였다. 뒤낭이 사연을 명백히 밝힌 적은 없지만, 연합 내부에서 새로이 임무 분담이 있었고, 이후 프랑스에서는 전쟁 포로에 대한 활동을 우드토 백작이 주도하기로 하였기 때문이다. 게다가 어차피 전쟁 포로 관련 활동은 답보 상태에 있었다. 전쟁 포로를 위한 일에 후원자 역할, 그리고 관련 국제회의를 소집하는 역할을 프랑스 정부에게 다시 한 번 요청한 것에 대해 외교부 장관 루이 드카즈는 '프랑스 정부의 승인은 심지어 간접적으로라도 결코' 만국연합에 내줄 수 없다는 확정적인 거부 의사를 밝혀왔다. 이렇게 하여 1874년 초 당시 전쟁 포로들의 처지 개선 문제는 영국에서나 프랑스에서나 정체 상태에 빠져 있었다. 게다가 레오니 카스트네르와의 관계도 소강 상태였던 걸로 보인다. 그러니 뒤낭에게는 최대한 빨리 영국으로 돌아갈 이유가 두 가지나 있었다.

전쟁 포로를 둘러싼 싸움

프랑스가 그 어떤 책임도 맡지 않겠다고 공언한 이후, 만국연합 내 전쟁 포로를 위한 위원회는 이미 검증된 모델을 따르기로 하였다. 1863년 제네바 공익협회가 했던 방식을 그대로 따라서, 질서와 문명을 위한 만국연합은 추후에 마련될 전쟁 포로 국제협약을 준비하는 국제회의를 그 어떤 정부의 후원 없이도 자체적으로 소환하기로 결정했다. 회의는 1874년 5월 4일에 〈전쟁 포로의 처우 개선을 위한 협회〉(이는 만국연합의 당시 명칭으로, 이 단체는 적어도 3회 이상 이름을 바꾸고, 그때마다 서신의 표제를 바꾼 기록이 남아 있다)의 본부에서 개최하기로 하였다. 2월에서 3월 사이에 클리시가 본부에서 수없이 회의가 열렸다. 국제집행위원회가 구성되었고, 본부 건물의 주인 아들인 프레데리크 카스트네르가 앙리 뮈송과 함께 (뮈송은 시작부터 만국연합의 기둥과 같은 인물 중 하나로 전쟁 포로 문제의 전문가였다) 간사 직책을 맡았다. 2월의 한 회의 자리에서 이들은 국제협약의 기초가 될 초안을 준비했다. 이 역시 1863년 '협약 초안'을 준비할 당시 뒤낭이 베를린 회의에 참석했다가 베를린, 드레스덴, 비엔나, 뮌헨, 슈투트가르트, 카를스루헤 등을 순회했던 때와 완전히 동일한 접근 방식이었다. 단지 이번에는 뒤낭이 이러한 준비 작업에 직접 참여하지는 않았다. 그는 이 '전쟁 포로의 처우 개선을 위한 협회'의 '국제집행위원회'에서 '국제 간사'라는 직함을 갖고 있긴 하지만, 부재중 처리되었다. 그는 런던에 머물며 도무지 움직일 생각이 없었기 때문이다.

무언가가 그를 런던에 묶어두고 있었다. 1874년 1월부터 7월 사이에 우드토 백작은 그에게 파리로 돌아와 달라고 계속 부탁했다. 그는 뒤낭이 자신의 걱정거리, 결정 사항, 전쟁 포로 국제회의를 위해 써야만 하는 서신 등등의 짐을 함께 짊어주기를 기대했다. 하지만 아무 소용도 없었다. 뒤낭은 마치 어떤 비밀스런 끈이 그를 섬나라 영국에 묶어두기라도 한 듯, 아니 좀 더 개연성 있게 말해보자면 마치 무서운 악령이 그가 단 며칠 만이라도 프랑스로 돌아오는 것을 막고 있기라도 한 듯했다.

뒤낭은 런던에서 꿈쩍을 하지 않았다. 대체 누가, 대체 무엇이 문제였나? 그는 파리의 동료들에게든, 제네바의 가족에게든, 이에 대한 설명을 일절 남긴 바 없다.

클리시가의 본부에서 벌어지는 흥분된 준비 과정에 참여하지 못하므로, 뒤낭은 런던에서 그리고 런던으로부터 '선동'하기로 했다. 그는 자신이 잘 써왔던 방식대로 영국의 귀족들이 즐비하게 갖춰진 명예 위원회를 구성하였다. 이 위원회가 실제로 하는 일이 무엇인지는 중요치 않았다는 점은 웰링턴 공작이 뒤낭에게 보낸 편지 중 농담조로 건넨 말을 통해 잘 드러난다. "귀하가 말씀하신 대로 귀하의 협회에 '온전히 명예직'으로서의 후원자가 되는 데 대해 나는 아무 불만이 없습니다!" 파리 본부에서는 뒤낭에게 영국 대표자들뿐 아니라 독일 국가들의 참석이 보장되도록 애써달라는 임무도 맡겼다. 이 일은 1863년 당시에도 뒤낭이 매우 훌륭하게 해낸 적이 있기 때문이다. 불과 며칠 만에 뒤낭은 오스트리아, 바이에른, 작센의 동의를 얻어냈다. 아주 잠시지만 그는 마치 10년 전으로 돌아간 듯했다. 3월 28일 파리로부터 5월 4일 국제회의를 위한 초청장이 발송되었다. 모든 게 술술 풀리고 있었다.

이로부터 3주 후 첫 번째 제동이 걸렸다. 4월 19일 회의를 2주 연기하자는 결정이 내려졌다. 우드토는 여전히 영국에 머물고 있는 뒤낭에게 이는 독일과 러시아가 준비 기간이 더 필요하다고 요청하였기 때문이라 설명했다. 언론 홍보도 생각한 만큼 잘 되고 있지 않았다. 프레데리크 카스트네르가 일을 맡아 프랑스 신문 르피가로와 레데바에서 기사를 써주기로 약속했다고는 하나, 여전히 아무 기사도 게재되지 않았다.

그 뒤로 며칠이 지나자, 러시아의 회의 연기 요청이 결국에는 최고로 좋은 소식이었음이 밝혀졌다. 왜냐하면 러시아에서 전쟁의 관습을 둘러싼 방대한 규모의 국제 협약에 전쟁 포로 문제를 포함하고자 한다는 소식이 알려졌기 때문이다. 참여 자체를 기대하기 어렵다고 여겼던 러시아의 적극 개입으로 인해 국제실행위원회의 멤버들은 이제 1863년의 성과를 넘어서는 일, 즉 만국연합의 지휘하에 전쟁 포로에 대한 제2의 1864년 제네바 협약이 탄생하리라는 꿈을 꾸게 되었다!

그 당시 낙망한 상태에서 헤어나올 줄 모르던 뒤낭은 (당시 우드토는 일주일 전만 해도 '불행과 고통 속에' 있다고 하는 뒤낭의 연락에 마음 아파하는 답장을 보냈었다) 그 소식 덕에 원기를 되찾은 듯 5월부터 누이 마리에게 다시 서신을 보내기 시작했다.

"네게 좋은 소식을 전할 수 있어 기쁘구나. 러시아 황제[8]가 전쟁 포로를 위한 과업을 직접 책임지시고 특별히 후원하기로 하셨단다. 내가 직접 임명한 우드토 회장은 (그는 무아니에와는 다르단다) 이번 달 3일에 슈투트가르트에 가서 황제를 알현할 예정이다. (중략) 폐하께서는 나폴레옹 3세가 제네바 협약을 위해 해준 역할을 전쟁 포로들을 위한 협약에서 해 주실 분이지."

그러면서 마리에게 보내는 편지에 항상 그랬듯이, 인도주의자 뒤낭은 바로 먹고사는 문제를 언급한다. "우드토는 이 일이 성공하고 나면 러시아, 영국, 유럽과 아메리카의 여러 정부에 감사의 표시*를 해달라고 요청할 결심을 갖고 있어." 편지의 맨 밑에 별표 해둔 내용에 대한 추신으로 그는 "영국에서는 이렇게 금전적으로 감사 표시를 하는 게 유행인데 액수가 흔히 수십만 프랑에 달하지."라고 적어두었다.

러시아의 공세

러시아의 우정에 대한 착각이 깨어지는 과정은 점차적이었지만 냉혹했다.

전쟁 포로 처우개선을 위한 협회의 집행위원회 회장 자격의 우드토와 러시아 대사 오를로프는 4월 말에 두 번의 만남을 가졌다. 이미 서로를 알고 있던 데다가 오를로프가 프랑스 적십자의 명예 회장이기도 하니, 어쨌든 일종의 보장이 된 셈이기에 이들 사이에는 신뢰가 깔려있었다. 오히려 그래서였을까. 우드토는 대혼선이 빚어지는 상황을 즉각 알아차리지 못했다. 파리 회의를 연기해 달라는 오를로프의 제안에도, 러시아의 계획에 만국연합의 계획을 통합하자는 제안에도, 심지어 파리 회의를 브뤼셀로 옮겨 개최하자는 말에도 그는 낌새를 알아채지 못했다.

상황이 좀 더 분명해 진 것은 4월 29일이었다. 러시아가 '자국'의 회의를 위한 '자국의' 초청장을 발송하면서부터였다. 그 초청장에는 회의가 7월 27일 브뤼셀에서 개최된다고 독단적으로 명기되어 있었다. 그래도 러시아는 서둘러 만국연합과 새로운 만남을 추진하는데, 이번에는 우드토와 러시아 제국의 외상이자 수상인 고르차코프 공이 자리하였다. 이 두 사람은 5월 초에 슈투트가르트에서 만났는데, 우드토 백작은 고르차코프 수상에게 한입거리도 안되었다. 수상은 백작에게 파리에서의 '준비 차원' 회의를 취소하라고 설득하면서, 브뤼셀 회의에 만국연합이 정식으

8 농노제 폐지 등 러시아 근대화에서 중요한 역할을 한 알렉산드르 2세(재위 1855~1881).

로 함께할 것이라고 안심시켰다. 연합의 전쟁 포로를 위한 계획이 러시아 정부안과 함께 발표될 거라고도 했다. 우드토는 완전히 만족한 상태로 이 접견을 마쳤고 지체없이 뒤낭에게 서한을 보내 "친애하는 뒤낭 씨, 우리의 과업은 이루어졌습니다." 라고 전했다. 하지만 뒤낭은 이에 답을 하지 않은 채 침묵을 지켰다. 뒤낭이 이런 행동을 하는 건 항상 나쁜 징조다. 그는 분명 뭔가 문제가 있다고 느낀 것이다. 그리고 그가 옳았음이 증명되고 만다.

첫 번째 경고음이 울린 사건은 이러하다. 러시아가 회의 개최국 벨기에 정부에 준비 서류를 제출하면서 자국의 '전쟁법과 관습에 대한 국제협약' 프로젝트와 함께 내기로 약속한 만국연합의 계획서를 포함시키는 것을, '깜박 잊어버렸다.' 두 번째로 러시아는 자신들의 계획 문서를 만국연합에 보내는 것도 '잊어버렸다.' 게다가 수정 작업과 첨부 작업을 거친 제네바 협약이 러시아가 준비한 계획서에 삽입되어 있는데도, 이를 스위스 정부와 제네바국제위원회에도 '깜박' 하고는 발송하지 않았다.

마지막으로 러시아는 점차 회의 날짜가 다가올수록 만국연합과 그 산하의 전쟁 포로 처우개선을 위한 협회가 존재한다는 사실 자체를 '잊어버리는' 듯했다. 이와 병행하여 러시아는 점차 우드토 백작 역시 관심을 기울일 만한 가치가 있는 대화 상대자로 여기지 않는 것 같았다.

초청받은 국가들의 관점에서 보면, 이러한 상황은 아주 바람직했다. 프랑스는 애초부터 마치 제네바 협약이 이룬 작은 기적이 다시 일어날 수 없음을 강조하기라도 하듯 '이토록 심각한 문제에 대해서 단지 개인들의' 주도로 일이 진행되는 것을 좋아하지 않았다. 그러니 러시아가 나서서 이 문제를 책임진다는 사실만이 프랑스 정부의 입장을 바꿔놓을 수 있었다. 반면 베른이 회의적인 태도를 보인 이유는 또 달랐다. 뒤낭이 끈질기게 런던에 남아있는 바람에 우드토 백작이 케른 전권 공사를 만나 자신의 위원회가 자체적으로 준비하는 회의에 참석하기를 권한 적이 있다. 그런데 바로 이 만남에 대해 케른은 스위스 연방 대통령에게 5월 3일 날짜로 다음과 같이 보고하였다.

"저는 뒤낭 씨의 이름이 국제 간사 자격으로 집행위원회 명단에 있다는 것을 알아차렸습니다. 심지어 이 위원회의 스위스 대표자로 되어 있었습니다. 우드토 백작에게는 이렇게 언급했습니다. 제네바 협약의 발기인으로서 뒤낭 씨의 미덕을 부인하려는 것은 아니지만, 제가 알고 있는 특정 사실들이 과거 뒤낭 씨가 누린 신뢰를 깎아내렸다는 점을 백작께 알리지 않을 수 없었습니다. (중략) 우드토 씨는 뒤낭 씨에 대해 아무것도 모르고 있었고, 또 뒤낭이 원하는 대로 움직이고 있음을 저는 눈치 챘습니다."

제네바에서도 심각하게 염려하기 시작하였다. 가장 걱정스러운 점은 무아니에가 국제위원회 동료들에게 설명한 대로 앙리 뒤낭이 이 일의 '주창자'라고 언급된다는 사실뿐만이 아니었다. 정말 문제가 되는 부분은 러시아 측이 이 회의를 주도하고 있다는 점이다. 러시아가 기획한 전쟁 관습에 대한 협약은 단 하나의 회의에 전쟁과 관련된 모든 법률을 다루고자 하며, 필요하다면 제네바 협약의 내용을 흡수해 버리는 내용을 담고 있었다. 제네바 협약을 재고하는 것 자체에 대해서는 원칙적으로 반대할 생각이 없던 무아니에지만, 재고를 하기는커녕 당시로서는 시기적으로도 좋지 않으며 제네바 협약을 재논의하기 위한 최상의 조건이 마련되지도 않았다는 게 무아니에의 정확한 판단이었다. 만약 러시아가 소집한 회의에서 대표단들이 제네바 협약의 몇몇 조항들을 굳이 재논의해야겠다고 하면 어쩔 수 없는 일이다. 하지만 그럴 경우에는 그러한 일부 조항에 대한 논의뿐 아니라 제네바 협약 자체를 이번 러시아의 프로젝트와 명백하게 분리해야만 한다는 것이 무아니에의 판단이었다. 만약 러시아의 계획이 실패로 돌아간다면, 그런 일로 말미암아 적어도 제네바 협약이 함께 무위로 돌아가는 일은 막아야 하기 때문이다.

무아니에는 이 상황에서 완벽한 통찰력을 보여주었다. 만국연합과 마찬가지로 무아니에나 제네바위원회도 브뤼셀에서의 회의 개최를 막을 방도가 없었다. 그런 상황이다 보니 무아니에는 간결하고 유효한 논거를 바탕으로 이 상황을 설명한 내용을 브뤼셀 회의 참석 국가들의 적십자 중앙위원회들로 발송했다. 그의 서신은 각국의 적십자가 자국 정부에게 연락을 취하여, 제네바 협약이 회부되거나 흡수되는 일이 없게 하라는 지령을 브뤼셀 회의 정부 대표단에게 내리도록 요청하라는 내용이었다. 무아니에는 훌륭한 논거를 찾았을 뿐 아니라, 훌륭한 전략 역시 마련한 셈이다. 그는 이렇게 함으로써 사실상 제네바 협약을 구해냈다.

안타깝지만 만국연합은 반격의 기술이 훨씬 부족했다. 6월이 지나가고 7월이 되었다. 집행위원회는 나날이 설마설마하다가 결국 최악의, 가장 분노할 만한 경우의 수에 맞닥뜨렸다는 사실을 직시할 수밖에 없었다. 러시아의 대사와 수상이 연이어 약속했음에도 불구하고, 만국연합도 전쟁 포로 처우 개선을 위한 협회의 집행위원회도 브뤼셀 회의에 공식 초청장을 받지 못했다. 집행위원회는 당황하였다. 허나 그토록 철저하게 배신을 당했을 것이라고는 믿을 수 없었던 이들은 그래도 브뤼셀에 파견할 자체 대표단을 임명했다. 단출하게 꾸려진 대표단은 우드토 회장, 앙리 뒤낭과 앙리 뒤송 그리고 팀의 최연소이자 어디나 꼭 끼워넣던 프레데리크 카스트네르였다.

그런데 회의가 열리기 며칠 전 우드토가 벌컥 성을 냈다. 그는 이미 6개월 째 이 회의를 준비하면서 자신의 주머니에서 수많은 활동의 비용 처리를 해왔다. 그런 일이 어찌나 빈번했던지 이제는 단 한 푼도 더 쓸 수가 없다는 것이었다. 우드토는 더 이상 브뤼셀로 갈 여비를 대고 싶지도 않고, 댈 능력도 없다고 말했다. 예전에 만국연합 영국 지부가 비용을 보태겠다고 한 적이 있었는데, 이제 와서 영국 지부조차 전쟁 포로라는 대의를 위해서 단 1페니도 내놓을 수 없다고 고집스레 거부하고 있었다. 게다가 영국 지부는 뻔뻔하게도 회의 개최의 공로가 자기들에게 있다고 우기기까지 하는 상황이었다! 마지막으로 러시아까지도 모든 약속을 저버렸다. 이 모든 것은 정말 너무하다며 우드토는 이건 원칙의 문제라고 버텼다. 그는 절대 브뤼셀에 발을 들여놓을 생각도 없다면서 자신의 불참 이유를 설명하고는 뒤낭에게 다음과 같이 덧붙였다.

"하지만 뒤낭 씨, 다행히도 뒤낭 씨께서 브뤼셀에 가시지 않습니까. 그 협약 계획의 대부분의 조항들은 인류를 위해서 도입되어야만 하는 내용입니다. 이 문제를 아주 잘 꿰고 있는 뒤송 씨가 동행하니 저력을 보여주실 수 있을 겁니다."

우드토는 뒤낭에 대해 케른 공사가 일전에 해준 얘기로 인해 흔들린 것이었을까? 불가능한 이야기는 아니다. 하지만 협회장인 우드토와는 다르게 뒤낭은 전쟁 포로들을, 자신의 협약 계획을, 브뤼셀에서 열릴 회의에 참여할 기회를 포기할 의도가 전혀 없었다. 그는 누구보다도 우드토의 환멸감을 이해할 수 있었다. 파리 포위전 직후 공중분해된 공제조합의 역사를 통해 아주 똑같은 일을 겪어 보았기 때문이다. 뒤낭은 우드토에게 즉시 답장을 보내어 "저는 귀하의 마음을 충분히 헤아릴 수 있습니다." 면서 나도 그러한 일에 '제일 먼저 피해자'였다고 적었다. 그렇지만 평계처럼 "저는 얼른 브뤼셀로 떠나고 싶었습니다."라면서 "한숨 돌릴 기회이기도 하고, 또 우드토 씨를 만날 수 있다는 생각에 참석 기회가 생기자마자 황급히 승낙해 두었던 겁니다."라고 전했다.

이리하여 뒤낭은 별 거리낌 없이 짐을 싸서 1874년 7월 말 도버를 경유하여 브뤼셀로 향한다. 1874년 7월 26일 외교회의 개막 하루 전에 그는 플랑드르 호텔 로비에 도착하는데, 이는 브뤼셀 한복판에 있는 안락한 호텔이었다. 사환을 따라 복도를 지나며 그는 자신이 얼마나 환경을 바꿔 볼 필요가 있었는지를 절감하였다.

10

연인으로서의 휴지기

1874~1876

브뤼셀에서의 재회

1874년이 되자 앙리 뒤낭은 근근하게나마 먹고살 만하게 되었다. 다비드 숙부님이 남겨준 연금으로 매달 100프랑 정도의 수입이 생겼고, 꽤나 정기적으로 애정 어린 동생들이 편지봉투 안에 100프랑짜리 지폐를 끼워놓곤 했기 때문이다. 허나 런던에서건 파리에서건 호텔에서 묵을 만한 형편은 아니었기에 우호적인 단체에서 마련해 준 숙소에 묵곤 하였다. 게다가 해외 출장을 보내줄 만한 직장에 소속된 것도 딱히 아니었다. 그럼 브뤼셀 여비는 대체 누가 내어 준 거였을까? 우드토 백작조차 보조금이 없어서 포기한 여정이었는데, 뒤낭에게 시내 중심가에 위치한 좋은 호텔에 숙소를 마련해 준 이는 누구인가?

흥미롭게도 당시 상황에 대해 뒤낭은 세 가지 다른 설명을 한 기록이 있다. 우드토에게는 '팔레스타인 협회의 특별임무'를 맡아 브뤼셀로 온 것이라 말했다. 25년 후에 루돌프 뮐러에게 말하기로는 우선 가는 여비는 런던의 평화협회가 비용을 대었다고 했다가, 두 달 후 다른 편지에서는 영국 및 해외 노예제반대협회에서 여비를 책임졌다고 뻔뻔하게 말을 바꾸었다. 현실적으로 말이 되지는 않지만, 노예제반대협회가 자기에게 '브뤼셀 회의에 가서 흑인 노예무역 폐지에 대한 청원을 제출해 달라'[J1]고 했다고 뮐러에게 설명했다.

저자 주석 J1: 1874년 7월 26일 우드토에게 보낸 편지 및 1899년 3월 8일과 5월 18일에 루돌프 뮐러에게 보낸 편지.

뒤낭이 이렇게 다른 이야기를 하는 건 상당히 의심스러운 일이다. 보통 그의 이야기들은 서로 부합한다. 예외가 발생하는 경우는 이야기 전체가 거짓이거나 일부만 사실일 경우다. 그가 언급한 인도주의 단체 세 군데 중 그 어느 단체도 단독으로 뒤낭을 브뤼셀에 한 달 동안이나 파견할 이유가 없었다. 반면에 이 단체들 모두 뒤낭이 브뤼셀에 간다면 좋을 이유가 분명 있었다.

뒤낭의 브뤼셀행은 위의 세 가지 핑계 외에도 네 번째 이유가 상당 부분 작용하였으리라 추측된다. 그것은 프레데리크 카스트네르가 회의에 참석한다는 사실을 알고 있었다는 점이다. 그리고 카스트네르 모자의 관계를 고려할 때, 아들이 있으면 보통 그의 어머니도 가까이 있게 마련이었다.

뒤낭은 이 상황이 어떻게 정리되었는지에 대해서는 상술하지 않았다. 다만 누이에게 아주 중립적으로 상황을 설명했을 따름이다. 다시 말하면 완전한 우연도 아니었고 미리부터 약속한 것도 아니었다는 식이다. 그는 누이에게 "여기 브뤼셀 호텔에서 카스트네르 가족을 만났단다."라고 희한하게도 운을 떠있다. 마리는 그 편지를 통해 처음 이들 이야기를 듣는 게 분명했다. 뒤낭이 이어 그들을 소개하는 내용을 적어두었기 때문이다. "카스트네르 부인은 같은 이름의 프랑스 학술원 회원이셨던 분의 미망인이자 파리의 한 거리에 이름을 남긴 은행가 부르소의 따님이기도 해. 그 가족은 매우 부유한 사람들이고 호텔 내 큼직한 객실에 머물고 있는데, 내게 매일 점심과 저녁을 함께 먹자고 청하시는구나. 이들은 또 파리의 만국연합 회원들이기도 하지."

브뤼셀은 그저 단순히 재회의 장이었을까 아니면 극적인 화해의 장이었을까? 브뤼셀로 오기 전 몇 달 간 런던에 머물던 뒤낭은 가족에게 거의 편지를 보내지 않았다. 이는 우울증이나 병에 시달렸다는 증거임을 우리는 알고 있다. 7월에 그는 우드토 백작에게 런던을 빨리 떠나고 싶다고 고백하면서, '뮈송 씨와 카스트네르 씨를' 다시 만날 수 있어서 정말 기쁘다고 같은 편지에 세 번이나 반복했다. 이 모든 정황을 볼 때, 그의 직전 런던 체류는 결국 그가 선택한 길이 아니라, 애정 전선의 문제로 인한 결과였음을 추론할 수 있다. 그래도 그가 플랑드르 호텔에 도착하자마자 이 작은 공동체는 서로를 품에 안아주었다. 앙리는 매일 점심과 저녁에 카스트네르 모자와 함께 식사를 했고, 레오니는 마치 임신한 부인을 둔 남편이 아내가 원하는 것이라면 무엇이든 들어주듯, 뒤낭이 무엇을 원하는 다 해주었다. 그는 마리에게 보낸 같은 편지에 "이분들이 내게 얼마나 친절하게 극진한 대접을 하는지 모른다. 카스트네르 부인은 실로 좋은 분이시라 나는 정말로 아주 기분 좋게 지내고 있단다."면서 "내가 뭔가를 맛있다고 하거나 영국에서는 먹지 못했노라고 어떤 음식을 언급하면 다음 날 필시 그 음식이 식탁에 올라있곤 했어."라고 덧붙였다.

그러나 뒤낭이 한량처럼 즐기려 브뤼셀에 간 것은 아니었다. 11년 전에 있었던 한 국제회의, 즉 베를린의 국제통계학회 회의를 통해 그가 배운 게 있다면 그 주제가 뭐든 간에 또 본인이 공식 대표이든 아니든 간에 국제회의란 온갖 일에 유용할 수 있는 고위 공무원과 군인들, 장관들을 한자리에서 모두 만날 수 있는 아주 특별한 장이라는 사실이었다. 그러니 그는 브뤼셀에 온 이유인 세 가지 목적을 모두, 또 동시에 옹호할 계획이었다. 만국연합의 이름으로는 전쟁 포로를 위해, 또한 팔레스타인 재건을 위해, 그리고 노예제 반대협회를 위해서는 노예무역 폐지를 위해 노력할 마음이었다.

이 중 첫 번째 목적인 전쟁 포로 문제는 생각만큼 그의 노력을 요구하지 않았다. 전쟁 포로 처우 개선을 위한 협회의 국제집행위원회으로부터 파견된 매우 공식적인 대표 뒤낭은 회의가 시작되자마자 어찌할 수 없는 현실에 맞닥뜨렸다. 이 회의의 토론장에 정식으로 초청받지 못했다는 사실이었다. 7월 27일의 총회에서 외교 대표단이 최종 표결에는 "오직 러시아 제국의 정부가 보낸 초청장을 받고 정식으로 응답한 정부 대표단만이 참여하며, 민간 단체나 개인은 민간 단체 회원 자격으로든 전문가 자격으로든 일절 표결에 참여할 수 없다."고 결정해 두었기 때문이었다. 앙리 뒤낭은 그 어떤 정부 대표단에 속한 사람이 아니었다. 그는 영국을 떠나기 직전에 영국 정부로부터 정부 대표자 임명을 받고자 시도했지만, 신임장 특혜를 기대했던 영국 외무장관인 더비 경은 뒤낭을 만나주지도 않았다. 뒤낭 본인도 그가 대표할 법한 '민간 단체'도 러시아 제국 정부의 개별적인 초청을 받지 못했다. 민간 단체가 표결에 참석할 수 있더라면 그러한 초청장이라도 의미가 있을 수 있지만, 심지어 그런 상황도 아니었다.

굴욕은 그걸로 끝나지 않았다. 만국연합의 계획서는 아예 논의되지도 않았다. 러시아 측에서 그 내용을 논의 대상 문서 목록에서 확실히 배제해 두었기 때문이다. 슈투트가르트에서 마지막으로 우드토를 만났을 때 러시아 수상이 엄숙하게 약속했던 세 번째 사항 역시 앞의 두 가지 약속과 마찬가지로 헌신짝처럼 버려졌다. 수상은 아시아와 아메리카 대륙의 국가들도 유럽 국가들과 동일한 자격으로 참여시킬 것이라고 약속한 바 있었다. 우드토는 엘살바도르 정부 대표가 브뤼셀 회의에서 말 그대로 문전박대를 당했다는 걸 알고는 아연실색했다.

우드토 백작이 놀라서 뒤낭에게 수차례 편지를 보내어 절망과 분노와 불쾌감을 표시했다. 그가 그렇게 느끼는 것도 당연한 일이었다. 반면 매우 대소쇄게도 뒤낭은 놀랄 만큼의 평정심을 보이며 이러한 러시아의 급변한 태도를 침착하고도 유쾌하게 받아들였다. 대체 어떤 연유로 만국연합의 온갖 노력을 명백하게 무시당하고도 이렇게 평소와는 정말 다르게 가벼운 마음을 유지한 것이었을까?

그 이유는 아마도 아주 오랜만에 뒤낭이 삶을 다시 즐기게 되었고, 그러한 상황을 느긋하게 누리고 싶었기 때문이었으리라 추측할 수 있다. 체류 기간 동안 마리에게 보낸 편지에 그는 "모든 면에서 브뤼셀에 있으니 정말 좋구나."라며 '런던의 매연보다 훨씬 좋은' 벨기에 수도의 공기 덕분에 '장소를 바꿔본' 자신의 선택을 자찬하기도 했다. 가족을 떠나 도피해야만 했던 암울한 1867년의 그날 이후로 처음 맛보는 따스한 삶의 낙은 말할 것도 없었다. 그해 1874년 여름 카스트너 부인은 뒤낭에게 누군가가 자신을 소중히 여겨준다는 그 특전을 맛보게 해주었다. "카스트너

가족은 항상 나를 훌륭하게 대해 준단다. 나한테 복숭아과 포도를 잔뜩 가져다 주었지. 나는 항상 그들과 식사를 함께하고 있어."

대체 복숭아를 맛본 지가 얼마나 오래되었나? 나중에 가서는 채식주의자가 되는 앙리 뒤낭의 섬세한 미각을 카스트네르 부인은 이렇게 살뜰히 충족시켜 주었다. 다만 이러한 레오니의 호의의 표시 — 혹은 사랑의 증거 — 만으로는 당시 뒤낭이 왜 그토록 최상의 기분을 유지했는지를 설명하는 데 충분치는 않다. 그의 브뤼셀 체류가 외교적으로 상당한 부침을 보임에도, 뒤낭이 희한할 정도로 평온을 유지한 데에는 적어도 두 가지 추가적인 이유가 있을 수 있다. 그의 일생을 살피다 보면, 그가 우울감을 느끼는 시기와 행복감에 젖은 시기가 교차 반복된다는 사실을 쉽게 알아차릴 수 있다. 그리고 후자의 시기는 여름 즈음에 더욱 자주 발생했다. 암울한 반 년을 보낸 후 장밋빛 시기가 돌아왔기 때문일 수 있다. 그저 계절에 따른 조울증이라는 단순한 이유일 수 있다는 뜻이다. 허나 이보다 더 개연성 있는 설명은 다음과 같다. 뒤낭은 제대로 된 국제회의라면 최종 결정에 이르는 과정에서 공식 무대 뒤로 실제 결정적인 힘을 발휘하는 배후 활동이 반드시 존재한다는 걸 경험을 통해 알고 있었다는 점이다. 공식적으로 회의장에서 논의에 참여하지 못하더라도 뒤낭은 자신이 무대 뒤에서 거의 동일한 수준으로 효과적인 활동을 펼칠 수 있다고 확신하고 있었다. 게다가 상당히 의미있다고 생각되는 부분은 그가 누이에게 상황을 설명할 때 브뤼셀 회의에서 자신이 대표한 만국연합이 배제된 과정을 상세히 설명할 필요조차 느끼지 않았다는 점이다.

"회의는 한 달은 지속될 거야. 러시아의 프로젝트는 순전히 인류 모두의 문제를 논하는 데로 돌아왔구나." 그는 8월 10일자 편지에서 마치 신임장을 받은 전문가처럼 그와 같이 언급했다. 또한 "이제 우리가 목적한 바는 보장되었지. 다행히도 러시아의 원초적인 계획안과는 아주 다른 모습으로 말이다."라고도 적었다. 8월 27일 더욱 구체적으로 언급하기를, "회의는 이번 주에 마무리될 것 같다. 나는 내내 러시아에 맞서 싸웠단다. 왜냐하면 러시아는 마치 전쟁은 영구히 인류가 겪어야 할 일이라는 듯, 전쟁에 대한 규칙을 세우고 싶어하기 때문이지. 하지만 나는, 전쟁포로협회를 통해서 (부상병협회에서도 마찬가지로), 전쟁의 끔찍한 참상을 아예 줄여보고자 하는 거야."라고 편지를 썼다. 내가 러시아에 맞서 싸웠다니? 아, 물론 그러셨겠지요. 다만 무대 뒤에서였다. 흠, 여동생이 굳이 그런 것까지 알 필요는 없지 않은가.

나뭇가지 두 개가 걸친 붉은 십자가

이미 십여 년 전부터 뒤낭은 브뤼셀 부상병구호협회의 간사인 판 홀스베익과 서신 교환을 해왔다. 판 홀스베익에 대해 뒤낭은 제네바에는 밉보였지만 '항상 내게 호의를 보여주었고, 무아니에에게는 저항해 온' 사람이라고 마리에게 설명하였다. 그런데 이 판 홀스베익 박사는 브뤼셀 회의에 파견된 벨기에 대표단으로부터 신임받고 있었고, 그래서 대표단과 긴밀하게 협력하는 인물이었다. 그러니 뒤낭은 브뤼셀에 도착하자마자 이 소중한 동지를 즉시 접촉했다. 그는 자신이 직접 참석하지 못하는 이 회의에 자신의 메시지를 전달할 수 있는 훌륭한 연결 고리였다.

뒤낭이 이런 식으로 벨기에 부상병구호협회에 접근한 이유는 또 다른 목적을 염두에 두고 있었기 때문이다. 그는 간사인 판 홀스베익을 설득하여 만국연합 벨기에 지부를 설립하게 했다. 게다가 그에게 더 큰 성과라면, 새롭게 만든 만국연합 벨기에 지부를 이미 매우 공식적인 지위를 갖추었고 한 국가를 대표하는 부상병구호협회[1]와 합병하도록 설득하는 데 성공했다는 사실이다! 이러한 모든 일이 뒤낭이 브뤼셀에 온 지 2주 안에 이루어졌다. 판 홀스베익이 그에게 결과를 알려주자 '무아니에가 잔뜩 화가 났다'고는 해도 뒤낭은 매우 흡족해했다. 당연한 일이었다. 무아니에가 '나의' 조직이라 생각하는 적십자 지부 중 하나가 뒤낭의 최근 사업 중 하나인 만국연합과, 목적도 불분명한 데다가 잔가지도 너무 많아 파악조차 되지 않는 이 만국연합과 합병하다니!

아주 확실하게 일부러 혼선을 수기 위해 ─ 모호함을 유지하는 것만큼 그가 슬긴 일은 별로 없어 보인다 ─ 뒤낭은 다른 아이디어를 생각해 냈다. 그렇게 해서 공통 소식지가 하나 선보이게 되었는데 바로 벨기에 적십자의 소식과 만국연합의 신생 벨기에 지부의 소식을 함께 실은 소식지였다. 소식지 제1호를 혼자서 모두 집필한 사람이 뒤낭이었다. 그는 기쁨에 겨운 어조로 여동생 마리에게 그 사실을 자랑하는 편지를 보내며 소식지를 동봉했다. 이 새로운 소식지의 제목은 뭔가? 바로 '적십자'였다. 그 표현을 쓰지 못할 이유가 무언가? 적십자는 구호 협회들의 표장이기도 하고 만국연합의 상징이기도 하지 않은가? 무아니에가 분노하는 게 당연했다. 아마 그것보다 덜 한 일로도 화를 냈을 테니 말이다.

또한 뒤낭은 브뤼셀 회의를 이용해서, 그리고 모든 대표단이 한자리에 있다는 사실

---

1 지금 식으로 말하면, 〈벨기에 적십자사〉를 뜻한다.

을 최대한 이용하여 '국제팔레스타인협회' 프로젝트를 다시 궤도에 올리고 싶어했다. 이 협회는 만국연합이 주도해서 이 문제가 장기 과제라는 전제 하에 설립한 단체였다.

"그 어디보다도 팔레스타인은 국가 간의 갈등, 정치적이거나 종교적인 경쟁 관계가 수많은 요구 사항 속에서 극명하게 맞닥뜨리는 곳이다. 우리가 주의를 기울이지 않는다면 그곳에서 통탄할 만한 갈등이 발생할 지도 모른다."[J2]
                저자 주석 J2: 만국연합 벨기에 지부의 소식지 〈적십자〉, 1874년 9월호 55쪽.

이 단체, 국제팔레스타인협회를 통해서 만국연합은 적극적이고 국제적이며 다종교적인 팔레스타인 식민화 사업이라는 뒤낭의 오래된 꿈을 부활시켜 준 셈이다. 1865년부터 1870년 사이 파리에 처음 정착했을 당시에 추구한 바 있었고, 그 후 1872년 만국연합의 제1차 총회에서도 되살려보려고 노력했던 그의 꿈이었다. 당시 프랑스 지부는 별로 열성을 보이지 않았지만, 영국 지부에서는 1873년부터 이미 자체 소식지를 통해 반응을 보여 왔다. 바로 이러한 점 때문에, 뒤낭은 이 활동을 재개할 정도의 용기를 얻은 것이라 볼 수 있다. 평소에 하던 대로 만국연합은 '문명 강대국들'에게 팔레스타인을 외교적으로 중립화할 것을 제안할 계획이었다. 중립화가 된다면, 그 지역의 여러 다른 민족들이 평화롭게 공존할 수 있을 뿐 아니라, 서방 자본가들이 좀 더 자유롭고 쉽게, 즉 터키 오스만 제국이 걸핏하면 소유권을 주장하며 방해 공작을 펴는 일 없이, 투자할 수 있게 될 것이라고 보았기 때문이다. 브뤼셀에서 뒤낭은 조금이라도 흥미를 보이는 국가 대표단들에게 접근할 계획이었다.

"더타임즈가 전보 통신문에 내가 브뤼셀에 도착했노라는 소식을 전했단다. 그로 인해 만국연합의 두 번째 과업인 국제팔레스타인협회의 성공을 위해 땅이 다져진 셈이 되었지. (중략) 영국인들과 영국에 사는 유대인들은 이 일에 상당히 호의적이어서 이 계획이 성공하기를 바라고 있어. 그렇게 되면 내게도 상당히 유익하겠지."[J3]
                저자 주석 J3: 마리 뒤낭에게 보낸 1874년 8월 10일자 편지.

그런데 뒤낭이 브뤼셀에 있는 동안 설립된 만국연합의 벨기에 지부야말로 설립되자마자 이 일에 대해 노발대발하였다. 지부 설립 당시 정관에 명시된 사명 중에 '인류에게 도움이 되는 국제적인 과업에…(중략) 유럽의 평화라는 관점에서 모든 나라와 종교의 관심을 모으고 있는 국제팔레스타인사업을 포함하여' 협력한다는 점이 있었다. 정관에는 또한 만국연합 벨기에 지부의 회원은 자동으로 팔레스타인협회의 회원이 된다고 적시하였다. 그런데 이렇게나 강권적인 시오니즘을 모든 이가 마음에 들어 하지는 않았으리라는 점을 쉽게 상상해 볼 수가 있다. 어쨌든 문제의 팔레스타인협회는 결국 살아남지 못했고, 나중에는 오직 뒤낭과 템플러 공동체의 팔레스타인 개척지 지도자인 크리스토프 호프만 사이에 오간 1875년 당시의 서신에서만 언급된다.

뒤낭이 브뤼셀에서 진행시킨 세 번째 활동 영역은 노예 무역 폐지를 위한 투쟁이었다. 1815년과 1822년의 국제 사회의 약속에도 불구하고 아프리카 수많은 나라에서는 노예 무역이 지속되고 있었다. 이렇게 해서 뒤낭은 자신이 관심을 가져온 사회 문제 중 가장 오래된 주제로 돌아온 셈이다. 왜냐하면 그는 이미 1857년에 그러니까 솔페리노 전투 발생 2년 전에 『튀니스 섭정에 대한 설명』을 펴내어 미국의 노예제에 대해 길고도 대담한 독설을 선보인 바 있기 때문이다. 1865년 미국 남북전쟁이 한창일 때, 그는 이 부분을 따로 발췌하여 재발간하기도 했다. 그러고는 몇 년간의 침묵이 있었지만, 만국연합 창립을 통해 그는 자신이 중요하게 생각하는 다른 주제들과 함께 노예제 폐지 논의도 다시금 문제삼을 수 있게 되었다. 노예제에 대해 잘 알고 있던 뒤낭은 역시나 만국연합의 이름으로 견해서를 집필했는데, 이는 비엔나 선언이나 베로나 결의문에도 불구하고 여전히 노예 무역이 계속되고 있는 나라들을 총망라하는 문서였다. 다만 뒤낭은 이번만큼은 단독으로 투쟁에 뛰어들 생각이 없었다. 그는 상당한 유력 기관인 '영국 및 해외 노예제 반대 협회'[2]를 찾아가서 만국연합과 힘을 합쳐 끈질기게 이어지고 있는 노예 무역에 반대하는 '준외교' 회의를 공동 개최하자며 그들을 설득하였다. 이 협회의 간사로 재직하던 선량한 밀라드 목사로부터 신뢰와 협력을 얻어내기 위해 그는 만국연합이 국제적 신망을 얻고 있음을 증명해 줄 수 있는 신문 기사 스크랩과 온갖 물적 증거를 잔뜩 보여주기도 했다.

절차를 존중하는 사람이었던 밀라드는 당장은 그 문제를 협회 내 위원회에 상정하는 데 그쳤다. 위원회는 국제 회의라는 아이디어가 상당히 흥미롭다고 결론을 내렸고, 앙리 뒤낭에게 권하기를 브뤼셀에서 이 부분에 대해 정부 대표단들의 관심도를 가늠해 보라고 하였다. 아니, 한술 더 떠서, 노예제 반대 협회는 8월에 그의 숙소였던 플랑드르호텔로 25파운드짜리 수표를 — 당시로서는 상당한 금액이었다 — 보내어, 뒤낭에게 베를린까지 방문해서 국제회의를 연다는 가정 하에 독일인들의 관심도는 어떤지를 살펴봐 달라고 부탁했다. 그럼에도 불구하고, 서신에서든 노예제 반대 협회의 런던 기록 보관소에서든 뒤낭이 실제로 베를린까지 다녀왔는지를 확인할 수 있는 자료는 남아있지 않다. 게다가 뒤낭은 브뤼셀에서 돌아온 후 그가 받

2 이 단체(British and Foreign Anti-Slavery Society)는1838년 이후로 현재까지 활동 중이며, 지금은 〈Anti-Slavery International〉이라 불린다.

은 25파운드를 아예 지출하지 않았노라고 말해둔 바 있다. 아마도 적어도 이번만큼은 브뤼셀을 떠나고 싶다는 생각이 들지도 않을 만큼 당시 체류가 실로 편안했던 듯하다.

아무리 달콤할지언정 브뤼셀 회의의 논의가 결론에 가까워지면서 이제 뒤낭의 벨기에 체류도 막바지에 다다랐다. 대표단들은 전쟁 포로라는 유일한 문제에 대해서만 적어도 12개 조항을 도입하기로 합의하였고, 이를 통해 전쟁 포로들은 앙리 뒤낭이 1867년부터 주장해 왔던 보호를 균일하게 받을 수 있게 되었다. 제네바에서부터 전쟁 부상병들에 대한 논의를 예의 주시하던 무아니에 역시 얻은 게 있다고 볼 수 있다. 제네바 협약은 아무 해를 입지 않았고, 아니 심지어 이 회의를 통해서 제네바 협약이 강화되는 결과가 나왔기 때문이다.

만국연합이 애타게 기원했던 이러한 외교의 장이 국제선언문 계획안으로 마무리되자, 이제 남은 할 일은 그 내용을 각국에서 비준하는 것이었다. 만국연합은 분명 그들이 누렸어야 할 영광을 충분히 누리지는 못했다. 러시아가 그들이 앞서 했던 모든 발의 내용을 독점해 버렸기 때문이다. 비록 이렇게나 노력해 온 일을 송두리째 빼앗겼기에 측은지심을 일으키는 것일지는 몰라도, 이제 더 이상 외교무대에서 만국연합의 존재를 무시하는 일은 없으리라. 뒤낭이 1874년 10월 런던으로 돌아왔을 당시, 그는 브뤼셀 회의를 통해 만국연합은 자신이 중요하게 여기는 주제를 모두 다룰 국제 무대의 전면에 나서게 된 것이라고 확고하게 믿고 있었다. 그러니 이제 할 일은 그 열매를 거두는 작업만 남았다. 복숭아과 포도의 달콤한 맛은 당분간은 잊어버려야만 했다.

노예 매매

거의 기정사실이지만, 카스트네르 부인이 가까이 있을 때면 뒤낭은 가족에게 편지를 훨씬 드물게 보냈다.[J4] 1874년 8월 말부터 즉 브뤼셀 회의가 폐막한 즈음부터 그가 10월 초에 런던에 다시 모습을 드러낸 시점 사이, 그가 어떻게 시간을 보냈는지에 대해서는 일말의 단서도 남아있지 않다. 만약 휴가를 갔다 해도 길지는 않았을 것이다. 10월 15일 만국연합의 영국 지부는 명예 간사인 앙리 뒤낭 씨의 브뤼셀 회의 참가 보고를 듣기 위해 한자리에 모였다. 벨기에 지부의 소식지 제1호에 실은 요약문과 마찬가지로 연사 뒤낭은 러시아의 접근 방식이 비열했다며 가차없이 발언했다. 즉 러시아는 자국의 이득에만 관심이 있을 뿐 만국연합이 추구하는 인도주의적 관점에는 관심이 없다는 게 그의 요지였다. 제국주의적인 접근으로 인해 러시아는 수많은 강대국이 등을 돌리게 만들었고, 상황이 하도 악화된 나머지, 그 강대국들은 이제 러시아가 주도했음이 이토록 분명한 전쟁 관련법에 찬동하기를 꺼리는 형편이라는 것이다.

> 저자 주석 J4: 반면 뒤낭이 카스트네르 부인과 함께 있을 때면 실제로 편지를 덜 보내곤 했었는지, 아니면 그녀 이야기를 했던 편지는 나중에 모조리 없애버렸는지는 확실히 알아낼 방법이 없다. 후자의 경우도 충분히 개연성이 있기 때문이다.

뒤낭의 우려에는 근거가 있었다. 1875년 1월 20일 외무장관 더비 경은 영국이 브뤼셀 협약을 비준하지 않겠다고 러시아에 공식 통보하였다. 영국의 변심 이후 다른 나라들도 같은 결정을 내렸다. 1874년 여름의 모든 노력이, 그보다 1년 전부터 만국연합이 주력해 온 전쟁 포로를 위한 노력 역시 수포로 돌아가버렸다. 이리하여 뒤낭에게 전쟁 포로 문제에 우선적인 노력을 기울인 시기는 막을 내렸고, 그 이후로도 상당히 오랜 시간이 흐른 뒤에야 그는 이 주제로 돌아오게 된다.

다행히 뒤낭에게는 기대어 볼 만한 다른 쟁점이 있었다. 영국 및 해외 노예제 반대 협회가 그에게 관심을 보여준 참이니, 뒤낭이 그러한 호의적인 태도를 그냥 흘려보낼 리 없었다. 전쟁 포로 문제를 가지고 만국연합의 회원들 앞에서 발표했듯, 뒤낭은 흑인 노예제 투쟁에서 '대륙으로의 여행이 성공'했음을 노예제 반대 협회 회원들에게 직접 보고하기를 원했다. 솔직히 말하면 벤자민 밀라드 목사도 당연히 그러리라 기대하고 있었다. 런던에서 25파운드 수표를 브뤼셀로 보낸 그날 이후 밀라드 목사든 그 외의 협회 다른 회원이든 뒤낭으로부터 전혀 소식을 듣지 못했으니, 이쯤이면 모습을 드러낼 때가 된 게 아니겠는가.

그런데 뒤낭은, 브뤼셀을 다녀온 이야기는 그렇다 치고, 협회 회원들에게 자신의 아이디어 상자에서 새롭게 샘솟는 이야기들을 하는 게 우선의 목적이었다. 그의 가장 최근 프로젝트는 물론 만국연합의 휘하에서 그의 관심사 모두를 한 번에 망라한 방대한 규모의 국제회의를 개최하겠다는 것이었다. 그렇게 되면 여기에는 노예 무역, 팔레스타인, 국제 중재 등등이 모두 포함된다. 뒤낭은 그 회의가 1875년 6월에 개최될 계획이며, 이탈리아와 독일이 이미 참석 의사를 밝혀왔다고 영국인 동지들에게 밝혔다. 그러고는 "모든 나라가 줄줄이 참석하겠다고 나설 겁니다."라고 호언장담했다.

영국 노예제 반대 협회는 자신들이 추진하는 대의가 수많은 다른 논제들 사이에 묻혀버릴 수 있다는 점으로 인해 망설이지 않았을까 한다. 그러므로 뒤낭은 전략을 바꾸었다. 11월 4일 뒤낭은 밀라드에게 만국연합 내에 노예제 반대 투쟁 문제만을 다룰 국제위원회를 만들겠다고 제안하고, 모든 주제를 다루는 게 아니라, 노예 무역을 다루는 별도의 회의를 소환하겠다고 전했다. 또한 그 회의 날짜를 앞당겨서 6월이 아니라 1875년 1월이나 2월에 개최하겠노라 제안하였다. 노예제 반대 운동을 하는 이들이 만국연합의 개입을 지나치다고 인식하기 시작했다는 점을 뒤낭도 알아차렸을까? 그럴 가능성이 있다. 뒤낭은 며칠 뒤에 해당 사항에 대해 확고한 의사 표명을 하고자 했다. "저는 다음의 내용을 분명하게 재차 말씀드립니다. 영국 및 해외 노예제 반대 협회가 수장입니다. 우리는 그저 수족 역할을 하고자 합니다. 우리는 머리가 시키는 일을 따라갈 뿐입니다." 반면에 부탁하건대, 밀라드 목사와 동지들이 정말로 1875년 초에 회의를 개최하고 싶다면 좀 더 적극적으로 임해 달라고 부추겼다. 그러면서 다음과 같이 뒤낭이 한 말이라고 하기에는 놀랄 만한 근거를 대었다.

"저는 현재로서는 상당한 영향력을 갖고 있습니다. 그게 사실이지요. 하지만 우리가 7개월을 기다린다면 제가 그때 가서도 여전히 영향력이 있을지는 알 수 없습니다. 사람의 일은 불안정하고 대륙의 정세도 걱정스러우니 말입니다."

결국에는 모두가 의견을 모아서 1875년 2월 1일에 회의를 열기로 결정되었다. 뒤낭은 이 정보를 가능한 한 널리 알리는 데 상당한 노력을 기울이고는 12월 초에 파리로 떠났다. 아마도 전해인 1873년에 그랬듯이, 숙부님이 남겨주신 연금을 수령하기 위해서였을 것이다. 파리에서도 그는 이제는 전문가가 되다시피한 특유의 방법을 동원하여 회의 준비 활동을 지속했다. 『솔페리노의 회상』이 남긴 교훈을 그는 제대로 이해하고 숙지하였다. 즉 그 어떤 확고한 이론보다, 사람의 감정이 동원되어야 산도 움직일 수 있다는 점이었다. 그리하여 그는 노예제 반대 협회에 '세계 각국에서 벌어진 노예제 및 여전한 노예 무역의 끔찍한 사례들, 특히 확실하고 이론의 여지가 없는 사례들'을 협회의 문서 보관소에서 찾아내 달라고 요청했다. 이렇게 인간의 고의적인 가혹함을 보여주는 사례들을 뒤낭은 자신이 준비 중인 간단한 비망록에 논거로 사용할 예정이었다. 그리고 그 비망록을 이용해서 2월에 개최될 '준외교 회의'에 각국 정부가 대표단을 파견해 달라고 설득하려는 계획이었다.

그런데 왜 그가 하는 일이 예전과 같은 방식, 같은 모델, 같은 노력을 기울여도 더이상 잘 풀리지 않는 걸까? 1875년 1월 4일, 이틀 후면 런던에서 매우 중요한 회합에 참석해야 하는 상황이었다. 뒤낭은 그날 노예제 반대 협회의 동료들에게 연락을 취하여 '극심한 추위로 인해 건강상의 문제가 발생'한 탓에 파리를 도저히 떠날 수가 없다면서 자신이 회합에 함께하지 못하는 데 대한 양해를 구한다고 전했다. 영국 쪽에서는 긴장감이 팽팽해졌다. 1월 18일에서야 드디어 뒤낭이 영국으로 돌아왔으나, 그가 파리에서 준비 중이라고 했던 비망록은 여전히 제출하지 않았다. 그 비망록이 회의 초대장을 보내는 데 필수 요소인데도 말이다. 이보다 더 급한 일이 있었으니, 기적적으로 얻어낸 외무장관 더비 경과의 접견을 위해 그 문서가 꼭 필요했기 때문이다. 이런 상황인데도 비망록 작성에는 진척이 없었다. 노예제 반대 협회는 심각하게 조바심이 나기 시작했다. 회의 개막까지 2주도 남지 않았는데 뒤낭은 대체 무엇을 하고 있는 건가?

회의가 열리기는 했다. 아니 회의 흉내를 내긴 했다. 뒤낭이 생각했던 바와는 전혀 다른 모양새로 구색만 갖춘 회의가 개최되었다. 모두 합쳐 보아도 그 자리에는 포르투갈 외교관 한 명과 그 어떤 직책도 없는 여러 나라 국적의 참석자 다섯 명, 이게 다였다. 만국연합은 그래도 여전히 다른 대표단들이 참가 의사를 밝혀올 것이라고, 새로운 분과를 계획하면 된다고 기대하였다. 뒤낭은 점점 신경과민이 되어 벨기에부터 스페인까지 만국연합의 모든 지부를 총동원하려 애썼다. 그는 런던에서 개최되는 회의가 '국제회의이며, 어떤 방식으로든 원하는 바를 얻어낼 때까지 개최 상태를 유지'하리라는 점을 선전하라고 모든 지부에 요구하였다.

분명, 이는 뒤낭이 자신이 기획한 국제회의가 확실한 실패작으로 전락하는 것을 막아보려는 술책임과 동시에, 이 회의가 항구적인 단체로 전환된다면 자신이 간사로서 일자리를 확보할 수 있을 거라는 계산이 깔려있는 행보였다. 하지만 밀라드 목사가 이끄는 노예제 반대 협회에게 프레데리크 카스트너나 판 홀스베익 박사가 서명한 만국연합 지부들의 지지 서한은 — 당연히 뒤낭이 배후에서 지휘하였다 — 아무 가치가 없었다. 노예제 반대 협회 이사회는 당연할 수밖에 없는 결론을 이미 내린 상태였다. 3월 5일 총회에서 국제 외교 회의 초청에 대한 형편없는 응답 결과를 확인하면서 협회는 이 상황을 장기화할 이유가 없다고 선언하였다. 협회는 그날 당일로 뒤낭에게 해당 결정 사항을 통보하였다. 다만 그를 비난하는 어조를 누그러뜨리기 위해서인지 다음과 같은 문장을 추가하였는데, 이는 결과적으로 그들의 의도와는 정반대의 효과를 불러일으키고 말았다.

"영국 대중들도, 다른 나라에서도, 유럽 강대국들을 국제회의로 소집하려는 노력에 대한 관심을 전혀 보이지 않으므로, 우리 이사회는 지금까지 지속해 온 국제노예제 반대위원회의 활동 노선을 지속하는 것은 바람직하지 않다고 봅니다."

위의 마지막 문장은 뒤낭에게 사형선고 같이 들렸다. 국제회의를 소집하는 일 말고 그가 할 줄 아는 게 무엇인가? 지난 10년간 각국 외교관들을 한자리에 모으려는 일 말고 그가 한 게 무엇인가? 게다가 그중에서도 최악인 것은 노예제 반대 협회가 한 말이 맞다는 사실이었다. 당시 여론의 분위기는 서로 적대적인 정부들을 한자리에 모으는 것을 원하지 않았다. 그러면 대체 그에게 남은 일은 무엇인가?

뒤낭은 즉시 답장의 서한을 보냈다. 그의 답장은 분노한 어조, 수많은 밑줄 친 말들, 깊이 상처입은 듯 자신의 관점이 옳으며, 영국이 수도 없이 잘못한 점들을 지적하는 발언으로 가득했다. 그러고 나서는 "이러하니, 우리는 이 국제회의를 이어 가야만 합니다."라고 자신의 결론을 전했다. 불쌍한 벤자민 밀라드, 그는 이런 일을 상대할 상태가 아니었다. 그는 심각한 병중이었고, 불과 몇 달밖에 더 살지 못하고 세상을 떴다. 다만 밀라드는 뒤낭의 이 편지를 읽는 것만으로도 그가 얼마나 깊이 상처를 입었는지를 분명 알아차렸을 것이다. 어찌하랴, 그가 뒤낭을 위해 할 수 있는 건 아무것도 없었다. 뒤낭은 다른 할 일을 찾아야만 했다. 밀라드의 도움 없이, 그리고 아마도 런던 말고 — 런던에선 더 이상 국제적인 야심이 설 자리가 없다 — 다른 곳이어야 했다. 동방은 어떨까. 그렇다, 물론이다. 동방이 답이다.

팔레스타인

국제팔레스타인협회는 뒤낭이 지난 10년간 해 온 모든 사업과 흡사했다. 온갖 부침을 다 이겨냈고 폭풍우와 시련을 경험했으며, 수차례에 걸쳐 해체, 부활, 버려짐을 겪고서는 다시 여러 형태와 명칭으로 변신해서 복귀하였다. 수많은 부회장이 존재했고 개인 자격의 수많은 귀족 회원들이 있었으며, 그리고 항상, 언제나 똑같이, 종신 명예 회장의 지위는 앙리 뒤낭의 차지였다.

1866년에 '동방의 쇄신을 위한 국제보편협회'를 만든 이후로 뒤낭의 시오니즘은 다양한 형태로 발현되었다. 게다가 그의 태도를 '시오니즘'이라고 부르는 데에도 사실 논란의 여지가 있었다. 이주민 정착과 팔레스타인 개발, 그리고 평화 회복의 측면에서 보면, 이 사업을 위한 자금을 모집하는 차원에서 주요 목표 대상이라는 점을 빼고는, 뒤낭의 구상에서 유대인들이 구심점은 아니었기 때문이다. 뒤낭의 시오니즘 기반 프로젝트는, 항시 그의 내면에 있기는 해도, 그가 인생에서 어느 시점에 있었느냐에 따라 우선 순위가 달라지곤 했던 그의 여러 야심들과 공존할 따름이었다. 그건 종교적인 유토피아 건설(성전의 재건과 성경의 시대에 충실한 신앙으로의 복귀)일 수도 있고, 정치적인 유토피아 건설(팔레스타인 지방의 국제 중립화)일 수도 있으며, 경제적인 유토피아(분별 있게 개발 사업에 나선다면 아주 큰 돈벌이가 될 수 있는 계획)일 수도 있고, 마지막으로 그의 말년에 가서는 아주 개인적인 유토피아(그의 적들, 혹은 그를 쫓는 악령을 피해 도망갈 장소)의 확보가 될 수도 있는 일이었다.

브뤼셀 회의 당시 뒤낭은 이미 팔레스타인의 중립화를 위해 국제 사회의 주의를 환기시키려 몇 가지 포석을 놓은 바 있다. 하지만 우선 전쟁 포로 문제 때문에, 그다음 노예제 폐지의 문제로 인해, 이 팔레스타인 프로젝트는 계속 뒷전으로 밀려났다. 그러던 중에 1875년 초가 되자 팔레스타인에 대한 계획이야말로 뒤낭에게 남은 최후의 출구가 되었던 것이다. 만국연합의 영국지부에는 수많은 산하 위원회가 있었고, 그중에 팔레스타인 협회가 있었으니(국제팔레스타인 및 시리아위원회 혹은 팔레스타인협회라고 불렀다) 참으로 잘된 일이었다! 바로 그 조직을 되살려야만 했다. 그러려면 팔레스타인 현지에 살고 있는 믿을 만한 사람들과의 인연을 재개할 필요가 있었다. 뒤낭은 템플러 공동체의 친구들 즉 1868년과 1870년 사이에 하이파 지역에 정착한 뷔르템베르크 출신 기독교인들과 다시 연락을 취했다. 이들은 뒤낭이 세운 '동방 쇄신' 협회가 약속한 대로 막대한 보조금을 기대했지만 무위로 돌아간 적이 있었다. 그들 정착민 사회를 이끄는 크리스토프 호프만과 뒤낭 사이에 상당한 분량의 서한이 오갔다. 호프만은 성자 중에서도 성자 같은 성품에 산을 옮길 만한 강건한 신앙으로 타오르는 인물로서 뒤낭에 대해서는 헌신에 가까운 신뢰를 가진 사람이었다. 1875년 4월 말에 호프만은 뒤낭에게 길고 긴 감사의 편지를 보내왔다. 그 내용을 살펴보면 뒤낭이 템플러 진구들과 영국 만국연합의 팔레스타인 협회 사이에 다리를 놓으려고 시도했었다는 점을 분명히 짐작할 수 있다.

"우리는 런던 위원회가 영국의 기독교인들에게 우리 템플러 공동체의 정착지를 알리려고 결정했다는 사실을 듣고 깊이 감동하였습니다. (중략) 만국연합이 우리를 명예 회원이자 교신 회원으로 임명했으니, 우리도 가끔씩 우리의 일이 어떻게 진행되고 있는지를 알려드릴 임무가 생겼군요."

뒤낭은 1875년 초봄에 다시 병이 났다. 12월에 오한에 시달린지 불과 몇 달도 되지 않은 시점이었다. 그래도 5월이 되자 마치 다시 청년이 되기라도 한 듯 일을 재개하였다. 그는 최근 들어 좋은 소식을 전해주지 못한 여동생 마리에게 서둘러 편지를 보냈다. 이제 자신이 '앞으로 매우 강력해질 가능성이 있고, 심지어 바로 지금도 힘을 얻어가고 있는 협회들의 간사가' 되었고, 또한 '온 팔레스타인과 시리아, 유프라테스 계곡과 바그다드를 거쳐 페르시아만까지 이어지는 철도 개발 회사와 결부'되어 있다는 소식이었다. 그러면서 뒤낭은 '그러니 당연하게도 그 철도 개발 회사는 엄청난 면적의 토지를 양도받게 될 것이고 상당한 이윤을 남길 것이라 기대'한다고 덧붙였다. 이러한 언급이 누이에게 얼마나 가슴 아픈 기억을 연상시킬지를 그는 상상조차 하지 못한 듯하다.

그 시점에서 사실 앙리가 주장한 내용, 그러니까 자신이 이토록 가망있는 철도 사업과 결부되었다고 할 법한 것이라고는, 단지 그가 터키 정부에 프랑스어로 서한을 보냈다는 점, 그리고 해당 철도 사업가 두 명의 부인들과 함께 차를 마시는 사이라는 점뿐이었다. 그 이외의 부분에서는 확정된 바가 아무것도 없었다. 아직 문서상으로만 존재하는 준비 단계의 일이었다고 보아야 한다는 뜻이다. 그럼에도 불구하고 팔레스타인에 정착한 독일인 친구들의 도움으로 뒤낭은 새로운 정착 사업을 준비하기 시작했다. 결국은 자신이 계획하는 수많은 투자 사업의 비용을 대기 위한 모금 운동에 가까웠다. 11월에 크리스토프 호프만은 '런던의 팔레스타인 협회 회원이신 신사 여러분들'에게 자신들의 우선 순위를 정리한 목록을 제출했다. 제분소와 같은 농업 및 산업 시설 — 즉, 흐르는 물의 하구와 같이 최상의 자리를 획득해야 한다는 뜻이다 — 그리고 합리적인 숲 개발 계획, 기존 산업 개발 사업의 자본 증자, 도로 건설, 농업을 위한 가축 증대 등이었다.

방대한 면적의 토지 양도, 제분소, 흐르는 물 확보, 숲, 도로와 가축, 이 모든 말이 그에게 상기시키는 바가 없었는지? 뒤낭은 십 년 전에 자신의 재산을 모두 날리고, 그뿐 아니라 친지들의 돈과 자신의 평판과 존엄성, 자신이 그때까지 이룬 업적과 그의 행복, 그리고 심지어 그의 미래까지도 송두리째 날려버린 신기루와 같은 일로 다시 한 번 앞뒤 재지 않고 뛰어드는 게 두렵지도 않았던가? 물론, 이번에는 접근법이 완전히 달랐다고 자조할 수는 있다. 호프만이 슈투트가르트식 프랑스어로 표현하듯 '금과 은은 주님께 속한 것이니 우리가 동방의 고리대금업자들처럼 높은 이자를 제공하는 건 불가'[15]한 일이었다. 그렇다 해도 기독교인의 관점에서든 사업상의 관점에서든 애로 사항은 똑같았다. 그리고 뒤낭은 그런 점을 아프게도 매우 잘 알고 있었다.

저자 주석 J5: 1875년 11월 27일 호프만의 편지.

1875년 12월에 크리스토프 호프만은 뒤낭에게 다시 편지를 보냈다. 속내를 고스란히 드러내는 매우 장엄한 글이었다. 그는 뒤낭에게 뒤낭의 식민지 개발 계획이 그 아무리 가상하다고 해도 실현되기는 불가능하며, 그 목표 지역이 시리아가 되었든 팔레스타인이 되었든 마찬가지라고 솔직하게 말해 주었다.

"영국인들에게 식민지 정착민으로서 시리아로 이민 오라고 권장하는 것은 제 양심이 허락치 않습니다. 저는 이 축복받은 그리고 동시에 저주받은 땅을 개발하면서 겪을 수밖에 없는 어려움과 위험을 잘 알고 있습니다. (중략) 터키 대사가 뒤낭 씨에게 아주 멋드러진 약속을 했을 것이라 의심치 않습니다. 하지만 잊지 마십시오. 터키 정부가 현재 상황에서 할 수 있는 일은 오직 부끄럼도 가책도 없이 거짓말을 하는 것뿐이라는 사실을 말입니다."

호프만은 부지불식간에 최종 발언을 한 셈이었을까? 팔레스타인 땅에서의 뒤낭의 모험 그리고 시리아에서의 모험은 시동도 제대로 걸기 전에 종지부가 찍혔다. 전쟁 포로 문제 및 노예제를 논하는 국제회의 소집, 그리고 팔레스타인의 쇄신이라는 세 가지 활동이 연달은 실패로 말미암아 만국연합은 마지막 남은 총탄을 모두 소진해 버린 신세가 되어버렸다. 뒤낭도 이번에는 인정하지 않을 수 없었다.

파이로폰

1874년 브뤼셀에 다녀온 후 앙리 뒤낭 씨의 이름으로 런던으로부터 발송된 그 어떤 서신의 봉투에도 주소를 기입하는 우측 구석에 캠버웰의 플로든 로드에 있는 아늑한 하숙집 주소가 적힌 경우가 없다. 나만 매우 공식적인 '팔발 41번지' 즉 만국연합의 영국 지부 본부 주소만이 사용되었다.

그럴 만한 이유가 있었다. 멜빌의 단편소설 주인공인 필경사 바틀비가 그랬듯이, 뒤낭도 사무실에서 숙식을 해결하고 있었기 때문이다. 아니, 만국연합이 그에게 사용하라고 내어준 사무실 바로 옆 혹은 바로 위에 위치한 불편하고 환기도 되지 않는 방에서 잠자리를 해결하고 있었다. 생계는 어떻게 유지하는 것이었을까? 벌어들이는 것보다 그의 자선 활동에 들어가는 돈이 더 많았다. 뒤낭은 자기 얘기를 들어주는 사람이라면 그 누구에게나 만국연합 영국 지부가 어찌나 인색한지 업무에 들어간 비용조차 후처리를 해주지 않을 정도라고 말하고 다녔다.

반면에 그는 카스트네르 부인이 어머니로서 헌신하고 있는 일을 여전히 돕고 있었다. 그 말은 그녀의 아들 프레데리크를 도와 프레데리크가 발명한 악기 파이로폰을 홍보하는 일을 하고 있었다는 뜻이다. 그가 런던에서 지낸 몇 달 동안 아침마다 크루아상 두 개와 코코아 한 잔으로, 점심이나 저녁에는 커틀릿과 치즈 한 점으로 끼니를 때울 수 있었던 것은 다름 아닌 그녀의 덕분이었다. 카스트네르 부인은 뒤낭에게 대단한 부를 안겨 주지는 않았다. 다만 이 희한한 자신들의 관계에 대해 겉치레를 어떻게든 할 수 있게끔 뒤낭에게 임무를 부여하고 그에 대한 대가를 지불하는 방식을 통해 뒤낭에게 최소한의 복지후생을 제공했다고 할 수 있다.

프레데리크의 발명품을 최초로 소개하는 자리는 1873년 3월 17일 파리의 과학 아카데미였다. 이 일이 가능했던 것은 그해 겨울 동안 뒤낭이 프레데리크를 격려해 준 덕이었다. 파이로폰은 몇 달 후에 비엔나에도 소개되었다. 다만 파리든 비엔나든 이와 같은 발표 자리에 뒤낭이 함께한 것으로 보이지는 않는다. 다만 레오니와의 관계가 회복된 것으로 보이는 시기, 즉 1874년에 브뤼셀에서 재회한 후에야 그녀의 아들이 명성을 얻게끔 앙리의 헌신이 재개되었다. 이때부터 그는 수많은 위원회 활동 중에 돌발적인 사건이 발생하지 않는 한, 프레데리크를 위해서 한없이 헌신했다. 1875년 초에 '노예제 반대 국제위원회 간사' 직함을 갖고 있던 뒤낭이 당장 해야 할 일을 뒷전으로 하고, 노예제 반대 협회의 동료들을 초조하게 만든 이유가 바로 이 파이로폰과 관계가 있었을까? 개연성이 충분히 있는 일이다. 1875년 1월 13일 파리에서 막 돌아와서는 불행히 끝나버린 2월 1일 예정의 국제회의가 한창 이어야 할 때, 뒤낭은 영국협회에서 열린 물리학자 존 틴달의 발표 자리에서 파이로폰 시연을 담당했다는 기록이 있다. 한 달 뒤에는 개인적으로 상황이 더욱 불리해진 가운데 — 노예제 반대 협회는 뒤낭에 대해 완전히 낙담해 버렸다 — 그는 런던 예술협회에서 직접 파이로폰을 시연해 달라는 초청을 받았다. 그는 초청된 자리에서 이 악기의 음악적이고 철학적인 미덕에 대해 아주 박식하고 구체적인 내용의 발표를 했다.

그게 다가 아니었다. 뒤낭은 그저 호기심에 겨운 청중뿐 아니라 파이로폰의 잠재적인 제조업자나 구매자에게도 관심을 기울이기 시작했다. 그는 1년 후인 1876년 4월에 런던의 사우스켄싱턴 박물관 과학 전시에 파이로폰 전시를 수락받는 성과를 거두었다.[J6] 게다가 영국 특허를 취득하는 일에 관해 '매우 진지하고' — 뒤낭이 굳이 덧붙인 말이다 — 아주 톡톡히 돈벌이가 될 만한 제안이 들어오고 있었다. 이미 제작된 세 점의 파이로폰은 파리에 남겨둬야 했기에 그는 영국 시장을 공략하기 위해 새로운 파이로폰 악기들을 제작하는 중이었다.

저자 주석 J6: 사우스켄싱턴에 자리한 이 박물관은 1899년에 이름이 바뀌었다. 현재의 빅토리아앨버트 박물관이다.

앙리는 이 모든 이야기를 동생 피에르에게 하면서 이 악기에 대해서라면 샅샅이 알고 있음을 분명히 보여주었다. 또한 프레데리크의 발명품 제작뿐 아니라 홍보와 유통까지도 담당하고 있는 것으로 보였다. 좀 더 시간이 흐른 뒤에, 카스트네르 부인을 위한 이러한 상업 활동에 대해서 수당을 받은 사실을 정당화하기 위해, 그리고 자신은 반대급부 없이 그녀의 재산으로부터 이득을 취했다는 비난을 피하기 위해, 뒤낭은 '카스트네르부르소 부인이 보여주신 그 모든 너그러운 호의'를 누렸으니 자신이 그녀의 아들 프레데리크의 발명품을 위해 '런던에서 우리가 만난 이후 약 4~5년간 너무나 당연하게도 절대 헌신의 자세로 임하였으며, 그 일에서 상당한 성공을 거두었다'고 강력히 주장한 바 있다.[J7] 그렇지만 솔직히 말하자면 사실, 1876년 봄에 뒤낭은 할 일도 별로 없는 상황이기는 했다.

저자 주석 J7: 『회고록』, 323쪽

1876년 8월 세뤼리에 백작이 그에게 지나가는 말로 이렇게 전했다. 세뤼리에는 그의 파리 적십자 동료 중 뒤낭이 벌인 수많은 일을 아직도 지지해 주는 얼마 안되는 지인 중 하나였고, 명예가 걸린 일처럼 뒤낭을 여전히 '친애하는 동료'라고 불렀다.

"친애하는 동료 뒤낭 씨, 신문에서 동방의 기독교인들을 위한 위원회가 게재한 호소를 보고는 수소문해 보았더니 그 위원회가 뒤낭 씨가 하시는 일이란 걸 알게 되었습니다."

도무지 끝이 없을 것 같았던 목록의 마지막을 장식하게 된 그 위원회는 앙리 뒤낭이 창립한 수많은 자선 단체들 중 마지막이 되고 말았다. 무언가가 무너져버렸다. 그가 기획한 그 어떤 프로젝트도 완성 단계에 가지 못한 지도 이제 서의 10년이 되었다. 그의 낙관주의, 그의 지구력, 심지어 그의 회복 능력까지도 이제는 완전히 소실되었다. 그에게 남은 유일한 에너지가 있다면, 그것은 이제 가까운 이들에게 쏟을 뿐이었다. 지난 2년간 뒤낭이 근근히 버틸 수 있게끔 겨우 겨우 지탱시켜 준 사람들 말이다.

1876년 9월 팔말가 41번지 우편함에 런던 대영박물관으로부터 온 편지가 도착했다. 공란을 두고 미리 문구를 인쇄한 작은 카드에는 대영박물관의 사서로부터 뒤낭의 서한과 동봉한 서적들을 잘 받았다는 확인과 함께 앙리 뒤낭 씨에 대한 감사 메시지가 적혀 있었다. 사서는 상기한 앙리 뒤낭 씨뿐 아니라, 카스트네르 부인과 프레데리크 카스트네르 씨에게도 각자의 기증에 대해서 대영박물관의 이름으로 감사하다고 적었다.

이건 무슨 이야기인가? 아마도 노예무역에 대한 보고서와 파이로폰에 대한 가장 최근 소논문 등 앙리 뒤낭의 다양한 출판물들을 의미하는 것으로 보인다. 레오니와 프레데리크 카스트네르는 아마도 뒤낭에게 이미 세상을 뜬 남편이자 아버지인 작곡가 장조르주 카스트네르의 몇몇 작품을 첨부하라고 부탁했을 것이다. 구체적인 사항은 중요치 않다. 앙리 뒤낭은 카스트네르 모자와 함께든 아니면 혼자서든 1876년 5월에 영국을 떠났다. 이제 그의 일생에서 한 시대가 일단락되었다. 그 시기의 문이 닫히고 이제는 그의 앞에 불확실성과 방황만이 남았다.

프레데리크 카르니네르의 발명품, 〈파이로폰〉

11

불안한 표류자의 삶

1876~1887

우여곡절의 여정

48세가 된 뒤낭은 장래에 대한 걱정으로 인한 번민에 시달렸다. 점점 악화되는 건강도 신경이 쓰였고, 고향 제네바의 호수와 산, 그리고 가족에게로 돌아가고 싶어 심히 괴로워했다. 결국 그는 9년 간의 도피 끝에 스위스에 있는 가족을 다시 만나야겠다고 결심했다. 다만 그 어떤 일이 있어도 제네바에 모습을 드러낼 생각은 없었다. 여동생 안나와 매제인 에르네스트 보셰 목사가 4년 전 로잔 근처의 퓔리에 정착했는데, 안나는 거대한 석조 주택에 살면서 외로움과 우울에 시달리고 있었고, 이에 남편이 매우 난감해하던 참이었다. 그리하여 뒤낭은 여태까지 가본 적 없던, '로지아스'라는 이름의 안나의 집으로 피신하여 1876년 8월부터 지내게 되었다. 가족 몇 명이 제네바로부터 그를 만나러 찾아왔다. 감정에 북받친 이들의 눈물에는 다시 만났다는 기쁨과 잃어버린 시간에 대한 슬픔이 뒤섞여 있었다. 그는 시간이 어떻게 가는지 모른 채 몇 주를 보냈다. 내일에 대해 생각하고 싶지도 않았다.

그러나 이 축복받은 안식처에 영원히 머물 수는 없었다. 그는 자신이 굉장히 거추장스러운 오라버니란 사실을 알고 있었다. 노총각스러운 여러 강박적인 습관이 있을 뿐 아니라, 어디를 가든 엄청난 양의 짐을 가지고 다녔다. 짐 안에는 온갖 신문과 문서, 선전지, 필사지, 나달나달한 오래된 리본으로 묶은 수많은 편지다발이 들어있는, 흡사 문서들의 보관소 역할을 하는 굉장한 크기의 여행용 가방이 꼭 있었다. 그러니 그가 머물던 작은 방에서는 항상 가게 뒤 창고 같은 냄새가 났다. 그는 걸핏하면 앓아 누웠고 플리머스에 다녀오다 간염에 걸렸을 때부터 시작된 빌어먹을 습진으로 인해 오른손을 제대로 쓸 수 없었다. 누이 안나를 도와 자질구레한 일을 하기조차 힘들었다.

게다가 안나의 집에서 보이는 유일한 풍경은 보 주와 제네바 주를 이어주는 레만 호수 전망이었다. 이 전망이 결국 그를 불안하게 만들었다. 집 근처 포도밭이나 호숫가를 거닐다 아는 사람이라도 만날까 봐 걱정에 시달렸던 것이다. 취리히 사람이나 영국 사람들과 마찬가지로, 제네바 사람들도 이 레만호 주변의 숨막힐 정도로 아름다운 풍경을 즐겨 찾았다. 어느 날 아침 로지아스의 정원을 걷다 나뭇잎 가장자리에 어렴풋이 붉은 빛이 돌기 시작한 걸 본 뒤낭은 이제 돌아가야 할 때가 되었다고 느꼈다. 방으로 돌아온 그는 편지를 몇 통 쓴 후 서류 뭉치들을 각기 다른 색깔의 상자에 정성스레 정리하고 여행 가방에는 얼마되지도 않는 자신의 소지품을 챙겨 넣었다. 그리고 다음 날 아침, 바로 그곳을 떠났다.

뒤낭은 10월 초에 파리로 돌아왔고, 클리시가의 사무실 겸 숙소로 쓰던 방은 여전히 그를 기다리고 있었다. 하지만 이미 그의 마음은 그곳을 떠난 후였다. 만국연합은 정처없이 시간 낭비만 하고 있었고 프레데리크 카스트네르는 얼마 전부터 그의 말을 듣지도 않고 적대적인 태도를 취했다. 그러다 보니 뒤낭은 프레데리크가 어머니에게도 방해 공작을 하고 있는 게 아닌가 하는 걱정을 하게 되었다. 카스트네르 부인은 적어도 그때까지는 어떤 티도 내지 않았지만, 뒤낭에게 파리를 떠나자고 제안한 사람이 바로 그녀였다.

두 사람은 연말을 스트라스부르에서 함께 보냈다. 남편을 따라 알자스 사람이 된 그녀는 그곳에 아름다운 저택 몇 채를 보유하고 있었다. 게다가 카스트네르 부인은 대부분의 알자스인들과는 다르게 알자스 지방의 새로운 주인이 된 독일에 대해 면죄부를 주는 입장이었다. 심지어 호감도 갖고 있었다. 물론 지붕 위에 올라가 속마음을 외쳐댈 정도까지는 아니었지만, 1871년 비스마르크가 프랑스와의 전쟁을 승리로 이끈 후 알자스와 로렌을 차지하자, 그 사건은 그녀에게 불리하긴커녕 오히려 정반대로 작용했다. 프랑스 제국의 몰락 이후 부르주아적이고 공화주의에 기울은 데다 편협한 프랑스가 그녀에게 더 이상 조국답게 느껴지지 않았던 것이다. 물론 세례를 받은 이후로 가톨릭 신도이긴 했어도, 그녀는 첫 영성체를 받은 이후 성당에 발도 들여놓지 않았다. 게다가 그녀의 남편은 음악가가 되기 전 스트라스부르 대학에서 개혁신학을 공부한 사람이었기에 레오니는 이제 로마 가톨릭 교회와는 완전히 거리를 둔 상태이기도 했다. 권위적이고 아주 잘 조직되어 있으며 대다수가 개신교도인 독일 제국에 통합된 알자스는 분명 레오니 카스트네르의 구미에 맞았다.

레오니의 여행 동반자 뒤낭 또한 유럽을 가로지르는 여정을 따랐을 뿐 아니라 신조의 면에서도 그녀의 의견과 가까웠다. 1877년 초 이 두 사람은 네덜란드 근처 북해 연안에서 4개월을 보냈다. 그리고 봄이 되자 알자스로 돌아왔는데 이번에는 스트라스부르 바로 앞이지만 라인 강 건너편에 있는 켈이라는 마을에 자리잡았다. 카스트네르 부인은 거기에도 집을 한 채 갖고 있었다.

하지만 레오니의 가족이나 결혼으로 생긴 인맥이 가까이 있는 곳에 머물 때마다 앙리는 그녀가 신경질적이 되거나 긴장을 풀지 못한다는 걸 알아차렸다. 그런 불편한 느낌은 켈에서 한층 더 강해졌다. 그는 이유를 딱히 짚을 수가 없었다. 그러던 어느 날 저녁 드디어 뒤낭은 프레데리크가 자기를 놓고 어머니 레오니를 심하게 닦달하고 있다는 얘기를 듣게 되었다.

"그 아이가 끔찍한 소문을 믿게 된 것 같네요. 그 소문…"

"제네바에서 들려온 소문 말씀이시죠?" 앙리가 불쑥 끼어들었다.

카스트네르 부인은 맞다는 뜻으로 고개를 끄덕였다. 그러더니 얼마간의 침묵을 깨며 결국 이렇게 말했다.

"아주 안 좋은 이야기, 말도 안되는 비난을 들었다고 해요. 그 소문을 뒤낭 씨에게 다시 해주는 건 나 자신도 그 수준으로 떨어지는 일이나 다름없으니 하지 않을 게요. 문제는 프레데리크가 그 소문을 믿는다는 거예요. 그리고 이제 당신을 의심하기 시작했답니다. 아니… 당신이 나와 가까이하는 의도에 대해서 의심하고 있어요."

뒤낭의 얼굴이 창백해졌다. 그는 뭐라도 하려고 창가로 다가가 라인강이 보이게끔 창가의 커튼을 열었다. 그러고는 레오니 쪽을 쳐다보지도 않은 채 낮은 목소리로 중얼거렸다.

"안심하십시오 부인, 더 이상 피해를 드리고 싶지 않습니다. 이제 각자의 길을 가는 게 둘 다에게 더 나을 듯하군요."

쇠스랑

10년 전부터 뒤낭의 희망과 고집은 번갈아가며 벽에 부딪혔다. 수많은 군주들이 그를 동등한 상대방으로 대하며 함께 대화를 나누었던 유럽 각국의 수도를 다시 생각할 때마다 이제는 그의 눈앞에 단 하나의 이미지만이 떠올랐다. 밤이든 낮이든 항상 똑같았다. 자물쇠와 사슬이 내는 매서운 굉음과 함께 자기 발 앞에 쇠스랑이 떨어져서는 그의 앞길을 막는 광경이었다. 이 이미지의 근원이 무언지는 잘 알고 있었다. 자신이 어렸을 때 에스칼라드[1]를 노래한 서사시 중에서도 제네바 사람들에게 실로 소중한 부분을 들었던 기억이 있었다. 쇠스랑은 그 서사시에 나오는 이미지였다. 제네바에서는 이 사건이 정말로 중요한 일이기에 매년 잊지 않고 12월 12일마

---

1 Escalade. 원래 에스칼라드escalade라는 단어는 등정이라는 뜻으로, 벽이나 산을 타고 올라가기라는 단어이다. 원문에서는 역사적으로 실제 있었던 사건을 이야기하기에 대문자로 표기하고 있다.

다 이를 기념했다. 해당 에스칼라드 사건은 1602년에 발생했고, 이웃 강국이었던 사보이아가 야간 습격으로 제네바를 정복하려 하자 제네바가 이를 대담하게 막아냈던 일이었다. 제네바 수비대의 용맹함을 보여주는 수많은 행적 중에서도, 적시에 '쇠스랑을 떨어뜨린' 행동은 핵심 사항 중 하나였다. 어찌나 중요한지 제네바에서는 꼬맹이들조차 이 '쇠스랑'의 생김새에 관해, 누구나 중세 학자처럼 상세하게, 뾰족한 갈퀴에 튼튼한 쇠창살이 달려있다는 식으로 설명할 줄 알았고, 또 그 쇠스랑을 떨어뜨린 용맹한 병사의 이름 또한 대답할 수 있었다. 바로 그거였다. 10년 전부터 제네바만 생각하면 그의 머릿속에 울리는 소리는 바로 그 쇠스랑이 쾅하고 떨어지는 소리였다. 그런데 이제는 그와 파리 사이에, 그와 런던 사이에, 그리고 그와 브뤼셀 사이에도 이 쇠스랑이 버젓이 자리잡고 있다는 느낌이 들었다.

게다가 그런 소문이 돌다니. 카스트네르 부인은 상관하지 않는다고 했지만, 뒤낭은 그녀와 자기 자신을 중상모략함으로써 부인이 아들로부터 멸시받는 상황을 만들고 싶지 않았다. 그 두 사람의 나이 차이와 재산 차이가 있다 보니, 분명 그가 오직 부인의 돈만 바라본다는 소문이 돌았으리라 충분히 상상할 수 있었다. 그는 다시 한 번 도망가야 할 형편이 되었다. 스트라스부르에서나 스위스에서 너무 멀지 않으면서도 알자스도 스위스도 아닌 곳을 찾아야 했다. 레오니가 권유하기를, 뒤낭이 믿을 수 있는 사람들에게 기댈 법한 그런 도시에 자리를 잡으라고 했다. 오직 단 한 곳이 그런 기준에 부합하였으니, 바로 독일 바덴-뷔르템베르크 지방에 위치한 도시였다.

1877년 7월 뒤낭은 자신의 물건을 바리바리 끌고 바로 그곳 슈투트가르트에 도착했다. 곧장 하센베르크슈타이게 거리로 찾아갔다. 이 길은 이제 막 고급 임대 건물이 두세 군데 들어서기 시작한 수목이 울창한 쾌적한 동네에 자리하고 있었다. 그 길 7번지에 도착하자 뒤로 펼쳐진 하센베르크 언덕의 숲에 바짝 붙어 지은 수수한 하얀색 작은 집 한 채가 있었다. 나이가 지긋한 남성이 뒤낭을 위해 대문을 열어주었다. 이 두 사람은 한참 동안 서서 악수를 나누고는 대문을 조용히 닫고 집으로 걸어올라갔다. 그 집 현관 기둥 위에는 고딕 글씨체로 'E. R. 바그너 목사'라는 글귀가 새겨진 작은 황동판이 나사로 고정되어 있었다.

1863년 제네바 회의에 정식 참석했던 에른스트 루돌프 바그너는 『솔페리노의 회상』을 최초로 독일어로 번역해서 출간했던 사람이다. 앙리 뒤낭은 그 이후로 바그너 목사에게 진실된 우의를 보였고, 두 사람 사이에는 결코 연락이 끊긴 적이 없었다. 최근 뒤낭이 바그너 목사에게 한 가지 부탁을 하려고 편지를 보내자, 바그너 목사는 즉시 답을 보내왔다. 그의 답장에서 어조에서나 내용에서나 일말의 망설임도 느껴지지 않았다. 그렇소, 우리 집은 충분히 커서 장기 방문객을 받기 충분하다오. 그렇소, 나와 내 부인 이다는 2층에 뒤낭 씨가 쓸 수 있게 방 두 칸 짜리 공간을 준비해 놓겠소. 가져올 짐들을 둘 자리가 필요할 테니 말이오. 그렇소, 당연히 방세는 그냥 받는 시늉만 할 생각이오.

이날 이후 10년이라는 세월 동안, 아무리 긴 여행을 다니더라도, 슈투트가르트는 앙리 뒤낭의 핵심 정박지였다.

약속의 땅

그는 드디어 짐을 아예 내려놓고 정착할 수 있을까? 마치 뒤낭이 여전히 떠도는 외톨이 신세임을 다시금 상기시키듯, 바그너 목사는 뒤낭을 맞이한 지 6개월 만인 1878년 초에 세상을 떠났다. 이 일로 뒤낭은 다시 한 번 어린 시절 추억의 이야기 속에 나오는 쇠스랑이 눈앞에 떨어지는 것 같았다. 마침내 정착해서 집 주소가 생겼나 싶더니만 어찌 한단 말인가? 어디로 가야 한단 말인가?

얼마 동안 뒤낭은 미친 사람 같은 생각을 품었다. 슈투트가르트에 자리를 잡은 이후로 그는 아돌프 그래터라는 사람과 연락을 재개했다. 그는 크리스토프 호프만의 중개로 파리 체류 당시 1867년에 협력한 바 있고, 불과 2~3년전 런던에 있을 때도 재차 협조하고자 했던 템플러 공동체의 일원이자 뒤낭의 친구였다. 뒤낭이 파리에서 극도의 빈궁에 빠져 있을 때, 솔직히 말해 뒤낭이 받을 자격도 없었던 2,500프랑의 선금을 놀라울 만큼이나 너그럽게 내어주었던 사람이 바로 이 그래터 박사다. 뒤낭이 술탄에게 중개 역할을 하겠다고 나선 일에 진전이 전혀 없었는데도 그렇게 선의를 보여주었던 인물이다. 아돌프 그래터는 선善이 체화한 듯한 사람이었다. 쇠약하고 외로운 뒤낭이 슈투트가르트에 정착하고 난 후, 그는 바그너 목사 댁에서 꽤나 가깝던 그래터 가족의 집에서 실례가 될 정도로 자주 저녁 식사를 함께 하곤 했다. 이렇게 해서 그래터 박사 댁에서 그의 친구들이 팔레스타인과 시리아에서 지내는 이야기를 듣는 날이 많다 보니 앙리는 다시금 약속의 땅에 대해 꿈을 꾸기 시작한 것이다. 그곳 약속의 땅은 자기 운명을 항상 하나님께 맡기고 살아가는 자신과 같은 저주받은 이들을 위한 곳이 아니던가? 물론, 아니다. 그래터와 서신을 교환하는 이들이 묘사하는 성지에서의 일상 생활은 뒤낭처럼 소심하고 또 일상의 안락함에 익숙한 사람이라면 바로 의욕을 잃어버릴만 했다. 그럼에도 적들의 핍박을 영원히 피할 수만 있다면, 독설을 서슴지 않고 그를 염탐하고 질투하는 이들, 그가 항시 자기 주변에 도사리고 있다고 믿었던 온갖 종류의 악인들로부터 도망갈 수 있다면, 뒤낭은 뭐라도 시도할 맘이 있었다.

그의 머릿속에서 이미 이런 생각이 상당히 진행된 모양인지 그는 비자를 받기 위해 필요한 절차를 밟기 시작했다. 그의 여권에는 1878년 9월 날짜로 오스만 제국의 영사가 찍은 도장이 남아있다. 다만 그는 계획을 최종 실행에 옮기지 않았다. 남편의 사망 후 바그너 목사 부인은 뒤낭에게 망사르드 지붕이 있는 3층의 큰방을 쓰라고 제안했다. 그녀의 이러한 호의는 자비심 때문이거나 사별한 남편의 친구에 대한 존중일 수도 있다. 하지만 뒤낭이 그때까지 쓰던 방에는 이미 잡동사니 소지품이 넘쳐나고 있었기 때문에 세월에 따라 쌓아온 수많은 짐을 두기 위한 불가피한 결정이었을 수도 있다. 이렇게 해서 뒤낭은 얼마간은 자기 앞길에 놓인 쇠스랑을 들어 올릴 수 있게 되었다. 만약 바그너 부인이 오래 살고 뒤낭을 좋게만 생각해 준다면 그런 생활이 몇 달이든 몇 년이든 가능하겠지 하고 생각했다.

프랑스어를 완벽히 구사하던 바그너 박사가 사망하자 그는 상상 이상으로 힘들어했다. 가족들과 떨어져 있는 데다 말도 거의 못 알아듣는 사람들 사이에 홀로 도피했던 뒤낭은 분명 가장 소중한 친구 중 한 명을 잃은 것이었다. 바그너 목사는 뒤낭의 명예로운 과거를 여전히 중요하게 생각해 주고, 누가 뭐라 해도 여전히 뒤낭을 적십자의 창립자로 생각해 준, 몇 안되는 사람 중 하나였다. 1년 중 단 몇 달이라고 해도 슈투트가르트에서 어떻게 살아남아야 할지. 1863년 정점에 서있던 앙리 뒤낭의 모습, 자신이 용납할 수 있는 유일한 모습으로 자신을 바라보던 바그너 목사 없이 어떻게 버텨야 할까? 바그너 목사가 죽었으니 대체 누가 그를 과거의 영예로운 모습으로 보아줄 것인가?

언덕 위에서의 만남

위인의 전기에 나올 법한 사건처럼 뒤낭은 1877년 여름 어느 날 하셴베르크 언덕으로 산책에 나섰다. 친구 바그너 목사가 죽기 불과 몇 달 전의 일이다. 매일 나가서 걷는 일은 기독교청년회 친구들과 산행에 나서던 청년 시절부터 간직해온 습관이었다. 산행의 리듬을 되찾기만 해도 세월이 비켜 가서 에르네스트 드 트라즈, 루이 로슬레, 테오도르 네케르, 에두아르와 프레데릭 모니에의 얼굴이 하나하나, 당시의 무사태평한 젊음이 뒤낭의 머릿속에 떠올랐다. 유배 생활 탓에, 그의 기억 속 친구들은 여전히 스무 살로 남아 있었다. 하센베르크 언덕 정상에 이르는 길을 따라 오르면서 이 친구들은 지금쯤은 어떤 모습일까 하고 상상할 때면, 뒤낭은 가슴이 아려오곤 했다.

바그너 목사 댁에서 이어지는 이 길은 어렵지 않았다. 집은 처음에는 상당히 가파르게 시작하다가 좀 더 완만하게 구불구불 이어지는 언덕길의 초입에 있었다. 이 길을 따라 올라가면 슈투트가르트를 가까이 둘러싼 언덕들 중 하나의 정상에 서게 되는데, 그 지점에 도착하면 주변의 숲 덕분에 항상 맑은 공기를 마실 수 있었다. 하센베르크 언덕 위에는 정사각형 모양으로 작은 테라스가 조성되어 있어서 그곳을 산책의 목적지로 삼기 좋았다. 이 아침 시간에 그곳에는 아무도 없었다. 이렇게 세상에서 200미터 높은 곳에 서서 아침 산책에서 생겨난 과거의 환상에 사로잡힌 앙리는 그 어느 때보다도 자신의 도망자 신세를 뼈저리게 느꼈다. 바로 그때 어떤 소리가 나서 돌아보았다. 누군가가 전망대에 합류한 것이다. 그 사람은 뒤낭에게 외딴곳에서의 만남에 어울릴 만큼의 목인사를 건넸다.

오전 햇살의 열기가 느껴지며 조금씩 아지랑이가 피어오르는 경치를 바라보며 두 사람은 나란히 서있었다. 뒤낭은 그가 청년이란 걸 눈치챌 수 있었다. 아마도 방금 전까지 자신이 추억하던 청년 시절의 친구들과 흡사한 나이일 것 같았다. 그는 생각치도 않게 큰소리로 "오늘 날씨가 정말 좋군!"[K1] 하고 말했다.

저자 주석 K1: 뒤낭이 독일어로 말했다.

청년은 고개를 돌리더니 미소를 띠었다. 할렐루야! 그러더니 청년이 프랑스어로 답하는 게 아닌가. 뒤낭이 대화를 이어갈 수 있는 이유이기도 했고, 무엇보다 대화를 이어가는 게 바람직하고 만족스러우며 또 그래야만 하는 이유가 되었다. 게르만 계열 국가들에서 30년이나 다녔어도 바뀐 게 없었다. 뒤낭은 여전히 독일어가 불편했고 프랑스어가 아닌 이상 대화의 즐거움을 느끼지도 못했다. 시내로 돌아오는 오솔길을 함께 걷는 내내 뒤낭이 얼마나 수다스러웠는지, 루돌프 뮐러라는 이름의 이 청년은 어안이 벙벙할 지경이었다. 바그너 목사의 집은 뒤낭의 새 친구 뮐러의 집과 불과 몇백 미터밖에 떨어져 있지 않았고, 언덕에서 내려오는 길도 고작 20여 분이 걸릴 뿐이었다. 그래도 뒤낭이 뮐러에게 그의 일생을 토로하기에 충분한 여정이었다. 아니, 적어도 이 청년 뮐러가 뒤낭에 대해 더 알고 싶어질 만큼의 이야기를 하기에 충분한 시간이었다. 첫 만남 이후 몇 주 동안 이 두 사람은 꾸준히 서로를 방문하거나 함께 산책하거나 서한을 교환하고, 심지어 며칠간 리히텐슈타인과 우를라흐로 여행을 하며 교류를 이어갔다. 그러면서 새로운 우정이 탄생하였다. 이는 뒤낭에게 앞으로 30여 년간 가장 단단한 애정의 끈으로 묶이게 될 인연이었다.

이탈리아 여행

앙리 뒤낭은 1877년 9월 레오니 카스트네르와 함께 이탈리아로 떠났다. 뒤낭 사후에 그가 남긴 기록에서 발견된 이 여행의 아주 상세한 요약 내용을 살피자면, 그들이 우선 루가노 근처의 메나지오를 거쳤고 베네치아, 피렌체, 리보르노를 경유했음을 확인할 수 있다. 이 두 사람은 연말이 되어 로마에 도착하는데, 로마에서 처음으로 한 일은 놀랍지 않게도 12월 27일 목요일 독일 대사를 방문한 것이었다. 1878년 1월 1일 핀치오 언덕 위 벨뷔 호텔에서 친구 루돌프에게 보낸 서한을 보면, 뒤낭은 새로운 로마를 발견했다고 적었다. 로마는 이탈리아의 수도가 된 이후로 근대화되었을 뿐 아니라, '그토록 악하고 고약하며 거짓되고 반기독교적인 교황 추종자라는 멍에'를 벗어났다고 평가했다. 그래도 여전히 '온갖 종류의' 신학생들이라든지 '여전히 사람들을 무지한 상태로 유지하려 노력하는' 성직자들이 즐비하다고 하긴 했지만, 그렇다고 해서 앙리의 매우 좋은 기분을 망칠 정도는 아니었다. 그는 온화한 날씨와 여전히 활짝 피어있는 장미와 성스러운 도시 로마의 방대한 유적들을 만끽했다. 써두었던 편지를 며칠 내버려두었다가, 그는 빅토르 에마누엘레 2세[K2]와 교황 피오 9세가 거의 같은 시각에 죽었다는 이야기를 느낌표를 여러 개 동원해가며 추가했다. 이탈리아 통일 전쟁의 현장을 직접 목격한 사람으로서 이러한 소식을 전하는 뒤낭의 가벼운 어조는 주문받은 대로 서비스를 실행하는 대행인이라거나, 더욱이 나중에 뒤낭이 조카에게 변명한 대로, '연로하고 병약한 노부인'의 동반인이라기보다는 사랑에 빠진 여행객을 연상시킨다.[K3] 앙리가 루돌프에게 레오니 카스트네르에 대한 언급을 대놓고 하지 않았다 해도, 그녀의 흔적이 글에 남은 셈이다.

저자 주석 K2: 『회고록』에서 뒤낭은 가까이서였는지 멀리서였는지 알 수는 없어도 국왕의 장례식에 참석했다고 언급했다. 그리고 거기서 프로이센의 황태자 프리드리히를 보았다고 한다. 하지만 루돌프에게는 이런 언급을 전혀 하지 않았다.

저자 주석 K3: 1894년 3월로 추정되는 모리스 뒤낭에게 보낸 편지. 뒤낭은 이 편지에서 카스트네르 부인이 여행 경비를 내준 사실을 정당화하였다. "부인께서 비용을 모두 내고 싶어 하셨다. 그게 아주 맞는 일이기에 나는 그러시라고 동의한 것이다. 대체 이게 뭐가 특이한 일이란 건가?"

로마 체류는 적어도 3개월은 지속된 걸로 보이며 그 기간에 대한 자세한 내용은 알 방도가 없다. 이 두 여행객의 인연은 정확히 어느 순간에 최후를 맞았을까? 뒤낭은 이 부분에 대해 『회고록』에서도 침묵을 지켰고 지인들과 교환한 서신에서도 별로 알아낼 수 있는 바가 없다. 하지만 이후로도 십여 년간 이 두 사람을 괴롭혔고, 이들이 '박해'라 부른 상황이 바로 이 로마 체류 시기에 시작되었음을 교차 확인해 주는 두 가지 자료가 남아있다. 이들의 적들은 어찌나 끈질긴지, 가볍게 떠난 여행은 이내 지옥이 되어버렸다. 뒤낭은 식욕까지 잃었고, 이 탓에 그의 위장 건강은 세상을 뜰 때까지도 회복되지 못했다.

그런데 대체 그들의 적들이 누구인가? 그들에게 어떤 원한이 있는 건가? 그들의 적들은 여러 부류로 나뉘어 있고, 각자 다른 동기로 이들을 뒤쫓았다. 가장 오래된 적이라면 프랑스인들을 들 수 있다. 일부 영향력 있는 프랑스인 중에 뒤낭이 1870~1871년 프로이센-프랑스 전쟁 당시 프로이센 편에 섰다고 비난하는 이들이 있었다. 6년이나 지난 시점에 그들의 '대리인들'이 여전히 뒤낭과 카스트네르 부인을 쫓고 있다는 것이다. 이들은 여전히 악착같았다. 뒤낭은 프로이센에 대한 호감을 숨긴 적이 없고, 카스트네르 부인도 1871년 서둘러 독일 국적을 취득하였으니, 이 두 사람을 핍박하는 자들 중에는 알자스 사람들도 포함되었다.

또한 재난이라 해야 할 정도로 혼선을 일으킨 문제가 있으니, 부상병 구호를 위한 국제위원회와 국제노동자협회(그 유명한 '제 1 인터내셔널'이다)를 사람들이 혼동했다는 사실이다. 이 두 단체가 둘 다 프랑스 대중들 사이에서는 '앵테르나시오날(인터내셔널)'이라 불렸기 때문이다. 뒤낭이 파리 코뮌 당시 '인터내셔널의 핵심 지도자 중 한 명'으로 알려졌었기에, 코뮌이 무너진 후 그에게는 무정부주의자, 허무주의자, '급신 빨갱이'라는 꼬리표가 끊임없이 따라다녔다고 뒤낭은 『회고록』에 기록했다. 1871년에 티에르 정부는 단지 인터내셔널에 가입만 해도 이는 경범죄에 해당하며, 해당자들은 '남은 평생 고위 경찰의 감시를 받게 될 것'이라 선전한 바 있었다.[K4] 그러니 뒤낭은 그가 옳든 아니든 수년에 걸쳐 이러한 경찰의 끈질긴 미행에 시달렸다고 생각했고, 프랑스 제국이 무너진 뒤에도 이러한 미행이 한동안 계속되었다고 믿었다.

> 저자 주석 K4 : 뒤낭이 『회고록』 270~271쪽에서 인용한 1871년 3월 18일 봉기에 대한 국정 조사의 내용이다.

당대의 문화 투쟁[2]과 의견을 같이했던 앙리 뒤낭과 레오니 카스트네르는 게다가 로마 가톨릭 교회에 대해 전반적으로 반감을 갖기 시작했다. 그러다 보니 자연스레

---

2 Kulturkampf, 비스마르크 정부와 가톨릭 교회 사이의 7년간 이어지는 갈등.

라틴계 사람들 즉 프랑스인, 교황 추종자들, 예수회 신부들 혹은 교황지상주의자들 등의 무리를 유럽의 모든 불행의 근본이라 믿고 혐오하게 되었다. 이 두 사람은 로마에 도착하자마자 미행과 박해를 받고 있다고 확신했기에, 나중에 뒤낭이 말하길,[K5] 자신은 일과가 되어버린 울화통에 '안전 밸브'를 달기 위해 '전혀 출판할 의도 없이' 기록을 남기기 시작했다고 한다. 아마추어 작가 같이 의도가 없이 글을 쓴다는 건 사실 뒤낭답지 않은 일이었다.

　　　저자 주석 K5 : 『회고록』, 331쪽.

이탈리아 여행에서 돌아오는 길에 두 사람은 티치노 주 루가노에 잠시 머물렀다. 거기에도 그들의 적이 대기하고 있었다. 아니, 더 안 좋은 일은 적들이 이미 분위기를 조성해 놓았다는 점이다. 그들은 호텔의 몇 안되는 직원들에게 '가증스런 건달'이 도착할 것인데, 그는 남의 재산을 사취하고 갉아먹는 자요, 구 코뮌 주동자이자 허무주의자 악당이라고 소문을 내두었다. 믿기 어려운 사건이 수없이 발생하여 앙리가 이루 말할 수 없게 분노했고, 결국 그는 레오니와 합의하에 앙갚음을 하기로 결정하기에 이르렀다. 로마에서 기록한 메모를 여행가방 깊숙이 보관해 두는 대신에 세상에 내놓겠다는 결정이었고, 이는 아주 처참한 결과를 초래한 도박이었다. 그는 바로 루가노에서 실행에 옮겨 출판에 나섰고, 이 일을 남은 여생 내내 후회하고 말았다. '스위스 시민'이라고만 서명한 『예수회와 프랑스인』이라는 제목의 책자에서 뒤낭은 88쪽에 걸쳐 예수회의 정치 음모와 중앙집권화에 대한 프랑스의 집착, 프랑스 정부의 독재 성향, 그리고 교황지상주의자들이 주도하는 가톨릭 교회의 영향권 하에 있는 유럽 국가들에 도사리는 온갖 위험 등을 논하면서 뒤죽박죽인 데다가 아주 무질서한 비난을 날렸다. 아, 안타깝게도 사실 이러한 생각은 뒤낭에게 그저 엉뚱한 한때 지나가는 생각이 아니었다. 그는 같은 논리를 '파리 사회의 사악한 흉계'라는 글에서 한층 더 신랄하게 발전시켰지만, 현명하게도 그 글은 출판까지 가지 않았다. 뒤낭은 『예수회와 프랑스인』을 출판할 때에도 똑같이 신중했어야만 했다. 신중이라니 무슨 말인가! 그는 카스트네르 부인이 나서서 그토록 격렬한 논조의 글을 출판해 주겠다는 인쇄소를 찾아보게 했다. 그녀는 그런 인쇄소를 찾아냈을 뿐 아니라, 심지어 출판 비용을 전액 부담했다. 그런데다가 로마 주재 독일 대사에게 그 책을 한 권을 보내겠다는 저자 뒤낭을 만류하지도 않았다.

이 이탈리아 여행의 결과는 매우 극적이었다. 뒤낭은 이 여행 이후로 영원히, 그가 죽을 때까지, 실제에서든 상상 속에서든, 자신이 핍박을 받는다고 느끼게 되었다. 그는 슈투트가르트로 돌아오자마자 1878년 여름에 젊은 친구 루돌프에게 편지를 보내며, "나는 어딜 가나 알자스인, 프랑스인, 그리고 교황지상주의자들의 증오와 악의에 시달린다네. 그들은 따로 움직일 때도 있고, 가끔은 모두가 함께 나설 때도 있지."라고 말했다. 이 교황 추종자들이라는 적에다가, 이제 곧 '편협한 칼뱅주의자들'이 뒤낭의 적 목록에 추가될 예정이었다. 이 새로운 적의 등장은 기존의 적들에 대한 적대감을 약화시키기는커녕 오히려 기독교 전반에 대한 뒤낭의 병적인 불신을 강화하는 결과를 가져왔다. 한 사람이 상대하기에는 참으로 너무나 많은 적이 아닌가.

한 이야기의 종지부

앙리 뒤낭의 로마 휴가로 인한 첫 번째 피해자는 레오니 카스트네르였다. 그들의 관계는 그 어떤 방식으로도 공식화된 바 없었지만 — 뒤낭은 결코 그녀의 연인이 아니었다며 부인했다 — 카스트네르 부인은 뒤낭에게 사회적인 차원에서는 아닐지언정 정서적인 면에서 동반자의 역할을 해주었다. 그 생각이 맞든 아니든 이 두 사람이 핍박을 받고 있다고 생각하기 시작한 이후로 이들의 일차적인 대책은 서로 거리를 두는 것이었다. "우리는 조심성 있게 서로에게 누가 되지 않을까를 걱정하였다. 그래서 서로를 만나는 걸 포기하게 되었다."K6
       저자 주석 K6 : 『회고록』, 332~335쪽. (이 인용과 그 다음 인용들)

그 이후로는 필시 서신 교환을 꾸준히 하다가 나중에 가서 혹은 점차적으로 그조차 멈추게 되었으리라 추측할 수 있다. 아니면 각자가 머무는 곳으로 한두 번 정도 서로 방문하는 정도의 교류는 있었던 걸로 보인다. 1879년에 앙리는 레오니의 초청으로 슈투트가르트 북쪽에 위치한 하이델베르크를 방문했다. 이어 1880년에는 그녀가 뒤낭이 머물고 있던 스위스의 바덴으로 찾아왔다. 그가 당시 바덴에서 요양을 할 수 있었던 것도 레오니의 변함없는 호의 덕이었다. 더 이상 교제하는 사이는 아니라 해도 레오니 카스트네르는 결국 하나로 수렴되는 두 가지 방법을 동원해서 여전히 뒤낭을 먹여살려주고 있었다. 뒤낭 본인의 고백에 따르면, 카스트네르 부인은 1887년까지도 그에게 일을 청탁하면서 보수를 아주 후하게 지급해 주긴 했어도, 그렇다고 고정 수입을 보장해 주지는 않았다고 한다. 나중에 『회고록』에서 뒤낭은 "나는 온갖 종류의 일을 했다. (중략) 하지만 고정된 월급을 받지도 않았고, 규정상의 혜택이 있지도 않았으며, 그 어떤 공식적인 직함을 받지도 않았다."며 애써 당시 상황을 설명한 바 있다. 카스트네르 부인이 보내오는 보수가 '전혀 정기적이지 않다' 보니 뒤낭은 가끔은 바그너 부인에게 내야 할 얼마 안되는 월세도 제때 못 내는 경우가 있었다고 기록했다. 하지만 일감을 주고 또 보수를 지급하는 것 말고도 분명 그녀로부터는 애정과 사랑이, 아니 적어도 사랑했던 추억이 남아있었다. 그는 여전히 그녀의 호의를 정당화하려는 듯 『회고록』에 "K부인은 내가 슬픔에 겨워 무너져내릴 걸 알고 있었다. 그렇기에 선한 마음을 지닌 부인께서는 무엇보다도 내가 기분 전환을 좀 할 수 있도록 좋은 공기를 마실 수 있게끔 배려해 주셨다."고 적기도 했다. 그렇기에 레오니 카스트네르는 꽤나 자주 '선금'을 보내주었는데, 그러면서도 그 돈은 어디에 어떻게 사용해야 할지 엄격한 지시 사항을 함께 전달하곤 했다. 뒤낭은 여러 해가 흐른 뒤에 루돌프 뮐러에게 다음과 같이 설명을 남겼다. "부인께서는 이만큼의 돈은 이 물건을 사는 데 쓰고, 또 저만큼의 돈은 저 물건을 사는 데 써야 한다고 정해주시곤 했다네. 그리고 내게 제비스로 가서 쉰즈나흐나 하이덴 온천 휴양을 하거나 바름브룬으로 가서 요양을 하길 권하셨지."[K7] 자신의 후원자로부터 재정 지원을 받은 덕에 뒤낭은 1878년부터 1887년까지 여러 차례에 걸쳐 요양차 여행을 갈 수 있었다.

저자 주석 K7: 1896년 3월 21일에 루돌프 뮐러에게 보낸 편지.

이렇게 유럽 북부를 누빈 여정 중에 그는 혼자가 아니었다. 카스트네르 부인이 없으니 이러한 요양 여행은 이제 온전히 그의 손, 그의 장기, 그의 신경에만 집중하게 되었다. 뒤낭이 시달린 온갖 질병은 이제 그의 새로운 동반자가 되었다.

완전히 무너진 신체 건강

자신을 쫓아다니는 적들로부터 박해를 받는다고 생각하다 보니 몹시 우울한 기분에 빠져 있었다는 사실과 앙리 뒤낭의 질병, 특히 위장병과 습진이 상호 관계가 있으리란 것은 예리한 심리학자가 아니어도 충분히 상상해 볼 수 있다. 이탈리아 여행의 두 번째 피해자는 뒤낭의 건강이었다. 그의 몸과 마음은 자신이 염탐과 미행과 절도와 음모의 대상이라는 끊임없는 착각을 견뎌내지 못했다. 거기에다가 잊을 만하면 나타나는, 그리고 그가 가질 법도 한 걱정, 즉 사람들의 신임을 얻지 못하고 있다는 우려가 더해졌다. 습진이 가장 심한 위치가 마침 오른손이어서 가끔은 뒤낭이 며칠 내내 하나도 글을 쓰지 못할 정도로 그를 괴롭혔다는 것은 단순한 불운이었을까 아니면 무언가의 전조였을까? 이렇게 해서 뒤낭이 여전히 자신의 정체성의 핵심으로 여기던 단 하나의 활동을 — 아마도 그가 하루에 여섯 시간에서 열 시간씩은 할애하곤 했던 글쓰기를 — 로마 여행의 불행 탓에 발생한 신체 증세로 인해 못하게 되어버린 셈이었다(그는 자칭 문인이었다). 또 하나 그 여행의 안 좋은 결과를 꼽자면 뒤낭이 보내는 편지들에도 로마에서 발동이 걸린 강박증의 기미가 드러나기 시작했다는 사실이다. 벌써 1878년 7월부터, 즉 이탈리아 여행에서 돌아오는 길에 테시노주를 경유했다 귀가한 직후부터 그러한 강박 증세가 드러나기 시작했다. 루돌프에게 보낸 한 편지를 보면, 루돌프가 영향력 있는 그 어떤 집단과도 거리가 먼 소박한 교사 신분임에도 불구하고, 누군가가 편지를 열어보거나 가로채거나 훔쳐갈 것임을 확신하는 뒤낭의 마음 상태가 엿보인다. 이러한 증세는 점점 더 심해졌다. 결국 뒤낭은 아주 복잡한 방법을 동원해서 용의주도하게 편지를 보내기 시작했다. 봉투를 밀랍으로 봉인한다든지 예명을 쓴다든지, 또 중간 지점 제3의 장소의 주소를 이용하거나 사서함으로 우편물을 우회시키는 등의 방법들을 동원했다. 뒤낭의 편지를 받아보는 불쌍한 수신인들에게 그들의 답장을 어떻게 보내야 할지를 설명하는 지령이 편지 내용의 절반을 차지하는 경우가 점점 많아졌다. 뒤낭은 심지어 적들의 마녀사냥과 권모술수를 피하기 위해서 제3자에게 보내는 편지를 동봉하면서 그것을 대신 부쳐달라고 대놓고 요청하기도 했다. 이렇게 하여 청년 루돌프 뮐러는 그런 부탁을 하도 많이 들은 탓에, 앙리 뒤낭과 서신을 교환한 지 6개월 만에 자택 거실보다도 슈투트가르트 우체국을 더 잘 꿰게 되었을 게 분명하다.

"자네에게 내 건강에 대한 소식을 전하려고 이 짧은 서신을 띄우네. 그리고 제네바에 보낼 편지를 슈투트가르트 우체국을 통해 보내주길 좀 부탁하고자 하니. 그 편지는 등기로 부쳐서는 안 되고 국외 발신용 우표를 붙여주기 바라네. 또 다른 편지는 슈투트가르트 우체국에서 등기로 보내주기를 부탁하네. (중략) 자네에게 보내는 이 서한에 해당 편지 두 통을 동봉했다네. 만약 날씨가 너무 더워서 바덴으로 보내야 하는 편지의 붉은 밀랍 봉인에 흰 종이 조각이 묻는다면, 그건 물이나 에탄올로 봉인에 손상이 가지 않게끔 살짝만 닦아내어 주게."K8
저자 주석 K8: 1878년 9월 5일 루돌프 뮐러에게 보낸 편지.

아버지 같으면서 폭군 같고 애정이 가득하면서도 근심에 찬 사람, 그러니까 그가 루돌프 뮐러에게 보낸 첫 50통의 (지금까지 남아있는) 편지를 통해 ─ 1878년과 1884년 사이─ 드러나는 앙리 뒤낭의 모습은 그때까지만 해도 보지 못했던 면모였다. 아마도 이와 같은 변화의 원인을 우선은 이 두 사람의 관계의 특성에서 찾아야 할 것이다. 뒤낭에게 새로운 종류의 인간 관계였기 때문이다. 자신보다 서른 살 가까이 어린 청년과의 인연이었다. 그와 같은 다른 면모가 등장한 또 하나의 이유는 뮐러와의 우정이 싹트기 시작한 시기가 마침 자신은 박해받고 있다는 강박증이 발현한 시기와 겹친다는 점에서 찾아야 할 것으로 보인다. 이 두 가지가 합쳐지면서 뒤낭의 성격에도 두 가지 변화가 나타나는데, 한 가지는 그때까지보다 훨씬 다정한 모습이 드러나는가 하면, 그와 동시에 두 번째로는 큰 문제든 사소한 문제든 예전보다 훨씬 까다롭고 집요하며 심지어 권위적이기까지 한 모습을 보이기 시작했다는 점이다. 1878년 12월 31일에 즉 이들이 만난지 약 1년 반이 지난 시점에 뒤낭은 루돌프 뮐러에게 다음의 문구와 함께 새해맞이 선물을 보냈다.

> 나의 사랑하는 아들아,
> 자네가 방 안에서 이 조촐한 옷가지를 매일 입어주기를 소망하네. 이걸 '난롯가'라고 부른다네. 집 안에 난로를 피운 것처럼 몸을 따뜻하게 해주기 때문이지. 매일 맨 위까지 단추를 단단히 잠그어야 한다네. ─ 영원히, 자네의 매우 다정한 폴.[3]

바울과 디모데는 사도 바울과 그의 제자이자 '사랑하는 아들'[K9]이었던 디모데 사이의 각별한 우정을 따라 앙리가 자신과 루돌프에게 최근 자체 부여한 별명이었다. 아마도 그를 미행하는 이들을 헷갈리게 하려고 한 이유도 있을 것이다. '난롯가' 선물에 대해서 말하자면 이건 불과 18개월 만에 친척도 연인도 아닌 이 둘 사이에 마치 서로 자진해서 부자 관계를 형성한 듯 어디서도 찾아보기 드물 정도의 친밀함이 자리했음을 증명해 준다고 하겠다.
     저자 주석 K9: 성경의 디모데 후서 1장 1~2절 내용.

이러한 상호간의 감정은 대체 어디에서 기인했을까? 1885년이 되기 전까지는 뒤낭의 국제무대 복귀는 상상하기도 어려웠다. 그렇기에 이해관계 계산을 바탕으로 한 해석, 즉 뒤낭이 나중에 뮐러에게 자신의 전기 작가라는 고된 역할을 맡게끔 이를 미리부터 준비시키기 위해서 가까워진 것이라는 가설은 배제해야 한다. 이 두 사람이 직접 나눈 대화 내용에 대해서는 알아낼 방법이 전혀 없다. 하지만 두 사람 사이의 서신은 세상 돌아가는 일, 중대한 문제들은 거의 논의된 바가 없다는 게 사실이다. 같은 시기에 뒤낭은 종교적인 의문이라든지 역사적인 문제들, 과학 분야의 새로운 발견은 물론이거니와 유럽 주요 강대국들에 대한 수많은 메모와 통계 등 아주 다양한 주제로 여전히 글을 쓰고 있었는데도, 루돌프와 교환한 서신에는 그런 이야기를 나눈 흔적이 별로 없다. 다만 서로의 건강에 대해 묻고, 어떻게 조심해야 하는지 조언하고, 다음에 만날 생각을 하니 기쁘다는 이야기, 그리고 루돌프가 조금이라도 답신이 늦거나 재채기라도 시작했다면 걱정하는 이야기, 또 마지막으로는 뒤낭의 적들의 계략과 함정에 대한 끊임없는 이야기들이 뒤낭이 뮐러에게 보낸 편지

---

3 사도 바울을 나타내는 알파벳.

내용의 거의 대부분을 차지한다. 꼭 짚고 넘어갈 점이 있다면, 이들의 우정이 싹트고 나서 처음 십 년 동안 뒤낭은 슈투트가르트에서의 체류, 그리고 온천과 고산 지대 요양을 번갈아가며 하곤 했다는 점이다. 그렇다면 그건 결국 온천 요양에 이골이 난 사람들에게서 흔히 찾아볼 수 있듯이 의학적인 문제에 대한 강박적인 관심이 뒤낭에게서도 나타나는 이유라는 뜻이다. 그는 뮐러에게 자신의 건강 상태를 온전히 보고하는 것을 단 한 번도 잊지 않았고, 그리고 나서는 꼭 상세한 데까지 신경쓰면서 자신의 젊은 친구의 병약함을 걱정하곤 했다. 그런데 루돌프가 대체 정확히 어떤 병에 시달렸는지를 알 방도는 없다. 개연성 있는 것은 폐나 기관지 쪽이 약했으리라는 정도다. 그리하여 뒤낭은 반복해서 걱정하곤 했고 무엇보다, 그 무엇보다도 마치 가문의 혈통 잇기를 걱정하는 왕대비라도 되는 양 그에게 건강상의 조언을 해주었다. 루돌프는 앙리 뒤낭에게 그 자신이 유용하다는 느낌을 주는 애착 관계를 제공한 셈이고, 적어도 카스트네르 부인이 그의 삶에서 서서히 사라지던 시점에 새로운 애착 관계를 선사해 준 것이라 할 수 있겠다.

1879년 한 해 내내 오십 대의 뒤낭이 청년 루돌프 뮐러에게 보여준 부성애는 점점더 넓고 깊은 영역을 아우르기 시작했다. 그가 슈투트가르트에 머문 8개월 동안 각자의 집이 가까운 덕에 뒤낭은 매일같이 뮐러의 집을 방문하기에 이른다.

자기 집으로의 여행

왜 뒤닝은 한 군데에 있지를 못하는가? 1879년 8월 말 그는 다시 길을 떠났다. 이번 여행의 주 목적은 그의 손을 치료하는 것이었다. 이를 위해 뒤낭은 만성 질병에 시달리는 사람답게 머무는 곳마다 끊임없이 새로운 치료법을 시도하였다. 그해 9월에 바젤 바로 근처 바덴바일러가 시험대에 올랐다. 이곳은 로마 시대부터 잘 알려진 온천 지대다. 3주간의 온천 치료를 끝낸 후, 그는 며칠에 걸쳐 서쪽부터 동쪽으로 스위스를 가로질렀다. 그러고는 9월 30일에 카스트네르 부인이 머물고 있던 하이델베르크에 도착하였다. 이들이 만난 지도 꽤나 오래되었다. 뒤낭은 한 해 전에 오십 대에 들어섰고 레오니는 육십에 훨씬 더 가까운 나이였다. 이들은 어떤 이야기를 나눴을까? 뒤낭은 레오니와의 관계에 대해 비밀을 고수하였다. 분명 애절하였을 터인데도 이때 만나 어떤 대화를 했는지에 대해서 "내가 부인을 마지막으로 뵌 것은 부인의 초청으로 1879년 여름 동안 하이델베르크에 갔을 때였다."라는 언급 말고는 전혀 단서를 남기지 않았다.

뒤낭의 말에 따르면 가톨릭 교황지상주의자들과 개신교 광신도들, 또 친프랑스 알자스인들로부터 자기 자신만큼이나 '핍박'을 받던 카스트네르 부인이었기에 분명 그녀는 뒤낭에게 박해자라는 강박 관념을 한층 강화시켰다. 하이델베르크에 들른 후 뒤낭은 여정을 이어갔다. 항상 그랬듯이 암스테르담을 경유지로 삼고 영국으로 넘어갔다. 그는 루돌프에게 '이 악당같은 놈들이' 자신을 네덜란드까지 쫓아왔기 때문에 악의에 찬 그들의 함정에 빠지지 않기 위해서 수차례나 우회해야만 했노라고 전했다. 그런데 영국에 도착하자마자 상황은 더 나빠졌다. 그의 편지 세 통과 옷가지가 들어있던 여행 가방을 누군가 훔쳐갔던 것이다. 그는 '이게 다 내 주소를 알아내려고 한 짓'이라 설명했다. 뒤낭이 서신 교환을 위해 내놓는 지침들은 굉장히 복잡해졌다. 그가 여정을 계속하면서 그를 노리는 음모 또한 국제적인 수준이 되었고, 그는 이제 어느 도시를 가든 가장 가까운 친구들과 머물면서도 그들의 하인들까지 의심하는 지경에 이르렀다. 이러한 강박으로 인해 그는 심지어 병까지 얻었다. 런던 근교 플로든 로드의 온화한 하숙집 주인 쿰스 부인 댁에 눌러앉은 뒤낭은 3개월이나 방에 틀어박혀서 단 한 번도 바깥 출입을 하지 않았다.

유일한 위안이 있다면 루돌프가 곧 그를 방문할 것이라는 사실뿐이었다. 루돌프는 당시 파리에 머물고 있었고, 거기서 편지를 보내 영국으로 갈 예정이라고 뒤낭에게 알려왔다. 매번 편지를 보낼 때마다 뒤낭은 루돌프의 방문이 몇 주 남았는지를 언급했다. 이들의 관계는 더욱 가까워져 있었다. 이제 서로 말을 놓았고 '친애하는 친구여'라는 호칭은 '사랑하는 아들아'로 바뀌었다. 걱정은 더 심해지고 충고는 훨씬 내밀해졌으며 무엇보다 뒤낭의 어조는 맹세라도 속삭이는 듯했다.

> 내 사랑하는 아들아,
> 나야말로 네 편지를 받으며 엄청난 행복을 느꼈단다. (중략) 네게 항상 추위와 습기를 조심하라고 하지 않니. 의사 말이 옳단다. (중략) 최대한 일하고 전념하는 건 좋은 일이다. 하지만, 일 때문에 병이 나서는 안 돼. 왜냐면 그렇게 되면 오히려 나아질 게 없기 때문이란다. 네가 무슨 말을 하든 내가 믿는다는 걸 잘 알고 있지 않니. 나는 결코 의심하지 않을 거란다. 물론 너도 나에게 같은 마음이란 걸 알고 있단다.[K10]
>> 저자 주석 K10: 뮐러는 이 뒤낭의 편지를 1880년 기록이라고 표시해 두었다. 아마도 2월 말경이었을 것으로 추정된다.

플로든 로드에서 머문 첫 한 달 동안, 뒤낭은 깨어있는 시간의 대부분을 건강을 회복하면서 그의 '사랑하는 아들'의 방문을 고대하며 보냈다. 1880년 1월 7일 그는 "난 아직 회복을 못했단다. (중략) 하제 작용을 하는 온갖 약과 식욕을 증진해 주는 온갖 방법을 다 동원하고 있는데, 결국엔 진저리가 나는구나. 하지만 모든 게 순조롭다면, 네가 방문할 때쯤이면 난 완쾌해 있을 거란다."라고 적었다.

3월 4일의 편지는 이러했다. "이제 약 8주만 남았구나, 아주 기쁘다. 네게 아무 문제가 없다면[K11] 여기에 와서 2주간 시간을 보내면서 좀 쉴 예정이었지? 이리로 곧장 오는 것이지? 그렇지? 우선, 이 여정은 시간 낭비는 아닐 거란다. 오히려 그 반대지. 그 2주간의 시간을 내게 맡겨주겠니? 이 광야와 같은 곳에서는 그래야만 해. 파리와는 또 얘기가 다르단다."

> 저자 주석 K11: 이는 라틴어 '데오 볼렌테Deo Volente'의 줄임말이다. '하나님의 의지에 따라', 또는 '하나님이 원하신다면'이라는 뜻으로 개신교 부흥 운동 계열에서 흔히 사용하던 표현이다.

이어 4월 1일 편지에 그는 "2월 20일부터 10주를 세고 또 세고 있단다! 그리고 이제 5주가 남았구나, 맞지?"라고 적었다.

루돌프의 방문 날짜가 다가오자, 실제로 앙리는 점점 건강을 회복했다. 3월에는 오랜 기간에 걸친 근신을 마치고 바람을 좀 쐬기 위해 바닷가로 가서 1주일을 보내기도 하였다. 그러면서도 뒤낭은 '살짝 한기'가 들었다고 보고하기를 잊지 않았다.

이제는 정말로 잘 버텨야 했다. 뒤낭은 조바심이 나서 루돌프에게 플로든 로드까지 어떻게 오는지를 설명하는 편람을 한 쪽 작성해 보냈다. 루돌프는 반드시, 필시 뒤낭에게로 즉각, 바로 와야만 했기 때문이다. 하지만 그의 기질은 더 이상 기쁨이라는 감정을 견뎌낼 수 없게 되어버린듯, 그는 애타게 기다리던 친구 루돌프가 방문하자마자 다시 병에 걸려 자리에 눕게 되었다. 우울증이 어찌나 심한지 루돌프에게 숨길 수조차 없었다. 루돌프의 방문 사이사이마다 뒤낭은 편지 본문에서든 간단한 추신에서든 뭐라도 핑계를 댔다.

토요일 아침에는 "추신 — 내 슬픔과 우울증에 절대 괘념치 말거라."고 알려 왔다.

그리고 목요일에는 "난 참 유쾌하지 못하고 옆에 있으면 침울한 사람이로구나. 제발 사람들이 나에 대해 너그럽기를 바란다. 그리고 내 신경질적인 상태를 용서해 주기를 바란다. 내가 여러 번 말했지만 나의 그런 모습에 굳이 신경을 써서는 안 돼. 이번 주에 괜찮은 편이었는데, 하루가 갈수록 어떻게 상상하기도 어려울 정도로 신경질이 나고 짜증이 올라와서 완전히 녹초가 되었구나. 다른 이들은 아무것도 보고 듣질 못하지만 말이다. 며칠 전 식당에서 나오는 데 그런 일이 있었지. 나에겐 보이는 게 너무 많고, 들리는 것도 너무 많단다. 그 누구도 별 다른 걸 보거나 듣지 못했는데도 이미 난 몹시 짜증이 나게 된단다."라고 설명했다.

뒤낭이 가진 핍박받는다는 망상은 가히 그때까지 이르지 않은 수위로 심해졌다. 적은 어디에나 있었다. 그는 심지어 '바울'이라는 예명 사용하기를 그만 두었는데, 이미 위태롭다고 생각했기 때문이었다. 이제부터는 먼 영국인 조상의 이름인 힐디치를 가명으로 사용할 생각이었다. 앞 건물에 자리잡은 '교황을 추종하는 수도원'의 첩자들이나, 선량한 쿰스 부인의 하녀들, 심지어 하숙집에 묵는 '젊은 처녀들'을 따돌리기 위해서였다. "나는 더 이상 외출도 하지 않고, 식사도 혼자 하며, 내 방에서 조용히 혼자 일한다."고 전했다. 루돌프가 영국에 머무는 동안 뒤낭은 끊임없이 그에게 자기를 만나러 오라고 요구했고, 함께 콘서트나 강연에 가자고, 또 공원에 가거나 혹은 꽃 전시회를 보러 크리스탈 펠리스에 같이 가자는 계획을 세웠다. 허나 그 모든 게 가능한 일이었을까? 뒤낭의 이번 런던 체류 동안에는 신체 질환과 마음의 우울증, 그러니까 '침울한 기분'과 '몸의 전반적인 질병 상태'가 지속되었다. 심지어 뒤낭의 남동생이 그를 찾아왔다는 기록을 남기면서도 정확히 어느 동생인지 언급하지 않았다. 그러나 의사 동생 피에르였으리라 확신할 수는 있다. 다니엘은 재혼 후 얻은 지 얼마 안된 귀한 어린 아들 조르주를 돌보느라 정신이 없던 시기였기 때문이다. 의사였던 피에르 뒤낭은 아마도 형이 보낸 편지의 행간에서 형이 더이상 숨길 수 없었던 무언가를 알아차린 게 아닌가 생각된다. 런던에 도착한 이후 앙리 뒤낭의 정신 건강은 육체 건강만큼이나 심각하게 명멸하고 있었다.

푸른 악마

뒤낭이 1879년 10월 초부터 1880년 8월 초까지 거의 1년간을 런던에 머무른 이유는 무엇이었을까? 자기 건강에 유의하고 또 루돌프의 건강까지 신경 쓰는 일 말고 거기서 뒤낭은 무엇을 한 것인가? 자기를 핍박한다는 도시에서, 자기를 미행하고 정탐하는 사람들 사이에서, 그에게 병을 안겨 주는 안개 낀 기후 속에서 그는 직업도 친구도 없이 대체 왜 그렇게 오랫동안 눌러앉아 있었을까? 런던으로 오기 직전에 카스트네르 부인을 만났다는 사실을 제외하고는 — 그때 지시 사항을 전달받았을 수도 있다 — 그의 이번 런던 체류는 다음번 방문과는 달리 파이로폰과는 하등관계가 없었던 걸로 보인다. 뒤낭은 이번 런던 체류기간의 4분의 3은 족히 병져 누워있었고, 나머지 4분의 1은 루돌프의 방문으로 득을 보았다. 그의 젊은 친구 루돌프가 원래 런던에 1879년 겨울부터 체류할 계획이었기 때문에, 뒤낭도 10월에 그리로 향했던 걸까? 모든 가설이 개연성이 있다.

앙리 뒤낭은 1880년 8월 2일 런던을 떠났다. 로테르담을 거쳐 라인강을 따라 하이델베르크에 이어 슈투트가르트에도 잠시 들르기만 하였다. 그는 더운 계절에 도시에 머무는 걸 여전히 아주 싫어했다. 그래서 슈투트가르트에도 잠깐 들르기만 했을 뿐 (뭐하러 그곳에 머물겠는가? 바그너 목사는 세상을 떴고, 루돌프는 아직 런던에 있는데) 바로 지체없이 스위스 동부의 바덴으로 향했다. 거기서 온천 요양을 즐기기 위해서였다.

뒤낭의 기분은 다시 매우 좋아져 있었다. 비록 오른손의 상태는 전혀 나아지지 않았음에도 그는 온천욕이 자신에게 크게 도움이 된다고 믿었고, 무엇보다 장소 자체가 그의 마음에 들었다. "스위스의 좋은 공기가, 그리고 나라 자체가 햇살과 함께 나에게 큰 도움이 되는구나."라며 스위스에 돌아오자마자 루돌프에게 편지를 보냈다. "딱 적당한 때였단다. 런던에서는 침체 상태에 빠져들고 있었으니 말이다." 희한하게도, 굳이 정확한 정보를 전달하려는 듯 뒤낭은 회고록에서 스위스 체류 당시 카스트네르 부인과 세 번 식사를 함께 했노라고 기록했다. 두 번은 아르가우 주에 있는 바덴과 브루크에서 각각 한 번, 그리고 나머지 한 번은 취리히 호수 근처 위틀리베르크 산에서였다. 그러고는 "그때 이후로 부인께서는 다시는 나를 초대하지 않으셨기에 그녀와 다시 만난 적이 없다."고 첨언해 두었다.
그를 박해하는 이들은 어딘가로 사라져 버린 건가? 아니다. 그들은 분수대 뒤에도 호텔 뒤에도 산속에도 숨어있을 뿐이다. 어쨌든 근처의 온천 휴양객들 숫자만큼이었다. 불행히도 뒤낭은 그들의 언어를 알기에 그들은 모두 악인 취급을 받았다.

"여기선 좋은 공기가 나에게 경이로운 효과를 보여준단다. 식욕도 좋아졌구나. 이 모든 게 더해져서 힘이 새로 나는 듯하단다. 그렇기에 내 주위 수많은 프랑스인 휴양객들이 있다는 사실을 조금이나마 더 잘 견뎌낼 수 있구나. 프랑스인들은 온갖 방법을 동원해서 주저않고 나를 비방하였지. 그들은 내 동생이 떠나기를 기다렸다가, 비록 지하에서이긴 하지만 심각한 수준의 박해를 시작했단다."

마치 우연인 듯, 누군가가 방문했다가 떠나면서 뒤낭이 다시 혼자가 되면 바로 그를 괴롭히는 악령이 돌격이라도 하듯 적들의 음모가 재개되곤 했다. 8월 24일 날짜인 위의 편지는 여전히 런던에 머무르고 있는 루돌프에게 스위스 바덴에서 보낸 편지였다. 그런데 28일이 되자 벌써부터 뒤낭은 상당한 불안에 시달렸다. "지난 월요일에 우체국에서 보낸 내 편지에 대해서 그 어떤 답도 받지 못했구나. 그 편지를 누가 훔쳐갔다는 생각이 든다. 그리고 꼭 부탁하는데, 네 답장은 스위스 아르가우주 바덴의 사서함에 등기로 보내주기 바란다." 그러고는 진지한 어조로 이렇게 글을 맺었다. "나는 이제 괜찮단다. 애정을 담아 H가." 이번 같은 경우에는 24일 편지에 대한 루돌프의 답장이 뒤낭이 두 번째 편지를 보낸 다음 날 바로 도착하였다. 그러니 아르고비와 런던 사이의 편지 왕복이 놀라울 정도의 기록인 5일 만에 이루어졌다는 뜻이다. 허나, 비록 그가 '괜찮다'고 생각하고 또 그렇게 말을 해도, 앙리의 공포는 이미 이성적인 수준을 넘어선 상태였다. 그의 강박증은 이제 뒤낭의 전반적인 건강 상태와도 전혀 상관없이 제멋대로 날뛰는 정도에 이르렀다. 푸른 악마[4]는 이제 뒤낭의 삶에 항구적인 터를 잡아버렸다.

유럽의 분할

뒤낭의 유럽은 이제 화해가 불가능한 두 진영으로 분리되어 있었다. 이는 지역적이 아니라 거주 인구에 따라 분류된 진영이었다. 프로이센의 문화 투쟁과 같은 맥락의 이원론에 따라 뒤낭은 지중해 사람들을 도무지 참을 수 없어 했다. 그 와중에 루돌프가 뒤낭에게 그 사람들을 격렬하게 비방할 계제를 마침 선사했다. 외국어 배우기에 관심이 많았던 뒤낭의 독일인 친구 루돌프는 영어에서 이탈리아어로 목표 언어를 바꿨다. 1881년의 대부분 기간 동안 하게 될 나폴리에서의 가정 교사 일자리를 찾았기 때문이었다. 허나 루돌프가 맡은 아이는 도무지 견디기 어려울 만큼 문제아였다. 뒤낭이 훈수를 두기에 딱 좋은 상황이 마련된 셈이었다. 앙리는 루돌프에게 교수법에 대한 조언을 쏟아내면서, 특히나 "그 학생이 아무데도 관심을 안 갖는 것에 대해서는 지나치게 걱정하지 말게. 형편없는 초등교육, 게으름, 무사안일함 등등 그런 특성은 지중해 지역에서는 흔히 찾아볼 수 있다네. 이런 측면에서 그들은 게르만이나 앵글로색슨 쪽과는 아주 다르지."라고 충고했다. 같은 편지에서 뒤낭은 나폴리 사람에 대한 그러한 평가를, 프랑스에까지, 아니 심지어 '지중해 근동지방'까지 확대 적용시켰다. 시간이 더 흐른 후 크리스마스 즈음, 루돌프의 나폴리 체류는 뒤낭에게 '유럽 북쪽은 분명 훨씬 나은데, 아무데도 정말 아무짝에도 쓸모없는' 남쪽 인종들에게 야유를 보낼 기회를 재차 제공했다. 이탈리아뿐 아니라 프랑스도 그 표적이었다. "그러면 자네 말은 레베이용[5]이라는 크리스마스 전날의 멍청하고

---

4 우울증을 뜻한다. 푸른색은 우울한 상태를 상징.

5 réveillon은 크리스마스 이브 혹은 12월 31일의 만찬 또는 파티를 의미한다.

탐욕스러운 프랑스의 관습이 이탈리아에도 흔하다는 건가?" 뒤낭은 연말에 보낸 편지에 연하장의 마지막 인사말을 대신하여 그렇게 질문을 던졌다.

이탈리아인들보다 더 심한 프랑스인들과 알자스인들은 나쁜 이들 진영 중에 선두 자리에 있었다. 1882년 앙리는 주민 대다수가 가톨릭교도인 아르가우 주에 위치한 또 다른 온천 휴양지 쉰즈나흐에서 2주를 보냈다. 이때 50여 명의 프랑스 및 알자스 사람들이 온천에 나타나자 그는 황급히 그곳을 떠나기까지 했다. 나중에 고백하기를 쉰즈나흐 온천이 그의 건강에 상당히 도움이 되었음에도 그렇게 할 정도였다. 뒤낭은 그 길로 제비스로 피신하였고, 그곳 호텔에는 '스위스 사람과 독일 사람, 네덜란드 사람들'만 묵고 있었기에 비로소 '평온'을 되찾을 수 있었노라고 했다.

"이곳은 완전히 개신교도의 땅이라 쉰즈나흐에서만큼은 괴롭지 않다네. 거기는 교황을 추종하는 호텔 하인들이 작당해서 자네도 알다시피 날 미워하는 교황지상주의자 알자스인들을 내 방에 들어가게 해주었고 내 짐을 뒤지게 내버려두었다네. 취리히에 들렀을 때는 사람들이 짐꾼에게 가방을 주지 말라고 농을 던지지 뭔가! 짐을 내가 직접 챙겨서 내가 직접 운반했어야 했다네!"[K12]

저자 주석 K12 : 1882년 8월 7일부터 12일 사이에 루돌프 뮐러에게 쓴 편지.

개연성이 별로 없게 들리는 이런 모든 함정으로 인해 앙리는 제비스에 도착하자마자 2주 동안이나 방에 틀어박혀 있었다. 그 기간 동안 아무것도 먹지 않았고, 누가 편지를 훔쳐갈까 두려워 그 누구에게도 편지조차 보내지 않았노라 고백했다. 설상가상인 것은, 순전히 정신병리적인 차원의 박해 강박증이라고 생각되는 이러한 증상을 더욱 부추긴 요소는 — 착시와 환각에 의한 관찰들을 근거로 한 논리로 — 맹렬한 그의 글쓰기 활동이었다. 이 당시 사용한 뒤낭의 공책들 중에는 바로 이러한 인종에 대한 이원론과 — 그가 루돌프에게 보낸 편지에서는 지나가는 말로 던진 듯한 이야기였다 — 매우 직접적으로 관계있는 두 권의 완성된 책의 수사본이 존재한다. 100쪽도 넘는 분량으로 〈영국 및 독일과 비교한, 있는 그대로의 프랑스〉라는 글에서 저자 뒤낭은 이미 상당한 퇴화의 길에 들어선 '라틴 인종'의 풍습과 대비하여 영국 및 독일의 가족과 건전한 교육을 중시하는 미덕을 예찬하였다. 그는 〈파리 사회의 사악한 흥계〉라는 이름의 종교 문제를 다룬 소책자에서도 유사한 이원론을 펼쳤다. 관념론자였던 뒤낭은 이 소책자에서 로마 가톨릭교회의 강력한 권력을 비난하면서, "라틴 인종의 국가, 특히 프랑스에서, 로마 가톨릭은 권력을 독점하고 있으며 모든 분야를 지배하려 든다. 또한 그 목적을 이루기 위해서는 그 어떤 일도 감수하며 비굴해질 각오가 되어 있다."고 적었다. 위의 두 완성된 수사본을 편집해서 출판하려다 수포로 돌아갔던 것일까? 아니면 이번에서 『예수회와 프랑스인』의 실수를 교훈 삼아 조심성을 발휘해서 책상 서랍 안에 가만히 간직해둔 것이었을까? 어찌되었든 그 어떤 편집자도 관심을 보였다는 흔적을 찾아볼 수는 없다. 적어도 미래의 노벨 평화상 후보로서 뒤낭에게는 다행이었다.

1882년과 1885년 사이 뒤낭은 손과 신경의 회복을 위해 온천 치료와 좋은 공기를 찾아다니는 헛된 여정에 박차를 가했다. 그러면서도 마치 전염병을 대하듯, 교황 추종자와 교황지상주의자들의 근거지, 즉 프랑스 남부와 이탈리아 지역은 반드시 피했다. 허나 그가 어딜 가든 그의 질병과 불행의 유일한 원천을 피할 방도는 전혀 없었다. 이미 그의 정신을 가득 채우고 있는 적의 함대가 원천이었기 때문이다.

백발의 수염을 기른 남자

그를 핍박하는 자들의 존재가 사실이든 가상이든, 한 가지 뒤낭에게서 앗아간 부분이 있었다. 게다가 그건 뒤낭에게 상당히 중요한 부분이었다. 사교계의 신사로 외모를 중히 여기던 그는 레오니 카스트네르를 섬기는 기사이자 1877년 여권에 적힌 묘사에 따르면 큰 키에 짙은 갈색 머리, 높은 이마에 균형 잡힌 코를 지닌 인물이었다. 불과 5년 전만 해도 한창 때의 남성으로서 상당히 잘 생긴 용모를 갖췄던 뒤낭은 더 이상 그런 외모를 유지할 여유가 없었다. 1882년 여름 제비스에서 신경증 같은 병을 앓을 때 뒤낭은 턱수염을 깎지 않고 그냥 자라게 둔 적이 있었는데, 그때 수염이 눈처럼 새하얗게 자랐다. 여름이 끝나갈 무렵 그는 수염을 계속 기르기로 결정했다. 마치 이제 지나간 삶에 등을 돌리고 새로운 인물로 재탄생하기로 한 듯한 결심이었다. 그는 늙고 외로운 괴짜, 약간은 괴벽이 있고 약간은 변덕스러우며 이미 세월이 삼켜버린 과거의 영광을 추억하며 살아가는 사람의 모습으로 다시 태어났다. 1882년 9월 슈투트가르트로 돌아오는 길에, 그는 울름에서 잠시 몇 시간만 루돌프를 만나기로 하였는데, 그때 루돌프에게 문자 그대로 자신의 현재 '색깔'을 밝혔다. 만나기 전 편지에 그는 "자네는 아마 나를 겨우 알아볼 걸세. 새하얀 턱수염을 길렀으니 말이지."라고 말해두었다.

1882년 한 사람이 죽고, 새로운 사람이 그 자리를 차지했다. 유럽 궁정에 잘 알려진 인물 앙리 뒤낭은 사라졌다. 그는 자신감이라는 막대한 힘을 상실했다. 품고 있던 환상들을 잃어버렸고, 친구들도 잃었으며, 일생에 유일했던 여인도 떠나보냈다. 그는 심지어 행복이 무엇이었는지조차 기억이 나지 않았다. 심지어 눈에 넣어도 아프지 않을 것 같던 루돌프 뮐러와의 우정도 위협받고 있었다. 왜인지 알 수는 없지만 이 둘 사이의 서신 교환은 근래 들어 상당히 어스러진 상태였다. 편지 사이에 침묵이 길어지는 주요 원인을 제공하는 사람은 뒤낭이었고, 그는 이런 상황이 손 상태 탓이라고 설명하기 급급했다.

"제비스, 1884년 9월 19일, 나의 사랑하는 친구여, 내 손의 상태 때문에 벌써 몇 달째 글을 쓰지 못하고 있네. 그리고 연필로 몇 줄 쓸 수 있는 상태가 되자마자 이야기를 해주어야겠네만, 내가 손과 팔이 아주 아팠고, 몸 상태도 좋지 않았을 당시에는 자네의 편지 자체도 아주 뒤늦게서야 받아보았다네. 작년에 난 9~10개월을 스위스에서 보냈기 때문이지. (중략) 종국에는 슈투트가르트에는 몇 주도 머물지 않았다네."

온통 핑계뿐이다! 헌데 루돌프로부터 무슨 소식이 있었던 걸까? 무슨 소식이었길래 뒤낭이 몇 달 동안이나 — 게다가 슈투트가르트를 들렀음에 불구하고 — 침묵을 지켰음을 이렇게 정당화하려 노력한 것이었을까? 위의 편지는 이렇게 이어진다.

"자네가 결혼한다는 소식에 내가 아주 호의적으로 관심을 갖는다는 사실을 의심하지 않기 바라네. 하지만 도무지 글을 쓸 수가 없는 상태였지. 내가 얼마나 관심을 기울이고 있는지 직접 말해 주고 싶기도 했다네. 제발 나를 이해해 주게. 불행히도 병세가 나를 너무나 괴롭혀서 더 이상은 길게 쓸 수가 없군."

앙리는 황급하게 편지를 마무리하면서 진부한 축하의 인사를 전했고, '최고의 추억을'이라며 글을 매듭지었다. 지금도 확인이 가능한, 이날 편지 이전 날짜로 남아 있는 55통의 편지 중에 단 한 번도 뒤낭은 루돌프에게 쓴 편지를 '추억을'이라는 인사말로 맺은 적이 없었다. 기원을 하거나 헌신, 애정, '우정 어린 인사' 등등 상상할 수 있는 모든 문구를 썼지만, 이날까지만 해도 루돌프와의 우정을 그날그날 현재에서 강렬하게 영위하던 뒤낭의 편지에서 '추억을'이라는 문구는 찾아볼 수 없다.

아, 그렇다. 루돌프가 결혼을 한다. 앙리는 타격을 입어버렸다. 그는 잔뜩 가라앉아 입을 다물었고, 동요하다가 막상 답장을 쓰는 순간에 너무나 졸렬하게 행동해버렸다. 그의 편지에서 마지막 인사말이 진솔하게 드러내듯이, 이제 하얀 턱수염의 사나이에게 '추억'의 시간이 사실상 시작된 셈이었다. 그렇지만 이날, 1884년 9월 19일 깊은 구렁텅이에 빠진 병자 뒤낭은 매일매일 그 이름도 실로 잘 어울리는, 손을 태워버릴 듯한 '지옥의 돌' 치료[6]를 받느라 심한 고통에 시달리고 있었다. 게다가 그는 자신이 끊임없이 미행당하고 있다고 믿었다. 그러니, 주위 모든 게 무너져 내리고 있었다. 본인의 말마따나 '추억'의 시기가 뒤낭의 의지와는 상관없이 시작되었다. 그 '추억'의 시기가 곧 적십자 창립자의 부활을 가져다 주리라고는 상상조차 할 수 없는 상황이었다.

1884년부터 뒤낭의 삶에서 가장 중요한 자리를 지켰던 루돌프 뮐러는 이렇게 해서 2~3년 가량 그의 일상에서 거의 자취를 감춘다. 루돌프의 나이든 친구는 결혼식에 참석하지도 않았고, 부인이 될 사람을 만나고 싶어하는 기미도 전혀 보이지 않은 것으로 판단된다. 뮐러 부인이 앙리 뒤낭을 처음으로 만난 것은 1887년 여름이나 되어서였기 때문이다. 게다가 이때부터 '사랑하는 아들아'라고 부르던 루돌프에 대한 뒤낭의 어조가 완전히 달라졌다. 무엇보다도 뒤낭은 더 이상 말을 놓지 않았다.

오른손을 치료해 보려고 아르가우 주와 그라우뷘덴 주, 바이에른, 바덴 대공국과 심지어 슐레지엔 지역의 모든 온천을 다 시도해 본 앙리 뒤낭은 마침내 쾨슬린이라는 의사를 만나게 되었다. 쾨슬린은 1884년 말 뒤낭에게 치유를 보장할 수 있다며 요오드 복용을 권하였다. 이렇게 해서 그는 다음 요양지를 선택하는 일 말고 또 다른 시도를 해보는 용기를 되찾았다. 생전 없던 일이지만, 그는 슈투트가르트에 연이어 6개월이나 머무르며 단 두 번만 짧은 여행을 했다. 바그너 목사 댁에서 만난 사이로 뒤낭이 아직 인연을 이어가고 있는 몇 안되는 경건주의자 중 한 명인 건축가 친구 에른스트 노이퍼의 가족과 함께 명절을 보내기 위해서 크리스마스와 부활절에 에잉겐—도나우에 잠시 다녀온 일 뿐이었다.[K13]

> 저자 주석 K13 : 에른스트 노이퍼와의 서신 교환 중에 뒤낭은 여전히 복음주의 공동체에서 사용하는 고유한 어휘들을 사용하고 있다. 예를 들어 '친애하는 주님 안에서의 형제여' 같은 표현이다. 한스 암만은 이 에른스트 노이퍼가 건축가라는 직업 탓에 데생과 서도에 익숙하였기에 뒤낭이 다이어그램(본 저서의 12장 참조)을 제작하는 데 기여했을 것이라고 추정했다. 노이퍼와 뒤낭은 편지에서 이에 대한 이야기를 상당히 많이 나누었기 때문이다. 한스 암만, 『연대순의 상징적인 다이어그램』, BSHD 21, 2003, 35~46쪽.

그리고 나서는 1885년 4월에 런던으로 떠났다. 이 여정은 그의 사랑하는 레오니가 부탁한 마지막 '사명'을 수행하기 위해서였다. 멀리서나마 그녀는 여전히 그를 지켜보고 있었다.

---

6   지옥의 돌pierre infernale은 강력한 부식제인 질산은을 이용하여 화농이나 피부 유착 등을 치료하는 방법이었다.

앙리는 그와 정말 맞지 않았던 런던으로 돌아가려 애썼는데, 아마도 여정을 통해 수입을 좀 올릴 수 있을 거라는 희망이 유일한 동기가 되었으리라. 뒤낭은『회고록』에서 이 마지막 런던 체류 때 자신이 카스트네르 부인의 '고용인'으로서 '그녀의 파이로폰과 관련된 온갖 일들'을 도맡아 했다고 기탄없이 설명한 바 있다. 그 악기는 실제로 레오니 카스트네르의 파이로폰이 되어 있었다. 1882년 4월 프레데리크가 요절했기 때문이다. 프레데리크의 사망을 다룬 부고 기사를 살펴보면, '지나치게 애를 써서 작업을 한 탓에 얻은 고통스러운 질병'으로 그가 점차 기력을 잃으며 사망했다고 기록되어 있다. 반면 뒤낭은 프레데리크가 나중에 그의 어머니도 앗아갈 깊은 고통, 말하자면 예수회의 끈질긴 핍박으로 인해 죽었다고 믿었다. 애지중지하던 막내가 죽은 이후 카스트네르 부인은 켈에 있는 집에만 틀어 박혀서 오직 남편과 막내아들, 이 두 사람의 천재성이 잊히지 않게 하는 일에만 헌신하고 있었다. 바로 그 이유로 그녀는 뒤낭에게 마지막 부탁을 한 것이다. 런던에 가서, 시간이 얼마나 걸리든 간에, 자신이 비용을 모두 댈 테니, 파이로폰이 박물관 소장품으로 받아들여지게끔 노력해 달라는 부탁이었다.

앙리는 마치 1880년에 그랬던 것처럼 도착 직후 첫 3개월 동안 몸져 누워있는 것으로 런던 체류를 시작했다. 1880년 당시와 비교했을 때 증상과 이유 모두 똑같았다. '프랑스인들의 끊임없는 박해를 받은 끝에' 그는 '간과 신경에 매우 심각한 병'을 얻었다면서 플로든 로드에서 '바깥 출입도 일절 하지 않은 채' 3개월이나 묶여 있었노라고 강변했다. 사실 그가 런던에 도착하기 전에 벌써 모든 준비가 끝나 있었다. 이미 그해 5월부터 파이로폰은 사우스켄싱턴에서 열린 발명품 전시회에 전시되었는데, 다만 악기로서가 아니라 과학 도구로 분류된 전시였다. 뒤낭은 프레데리크 카스트네르의 불꽃을 이용한 발명품들, 즉 노래하는 샹들리에라든지 파이로폰의 다양한 모델들을 소개하는 설명서를 직접 집필하였다.

그렇다면 남은 시간에 그는 무엇을 했을까? 그것도 지난번 런던 체류와 마찬가지로 불분명하다. 카스트네르 부인은 '상당히 예쁜' 런던 주변을 돌며 운동을 많이 하라고 권했다. 또한 그녀는 '그가 자선 활동에 관심이 많은 걸 알고 있으니' 그녀의 이름으로 여러 군데 기부를 해달라고 부탁하기도 했다. 그렇게 해서 그는 운동 삼아 달리면서 런던 주변 다니는 길에 넘쳐나는 자선 기관들에 소액의 기부를 하였다. 또 음주벽에 반대하는 내용을 담은 저렴한 논설 책자를 '공짜로' 배포했노라고 굳이 분명히 밝혀두었다. 이러한 음주벽 퇴치 운동은 아주 오래전부터 알코올 남용을 격렬하게 비판해 온 귀스타브 무아니에와 겹치는 또 하나의 영역인 셈이다. 그런데 15년이 지난 후 남동생에게 언급했던 어느 흥미로운 사업에 대해서는 그의『회고록』에서 전혀 다루지 않고 있다. 그 당시 런던 체류 기간 동안 이제는 '프랑스인'들뿐 아니라 제네바 사람들도 그를 심하게 중상모략한 나머지 '내게 관심을 보이던 매우 강력한 인사들'이 더 이상 뒤낭을 지지해 주지 않았다고 한다. 이보다 더 심각한 문제는 이러했다. 뒤낭은 수수께끼처럼 말하길 '카스트네르 부인의 의지로' 자신이 5천 프랑을 받게 될 수 있었던 '파이로폰 관련' 사업을 중상모략가들이 '망쳐놓았다'고 한다. "첫 번째 사업이 성공했더라면 두 번째 기회도 분명 왔을 텐데!"[K14]라며 뒤낭은 크게 분노했다.

저자 주석 K14: 피에르 뒤낭에게 보낸 날짜 미상의 편지. (1892년일 가능성이 높다)

허나 그가 그런 비슷한 말을 한 지도 벌써 10년째였다. 한동안 파묻혀 있던 채무 청산의 희망이 다시 살아나는 듯했지만, 자신의 적들이 그럴 기회를 즉시 앗아가 버렸다는 이야기였다.

수년의 세월이 지난 후 그는 조카에게 당시 런던 체류 중에 자신을 그토록 괴롭힌 게 무엇이었는지를 이야기했다. 그가 런던에 도착하기 몇 달 전에 파리에서 큰 추문이 있었다. 레오니의 큰 아들이자 그녀와 절연했던 알베르 카스트네르가 부인과 어찌나 격렬하게 부부 싸움을 했던지 부인이 창문 밖으로 몸을 던졌고, 그러자 이미 장성한 20대 청년이던 부부의 아들이 자기 아버지인 알베르를 칼로 찌르는 사건이 발생한 것이다. 이 엄청난 사건으로부터 시작된 소문은 걷잡을 수 없이 부풀려 완전히 왜곡된 채로 영불해협을 건너갔다. 런던에 도착한 불쌍한 앙리는 바로 그 소문의 주인공으로 둔갑해 있었다. 그러니까 알베르의 부인인 카스트네르 부인은 시어머니 레오니 카스트네르와 혼동되었고, 그 카스트네르 부인의 남편인 알베르의 신원이 레오니 곁을 지키는 기사 앙리 뒤낭으로 뒤바뀌어 버린 것이다. "이 이야기가, 이 중상모략이 런던의 온 경건주의자들 사이에 퍼졌다. 스위스인들이야말로 나를 가장 크게 비방하였고 또 가장 잔인하게 공격하였다."[K15]

저자 주석 K15 : 모리스 뒤낭에게 보낸 날짜 미상의 편지. (1894년 3월이었을 가능성이 높다) 뒤낭은 이 편지에서 알베르 카스트네르가 극적으로 드레스 자락을 잡아서 부인을 구했다고 설명했다. 또한 격분한 아들을 가까스로 피했다고 전했다. 뒤낭은 이 추문이 1885년 겨울에 발생한 사건이라고 기록했으나, 한 가족의 이야기에 따르면 알베르 카스트네르의 부인 엘리자베트 카스트네르비체만은 1884년 7월에 파리에서 사망하였다고 한다. 아마도 뒤낭이 날짜를 틀렸을 가능성이 있다. 아버지와 친할머니의 불화에도 불구하고 알베르 카스트네르의 아들(그 또한 이름이 알베르였다)은 1891년부터 자신의 성을 카스트네르부르크로 바꾸었다(국가기록보관소, 프랑스관인상서기금, AB/XIX/2644~AB/XIX/2684).

이 새로운 중상모략으로 인해 가장 피해를 입은 사람이 레오니 카스트네르인지 앙리 뒤낭인지는 알 수 없다. 둘 다 온전히 회복하지는 못했다. 뒤낭은 1887년 6월 말 런던을 떠났고 그 후로 다시는 런던에 발을 들이지 않았다. 몇 달 후인 1888년 1월 레오니 카스트네르부르소는 켈에서 세상을 떴는데, 그녀의 가족 중 누구도 뒤낭에게 부고를 알릴 생각을 하지 않았다. 특히나 둘째 아들이자 뒤낭을 항상 미워했던 알베르 카스트네르는 말할 필요도 없었다. 카스트네르 부인의 생에서 결코 변함이 없던 친구요, 동반자이자 고난을 함께한 동지로서 마지막 15년 간 정중히 그녀 곁을 지켰건만, 뒤낭은 부인이 세상을 떴다는 소식을 마치 동네 여인의 부고를 전달받듯 바그너 목사의 딸로부터 전해듣는 신세가 되어 있었다.

12

마지막 머물 곳

1887~1892

낙원 하숙

1887년 초여름에 영국을 떠날 즈음, 뒤낭은 불편한 현실을 마주할 수밖에 없었다. 루돌프는 결혼을 했고, 바그너 부인은 뒤낭이 영국에 체류하는 동안 사망했다. 그러니 슈투트가르트는 이제 마음을 붙일 수 있는 곳이 아니었다. 허나 뒤낭은 이제 60대에 들어섰다. 런던이나 암스테르담을 누비긴커녕 제비스와 바덴, 또는 바름브룬같은 온천 요양지를 오가며 살기에도 육체적으로나 신경적으로나 힘에 부치는 나이가 된 것이다. 게다가 카스트네르 부인마저 후하게 도와주지 않는 상황에, 요양 다닐 여비는 어찌 마련하겠는가?

이제는 한군데에 정착할 때가 되었다. 하도 많이 물어본 지라 닳고 닳아버린 질문에 답을 할 때다. '그럼 대체 어디로 가야하나'

그가 다녀본 수많은 온천 요양지 중, 빈털털이 귀족같은 뒤낭의 까다로운 요구 사항을 모두 만족시킬 법한 곳은 단 한군데였다. 어느 정도 국제적이면서도 도시 특유의 악취와는 거리가 멀어야 하고, 쾌적하면서도 최소한의 경비로 머물 수 있어야 하며, 공기가 좋고 가능하다면 뒤낭의 불쌍한 손과 위장, 그리고 신경을 치유하는 데 도움이 될 온천 요법이 존재하는 곳. 마지막으로, 그리고 무엇보다도 중요한 요소는 교황지상주의자들이나 칼뱅주의자들의 영향력에서 완전히 벗어나 있어야 한다는 점이다. 서로 다른 이 두 세력은 그를 더욱 탈 나게 만들 것이다. 불가능해 보이던 그 장소를 뒤낭이 처음 접한 건 1881년 7월이었다. 그는 같은 해 10월에서 12월 사이에 다시 그곳을 찾았다. 다소 쾌적하지 못한 시기가 있었음에도 뒤낭은 그곳을 아주 마음에 들어했다. 공기가 '탁월히 좋고' 놀랍게도 그 지역은 '강한 개신교 세력권'[L1]임에도 불구하고 매우 평온하게 지낼 수 있어서 그는 그 점을 무척이나 맘에 들어했다.

저자 주석 L1: 이 글과 다음 인용도 1881년 11월 10일자 루돌프 뮐러에게 보낸 편지의 내용이다.

그 유일한 장소는 바로 슈투트가르트 주민들이 즐겨 찾는 온천 휴양지 중 하나인 스위스 온천 마을 하이덴이었다. '아름다운 아펜젤 지방'에 있으며 '보덴 호수에서 슈바벤 산맥까지도 다 내려다보이는 경치'를 즐길 수 있는 곳이라며, 이제 막 도착한 뒤낭이 루돌프에게 편지를 보낸 바 있다. 하이덴은 농촌 마을이라기보다는 우아한 작은 도시에 가까웠다. 50년 전 대형 화재로 인해 불탄 후 비더마이어 양식으로 매우 조화롭고 통일된 방식으로 재건되었다. 이곳은 맑은 공기, 유장을 이용한 치료법뿐만 아니라 헤르만 로르샤흐 덕에 국제선 철로까지 연결된 아프트식 철도로도 유명한 곳이었다. 하이덴에는 호텔이 십여 곳 정도 있어서 자국 손님뿐만 아니라 러시아와 독일, 프랑스, 아메리카, 폴란드, 영국, 이탈리아 혹은 네덜란드에서 찾아오는 방문객도 맞이했다. 손님들은 호수 건너편의 마을들을 분간해 보려 애쓰며 보덴호를 굽어보는 언덕을 산책한다. 가장 왼쪽으로 랑겐나르겐, 맞은편에는 바서부르크, 오른쪽으로는 날씨가 좋을 때면 동명의 딸린 섬을 포함한 린다우가 보이고, 오른쪽 끝에는 오스트리아령의 마을들이 펼쳐진다. 그들은 휴양 시설인 쿠르살[1]의 무어 양식 기둥 아래에서 빈둥거리다가 자갈 깔린 공원의 오솔길로 가서는 커다란 침엽수 그늘 아래 테이블 하나를 차지하고 앉아 여유를 즐기기도 한다. 무작위로 그려진 페이즐리 무늬가 아기자기한, 그런 식탁보가 깔린 테이블 말이다. 근대 시설의 꽃이랄까, 하이덴의 중심가에는 당시로서는 예외적인 특권이었던 전화국도 있었다. 하이덴은 파리도 아니고 런던도 아니지만, 그렇다고 시골 벽지도 아니었던 것이다. 한때 사교계를 누비던 사람도 별로 애석함 없이 은퇴 생활을 즐길 수 있을 법한 곳이었다.

확신이 선 뒤낭은 이듬해 봄에 하이덴으로 돌아와 다시 3개월을 보냈다. 손의 통증을 치료하는 데에는 쉰즈나흐 온천이나 제비스의 지옥의 돌 요법이 더 도움이 되었기에 그쪽으로도 요양을 가긴 했지만, 뒤낭은 그 이후로도 하이덴을 머릿속 지도에서 지워버리지 않았다. 하이덴은 뒤낭의 마음속에 특별한 위치를 차지했다. 마치 미래에 대해 선금을 지급하듯 그의 마음속에 최고 점수를 받은 요양지로 기억되었다.

그 미래가 이제 코앞에 와서 문을 두드리고 있었다. 짐을 제대로 풀고 정착할 때가 된 것이다. 바그너 부인의 사망 후, 자녀들은 뒤낭이 한참 동안 누려온 호의적인 계약을 연장하자고 제안하지 않았다. 그랬기에 1887년 여름 영국에서 돌아왔을 때, 뒤낭은 슈투트가르트를 잠시 들르기만 했을 뿐 바로 하이덴으로 와서, 불과 2.8 프랑이면 매일 숙식을 해결할 수 있는 파라디스낙원 하숙집에 여장을 풀었다. 그곳은 믿을 만한 현지의 유력 인사들 몇몇이 추천해 준 곳이었고, 그 정보는 운 좋게도 맞는 정보였다. 파라디스 하숙은 고급 숙박 시설에 들어가지는 않아도 모든 면에서 뒤낭을 흡족하게 했다.

마을 중심가에서 살짝 비켜나 하이덴 역 바로 옆에 자리한 파라디스 하숙은 커다란 건물 두 채를 사용하고 중심가 호텔들보다 훨씬 큰 정원을 자랑했다. 낮은 지대

---

1 Kursaal. 쿠르살은 독일어로 치료와 공간이라는 말이 합쳐진 단어로 온천 등의 요양 시설의 휴게실이라는 뜻이다. 여기서는 하이덴의 온천 치료, 숙박, 오락 시설이 함께 있는 종합 요양 시설을 의미한다.

로 흐르는 시냇물은 하숙이 지닌 전원의 매력에 청각적 요소까지 더해주었다. 물론 뒤낭의 방에서 바라본 경치는 하이덴 중심가 숙소들보다는 못했다. 고지대에 위치해 보덴호의 3분의 2까지 내려다 보이는 그런 곳들보다는 상대적으로 소박하지만, 뒤낭의 방에서는 풀을 뜯는 가축들이 하얀 점을 그리는 푸르른 방목장 풍경이 보였다. 무엇보다 파라디스 하숙은 음식이 아주 맛있었다. 또한 '매우 훌륭한' 세 명의 프로이센 숙녀들, 프랑크푸르트에서 방문한 어머니와 두 딸, 그라우뷘덴 주에서 온 목사 미망인과 9살 난 아들 등, 이들 숙박객들은 아주 예의가 있는 사람들이었다. 런던의 악취에 시달리던 뒤낭에게 얼마나 효험있는 피난처인가!

그런데다가 그 지역의 몇몇 친구들의 소개 덕분에 하숙집 주인 내외와 두 딸들은 — 이 가족은 베른의 자유 교회 소속으로 아주 덕망 높은 이들이었다 — 뒤낭을 세심하게 배려해 주었다. 날이 갈수록 그는 다시 생기를 되찾는 듯했고 식욕도 돌아왔다. 게다가 생각지도 않게 대화의 즐거움도 되찾게 되었는데, 이는 어느 날 우연히 정원 구석에서 프랑스어를 꽤히 구사하는 여성 손님을 만난 덕분이었다! 오른손이 계속 통증에 시달리지 않았다면 그는 '낙원'에서 정말 기분 좋게 지냈으리라. 하숙집을 운영하는 스테헬리 부인은 뒤낭에게 한 달 전부터 새롭게 생긴 병원의 장점을 늘어놓았다. 아니 거기 주임 의사가 정말 훌륭하니 알테어라는 그 의사에게서 꼭 진료를 받아보라고 뒤낭에게 권하였다. 체념 상태에 있던 앙리는 그 의사의 왕진을 받기로 했다. 바로 그 순간이, 끈질기게 그를 따라다니던 남은 여생에 대한 불확실성이 해결된 순간이라는 사실을 뒤낭 자신은 깨닫지 못한 채였다.

아펜젤 지방 하이덴에 위치한 파라디스 하숙. 뒤낭은 1887년 이곳에 자리를 잡았다.

유명한 환자

알테어 박사는 하이덴 지역 병원의 책임자로, 병원은 마을을 가로지르는 협곡의 남쪽 사면에 자리한 거대한 건물을 사용했다. 병원 맞은편에는 산책로가 있었고, 몸이 튼튼한 환자들은 프록코트나 환자 가운을 입고 산책하면서 보덴 호수를 바라보며 매일같이 변화하는 풍경을 즐길 수 있었다. 알테어 박사는 환자들을 진단하고 처방을 내리거나 붕대를 갈아주었다. 이 병원의 첫 의사이자 갓 40대 초반인 그는, 동물 뿔에 찔린 농부부터, 베어놓은 건초 냄새에 기분 나빠하는 남작 부인까지 참으로 다양한 환자들을 보고 있었다. 7월의 어느 오후, 알테어는 프랑스어로 손가락 습진에 대해 불평하는 품행이 고상한 노신사의 손을 진료했다. 당시에는 그가 누구일지조차 상상하지 못했을 것이다. 알테어 박사는 자신 없는 프랑스어로 뒤낭에게 답했고, 뒤낭은 알테어의 말을 듣자마자 탄탄한 기초가 갖춰진 프랑스어임을 알아차렸다. 대화가 이어졌고, 몇 마디가 오가자 헤르만 알테어는 아찔해졌다. 자신의 눈앞에 있는 사람이 적십자 설립자라는 사실을 깨달았기 때문이다.

알테어는 도무지 믿을 수 없었다. 파라디스 하숙에서 나와 다시 하이덴의 중심가로 돌아오는 길, 그는 흥분과 충격으로 가득했다. 중심가는 가로수와 술집들과 호텔들이 늘어선 큰길로 대형 휴양 시설 쿠르살과 함께 하이덴에서 사람들이 모여드는 주요 지점 중 하나였는데, 바로 그 길에 프라이호프 호텔이 위치해 있었다. 이 호텔은 하이덴에서 유정 요법을 개시한 곳으로 알테어 박사가 오래된 단골처럼 드나드는 곳이기도 했다. 그는 로비에서 자신의 부인을 발견했다. 그녀는 어느 부부에게 아주 가까운 곳에 있는 의료소의 유정 요법 진행 과정을 설명하고 있었다. 그는 손가락 하나를 치켜들어 위층 방에서 보자고 조용히 신호를 보냈다.

결혼 전 성이 시몽이었던 알테어 박사의 부인은 프랑스 샤모니 출신으로 하이덴에 있는 건물 여러 채를 어머니로부터 물려받았는데, 그중 하나가 이 프라이호프 호텔이었다. 프라이호프는 하이덴에서 가장 세련된 호텔 중 하나로 온 유럽에서 손님들이 찾아왔다. 부인은 남편으로부터 깜짝 놀랄 만한 그날 오후의 진료 이야기를 들은 후 단 일순간의 망설임도 없이 말했다. "그러면 여기서 식사를 하시라고 말씀하세요! 프랑스어를 하고 또 그분 맘에 들 만한 다른 손님들을 만나실 수 있잖아요!" 알테어는 즉시 뒤낭에게로 돌아가 이 같은 초대 의사를 밝혔고, 뒤낭은 눈에 띄게 반가워했다. 하이덴은 단연코 숨겨진 잠재력이 넘치는 곳이었다!

한편 여름이 끝나 가고 있었다. 평원 지대의 더위를 피하기에 이상적인 하이덴은 고도가 높은 곳이라서 뒤낭은 추위가 닥치지는 않을지 걱정하기 시작했다. 그라우뷘덴 주에 있는 제비스가 겨울을 나기에는 낫지 않을까? 앙리는 겨울을 날 장소를 물색하기 위해 8월 말에 제비스에 가보기로 결심했다. 그가 그라우뷘덴으로 향하는 이유는 하나 더 있었다. 아직 신혼인 루돌프 밀러가 신부와 함께 제비스에 머물고 있었기 때문이다. 뒤낭은 그때까지도 루돌프의 아내를 만난 적이 없었지만, 이번에는 지리적으로 너무 가까운 곳에 있어 더 이상 미룰 핑계가 없었다. 뒤낭은 루돌프에게 제비스에서 하루를 보낼 생각이라고 편지를 보냈다. 그 하루 동안 겨우내 묵을 하숙집을 찾으려고 하며, 또 '부분적으로는' 루돌프의 부인을 만나기 위해서 가는 거라며 우아하지 못하게도 굳이 꼭 집어 말했다.

뒤낭에게 이 만남은 어떤 경험이었을까? 안타깝게도 그의 생각을 알아낼 단서가 거의 없다. 다만 그가 하이덴으로 돌아온 후 루돌프에게 보낸 예의바른 몇 마디만이 남아있을 따름이다.

"밀러 부인을 처음 만나게 되어 아주 기뻤다네. 그리고 부인께 편지를 쓸 때 꼭 그렇게 전해주게나. 부인과 함께 아름다운 산책로를 함께 걸으며 몇 마디 대화를 나눌 수 있어 기뻤다고 말일세."

반면 밀러 부인 쪽에서는 위대한 인물과 반나절을 보낸 것만으로도 충분히 흥미로웠을 법하다. 뒤낭 본인도 그럴 거라 정확히 짐작했다.

"부인께 설명을 해주길 부탁하네. 그리고 부인께서 양해해 주시기를 바란다네. 내가 그때 눈에 띄게 입을 다물고 있었던 점에 대해서 말일세. (부인께서 다음에 언제 만날지를 언급하셨을 때를 말한다네) 설명해 주기 부탁하는 것은, 수많은 사람 중 일부는 적이 아닐지언정 친구도 아니라는 걸 말한다네. (중략) 나는 자네 부부와 장도 보고 산책도 가고 싶네만, 그 전에 꼭 기억해 주게. 나는 매사에 미행을 당하고 있는 사람이고, 내 적들은 어디에서나 나를 해하려 하고 또 나를 괴롭히려 안달이 나 있다는 사실을 말이지."

이렇듯 제비스에서 하루를 보내기 위해 나선 흔한 나들잇길은 그의 오래된 망상을 다시 일깨워버렸다. 바로 이런 이유 탓에 마지막 주저함을 다 내려놓은 것이었을까? 하이덴에 돌아오고 나서 확실한 결심이 섰는지, 그는 루돌프에게 "난 여기 머물기로 결정했다네."라고 편지를 띄웠다.

프랑스인끼리의 모임

뒤낭은 프라이호프에서 식사를 권하는 주치의의 제안을 덥석 받아들였다. 우선 알테어 부인이 운영하는 그 호텔은 파라디스 하숙과는 차원이 다른 곳이었다. 알테어 본인이 자랑할 정도로 프라이호프 호텔의 단골 중에는 유력하고 부유한 이들이 많았다. 그 당시만 해도 러시아의 대공 한 명과 파리에서 온 부부, 선주도 한 사람 묵고 있었다. 이렇게 다시금 자그만 사교계로 다시 나갈 수 있는 부름을 뒤낭이 어찌 마다하겠는가? 게다가 그보다도 더 거절하기 어려운 이유는 알테어시몽 부인이 샤모니 출신이라는 점이었다. 뒤낭은 독일어 실력이 부족해서 사람들을 사귀는 데 된통 고생을 하던 차였다. 그러니 이웃 퀸크뢰지 부인과 울타리 너머로 몇 마디 진부한 인사를 나누는 게 나았지, 박식한 교수와 대화를 나누려 시도하다가는 내용의 절반도 이해를 못할 위험이 있었다. 그러니 주치의 알테어가 뒤낭에게 그가 가장 편하게 느끼는 언어와 계층으로 돌아올 수 있는 기회를 제공했을 때, 그는 마치 나막신 더미 속에서 염소 가죽으로 만든 반장화를 찾아낸 듯 기뻐하면서 그 제안을 바로 받아들였던 것이다. 이러한 특별 대우는 그의 맘에 쏙 들었다. 성수기가 지나고 프라이호프 숙박객들이 모두 떠나자 뒤낭은 그의 짐뿐 아니라 편집증까지 바리바리 챙겨서 아예 프라이호프 호텔에 자리를 잡아버렸다. 틀림없이 알테어 내외가 그에게 그러라고 제안했겠지만, 그 제안이 얼마나 후한 것인지를 부부가 당시에는 채 깨닫지 못한 걸로 보인다. 적어도 알테어 박사가 추후에 회고한 바에 따르면 그러했다.

"뒤낭 씨는 거의 전적으로 채식주의자였다. (중략) 생선 요리는 기꺼이 드셨지만, 그러려면 그와 함께 식사하는 우리 내외에게는 상당히 큰 지출이 필요했다. (중략) 비수기에는 거의 우리 셋만 있었고 다른 손님들이 전혀 없었기에 뒤낭 씨는 우리를 도와 프랑스어로 호텔 안내서를 작성하는 일을 거들어 주셨다."[L2]

저자 주석 L2 : 헤르만 알테어, '앙리 뒤낭의 말년에 대한 몇 가지 개인적인 추억', 1928년의 책 『앙리 뒤낭과 동부 스위스』, 47쪽.

1888년 초가 되자 하이덴에서의 앙리 뒤낭의 미래는 이렇게 그려졌다. 여름에는 파라디스 하숙에서 조용히 지내다가, 겨울 비수기가 되면 프라이호프 호텔에서 묵었다. 알테어 내외, 프라이호프를 거쳐가는 몇몇 손님들, 그리고 파라디스 하숙 울타리 너머에 사는 퀸 부인까지 오붓한 주변 공동체가 이루어졌고, 여기에 조카들이 자기 자식들과 함께, 혹은 따로 그를 찾아오곤 했다. 마지막으로 1년에 한두 번씩 루돌프 뮐러가 방문하는 그림이었다. 아주 신나는 삶은 아니더라도, 우울한 인생도 아니었다. 앙리에게 있어 하이덴의 소중한 미덕은 그 어느 곳보다 적들로부터 안전하다는 느낌을 주었다는 점이었다.

마침내 어딘가에 뿌리를 내렸다 싶은 뒤낭은 '이제 과거 일들에 신경이 덜 쓰인다'며 동명의 조카 앙리를 안심시켰다. 이는 사촌들과 함께 자기를 보러 오라고 권하기 위해 한 말이었다. 떠돌이처럼 살던 수년 간 뒤낭은 가족과 만나기 어려웠지만 결코 연락을 끊은 적은 없었다. 뒤낭의 형제자매와 조카들 모두 뒤낭의 상황을 언제나 걱정하였고, 그에게 꾸준히 편지를 보냈다. 하지만 그에게는 우선적으로 해야 할 다양한 업무가 끊임없이 있었고, 온갖 강박에도 시달렸으므로, 가족의 연락에 항상 답을 해주지는 못했다. 이제는, 비록 체제비까지 대주지는 못하더라도, 적어도 자신을 보러 오라고 초대할 수 있는 형편이 되었다. 레오니 카스트네르가 세상을 뜬 지금 그것보다 더 기쁜 일이 무엇이 있겠는가?

레오니를 마지막으로 만난 지 8년 가까이 되었다. 알자스에서 거의 사회장(社會葬)이라 부를 정도의 장례식이 있은 후, 그녀는 스트라스부르의 생갈 묘지에 있는 가족 묘소 속 프레데리크의 옆자리에 안장되었다. 뒤낭은 그녀를 생각하면 가슴이 아려오곤 했다. 세상을 떠났다는 소식을 듣지도 못하고 있는 사이에 이미 안장까지 마쳤다니! 게다가 하이덴에서 불과 몇 시간 거리인데! 깊은 상실의 슬픔에 이어 머리에서 떠나지 않는 생각 하나가 더해졌다. 바로 상당한 액수의 유산을 부당하게 탈취당했다는 생각이었다.

지역 신문인 슈바벤 메르쿠어의 부고란을 보고 알게 된 바그너 목사의 딸이 뒤낭에게 그해 봄, 레오니의 부고를 알려주었다. 그가 지내던 바그너 목사의 집이 내각될 예정인지라 마침 앙리가 슈투트가르트에 남겨둔 마지막 짐을 찾으러 갔을 때였다. 레오니의 부고로 1차 충격을 주는 걸로는 모자랐는지 엘리제 바그너는 3층 방에서 짐을 내리는 걸 도와주며 또 다른 소식을 하나 알려주었다. 카스트네르 부인이 백만 프랑을 바덴바덴의 온천에 유증했다는 소식이었다. 백만 프랑이라니!

충격이 일단 가시고 나자 그의 생각은 확고해졌다. 루돌프에게 그는 "거기에는 아주 추악한 음모가 개입되어 있다."고 편지를 보냈다. 카스트네르 부인이 어떻게 곤궁에 빠져있는 친구에게는 단 한 푼도 남기지 않고 바덴바덴 온천에 백만 프랑을 유증했을 수가 있겠는가! 부인은 그에게 몇 가지 예술품을 남겨주기로 약속했다고 한다. 뒤낭은 부인이 항상 그를 위해 남겨주겠노라 말했던 작고 멋진 청동 조각상조차 코끝 하나 보지 못했다! 그 어떤 의구심도 있을 수 없다. '누군가 부인의 유언장을 훔친 게 분명하다'는 것이 그의 확신이었다. 사실 카스트네르 부인은 아주 상세한 부분까지 자신의 장례 절차를 생전에 준비해 두었고, 뒤낭이 언급한 유언장에서 — 1880년 그러니까 그들이 각자의 길을 가기로 결정한 해에 작성된 유언장이었다 — 그녀가 핵심적으로 신경 쓴 부분 또한 남편의 작품들과 아들의 발명품들이 후대에 기억되도록 프랑스 학술원에 55,000프랑을 유증하는 조항이었다. 그럼에도 뒤낭은 자신의 생각에서 벗어나지 못했다. 그로부터 7년의 세월이 흐른 후에도 뒤낭은 여전히 레오니의 죽음을 둘러싼 정확한 정황을 알아내려 애썼다. 두 사람과 모두 가까웠던 한 친구에게 부탁해서 카스트네르 가문의 오랜 친구 라레 남작에게 그 속사정을 좀 알아내라고 했으나, 그 친구가 딱히 규명해 준 바는 없다. 라레 남작 또한 카스트네르 부인이 어떻게 사망한 것인지, 유언의 구체적인 내용이 무엇인지는 전혀 몰랐기 때문이다. 한 가지 확실한 점은 뒤낭이 카스트네르부르소 가문의 엄청난 재산을 단 한 푼도 물려받지 못했다는 사실이다.

묵시록에서 영감을 받은 취미 생활

자기 자신이 지극히 신경이 예민하고 취약함을 잘 알고 있던 앙리는 십여 년 전부터 취미 활동을 하나 시작하였다. 암울한 생각이 거세게 휘몰아칠 때면, 그는 자기 머릿속만큼이나 손도 바쁘게 하는 이 취미 생활을 통해 주의를 돌릴 수 있었다. 뒤낭의 취미란 다양한 글씨와 상징적인 그림, 카르투슈[2], 십자가, 희한하게 생긴 기념물, 공포스러운 동물들이 복잡하게 얽혀있는 가운데 이 모든 게 사실은 교묘하게 공간적으로 배치되어 있기에 일정한 궤적을 따라가면서 그 복잡한 그림을 해석하게끔 제작된 거대한 화폭의 작품 창작을 말한다.

창작자 뒤낭이 '다이어그램'이라고 명명했던 이 희한한 그림의 목적은 가장 풍성한 이미지를 동원해 이해하기 쉬운 방식으로 — 적어도 뒤낭의 생각으로는 — 성경에 나오는 예언들을 해석해 내는 것이었다. 앙리는 이 다이어그램을 매우 자랑스럽게 여겼고, 그를 방문하는 이들에게 기꺼이 보여주거나 어떤 때는 직접 작업을 도와달라고 하기까지 했다. 영국에서 루돌프가 플로든 로드의 하숙집으로 찾아왔을 때, 뒤낭은 초기 작품 중 하나를 만드는 데 그를 동원하기도 했었다. 하지만 스테헬리 부부가 운영하는 파라디스 하숙에 머무는 동안에는 그 숙소를 이용하는 수많은 플리머드 형제단 교인들, 존 넬슨 다비의 신학을 따르는 이들, 웨슬리 교파 사

---

2 이집트 상형문자 기호 중 하나로 그 모양이 비슷하여 프랑스어에서 소총의 탄환을 의미하는 카르투슈라고 불렀다.

람들 및 그 외 다양한 경건주의 교파 사람들과 교리에 대한 토론을 하는 것으로 만족하고 지냈었다. 1889년 여름에 그는 여러 숙박객 중에 한 신혼 부부와 대화를 나누다가, 그들이 자기가 가장 최근에 작업한 다이어그램에 대한 신학적인 논의에 가장 적합한 사람들이란 걸 깨달았다. 이 내외는 클리번과 캐서린 부스 부부로, 다름이 아니라 구세군 창립자의 딸과 사위였다. 부부는 프랑스와 스위스에 구세군을 소개하려는 사명을 갖고 있었다. 클리본 '대령'은 — 구세군 운동에서 도입한 군대식 어휘에 따라 신랑은 자신을 이렇게 소개했다 — 성경을 속속들이 파악하고 있는 사람이었다. 그렇기에 뒤낭이 흘려쓴 글자들과 상징들이 믿을 수 없는 혼돈을 이루며 뒤덮고 있는 거대한 종이의 네 가장자리를 책 두세 권으로 눌러가며 자기 방 양탄자 위에 펼쳤을 때, 대령은 다른 손님들처럼 잠시 말문을 잃거나 하지 않았다. 이 두 사람은 논쟁의 즐거움을 피하지 않았다. 어느 날엔 클리번 대령이 성경에 기록된 내용을 자유롭게 해석하는 걸 가지고, 뒤낭이 "알고 보니 대령은 신비주의자시군!"이라고 받아치기도 했다. 이들은 파라디스 하숙의 자그마한 서재에 앉아 일단 그날의 신문을 다 읽고 나서 대화를 이어가곤 했다. 뒤낭은 전격적인 '개종' 사례를 듣는 걸 매우 좋아했고, 대령은 그런 이야기를 줄줄이 풀어냈다. 그런 이야기를 듣고 있다 보면, 기독교청년회를 이끌 당시 친구 드 트라즈와 가톨릭이 주류인 지방을 돌며 신앙이 없는 이들을 '전도하러' 다녔던 그 좋았던 시절이 뒤낭의 기억 속에 떠올랐다.

다이어그램은 교훈적인 미덕 이외에도 뒤낭에게는 아주 개인적인 효용이 있었다. 대화 소재로도 유용하지만 외로움을 잊게 하는 데 더욱 유용했기 때문이다. 다이어그램에 관심을 보이는 이를 위해 그는 다음의 간단한 설명의 글을 작성해 두었다.

> — 그리스도인다운 기도하는 마음과 겸손함의 정신으로 제작하는 이 작품은 당신이 성경을 잘 알도록 해줄 것이다. 다이어그램은 빛의 원천이며, 흥미를 불러 일으키고, 사람의 마음을 사로잡을 것이다. 하나님의 축복이 함께한다면. 다이어 그램은 신앙을 더욱 강건하게 해주고 넘어진 이를 일으켜 세울 것이며, 고난과 역경 혹은 소외를 겪는 가운데 위로가 되어주리라. (중략) 마지막으로, 다이어그 램은 이 악한 당대의 세상을 멀리하게 해주어 구세주의 재림을 기다리고 또 바라면서 그와 더욱 내밀한 일치를 이루며 삶을 살 수 있게 해주리라.[13]
>
> 저자 주석 L3 : 로제 뒤랑의 책에서 인용. 뒤랑, 『성서의 몇 가지 예언에 대한 연대 순 상징적인 다이어그램』, BSHD 7, 7~49쪽. 여기 인용은 10~11쪽에 나온다.

종교 생활은 최근 몇 년간 그의 삶에서 배제된 것으로 보였다. 뒤낭은 그 어떤 형태든 교회와 관계된 것이라면 반감을 보여왔다. 그러나 사실 성경은 뒤낭에게 있어,

그리고 그 어느 때보다 당시로서는 세상을 이해하는 최초의 그리고 유일한 해석의 틀이었다. 뒤낭의 다이어그램은 창세기, 요한계시록, 다니엘서의 본문을 바탕으로 해서, 그가 십 대 소년이었을 때 고센 목사가 설명해 주었고, 본인이 역사적이고 정치적인 자신만의 해석으로 재구성한 성경 속 예언들을, 시각적으로 표현해 낸 작품들이라고 할 수 있다. 뒤낭은 세상의 역사에 있어 과거든 미래든 모든 중대 단계는 이미 구약 속에 언급되어 있다고 믿었다. 그의 다이어그램은 그러한 연속적인 역사 속의 사건들을 연대순으로 설명하기 위해 만든 것이었다. 최후의 불길한 혼란이 오면, 그 '붉은 혁명'이 도래하면 인류는 그걸로 완전히 종말을 맞는다는 게 그의 해석이었다.

당대의 상황에 대해서는 그가 낙관적인 시선을 가질 수 없었던 게 사실이다. 종말론적 사고를 담은 다이어그램 말고도 뒤낭은 『피투성이 미래』라고 명명할 생각으로 새로운 책 집필을 준비하고 있었다. 전쟁 부상자들을 위해 싸웠던 옹호자 뒤낭은 이제 다른 투쟁에 나설 준비를 하기 시작하였다. 이는 어떻게 보면 더 상위 차원의 투쟁이었다. 이번에는 전쟁 자체, 군대와 과잉 무장, 국가주의에 반대하는 투쟁이었기 때문이다. 뒤낭이 1889년부터 1897년 사이에 작업한 글들은 시간이 갈수록 보편주의적인 반군국주의 색채를 점점 더 분명히 보여준다. 이는 '평화협회가 가진 소원과 희망은 포기하자'[14]고 종용했던 『솔페리노의 회상』의 숙명주의에 가까운 체념과는 아주 거리가 멀었다.

저자 주석 L4 : 앞에서 언급된 편저 『솔페리노의 회상』, 102쪽.

무슨 일이 있었던 건가? 아펜젤에서 은거하는 중에도 보통은 보수적이던 뒤낭이 이제 가장 신성시되던 제도까지 문제삼게 된 것은 시대정신 때문이었을까?

그해에 오스트리아의 귀족 여성 베르타 폰 주트너[3]가 쓴 소설이 지식인들 사이에서 상당한 반향을 일으켰다. 『Die Waffen nieder!』라는 제목의 이 책은 (프랑스어 번역본은 『무기를 내려놓아라!』를 제목으로 해서 10년 뒤 1899년에 번역 출판되었다) 소설의 형식으로 쓰여진 전쟁과 군대에 반대하는 거침없는 항변이었다. 뒤낭은 그 책을 아직 읽지는 못했지만 핵심 메시지는 파악하고 있었다. 즉 전쟁의 피해에서 회복하는 걸로는 부족하다는 이야기였다. 뒤낭이 『피투성이 미래』에서 규탄하였듯, '피레네 산맥부터 우랄 산맥까지 유럽 대륙에는 2,200만명이 넘는 군인들의 총검이 빛을 내고 있는' 당대 정세 속에서, 아, 개탄스럽게도 문명화된 민족들이 이

---

3 Bertha von Suttner 1843~1914. 오스트리아의 소설가이자 급진적 평화주의자. 여성으로 처음 노벨 평화상을 수상했다(1905년).

내 야만적인 투쟁으로 돌아가리라는 예측은 실로 쉬운 일이었다. 한 장 한 장 뒤낭은 밤색과 청색 공책들에 밑줄을 긋고, 여기저기 줄을 그어 삭제해 가며 급한 글씨체로 공책을 채워갔다. 마치 낮이면 강박적으로 떠오르고 밤이면 그를 잠 못 이루게 하는 자신의 확고한 생각을 결코 무덤까지 가져가지는 않으리라 결심한 듯했다. 글을 써야 했다. 아직 주어진 시간이 남아 있을 때 글을 써야만 했다.

그에게는 과거의 문제 또한 여전했다. 그 저주받은 과거. 그 시기 즈음에 집필을 시작한 회고록에서 그는 '22년 전에' 발생한 파산이 불러일으킨 자신의 불행한 삶을 되짚었다. 그러나 1889년 당시에도 상처는 아물지 않은 상태였다. 그는 아직도, 10년 전이나 15년 전이나 다름없이, 1867년을 생각하면 불공평하다 느끼며 적개심을 품었다. 최근 출판계에서 발생한 사건은 분명 뒤낭의 이러한 고통스런 과거 회상에 도움이 되지 않았을 것이다. 아카데미 프랑세즈 회원인 막심 뒤 캉이 프랑스 적십자의 역사를 다룬 책을 펴내면서 이탈리아 의사 페르디난도 팔라시아노가 이미 1861년에 부상병 중립화를 요청하는 글을 냈기 때문에 팔라시아노야말로 '실질적으로 적십자의 창립자'라고 선언했던 것이다.

뒤낭은 펄펄 끓어올라서 거품을 문 채 울부짖고 싶은 지경이었다. 허나 그가 뭘 어찌하겠는가? 스위스 산골, 시금치 색 같이 짙푸른 평원 한가운데 있는 자그마한 파라디스 하숙집, 그 안에 앉아있는 자신이 할 수 있는 게 뭐가 있겠는가? 하이덴에서 되찾았노라 말하곤 했던 평안은 그의 기억 중 가장 민감한 영역에는 전혀 영향을 주지 못했다. 그런데다 이제 겨울이 다가오면서 그의 불안은 더욱 가중되었다. 뒤낭은 자신을 괴롭히는 강박이란 악마는 밤의 어둠과 추위를 좋아한다는 걸 잘 알고 있었다. 스테헬리 부인은 이제 오후 다섯 시넌 노비에 불을 켜기 시작했고, 사람들이 다 떠난 하숙집에서는 발자국 소리가 공명하였다. 뒤낭은 어딘가 갈 곳만 있었다면 아마 다시금 짐을 싸고 싶은 심경이었으리라.

초등학교 선생님

성수기가 끝나면서 온천 요법이나 휴가를 위해 찾아왔던 이들이 다 떠났다. 현지 주민들만 남게 되자 하이덴에는 당연히 뒤낭이 프랑스어로 몇 마디라도 대화를 나눌 사람이 거의 없었다. 은둔자 같이 살고 있지만, 아주 사소한 얘기를 하든 진정 심각한 문제에 대해서든, 타인과의 소통은 앙리에게 필수적으로 중요했다. 그랬던 만큼 비수기가 돌아온 시점에 처음 만난 한 사람과 대화를 나눌 수 있게 되어 그는 감사하게 생각했다. 파라디스 하숙의 옆집에 사는 큉 부인, 매력이 넘치고 재기발랄한 알테어 부인에 이어, 이번에는 하이덴 거리에서 25세 정도 된 젊은 남성이 그에게 말을 걸어왔기 때문이다. 이 청년은 둥글둥글한 얼굴에 웃는 인상을 지녔고, 초롱초롱한 눈에, 어울리지 않게 헌병이나 기를 법한 수염이 덥수룩했다. 학교에서 배운 수준이었지만 뒤낭의 관심을 끌 수 있을 정도의 프랑스어를 구사하였다.

그의 이름은 빌헬름 손데레거로 하이덴 초등학교에 새롭게 부임한 교사였다. 근처 저지대에서 이사온 지 얼마되지 않은 그는 부인과 아들과 함께 뤼데뱅 거리에 살았다. 그들이 사는 집은 스위스제 뻐꾸기 시계처럼 곡선의 윤곽이 부각되어 있고 스위스 십자 문양과 작은 방패꼴 문양으로 온통 장식된 목조 주택이었다. 하이덴을 4분의 3이나 집어삼킨 1838년 대화재 당시 그 구역은 영향을 받지 않았기에, 마을 여기저기에 주를 이루는 비데마이어 양식 건물들과는 달리, 아펜젤 양식의 주택이 여러 채 보존되어 있었다. 주택 보유자인 만큼 손데레거 부부는 이를 자랑스럽게 여겼고, 또 잉꼬 부부로서 행복한 삶을 살고 있었다. 이들의 집에는 공간이 충분했기에 지하에 부부가 항시 관리하고 공동으로 열중하는 취미 활동을 할 공간도 있었다. 바로 지점토로 거대한 그 지역의 부조를 제작하는 일이었다. 빌헬름은 뒤낭에게 원하실 때 자기 집에 와서 내외의 작품을 한 번 구경하시라며 그를 초대했다.

바로 그 순간부터, 루돌프 뮐러와 처음 만났을 당시와 완전히 똑같이, 뒤낭은 이 새로운 친구를 상대가 놀랄 정도로 바지런하게 대했다. 손데레거 부부는 놀라면서도 뒤낭이 누군지를 알게 되자마자 우쭐한 생각이 들기도 했다고 한다. 나중에 손데레거 부인은 다음과 같이 고백하였다.

"뒤낭 씨가 우리 집에 처음 왔을 때 나는 깊은 존경심을 느꼈다. 그 누구에게도 느껴본 적 없는 그런 감정이었다. 그러한 느낌은 우리의 관계가 지속되면서 점점 강화되었다. 왜냐하면, 외면적으로 그토록 빈궁하면서도, 그의 선함, 그의 사랑, 그리고 그의 고매함이 빛을 발했기 때문이다."[L5]

저자 주석 L5 : 1942년 8월 8일자 둔 Du 신문에 게재된 주잔나 손데레거의 회상이다. 이는 『빌헬름 손데레거—앙리 뒤낭의 오른손』이라는 암만의 책에서 기사를 인용하였고, 본 작가의 번역으로 여기 실었다.

뒤낭의 첫 방문은 무척이나 강력한 관계의 서막을 알리는 일이었다. 왜냐하면 그는 거의 매일 뤼데뱅 거리를 걸어 올라와서 그들의 집을 찾았기 때문이다. 심지어 거실에 앉아 아직 집에 돌아오지도 않은 그 집 가장을 기다리며 부인을 귀찮게 하는 날도 있었다. 어느 날 뒤낭은 "내가 그냥 말을 던져도 부인의 남편은 나를 잘 이해한답니다."라고 선량한 손데레거 부인에게 말했다. 그녀는 사실 이 위인의 존재가 조금은 성가시게 느껴지기 시작한 참이었다. 연년생으로 계속 아기가 태어나는 통에 이런 저명한 손님이 부인에게 뒷전으로 밀려나고 있었다는 점은 짚고 넘어가자. 하지만 그런 사정이라고 해서 뒤낭은 손데레거 가족의 집을 방문하는 횟수나 와서 머무는 시간을 줄일 생각이 없었다. 뒤낭은 보통 저녁 늦게까지 머물며 자기가 옛날에 힘들었던 일이나 앞으로 이 세상에 닥칠 안 좋은 일들에 대해 독백을 하다시피 말하곤 했다.

사실 빌헬름 손데레거는 다음 날 수업 준비를 하거나 정기적으로 기고하는 아펜젤레 안차이거 신문에 보낼 기사도 작성해야 하는데 아랑곳하지 않았다. 빌헬름이 본인의 업무보다 더 중요하게 그가 동원돼야 하는 일이 있었으니, 바로 뒤낭의 개인 번역가의 역할이었다. 뒤낭이 그에게 일을 맡기는 빈도가 점점 잦아지더니 급기야 이는 일과가 되어버렸다. 적십자 창립자 뒤낭은 이 당시, 자기 혼자서 과거를 곱씹거나 손데레거 부인에게 과거사를 토로하기보다는, 자신의 과거에 대한 공개적인 기록을 남겨야겠다는 생각을 하기 시작했기 때문이다. 매번 손데레거 댁을 찾을 때마다 새로운 문서를 가져오는 걸로 모자라 뒤낭은 이제 '최대한 빨리' 번역을 해달라는 메시지와 함께, 심부름꾼을 통해 일감을 보내는 것도 주저하지 않을 정도였다. 그의 이러한 무례는 경멸에 가까웠다.

"동봉하는 서한을 알테어 박사에게서 받았네. 그 서한을 좀 번역해 주면 고맙겠네. 알아볼 수도 없는 알테어의 손글씨를 해독하는 건 난 시도조차 하고 싶지가 않다네. 독일어 글자들은 날 짜증나게 해서 말이야. 그러니 제발 가능한 한 빨리 알테어가 무슨 말을 한 건지 번역해서 알려주길 바라네."[L6]

저자 주석 L6 : 앙리 뒤낭이 빌헬름 손데레거에게 보낸 편지들은 흔히 날짜 미상이다. 이는 빌헬름과 주잔나의 아들 레네 손데레거가 1935년에 펴낸 『혁명가 장앙리 뒤낭』에 실려있다.

이러면서도 뒤낭은 자신이 새로 사귄 친구의 호의를 이용하고 있다는 걸 분명히 자각하고 있었다. "자네에게 매일 편지를 쓰는 게 나에게는 참으로 기분 좋은 일이지만, 결국 자네가 지긋지긋해할까 걱정이라네."

이렇게 갑작스레 뒤낭이 흥분한 이유는 무엇인가? 바로 빌헬름 손데레거와 앙리 뒤낭이 손잡고 적십자의 하이덴 지부를 설립할 계획을 세웠기 때문이었다. 한참 동안 거리를 두었던 뒤낭이 (부상병구호협회의 회원으로서 했던 마지막 일은 1871년 파리 체류 당시로 거슬러 올라간다) 적십자의 조직 내에서 20년 만에 다시 공식적인 지위를 되찾을 기회였다. 자기를 우러러보는 새 친구 빌헬름의 젊음과 열정에 힘을 얻은 듯, 뒤낭은 모든 과정을 진두지휘했다. 지부 창립 첫 총회는 1890년 2월에 하이덴의 한 호텔에서 열렸다. 뒤낭은 그 자리에서 몇 해 동안이나 하지 않은 일, 그리고 그 뒤로도 결코 다시는 하지 않은 일을 했다. 공개 석상에서 발언하는 데 동의한 것이다. 이 적십자 지부는 그에게 자식과도 같은 것이 사실이다. 정관을 작성하고 위원회를 꾸린 것도 뒤낭 본인이었다. '부인들로부터 시작해야 한다. 왜냐면 오직 부인들만이 선전이 뭔지를 이해하고, 또 선전을 할 줄도 알기 때문'이라고 확신했던 뒤낭은 하이덴 구호위원회를 하이덴 지역 유지 부인들을 중심으로 구성했다. 빌헬름 손데레거는 앙리 뒤낭이 청년 시절 기독교청년회에서, 그리고 나중에 적십자에서 가졌던 동일 직책 즉 '연락 담당 간사'로 임명되었다. 새 친구에게 그 역할을 부여한 건 뒤낭이었음이 분명하다. 여러 회원들에게 분배된 위원회의 직책 목록을 보면 뒤낭의 필체를 알아 볼 수가 있는데, 손데레거의 직책이 유일하게 그의 손글씨로 프랑스어로 기록되어 있다. 뒤낭이 손데레거에게 작성하라고 지시한 첫 서한은 스위스 적십자의 회장인 스테헬린 박사에게 보내는 편지였다. 이 지시는 그가 적십자라는 큰 우주에서 자신을 다시 분명히 드러내겠다는 의지를 단단히 다졌음을 증명해 준다고 할 수 있다.

랭스가 경의를 표하다

하이덴의 부르주아 계층이 적십자 창립자에게 경의를 표할 즈음 경쟁자가 나타났다. 1890년 초에 프랑스로부터 뒤낭의 명예회복 기미가 보이기 시작했기 때문이다. 뒤낭은 아주 조심스럽게 그 추이를 예의주시했다. 1월에 페르디낭 랑베르라는 이름의 프랑스 랭스 적십자의 간사로부터 편지가 한 통 도착했다. 그는 뒤낭에게 '랭스에서도 파리에서도 서점에서' 도무지 『솔페리노의 회상』을 찾을 수가 없다며 질문을 해왔다. 마치 계시하는 주문을 외우듯 랑베르는 과장스럽게, "훌륭한 지도자는 열렬히 캐묻는 제자들이 자기의 교의를 널리 알리겠다고 나서는 걸 물리치지 않습니다!"라는 말로 편지를 맺었다. 뒤낭의 마음을 저격하는 말이 아닐 수 없었다. 그는 즉시 불멸을 꿈꾸던 오랜 소망의 불꽃을 다시 지피기 시작했다. 뭐라고? 『솔페리노의 회상』을 서점에서 살 수 없다며 불평하는 사람이 나타났다고?[17] 랭스로부터 이렇게 호의적인 반응이 들려오니, 프랑스어판을 새로 찍어내면 어떨까?

저자 주석 L7 : 자신의 공식 '통신원'인 손데레거를 통해 뒤낭이 보낸 편지에 대해 4월에 답장을 보내면서 스위스 적십자 중앙위원회의 회장이었던 스테헬린 박사 또한 『솔페리노의 회상』을 서점에서 찾을 수가 없다며 불만을 표시했다. 그는 심지어 자신이 가지고 있던 책을 무아니에 씨에게 빌려 주었다고 말하기까지 했다! 1890년 4월 25자 편지.

그는 분명 랑베르 씨에게 이런 방향으로 답장을 보냈을 것이다. 랑베르는 그의 답장을 받은 즉시 첫 편지보다 훨씬 열정적이고 공손하게 답을 보냈다. 내용인즉슨 프랑스 부상병구호협회(프랑스에서는 여전히 적십자의 공식이름이 이러했다) 랭스 지부 간사인 자신은 『솔페리노의 회상』을 보급판으로 출간해야 한다고 단단히 결심했다는 이야기였다. "사실 이 책은 모두가 읽어야 하는 책이기 때문입니다. 소상공인, 노동자, 농부들 모두가 읽어야 합니다." 랑베르의 계획은 어찌나 확고한지, 심지어 그는 출판이 되면 자기가 보급판 『솔페리노의 회상』 한 권을 들고 하이덴에 와서 뒤낭에게 직접 배달하겠노라고 벌써부터 약속할 정도였다. 랑베르의 이 편지는 뒤낭을 '친애하고 존경하는 선생님'으로 불렀고, 그는 그 후에도 이 경칭을 계속 사용하였다.

다음 편지가 도착했고 랭스로부터의 약속은 한층 더 장래성이 있게 들렸다. 콜빌 박사라는 사람이 랭스의 학술원에서 적십자의 역사에 대한 강연을 할 예정이라는 소식이었다. 랑베르는 마치 뒤낭이 민감하게 반응하는 부분이 뭔지를 이미 파악하기라도 한 듯 결정적인 두 가지 논거를 덧붙였다. '의도적이진 않았다고 하더라도 막심 뒤캉 씨가 퍼트린 잘못된 정보를 드디어 바로잡을 기회'가 왔다고 말이다. 적십자의 '창립자'로 이탈리아 의사 팔라시아노를 지목했던 사람이 바로 뒤캉이었다. 또 한 가지, 뒤낭과 관련된 부분을 '콜빌 씨가 아주 잘 준비해서 언론이 그 강연 내용을 보도하게끔 해야 한다'는 게 랑베르의 생각이었다.

랑베르는 정곡을 찔렀다. 뒤낭은 자신이 적십자의 아버지라는, 부정할 수 없는 증거들을 잔뜩 모아 상자에 넣어 우편으로 보냈다. 그러면서 적십자에서의 자신의 역할이 다시금 문제화되는 것이 얼마나 고통스러운지 강조했다. 그가 분노하는 건 그럴 만도 한 일이었다.

6월에 랭스 학술원에서 강연을 마친 콜빌 박사는 여름 중에 뒤낭에게 강연 내용을 요약한 소책자를 보내주었다. 첨부한 편지에서 콜빌은 영감을 준 사람, 즉 뒤낭이 딱 좋아할 법한 헌사의 말로 뒤낭에게 감사를 표했다. "제게 있어 최상의 보상이 있다면, 뒤낭 씨의 선행에 대해 알게 된 이들이 더 이상은 잊어버릴 수 없게끔, 그들 마음에 당신의 이름을 새겨두는 것입니다."

뒤낭에게 1890년은 재기를 위해 첫 걸음을 뗀 해가 되었다. 2월에는 하이덴 지부를 창설함으로써 적십자의 세계로 돌아왔고, 랭스에서 관련 출판물이 나옴으로써 나중에 적당한 때가 되면『솔페리노의 회상』재판을 찍어낼 수도 있다는 가능성의 길을 한층 넓혀주었기 때문이다.

이제 앞으로 10년을 위한 계획이 정해졌다. 앙리 뒤낭은 그가 누려야 할 지위로 복귀하리라. 만약 이 일이 성공한다면 그는 랭스의 콜빌 박사에게 큰 신세를 지는 셈이다. 뒤낭은 실제로 그렇게 예감한 듯 재기에 성공하기도 전인 1890년에 콜빌 박사에게 다음과 같은 편지를 띄웠다. "박사께서는 내 말년에 한 줄기 빛을 보내주셨습니다. 그 햇살은 점점 더 자욱해져만 가던 암흑을 관통하였고, 그 따스함이 제게 큰 힘이 됩니다. 박사님이 하신 일을 할 수 있었고 또 했어야 하는 사람들은 그 임무를 저버렸지요. 그들은 결코 저를 이해하지 못했습니다." 뒤낭의 말이 맞았다. 원한으로 눈이 멀지 않은 경우라면 언제나 뒤낭의 통찰력이 빛을 발하곤 했다. 1890년은 먹구름에 구멍을 뚫고 한줄기 빛이 들어온 해였다. 다만 아직까지는 그 빛줄기가 얼마나 밝아질지, 또 어디까지 미칠지 뒤낭 본인조차도 상상할 수 없었을 따름이다.

트로겐으로의 피신

1890년 늦여름까지만 해도 뒤낭은 생각도 하고 싶지 않았다. 사실 그가 가족에게도 언급 못한 이야기가 있었다. 떠돌이로 살아야 한다는 강박, 기차역이나 다락방 혹은 자비로운 친구들 집에서 두꺼운 종이를 깐 채 미래에 대한 불안을 안고 자는 신세가 될지도 모른다는 생각에 시달린다는 사실이었다. 허나 때가 다가오고 있었다. 결정을 내려야만 했다.

생각도 하고 싶지 않았던 건 바로 파라디스 하숙이 문을 닫을 예정이라는 사실이었다. 파라디스 주인 스테헬리 부부는 하이덴에서 십여 킬로미터 떨어진 작은 마을인 트로겐 근처에 위치한 소박한 하숙집 린덴뷜을 인수할 계획이었다. 부부는 가장 충실하고 변함없는 단골손님들을 그쪽으로 함께 데려가고자 하였다.

뒤낭에게 선택지가 있었는가? 이 소식을 듣자마자 그는 상냥한 알테어 부인이 아예 일년 내내 자기네 호텔로 와서 지내라고 초대하기를 내심 기대하였다. 그렇지만 알테어 부인은 정신 나간 사람이 아니었다. 그녀는 선수를 쳐서는 이사 기간 동안 와 계시라고 제안하였다. 그러니까 9월 말부터 10월 중순까지였다. 그러니 쾌적한 프라이호프에 아예 눌러앉을 가능성은 완전히 배제된 셈이다. 뒤낭을 초대하면 알테어 부부에게는 손님을 들일 호텔 방 하나를 헐값에 희생하는 셈인데다가, 뒤낭은 생선과 제철 채소 과일을 즐기는 섬세한 미각을 지닌 사람이었다. 결국 피할 수 없는 현실이 뒤낭에게 닥쳤다. 스테헬리 부부를 따라 트로겐으로 이사를 가는 수밖에 없었다.

하이덴에서 3년을 지내는 동안 파라디스 하숙방에 쌓인 온갖 종이, 안내서, 각종 서류와 신문 스크랩들이 이룬 산의 높이는 두 배로 늘어났다. 그 전부를 다 옮기는 건 말도 안 되는 일이었다! 해결책은 뻔했다. 각종 크기의 15개 상자를 손데레거 부부의 집으로 옮겨놓을 생각이었다. 손데레거 부인이 넷째 아이를 출산한 지 일주일밖에 되지 않았건만, 뒤낭에게 그것은 뒷전이었다. 뒤낭은 돌연 강권하는 태도를 취하며 손데레거에게 얼마나 길어질지 모르지만 자기가 필요한 기간 동안 그의 집에 거추장스러운 짐을 맡아달라고 부탁하였다.

이사는 10월 중에 이뤄졌다. 뒤낭의 충실한 지인들이 모두 동원되었다. 알테어 박사는 빌헬름 손데레거와 합의 하에 친구 뒤낭의 개인 소지품을 나눠 운반하기로 하였다. 뒤낭이 마지못해 이삿길에 나선 건 당연하다. 이제 연말이 다가오고 있었고, 이는 그의 기분이 또다시 저조해지는 시기가 도래했음을 뜻하기 때문이다. 이삿날 저녁, 알테어 박사의 차가 트로겐에 이르는 작은 호수변 끝으로 사라지는 모습을 바라보며, 뒤낭은 마치 강제 이주를 당한 듯한 느낌을 받았다.

아펜젤 지방 트로겐 마을에 있는 린덴뷜 하숙. 앙리 뒤낭은 1890년부너 1892년까지 이곳에 머물러야했다.

그는 린덴뷜에서 1년 반을 보냈다. 그 기간 동안 그의 심정은 변화무쌍했다.

첫 몇 달간은 글쓰기를 통해 견뎌냈다. 그는 『피투성이 미래』 집필을 계속했고, 이를 위해 친구 루돌프 뮐러에게 도움을 요청했다. 명백히도 자전적인 내용을 반영할 계획이었던 뒤낭은 책의 한 장을 박해 받은 천재들에 대해 쓰고자 했다. 즉 극심한 빈곤에 시달리다 죽은 요하네스 케플러[4], 굶어 죽은 드라이든[5], 파산을 겪은 모차르트, 그리고 부당하게 투옥당한 구텐베르크 등을 다룰 예정이었다. 바울이 디모데에게 품었던 부성애적인 내밀함은 이미 사라졌지만, 노령의 독학자 뒤낭은 여전히 루돌프 뮐러처럼 학식이 높은 청년에 대해 매우 큰 애정과 존경심을 품고 있었다. 당시 뒤낭이 그를 장래에 자신의 전기 작가로 생각한 건 아니었다. 뒤낭의 도움 요청은 동등한 지위에서 글을 쓰는 연구자가 그의 외국인 동료에게 부탁하는 듯한 어조를 띠었다. "나의 친애하는 친구여, 그러니 자네의 학식과 친절함에 호소하네. (중략) 내 생각에 자네는 이 모든 걸 이미 머릿속에 갖고 있을 테니 어렵지 않을 걸세. 자네의 시간을 크게 잡아먹을 만한 조사도 필요없을 거라네. 미리 감사의 말을 전하네."

손데레거를 대하는 태도와 얼마나 대조적인가! 손데레거의 하이덴 지부 '연락' 담당 간사 직함은 기독교청년회와 초창기 적십자에서 뒤낭 자신이 했던 역할과 비슷하기에 마치 말 실수인 것 같지만, 이는 손데레거와 뒤낭 사이의 관계가 어떤 성격의 관계인지를 제대로 보여준다고 할 수 있다. 랭스에서 찬사가 쏟아진 이후로 뒤낭은 적십자의 진정한 창립자로서, 명예회복을 위한 게임에서 자기 팀의 말을 몇 개 확보한 셈이 되었다. 하지만 그는 재기에 필요한 육체적인 에너지가 고갈된 상태였다. 그러니 아마도 일부러 차갑게 군 건 아니더라도 손데레거를 냉대하면서 그를 최대한 이용하려 들었던 것이 아닐까 한다. 손데레거는 뒤낭으로부터 하이덴 지부 연락 담당 간사 대우는커녕, 유순한 개인 비서 취급조차 받지 못했다. 이보다는 오히려 손데레거가 마치 본인이 당시 실로 필요로 했던 엄청난 에너지를 아무 반대급부나 이의제기도 없이 동원해 줄 것처럼, 철저하게 제2의 뒤낭으로 취급하였다. 뒤낭이 '연락' 담당 간사라는, 자신의 과거 직함을 반영한 게 분명한 이 희한한 직책

4　Johannes Kepler 1571~1630. 독일의 천문학자. 천문학 발전에 중요한 기여를 한 인물이다. 말년에 자금 사정이 악화되어 고생했다고 전해진다.

5　John Dryden 1631~ 1700. 영국의 시인이자 비평가. 유복한 환경에서 자라 우수한 교육을 받고 다방면에 걸쳐 많은 저술을 남겼다. 그러나 독실한 가톨릭 신도였던 드라이든은 1688년 명예혁명 때 충성을 서약하지 않은 탓에 명예와 지위를 잃고 고전 번역을 하며 불우한 말년을 보냈다고 전해진다. 하지만 뒤낭의 말대로 굶어죽었다는 건 사실이 아니며, 말년에도 그가 번역한 고전 작품들이 큰 성공을 거뒀다는 기록이 있다. 사망 후에는 소호의 묘지에 최초 매장되었다가 열흘 뒤 웨스트민스터 사원으로 옮겨지는 영예를 누렸다

을 내준 것은, 새 친구 손데레거가 맹목적으로 자신과 동일시하기를 바라는 뒤낭의 기대를 엿보게 한다.

그리고 손데레거 본인도 그 기대를 받아들였다.

순순히 노예가 된 사람

뒤낭이 주위 사람들에게 발휘한 예외적인 카리스마, 더 나아가 마력이라고 할 수 있는 그것을 이해하고자 한다면, 그에게 비이성적인 헌신, 심지어 아예 이해가 가지 않을 정도로 끝없이 헌신한 사람들의 — 가족이나 연인 관계가 아닌 이들 — 말을 들어보아야 한다. 왜 책임감 있고 정신도 멀쩡한 빌헬름 손데레거가 뒤낭으로부터 그런 식의 취급을 받는 걸 용인했는지, 왜 반항 한 번 없이 뒤낭의 지시와 독촉, 설교, 질책에다 불만과 협박, 심지어 분노를 참아냈는지. 여기에 의문을 가져보았자 소용이 없다. 하이덴 적십자가 '잘 되라고' 그러는 것이라며, 나중에 가서는 순교자 신세가 된 손데레거에게 '자네 본인을 위한' 일이라 주장하며 뒤낭은 그로부터 상당한 도움을 얻어냈다. 이 모든 건 뒤낭 자신의 명성에 직접적인 도움이 된 일들이었다. 손데레거에게 가한 최초의 압박은 뒤낭의 정신 상태가 달라졌다는 신호였고, 그 시작은 랭스의 콜빌 박사로부터 자신이 기여한 바를 올바르게 설명한『적십자 연대기』소책자를 받은 직후였다. 이후 몇 주 안에 뒤낭은 손데레거를 시켜 오렐 퓌슬리라는 저명한 취리히의 편집장에게『솔페리노의 회상』독일어판 복간을 제안하는 편지를 쓰도록 했다. 뒤낭에게 계획은 이미 세워져 있었고 손데레는 손과 발 역할을 하는 것으로 족했다. 학교 교사이자 기자이기도 한 가족의 가장인 손데레거는, 랭스의 랑베르와 합의하에, 우선 프랑스어판『솔페리노의 회상』관련 업무부터 독일어판 복간에 얽힌 일까지 떠맡게 되었다. 뒤낭은 그에게, "자네는 아직 젊으니 자기 일을 할 시간이 충분히 있을 거라네. 나는 언제 어떻게 될지 모르는 사람이지 않은가."라고 부추겼다. 그런데다가 하이덴 지부를 소개하는 소책자도 다시 편집해야 했다. 왜냐하면 일이 이렇게 된 김에 최고의 효과를 내기 위해서는 하이덴 지부를 소개하는 책자 부록란에 적십자 창립자의 역할을 상기시켜야 하지 않겠는가! 게다가 이『솔페리노의 회상』재판 발행과 독일어 번역 작업이 개시된 김에 적십자의 기원에 창립자의 입지를 분명히 자리매김하게끔 그 책에 연대기를 추가해야 하지 않겠는가? 또 어쩌면 그렇게 하는 김에 친애하는 손데레거, 아예 연대기 부분을 따로 단행본으로 출간하는 게 낫지 않을런지?

그리고 등등. 불쌍한 빌헬름은 하루도 편할 날이 없었다. 뒤낭은 하이덴 지부의 보고서를 작성하거나 소책자 조판을 하거나 적십자 연대기를 작성하는 일, 그리고 그가 작업 중인 '책', 그러니까 콜빌 박사의 소책자 증보판을 완성하는 등등의 업무에서 손데레거에게 충고를 가장한 지시를 수도 없이 내려보냈다. "자네는 콜빌보다 훨씬 잘해낼 걸세. 그리고 유럽 각국에서 이뤄온 성과가 있지 않나. 자네의 책은 취리히, 바젤, 베른, 루체른 (뒤낭은 여기에 스위스와 독일 도시 15군데를 추가 언급하였다) 등에서 팔려야만 하는 작품이라네. 그러니 하이덴에 의지해서는 안될 일이야."

뒤낭이 가책을 느끼지 않은 이유는, 자신의 이러한 요구가 이 불쌍한 손데레거로 하여금 좁은 시야 탓에 가로막힌 암벽 동굴을 깎아내고 다듬을 거라는 확신이 있었기 때문이다. 1891년 1월, 해야 할 일들과 만나야 할 사람들을 끝도 없이 나열한 편지에서 뒤낭은 이렇게 강조했다. "아무것도 등한시해서는 안 된다네. 그리고 무엇보다, 내 꼭 자네에게 말해야겠네만, 고약한 촌동네 사람 같은 그 편협하고 어리석고 비루한 생각일랑 제쳐두게나." 뒤낭이 말하는 촌동네 사람의 원형 중 하나가 손데레거였을까? 뒤낭은 대놓고 말하진 않아도 넌지시 그렇다고 밝힌 것이나 다름없었다.

피해자가 가끔은 가해자와 사랑에 빠지는 경우가 있지 않은가. 아, 이들의 경우에는 억압받는 자가 폭군에게 매달리는 꼴이었다. 지속적으로 괴롭힘을 당하던 빌헬름 손데레거는 '불쌍한' 뒤낭이 어찌나 린덴뷜에 대해 불평을 했는지, 뒤낭의 생일인 1891년 5월 8일에 그에게 '올 여름 동안, 아니면 언제까지든' 자기 집에서 묵으시라고 제안까지 했다. 다섯째를 임신 중인 부인에게 이런 제안을 대체 어떻게 받아들이도록 설득한 건지는 남아있는 문서들로 알 방도가 없다. 그러나 뒤낭은 희생이라고까지 할 법한 이러한 손데레거의 호의에 제대로 대답조차 하지 않았다. 오히려 그는 마치 죽은 사람 같았다. 한참이 지나서야 고맙다는 시늉만 겨우 했을 뿐이었다. 그러고는 다시 잠잠해졌다. 그런 태도가 몇 개월이나 지속되었다.

그러나 린덴뷜에서 보낼 두 번째 겨울이 다가오자 뒤낭의 머릿속에는 혐오스런 이 하숙집을 떠날 생각 하나만이 남았다. 촌구석 같은 주위 환경, 종소리, 눈처럼 새하얗게 덮인 외로움, 창밖에 잠들어 있는 음울한 언덕들, 주위 마을과의 거리, 그리고 개중 최악은 하이덴에 두고 온 친구들과의 거리였고, 이 모든 것에 뒤낭은 진저리를 쳤다. 트로겐에 급한 편지라도 한 장 부치려고 길을 내려갈 때면, 하숙집에 인접한 농장의 일꾼들은 경사진 길을 걸어 내려가며 프랑스어로 군소리를 하는 뒤낭의 모습을 볼 수 있었다. 푹 파인 바퀴 자국이 꽝꽝 얼어붙는 바람에 하숙집을 나설 때마다 매번 뒤낭은 다리 한 쪽을 잃을 뻔했고, 그걸 보고 웃음이 난 아이들은 하얀 수염을 기른 산타클로스 앞에서 겁먹은 듯 킥킥거리며 줄행랑을 쳤다. 안되겠다. 그는 저쪽 골짜기에서 이쪽 골짜기로 울려퍼지는, 개들이 서로 끝도 없이 화답하며 짖어대는 소리의 향연을 더 이상 견딜 수가 없다. 숨이 턱 막히는 느낌을 견뎌가며 적막 가운데 스스로의 들숨날숨을 듣고 있자니, 마치 곧 다가올 죽음에 임시 유예를 받는 것 같은 느낌이다. 이 캄캄한 밤을 견뎌낼 재간이 더 이상 없다. 하지만 손데레거 부부 집에서 산다는 건, 하루 종일, 하이덴에서 시작해서 북스까지 이어지는 국경선을 따라 이 지역에서 사용하는 스위스식 독일어, '그 끔찍하고 영문 모를 언어'를 들으며 그 집 아이들이 울고 떠드는 가운데 지내야 한다는 뜻이다. '아니요, 고맙지만 그럴 생각이 없습니다.' 그건 도무지 견뎌낼 자신이 없었다. 그 어떤 기회라도 붙잡아서 린덴빌을 떠나고픈 욕구가 점점 더 다급해지고는 있는데도, 뒤낭은 손데레거의 제안을 차마 받아들이지 못했다.

12월이 되어 마침내 용기를 낸 뒤낭은 손데레거의 초대에 드디어 응답했다. 그가 제안한 지 6개월이 된 참이었다. "자네의 제안은 참 친절했다만, 내가 어찌 그 자리에서 설명도 듣지 않고, 미리 대화를 나누지도 않은 채 덥석 답을 할 수 있었겠는가?" 그러고서 뒤낭은 손데레거가 제안한 방식에 탓에 자기가 주저하게 되었다면서 온갖 사소한 일들을 끄집어내며 비난을 쏟아냈다. "친애하는 손데레거, 솔직히 얘기하는 나를 양해해 주게. 하지만 자네조차도 이 모든 걸 고려하면 그다지 구미가 당기지 않을 거란 걸 인정하겠지 (내가 아무리 자네의 제안에 관심이 가더라도 말일세)."

이 편지가 끝날 때까지도 뒤낭의 결정이 뭔지 명백하지가 않다. 뒤낭은 그저 다음에, 그러니까 '날씨가 좋아지자마자' 하이덴을 방문하면 그때 답을 주겠노라고 적었을 뿐이다. 그때가 12월이니 결국엔 자기는 별로 서두르지 않겠다는 뜻이나 마찬가지였다. 그는 손데레거에게 겨우내 여러 차례 편지를 썼는데, 그때마다 그의 어조는 점점 더 비판적이고 신랄하고 오만해져갔다. 그러다 2월이 되자 이 두 사람의 파란만장한 우정에 새로운 전환점이 되는 사건이 하나 발생하였다.

로마 공략

1892년 2월, 뒤낭은 적십자 협회들이 모이는 국제회의가 4월에 로마에서 열릴 예정임을 알게 되었다. 물론 그는 직접 갈 엄두를 내지는 않았다. 하지만 하이덴 지부의 '연락' 담당인 청년간사 빌헬름 손데레거에 자기 자신을 투영하는 착각에 빠진 뒤낭은, 마치 이러한 대리 외교 사절 파견이 자신을 배척했던 적십자의 세계에 다시 접근하는 방법이라도 되는 듯, 손데레거를 로마 회의에 파견할 생각을 품기 시작했다. 회의 개최 소식을 전하는 신문 기사를 읽자마자 그는 탁자에 앉아 손데레거에게 다음과 같은 서한을 보냈다.

"친애하는 손데레거 씨, 올 4월 21일에 로마에서 적십자 협회들의 국제회의가 열린다고 하오. (중략) 참석하러 로마에 갈 생각이 없는지? 거기서 자네가 하이덴의 부인 협회를 대표할 걸세. 내 생각에는 부인들께서 자네를 대표로 임명하고 여비도 대주실 수 있을 거라네. (중략) 그 일을 위해 학교에서 휴가를 받는 것도 가능하지 않은가. (중략) 이런 기회는 다시 없으니 놓치지 말게나. 매우 큰 후회가 남을걸세."

손데레거가 위의 편지에 대해 어떤 답을 했는지 안타깝게도 알 수는 없지만, 뒤낭의 의도에 포섭된 걸로 보인다. 뒤낭이 거듭 그에게 편지를 보내어 체계적이고 정확한 작전을 일일이 일러주었기 때문이다. 하이덴 지역 신문에 로마 회의 소식을 알리는 기사를 싣기만 하면 된다는 게 뒤낭의 지령이었다. 일단 기사가 나오면 트로겐에 있는 뒤낭이 하이덴으로 와서 그 신문을 손에 들고 지역 부인들로부터 모금을 받을 것이고, 그러면 충분한 여비가 모일 거라는 논리였다. 허나 빌헬름은 늑장을 부렸고, 로마 회의에 대한 기사는 지역 신문에 실리지 않았다. 뒤낭은 자기 계획에 대해 저항을 받는다고 느꼈다. 회의 날짜가 다가오고 있으니 시간이 촉박했다. 린덴뷜의 은자는 점점 더 권위적인 어조로 학교 선생님 손데레거를 들들 볶았고 뒤낭의 비난은 점점 더 냉혹해졌다. 적십자의 잊혀진 창립자로서 본인의 우선 순위와 훨씬 소박한 하이덴 지부의 '연락' 담당 간사의 우선 순위를 혼동하는 가히 병적이라 할 만한 뒤낭의 착각이 그의 태도에서 고스란히 드러났다. "지금 이 상황에서 자네의 태도보다 자기 자신의 이익에 더 반하는 행동을 상상할 수도 없다네!" 뒤낭은 1892년 3월 3일 편지에서 이렇게 몰아세웠다. 그러고는 다음 날에도 "나를 이해하는 사람은 하나도 없군!" 그 바로 다음 날에도 "이제야 내 편지를 잘 이해했는가? 이게 다 자네를 위해서 하는 일이라네. 오직 자네를 위한 일이야."라는 편지를 잇따라 보냈다.

3월 중순이 되자 손데레거가 로마 회의에 참석할 것이라는 결론이 내려졌다. 그러자 뒤낭의 어조는 누그러졌고 다시 공치사가 시작되었다. 빌헬름의 주변인들이 폭군 같은 늙은이에 대해 경계 태세를 보이는 걸 알게 된 뒤낭은 자신이 주무르고 있는 빌헬름이 그러한 주변의 경고에 휩쓸리지 않게끔 신경을 써야 했기 때문이다.

"자네, 식견이 있고 교육도 받았고 고매한 생각을 가진 자네는 이기적이고 둔하고 부르주아식 바보짓에서 헤어나오지 못하는 주변의 민주주의자들하고는 다르지 않은가. 그들은 나 같은 숭고한 사람이 어떤 아이디어를 제시하거나 충고를 하나 하면, 분명 배후에 다른 저의가 있을 거라 생각하지. 나는 자네를 그 수준으로 보지 않는다네. 이미 자네는 여러 다른 일들을 통해 그런 이들과는 다르다는 걸 증명했지. 자네의 지력은 훨씬 수준이 높아. 바로 그래서 그러한 자네의 지력을 한층 더 확장시키기 위해서라도 자네가 로마에 갔으면 하는 거라네."

바로 다음 날 뒤낭은 다음과 같이 또 편지를 썼다.

"단지 자네가 로마에 가고 싶어할 거라 생각해서 내가 이렇게 온갖 노력을 기울이는 게 아니라네. 자네가 고마워 할 줄 몰라도, 난 이 경험이 자네에게, 추후에라도, 자네의 미래나 자네 가족의 행복을 위해 유용할 거라 생각하기 때문이지."

뒤낭은 자기가 하는 말에 진심이었을까? 하이덴 부인 협회의 헌신적인 간사 빌헬름 손데레거가 대체 각 국가의 적십자 대표 협회들이 모이는 그 위엄 있는 국제회의에서 무슨 혜택을 얻을 것이라 생각할 수 있었을까? 그래도 뒤낭은 수그러들지 않았다. 3월 말이 되자 뒤낭은 손데레거가 죄의식을 느낄 정도로 그를 압박했다. 자기는 '일주일 내내 엄지손가락이 쑤실 정도로 편지를 써서 우체국에 왔다갔다 하느라 숨이 차오르는데도' 손데레거가 그의 지시를 일일히 따르지 않았다며 비난했다.

이리저리 쑤셔봤지만 별 소용이 없었다. 하이덴의 부인들은 자기 아이들을 가르치는 초등학교 교사를 로마로 보낼 필요를 전혀 느끼지 못했다. 여비 모금은 짧게 마감되었다. 결국 빌헬름은 로마로 떠나지 않았다. 여비를 충당할 보조금도 없었고, 아마도 이 여행을 통해 얻어낼 수 있는 이득이 무엇이 있을지, 개인적으로도 그다지 확신이 없었기 때문이었으리라.

린덴뷜의 날씨도 풀리고 이제 트로겐으로 가는 길 옆 구렁에 지저분하게 쌓인 눈더미도 거의 녹아 얼마 남지 않았다. 자기 방 창문으로 뒤낭은 나뭇잎의 변화를 관찰하며 봄이 오는 과정을 걱정스레 살폈다. 이제 손님들이 다시 찾아올 것이고, 그러면 하숙집 주인 내외는 정중하게 부탁해 올 게 뻔했다. 작년과 똑같이 이제 다시 4층 다락방으로 방을 옮겨달라고 부탁할 날이 멀지 않았다. 겨우내 그가 내는 하숙비에 걸맞지 않는 고급스런 방을 쓰게 해준 건 주인 내외의 특별 대우였다. 뒤낭은 4층에 있는 지붕 밑 다락방을 정말로 싫어했다. 환기도 할 수 없고 창문 밖 경치를 내다볼 수도 없는 그 방을 견딜 수 없었던 그는 올해는 선수를 치기로 결심했다. 4월 중순에 뒤낭은 손데레거의 제안에 분명한 거절을 하지도 않은 채 알테어 박사에게 편지를 보냈다. 생각만 해도 진저리가 나는 숨막히는 다락방 신세를 면하기 위해, 자기를 여름 동안 하이덴 병원에서 지내게 해달라고 요구하기 위해서였다.

4월 30일, 알테어 박사가 뒤낭을 린덴뷜에서 하이덴으로 데려가려고 찾아왔다. 자기 환자를 잘 파악하고 있던 그는 여름이 끝나고 9월에 다시 뒤낭을 린덴뷜에 데려다 줄 일이 없으리란 걸 벌써부터 예상하고 있었을 가능성이 높다. 하지만 뒤낭 본인은 지인들에게 거기서 여름만 날 거라고 전하면서 하이덴이 '린덴뷜보다 저렴하면서 훨씬 좋다'라든지 또 자신은 '보살핌과 존중을 받고 있다'며 안부를 알렸다.

천사의 싸움

뒤낭의 안정은 오래가지 않았다. 그는 어디에 있어야 행복하게 지낼 수 있을까? 하이덴 병원에 자리잡은 지 3개월도 채 되지 않았는데, 벌써 자신의 선택이 옳았는지 자문하기 시작했다. 우선 린덴뷜 하숙집이 훨씬 조용했다. 그는 동생 피에르에게 "물질적인 면에서 보면 더 나은 곳에서 머물고 있는 게 맞지만, 이 병원은 끔찍하단다. 주변을 수많은 카바레가 둘러싸고 있는 데다 내 방 창문 밑에서는 새로 도로를 내고 있지. 게다가 병원 안에서도 고함 소리와 신음 소리까지 들리는구나."라며 편지를 썼다. 물론이다. 뒤낭은 자신이 유별나게 민감하다는 걸 잘 알고 있었다. 그래서인지 그는 이렇게 덧붙였다. "이 모든 자잘한 일이 물론 크게 중요한 건 아니란다. 다만 내가 항시 짜증이 나 있는 상태이기 때문에 심각한 문제가 되어버리는 것뿐이지." 1년이나 지난 일이지만, 뒤낭은 심지어 손데레거의 제안을 받아들이지 않은 걸 후회하기 시작했다. 그의 집에서는 뒤낭이 방 두 칸짜리 공간을 쓸 수 있었던 데다가, '온화한 부인과 예쁜 아이들 넷'(사실 당시에는 아이가 이미 다섯이었지만 뒤낭은 막내의 출생 사실을 아직 몰랐던 것으로 보인다)과 함께 지낼 수 있었던 기회였다며 아쉬워했다. 피에르에게 편지를 쓴 그날 아침, 손데레거가 아이들 중 위의 세 명을 데리고 뒤낭이 머무는 병원에 다녀갔던 참이었다. 유난히 눈이 예쁘고 총명함을 타고난 작은 소녀 엠마에게 어찌 저항할 수 있겠는가? 뒤낭의 마음은 온통 흔들렸다. 더구나 그는 그날 바로 빌헬름 손데레거에게 평소보다 애정이 가득한 편지를 보냈다. 그때까지만 해도, 로마 회의에 가지 않겠다고 하여 자신을 실망시킨 손데레거에게 내내 토라진 채 침묵을 지키던 뒤낭이었다.

다른 온천 휴양지들 또한 하이덴의 경쟁 상대였다. 우선 빈터투어[6] 적십자 지부에서 그에게 배려심이 가득한 서한을 보내왔다. 빈터투어 지부 간사인 요한 피스터는 우연히 울름의 일간지에 실린 루돌프 뮐러의 기고문을 읽고서 지부 회원들을 모아 불공평하게도 세상으로부터 잊힌 이 위대한 인물 뒤낭을 어떻게 도울 수 있을지를 논의했다고 전해 왔다. 뒤낭이 한 번도 만난 적 없는 이 사람들은, 어디 내세워도 좋을 만큼의 기민함을 발휘하여 가장 먼저 6월 솔페리노 전투 발생일을 맞아 뒤낭이 그토록 듣고 싶어했던 인사를 전했다. "적십자의 정수와 목적에 대해 논하는 모든 곳에서 귀하의 이름은 다른 그 누구보다도 높은 영예를 누릴 것입니다." 게다가 그들의 편지에는 뒤낭이 몹시 반가워한 선물이 동봉되어 있었는데, 바로 베르타 폰 주트너의 소설 『무기를 내려놓아라!』였다. 이 책은 3년 전 발간 즉시 엄청난 파장을 일으켰던 작품이다. 참으로 감동적이지 않은가? 아주 적절한 헌사를 받자 뒤낭은 하이덴 말고 다른 곳이 자기한테 더 나을 것이란 생각을 품게 되었다. 뒤낭은 피에르에게 보낸 편지에서 빈터투어를 언급하며 "거기야말로 나에게 맞는 곳일지 모르겠다."고 적었다. 그러고는 거처를 옮길 생각을 이어가며, 같은 편지에다 또 다른 장소도 가능성이 있다고 이야기했다. "랭스에서도 나에게 여전히 큰 관심을 보여주고 있단다. 만약에 이런 일이 훨씬 옛날에 생겼다면 난 분명 랭스에 자리를 잡았겠지." 1892년 7월 22일 피에르에게 이 편지를 보낸 날, 하이덴이 유난히도 뒤낭의 신경을 건드리고 있었던 게 분명하다.

그런데 그를 괴롭히는 요소는 더 있었다. 파리에서 이미 그를 완전히 쓰러뜨렸고 런던이나 브뤼셀에서도 마찬가지였던 시련이었다. 그의 지력으로도, 윤리관으로도, 심지어 그의 양심으로도 뒤낭이 결코 극복해낼 수 없었던 괴로움이 다시 깨어나면서 그는 잠도 이루지 못했다. 마치 당장이라도 죽을 것만 같은 고통스런 심장의 압박을 느끼곤 했다. 바로 그 시험이 그해 1892년 여름 뒤낭의 코앞에 다가와서는 그 어느 때보다도 잔인하게 그를 괴롭혔다.

---

6 빈터투어Winterthur는 스위스 동북부 취리히 주에 속한 도시다. 이미 로마 시대에 개척된 마을의 유적이 남아있고, 19세기에는 산업 도시와 철도 중심지로 발전했다.

첫 번째 위험 신호에는 별로 걱정하지 않았다. 다만 짜증이 났을 따름이었다. 그 멍청한 손데레거가 로마 회의에 가지 않기로 한 데 대해 용서를 받고 싶었는지, 뒤낭 모르게 하이덴 부인 협회의 이름으로 로마 총회 대표단에게 공식 서한을 보냈다. 그 서한은 뒤낭에게 재정 지원을 부탁하는 내용을 담고 있었다. 7월에 피에르에게 쓴 편지에 뒤낭은 "그 일은 나에게 큰 고통이었어. 끔찍하게도 울화가 났단다. 손데레거의 편지는 아무런 답장도 받지 못했지. 당연한 일이야. 허나 이 얼마나 멍청한 짓이냐!"라며 화를 터뜨렸다.

배신당한 느낌 그 이상이었다. 뒤낭은 모멸감을 느꼈다. 그 어느 때보다도 진심이 느껴지는 어조로 뒤낭은 같은 편지에 자신의 불안과 딜레마에 대해 고백했다. 참으로 모순이지만, 뒤낭 본인이 생각하기에 자기가 충분히 누려야 할 마땅한 재정적인 보답이지만, 그걸 막상 받게 될까 봐 두려워서 진정한 고통을 느끼는 것에 대한 고백이었다.

"보답을 그냥 받는 것이라면 이야기가 다르지. 하지만 보답받기를 요청하는 것, 그게 나 자신, 개인을 위한 거라면 말로 설명도 할 수 없을 정도로 혐오감을 느낀다. (중략) 내가 재기를 해서 채권자들에게 빚을 갚을 수 있을 거라는 희망이 있었다면 난 온갖 노력을 기울였을 거란다. 하지만 이제는 먹고사는 것만 해결되면 나는 그걸로 족하니, 그런 시도는 나를 정말로 심하게 괴롭게 하는구나."

1872년 런던에서 깊은 우울증에 시달릴 당시 이 모순적인 고통의 증상이 처음으로 나타난 바 있다. 이는 뒤낭의 말년의 삶을 아주 망쳐놓았다. 자신의 명성이 다시 회복될 기미가 보이기만 하면, 뒤낭은 바로 채권자들이 나타나 자기 앞길을 방해할 거라고 믿었다. 여기 하이덴에서 바로 그런 망상이 다시 고개를 들었다. 자신을 괴롭히는 생각으로부터 안전하다고 믿었던 하이덴에서 말이다. 랭스는 말할 것도 없고 베른과 빈터투어에서 그에 대한 호의적인 관심이 일어나기 시작했기 때문이었다. 물론 이렇게 여론에 불을 지피기 위해서 뒤낭 자신이 노력한 게 사실이다! 하이덴에 적십자 지부를 만들자고 손데레거를 설득한 게 뒤낭 본인 아니던가? 손데레거에게 적십자 회장인 스테헬린 박사에게 편지를 보내라고 종용한 사람도 뒤낭이 아니던가? 뒤낭이 대놓고 요구했기 때문에 루돌프 뮐러가 울름 일간지에 호소하는 기사를 투고했던 게 아니었나? 그 기사 덕분에 빈터투어 지부와 그 지부의 상냥한 간사 요한 피스터의 관심을 받게 된 게 아니던가? 물론 그게 사실이다. 하지만 이제 와서 엄청난 돈을 벌기는 정말 너무 늦었고, 또 엄청난 재산을 모아야만 빚 청산이 가능하다. 그러니 뒤낭이 오늘날 재정 지원을 얻게 된다면 그건 결코 개인의 재산 즉 압류 처리가 가능한 재산으로 수령해서는 안 될 일이다! 허나 이런 이야기를 어찌 세상에 소리쳐 알릴 수 있으랴? 여론이 다시 뒤낭에게 호의적인 태도를 보임으로써 그 어떠한 물질적인 도움을 그가 받는 일이 생긴다면, 그의 적들과 채권자들과 박해자들이 구름같이 몰려와 잡아먹을 듯이 덤비는 걸 어찌 막아낼 수 있겠는가?

주위에서는 뒤낭에게 스위스 적십자에 청원을 하라고 권유하던 참이었는데 그는 그런 상황을 피에르에게 언급하며 가슴 아픈 통찰력을 보여주었다. "그렇게 하면 나한테 아마 3백 프랑 정도 보내줄 거다. 그리고 내가 내년에 죽는다면 지금 사람들이 나에게 하라 권하는 청원이 기록에 남겠지." 그러고는 얼마 지나지 않아 루돌프에게도 "어찌되었든 나는 그 어떤 것도 요구하거나 수령하고 싶지 않네. 그리고 만약 나한테 돈을 보내온다 해도 그건 모욕이라고 여기고 돌려보낼 생각일세."라고 알려왔다.

그의 입장은 이제 간단명료했다. 본인이 직접 요구하지 않았다는 조건 하에 금전적인 지원을 받는 것 자체는 괜찮지만, 절대 구걸하지는 않으리라. 그는 그렇게 계속해서 반복 주장했다. 돈을 받을 수는 있다. 하지만 그게 개인을 위한 게 아니라, 그의 과업과 출판물, 이제까지 있었던 일에 대한 그의 입장, 다시 말해 그의 이름, 명성, 그리고 적십자 내에서의 그의 지위를 복구하기 위한 거라면 받을 수 있다는 입장이었다. 이제 뒤낭의 유일한 목표가 정해졌다. 뮐러에게 다음과 같이 고백했듯이, 자신을 적십자의 유일한 창립자로 복권시키는 저서를 세상에 내놓는 일이 그의 유일한 사명이 되었다.

"바로 그러한 저서를 통해 나는 가장 큰 위안을 얻을 거라네. 그러니 다른 모든 게 아무 상관이 없군. 사람들은 나를 너무나 괴롭혔고 내겐 이제 단 하나의 소망밖에 없네. 내가 생계를 이어가고 빚을 갚을 수 있는 길을 그들이 막아버렸으니, 이젠 그저 내가 고이 죽게 내버려 달라고 할밖에."

절연

적십자가 자신의 적자임을 증명해 줄 위대한 저작을 남기겠다는 계획은 1892년부터 뒤낭이 유일하게 또 지속적으로 집착한 일이자 유일한 삶의 이유였다. 하지만 하루하루 시간이 지날수록 그는 손데레거가 이 일을 감당할 재목이 아니라는 생각이 굳어졌다. 그해 9월 뒤낭은 루돌프 뮐러에게 이미 하이덴의 학교 선생님인 손데레거가 많은 부분을 마쳤노라고 호언장담한 『솔페리노의 회상』 독일어판을 재검토해줄 수 있냐고 물었다. 뮐러는 즉시 승낙했고 그의 답에 앙리는 매우 기뻐했다. 뮐러의 답장을 받은 날, 그는 바로 피에르에게 그 소식을 전하면서 '크게 한숨 돌렸구나'라고 언급했다. '왜냐하면 손데레거 씨는 그저 학교 교사일 뿐이지만 뮐러 교수는 명망있는 문헌학자'라는 게 그 이유였다.[18]

> 저자 주석 L8 : 1892년 9월 19일~21일 피에르 뒤낭에게 보낸 편지. 명백한 사실은 뒤낭이 단 한 번도 가족에게 루돌프 뮐러에 대한 이야기를 한 적이 없다는 점이다. 1892년 7월에서야 처음으로 피에르에게 루돌프를 『솔페리노의 회상』의 번역을 맡고 있는 '울름의 교사'라고 소개했을 따름이다.

그와 동시에 베를린 적십자가 『솔페리노의 회상』 독일어판 출간을 위해 예산 2천 마르크를 가결했다고 전해왔다. 여기에다 뒤낭에게 정말이지 아주 호의적인 빈터투어 지부가 출판 계획 전반을 후원하겠다며 아주 후한 제안을 해 둔 상태였다. 뒤낭의 사기는 잠시나마 크게 올랐다.

위의 계획은 손데레거가 『솔페리노의 회상』을 새롭게 독일어로 번역하고, 뮐러가 몇 가지 역사적인 구체 사항을 추가한다는 정도의 초창기 아이디어에서 이미 많이 변해 있었다. 뒤낭은 병적일 정도로 자신만의 사실관계를 재확립하고자 하였기 때문에, 이제는 적십자의 기원에 대해서 자신이 제대로 된 서문을 쓰려고 마음을 먹었다. 그 서문이 완성되면, 뮐러가 번역을 하고, 뮐러 본인의 이름으로 독일어판에 실을 예정이었다. 뒤낭은 이러한 일의 진행 사항을 9월 11일 편지에서 오직 루돌프만이 알아들을 법한 순환 논리로 아주 잘 요약했다. "친애하는 친구여, 이제 모든 게 자네에게 달려있네. 그리고 나도 내 작품을 완성해서 자네에게 보내야겠지." 손데레거와의 사이에 이미 확립되어 있던 거울놀이 같은 관계가 이제는 뒤낭과 뮐러 사이에도 자리잡기 시작했다. 하지만 그 양태가 근본적으로 달랐다. '그저 학교 교사'일 뿐인 손데레거에 대해 뒤낭은 자신이 건강에 문제가 있고 독일어도 못한다는 걸 핑계로, 손데레거를 호도하여 말 잘 듣고 기운이 넘치는 독일어 구사자 조수로서 부려먹으려는 시도를 한 것이다. 반면에 '명망 있는 문헌학자'인 뮐러로부터 뒤낭은 자신의 무질서한 기억을 아름답고 엄격하며 잘 다듬어진 독일어 문장으로 변모시킬 능력을 갖춘 가까운 친구의 비판적이면서도 호의적인 시선을 기대했다. 잘 생각해 보면 뒤낭은 모든 걸, 그러니까 자신의 서문 번역뿐 아니라 손데레거가 하고 있는『솔페리노의 회상』독일어 번역 작업을 통째로 친구 루돌프에게 맡기고 싶었다. 하지만 어찌하면 좋을까? 그는 뤼데뱅 거리 방향으로 난 자신의 방 창문을 내다보며 자문했다. 그 불쌍한 빌헬름은 이미 번역을 하느라 엄청나게 고생했는데!

언제나 그랬듯이 뒤낭에게 있어 무의식적인 동기와 그가 진짜라고 믿는 이유, 그리고 그가 세상에 내놓는 핑계, 마지막으로 그가 선택적으로 남겨둔 기억, 이 모든 것 사이의 경계는 모호했다. 1892년 9월에서 11월 사이 뒤낭은 점차 손데레거와 거리를 두면서 뮐러를 선호하게 된다. 분명 하이덴의 초등학교 교사보다는 울름의 고등학교 교수님을 선택하기로 한 것이라고 볼 수 있다. 그러면서 그는 소박하게 지역 출판을 하기보다는 야심차게 전국적으로 독일어판 출간을 노리기 시작했다. 다시 세상을 넓게 바라보게 되면서 자신이 살고 있는 구석진 시골을 더욱 혐오하게 되었다. 10월이 되자 뒤낭은 초조해지기 시작했다. 그는 빌헬름 손데레거에게 번역 작업을 위해 그에게 보내준 자신의 자필 노트들과 여러 다른 책들을 돌려달라고 재촉하였다. 손데레거는 대답을 질질 끌다가 11월 말이 되어서야 뒤낭의 숙소로 소포를 하나 보내왔다. 항상 그러듯이 하이덴 병원의 수간호사인 여집사 엘리즈 볼리제가 상자를 들고 계단을 올라와 그의 방까지 직접 가져다 주었다.

엘리즈 집사는 상자를 뒤낭에게 건네며 "손데레거 씨가 저에게 뒤낭 씨께 직접 갖다주라고 신신당부를 하더군요."라고 말했다.

"나를 만나겠다고 하진 않던가요?"
"아뇨, 급하다고 하더라구요."

봉투를 열면서 뒤낭은 고개를 끄덕였다. 불쌍한 손데레거! 로마 총회에 모인 대표단에게 뒤낭 몰래 청원을 보내는 '바보짓'을 한 이후로 그는 뒤낭을 만나러 올 엄두조차 내지 못했다. 벌써 편지로만 연락을 주고받은 지 몇 달째였다. 그래도 마침내 번역 일은 제대로 착수했나 보군! 자, 이제 번역을 어떻게 하고 있는지 한번 볼까.

뒤낭은 마치 선물을 열어보는 아이처럼 기쁜 마음으로 자신의 소중한 자필 원고들과 이제는 희귀본이 된 바그너 박사의 최초 독일어 번역본, 그리고 손데레거에게 빌려주었던 두 개의 다른 독일어판, 그 외에도 그가 눈에서 떼기 싫을 정도로 아꼈기에 이제서야 자기 손에 돌아와 정말 안심되는 수많은 원고를 상자에서 꺼내기 시작했다. 허나 자기의 노트들과 책들 사이에 끼워진 얇은 봉투를 열어 보고는 뒤낭이 얼마나 충격을 받았는지!『솔페리노의 회상』의 명예 독일어 번역가 빌헬름 손데레거의 원고는 단 4장 들어 있었다. 고작 4장이라니! 벌써 2년 전부터 이 작업을 하고 있다 했는데!

그는 한 시간 뒤에도 자리에 앉지도 못한 채 종이 포장지를 완전히 풀지도 않은 책들을 두들기며 고함을 쳤다. "번역이 네 장이라니! 고작 네 장! 심지어 어려운 일도 아니었잖나. 번역본이 벌써 세 종류나 있었는데!" 뒤낭의 호출에 그를 찾아온 알테어 박사는 조용히 손데레거의 번역본을 살피고 있었다. 뒤낭은 계속해서 쏟아냈다. "그저 문장을 일부 떼어내서 다시 이어놓는 게 다인데! 이따금 여기저기 단어 하나 수정하고 문장을 다듬고 그게 다 아닌가. 그런데 이걸 보게나!"

알테어는 이제 마지막까지 다 읽고는 앞의 세 페이지 뒤로 끼워넣었다. 그러고는 한숨을 쉬며 뒤낭에게 원고를 다시 건넸다.

"적어도 번역은 잘한 건가?" 하고 완고한 표정을 한 뒤낭이 물었다. 알테어는 프랑스식으로 뒤로 넘겨 빗은 — 분명 프랑스인 부인이 그렇게 멋을 부리라고 했을 터였다 — 머리카락을 손으로 어루만졌다. 겸연쩍은 미소를 어렴풋이 머금은 그가 겨우 입을 열었다. "이게 문학가의 작품이라고 말하기는 어렵겠습니다…"

알테어 박사는 빌헬름 손데레거를 좋아하지 않았다. 항상 그를 경계해 왔다. 자신의 환자 뒤낭이 손데레거와 처음 가까워질 때부터 그는 뒤낭에게 경고를 했었다. 이제 승부는 쉬운 일이 되었다. "저는 그저 이 번역 일에 대해서는 손데레거에게 더 이상 말을 꺼내지 마시라고 말씀드리고 싶습니다."

알테어 박사가 떠나자마자 뒤낭은 루돌프 뮐러에게 편지를 써서 모든 상황을 상세히 설명하였고, 거기에 알테어의 마지막 말까지 덧붙였다. 마치 현자들의 자문 회의에서 나온 얘기인 양 복수의 주어로 글을 쓰면서 뒤낭은 매우 조심스레 이렇게 말했다. "우리는 자네의 조언을 구하려 하네. 우리 생각에는, 모든 일을 자네의 손에 맡기는 게 훨씬 바람직하다고 본다네."

뒤낭은 알테어의 조언을 문자 그대로 따르면서도 자기만의 방식으로 손데레거를 쫓아냈다. 남아있는 기록이라고는 오직 빌헬름의 부인 주잔나 손데레거의 회상뿐인데, 그녀의 이야기에 따르면 뒤낭은 그 소포를 받은 이후에 자기 노트 중 한 쪽이 누락되었다며 빌헬름에게 불평했다고 한다. 빌헬름 손데레거가 자기에게는 없는 게 확실하다고 대답하자 뒤낭은 그 이후로는 단 한 번도 그에게 말을 건네지 않았다고 한다. 서로 불과 백 미터 거리에서 그 뒤로도 12년 넘게 살았음에도 불구하고 말이다. 단 한 번의 예외가 있었다. 바젤에서 한 교수가 뒤낭을 찾아왔을 때 손데레거가 동반하겠다고 극구 우기는 바람에 두 사람이 만난 적은 있다. 하지만 그때에도 이 늙은 은자는 상반신을 아주 살짝 갸우뚱하며 인사하는 시늉만 했을 뿐, 손데레거에게는 단 한마디도 직접 건네지 않았다고 한다.

손데레거 부인의 얘기에 따르면, 빌헬름은 이러한 절연으로 인해 상당한 상처를 입었다고 한다. 게다가 그는 도무지 이유를 알지 못했기 때문에 더욱 아픈 일이었다. 하지만 정말 손데레거에게 상황 설명이 필요했을까? 자신을 우러러보고 순종적이었던 손데레거에게 뒤낭은 언제나 잔인했고 교만했고 또한 권위적으로 행동했다. 손데레거는 그저 뒤낭이 하이덴 주민 전체에게 가졌던 전반적인 멸시의 대가를 개인적으로 치르게 된 인물이었을 뿐이다. 하이덴은 뒤낭의 생각에 지나치게 민주적이었고, '당신들은 알아차리지도 못하지만 너무나 해묵고 말도 안되는 구식 규범들에 발목이 잡혀 있는' 그리고 '지나치게 술독에 빠져있고 상스러운' 사람들과, '멍청하고 못되고 버릇없고 난폭하며 비열하고 요란스런' 이들로 가득한 곳이었다. 뒤낭은 하이덴의 주민들에 대해 이같이 친절한 관형어를 자주, 많이도, 붙여 가며 묘사하곤 했다. 그러니 손데레거는 유형지에 갇힌 부르주아일 뿐인 뒤낭이 가진 귀족 계급 행세에 의한 희생양일 뿐이다. 뒤낭 자신도 같은 나라 출신임에도 불구하고 해가 갈수록 자신의 유형지 하이덴에 대해 점점 더 강하게 혐오했다.

망명의 땅, 뒤낭 자신을 맞이해 준 곳, 수 해에 걸친 방황 끝에 피난처가 되었다고 묘사한 대상은 결국 다름 아닌 루돌프 뮐러였다. 뮐러는 바로 그 시점, 즉 1892년 11월부터 뒤낭에게는 실로 유일하게 속내를 털어놓을 수 있는 사람이자, 그의 번역가이며 역사가, 그리고 적십자 창립자에게 찬사를 바치는 작가가 되었다. 자신의 친구 앙리가 맡기는 임무를 받아들이면서, 뮐러는 과연 그것이 앞으로 5년 동안 자신을 그토록 괴롭힐 일에 뛰어드는 것임을 감지하였을까? 만약 뮐러가 그것을 분명히 알지는 못했다 해도, 그렇게 될지도 모른다는 상상은 틀림없이 했을 것이다. 뮐러는 그 누구보다도 뒤낭에 대해 잘 알고 있었기 때문이다.

빌헬름 손데레거의 대가족(오른쪽에서 신문을 들고 있는 사람이 빌헬름이다).

13

세상으로 나오다

1893~1896

직접 행동에 대한 향수

그가 생전에 세상에 내놓지 않은『피투성이 미래』를 완성한 이후, 뒤낭은 대부분의 시간을『적십자의 생성사』^{M1} 집필에 쏟았다.[1]

> 저자 주석 M1: 이 책의 수사본은 가뉴뱅이 편집한『회고록』의 2장부터 10장까지를 구성한다. (참고자료 4번, 34쪽)

『솔페리노의 회상』독일어판에 서문으로 넣으려고 시작한 글이 이제는『솔페리노의 회상』의 후발 작품으로, 루돌프 뮐러 교수의 이름으로 별도 출판될 수준의 차원으로 변모하였다. 매달 하이덴과 울름 사이에는 엄청난 양의 원고와 문서들이 오갔다. 1893년 5월 즈음『솔페리노의 회상』의 새 독일어 번역본이 어느 정도 완성된 것으로 보인다. 뒤낭이 프랑스어로 연혁 부분을 집필하면 그것을 루돌프 뮐러가 번역해서 추가하기만 하면 되는 상황이었다. "빈터투어와 베를린에서 애타게 기다리고 있지만, 다들 아직 좀 더 기다려야겠지."라며 뒤낭은 자신의 권리를 확신하는 저자 같이 태연자약한 자세를 취했다. 베를린 적십자가 출판 비용을 대기 위해 2천 마르크를 내놓았고, 빈터투어 적십자는 출판과 관련된 모든 업무를 전담하겠노라 나섰다. 그러나 이 두 지부들은 뒤낭의 말마따나 좀 더 인내심을 발휘해야 했다. 그로부터 2년이 지난 뒤에도 뒤낭은 여전히 자신의 이야기를 다시 살피고 상세한 내용을 더하고, 장래 독자들이 관심을 가질 것이라고 확신한 듯, 뒤낭가의 명망을 증명하려 중세까지 거슬러 올라가는 등, 추가 작업을 이어가고 있었다. 뒤낭은 재미를 주려고 혹은 교훈을 남기려고 글을 쓰는 사람이 아니었다. 그는 자신이 이룬 과업을 다시 회수해 오기 위해, 오명을 벗기 위해 글을 쓰고 있었다.

하이덴의 지칠 줄 모르는 서신 작성자 뒤낭은, 그럼에도 불구하고 글쓰기 활동 하나로 만족할 리 없었다. 그는 새로운 아이디어를 실행에 옮기는 일을 계속했다. 바로 그것이 뒤낭의 타고난 재능이요, 그가 즐기는 여가 활동이자 그를 세상과 연결해 주는 주요 방식이었다. 하이덴 지역 병원에 틀어박혀 있다고 해서, 원고를 애타게 기다리는 인쇄소가 있다고 해서, 그런 중요한 사명을 내칠 수는 없는 일 아니겠는가. 부상병에 이어 프랑스 사회의 도덕성 회복, 중재를 통한 국제 갈등 해결, 전쟁

---

1 이 책은 루돌프 뮐러가 저자이며, '앙리 뒤낭의 도움'을 받아 저술되었다는 부제와 함께『Entstehungsgeschichte des Roten Kreuzes und der Genfer Konvention』라는 독일어 원제로 출판되었다. '적십자와 제네바 협약의 탄생과 역사' 정도로 번역될 수 있다. 독일어는 합성어로 '기원'과 '역사'를 의미하는 단어가 합쳐져서 '생성사'라는 뜻의 Entstehungsgeschichte 단어가 쓰였지만, 프랑스어판에서는 '기원의 역사Histoire des origines'라는 식으로 번역되어 있다. 이 책에서 저자는 종종『적십자의 생성사』로 축약하여 기록했다.

포로, 그리고 팔레스타인 정착지 사업에 이어 하이덴 적십자 지부까지 섭렵한 뒤낭이 또 설립해야 할 위원회로는 무엇이 남았을까?

2, 3년 전에 뒤낭은 옛 친구 장자크 부르카르와 다시 연락이 닿았다. 그는 뒤낭이 1866년 스트라스부르에 부상병구호협회를 설립하러 방문했을 때 처음 만난 사람으로, 알자스 출신 공장주이자 적극적인 자선가였다. 부르카르는 당시에 뒤낭을 게브빌레르에 있는 자택으로 초대하기도 했고, 뒤낭을 매우 존경한지라 그 뒤로도 연락이 끊기지 않게끔 상당한 노력을 기울였다. 이듬해인 1867년 뒤낭에게 닥친 불행한 상황을 알고서는 나폴레옹 3세 황제에게 그를 위한 청원을 하였고, 황제는 놀랍게도 다음과 같이 약조했다. 만약 뒤낭의 친구들이 그의 채무액 절반에 해당하는 금액을 모아온다면, 황제가 직접 나머지 절반을 내어주겠다는 내용이었다. 부르카르는 어떻게든 뒤낭을 추적하려 애썼지만, 그에게 보낸 편지는 매번 반송되었다. 그리고 결국 황제의 놀라운 제안을 실천에 옮기지 못하고 말았다. 그 뒤로 부르카르 본인도 파산을 겪고는 여러 명의 자녀와 함께 취리히로 이사 가게 되었다. 그럼에도 그는 뒤낭을 결코 잊지 않았고, 그가 아펜젤에 있다는 걸 알게 되자마자 그에게 편지를 보내 연락을 재개하였다.

이렇게 장자크와 재회하면서 뒤낭은 그의 딸 사라 부르카르도 알게 되었다. 그녀는 26세의 명민한 젊은 여성으로, 뒤낭은 1893년 초부터 사라와 서신을 교환하는 사이가 되었다. 첫 몇 통의 편지는 전해지지 않기에 시작이 정확히 어떠했는지를 알 수는 없다. 다만 이들의 소통은 뒤낭이 개시한 것으로 보이며, 대화 내용은 오직 한 가지 주제, 즉 사회와 세상에서의 여성의 역할에 대한 것이었다.

물론 그가 이런 문제에 관심을 가졌다는 게 놀라울 수 있다. 그의 어머니와 잊을 수 없는 레오니 카스트네르를 제외하면, 평생 뒤낭에게 여성들은 그다지 중요한 역할을 하지 않았기 때문이다. 수많은 사람과 마찬가지로 뒤낭 역시 해리엇 비처 스토우 여사나 플로렌스 나이팅게일과 같은 전 세계적으로 명성을 얻은 여성들로부터 감동과 영향을 받았다.[M2]

저자 주석 M2: 해리엇 비처 스토우의 『톰 아저씨의 오두막』(1852년작)은 청년 앙리 뒤낭에게 강렬한 인상을 남겼다. 그는 나중에 『회고록』에도 저자 스토 부인이 1853년 제네바를 다녀갈 때 그녀를 만난 적이 있다고 기록하였다. 1855년 크림 전쟁 당시 전장에서 자원 간호 활동을 주도했던 플로렌스 나이팅게일은 『솔페리노의 회상』에 대해 상당히 회의적인 견해를 내비쳤음에도 불구하고, 뒤낭에게 여전히 준거 기준으로 남았다. (앞서 4장에서 전술한 내용)

발레리 드 가스파랭은 1859년에 그의 호소를 세상에 알려 도움을 주었고, 그의 삶에 스쳐간 수많은 왕비와 공주도 그에게 결정적인 후원자 역할을 해주었다. 하지만 그의 삶과 사회 참여 활동 또는 그의 서신들을 살펴볼 때, 예외적인 일화가 몇 개 있을 뿐 딱히 여성들로부터 결정적인 영향이나 조언을 받았다거나, 여성들의 처지에 관심을 기울였다거나 하는 흔적을 찾기는 어렵다. 그렇다면 1893년 뒤낭이 여성의 사회적 역할에 대해 관심을 가지게 된 연유는 무엇일까?

1890년대 이전에 뒤낭의 삶에서는 그가 양성평등을 원한다는 그 어떤 기미도 찾아볼 수 없다. 심지어 남성들 사이에서도 계층이나 민족 사이의 평등을 위해 활동하지는 않았다. 평등이란 근본적으로 철저히 공화적이고 민주적인 가치로서, 뒤낭이 가장 열렬하게 옹호한 가치 중에 포함된 적이 결코 없었다. 뒤낭은 이 문제에 말년에 가서야 서서히 주목하기 시작하였다. 그것조차 아제노르 드 가스파랭이 제시한 제한적인 시선을 통해서였다. 뒤낭은 자기가 가스파랭보다 '더 잘할' 수 없다, 즉 더 잘 표현으로 옮길 수 없다면서 『피투성이 미래』에서 가스파랭의 말을 길게 인용하였다.

> — 우리의 삶을 불편하게 만들지도 모르지만 그래도 우리는 행동에 옮겨야 한다. 쉬지 말아야 한다. 우리 인간 중 일부가 여전히 너무나 힘든 상황의 무게에 눌려 무너질 지경에 처해 있다. 역사 속에서 우리의 평등을 위한 행진은 아직 끝나지 않았다. 그 길을 걸어오며 평등은 노예제와 농노제, 봉건 사회의 위계 질서, 앙시앙레짐의 폭정을 모두 짓밟으며 승리를 거뒀고, 이제 곧 산업 사회가 가져온 항구적인 빈곤 문제 역시 산산조각 내리라. 그런 후에도 평등은 그 행진을 이어가리라. 평등의 행진에서 정말 감탄할 만한 점이 있다면, 바로 결코 멈추지 않는다는 점이다.[M3]
>> 저자 주석 M3: 『피투성이 미래』의 수사본에서 인용한 아제노르 드 가스파랭의 발언. 제6번 자필 노트. 어찌되었든 1892년까지는 이 내용을 기록 또는 손질한 기록이 있다.

뒤낭이 가스파랭이 남긴 위의 멋진 글에 기탄없이 동의했다고 해도, 뒤낭식 페미니즘에서 평등은 철학적인 기반이 아니었다. 그의 페미니즘은 그가 이때까지 겪었던 여러 가지 실제 사회 참여 경험에 뿌리를 두고 있다. 1859년 6월 카스틸리오네의 부인들과 젊은 여성들은 부상병을 돌보는 헌신적인 태도로 뒤낭에게 큰 인상을 남겼다. 뒤낭은 그녀들이 제대로 지휘만 받았다면 정말 놀라운 결과를 가져왔을 것이라고 생각했다. "거기서는 연약하고 무지한 여성들뿐 아니라, 그녀들의 옆에 그리고 그녀들과 함께, 경험이 풍부하고 능력 있으며, 확고하고 또 미리부터 조직적으로 준비된 남성들이 함께했어야만 했다."는 게 그의 평가였다. 또한 여러 부상병구호협회에서도 뒤낭은 부인들이 협조한다는 사실에 고마워했다. 물론 이들은 남성들의 위원회와는 별도의 제한된 그룹으로 활동했다. 예를 들어 1864년 제네바에서처럼 구호 물자를 준비하고 붕대를 만드는 일을 하거나, 1890년 하이덴에서처럼 선전 활동에 앞장서는 역할을 하였다.

1872년 만국연합 설립 당시 여성들은 후원 회원 자격으로 가입이 가능했다(그 선두에는 아주 후한 카스트네르 부인이 자리했다. 그녀를 회원으로 받지 않는 건 계제에 맞지 않았으리라). 그러나 여성들은 활동 회원 명단에는 포함되지 않았을 뿐더러, 온갖 위원회의 수많은 회장과 부회장이나 명예 회원으로도 추대되지 못했다. 만국연합에는 '귀부인 후원자'들이 여럿 있었는데, 이들은 '부인들로 구성된 특별' 위원회에 속하여 칭송받아 마땅한 그들만의 임무를 수행하였는데, 그것은 바로 '현재 사회의 큰 골칫거리이자 빈곤층의 육체적 도덕적 타락의 원인 중 하나'인 사실혼 관계 퇴치 사업이었다.

그로부터 20년이 지난 후에도 뒤낭의 입장은 바뀌지 않았고 사회 속 여성의 역할도 바뀐 게 거의 없었다. 여성들은 여전히 세상 속 불행이 닥치면, 주위 사람들을 위로해 주고 사랑을 나눠주며 가족을 끈끈하게 유지해 주는 존재, 보수적인 사회가 지닌 최상의 보루였다. 하지만 이러한 여성의 사명은 새로운 가치를 띠게 되었는데, 끔찍한 무질서가 판을 치는 당대 상황 속에 사회 전체가 위협을 받고 있었기 때문이다. 대단한 정성과 인내심으로 성경 속 선지자들의 예언을 다이어그램으로 옮기기를 계속하다 보니, 뒤낭은 이제 인류에게 종말이 임박했다고 믿게 되었다. 즉 요한계시록에 나온 '대환난'을 향해 가고 있다고 확신하게 된 것이다. 무정부주의에 대해, 또 세계 곳곳에서 대량 살상을 동반하는 무력 갈등이 눈앞에 다가온 듯한 사회 분위기에 대해 여성들은 유력한 저항 세력의 역할을 할 수 있으리라. 뒤낭은, 여성들은 인류의 나머지 절반 남성들이 맹신하는 권력 숭배에 반대할 세력이며, 또한 자비심과 사랑, 그리고 미덕은 여성들이라면 타고나는 기질이라 믿었다. 허나 이러한 방대한 임무 앞에서 여성들도 단단히 준비를 해야 했다. 바로 그러한 이유로 인해 뒤낭은 젊은 동지 사라 부르카르의 도움을 받아 『가족 수호를 위한 국제연맹』을 설립하고자 하였다.

원거리 여권 신장론

이 국제연맹 프로젝트에서 뒤낭은 어떤 역할을 했나? 아마도 주인공 역할이었던 걸로 보인다. 몇 편의 글은 사라 부르카르가 쓴 것으로 추측되지만, 뒤낭의 글보다 훨씬 구체적이면서도 영감은 부족해 보인다. 다만 연맹 프로젝트에서 간사 역할을 해내면서 그녀가 상대한 인물이 뒤낭임을 감안할 때, 사라는 그 누구보다 뒤낭과 대적할 만한 수준의 열성과 헌신을 보여주었다. 아직까지 남아있는 그녀의 1893년 3월 날짜의 첫 편지에서 사라 부르카르는 "여성연맹에 대한 소책자를 살펴보고 나서 제게 간사 역할을 해달라는 뒤낭 씨의 요청을 받아들이고자 합니다. 다만 임시로입니다. 뒤낭 씨가 제게 주실 임무를 제가 만족하실 만큼 해낼 수 있을지 확신이 없기 때문입니다."라고 적었다.

자, 상황이 이런데 어찌 뒤낭이 멘토 역할을 재개하지 않을 수 있으랴! 게다가 이번에는 젊은 여성의 멘토라니! 단계마다, 편지마다 뒤낭은 문하생 사라에게 무슨 일을 해야 하는지, 무엇보다 어떤 방법으로 그 임무를 해야 할지를 알려주었다. 이는 바로 그가 20년 전에 이미 갈고 닦아놓은 방법론이었다.

첫 번째 권고 사항은 이러했다. 1893년 4월 편지에서 뒤낭은 사라의 공교로운 부사 선택에 대해 언급했다. "일에 가담한 순간 후퇴할 때를 미리부터 생각해서는 안 됩니다. 그렇지 않나요? 그러니 '임시로' 하겠다는 말은 받아들일 수 없습니다."

사라는 적극적인 사회 운동에 잔뼈가 굵은 뒤낭으로부터 경고를 받은 셈이다. 심심풀이로 나선 산책과는 다른 일이라는 말이다. 두 번째 충고는 인내심을 가지라는 것이었다. "이러한 과업이 마치 도미노 게임처럼 한 번에 제자리를 찾아갈 것이라 생각하지 말아야 합니다." 만약 저항에 부딪친다면 — 취리히에서 사라 부르카르가 주변의 부인들을 중심으로 분위기를 떠 보았을 때부터 그런 상황이 벌어진 듯하다 — 어쩌겠는가! 무엇보다 절망해서는 안 되고, 다만 기다려야 한다. "그러니 우리는 이 모든 일을 7, 8개월 정도는 일단 접어둡시다."

그런데 이 모든 일이 사실은 오해에서 비롯된 듯하다. 사라 부르카르의 첫 보고 내용을 접하고서 뒤낭은 여성 주도의 자선 연합을 원하는 취리히 여성 인구가 마치 거대한 파도를 이루리라 생각했을 것이다. 그래서 이들을 동원해서 하나의 조직으로 이끌어내는 일은 식은 죽 먹기라고 믿었던 것으로 보인다. 그러다 보니 사라 부르카르는 뒤낭이 보여주는 매우 열성적인 태도를 빠르게 누그러뜨려야 했다. 이는 상당히 호의적인 어느 부인과 담소를 나누는 첫 만남에서 사라가 그 부인으로부터 일련의 반대 의견에 부딪혔기 때문이다. 이후 뒤낭은 특유의 천재성 중 하나의 요소이기도 한 작전상의 유연함을 한껏 발휘해 즉시 무기를 바꿔 들었다. "내가 틀렸소. 나는 열과 성이 넘치는 상당수의 젊은 여성들이 이미 부대를 이루고 있다고 생각했었소."라고 담백하게 고백했다. 그러면서 뒤낭은 여성들의 연합 조직에 다시 접근하여 이번에는 '세 명, 최대한 네 명 정도로 아주 소박하게 진행을 시켜야 할 것'이라고 결론을 내렸다.

세 번째 규칙은 편지를 보내기보다는 직접 만나고, 무기명 출판을 하기보다는 개인적으로 사람들을 만나 설명하며 시간을 들여야 한다는 점이었다. 만약 문서로 된 자료가 있으면, 그건 '우리가 대화를 나누며 그들이 더럭 겁먹지 않도록 한 명 한 명씩 직접 건네야 한다'는 원칙이었다.

네 번째는 우리의 대의에 관심을 기울일 법한 사람들에게만 이야기를 꺼내야 한다는 원칙이었다. "만약 애초에 호의적으로 받아들일 것 같은 사람이 아직 없다면, 이 일은 진행 자체가 불가능합니다."라는 게 뒤낭의 조언이었다.

그리고 마지막 규칙이야말로 뒤낭이 주도한 모든 일의 알파와 오메가이자, 위대한 과업에 착수하는 기술의 근본이며, 그가 자기의 하수인들 모두에게 지난 30년간 기회가 될 때마다 반복해서 강조한 규칙으로, 바로 '귀족을 중심으로 활동해야 한다'는 원칙이었다. 이 규칙은 처음에는 뒤낭 특유의 고질적인 속물 근성에서 비롯되었을 가능성이 크다. 그가 적십자를 처음 만들고 또 동시에 개인 사업을 어떻게든 해 보려고 노력할 당시, 프랑스 제국 사회의, 그리고 금융계의 상류층 중에서도 최고 위치에 있는 사람들의 지지를 받아낼 필요가 있었기 때문이다. 그렇지만 순전히 기회주의에서 시작된 이 원칙은 점차 일종의 방법론으로 자리잡았고, 그 이후로 뒤낭은 수많은 일을 통해 이 원칙을 발전시키면서 방법론으로 끈질기게 내세웠다. 그에게 귀족을 동원한 조직은 빙산의 일각이라는 의미를 가질 수 있다. 무슨 뜻인가 하면, 밖으로 드러나 있고 눈에 띄는 구성 위원회가 우선 빛을 발해야 또 다른 영향력 있는 인물들과 후원금을 끌어오는 역할을 한다는 논리였다. 명망가들의 참여와 후원금이라는 두 요소야말로 필수 군자금이나 마찬가지다. 또한 귀족 중심 조직은 뒤낭에게 결정이 신속하고 독립적이라는 특성을 의미하는 말이기도 했다. 그의 생각에 민주주의 조직은 무력화되기 쉬울 정도로 일이 굼뜬, 정반대의 성격을 지닌 조직이었던 것이다. 한편 '귀족 사회'가 강력한 중앙 집권을 필요로 하는 것도 아니었다. 그 점에서 보면 뒤낭은 실로 뼛속 깊이 연방주의 스위스 출신다운 사람이라고 할 수 있다. 만약 적십자의 여러 면모 중에 그에게 정말로 중요한 부분을 하나만 꼽자면 바로 이 점이었다. 즉 지부와 위원회가 다각화되어 각자 최대한의 자율성을 누린다는 특성을 말한다. 그는 이미 1853년 청년 시절 기독교청년회를 이끌 때에도 그러한 비전을 끈질기게 옹호한 바 있으며, 부상병구호협회에서도 같은 원칙을 적용하였다. 이제 가족 수호를 위한 국제 여성연맹 프로젝트에도 이를 적용할 차례였다. 물론 이 모든 일이 취리히에서 시작될 것이니, 그곳에 국제본부를 설치해 뿌리를 두기는 해야 할 것이다. 당연하다. 재빨리 국제위원회를 구성하여 위원회에 필수 불가결하며 종신 자격을 갖춘 조직으로서의 지위를 보장해 줘야 한다. 다만 기둥이 되는 국제 본부 조직은 엄격히 조정의 역할만 수행하며, 여성연맹 업무의 근본적인 성격은 지리상 가장 가까운 왕비나 여왕이 후원하고 — 물론이다 — 지역위원회를 중심으로 지역 차원에서 활동을 하는 모습을 띨 것이다.

"한마디로 이렇습니다. 연맹은 중앙본부의 책임자가 없습니다. 하지만 3년마다 국제총회를 개최해서 각 위원회들이 모여 모든 사항에 대한 결정을 내리게 됩니다. 그러고 나서 각 나라가 자유롭게 원하는 대로 활동을 펼치는 겁니다."

1893년 내내 사라 부르카르는 이렇게 '위원회학과' 교수 뒤낭과 직접 편지를 주고받으며 강의를 뒤좇았다. 이를 통해 큰 원칙부터 실질적인 세부 사항까지 배울 수 있었다. 9월이 되자 사라는 '장드르'라는 성을 가진 한 숙녀와 함께 선생님을 찾아뵙겠다며 알려왔다. 장드르 양은 사라처럼 자선 활동에 야심을 갖고 있는 친구라고 했다. 뒤낭은 이들을 맞이할 생각에 눈에 띄게 기뻐한 듯하다. 3일 뒤 사라의 사정상 방문이 연기되자 상당히 실망했다는 기록이 남아 있기 때문이다. 마침내 10월 초, 이 두 명의 젊은 여성이 하이덴 병원을 찾아왔고, 뒤낭이 살짝 과장되게 일컬은 '누추한 작은 방'에서 그들을 직접 만났다.

이 두 숙녀들은 적십자 창립자가 자신들에게 얼마나 예를 갖춘 것인지 알고 있었을까? 뒤낭은 하이덴 병원까지 찾아온 스위스 연방 대통령조차 주저 없이 되돌려보낸 사람이었다. 그는 두 사람이 떠난 후 "두 분의 방문은 너무 짧았소. 하이덴에 있는 시간을 모두 나와 함께 보내준 것인데도 말이지요."라고 편지를 보냈다. 편지에는 또한 그들이 나눈 대화를 상세히 요약한 내용을 적어두었다. 대화를 하는 동안 뒤낭은 두 사람을 설득했고, 사라 부르카르에게는 '취리히 창립준비위원회의 회장 및 간사' 역할을, 폴린 장드르에게는 바젤과 뇌샤텔, 헤이그와 위트레흐트에 위원회를 결성하는 임무를 맡겼다. "각 위원회를 임시 설립하는 데에는 회원 세 명이면 족합니다." 뒤낭은 이들이 낙담할 가능성을 사전 차단하기라도 하듯 이 말을 반복했다. 그러고는 편지 끝무렵에 "걸어가다 보면 길이 개척될 겁니다. 중요한 것은 우선 걷기를 시작하는 일이지요!"라고 격려했다.

나이가 65세인데다 건강 상태도 들쭉날쭉한 뒤낭이 이렇게나 에너지가 넘치고 원기왕성하며 열성도 놀라울 정도라니! 그의 상태가 마치 물 만난 고기 같음을 분명히 감지할 수 있다. 뒤낭은 위원회에서 완벽한 회장 및 간사 역할을 하려면 뭘 어떻게 해야 하는지 꿰고 있었고, 이 단계에서 무엇을 해야 하는지, 실로 명쾌한 생각이 서 있었다. 또한 오류란 있을 수 없는 자신의 노하우 덕에 이 계획이 자신이 실현시켰던 다른 프로젝트처럼 유럽 모든 왕가의 후원을 받게 되리라고 단 한순간도 의심치 않았다.

"나는 의도적으로 연맹 정관 초본에 군주들의 명단을 적어두었습니다. 이 초본을 여러분에게 보낼 수 있어 영광이군요. 또한, 군주제에 대해 조금은 알랑거리는 몇 마디를 적어둔 것은 의도한 일입니다. (중략) 이 내용은 내게 상당히 중요합니다."

그의 생각을 바꿔놓을 순 없었다. 그는 자신이 속한 세상을 잘 알고 있었고, 그 세상 안에서 모든 일을 해냈다. "내가 나머지 29명의 '교신 창립 회원'들을 책임지겠습니다." 뒤낭은 사라 부르카르에게 아무렇지도 않게 말했다. 사라는 최초 설립 회원 세 명을 찾는 데에도 애를 먹고 있는 상황이었다. 뒤낭은 "적당한 시기와 장소에 필요한 여성들이 나타날 겁니다."라며 격려하였다. 업무 분담 또한 이미 검증된 방법을 따랐다. "최종적인 대위원회의 부회장들은 활동 회원들이어야 합니다. 명예부회장 직책은 공주나 공작 부인, 혹은 상당한 영향력을 가진 부인들에게 부여하되, 이분들은 직접 활동에 나서지는 않습니다."

상류 사회의 참여를 강조하는 이러한 뒤낭의 태도는 사라 부르카르를 불편하게 했을까? 뒤낭의 설명에 따르면, 사라의 아버지 장자크는 자신의 공장 운영에 노동자들의 참여를 독려하다가 파산에 이른 인물이 아니던가? 어쨌든 분명한 점은 사라 부르카르의 우선 순위는 다른 곳에 있었다는 사실이다. 그녀가 진실로 원한 바는 여성의 최저 임금 보장이었다. 물론 훌륭한 생각이지만 뒤낭에게는 완전히 유토피아적인 생각에 불과했다. 아니 심지어 그는 그러한 일은 최악의 결과를 가져올지 모를 사회주의 냄새가 풍기는 생각이라고 보았다. "만약 그게 당사자 남녀를 위한 것이라면 나도 그 꿈은 이해가 가지만, 급진주의자들과 보수주의자들 양쪽 모두 그것을 이해하지 못할 겁니다. 그리고 여성의 최저 임금을 요구하는 이들을 언제든

'사회주의자'라고 낙인찍어 버리겠지요."

하지만 뒤낭과 사라 부르카르의 위대한 프로젝트가 결국 좌절된 것은 두 사람의 이데올로기적 차이 때문이 아니었다. 그보다 훨씬 뻔하고 훨씬 예측 가능한 부분에서 문제가 생겼다. 하이덴의 멘토가 수도 없이 충고했음에도 불구하고 일을 진행하며 어려움에 부딪치자 두 젊은 여성이 크게 낙담했기 때문이다. 10월에 이미 폴린 장 드르는 우트레흐트로부터 보낸 편지에 본인의 노력이 '기대했던만큼 좋은 결과를 보여주지 못하고 있다'고 알려왔다. 폴린은 또 '사라 부르카르가 여전히 취리히에서 핵심 조직을 구성하지 않았다'는 사실도 뒤낭에게 흘렸다. 몇 주 후 사라 역시 뒤낭에게 이러한 지연 상황을 고백하며 연맹의 선언문조차 아직 인쇄 단계에 가지 못했다고 전해왔다.

이들의 계획은 방대하고 고결하며 보편성을 지닌 프로젝트였다. 아마도 지나칠 정도로 그랬던 게 아닐까 싶다. '가족수호를 위한 국제여성연맹 프로젝트'는 탄생한 해를 넘기기도 전에 결국 완전히 수포로 돌아갔다. 그렇다고 해서 뒤낭이 여권 신장 운동을 아예 포기한 건 아니었다. 그는 여권 신장이야말로 평화주의로 가는 가장 확실하고 가장 곧은 길이라고 믿었기 때문이다. 다만 뒤낭이 여권 신장을 위한 활동으로 복귀하기까지는 2년의 세월이 더 필요했다.

쏟아지는 편지

빈터투어 적십자 회원들이 1892년 봄에 적십자 창립자가 불과 몇 킬로미터 거리에서 곤궁에 가까운 상태로 살고 있다는 사실을 알았을 때, 이들은 즉시 알테어 박사에게 연락을 취했다. 알테어는 그들에게 다음과 같은 정보를 확인해 주었다. "뒤낭 씨는 매일 아침에 일어나 서신을 수없이 보내거나 새로운 프로젝트를 준비하며 여전히 적십자를 위해 일하고 계십니다." 또한 병원장 알테어 박사는 뒤낭이라는 인물의 성격에 대해서도 미리 귀띔해 주는 것이 좋겠다고 생각했던 모양이다. "가끔 다소 흥분하거나 쉽게 과민해지십니다. 당신의 쓸쓸한 운명과 과거 실망스런 일들에 대해 말씀하실 때 특히 그렇지요. 그분이 그런 생각에서 벗어나게 할 방법을 찾지 못했습니다. 그러니 그는 마치 은자인 듯 병원의 자기 방에서 그렇게 살고 계십니다."[M4]

저자 주석 M4: 『앙리 뒤낭의 생에서 두 번째 전환점, 1892~1897』에서 인용됨. 48~49쪽.

알테어 박사의 이러한 묘사는 빈터투어 지부 사람들의 측은지심을 자아내기 충분했다. 이들은 그 이후, 이 위대한 인물의 복지를 지부의 우선 순위 중 하나로 삼았다. 단지 물질적인 지원을 하는 것뿐만 아니라 — 그들은 신속히 모금 운동을 시작했다 — 지속적으로 사기를 북돋아주는 역할도 하기 시작했다.

여러 차례에 걸친 빈터투어 적십자의 개입은, 추후 회상컨대, 매번 상당히 유효한 작용을 했다. 분명 이 지부의 간사 요한 피스터의 영향이었으리라. 이들이 하이덴으로 보낸 첫 번째 소포에는 베르타 폰 주트너의 『무기를 내려놓아라 !』가 들어 있었다. 추후에 일어난 일들을 감안해 보면 이는 실로 기지가 번득이는 선물이었다. 그리고 이들은 적십자 창립자가 언급한 소원을 즉시 실천에 옮겼다. 즉 뒤낭을 빈터투어 적십자의 명예 회원으로 임명한 것이다. 이 지위는 지난 20년 가까이 그 누구도 뒤낭에게 부여해 준 적 없는 영예였다. 1892년 성공적으로 모금을 마쳤으나 이듬해의 모금 활동은 힘에 부쳤고, 이후로도 상황은 마찬가지였다. 그리하여 피스터는 다른 형태의 지원을 하기 위해 온갖 노력을 기울였다. 다른 형태의 지원이란 뒤낭의 글을 출판하는 작업을 돕고, 이를 통해 그의 명성 회복에 기여함을 의미한다. 이 부분에 신경을 쓴 이유는, 피스터가 특유의 섬세한 감수성을 발휘해 뒤낭에게 그 문제가 매우 중요하다는 점을 제대로 파악해 냈기 때문이었다.

1893년, 뒤낭이 이듬해 빈터투어 지부 연간 보고서에 전 세계 적십자 지부들의 활동 사항을 담은 짤막한 '개요서'를 실으면 어떻겠느냐고 제안하자, 피스터는 이 제안을 아주 호의적으로 받아들였다. 결코 허튼 약속 따위를 하는 사람이 아닌 뒤낭은 1894년 초부터 바로 그 개요서 작성에 착수했다. 지부의 연간 보고서는 독일어로 출판되므로 그 글을 뒤낭이 직접 쓴다는 건 말이 되지 않았다. 대신 뒤낭은 피스터에게 자기 생각에 쓸모 있다 싶은 문서 자료들을 모두 보내기 시작했다. 매일, 아니면 적어도 이틀에 한 번 꼴로 다섯 장 분량의 편지가 날아들었다. 거기에는 온갖 종류가 뒤섞인 데다, 시기도 다르고, 형태와 언어도 다양한, 온갖 문서들이 산더미같이 동봉되어 있었다. 뒤낭은 손데레거와 작업할 때와 마찬가지로 이러한 자신의 접근 방식이 상대의 한계를 시험한다는 것을 아주 잘 알고 있었다. 그러나 불쾌하고 권위적으로 굴었던 손데레거 때와는 달리, 그는 요한 피스터에게 상냥한 어조로 양해를 구했다. 거의 농담을 건네는 듯한 태도였다. "공연히 적십자 간사인 게 아닙니다. 어떤 때에는 온갖 폭탄을 맞을 마음의 준비가 되어 있어야 하지요. 그게 귀하의 상황이군요. 부디 양해해 주기를 부탁합니다. 지금으로선 내가 정도를 지나치게 벗어나 편지 폭탄을 떨어뜨리고 있으니 적군이라도 된 것 같아요." 그러고는 6주후 3월 31일 편지에도 "수많은 업무를 감당하고 계실 텐데, 편지더미를 무기 삼아

제가 귀하를 암살하려 드는 점 용서하십시오.”

폭탄 투하 작전은 결실을 맺었다. 1894년 5월 마침내 빈터투어 지부의 연례 보고서가 나왔고 평소보다 유난히 더 두꺼웠다. 그럴 만도 했다. 전체 45페이지 중 뒤낭의 아이디어에서 유래된 부분이 28페이지를 차지했고, 이는 별쇄본으로 찍어냈다. 두 사람의 공동 작업인 연례 보고서 출판을 맞아 뒤낭에게 보낸 편지에서 피스터는 이렇게 고백했다. “그렇습니다. 뒤낭 씨의 ‘폭탄 투하’는 누구를 해하지는 않았네요. 하지만 가끔은, 어떤 때는, 맥이 탁 풀릴 때도 있었답니다.”[M5]

저자 주석 M5: 『앙리 뒤낭의 생에서 두 번째 전환점, 1892~1897』에서 인용됨. 48~49쪽.

일단 발을 하나 들여놓은 셈이 되자, 뒤낭은 계속해서 적십자를 위해 글을 썼다. 스위스 적십자 전체를 총괄하는 소식지의 편집장은 뒤낭에게 ‘아주 헌신적인’ 사람이었는데, 그렇기에 뒤낭이 원할 때면 언제든 소식지에 기고할 수 있게끔 배려해 주었다. 적십자의 주창자는 두말할 필요도 없이 그 제안을 받아들였고, 매우 너그럽게 제공된 그 기고란에 정기적으로 글을 싣기 시작했다.

1892년부터 1894년 사이에 스위스 내에서는, 그리고 적십자 차원에서는, 조금씩 창립자 뒤낭이 살아있다는 사실이 드러나기 시작했지만, 그의 부활은 아직까지는 극비 사항이나 다름없었다. 제네바를 제외하고는 적십자 자체가 아직 잘 알려져 있지 않았던 데다가, 그 누구도 30년 전 적십자를 창립한 그 사람이 살아있다고는 생각지 못했기 때문이었다. 첫 신호탄이 취리히에서 쏴 올려졌고, 그 신호탄의 파편은 섬광처럼 강렬했다.

시골 마을에서 나오다

1895년 5월 17일 취리히 주간지 취리히 금요신문Zürcherische Freitagszeitung[2]에 〈앙리 뒤낭과 적십자 제네바 회의〉라는 제목의 두 페이지짜리 기사가 실렸다. 이 헌사가 실릴 수 있었던 것은 폴린 장드르 덕이었다. 2년 전 사라 부르카르와 함께 여성 연맹을 설립하려고 시도했던 젊은 여성 폴린은 뒤낭이 죽을 때까지도 무조건적

2 1674년부터 1914년까지 발행된 취리히의 주간지. 19세기 초반에는 스위스에서 가장 널리 읽힌 신문이었다. 이하 ZF로 표기한다.

으로 그를 숭배했다. 동방을 여행하던 그녀가 현지에서 ZF의 편집장 사무엘 주어린 덴을 우연히 만났고, 뒤낭의 재발견은 '특종'이 된다면서 그를 설득했다. 기사를 쓰기로 한 주어린덴은 즉시 뒤낭을 잘 아는 사람들로부터 정보를 수집하기 시작했다. 이들은 취리히에 정착한 알자스 사람 장자크 부르카르와 부르카르의 은행가로서 최근 뒤낭과 친교를 맺은 헤르만 숄더데벨레였다. 이 두 사람은 주어린덴에게 적십자의 창립자인 이 눈부신 인물 뒤낭을 직접 만나 보라고 강력히 권했다.

흥미로운 점은 주어린덴의 방문을 뒤낭이 누구에게든 알렸다는 기록이 없다는 사실이다. 다만 1895년 8월, 뒤낭 본인이 기사를 사주했고 어떤 방식이든 자기 선전을 하려고 했다는 소문이 돌았을 때, 이를 반박하면서 비로서 뒤낭은 '예를 들자면 ZF 편집장 등의 사람들이' 그랬듯이, '내게 호의적인 사람들'이 찾아와서 '진본 문서들을 확인하고자' 하는 것을 자기가 어찌 막을 수 있었겠느냐며 언급한 적이 있을 뿐이다.[M6]

저자 주석 M6: 스위스 적십자 간사인 셍커 소령에게 1895년 8월 18일의 편지.

ZF에 기사가 나온 시점에 주어린덴이나 부르카르와 숄더, 이 세 사람은 이로 인해 믿기 어려운 연쇄 작용이 발생하리라고는 상상조차 못했다. 6월에 장자크 부르카르는 이미 뒤낭에게 "숄더 씨나 주어린덴 씨, 그리고 저도 ZF의 기사를 재생산할 생각은 하지 않고 있습니다."라고 간략하게 언급했다. 부르카르는 맞는 말을 했다. 더 이상 그럴 필요가 없었다. 이제 수문이 열렸고 쏟아져나오는 물줄기를 더 이상 막을 길이 없었다.

뒤낭 자신도 이 물결이 얼마나 엄청난지 즉시 가늠하지는 못했던 듯하다. 청년 시절부터 꾸준히 해 온 대로, 또 기독교청년회를 이끌 당시, 그리고 알제리 사업을 할 때와 적십자에 이어 만국연합을 이끌 때와 마찬가지로, 뒤낭은 이때도 중요하다고 판단한 사람들에게 자신이 그 순간에 우선 순위로 간주하는 일의 중요성을 강조해 줄 문서를 발송하는 것으로 만족해했다. 그래서 당시에는 적십자 관련 일을 다시 하기 시작했으니, 뒤낭은 부지런하게도 스위스 적십자의 회장인 스테헬린 박사에게 ZF의 기사를 전달했다. 박사는 즉시 ZF 기사 내용을 뛰어넘는 예찬의 글로 뒤낭에게 감사의 답장을 보냈다.

"앙리 뒤낭이라는 이름이 적십자 관련자들에게는 생소하지 않지만, 귀하가 이르렀던 데까지 가기 위해 얼마나 많은 열성과 에너지와 노력이 필요했는지를 아는 사람은 거의 없을 겁니다. 이 신문 기사는 그저 귀하가 받아 마땅한 헌사를 할 뿐이군요."

스테헬린 박사가 이렇게 적십자 내외부를 구별한 사실은 그가 완벽한 통찰력을 지니고 있었음을 보여준다. ZF 기사는 실로 뒤낭의 이름을 적십자라는 단일 영역으로부터 끄집어내어 엄청나게 큰 한 발을 뗄 수 있게끔 해준 셈이었기 때문이다. 취리히 지역의 다른 몇몇 일간지들은 ZF의 기사를 그대로 싣기도 하고, 일부는 요약본을 게재했으며, 또 일부는 거기에 살을 붙이기도 했다. 후자의 선택을 한 장크트갈렌의 일간지 오스트슈바이츠 신문은 대대적으로 공세에 나섰다. 7월 26일에 무기명으로 실린 호소문의 제목은 거창하게도 '사람들과 정부들이 마땅히 보여야 할 경의 의무'였다. 이 글은 『솔페리노의 회상』의 기원과 역할에 대한 장황한 설명에 이어, 제네바 협약을 상기시켰고, 이 모든 일의 주인공이 당시 받고 있던 온갖 찬사를 언급했다. 이어진 글에서 이 호소문의 어조는 사뭇 비장했다.

— 만약 우리 시대에 대해 역사가 기록하기를, 국제법에서 가장 유익하고 가장 위대한 제도를 가능케 한 인물, 우리 시대 문화에서 하얀 바탕에 그려진 붉은 십자가로 전 세계 평화의 새로운 상징을 부여해 준 인물을, 우리가 완전한 침묵과 망각 속에서 스러져가게 내버려뒀다고 평가하는 날이 온다면, 우리는 수치심과 당혹감으로 벌겋게 달아오르지 않겠는가? 아니다. 우리는 그런 일이 생기도록 내버려 둘 수 없다! 우리에게는 그렇게 둘 권리조차 없다.

또한 언론으로부터 영감을 얻어 작성된 이 글은 언론에게 책임을 지우며 마지막으로 이렇게 종용한다.

— 온 나라와 온 진영에 속한 언론이 세상에 널리 울려 퍼지는 호소를 해야 한다. 긴급한 요청을 담아 온 나라 정부의 모든 이에게, 모든 민족에게 호소해야 한다. 우리 세기에 적십자를 불멸의 선물로 선사한 그 사람에게도 이제 하얀 바탕에 붉은 십자가가 다가와 그 빛으로 그의 어두운 밤을 밝혀주기를.[M7]
    저자 주석 M7: 이 기사와 그 번역문(공저자 중 한 명인 그레구아르 뮐러가 프랑스어로 번역하였다)은 뒤랑, 베르슈, 뮐러의 공저『게오르크 바움버거와 오스트슈바이츠』30~34쪽에 전문이 실려있다. 게오르크 바움버거의 활동과 관련된 모든 자료의 출처는 위의 책이다.

이 글의 저자는 누구였을까? 사실 그것은 중요치 않다. 뒤낭은 이 기사를 접하고는 즉시 오스트슈바이츠의 편집장에게 서한을 띄웠다. 편집장도 바로 가슴이 뭉클해지는 답장을 보내며 뒤낭에게 자신이 방문해도 좋을지 간곡하게 물었다. 그의 이름은 게오르크 바움버거였다. 그는 이제 막 마흔 살이 되었고 가톨릭 보수 신문인 오스트슈바이츠를 이끌고 있지만 어떤 영역에서는 진보적인 생각을 하는 사람이었다. 1895년 8월 2일자 신문에 뒤낭의 답변을 실을 시점에, 바움버거는 이미 적십자 창립자의 재발견이 독일어권 스위스의 지역 신문들이 한여름 휴가철마다 구슬 꿰 듯 싣곤 하는 시시한 기사들과는 비교할 수 없는, 훨씬 가치있는 사건임을 인지하 고 있었다. 아니다, 앙리 뒤낭과 같은 인물에게는 다른 게 필요하다. 유럽, 아니 세 상이 무대여야 한다. 저 대지를, 저 벽을 넘어서야 한다.

1895년 8월 7일 바움버거가 아펜젤 지방에 위치한 하이덴 지역 병원으로 찾아왔 다. 뒤낭은 그가 언제 도착하나를 살피고 있었지만, 그 사실을 바움버거는 전혀 몰 랐다. 3층 창문의 빛막이창은 여느 때처럼 3분의 2정도 닫혀 있었고, 뒤낭은 거리 에서 누군가 그를 올려다본다는 생각이 들면 어린 아이처럼 창가에서 얼른 몸을 피 하곤 했다. 온 하이덴 마을 사람들이 그 사실을 알고 있기에 병원 건물 앞을 지나갈 때면 일부러라도 고개를 들어 올리곤 했고, 그래서 뒤낭이 감히 창문 밖을 내다보 는 일은 꽤나 드물었다. 허나 오늘은 얘기가 다르다. 장크트갈렌에서부터 찾아 온 이 기자는 무엇을 알고 있을까? 뒤낭은 베르트스트라세 거리를 따라 내려오는 그의 모습을 관찰했다. 곱슬머리에다 자그마한 안경을 코에 걸쳤고 짤막한 체형인 바움 버거는 문서로 가득 채워서 떠날 준비라도 한 듯 책가방 같은 걸 들고 있었다. 바움 버거는 혼자였다. 뒤낭은 다시 자리에 앉으면서 다행이라고 생각했다. 이제 수간호 사 엘리즈가 습관처럼 문을 두 번 조용히 두드릴 시간이 코앞으로 다가왔고, 뒤낭 은 자신이 여태껏 한참 잊고 지냈던 감정을 느끼고 있음을 문득 깨달았다. 그는 기 쁨에 겨워 있었다.

1892년 뒤낭이 하이덴에 정착한 이래로 침대 발치에 뉘여 둔 엄청난 크기의 여행 가방, 그 가방에 고이 모셔둔 세상에 하나밖에 없는 문서들을 뒤낭은 바움버거에게 보여주었다. 그리고 바움버거가 그 문서들을 본 단 세 번째 사람이라는 이야기를, 뒤낭은 수없이 반복해서 언급했다. 바움버거는 자신이 세 번째 대상이었다는 점을 수차례에 걸쳐서 들은 것인데, 그렇다면 그 전 두 명은 누구였을까? 손데레거가 뒤 낭의 기억 속에서 아예 잊혔다고 가정한다면, 아마도 뮐러와 주어린덴을 말하는 것 임을 추측할 수 있다. 피스터의 경우에는 우편물로 폭탄을 맞은 것이지 실제로 뒤 낭을 만나서 작업하지는 않았기 때문이다. 게다가 그는 결국 평생 뒤낭과 직접 만 나지 못하고 말았다. 항시 자신에 대해 적들이 비밀스런 음모를 꾸민다고 생각하다 보니, 노인 뒤낭은 정말 비사교적인 사람이 되어버렸다. 그러니 바움버거가 뒤낭의 실물을 보고 신뢰를 얻은 것은 실로 예외적인 특혜였다. 그가 뒤낭이 지칠까 싶어 인터뷰를 그만 멈추려 하면 뒤낭은 오히려 화를 냈다. "아니오! 날 찾아오는 사람이 거의 없으니 괜찮소. 그리고 맞이하고 싶은 사람도 별로 없지. 특히나 그저 구경꾼들이라면 절대로!"

그들은 여섯 시간 동안이나 이야기를 나눴다. 기자로서는 상당히 드물게 사람의 말을 들어주는 미덕을 갖춘 바움버거는 뒤낭이 이야기를 하게끔 내버려 두고는 그의 말을 경청했다. 그는 뒤낭이 구사하는 프랑스어와 그의 태도에서 드러나는 품위에 경탄했다. 또 자신의 과업인 적십자와 그 발전 사항에 대한 뒤낭의 깊이 있는 견해, 1863년 제네바 회의를 성사시키기 위해 온 유럽을 돌며 동의를 구했던 자신의 여정을 되짚을 때, 그의 얼굴에 엿보이던 강건한 에너지에 탄복했다. 뒤낭은 원대한 원칙을 갖고 원대한 활동을 한 사람이라는 점 말고도 아주 생생하게 일화를 풀어놓는 말재주가 있었다. 뒤낭은 자신의 심경을 조금 윤색하여 허영심을 충족시키는 대신, 아주 회고적인 태도로 연민을 불러일으켰다. 예를 들자면 이렇다. 코뮌 당시를 이야기하면서 뒤낭은 "내 인생에서, 코뮌 시기만큼 깊은 우울에 빠졌던 때가 없었소. 난 정말 끔찍한 일들을 목격했지."라고 고백했다. 그것은 사실이다. 그 당시에는 누이에게조차 그와 비슷한 이야기를 언급한 적이 없다. 허나 영원의 시간 앞에서 이 정도 다른 이야기를 하는 게 뭐가 중요하랴?

오스트슈바이츠 신문의 편집장 게오르크 바움버거.
1895년 여름 적십자의 창립자를 위해 언론 캠페인을 개시하였다.

뒤낭이 바움버거를 자신의 방문 앞까지 배웅했을 때에는 해가 이미 진 후였다. 엘리즈 간호사가 3층까지 그를 데려다 줬을 때 뒤낭이 복도까지도 나오는 일이 거의 없노라고 말했다. 바움버거는 노인 뒤낭이 조심스레 방문을 여는 모습을 보며 간호사의 말이 맞다는 것을 눈으로 확인할 수 있었다. 뒤낭은 복도에 아무도 없음을 확인한 후, 방문객인 바움버거를 문밖으로 나가게 했다. 마치 바움버거가 계단 밑 골방에 매복한 야수에게 잡혀먹힐 위험에라도 처한 양 행동했다. 악수를 나누며 뒤낭은 내일 바움버거에게 보내기로 한 주요 문서들이 무엇인지 되짚었다. 안색에서 분명 피곤함이 묻어났지만, 뒤낭이 분명 밤을 새는 한이 있더라도, 내일 그 전부를 우편으로 보낼 것임을, 바움버거는 확신했다. 두 사람은 마음이 통했다. 기사는 이미 완성된 거나 마찬가지였다. 그저 글로 옮기기만 하면 되었다.

바움버거는 도착할 때와 마찬가지로 뒤낭의 관찰을 받으며 하이덴 지역 병원을 떠났다. 기차역 방향으로 우회전하기 전에 바움버거는 뒤돌아 보며 손을 흔들었고, 뒤낭은 어쩔 수 없이 반쯤 닫힌 빛막이창 너머로 인사하는 시늉을 했다. 보고 있지 않은 척해서 무엇하랴? 오늘 기적이 일어났다. 여섯 시간 내내, 길거리에서 고함치는 촌사람들 소리도, 병원 환자들이 무례하게 욕하는 소리도 뒤낭의 귀에는 들리지 않았다.

장벽 너머로

8월 8일과 14일 사이에, 뒤낭은 매일 엘리즈 '집사'에게 두꺼운 봉투를 맡기며 그것을 역 근처 우체국에 가져가서 부쳐 달라고 부탁했다. 가까운 거리가 아니었기에 매번 뒤낭은 좀 우겨야 했다. 수간호사가 할 일이 우편물 배달만 있는 게 아니지 않은가. 하지만 엘리즈는 뒤낭이 유일하게 신뢰하는 사람이었기 때문에, 그것을 아는 그녀 역시 이러한 요청에 응할 수밖에 없었다. 이번 일은 여느 때보다도 한층 더 신속하게 지연없이 진행되었다. 게오르크 바움버거가 8월 17일에 휴가를 떠날 예정이었고, 그는 휴가 전에 기획한 대로 일련의 기사를 실을 계획이었기 때문이다. 그러니 당장 지금부터 그날까지 필요한 모든 자료를 그에게 보내주어야만 했다.

이 며칠 동안 뒤낭은 쉴 새 없이 글을 썼고 완전히 탈진 상태에 이르렀다. 뒤낭이 8월 13일에 뮐러에게 보낸 편지를 보면 바움버거가 그에게 '적십자의 적요를 제공해 달라'고 했다고 한다. 사실, 뒤낭에게 애써 부탁할 필요도 없었다. 그는 오히려 자기가 매일같이 보낸 방대한 문서 자료에 허우적거리다 바움버거가 힘이 빠지지나 않을까 걱정했을 게 분명하다. 그러니 뒤낭은 적십자의 역사라는 미로 속으로, 또 자신만의 사실관계 설명 속으로, 바움버거를 친히 데리고 들어가는 일에는 불만이 없었으리라. 마치 그때까지 루돌프 밀러와 작업하던 대로 자기만의 적십자 역사 정립을 하는 일 말이다.

자신이 편집장인 신문에 10편에 걸친 연재 기사를 싣는 것 외에도 바움버거는 독일의 유명 삽화 잡지 〈대지와 대양 너머로〉의 연락을 받았다. 이들은 오스트슈바이츠 신문에 일전에 실린 호소문을 보았고, 뒤낭이라는 인물에 대해 탐방 기사를 쓰고 싶다고 전해왔다. 바움버거는 지체 없이 그 요청을 받아들였지만, 기사는 자신이 써야 한다는 조건을 달았다. 제대로 된 삽화 잡지답게 〈대지와 대양 너머로〉는 기사의 글이 작성되기도 전에 하이덴으로 장크트갈렌의 사진사를 파송했다. 사진 기자의 이름은 오토 리트만이었다. 오토는 생전 처음 보는 광경에 깜짝 놀란 병원 환자들의 시선을 받으며 온갖 촬영 장비를 짊어지고 하이덴 병원의 3층까지 올라왔다. 초상 사진다운 엄숙함에 방해가 될 법한 가구, 여행 가방 및 온갖 잡동사니들을 방 한쪽에 감춘 후 검은 직물을 늘어뜨리고 리트만은 뒤낭을 그 앞쪽에 앉혔다. 또한 자연광을 최대한 활용하기 위해 흰색의 커다란 상자를 창문과 특정 각도가 되도록 정성스레 배치했다. 이 모든 작업에는 시간이 꽤 들어갔고, 뒤낭의 눈에는 별로 중요하지도 않은 일에 시간을 낭비하는 것 같아 보였다. 허나, 필요하다면 해야 하지 않겠는가. 삽화 중심의 잡지에 사진이나 그림 없이 글만 게재할 순 없는 노릇이다. 뒤낭은 오스트리아식 실내 가운을 입고 벨벳 소재로 된 정수리를 덮는 모자를 쓴, 평소와 같은 차림이었다. 매우 다행인 것은 사진 기자 리트만이 뒤낭에게 웃어달라고 부탁하지 않았다는 점이다. 그런 노력을 하기엔 뒤낭은 이미 지쳐있었다.

사진 기자가 다녀간 후 며칠이 지나고 8월 16일이 되었다. 아직 아무 기사도 나오지 않았을 때였다. 다만 수면 위로 여론이 조금씩 부글거리기 시작하는 게 느껴지던 시점이었다. 이러한 분위기를 반영한 최초의 편지는 동생 피에르로부터 도착했다. 피에르의 편지에는 다른 서한이 동봉되어 있었는데, 뒤낭은 도무지 믿기가 어려워 두 번이나 차근차근 읽어보아야 했다.

"여러 신문에서, 특히 독일어권 스위스 언론에서 게재한 다양한 기사들, 즉 적십자 위원회의 주창자이자 창립자인 앙리 뒤낭 씨에 대한 보도를 접한 후 — 아펜젤 지방의 작은 시골마을에서 근근히 생활하고 있다고 보도되고 있습니다 — 국무회의에서 다음과 같이 요청드립니다. 이 시민의 위치에 대해 귀하가 알고 계신 모든 정보를 저희에게 공유해 주시기를 바랍니다. – 제네바 공화국 및 주의 수상"

뒤낭은 앉아있던 안락의자에서 그 편지를 손에 든 채 나가 떨어질 지경이었다. 제네바라고! 30년 유배 생활 끝에, 이제서야, 그의 고향이 갑자기 탕자의 상황을 걱정하고 있다니!

피에르의 편지가 도착하고 이틀 뒤, 두 번째로 놀랄 일이 발생했다. 스위스 적십자의 간사가 뒤낭에게로 아르가우 지방 신문에 게재된 기사를 하나 전해왔다. 기사에는 뒤낭의 이름이 굵은 활자로 강조되어 있었고, 하이덴의 은자를 연방 정부와 연방 의회가 지원해야 한다고 호소하는 내용이었다. 이러한 목소리가 하도 여기저기서 들려오기 시작해 더 이상 어디에 초점을 맞춰야 할지 모를 지경이었다. 앙리의 동생인 의사 피에르 뒤낭은 스위스 적십자가 직접 후원금을 한군데로 수합하는 역할을 해달라고 요청했다. 앙리의 가족은 1867년에 이미 채권자들에게 크게 데였던 경험이 있기에 여전히 앙리에게로 들어올 금전적 후원을 관리하기를 꺼렸기 때문이다. 스위스 적십자 회장 스테헬린 박사는 피에르에게 보낸 답장에서 약간의 안도감을 주면서 다음과 같이 적었다.

"지금 독일에서건 스위스에서건 아주 제대로 광적인 관심이 일고 있는 것 같습니다. 모두가 뒤낭 씨를 돌보려고 나서고 있고, 뒤낭 씨가 철저한 곤궁에 빠져 아주 처절하게 살고 있다고 생각하는 모양입니다. (중략) 우리는 당연히 뒤낭 씨를 돕기 위해 답지하는 후원금을 관리할 각오가 되어 있습니다. 이미 우리가 적어도 3년 전부터 하고 있던 일입니다. 말하자면 적십자 창립자에 대한 보답의 의미로 찬조금을 지급하기로 적십자 차원에서 결정한 시점부터 말이지요."

뒤낭은 이런 모든 움직임을 어느 정도로 제어하고 있었던 걸까? 구체적인 사항들을 살펴보면, 이 모든 게 정말 우연의 연쇄 작용이었던 걸로 보인다. 취리히에 살던 뒤낭의 친구들이 취리히 주간지 ZF에 그에 대해 논하는, 기사를 하나 싣게끔 설득했고, 그렇게 해서 ZF에 실린 기사로 오스트슈바이츠 신문의 호소문이 나오게 되었으며, 이를 통해 편집장 바움버거가 직접 뒤낭을 만나러 가야겠다고 결심했다. 이 두 사람의 만남을 통해 〈대지와 대양 너머로〉의 1면 탐방 기사가 이제 곧 게재될 예정이었다. 하지만 좀 더 시야를 넓혀서 다시 살펴보자면, 제네바를 조심스레 피해가야만 스위스 내에서 다시 명성을 되찾을 수 있다는 점, 또 적들이 상상도 못할 통로 즉 하이덴을 통해서 적십자 세계에 다시 진입해야만 적십자 내부의 호의를 되찾을 수 있다는 점을 뒤낭 본인이 제대로 파악하고 있었음을 높이 살 필요가 있다. 아펜젤 지방 하이덴의 작은 적십자 지부는 뒤낭이 제네바 사람들, 프랑스어권 스위스인들, 그리고 국제적십자위원회를 포함해서 이미 사반세기 동안이나 자신의 앞길을 막고 있는 사람들을 건너뛰고도 스위스 적십자 중앙회 회장의 관심과 호의를 누릴 수 있게끔 해 주었다.[3] 이 모든 게 아마 사전에 계획된 일은 아닐 가능성이 높다. 다만 뒤낭은 자신의 유배지를 최선으로 이용하는 데 크게 성공한 셈이었다. 다시 한 번 뒤낭 특유의 놀라운 능력, 즉 기회 포착의 능력이 그 누구도 기대하지 않은 곳에서 발휘되었다.

맑은 공기의 혜택

적십자 창립자를 둘러싸고 새삼 이렇게 부산스럽게 소동이 벌어지는 가운데, 적십자 운동의 새로운 역사가 편찬 중이라는 소식이 알려지자 이는 완전히 새로운 차원의 의미를 갖게 되었다. 그 시점에서는 아직 작업 조건이 바뀐 게 없었다. 즉, 피스터와 합의한 바는 뮐러와 뒤낭이 글을 집필하고, 빈터투어 지부가 출판 업무를 담당하기로 한 상태였다. 하지만 뒤낭의 '재발견'이 자선 활동계라는 좁은 영역을 벗어나 국제 언론의 대대적인 관심을 끌기 시작하자 스위스 적십자가 개입하고 나섰다. 6월에 중앙위원회 간사 셍커 소령이 하이덴에 들이닥쳤다. 그는 ZF의 기사에서 다룬 뒤낭에 대한 이야기를 이미 오래전부터 알고 있었지만, 언론에 적십자의 역사가 새로 출간된다는 소식이 전해지자 실로 긴급하게 그를 찾아올 필요가 있었다.

"이보십시오! 새로운 책은 스위스 적십자가 후원하고 출간해야 하지 않겠습니까!" 셍커 소령은 당연하다는 듯이 뒤낭에게 선언했다.

"하지만 이미 빈터투어 지부가 깊숙이 관여하고 있습니다. 그러기 좀 까다로울…"

"제가 알아서 하지요!" 셍커 박사는 스위스 적십자 중앙위원회의 권위를 확신하는

---

3 적십자 운동은 설립 당시부터, 제네바 협약의 실행을 관리하고 전쟁 시에 활동하는 국제 조직으로 제네바 소재의 국제적십자위원회와, 조약에 가입한 나라에서 1개씩 그 나라를 대표하며 평시에 활동하는 각국 적십자 조직(예컨대, 대한적십자사)은 서로 독립되어 있다. 그렇기 때문에 국제적십자위원회로부터 제명되다시피 사퇴를 한 후로도, 앙리 뒤낭이 프랑스, 벨기에 등 다른 국가의 적십자 조직과 연계하는 활동을 할 수 있었다. 마찬가지로 베른 소재의 스위스 적십자사와 제네바의 국제적십자위원회는 완전 다른 조직이다. 무아니에가 회장을 맡고 있는 국제적십자위원회가 어떤 입장이든, 스테헬린이 회장을 맡고 있는 스위스 적십자가 독자적으로 행동하면서 뒤낭을 지원할 수 있었다는 뜻이다. 이런 국제 적십자 운동의 조직적 전통은 지금까지 이어지고 있다.

듯한 어조로 뒤낭의 말을 중간에 잘랐다.

뒤낭은 셍커가 떠난 후 다시 책상에 앉으면서, 뭐 그렇다면 그들끼리 알아서 하라지, 라고 생각했다. 솔직히 이제 뒤낭이 가장 신경 쓰는 부분은 누가 출판을 담당하느냐가 아니었다. 그의 번역가가 문제였다. 벌써 1월부터 몇 달이나 루돌프가 기침에 시달리고 있는 탓에 뒤낭은 극도로 염려하고 있었다. 그날 아침에 받은 한 통의 편지 때문에 뒤낭은 한층 더 불안해 미칠 지경이었다. 약 20년 전, 영국에 있었을 때에도 앙리는 루돌프가 아프다는 소식에 견딜 수 없어 한 적이 있다. 루돌프가 아프다는 소식은 뒤낭의 내면에 일종의 모성애를 자극했다. 총애의 대상인 가여운 루돌프에게 ― 이제 루돌프도 곧 40대에 들어선다 ― 뒤낭은 할머니에게 배웠던 자연요법 등, 온갖 조언을 잔뜩 해준 후에야 그나마 진정하곤 했다.

병원에서 뒤낭의 식사를 담당하는 조리사 엠마 뤼벨리는 엘리즈 수간호사가 아주 바쁘면 그의 방으로 식판을 가져다주기도 했는데, 그날 밤 엠마는 들고 온 식판을 아예 내려놓지도 못한 채 그대로 돌아서야 했다. 뒤낭의 한 손 신호가 무슨 뜻인지 잘 알고 있었기 때문이다. 그는 편지를 쓰고 있었고, 방해할 수 없는 상태였다.

뒤낭은 우선 원거리에서 루돌프의 병력을 되짚는 것으로 그날의 답장을 시작했다. 회상컨대 루돌프는 작년에 울름의 집을 수리하면서 참 애를 많이 먹었다. 그리고 올해 1월에 슈투트가르트에 있는 학교의 교사로 임명되며 신생아를 포함한 온 가족이 아무것도 갖춰지지 않은 아파트로 이사를 갔다. 바로 그런 식으로 병이 난 것이다! 독학자 뒤낭은 고등학교 교사에게 현학적인 어조로 설명을 이어갔다. "지금 건강이 나쁜 건 아마도 위에 나열한 이유들 때문일 거라네. 자네는 다른 모든 사람을 위해 조심했겠지. 허나 본인에게는 충분히 신경을 쓰지 못한 게야."

따져볼 필요도 없다. 루돌프는 우선 당장 L교수를 찾아가야 하고, 무더운 여름 동안에는 산속으로 피서를 가야 한다. 그것도 대체 교사를 물색한 후에 아예 7월부터 휴가를 가야 한다. "왜냐하면 아예 시작부터 뭔가를 해야 하기 때문이라네. 여기서 '뭔가'란 약이 아니라네. 좋은 환경 속에서 맑은 공기를 마시고 충분히 휴식을 취하고, 한기가 드는 걸 피해 아주 조심하는 것을 뜻하네." 그러면서 뒤낭은 지속적으로 치료법을 써야 한다고 전하면서, '아마도 남자에게는 좀 성가실' 수 있지만 그래도 꼭 필요한 처방이라며 설명을 이어갔다. 솜으로 만든 가슴받이를 가슴팍에 올려두고 나서 ("스위스에서 파는 가슴받이 포장에는 적십자 표식이 크게 있다네."라고 창립자는 자랑스레 덧붙였다) 땀이 나기 시작하면 바로 그보다 조금 작은 크기의 가슴받이를 그 밑에 덧대어주는 요법이었다. 뒤낭은 이 방법은 당연히 상당히 따뜻한 방에서 실행해야 한다고 덧붙였다. 거기에다가 두툼한 모직 조끼도 필요할 터인데, 날이 심하게 더운 날에는 좀 더 가벼운 하얀색 세모꼴 숄로 대체해도 좋았다. 이때는 세모의 한 꼭지점을 등 쪽에 두고 나머지 두 꼭지점을 가슴 앞에서 여미면 된다. 또 아침 저녁으로 장뇌 연고를 가볍게 문질러 주면 최상의 효과가 날 것이다. 장뇌 파이프를 태우는 방법도 유용할 수 있다. 물론 우유를 펄펄 끓인 후 엠스 강물로 살짝 식혀 활용하는 것도 잊어서는 안 된다. 이러한 등등의 이야기가 네 페이지에 걸쳐 이어졌다. 앙리는 편지 말미에 루돌프에게 "직접 자네를 돌볼 수 있게 내가 슈투트가르트에 있다면 정말 좋겠군."이라고 적었다. 마치 그가 '사랑하는 아들'에게는 이미 부인이 있고, 뒤낭 본인보다 그녀가 그 숭고한 임무를 수행하기에 더 적절한 위치에 있다는 걸 잠시 잊어버리기라도 한 듯했다.

어찌됐든 뒤낭은 만족할 만한 성과를 냈다. 1895년 여름 푹푹 찌는 무더위가 닥친 가운데 뮐러가 여름 내내 산중에서 휴가를 보낸 것이다. 9월 초가 되어 휴가에서 돌아오는 길에 뮐러가 뒤낭을 찾아왔다. 이 두 사람은 적십자 역사에 대한 책을 출판하는 데 대한 새로운 계획을 함께 점검했다. 적십자 창립자에 대해 언론에서 법석인지라, 이들은 집필 계획을 어느 정도는 앞당겨야만 하는 상황이었다. 빈터투어 지부를 배제한다는 결정을 내리지는 않았지만, 9월 초인 그 당시에 이미 이 두 사람은 독일 쪽에서 보이는 관심을 포함해서 가능한 모든 경로를 열어두기로 합의했다.

7월 말, 오스트슈바이츠에 대대적인 기사가 게재된 이후로 이미 출판업계의 관심이 매우 높아져 있었다. 그런 가운데 뒤낭의 사진이 엄청난 크기로 첨부된 '1면' 기사가 녹일 수간지 〈대지와 대양 너머로〉 1895년 9월 6일호에 실렸고, 이어 같은 기자인 바움버거의 탐방 기사가 1895년 9월 10일부터 20일까지 열흘에 걸쳐 오스트슈바이츠에 연재되자, 바야흐로 『솔페리노의 회상』을 재발간하겠다고 자청하고 나선 모든 이가 말 그대로 전면 충돌하는 상황이 초래됐다. 30년이나 망각 속에 방치됐던 『솔페리노의 회상』을 이제 만사를 제쳐놓고 재발간해야만 한다! 이리하여 10월 말이 되자 다음과 같은 후보자들이 늘어섰다. 응급 구호단체인 취리히의 사마리아인들은 『솔페리노의 회상』 3만 부를 찍어서 각 15상팀에 판매하고자 한다는 계획을 내놓았다. 여전히 뒤낭과 뮐러의 추가 글을 실은 증보판을 재간행하는 건 오직 자신들이 맡은 일이라고 믿고 있는 빈터투어 적십자는 그 누구도 자신들을 제쳐놓을 수 없다고 생각했다. 한편 적십자 중앙위원회의 셍커 박사는 빈터투어 지부로부터 이 출판의 책임을 채 가려고 벼르고 있었다. 적십자 베른 지부에서도 『솔페리노의 회상』의 새로운 독일어판을 5천 부 인쇄해서 11월에 열리는 연례 대형 바자회에서 판매하겠노라 발표했다.[4] 마지막으로 아르가우 주의 한 출판업자는 — 뒤낭이 5년 전에 프랑스어판을 재발간할 수 있지 않을까 하는 소심한 희망을 안고 그에게 수사본을 보냈었지만 그때는 별 반응을 보이지 않았던 사람이다 — 갑자기 자다 깬 사람처럼 『솔페리노의 회상』을 자기 업소에서 이미 인쇄하고 있으며, 그것도 프랑스어판과 독일판을 동시에 찍고 있다고 알려왔다!

1895년 10월 8일 편지에 뒤낭은 뮐러에게 "이제는 제안이 지나치게 많이 들어오니 당혹스럽다."고 적었다. 취리히의 3만 부 인쇄 계획은 무척이나 구미가 당기는 제안이었다. 허나 아르가우에서는 프랑스어판까지도 약속하고 있다. 게다가 요한 피스터와 지부 전체가 이때까지 자기에게 베푼 걸 생각하면 어찌 빈터투어 지부를 실망시킬 수 있겠는가? 뒤낭은 "난 어찌해야 할지 모르겠군!"이라며 끙끙거렸다.

반면에 그가 확실히 알고 있는 게 있다면, 바로 가장 잘 알려진 독일어 주간지 중 하나에서 자신에 대한 1면 기사가 나간 이상, 지역 차원의 사소한 부활로 만족할 수는 없다는 점이었다. 1년 전 5월에 ZF에 실린 기사로 눈덩이가 굴러가듯 결과가 나온 것에 대해 강한 인상을 받았던 뒤낭은, 이제는 그 눈덩이가 유럽 전역으로 더 멀리 굴러가기를 기대했다. 그는 이제 베를린에 기반을 둔 삽화 잡지사에서 관심을 보이기를, 그것도 초대형 기사를 내주면 더 좋겠다고 생각하고 있었다. 그는 뮐러에게 지인 중에 이런 일을 도와줄 만한 사람이 없는지 물었다. 친애하는 친구여, 슈바벤 메르쿠어 신문에도 혹시 아는 사람이 없는지? 아니면 뷔르템베르크의 베오바흐터 신문에는? 아니면 슈투트가르트 지역 다른 신문에라도?

마치 장기간의 단식투쟁을 마치고 난 사람의 식욕이 폭발하듯 앙리 뒤낭의 갈망은 갑자기 만족시킬 수 없게 되었다. 여전히 부족했고, 항상 더 많은 걸 원했다. 도화선에 불이 붙혀진 이상, 이제 뒤낭은 결코 그 불꽃이 사그라들게 둘 수 없었다.

---

4 취리히 주는 스위스 북부의 대표적인 독일어권 지역이며, 빈터투어는 취리히 주에 있는 도시, 취리히 서쪽에 있는 아르가우 주와 스위스 중부 베른도 독일어 사용 지역이다. 반면 서남쪽의 뇌샤텔, 보, 제네바 등은 프랑스어 사용 지역이다.

독일 주간지 〈대지와 대양 너머로〉의 1895년 9월 6일자 1면.
게오로크 바움버거가 인터뷰했고, 사진 촬영은 오토 리트만이 담당했다.

사본의 가치

『솔페리노의 회상』에 대한 관심이 되살아나자 뒤낭은 분명 매우 기뻤으리라. 지난 20년의 세월을 이런 순간을 기다리며 보낸 것이나 다름없었다. 그럼에도 당시 상황은 뒤낭에게 상당한 신경증을 유발하는 원인이 되기도 했는데, 여기에는 적어도 두 가지 이유가 있다.

첫 번째는 순전히 물질적인 차원으로, 현대를 살아가는 우리로서는 상상력을 발휘해야만 이해할 수 있는 문제이기도 하다. 당시 19세기 말에만 해도 종이 값이 꽤 비싸서 예산이 빠듯하다면 상당히 부담으로 작용할 수 있는 요소였다. 두 번째 이유는 지겹게도 손으로 일일이 옮겨 쓰지 않고서는 수사본을 인쇄물로 복제해 낼 방도가 전혀 없었다는 점이다. 그러니 생각을 한번 해 보자. 뒤낭이 매주 혹은 매달, 자신이 보관해 온 온갖 문서들과 편지들, 어떤 경우엔 이미 절판된 책, 또 무엇보다 적십자의 역사를 단행본으로 내기 위해 번역해야 할 자필 원고를 루돌프에게 보내주었는데, 대부분이 유일본인 그 문서들의 가치는 헤아릴 수가 없다는 이야기다. 뒤낭은 자기 삶의 모든 순간에 대한 흔적 내지는 증거를 남기는 데 집착했던 사람이었다. 그랬기에 뒤낭의 전기 작가들은 엄청난 양의 서신들을 살펴보는 매우 값진 특권을 누리게 된다. 그것은 순전히 뒤낭이 자신이 주고받은 편지들을 대부분 직접 옮겨 적어서 복제본을 남겨둔 덕이다. 하지만 하이덴에서 지낼 당시 뒤낭은 워낙 습진에 시달리고 있었고, 우리 인간의 신체가 흔히 그러듯 그 병은 짓궂게도 뒤낭에게 가장 필요한 신체 기관을 괴롭혔다. 바로 오른손이다. 글을 쓰는 행위가 어찌나 고통스럽고 엄청난 노력을 요구하는 일이 되어버렸던지, 뒤낭은 앞으로 뮐러와 함께 펴낼 책에 대해 그에게 보낸 모든 문서를 차마 다 옮겨 적어두지 못했다. 그러니 공동으로 책을 준비하는 과정에서 꼭 필요한 서신 교환이라는 단순한 일조차도 뒤낭에게는 매일같이 번민으로 다가왔다.

뮐러는 당대 사람들이 흔히 그랬듯이 종이를 아주 아껴 쓰는 사람이었다. 그러니, 『솔페리노의 회상』 번역본을 완성하고 나서 적십자의 기원에 대한 글을 쓰면서 새 공책을 따로 꺼내어 써야겠다는 생각은 아예 하지도 않았다. 불쌍한 뮐러! 그는 이것 때문에 뒤낭에게 얼마나 잔소리를 들었던지! 앙리는 수많은 출판업자를 놓고 행복한 고민을 시작한 이후로 『솔페리노의 회상』을 단독으로, 즉시 출간하고 싶어 안달이 났다. 그런데 어찌 그게 가능하겠는가? 『솔페리노의 회상』의 새로운 독일어 번역본은 증보판에 추가될 내용과 함께 뮐러의 공책에 뒤섞여 있었다. 그러니 『솔페리노의 회상』만 따로 떼어내서 자기가 출판하게 해달라고 청탁하는 이들에게 보내줄 수조차 없었다.

손데레거는 아무렇지도 않게 막 대했건만, 뮐러에 대해서 뒤낭은 생전 처음으로 심한 질책을 퍼붓지 않기 위해, 꾹 참으며, 엄청난 노력을 기울인 기색이 보인다. 10월 8일 편지에 뒤낭은 차분한 어조로 이렇게 지적했다. "자네가 번역할 때 나처럼 각 장별로 공책을 따로 사용하지 않았다는 게 참으로 유감스럽군. 자네도 그렇게 작업하리라 생각했었네만." 2주 후 뒤낭은 집요하게 이 문제를 물고 늘어졌다. "2장의 시작 부분을 묶음 종이에다가 필사해 두었는지를 묻고 싶네." 그러고 나서 또 1주일이 지나자 뒤낭은 더 이상 참을 수가 없었는지 다음과 같은 편지를 보냈다.

"나의 사랑하는 친구여, 나는 자네의 독일어 번역본을 필사하는 비용을 직접 지불하기로 마음먹었다네. 그 복사본은 꼭 필요하다네. 자네의 공책과 내 공책을 아주 기꺼이 훔쳐갈 각오가 되어 있을, 나의 적들의 음모에 대비해야 하기 때문이라네."

결국 또 이렇게 되어버렸다. 놀라울 정도로 길었던 휴지기가 지나고 뒤낭의 적이 다시 그를 습격하기 위해 고개를 들었다. 1895년 가을이었다. 이것이야말로 뒤낭이 극도로 신경질적이었던 두 번째 이유다. 위의 첫 번째 물질적인 면에서의 이유와도 직접적인 연관이 있다. 그의 존재가 재발견되면서 화제가 된 데다, 심지어 새롭게 적십자 역사를 집필한다는 사실이 경솔하게도 누설된 것이다. 그의 적들이 활동을 재개하는 것은 시간 문제였다. 11월에 뒤낭은 뮐러에게 "제네바에서는 회고록 출간에 대해 아주 파랗게 질려있다고 하는군."이라는 편지를 보냈다. 그러니 뒤낭의 생각에는 하이덴과 슈투트가르트를 오가는 자필 원고를 채가지 않고서야 그들이 이 책의 발간을 막을 방법이 뭐가 있겠는가 싶었던 것이다. 페이지 하나하나가 전부 유일본이다 보니, 문제를 일으킬 법한 책의 출판을 연기, 방해 혹은 아예 무산시키기 위해서는 우편으로 전달되는 원고를 가로채는 게 가장 간단한 해결책이 아니겠는가! 뒤낭의 걱정이 강박이라고만 할 수 없는 이유가 바로 그러하다. 누군가가 수사본을 훔치거나 가로채거나, 또는 분실하기라도 하면, 그건 현대의 우리가 상상조차 할 수 없는 재난이나 다름없었다.

이러한 상황을 더 복잡하게 만든 요소는 다른 나라에 사는 뒤낭과 뮐러 사이에 놓인 국경선이었다. 세관을 거치는 것 자체가 뒤낭의 생각에 절취나 압수, 혹은 지연 등, 온갖 헤아릴 수 없는 위험을 안고 있는 일이었다. 참으로 운 나쁘게도 개중에 로르샤흐 세관이 최악이라는 소문이 있었다. 실제로 혹은 상상 속에서 수많은 불상사를 겪은 뒤낭은 자신을 둘러싼 항구적인 음모가 존재한다고 확신하기에 이르렀다. 이런 상황에서 뒤낭은 자신을 노리는 음모를 비껴가기 위해 온갖 비비 꼬아놓은 해결책을 고안했다. 예를 들어 자필 원고를 취리히로 우선 보낸다든지, 알테어 박사에게 직접 로르샤흐 세관으로 가달라고 해서 원고가 들어있는 소포를 찾아오게 한다든지 하는 방법들이 동원되었다. 모조리 적에게 포섭된 게 분명한 로르샤흐 세관 관리들이 자기 앞으로 오는 소포를 열어 봐서는 절대 안 될 일이었다.

뒤낭이 전 세계적인 재기에 성공한 시기의 시작점을 이때, 즉 1895년 가을로 본다면, 그를 괴롭히던 괴물들도 이와 같은 시기에 빽빽히 줄지어서 그를 다시 공격하기 시작했다. 11월에도 뒤낭은 동생 피에르에게 '나의 적들에게 저항하기 위한' 위원회가 취리히에 생겼다고 알려왔다. 뒤낭의 동요 상태는 본인의 지명도가 그리는 상향 곡선을 똑같이 따라가며 한 주가 다르게 심해져만 갔다. 뒤낭 본인의 말마따나 그를 노리는 지하의 음모에 대해 그가 구체적으로 파악한 바가 정말 있었던 걸까? 아니면 다음의 편지에서 밀러에게 요약 설명한 대로 지금 상황이 이러이러하니 당연히 적들이 움직이기 시작할 것이라고 그저 간주한 것이었을까?

"ZF 편집장이 회고록이 나올 거라 언급한 이후, 그들은 나쁜 마음을 먹고는 책의 출간을 막으려 하고 있다네. 회고록이라는 것과 자네가 작업하고 있는 적십자의 기원에 대한 책을 혼동한 걸세. 그러니 어떤 일이든 생길 수 있다는 걸 명심하고 아주 조심하게나. 내 원고를 아주 소중히 관리해 주길 바라고, 그 누구에게도 빌려줘선 안 되네."

그의 적들은 뒤낭이 세상에 밝힐 내용에 대해서만 걱정하는 게 아니라, 그를 질투하기도 했다. 무아니에와 '그의 도당', 혹은 무아니에와 '그의 패거리'가 — 뒤낭은 자신의 옛 동료들을 이런 별칭으로 즐겨 불렀다 — '창립자에게 정당한 평가'가 내려지는 데 대해 심하게 짜증을 부릴 것이라는 게 뒤낭의 생각이었다. 뒤낭은 심지어 무아니에의 경우는 '29년이나 자신이 모든 것을 창립했다는 착각에 익숙해졌을 테니 더욱 분노할' 게 뻔하다고 분석했다. 이렇게 해서 뒤낭의 적들은 그를 다시금 '박해'하기 시작했다. 다만 이번에는 숨죽여 움직일 뿐이었다. "내 적들은 감히 아무 말도 대놓고 못할 거라네. 바로 그렇기 때문에 이렇게 위선적으로 나오는 것이지." 그러니 그들이 침묵을 지키고 있다는 사실은 그들이 소리 높여 비난을 퍼붓는 것보다 훨씬 의심스럽다는 이야기다. 뒤낭이 마음의 평안을 되찾기까지는 실로 오랜 시간이 걸릴 게 뻔해 보였다.

유령처럼 다시 나타난 자

9월부터 뒤낭은 아주 진지하게 하이덴을 떠날 생각을 하기 시작했다. 그때까지만 해도 그런 이야기를 가까운 이들에게만 했었지만, 최근 들어 그는 별로 개의치 않고 사방에 외쳐대기 시작했다. 천박함과 멍청함, 보수주의, 편협한 생각, 술주정 등의 이유로 아펜젤 사람들을 더 이상 견뎌낼 수가 없다며 온갖 모욕적인 언사를 이어갔다. 우선은 슈투트가르트로 이사갈까 했었지만 가장 최근에 루돌프 뮐러를 만나러 갔을 때 낙담하고 말았다. 동생에게 "루돌프가 사는 동네는 그닥 유쾌한 곳이 아니더구나."라며 소식을 전하고는 슈투트가르트 이사 계획을 접고, 취리히 쪽으로 시선을 돌렸다. 취리히에도 몇몇 가까운 친구들이 살고 있었기 때문이다. 여느 때와 같이 그를 위해 여러 사람이 온갖 노력을 기울였다. 스위스 적십자의 간사 셍커 박사와 장자크 부르카르의 친구이자 은행가인 헤르만 숄더데벨레가 뒤낭이 제시한 요구 사항에 맞게, '취리히나 근교에 평화롭고 적당한' 하숙집을 찾기 위해 발 벗고 나섰다. 한편 부르카르는 뒤낭이 자기 집으로 들어와도 좋다고 말해 두었고, 그저 뒤낭이 확실하게 답변을 주기만을 기다렸다.

9월 10일에 숄더데벨레가 아주 이상적인 하숙집을 발견했다고 알려왔다. "그 집은 폴리테크닉 위쪽으로 아주 좋은 입지에 있습니다. 살기 좋은 곳입니다. 하루 종일 해가 들고 녹음이 우거져 있어요. 취리히 시내와 산쪽으로 경치도 탁 트여있습니다. 맘에 드는 방을 직접 고르실 수도 있습니다. 방들이 모두 아주 넉넉하고 쾌적하더군요." 그런데 뒤낭은 갑자기 망설이기 시작한다. 마치 그가 비상구라고 믿었던 해결책이 이제는 넘어설 수 없는 거대한 산처럼 느껴졌다. 숄더데벨레와 셍커가 매우 친절하게도 발벗고 나서준 데에 감사하면서도, 뒤낭은 갑자기 궁지에 몰린 것 같다고 느꼈고 그로 인해 심한 번민에 시달렸다. 그쪽의 '상황도 정확히 모르면서', 또 자신이 새로운 장소를 좋아할지, 계속 거기 머물 수 있을지 확신을 할 수도 없는 상태에서, 어찌 하이덴을 떠나 대뜸 취리히로 이사를 하겠는가? 뒤낭은 뮐러에게 "나한테는 입을 옷도 없다."는 설명을 덧붙였다. 지난 5년 간 실내 가운 차림으로 살다가 이제 도시로 돌아갈 생각을 하니 갑자기 그 점을 자각한 듯했다. 요컨대, 마치 뭔가가 단박에 그를 마비시키기라도 한 듯, 뒤낭은 최대한, 뜸을 들였다. 그는 셍커와 부르카르에게 도무지 결정을 내릴 수 없다고 알리면서, 자신이 생각이 바뀌었음을 숄더데벨레에게 알리는 임무를 그 두 사람에게 떠넘겨버렸다.

대체 무슨 일이 일어난 건가? 1895년 가을부터 뒤낭이 교환한 서신 일체에서 걱정스러울 정도의 동요가 느껴진다. 뒤낭의 경우 동요하고 있다는 말은 끊임없이 과거의 불공평하고 불행했던 일들을 곱씹고 있다는 사실을 의미한다. 11월 3일자 부르카르가 보낸 다음의 편지를 살피면, 뒤낭의 강박에 가까운 생각이 다시 고개를 들었다는 점, 그리고 그럼으로써 뒤낭이 자기 정당화의 나락으로 계속해서 빠져들고 있다는 점을 확인할 수 있다.

"뒤낭 씨가 과거에 금전적인 면에서 안 좋은 일을 겪었고, 그 뒤로 뒤낭 씨가 부적절한 행보를 보였노라고 말하는 혹은 생각하는 사람들을 언짢게 생각하셔서는 안 됩니다. 뒤낭 씨가 비방하는 이들 앞에 직접 나서서 자기 변호를 한 적은 없지 않습니까. (중략) 모든 걸 다 내려놓고 친구들에게 정말 무슨 일이 있었던 것인지를 솔직히 얘기하신 적도 없습니다. 비방하는 소문에 정면으로 맞설 수 있도록 해 주시지 않았다는 이야기입니다. 결과적으로 뒤낭 씨의 친구들은 뒤낭 씨의 적들이 온갖 소문을 떠들어도 증거를 내놓으라고 맞설 수가 없는 겁니다. 사실이 이러하니 본인이 감수하셔야만 합니다."

그걸 감수하라고! 부르카르는 친구 뒤낭을 잘 모르는 모양이다! 그러나 적어도 그는, 그때까지는, 그 누구도 뒤낭에게 감히 대놓고 하지 못한 말을 해주었다는 점을 높이 사야만 한다. 부르카르의 허심탄회한 말은 다음과 같이 이어졌다.

"뒤낭 씨께서 1867년에 세상을 등졌더라면 더 나았을 게 명백합니다. 하지만 하나님께서는 뒤낭 씨에게 무엇인가 또 다른 십자가를 지라고 하신 것 같군요."

명성을 되찾은 이후로 뒤낭은 적들이 날선 칼날을 목에 들이대고 있는 듯 느꼈다. 하지만 11월이 되어서야 비로소 그의 정신 상태가 얼마나 피폐해졌는지 제대로 드러나기 시작한다. 11월 9일 어느 편지에서 뒤낭은 "나는 여전히 핍박받고 있다."고 적었다. 그러고는 그다음 날 루돌프에게 속내를 털어놓았다. '내게 크게 관심을 보이는 이들이 나를 얼마나 시기'하는지를 설명했는데, 이건 자신을 위해 취리히에 지낼 곳을 물색하러 다녔던 친구들을 겨냥한 이야기였다. 거기에다 귀스타브 무아니에와 그의 처가 가족이 10년, 20년, 아니 30년 전에 자기에게 얼마나 피해를 주었는지를 줄줄이 나열하며 불평했다. 얼마 후 12월 1일에 장자크 부르카르가 뒤낭에게 흥미로운 내용의 편지를 보내왔다. 그 편지에는 1867년 나폴레옹 3세가 했던 약속, 즉 뒤낭의 친구들이 그의 채무액 절반을 모아 온다면, 황제가 친히 나머지 절반을 탕감해 주겠다는 약속을 했었다는 내용이 세세히 담겨있다. 분명 이 편지는 뒤낭이 부르카르에게 당시 상황을 정확하게 문서로 정리해 달라고 요청을 했기에 작성한 답장이었을 것이다. 마치 자기 변호를, 아니 심지어 새로운 공세를 준비하기라도 하는 듯한 요청이었다고 볼 수 있다.

좋은 일이 이어질수록 뒤낭의 번민도 깊어만 갔다. 뒤낭은 12월 15일 밀러에게 보낸 편지에서 적십자 베른 지부 바자회에서 자신에게 월계관을 선사한 이야기와, 장크트갈렌 지부가 자기를 초대하면서 '좋은 차량'으로 왕복 여정을 모시겠다고 했다는 이야기 등을 적었다. "자네에게 각종 신문에 실린 나에 대한 기사를 다 보내지는 않겠네. 필요가 없으니 말일세. 다만 여기저기에서 나를 'Begründer de la Genfer C[onvention]. & Rote Kreuz'[M8]라고 부른다네. 그런데도 M씨의 동조자인 제네바 칼뱅주의자들은 꼼짝할 엄두도 못 내고 있지."[M9]

> 저자 주석 M8: 독일어로 '적십자와 제네바 협약의 창립자'라는 뜻.
> 저자 주석 M9: 오늘날까지도 창립자와 장려자 사이의 구분은 여전히 존재한다. 이는 적십자 역사에서 반복적으로 재등장하는 논란이기도 한데, 앙리 뒤낭의 역할, 그리고 창립 위원회의 동료들의 역할을 어떻게 보는가의 문제다. 물론 뒤낭은 적십자의 창립자라는 표현에 절대적으로 집착한 반면, 제네바 협약에 대해서는 자신이 장려자라는 역할을 받아들였다.

1896년 1월 뒤낭의 비상 체제는 최상위 경계 수위에 있었다. "(바이에른 신문에서 제네바 협약의 아버지라 부르던) M씨의 패거리는 여전히 수그러들지 않고 있다네. 그들은 내가 잘 되기를 바라는 이들, 내 친구들의 노력을 방해하려 들고 있지. 베른에서의 내 작은 성과가 M씨를 매우 노엽게 한 것 같군."

3월에 가서야 마침내 자초지종이 드러났다. 뒤낭 본인도 그때서야 알게 된 건지, 아니면 그제서야 루돌프에게 말해 주기로 결심한 것인지는 분명하지 않다. 무슨 일인고 하면, 한 해 전 1895년 가을 취리히에 '가능한 한 뒤낭 씨에게 가장 크게 누를 끼치려는 사람'이 찾아왔다는 이야기를 장자크 부르카르가 뒤낭에게 전해주었다는 것이다. 이 남자의 온갖 수상한 작당 중에서도 특히 ZF의 편집장 주어린덴을 찾아간 일이 있었다. 주어린덴은 1895년 5월 뒤낭을 다룬 기사로 언론의 엄청난 관심을 촉발시켜서 뒤낭의 재기를 가능케 한 장본인이었다. 이렇게 뒤낭이 다시 명성을 되찾았다는 사실에 언짢은 게 분명한 그 사람은, 주어린덴에게 적십자 창립자의 사업 실패 이야기를 아주 상세하게, 열성을 다해 늘어놓았다. 그 이야기를 곱씹을 생각이 없었던 주어린덴은 이러한 험담을 귀담아 듣지도 않았다고 한다. 다만 뒤낭의 표현을 빌리자면, '그 멍청한 숄더'가 마침 공교롭게도 그때 주어린덴의 사무실에 있었다. 그 '못돼먹은 사람'의 험담을 듣고 나서는 (우선 그 자체가 용서할 수 없는 첫 번째 잘못이다), 숄더는 베른 적십자의 실력자들에게로 달려가서 상황이 이러하니 뒤낭을 옹호하는 '연맹'을 결성해야 한다고 주장하면서, '그들에게 이 페로라는 사람이 나에 대해 늘어놓은 온갖 비방을 다 전달'했다는 것이다. 정작 당사자인 뒤낭은 분노가 치밀은 상태로 루돌프에게 설명을 이어갔다. "그리고 이 페로란 자는 무아니에의 사촌이라네. 무아니에가 감히 직접 나설 수 없으니 자기 부관 페로를 보낸 것이지."

아, 그렇다. 페로. 막시밀리앙 페로였다. 지나가버린 시간 속에서 되살아난 유령이었다. 이 '무아니에의 부관'은 바로 제네바 기독교청년회의 초대 회장이 아니었던가. 소심하고 병약했던 청년, 뒤낭이 목요 모임에 끌어들였던 그 청년, 기독교청년회에 몰두한 나머지 뒤낭이 지닌 아우라를 시기하는 데 이르렀던 바로 그 막시밀리앙 페로였다.

삶이란 어찌 이렇게 희한한 라이트모티프leitmotiv를 보여주는지! 뒤낭과 페로의 협력 관계는 10년 뒤에 뒤낭이 무아니에와 형성한 관계가 보여줄 매우 다양한 양상을 예고해 주었다. 이 불쌍한 페로라는 인간이 제네바 기독교청년회의 진정한 '창립자'에 대해 여전히 짜증과 시기심을 간직한 채, 무아니에 곁에 서서 손에 칼을 쥐고 있다는 사실을 이제 뒤낭이 알게 된 것이다!

이 사건을 루돌프에게 전하면서 뒤낭이 어찌나 격노했던지, 그는 어둠 속에서 등장한 페로, 28년간 본인도 전혀 그럴 줄 몰랐노라 인정한 이 유령 같은 적에 대해 최악의 비난을 퍼부었다. 하지만 집요한 적이 '이제 정체를 드러냈고', '세상에서 가장 완벽한 바리새인'이란 게 밝혀졌으니, 뒤낭은 막시밀리앙 페로야말로 자기 인생에서 가장 힘들었던 근심을 일으킨 장본인이 분명하다고 확신했다. 1885년과 1886년 경 영국의 칼뱅주의자 공동체 사이에 뒤낭을 반대하는 의견을 부추긴 게 누구인가? 같은 시기에 사기를 쳤다며 믿기 어려운 누명을 씌운 자는 누구였나? 레오니 카스트네르가 옛날에 여배우였다는 소문, 그 외에도 '온갖 비열한 소문'을 퍼뜨리면서 슈투트가르트까지도 추잡한 짓을 이어간 패거리들이 누구였나? 뒤낭은 이제 페로와 그의 패거리에게 자신이 겪은 모든 불행의 책임을 떠넘겼다.

판도라의 상자가 열리고 말았다. 적십자의 기원을 다룬 책의 수사본을 최종 점검하는 와중에도 온통 뒤범벅이 된 채 계속 떠오르는 뒤낭의 기억은 매번 편지를 가득 채웠다. 1867년 만국박람회 당시 상황, 파리에서 자기를 아사 직전까지 가도록 방치했던 프랑스인들, 카스트네르 부인과의 결혼 가능성도 있었지만 방해받은 경험, 그녀의 아들 프레데리크와의 반목, 슈투트가르트의 바그너 박사 댁에서 누군가 가방을 뒤졌던 흔적, 런던에서 파이로폰 특허매매 실패, 세관과 기차역마다 있는 스파이들, 그리고 그 외에도 뒤낭에게 닥친 모든 재난은 온전히 그의 오랜 적들이 품은 적의 때문이었다. 뒤낭의 적들은 경건주의 칼뱅주의자들이고, 만국연합 관계자들이며, 기독교청년회 회원들이고, 또 '광신적인' 개신교도들이다. 그는 더 이상 이들과 얽히고 싶지 않았다. 페로가 취리히를 방문함으로써 뒤낭이 마음속 깊은 곳에 품고 있었던, 잿더미 밑에 은근히 살아있던 증오심의 불꽃에 다시 불이 붙었다.

정서적인 개종

1885년부터 1895년 사이 뒤낭의 적들은 편을 바꾸었다. 파리 체류 시기 이후에, 또 카스트네르 부인의 영향으로 뒤낭은 예수회 사제들을 보기만 해도 하루 내내 기분이 망치곤 했다. 제3공화국의 선량한 영혼들에게 교황이 행사하는 절대 권력이야말로 뒤낭의 생각에는 최고로 추악한 일이었다. 성직자의 빵모자를 쓴 이러한 적들이 있는가 하면, 카스트네르 부인과 연대하는 의미에서 또 하나 추가된 적들이 있었으니, 바로 1870년 프로이센-프랑스 전쟁 패배와 알자스 로렌 상실로 인한 굴욕의 상처가 아물지 않은 애국주의자 프랑스인들이었다. 독일의 여러 왕가나 참모 본부와 친분이 있다는 이유로, 또 1871년 카스트네르 부인이 즉각 독일 국적을 선택했다는 이유로, 뒤낭과 그녀는 티에르 정부와 향수에 젖은 프랑스인들의 의심을 샀다. 뒤낭이 1880년대에 스위스와 독일의 온천 휴양지들을 꾸준히 다닐 때, 길거리에 파리나 알자스 억양의 프랑스어가 들리기만 해도 그는 2주 동안 자리에 누워버리기까지 했나. 그는 10년 동안 항상 감시당하고, 쫓기고, 피롭힘을 받는다고 느꼈다.

그런데 이제 그 당시의 적들은 마침내 새로운 적의 부대에게 자리를 내주었다. 이번에는 오래전에 알았던 이들, 즉 제네바 개신교도들로 이루어진 적군이었다. 이들은 어둠 속에 숨어서 가장 선호하는 괴롭힘의 대상을 박해할 기회를 호시탐탐 노리고 있던 참이다. 이제 그때가 왔다.

뒤낭에게 위의 두 적군 부대는 무게가 달랐다. 티에르의 첩자들 같은 프랑스 교황지상주의자들의 경우에는 적을 상징하는 이를 타도하려는, 특정 이상을 믿는 무명의 병사들이라고 이해할 수 있다. 하지만 제네바의 개신교도들은 뒤낭 개인, 뒤낭이라는 사람 자체를 공격하는 적군이었다. 제네바 기독교청년회를 설립했고, 적십자와 제네바 협약을 주창하였으며, 프랑스 적십자를 창립한 인물인 동시에, '알고서도 동업자들을 속인' 파산한 사업가요 채무자 뒤낭이라는 사람을 노렸다. 그들의 동력은 종교나 이상주의에 기반한 확신이 아니라, 진부하게도 시기심이었다. 뒤낭은 무대 위로 다시 올라와서는 안 될 사람이라는 것이다. 그는 이미 끝났다. 죽은 거나 다름없다. 그런데 이렇게 다시 재기를 하다니.

이제 뒤낭은 그들이 지평선 너머로 다시 모습을 드러냈다고 느꼈기에, 그때까지도 내내 숨어있었던 게 확실하다고 믿게 되었다. 그러다 보니 태도가 180도 바뀌었다. 2월 14일 뮐러에게 보낸 편지에 뒤낭은 '가능한 한 가톨릭 교도들에게 의지할 필요'가 있다고 적었다. '이제 나에게는 증거가 있다네. 과격한 칼뱅주의자들과 기독교청년회Junglingsvereine[M10]에 속한 경건주의자들, 이들이야말로 M씨와 도당을 이루고 있지."
저자 주석 M10: 독일어권의 기독교청년회를 의미한다.

페로 부관의 등장이 이러한 극적인 태도 변화의 유일한 이유였던 건 아니다. 1896년 2월 중에 뮐러는 슈투트가르트에서 적십자 기원 집필과 관련된 강연을 해야 했다. 이때 뒤낭은 그에게 "내 이야기를 할 때는 잊지 말고 가톨릭 고위 성직자들이 최근에 내게 호의를 보인다는 이야기를 언급해 주기 바라네. 예를 들어 앙제의 프레펠 주교라든지, 파리도 그렇고, 랭스의 브루아예 신부, 랑제니외 대주교 같은 분들 말일세. 그리고 옛날에도 파리 대주교라든지 오를레앙의 뒤팡루 주교가 나를 지지했다는 사실을 말해 주게."라고 요청했다. 뮐러가 이렇게 해주기를 진심으로 원했음이 분명하다. 이날 편지에 뒤낭은 마치 머릿속에 가톨릭 사제들만 가득한 듯 같은 이야기를 적어도 네 번은 반복했다.

예수회에 대한 강박이 풀리면서, 가톨릭 신도들 전반에 대한 그의 태도가 누그러짐과 동시에, 전부 개신교도인 데다 대부분 '광신도'라 할 제네바의 적들에 대한 증오심은 개신교도 전체로 전이되었다. 게다가 적십자에는 여전히 이 개신교 색채가 상당히 남아 있었는데, 뒤낭은 이 부분이 적십자의 발전을 방해하는 요소라고 보았다. 조카 모리스 뒤낭에게 보낸 편지에서 그는 초창기에 '가톨릭 교도들에게 적십자가 하는 일은 보편적인 성격'을 지녔다는 것을 이해시키느라 얼마나 고생했는지 투덜거렸다. "허나 뒤푸르 장군의 이름만으로도 로마 가톨릭 국가들, 예를 들어 오스트리아 같은 경우 아주 오랫동안 적십자에 저항했지. 나는 이로 인해 이중으로 힘들었단다."[M11]
저자 주석 M11: 모리스 뒤낭에게 보낸 1895년 1월 18일 편지.

제네바를 거치지 않고 곁길을 통해 적십자로 다시 발을 들여놓는 데 성공했으니,

13장 세상으로 나오다 (1893~1896) | 469

뒤낭은 이제 적십자가 개신교에 지나치게 치우친 활동이라는 인상을 지우기 위한 노력을 기울이기 시작했다. 1895년에서 1896년으로 가는 겨울 동안 한 일이 바로 그 일환이었다. 적십자의 역사를 다시 쓸 것이다. 그리고 그 역사에서 내포되어 있던 위그노 개신교의 색채를 다 지워버리리라.

소액 기부와 성대한 호소

1895년 가을부터 하이덴의 가련한 이를 돕기 위한 물질적 지원 운동이 여기저기서 시작되었다. 뒤낭 본인조차 베를린 적십자의 기부금과 스위스 중앙 적십자에서 지급하는 연금, 그리고 수많은 지부에서 실시한 모금들이 어떻게 다른지 잘 이해하지 못한 듯하다. 일부 금액은 알테어 박사에게 맡겨졌고, 또 일부는 하이덴의 저축은행으로 입금되었다. 또 출판 자금으로 직접 빈테투어 쪽으로 송금되는 경우도 있었고, 마지막으로 스위스 중앙 적십자로 보내진 돈도 있었다. 스위스 적십자에서는 이 돈을 뇌샤텔에 위치한 적십자 중앙 금고로 보내는 게 좋겠다는 결정을 내렸다. 막상 성금의 수혜자인 뒤낭은 그 결정에 크게 기분이 상했다. 뇌샤텔 중앙 금고 책임자들이 '네 명의 광적인 경건주의자!'들이라며 펄펄 뛴 기록이 있다. 그럼에도 뒤낭은 원칙적으로 이 돈에 결코 직접 손을 대지 않았다. 그는 다음 책을 출판할 때 종이값이나 얼마 대는 걸로 족하다고 보았다. 사람들이 조금이라도 자기가 욕심을 부린다고 생각하거나, 최악의 경우에 그 성금을 건드려 채권자 빚을 갚는 데 쓸 것이라고 생각할까 봐 완전히 겁을 먹었기 때문이다. 반면 뒤낭은 답지하는 물품에 대해서, 특히 한 번도 만난 적 없는 사람들이 보내주는 선물에 대해서는 마치 어린아이처럼 매우 기뻐했다. 취리히로부터 그가 마음껏 써도 좋을 만큼 편지지와 편지봉투가 답지했다. 그에게 초콜릿을 보내준 아이들도 있었고, 루체른에서는 꿀 한 병이 도착했다. 잼을 보내오는 부인들이 있는가 하면, 베른 주 비엔에 사는 한 여성은 귤 한 상자를 보내왔다. 또 베른에 사는 한 여성이 자신의 정원에서 딴 배를 보내주었고, 여러 종류의 치즈를 보내온 가족도 있었다. 라이프치히의 한 노신사는 뒤낭에게 방을 장식하라며 손수 제작한 판화를 선물하였다. 개중에서도 그를 가장 감동시킨 소포가 있었으니, 바로 베른 적십자 바자회의 '자그마한 성공'에 이어 베른 지부의 여성들이 보내준 선물 바구니였다. 그 바자회는 뒤낭의 선전자 중에서도 가장 충실하고 가장 일도 잘하는 '베른의 사마리아인'[5]의 회장 조르디 박사가 기획한

---

5 여기서 "사마리아인"은 19세기 독일과 독일어권 스위스에서 구급 활동을 위해 조직된 단체들을 의미한다. 성경 누가복음에 나오는 '선한 사마리아인' 비유에서 유래한 명칭.

행사였다. 뒤낭에게 산타 할아버지와도 같은 조르디 박사에게 말해 주었던 희망 사항 목록에 따라 준비된 만큼 베른 지부 여성들이 보내준 선물 상자에는 뒤낭이 원하는 게 모두 들어있었다. 에탄올 가스로 점화하는 차 주전자를 포함한 다기 세트는 그가 희망 사항을 구체적으로 명시했던 대로 '아주 단순하며 옛날 방식으로 만들어진' 제품이었다. 또한 성능 좋은 램프, 화장품, 거기에 아주 멋드러진 붉은색 영산홍에다가 적십자의 표장과 베른시의 문장을 연결한 마지팬 장식이 올라간 베른의 특산품 생강빵도 들어있었다.

뒤낭의 지인들도 이에 못지 않았다. 1896년 2월 25일 루돌프 밀러는 1870~1871년 발생한 프로이센-프랑스 전쟁 5주년 기념 행사에서 전쟁 당시 적십자 활동에 대한 강연을 하였다. 그 자리에서 밀러는 친구 뒤낭에게 대단한 헌사를 바치는 걸 잊지 않았다. 그의 발표 내용은 지역 신문에 실렸고, 뒤낭을 오래전에 알았던 그래터 박사가 그 기사를 우연히 읽게 되었다. 그래터는 템플러 공동체의 회계 담당자였던 사람으로 뒤낭이 1877년 슈투트가르트에 이사왔을 때 다시 연락을 취했던 적이 있었다. 그 뒤로 연락이 끊어진 지 20년이 지났건만, 그래터는 그대로였다. 그는 여전히 뒤낭에게 충실하고 관대했으며, 또 무조건적인 지지를 보냈다. 그래터 박사는 아직 슈투트가르트에 살고 있었고 직업도 여전히 향수 도매상이었다. 친구 뒤낭을 되찾았다는 기쁨에 겨워 그래터는 즉시 밀러에게 편지를 보냈다. 편지에다 그는 적십자 창립자를 위한 후원위원회를 만드는 게 어떻겠느냐고 제안했다. 뒤낭이 얼마나 의심이 많은지 잘 아는 루돌프는 당연히 당사자 뒤낭의 의견을 물었다.

그러나 그해 1896년 초부터 뒤낭은 다시금 완전히 추락일로에 있었다. 영예를 누린다는 기쁨과 동시에, 그의 적들로 인한 공포감 사이에서 뒤낭은 항시 딜레마를 느꼈고, 그러다 보니 신경이 완전히 곤두서버렸다. 게다가 그가 이런 이야기를 하며 불평할 대화 상대가 하이덴에는 하나도 없었다. 알테어 박사는 한 달 전부터 티푸스로 죽어가는 외동딸의 머리맡을 지키느라 파리에 머물고 있었다. 그랬기에 유일한 소통 창구는 자신이 가슴으로 낳았고, 의지로 선택한 아들이자, 최악이든 최선이든 모든 비밀을 함께 나눈 루돌프에게 심정을 토로하는 편지밖에 없었다. 그도 아니면 혼자서 자신의 온갖 불행을 곱씹곤 했다. 허나 아무리 뒤낭의 심경을 주의 깊게 살피는 사람이라도, 아돌프 그래터의 제안에 대해 뒤낭이 어떻게 반응할지에 대해서는 밀러조차도 전혀 알 수 없었다.

그 소식을 전해 들은 날은 뒤낭의 상태가 좋았던 날임이 분명하다. 3월 21일자 답장에서 뒤낭은 '그래터 씨의 제안에 아주 감사하다고 응답을 하고 싶다'고 썼다. 그러면서도 뮐러에게 조언하기를, 제네바 사람들이 분명 일이 진행되는 것을 방해할 테니, 이 정직한 그래터 씨에게 제네바에서 퍼뜨리는 온갖 비방에 대해 얼른 경고해 줘야 한다고 말했다. 이러면서 뒤낭은 네 페이지에 걸쳐 1872년 황달에 걸렸던 일부터 1876년 파이로폰에 관련된 일까지 씁쓸한 기억을 늘어놓았다. 뒤낭은 무엇보다 자신을 가장 괴롭게 만드는 중상모략의 내용에 대해 뮐러가 그래터에게 직접 설명해 주기를 바랐다. 그것이 자신이 도량을 베풀 수 없는 이유이기도 했다. "적들은 이제 '오, 그에게 돈을 주면 분명 잘못된 데 쓸 거다!'라고 말하고 다닌다." 그러니 그래터 씨에게 이 모든 게 중상이며 뒷말일 뿐이란 걸 구체적으로 설명해야 한다는 뜻이었다. 이틀 후 뒤낭은 뮐러에게 다시 그 이야기를 꺼냈다. 그래터가 준비할 후원위원회에 경건주의 개신교도들을 포함해서는 절대 안 되고, 그랬다가는 모든 일을 그르칠 것이 뻔하다고 그래터에게 전하라는 내용이었다.

뒤낭 재단의 창립총회가 1896년 3월에 열렸다. 후원 대상자가 겪은 수많은 불행을 루돌프 뮐러가 읊어준 덕에 모금이 성공적으로 이뤄졌고, 이에 뒤낭은 매우 만족해했다. 그는 무척이나 기뻐하며 뮐러에게 이렇게 말했다. "아주 잘 했네. 제네바 적들의 거짓부렁을 듣고 민심이 이반할 수도 있는 일을 자네가 막아줬군."

뒤낭 재단이 설립되면서 이곳저곳에서 들어오던 소액의 성금을 한곳에 모아 좀 더 진지한 계획을 실행하는 데 사용할 수 있게 되었다. 또한 다른 나라들로부터 이와 비슷한 규모의 희망적인 소식이 들려왔다. 독일에서 뒤낭에게 연금 지급을 계획 중이라는 소식이 있었다. 이어 러시아에서도 며칠 전부터 축하 전보가 빗발쳤다. 상트페테르부르크 적십자도 그에게 종신연금을 지급할 계획이며, 이 일은 황태후의 승인만 남겨놓고 있다고 알려왔기 때문이었다. 비엔나에서는 베르타 폰 주트너가 손수 펴내고 있는 자신의 소설과 동명의 월간지 『무기를 내려놓아라!』를 통해 뒤낭을 위한 모금을 주도하였다. 드디어 강대국과 명사들이 그를 위해 일어나고 있었다.

그렇다면 이런 물결 속에 스위스는 무엇을 했는가? 스위스는 대체 어찌해야 할 지를 모르고 있었다. 위인의 모국임에도, 그 위인을 위해 손가락 하나 까딱한 적 없다며 분노하는 사람들의 편지가 스위스 연방 정부로 쏟아졌다. 프랑스 적십자의 부속 기관인 프랑스 여성연맹이 포문을 열었다. 뒤낭이 '극심한 곤궁'에 처해 있어 '말년을 병원에서 보낼 수밖에 없는 신세'라는 기사를 접한 프랑스 여성연맹은 1896년 1월 스위스 연방 정부의 외무부에 뒤낭 씨와 관련된 '정확한 정보'를 요청했다. 스위스 정부는 매우 불편한 상황에 놓이고 말았다. 전 세계에서 가장 훌륭하게 스위스를 대표하는 존재가 된 국제적십자위원회의 심기를 건드리고 싶지 않았기 때문이다. 스위스 정부는 우선 스위스군의 최고 군의관 지글러 대령의 의견을 구했다. 대령은 정부가 원했던 답을 내놓았다. "뒤낭 씨는 평화롭고 행복하게 지내도록 그냥 내버려 두는 게 좋겠습니다. 그의 과거에는 분명 불투명한 부분이 있지만, 그것은 제가 건드릴 영역이 아닙니다. 그러니 그 부분에 대해서 논하지 않는 게 좋겠습니다." 하지만 과연 군이 뒤낭을 가장 잘 판단할 수 있는 주체일까? 얼마나 당혹스러워하고 있었는지를 증명하듯, 스위스 연방 정부는 제네바의 한 법률사무소의 조언을 구했다. 그들의 답변도 지글러 대령의 견해와 같았다. "공식적으로는 뒤낭 씨가 직접 선택한 평화로운 은거 생활을 그대로 이어가도록 하는 게 좋겠습니다." 이들이 제시한 논거도 대령의 이야기와 같았다. 프랑스 여성연맹을 포함하여 세상이 떠들어 대는 내용과 다르게, 뒤낭의 파산은 적십자라는 과업에 자기 재산을 쏟아넣었기 때문이 아니며, '인도주의적인 것과는 하등 관계가 없는 사업에 쓰였기 때문'이라는 것이다. 그러니 정부의 최선책은 '더 이상 그의 이름이 주목을 끌지 않도록 하고 그에 대해서는 침묵을 지키는 방법뿐'이라는 의견이었다.[M12]

저자 주석 M12: 제네바의 오디에, 르노&고티에 사무소에서 보내온 1896년 2월 6일자 서한.

연방 정부는 그와 같은 원칙을 고수하기로 했다. 공식적으로는 움직이지 않을 것이다. 공식적으로는 추후에 뒤낭과 관계된 모든 요청을 그의 가족에게로 회송할 계획이다. 다만 비공식적으로 정부는 상당히 관대한 조치를 취했다. 1896년 5월말 스위스 연방의 대통령이 하이덴을 직접 찾아왔다. 이는 창립자를 만나러 온 게 아니라 — 뒤낭에 대해 창립자라는 표현을 쓰는 것은 이미 연방 정부가 배제해 둔 선택지였다 — 적십자 및 제네바 회의의 주창자로서 뒤낭을 만나고자 하였다. 연방 정부 차원의 인정은 해줄 수 없는 입장이지만, 대통령은 개인적으로 경의를 표하고자 했다.

뒤낭은 밤새 잠을 못 자서 이제서야 잠을 청하노라는 대답을 전달시켰다.

연방 정부에서 핑계를 대며 주저하는 태도를 그가 파악하고 있었던 걸까? 아마 그건 아니었을 것이다. 그보다 뒤낭은 지나치게 압박감을 느끼는 상황 속에서 누구든 의심부터 하기 시작했다. 그의 말마따나 '내쳐버린' 숄더데벨레는 말할 것도 없거니와, 심지어 루돌프 뮐러나 부르카르도 예외가 아니었다. 뒤낭은 무아니에—페로 일족이 발휘할 수 있는 힘을 실제보다 100배는 더 높게 보고 있었다. 강박이 조금만 더 심해졌더라면, 아마 아침마다 뜨거운 우유 위에 생기는 얇은 막조차 적들의 악의가 만들어 낸 것이라고 할 지경이었다. 뒤낭의 편지는 점점 더 두서가 없어졌다. 통찰력이 번뜩이는 몇몇 문장들이 보이는가 하면, 역정과 원한이 가득한 말들이 쇄도하기도 했다. 모든 친구가 앙리 뒤낭 씨는 상태가 좋지 않다고 여겼다. 단 한 명만 제외하고 말이다.

사제 포섭 작전

1896년 4월 4일 뒤낭은 '개인적'인 일임을 강조하면서 게오르크 바움버거 편집장에게 편지를 보냈다. 바움버거는 뒤낭 본인이 전 세계적인 재기를 하는 데 크게 공헌한 인물이었다. 언론에서 떠들어 대는 엄청난 액수의 보조금 이야기는 '믿지도 않는다'면서 뒤낭은 지나치게 과장된 어조로 '그 누가 떠들어 대는 것보다 내게 훨씬 귀중한' 소원이 있노라고 적었다.

"그 소원은 이렇습니다. 교황님의 호의를 보여주는 아주 작은 신호, 그분의 선하심을 보여주는 아주 작은 표시, 고귀하고 존경받는 교황님으로부터 한마디 인사, 아니면 그분으로부터 아주 작은 무언가라도 받을 수 있다면 저는 정말 기쁘고 감사할 것입니다."

반교황주의자 레오니 카스트네르가 무덤 속에서 길길이 노할 일이었다. 교황으로부터 호의의 신호라니! 뭐라고? 그러나 레오니는 잠시나마 무덤에서 평온히 쉬어도 되었다. 뒤낭이 그 편지를 즉시 발송하지는 않았기 때문이다. 그는 책상 위에 편지를 그대로 둔 채 그것이 영글 때까지 기다렸다.

그러던 중, 때마침 4월 말에 바움버거가 근처를 지나가며 잠깐 뒤낭을 만나러 왔다. 그는 제네바에 갔다가 돌아가는 길에 뒤낭에게 들러, 자신이 최근 생각해 낸 아이디어를 들려주려는 것이었다. 그런데 이 아이디어에 대해 뒤낭은 즉각 적들의 사악한 간교라고 반응했다. 바움버거가 뒤낭에게 하이덴에 작은 집을 지어주겠다고 제안했기 때문이다! 뒤낭은 바움버거가 꿈에도 생각 못할 반응을 보였다. 우선 얘기를 듣기 전까지만 해도 고집스레 굳어 있더니, 갑자기 얼굴이 확 밝아질 정도로 크게 웃고는 아무렇지도 않게 덧붙이길, 자신이 이곳을 끔찍이 싫어한다고도 답했다.

일단 그 농담거리도 안될 소리를 뒤로 하고, 두 사람은 두 번째 대화 주제로 넘어갔다. 적십자의 창립자인 요하네스 헨리쿠스 뒤낭의 초상을 담아 뉘른베르크에서 각인 예정인 기념 메달에 대한 이야기였다. 이는 완벽하게 다음 세 번째 주제를 위한 분위기를 잡아줄 말도 안되는 이야기였다. 뒤낭은 3주 전에 써 둔 자신의 소박한 부탁을 입에 올렸다.

"자네에게 이 편지를 보낸다는 것을 좀 미뤄뒀다네, 어떨지 몰라서…"

"친애하는 뒤낭 씨, 내일 바로 제게 보내주십시오." 지역에서 가장 유력한 가톨릭 신문의 편집장이 그에게 미소를 띄우며 대답했다. "제 능력이 닿는 한 뒤낭 씨의 소원이 이뤄지도록 노력해 보겠습니다."

실제로 다음 날 뒤낭은 바움버거에게 교황을 향한 요청이 담긴 편지를 발송했다. 거기에 뒤낭은 짤막한 설명을 동봉했는데, 적십자 국제운동에 가톨릭 고위 성직자들이 '위대하고 훌륭하게 기여'한 점을 보여주고자 칭송하는 내용이었다.

일은 신속히 진행됐다. 게오르크 바움버거는 그 주에 곧바로 장크트갈렌 지역을 맡고 있는 에거 주교를 만나러 갔다. 에거 주교는 즉시 람폴라 추기경에게 뒤낭의 요청을 전달하며 뒤낭이 개신교도인 것은 사실이지만, 그가 '선의를 지닌 사람'이라고 덧붙였다. 추기경 역시 모든 것을 빠르게 진행시켰다. 뒤낭은 5월 25일에 하드커버 장정본 사진을 우편으로 받아보았다. 환하게 웃는 모습의 교황 레오 13세의 사진에는 자신의 이름과 라틴어 문장이 교황 자필로 적혀 있었다. 알아듣기 쉬운 그 문장은 "하느님 안에서 평화가 있으라*Fiat pax in virtute deus.*"였다.

이틀 후 뒤낭은 뮐러에게 다음과 같은 편지를 보냈다.

"이 일로 내가 얼마나 기뻤는지 자네에게 말로 다 표현할 수가 없네. 왜냐하면 갑자기 모든 가톨릭 교회가 내 편에 선 셈이니 말일세. 무아니에 씨에게 아주 멋진 체크메이트를 선보였으니, 이 일이 충분히 세상에 알려진다면 그는 이번 타격에서 회복하지 못할 걸세."

자신의 사진이 어떤 일에 쓰일지 알았더라면 아마 사진 속 레오 13세의 미소는 덜 환했을지도 모를 일이다.

14

역사를 다시 쓰다

1895~1896

새로운 펜팔

1896년 5월 25일, 이날은 뒤낭이 교황으로부터 자필 서명이 된 초상 사진을 받은 날이다. 그날 뒤낭은 이 소식을 전하려고 오스트리아로 편지를 한 통 썼다. "제게 아주 기쁜 소식이 있어 부인께 알려드리려고 합니다. 제게는 아주 중요한 일이지요. 부인께 가장 먼저 알려드리고 싶었습니다."

편지의 수신자는 베르타 폰 주트너였다. 그녀는 백작의 딸로 태어났고, 결혼하면서 남작 부인이 되었으며, 확고한 평화주의자였다. 그녀는 전쟁의 참상을 겪는 주인공 마르타를 통해 그 부조리함을 냉철하게 보여준 반군국주의 소설 『무기를 내려놓아라!』로 하룻밤 사이에 유명세를 탔다. 그 소설을 읽고 난 뒤낭도 주트너 부인에게 적십자 창립자를 논하는 최근 신문 기사들을 모아 편지에 첨부하여 보냈었다. 부인은 즉시 그리고 따뜻하게 답을 보내왔는데, 1895년 10월 편지에서는 '귀하는 우리의 동료'라며 반가워했다. 뒤낭의 연락에 정말 기뻤다며, 그녀는 자신이 유난히 기뻐한 이유에 대해 다음과 같이 설명했다. 여러 적십자 지부들이 이때까지는 반전 운동을 전혀 이해하지 못하면서 마치 '평화 운동의 대적 상대'인 양 행동했다는 것이다. 주트너 부인은 "바로 그렇기 때문에 존재 이유가 전쟁인 그 적십자 기관에 군인들이 참여하는 겁니다."라고 꼬집었다. 그녀는 뒤낭이 살아있었다는 사실에 놀라며, '여러 나라가 배은망덕하게 행동'한 데 대해서도 충격을 받았다고 전했다. 그러면서 '우리 시대 사람들은 그러한 망각의 수치를 겪지 않도록 하고픈 아주 격렬한 소망'이 있고, 뒤낭에게 '아주 찬란한 헌사'뿐 아니라 뒤낭이라는 인물과 그의 업적에 '걸맞은 수준의 기금'을 소성해 바치겠다는 목표를 세웠노라고 일러왔다.

주트너 부인이야말로 뒤낭에게 적중할 말이 무엇인지 아는 사람이었다! 뒤낭은 답장에 부인과 같은 '엘리트가 나를 이해하고 존중한다니' 마치 은총과 같은 일이라고 적었다. 이번에는 그가 주트너 부인의 가슴에 적중할 말을 대뜸 꺼냈다. "전쟁의 참상이야말로 내가 창립자가 되었던 그 적십자 사업의 영감이었습니다." 뒤낭은 평화주의라는 대의에 걸맞은 사도가 되고자 하는 듯 평화가 정착하게끔 하기 위해 자신이 벌써 고민해 왔던 다양한 방도들을 주트너에게 열거하였다. 첫째, 국가 간 중재 절차가 있다. 두 번째로 적십자와 사마리아인이라는 이름의 응급 구호 단체라는 보편성을 띤 업적이 있다. 그리고 세 번째로 그는 여성 군주들과 왕녀들의 후원 하에 활동하는 '선을 위한 세계여성연맹' 프로젝트를 언급했다.

남작 부인은 그렇게 거창한 답을 원한 게 아니었다. 이미 일에 '치일 만큼' 업무가 많았던 그녀는 아무리 호의로운 일이라 해도 뒤낭이 언급한 수많은 프로젝트를 쫓아다닐 생각은 없었다. 다만 자신이 펴내는 소설과 동명의 평화주의 잡지에 뒤낭이 글을 실을 수 있도록 기사란을 내주었다. 그녀는 뒤낭을 '친애하는 위대한 분'이라든지 '나의 위대한 친구여'라고 불렀고, 뒤낭을 위한 '찬란한 헌사'와 이론의 여지없이 뒤낭이 받아 마땅한 '그분에 걸맞은 기금'을 기획하기 위해 오스트리아 적십자에 서둘러 접촉할 계획이 있다고 전했다.

반응은 상당히 안 좋았다. 오스트리아 적십자는 그녀의 연락에 아주 차가운 반응을 보여 주트너를 깜짝 놀라게 했다. 주트너의 '친애하는 위대한 분'이 겪은 재정상의 재난에 대해 기꺼이 설명해 주면서, 그 사건으로 인해 뒤낭이 자기 재산을 잃었을 뿐 아니라, 비엔나 특유의 화법으로 돌려서 표현하자면, '고향 사람들의 존경'도 잃어버렸다는 이야기를 전해왔다. 게다가 오스트리아 적십자는 '우리는 후원금을 이미 냈다'면서, 새로 나올 뒤낭의 책 출간을 위해 천 프랑을 내놓았기 때문에, 그 이상을 할애할 수 없다고 답했다.

그러나 주트너 부인은 뒤낭과 비슷한 기질이었다. 즉 뒤낭처럼 투지가 있고, 영감으로 가득했으며, 뒤낭과 비슷하게도 시기와 비방에 시달렸던 그녀는 그저 '하찮은 쑥덕공론'에 불과하다 여겨지는 오스트리아 적십자의 설명에 조금도 흔들리지 않았다. 다만 이때부터 그녀가 무기를 바꿔 들어야겠다고 생각했으리라는 정도는 짐작 가능하다. 적십자로부터 아무것도 끌어낼 수 없었으므로, 이제 주트너는 다른 경로로 뒤낭에게 한 약속을 지켜야만 했다. 아무래도 평화주의 운동밖에 없었다. 마침 주트너 부인에게 쓴 편지에서 뒤낭은 평화주의야말로 자신이 가장 신경을 쓰는 대의라고 알려왔던 참이었다. 1896년 2월, 뒤낭은 편지에 이렇게 적었다. "저는 분명히 선언할 수 있습니다. 이제 저는 제 영혼의 전부를 들여 창립했던 적십자보다 오히려 평화의 친구, 평화협회들의 친구입니다!" 그의 말을 곧이곧대로 받아들이면 되지 않겠는가? 적십자 창립자에게 바치는 멋진 헌사가 불가능하다면, 평화주의자로서의 뒤낭에게 사례하여 그 덕을 좀 보면 어떤가?

베르타 폰 주트너는 1896년 3월 7일자 편지로 오스트리아 적십자가 얼마나 자신의 제안을 형편없이 받아들였는지 뒤낭에게 알렸다. 뒤낭의 명망에 대해서 자신은 '단 한 점의 의심'도 없다면서도, 그녀는 '그 오래된 사건의 구체적인 사항 몇 가지'에 대한 질문을 해 왔다. 이어 다음과 같은 흥미로운 제안을 내놓았다.

"만약 우연히 저희의(평화협회 동지들을 말합니다) 활동으로 상당한 금액이 모인다 치면, 다음과 같은 부탁을 뒤낭 씨께 드리고자 합니다. 뒤낭 씨의 손에 들어가는 돈은 결국 어딘가 위대한 자선 사업에 쓰이게 될 것을 알고 있습니다. (중략) 그런데, 적십자가 뒤낭 씨의 상속자여서는 안 되지 않겠습니까. 적십자는 배은망덕한 자식처럼 행동했을 뿐 아니라, 저희도 앞으로 절대 적십자의 풍족한 예산을 써 달라고 부탁하는 일이 없기를 강력하게 바라고 있으니까요. 이에 뒤낭 씨의 적자는 평화를 위한 사업이어야 하지 않겠습니까. 뒤낭 씨께서 지금까지 준비해 왔고, 또 평화 운동이야말로 뒤낭 씨가 품으신 고귀한 사상의 꽃과도 같은 중요한 일이니까요."

친구의 친구

20년 전에 잠시 알프레드 노벨의 비서로 일했던 폰 주트너 남작 부인은 그 뒤로도 노벨과 아주 가까운 사이로 남았다. 매우 부유한 스웨덴 출신 사업가 노벨은 폭발물 다루는 일이 덜 위험하도록 노력하는 과정에서 의도치 않게도 오히려 전술을 개선하는 데 기여하고 말았다. 다이너마이트를 발명한 그는 과학 분야의 후원자요, 인류를 사랑하는 사람이었다. 그러다 보니 베르타 폰 주트너는 이미 10년 전부터 그를 평화주의 운동에 끌어들이려는 노력을 멈추지 않았다. 노벨은 주트너의 후원 요청에는 항상 응했지만, 그렇다고 개인적인 확신으로 하는 기부는 아니었다. 예를 들어, 1891년 10월 31일 남작 부인에게 80파운드를 보내며 동봉한 편지에 그는 다음과 같은 반박의 메시지를 보냈다.

"나는 평화 연맹이나 총회에 무슨 엄청난 비용이 들어가는 일이 있는지 잘 이해가 가지 않습니다. (중략) 내 생각에는 돈이 문제가 아니라 계획이 제대로 갖춰지지 않은 게 문제입니다. (중략) 무장해제를 요구한다는 것은 그 누구에게도 도움은 되지 않고 조롱받을 일을 사서 하는 격입니다. 중재법원을 즉각 설치하라고 요구하면 헤아릴 수 없이 많은 반대 의견에 부딪칠 겁니다."[N1]

저자 주석 N1: 베르타 폰 주트너, 『회고록』, 이 인용문과 다음 인용문은 185쪽에 수록되어 있다. 노벨과는 프랑스어로 서신을 주고받았다.

알프레드 노벨은 방식에 대해서 의구심을 가졌지만, 평화주의 운동의 목적 자체는 점점 수용하는 입장이 되었다. 1892년 9월 베르타와 남편이 베른에서 열리는 한 총회에 참석하러 왔을 때, 그도 마침 취리히에 있었기에 노벨은 남작 내외를 저녁 식사에 초대했다. 그는 모든 걸 알고 싶어 했다. 냅킨을 접어 무릎에 내려놓으면서 노벨이 폰 주트너 남작 부부에게 말했다. "내게 알려주십시오. 나를 설득해 보십시오. 그러면 내가 뭔가 평화주의 운동을 위해 대단한 일을 해보겠습니다."

그날 저녁 식사 자리에서, 그리고 그 직후 며칠간 베르타는 여러모로 공을 들였다. 그녀는 노벨에게 모든 걸 알려주고 또 설득했다. 그때만 해도 그 저녁 식사가 노벨과의 마지막 만남일 줄은 상상하지 못했다. 그 뒤로도 두 사람은 여러 차례 만남을 성사시키기 위해 노력했지만 단 한 번도 직접 만나지 못했다. 하지만 1893년 1월 7일, 파리로부터 도착한 연하장에는 베르타 폰 주트너가 열심히 옹호했던 일이 결실을 맺었다는 내용이 담겨 있었다.

친애하는 친구여,
풍성한 새해가 되길 바라며, 부인이 인류의 무지와 잔인함에 저항하여 그토록 열성을 다해 이끌고 있는 고결한 캠페인에도 결실이 있기를 바랍니다. 나는 내 재산의 일부를 들여서 5년마다 수여될 상을 제정하려고 합니다(여섯 번까지만 시상하도록 하지요. 왜냐하면 30년 안에 지금의 제도를 개선하지 못한다면 인류는 어차피 치명적인 야만의 세계로 돌아가 버릴 게 뻔하니까요. 그 상은 유럽의 전반적인 평화 회복이라는 대의를 가장 크게 진전시키는 사람에게 주어질 것입니다.

알프레드 노벨이 이런 약속을 했다고 해서 친구 주트너 남작 부인이 행동주의를 내려놓은 건 아니었다. 오히려 정반대였다. 그녀는 여전히 저돌적으로, 온 정성을 다해 평화주의 운동에 노력을 기울였고, 편지를 거듭 보내 노벨에게 '알리고 설득하기'를 계속했다. 1895년 9월 앙리 뒤낭의 생존을 알게 되었을 때, 그녀는 마침내 지나친 현실주의자인 친구 노벨을 설득시키는 데 필요한 바로 그 표본을 찾아낸 셈이었다. 작위도 계급도 없는 이 스위스 사람은, 본인의 확신과 품행만으로 예상치도 못한 일을, 각국 장관들로 하여금 '유토피아'와 같은 협약에 서명하게 만드는 일을 해내지 않았던가? 1896년 1월에 남작 부인은 다시 펜을 들어 노벨에게 다음과 같이 쐐기를 박았다.

"만약 오늘날 내게 활동 자금이 충분하다면 기대치도 못한 결과를 낼 수 있을 겁니다. 뒤낭의 사례를 보세요. 그는 제네바 협약을 성사시켰습니다. 유럽의 궁정을 돌아다니며 장관과 대공들을 직접 만나 설득했고, 확신 가득한 말로 그들이 열정적으로 찬동하게끔 만들었지요. 이 모든 것을 이루기 위해 자신의 전 재산을 써버렸습니다. 대의를 위해 재산을 희생하려면 우선 재산이 있어야만 하겠지요. (중략) 노벨 씨께서는 베른에서 (저녁 식사 자리를 기억하시겠지요?) 만약에 정말로 유용할 거라 믿는다면 평화주의 운동에 20만 프랑을 기부할 수 있다고 말씀하셨습니다. 노벨 씨가 믿음을 갖게 되는 날이 오면 말씀하신 대로 후원을 해주시리라는 것을 ― 약속보다도 훨씬 크게 후원하실 것을 ― 저는 알고 있습니다. 그래서 노벨 씨가 믿음을 가질 수 있도록 계속해서 소식을 전하겠습니다."

그녀는 자신의 약속을 지켰다. 그 다음달인 1896년 2월, 그녀는 다시 노벨을 공략하였다. 노벨의 생각에 변함이 없었다. 그는 오직 과학의 발전만이 평화를 가져올 수 있다고 믿는 사람이었다. 예를 들면, 북극의 발견(앙드레, 스트린드버그와 프랭켈의 북극 탐험이 곧 있을 예정이었다)이 세상에 평화를 정착시키는 데 가장 기여하리라고 노벨은 확신했다. 그 이유는 과학의 발전에 의해 어머니들이 계몽되면 한층 더 문명화된, 다시 말하면 덜 호전적인 자녀들을 길러낼 것이기 때문이다. 베르타 폰 주트너는 특유의 매력이기도 한 직설 화법으로 이렇게 답했다. "제 생각에는 노벨 씨는 자신만의 진보적인 길을 만드는 데 상당히 복잡한 곡선과 무늬를 그리고 있는 것 같습니다. 길을 직선으로 긋는다면 훨씬 빨리 목표에 도착할 수 있을 텐데요." 그녀는 노벨에게 인류의 두뇌가 수많은 변이를 거쳐 마침내 발전의 정점에 이를 때까지 기원 후 3,000년을 기다리는 것보다 (베르타는 다윈주의자였다) 훨씬 경제적인 방법이 있다고 주장했다. 그녀는 그녀와 동료들에게 즉시 후원하여 국제 중재 법원을 설치하자는 운동에 힘을 실어주면 된다고 노벨을 설득했다. 이런 논리에서 최고의 증거가 바로 뒤낭이었다. "곧바로, 훨씬 곧은 직선을 그은 덕에 뒤낭 씨는 4, 5년 간의 노력으로 전 세계 강대국들로 하여금 제네바 협약을 받아들이게 만들 수 있었습니다."

사실 노벨은 이미 결심을 한 상태였다. 그는 독신이었고 심장이 좋지 않았다. 한 해 전에 이미 파리에서 세 번째로 개정한 유언장을 기탁해 놓았는데, 그 내용에 따르면 상당한 액수의 상금이 따라오는 상을 여럿 제정할 예정이었다. 그중 한 분야가 1893년 1월에 친구 주트너 부인에게 서면으로 약속했던 평화 운동이었다.

하지만 베르타 폰 수트너가 1896년 2월 노벨과 농담조로 편지를 주고받을 시점, 그에게는 시간이 몇 달밖에 남아있지 않았다. 그의 유언장은 곧 몇 년간 품고 있던 비밀을 드러낼 때를 맞았다.

편협한 이들에게는 한술 더 뜨기

노벨와 폰 주트너의 우정에 대해 전혀 아는 바가 없었던 뒤낭은 1896년 3월 9일자 편지에 그녀가 물어온 두 가지 질문에 성실히 답변했다. 만약 커다란 상금을 받으면 어떻게 사용하겠느냐는 질문에, 뒤낭은 대뜸 자기 자신을 위해서는 아무것도 요구하지 않을 것임에 자신의 명예를 걸었다. 만약 평화주의자들이 자신을 위해 '뭔가'를 모금해 준다면 (그는 알프레드 노벨에 대해서는 전혀 알지 못했기 때문에, 베르타 폰 주트너의 질문을 이렇게 연역했다) 그 기금을 기꺼이 받되 이자만을 사용할 생각이라고 답했다. "이자만으로도 최소한의 필수품인 내의와 옷가지 정도를 살 수 있을 겁니다. 무엇보다 제게 아주 중요한 출판을 위해서 돈을 사용할 수 있게 되겠지요."

두 번째 질문, 즉 베르타가 비엔나의 오스트리아 적십자로부터 들었던 금전적 불상사에 대해 뒤낭은 3장의 편지로 대답을 이어갔다. 그는 자신의 파산에 대해 몇 가지 사항을 밝히면서 그 사건을 '부주의', '엄청난 부채' 그리고 '비방'이라는 주제어로 설명했다. 하지만 무엇보다도, 또한 그 어느 때보다도 명백한 것은, 자신의 불운이 지난 30년간 자신을 핍박해 온 '광신도 칼뱅주의자들'의 음모 때문이라고 이야기한 사실이다. 어쩌면 뒤낭은 이 편지의 수신자가 오스트리아―헝가리 제국 출신 여성이고, 그래서 폰 주트너가 개신교보다는 가톨릭교 쪽으로 기울어진 사람이라 상상했을지도 모른다. 그렇기에 그는 자신이 받는 괴롭힘을 철저히 종교적인 성격으로 묘사하는 게 주효한 접근이라고 생각한 듯하다. 가톨릭 국가들의 불신을 극복하기 위해 적십자가 시작부터 얼마나 고생했는지를 기억하는 사람이라면 적십자 창립자가 이제 와서 설명하는, 적들이 집착하는 이유를 듣고 크게 놀랄 법하다. "그들은 주교들과 추기경들이 내게 그토록 호의를 가지고 특별한 보호를 해줬다는 사실을 결코 용서하지 않았습니다."

이런, 이제 와서 지극히 제네바다운 적십자가 교황 휘하의 고위 가톨릭 성직자들의 자애로운 시선 하에 탄생한 것이라 설명하고 있는 것인가? 이 주제를 이어 가며 뒤낭은 가톨릭 교도인 제네바의 한 장관 댁의 만찬에 참석했던 이야기를 늘어놓았다. 그 자리에 네 명의 주교들도 참석했는데, 그 사실 때문에 그가 1864년 이래로 온 제네바의 '고위 칼뱅주의자'들의 분노를 샀다는 말이었다. 게다가 그들이 나중에 가서는 뒤낭이 외제니 황후의 맘에 들기 위해 가톨릭으로 개종하였다고 의심하기까지 했다는 것이다.

이어지는 이야기는 앞에서 언급한 내용이다. 1896년 5월에 뒤낭은 폰 주트너 부인에게 자신의 일생에 있어 화룡점정이라며, 교황이 직접 서명한 사진을 받았다는 소식을 알렸다. 게다가 항상 적십자의 대의에 '아주 큰 관심'을 보여주었던 랭스의 대주교로부터 '역시나 소중한' 몇 줄짜리 메시지를 받았노라고 곧바로 덧붙였다.

뒤낭이 주트너 남작 부인의 호의를 얻으려고, 또 그녀를 통해 오스트리아의 호의를 얻기 위해 갑자기 로마 가톨릭에 대해 충성하는 태도를 보였으리라는 추측을 할 수 있다. 뒤낭은 위와 같은 이야기를 열거한 후, 주트너 부인에게 오스트리아의 대중과 성직자들에게 자신의 깊은 경의를 전해 달라고 간절히 부탁했다.

그러나, 개신교 양성소에서 가톨릭의 성수반으로 얼른 자리를 옮기는 이러한 방식으로, 뒤낭이 주트너의 마음을 살 수 있었을까? 그 당시 오스트리아 내에서 가톨릭 교회의 가호 아래 확산되던 반유대주의에 맞서 주트너 내외가 악착같이 싸우고 있었다는 사실을 뒤낭이 몰랐던 걸까? 이미 그해 3월에 부인은 뒤낭이 보여준 종교적 헌신의 태도에 제동을 걸었음 직한 편지를 보낸 바 있다.

"종교적 광신주의에서 비롯됐다는 설명을 듣고 나니 뒤낭 씨가 겪으신 악착같은 적의가 확실히 이해되는군요. 그것은 모든 타락의 근원이지요. 매일 같이 우리나라의 반유대주의자들이 하는 짓을 보며 저는 그렇게 생각한답니다."

만약 부인의 환심을 사려는 의도가 있었다면, 부인이 보낸 편지에 쓰인 위 문장 하나만으로도 그는 가톨릭 성직자 이야기를 당장 그만뒀어야 한다. 그러나 1896년 봄, 뒤낭이 깊숙이 빠져있던 광신적인 반칼뱅주의를 설명하는 요소가 하나가 더 있었다. 그것은 피해자 뒤낭조차 그 깊이가 얼마나 되는지 제대로 가늠 못한 상처였다. 베르타 폰 주트너에게 자신의 불운한 이야기를 이어가며 뒤낭은 우연히 이런 말을 내뱉었다.

"사반세기가 훨씬 지나서야 그토록 강박에 가까운 적의가 어디서 비롯된 건지를 알게 되었습니다. 국제위원회 회장이 저에 대해 품고 있는 반감에 대해서는 이미 알고 있었습니다만, 그가 누구를 의지하고 있는지는 알지 못했지요. 문제의 인물이 바로 지난 가을에 취리히에 다녀갔습니다. 거기서 자기 정체를 드러내고 말았고, 저에 대해 지나칠 정도로 격렬한 적의를 보여 사람들의 비난을 받았습니다."

막시밀리앙 페로의 행보를 부르카르가 알려준 이후, 뒤낭은 아직까지도 그 충격을 극복하지 못한 상태였다. 사실 생을 마감할 때까지 이 충격에서 완전히 벗어나지도 못했다. 자기는 그저 기독교청년회 시절 충실했던 동료란 사실 말고는 달리 생각해 본 적도 없는 사람이 긴 세월이 흐른 후에도 자신을 그토록 증오하고 있다는 사실을 알게 되었다고 상상해 보자! 그 사실은 그 무엇보다도 뒤낭을 흔들어 놓았다. 일단 대경실색을 했다가 어느 정도 진정이 되자 분노가 계속 차올랐다. 결국은 폭풍 같은 맹렬함으로 모든 '연합' 신도, 복음주의자들, 다비 목사가 이끄는 폴리머스 형제단, 경건주의자들에 이어 모든 개신교도를 싸잡아서 격노의 대상으로 삼았다. 한마디로, 독일어권 스위스에 페로가 등장한 사건은 뒤낭으로 하여금 제네바, 파리, 베를린 그리고 영국에서 있었던 모든 핍박과 고난의 경험을 곱씹게 만들었다는 뜻이다. 바로 이때부터 뒤낭은 스위스의 개신교 행정 구역이라면 예외 없이 자신의 적들과 연루될 개연성이 있다고 의심하기 시작했다. 그리하여 이 시점 이후로 뒤낭의 활동 전략, 즉 그의 선전 경로, 거점 및 중계지점 등은 그와 같은 의심을 바탕으로 하여 결정됐다. 그러니 놀랍게도 뒤낭이 가톨릭 성직자들의 품으로 급하게 뛰어든 이유는 바로 '페로' 사건의 트라우마와 직접 관련이 있는 것이다. 적어도 베르타 폰 주트너의 마음에 들고자 하는 의도만큼이나 비중있는 요소다. 귀스타브 무아니에의 영향권을 비껴가기 위해 여러 적십자 지부들에게서 등을 돌렸던 뒤낭은, 이제 막시밀리앙 페로의 복음주의 인맥이라는 지뢰밭을 피하기 위해 개신교 지역도 피해야 하는 신세가 되었다. 세상 모두의 축성consecration universelle을 받고자 그토록 애썼던 뒤낭에게, 적들을 피하려고 요리조리 움직여야만 한다는 사실은 받아들이기 쉽지 않았다. 하지만 류마티즘에 습진, 만성적 카타르성 염증과 (심장)울혈에 시달리던 뒤낭, 고집쟁이인 데다 온갖 고정 관념에 사로잡힌 뒤낭은 진정 완강한 사람이었다. 그는 숨을 거두는 순간까지 자신의 적들을 증오했다. 그 증오심이야말로 뒤낭에게는 각성제 암페타민이나 다름없었다.

여성들이 이루는 평화

베르타 폰 주트너는 그녀가 펴낸 잡지의 게재용으로 뒤낭이 보내온 『피투성이 미래』의 발췌본을 읽고 그의 평화주의가 진실되다는 점, 그리고 그녀를 만나기 몇 해 전부터 그런 생각을 품어왔다는 점을 확신할 수 있었다. 1896년 여름, 뒤낭은 이론을 실행으로 옮겼다. 남작 부인이 즉각 추종하리라 믿어 의심치 않으며, 그녀에게 아이디어를 하나 제시한 것이다. 2년 전 취리히에서 추진하다 방치돼버린 '가족수호를 위한 국제여성연맹'의 개정판이라 할 만한 제안이었다. 이번에는 국제평화동맹의 휘하에서 여성을 동원한 조직을 만들어 보려는 계획이었다. 뒤낭의 논리는 간단했고, 그는 남작 부인을 이렇게 설득했다. 남성 평화주의자들은 '다소 제한적인 열정과 확신'을 보이는데, 그건 반애국주의라든지 공산주의라는 비난을 받을까 두려워하기 때문이다. 그러나 만약 평화주의 운동이 여성들의 손에서 시작한다면, 그리고 그녀들이 나서서 약혼자에게 연맹의 가입을 독려한다면, 그 남성은 약혼녀의 요청을 '거절할 수가 없다!'는 것이다. 인류가 가야 할 바람직한 그 방향으로 한 발자국 나아가는 것은 우리 각자의 몫이라고 뒤낭은 말을 이어갔다. 그러니 여성 연맹이 결성된다면 그것은 국제평화동맹으로 사람들을 이끄는 일종의 장막 혹은 미끼 역할을 할 수 있다. 왜냐하면, 국제평화동맹에 대해서라면 많은 이가 '바보같은 선입견'을 가질 수 있어도, 대수롭지 않을 게 뻔한 여성들의 국제적 연합 활동에 대해서는 딱히 반대할 이유가 없기 때문이다. 이것이 뒤낭의 논지였다.

뒤낭이 오랫동안 활용한 원칙에서는 모든 일이 '귀족 사회를 중심으로' 이루어져야만 했다. 그가 여성들의 새로운 조직이 '완전히, 모든 면에서 귀족 중심으로' 조직되어야 한다고 거듭 강조한 데에는 분명 이유가 있다. 폰 주트너 남작 부인이, 심지어 태생이 킨스키 폰 브히니츠 운트 데타우 여백작인 그녀가 그러한 상층의 엘리트 주의에 홀딱 넘어갈 것이라고, 뒤낭은 그렇게 믿었던 게 틀림없다. 다시 한 번 뒤낭은 심각한 판단 착오를 한 셈이다.

7월의 답장에서 베르타 폰 주트너는 말을 돌리지 않았다. "뒤낭 씨는 엄청나게 큰 착각을 하시는군요." 그녀는 노인 뒤낭의 유치할 정도의 순진함에 진이 빠질 지경이었다. 귀족 칭호 폰von도 자진해서 내쳤던 그녀는 자기 분야의 사정을 잘 알기에 이렇게 말했다.

"안타깝게도 평화주의 운동에서 귀족들은 여전히 우리의 대적 상대입니다. 제가 가장 강한 저항을 겪는 사람들이 바로 제 친지들입니다. 장군들과 궁정 사람들, 왕의 가까운 시종들과 장교의 부인들은 구시대 관습을 바꾸자는 이야기만 꺼내면 바로 평화주의를 허무주의나 무정부주의 취급해 버립니다."

왕후들을 동원한다? "만약 그들이 우리와 생각이 같은 사람이라면 전쟁이란 것은 이미 사라졌을 겁니다!" 이미 환멸을 겪었던 남작 부인은 그렇게 답했다. 게다가 뒤낭이 스스로의 생각을 참신하다 여길지 몰라도 실상은 전혀 그렇지 않았다. 이미 세상에는 여성연맹들이 여럿이었으나, 여성 단체가 대중을 끌어들이는 데 현자의 돌 역할을 해줄 것이라고 자부하는 뒤낭의 생각과는 달리, 현존하는 여성연맹이 그가 확신하는 '눈덩이' 효과를 일으킨 적은 전혀 없었다. 현장을 잘 알고 있는 맹렬 여성 베르타는 우리가 이미 그런 체계를 알고 있고, 시도해 본 끝에 이미 포기했노라는 이야기를 담담한 어조로 은신처에 틀어박혀 있는 노인에게 설명했다. 천만 명의 회원을 모으기 위해서는 '눈덩이'를 굴리는 방식이 통하지 않는다는 말이었다. 그 이유는 이렇다. "실제로는 이렇게 됩니다. A가 B에게 눈덩이를 굴리지요. 그러면 B가 C에게로 굴립니다. 그러고는 C가 다시 두 사람 공동의 친구인 A에게로 굴립니다. 그러니 눈덩이는 계속 굴러가며 커지기보다는 그 안에서 뱅글뱅글 돌 뿐이지요."

이런 이야기는 분명 실제 경험이리라. 거의 20년 전에 현장을 떠난 뒤낭과는 달리 '베르트 주트너Berthe Suttner'라고[1] 서명하는 이 귀족 출신 여성은 문제를 실질적인 방식으로 해결하는 사람이었고, 현장의 온갖 자잘한 문제점들을 속속들이 파악하고 있었다. 그녀는 더 이상 가문의 문장을 앞세운 홍보 대사가 아니었다. 주트너는, 그녀의 위대함으로 보나, 겸허함으로 보나, 진정한 행동가였다.

이 두 사람은 항상 의견이 일치하지는 않았지만 상호 간의 합의 하에 필요하면 서로를 이용했다. 앙리는 그녀의 에너지와 자신감 때문에, 또 평화주의 운동의 영역으로 진입하기 위해서 베르타가 필요했다. 1896년 말 그는 애틋한 말로 감사를 표시했다. 지난 몇 달간 '수많은 유용하고 소중한 물건들'이 그녀의 '호의와 끈기있는 선량함' 덕분에 자신에게 답지했고, 그러한 선물들이 없었더라면 '나는 아마도 더 이상 이 세상 사람이 아니었을' 거라는 메시지였다. 베르타 폰 주트너의 입장에서는 평화주의라는 대의를 그 어떤 논쟁거리도 없는 유사한 활동과 연계시키기 위해 ― 그러기 위해서 적십자가 이상적이었다 ― 앙리 뒤낭이 필요했다. 그러한 의도를 숨기기는커녕 열정 넘치는 그녀는 거의 대놓고 말하다시피 고백했다. 『무기를 내려놓아라』 잡지에 뒤낭이 기고할 수 있게끔 배려해 주면서부터 뒤낭으로부터 자신이 기대했던 바가 바로 그것임을 솔직히 털어놓은 것이다. "뒤낭 씨가 우리와 뜻을 함께하시고, 또 흰색 깃발이 상징하는 평화주의에 적십자의 시초가 있다고 생각하신다'[N2]는 그 어떤 증거가 그의 기고문들을 통해 드러나기를 원했다는 고백이었다.
저자 주석 N2: 베르타 폰 주트너가 뒤낭에게 보낸 1896년 7월 18일자 편지.

뒤낭은 그런 면에서 남작 부인을 매우 훌륭하게 만족시켰다. 1896년 5월, 첫 기고문이 게재되었다. 제목이 드러내는 바는 명백했다. '군국주의에 맞설 작은 무기고'라는 이 제목은 아직 출판사를 찾지 못한 『피투성이 미래』에서 가져온 문구였다.

---

[1] 자신의 이름은 프랑스식으로 Berthe, 그리고 성에는 귀족을 의미하는 '폰' 없이 그냥 주트너만 사용한다는 뜻이다.

『피투성이 미래』가 언제 출판 기회를 얻게 될지 모르기에 뒤낭은 항시 최근의 시사 문제를 추가하며 대비해 왔다. 앙리 뒤낭의 두 번째 기고문은 9월호에 실렸다. 이번에는 '언론에' 보내는 공개 서한의 형식으로 작성된 글이었다. 이어 1897년 여름에는 『피투성이 미래』의 다른 부분이 발췌 게재되었다. 이렇게 해서 적십자의 창립자는 베르타 폰 주트너가 펴내는 평화주의 월간지의 정기 기고자 중 한 명으로 자리 잡았다.

이 시기에 뒤낭은 파리의 평화주의 지지자 중 한 명인 가브리엘 비슈니에브스카 왕녀와 서신을 주고받는 사이가 되었다. 그녀는 전 세계 무장 해제를 위한 국제여성연맹의 회장이었고, 뒤낭을 설득하여 그를 그 연맹의 스위스 지부 명예 회장으로 임명했다. 얼마 후 부르카르가 뒤낭에게 보낸 축하 서한을 보면 그런 일이 있었음을 짐작할 수 있다. 뒤낭은 어디에서든, 누구든 사람들이 자신에게 알랑거리는 걸 막지 않았다. 그는 여기저기 퍼져있는 온갖 작은 집단들을 하나로 결집시킬 수 있다고 믿었고, 이를 통해 하나의 방대한 움직임을 이끌어 낼 수 있으리라 소망했다. 이 시기부터 향후 5년 간, 평화주의 운동의 영역이야말로 뒤낭이 가장 선호하는 활동 분야였다. 하이덴 병원 3층 방, 굳게 닫힌 빛막이 창 뒤에 숨어 있으면서도 앙리 뒤낭은 다시 한 번 정확하게 과녁을 겨냥할 줄 알았다.

평화주의 입문

뒤낭은 세상이 돌아가는 상황에 매우 신경을 쓰고 신문도 열심히 읽는 사람이었으나, 편지를 교환하면서 이야기를 지정학적인 논의로 이끌어 가는 일은 거의 없었다. 아니 전혀 없었다고 봐도 무방하다. 다만 베르타 폰 주트너와 연락을 주고받으며 새로운 힘을 얻었는지, 뒤낭은 시사 문제와 좀 더 직접적으로 관련된 일을 하고 싶다는 희망을 품기 시작했다. 1896년 7월에 그는 주트너에게 '동방의 문제'에 대한 짧은 편지를 보냈다. 이것이 무슨 내용인가? 그해 2월부터 크레타 섬에서 무슬림과 기독교도들 사이에 격렬한 전투가 벌어지고 있었다.[2] 유럽과 동방 사이에 위기가 올지도 모르는 상황에서 뒤낭은 '동방의 국가들에게 보내는 청원'이라는 글을 썼다. 이 글은 동방의 문명이 얼마나 오래되었는지 찬사를 보내며, 유럽인들이 그 지역에서 저지른 잘못에 대해 용서를 비는 내용을 담고 있다.

---

2 1897년 그리스-튀르크 전쟁 전에 1896년부터 크레타 섬에서 발생한 반란과 소요 사태를 의미한다. 당시 크레타는 오스만 제국의 지배 하에 있었다.

뒤낭식의 평화주의는 가장 덜 이상주의적인 평화주의였다. 그는 주트너에게 '아주 간단한 아이디어'를 사람들에게 내놓는 게 자신의 목표라고 설명했다. 그는 '전쟁을 막겠다며 평화주의 운동을 하는 사람들이 유토피아 같은 방법을 제시하는 것 말곤 할 줄 아는 게 없다는 소리를 할 수 없게 될' 거라며, 다음과 같은 간단한 아이디어를 내놨다. 두 나라 사이에 불화가 발생할 때 당사국들이 그 분쟁을 국제 법정으로 가지고 오게끔 하면, 전쟁을 미연에 방지할 수 있다는 논리였다. 그러한 목표를 달성하기 위해서는 — 이것 역시 아주 간단한 아이디어인데 — '모든 국가와 인종이 서로 돕기'만 하면 된다는 게 그의 생각이었다. 또한 더욱 단순한 해결책으로서 '전쟁에 반대하는 이러한 전쟁을 치르면서, 우리는 세상 모든 나라의 여성들에게 그녀들이 어디에 있든 도움과 동의를 요청해야 한다'는 게 뒤낭의 평화주의 논리였다.

이러한 호소의 글을 쓴 뒤낭은 평소 스스로의 글에 대해 강박적일 정도로 세심하면서도 이번만큼은 베르타 폰 주트너가 자기 맘에 들게끔 맘대로 글을 수정해도 좋다고 알렸다. "부인께서 원하시는 대로 하시지요."

반전 운동가이자 알프레드 노벨의 친구였던 베르타 폰 주트너

베르타 폰 주트너는 뒤낭에게 즉시 "얼마나 힘 있고 열정에 타오르는 글인가요!"라며 감탄하는 답장을 보냈다. 그녀는 뒤낭의 글에 어찌나 흥분했는지 그 글이 자이트 지[3]에 실리게끔 조처를 취했다. 그리고는 저자 뒤낭의 서명 옆에 1897년 8월 함부르크 총회 개최를 알리는 자신의 서명도 첨부하였다. 홍보와 언론 활용의 측면에 있어서 뒤낭은 드디어 본인만큼이나 재주가 뛰어난 동지를 만난 게 분명했다. 이 두 사람이 함께라면 못할 일이 없었다.

그러나 재정적인 측면에서 평화주의자들이 뒤낭을 위해 벌인 모금 활동은 특별한 수확을 거두지 못했다. 1896년 7월에 앙리 뒤낭은 오스트리아 평화연맹으로부터 25프랑, 프랑크푸르트 평화연맹과 비엔나 근교 바덴의 평화연맹으로부터 각각 10프랑을 받는 명예를 누렸을 뿐이다. 물론 주트너 부인이 이러한 호사스런 기부금을 가능하게 해 준 사람이기에 뒤낭은 그녀에게 아주 기쁘다는 서한을 보냈다. 덕분에 아주 맛있는 오렌지를 즐겼고, 또 봄이 되어서는 신선한 밭딸기를 사먹을 수 있었다고 전했다. 그에게 이런 과일은 '그 어떤 음식도 참을 수 없이 역겹게 느껴질 때' — 뒤낭은 분명 이러한 증세로 고생했고 그로 인해 건강이 약화된 것은 확실하다 — '축복과 같은 치유책'이었다.

여기저기 다른 적십자 지부에서도 그는 50프랑, 또는 100프랑 가량의 후원금을 받았다. 반면에 오스트리아 적십자가 내놓은 후원금 1,000프랑은 거들떠 보지도 않았다. 이 금액은 뒤낭을 위한 추가 지원을 부탁하는 베르타 폰 주트너의 청원을 거절할 때 오스트리아 적십자가 내세웠던 핑계였다.[N3]
저자 주석 N3: 전술된 14장의 첫 부분 '새로운 펜팔'의 내용 참조.

남작 부인이 오스트리아 적십자의 '거절 이유'를 설명해 준 후 심기가 불편해진 뒤낭은 자체적으로 조사에 나섰다. 당시에 비엔나에는 알프레드 드 클라파레드라는 사람이 스위스 대표부에 있었는데, 그가 20년 전에 『솔페리노의 회상』은 뒤낭이 진짜 저자인 한 프랑스 사관으로부터 사들인 것이라며 떠들고 다녔던 전적이 있다는 걸 알아냈다. 이제 더 이상 그 어떤 의심의 여지도 남지 않았다. 비엔나는 이미 무아니에와 그 패거리의 손아귀에 있음이 분명했다. 그들이 약속한 1,000프랑의 후원금은 그저 보낸 이에게 황급히 반송해 버려야 할 폭탄 상자, 그들의 새로운 계략에 불과했다.

이때부터 뒤낭의 견해가 완전히 확고해졌다. 이번에야말로 매복하고 있는 적들을

---

3 Die Zeit. 잡지로 시작해 일간지가 된 오스트리아-헝가리 제국의 간행물로 1894년부터 1919년까지 발행되었다.

제대로 피하기 위해, 뒤낭은 이제 후원금에 관련한 새로운 원칙을 세우고는 여기저기에 통보했다. '창립자이자 주창자인 사람을 돕는 게 그들의 사명이 아닌데도' 적십자 협회들에 서신을 보냈던 것을 '커다란 실수'라고 회개하며, 뒤낭은 이제부터 후원금은 보통 사람들로부터 직접 와야 한다며 사람들이 자신에게 그렇게 할 의무가 있음을 강조하였다.

"그래터 씨, 부르카르 씨, 그리고 자네, 아마 이렇게 세 사람만이 제대로 이해했을 거라네. 각국의 적십자가 아니라 대중에게 메시지를 전달해야 한다는 걸 말이지." 뒤낭은 7월 17일 뮐러에게 보낸 편지에 이렇게 적었다. 실제로 그해 봄에 아돌프 그래터와 루돌프 뮐러가 출범시킨 뒤낭 재단은 그 어떤 지역 혹은 국가 단위의 적십자가 아니라, 보란듯이 슈투트가르트 시장의 휘하에 있는 기관이었다. 뒤낭은 아예 이러한 새로운 공략에 직접 나섰고, 본인이 구체적이면서도 단계별로 정해진 전투 계획을 손수 구상했다.

제1장은 적십자 창립자를 위한 '명예 기부'를 위해 일반 대중을 대상으로 모금 운동을 실시한다는 것이다. 그는 '사람들에게 특히 독일 사람들에게 가장 유익한 영향을 끼친 인물 중 한 명을 돕는 것임을 호소해야 한다'고 주장했다.

근대적인 소통 전문가답게 뒤낭은 이미지도 십분 활용하였다. 마침 베를린에서 소책자가 하나 출간되었다. 독일 적십자의 기둥이나 다름없는 사람들 중 하나인 스트란츠 소령이 쓴 이 책에는 뒤낭을 다시금 진정한 창립자의 자리로 온전히 복귀시킨 내용이 포함되었다. 뒤낭이 바로 무슨 생각을 했겠는가? 제2장은 서점가 공략이었다.

"슈투트가르트에 설립된 임시위원회는 베를린으로부터 슈투트가르트 서점 숫자만큼 책을 배송시켜서야 하겠네. 서점마다 스트란츠 소령의 책을 전면에 배치해 달라고 부탁하게나. 표제가 크게 인쇄된 첫 페이지를 펼친 상태로 진열하라고 해야 한다네. 그 옆 페이지에 내 초상 사진이 실려있으니 헤드라인과 함께 초상이 눈에 들어오면 지나가는 행인들의 시선을 모두 사로잡을 수 있지. 다만 내 초상 위에 덮혀 있는 작은 박엽지는 제거하고 진열해야겠군."[N4]

저자 주석 N4: 1896년 4월 21일자로 루돌프 뮐러에게 보낸 편지.

얼마나 섬세한 지시인가! 동시에 이미 4년 이상 12 평방미터짜리 방에 틀어박혀 살아온 이 고립된 사람이 언론을 떠들썩하게 만드는 재주를 이토록 잘 간직하고 있다니! 무엇보다, 영광에 대한 목마름이 어찌나 여전한지! 자신이 불공정한 대우를 받고 있다는 생각으로 그는 앙갚음을 하겠노라 맹세하고 있었고, 그로 인해 여전히 영광을 회복하겠다는 갈급함이 생생했다. 지난 1년간 적어도 100여 개의 신문에서 자신에 대한 기사를 냈음에도 불구하고 눈물겨운 불신에 가득한 그는 자신이 이룬 성과에 대한 공을 사취당했다고 여전히 우기고 있었다. 7월에 뮐러에게 보낸 편지에 뒤낭은 "그러니 자네와 그래터 씨, 부르카르 씨, 그리고 알테어 박사는 알지만, 대중은 그렇지 않다는 걸 감안하기 바라네. 대중은 내가 어떤 인물인지를 잘 모른단 말이지."라고 썼다. 위에서 언급한 대로 대중을 상대로 한 모금 호소가 처음으로 대대적으로 개시되고 나서도 바로 그러한 이유로 뒤낭은 가능하다면 한층 더 명망 있는 이들의 서명을 추가해 2차, 심지어 3차 모금이 있기를 바랐던 것이다.

상당 부분 뒤낭 본인의 진두지휘하에 실시된 캠페인 덕에 슈투트가르트의 모금 활동은 그 누구의 기대보다도 훨씬 성공적이었다. 각지에서 천 단위의 액수로 성금이 답지했다. 가장 섬세한 속옷가지나 최고로 향기로운 딸기보다도 훨씬 바람직한 것은 뒤낭에게 단 한 가지였고, 그 모든 돈이 향할 목적지도 단 한군데였다. 자신이 집필 중이며 지금도 루돌프 뮐러가 독일어 번역을 마무리하고 있는 있는 『적십자의 생성사』를 멋진 판본으로 출간하는 일이었다.

목표에 이렇게 가까이 오고 나니, 뒤낭은 오히려 마치 유언장마냥 집착해 온 그 저작이 세상에 나오는 것을 보지 못하고 죽을까 봐 극도로 불안해했다. 그는 그해 초부터 아주 작은 일에도 매우 피로했다. 왼쪽 어깨부터 가슴까지 왔다갔다하는 통증에도 시달렸다. 이 모든 게 신경성이거나 류마티즘 때문이라고 말해 봤자 소용이 없었다. 뒤낭은 이로 인해 극도로 우울해져서 글을 쓰지 못할 성노라며 뮐러에게 한탄했다. "그게 최악이지. 글쓰기 작업이야말로 내가 유일하게 기분 전환을 할 수 있는 방법이니 말일세."

만약 그의 상태가 아주 좋았으면 어땠을까 하고, 뮐러는 자문했을지도 모르겠다. 심신이 쇠약하다며 한탄하면서도 뒤낭은 여전히 번역자 뮐러에게 새로운 세부 사항이나 꼭 필요한 수정 사항, 사건을 제대로 이해하기 위한 추가 설명을 계속 더하고 있었기 때문이다. 또 『적십자의 생성사』 집필 자체가 결론이 도무지 나지 않는 연재 소설처럼 돼버린 상황을 마침내 마무리짓는 것이라면서, 온갖 날짜와 이름과 인용문들을 매번 수없이 보내오고 있었다. 편지를 보낼 때마다, 이미 골백번은 언급했던 자신이 겪은 온갖 못된 짓, 고통과 비열한 행위를 신경질적으로 다시 언급하고, 또 무자비한 반격을 위해 새롭게 전략을 짜면서 앙갚음을 하겠다는 그의 망상은 절정을 향해 치달았다. 그리고 동시에 책이 빛을 보기 전에 자신이 죽을지도 모른다는 두려움 역시 더욱 가중되었다. 이제는 정말로 뮐러의 이름이 저자로 들어간 이 책이 세상에 나와야만 하는 때가 되었다.

적십자의 기원

슈투트가르트에서의 모금 운동으로 25,000프랑에 달하는 금액을 거둬들였다. 이는 『적십자의 생성사』를 최대한 신속하게 출간해야만 할 또 하나의 이유가 되었다. 뒤낭은 자신이 죽기 전에 책이 나오기를 바랐고, 출판에 필요한 자금도 넉넉히 확보된 셈이기 때문이다.

배은망덕한 일이란 것을 본인도 아주 잘 알고 있음에도, 결국 뒤낭은 빈터투어 적십자를 내치고 말았다. 간사인 요한 피스터가 루돌프 뮐러의 수사본을 알테어 박사에게 감수받으려 했다는 점이 핑계가 되었다. 뒤낭은 그게 너무나 뻔한 책략이라며, 피스터가 윗선(적십자의 고위 관계자)의 지령을 받고서는 귀스타브 무아니에에 대해 지나치게 무례한 내용이 있는지 확인하려는 게 분명하다고 주장했다. 자신에게 의심을 살까 봐 피스터가 그의 가장 가까운 지인 중 한 명인 헤르만 알테어를 검열에 가담시켰다는 것이다. 뒤낭에 대해 실로 섬세하게 배려하던 빈터투어 적십자의 열성 간사 피스터는 알테어 박사가 원고를 검토했으면 하는 단순한 의견 하나를 냈다가 뒤낭으로부터 완전히 사형 선고를 받은 꼴이 되어버렸다. 오래전부터 빈터투어 적십자의 지휘 하에 베를린의 출판사를 통해 출간하기로 합의가 되어 있었음에도 불구하고, 뒤낭은 『적십자의 생성사』를 친구들, 뮐러와 그래터의 단독 책임 하에 슈투트가르트에서 출판하기로 전격 결정했다. 이 사건이 서신 교환으로 이루어낸 아름다운 우정의 최후였다. 피스터 본인의 표현을 빌자면 '명예롭고 고결하신 노년의 위인을 구슬리는 데' 2년 간 한없이 헌신했고, 까다로운 저자의 작업을 2년이나 더 기다렸음에도 불구하고, 이 헌신적인 빈터투어 적십자 간사는 결국 정중히 해고를 당한 셈이다. 요한 피스터의 기분이 매우 상했다는 게 어찌 놀랄 일이겠는가? 1897년 6월, 그토록 노력했으나 결국 뒤낭이 다시 앗아가버린 그 문제의 책이 출판된 후, 피스터는 빈터투어 지부 회장의 이름으로 마지못해 책을 받았노라 수신확인을 한 후, 다시는 뒤낭에게 연락을 취하지 않았다. 뒤낭의 정수가 '희생자들에 대한 염려'임에도 불구하고 본인이 만들어 낸 희생자에 대해서는 괘념치 않았다.

모든 것을 슈투트가르트에서 한다는 결정이 내려지자, 이제 뷔르템베르크 지방 친구들은 — 당연히 뮐러와 그래터를 말한다 — 일 전체를 책임지게 되었다. 온 세상이 자신을 핍박한다고 생각한 나머지 뒤낭은 결국 몇 남지 않은 친구들에게조차 거의 복종에 가까운 충성심을 요구했다. 그들은 뒤낭의 그런 태도에 순응했다. 뮐러는 이미 5년 전부터 뒤낭의 요구에 응하기 위해 온갖 애를 다 써왔다. 우선은 손데레거에게 맡긴『솔페리노의 회상』의 새 독일어본에 추가할 짧은 안내문을 담당하는 것으로 시작했다가, 손데레거가 완전히 손을 떼자 책 번역을 통째로 떠안았다. 게다가 처음 맡았던 짧은 소개글은 한 개의 장으로 시작한 것이었는데, 두 장, 아니 다섯 장, 급기야 총 여덟 장 분량으로 늘어나 방대해졌다. 여기에 더해 창립자에게 이목을 집중시키기 위해서 슈투트가르트에서 강연도 했고, 그래터와 함께 뒤낭 재단도 설립했다. 이제 그는 새로운 출판업자를 찾아내야 하는 형편이었다. 빈터투어 적십자가 출판의 임무를 책임지고 있었을 때는 이미 베를린의 한 출판사와 이야기가 다 되어 있던 차였다. 그렇다면 뮐러가 뒤낭에게 저항했는가? 결코 아니다. 오히려 화룡점정이랄까, 뮐러가 그즈음 셋째 아기가 태어났는데, 루돌프는 뒤낭에 대한 헌사의 의미로 셋째에게 하인리히[4]라는 이름을 지어주었다.

그러나 앙리는 건강이 좋지 않아 신경이 온통 날카로웠으며, 자신의 고정 관념에 완전히 매몰되어 있는 지라, 선량한 고등 교사 뮐러가 자신에게 보여주는 헌신적인 마음을 가늠하지 못했다. 다만 뒤낭이 그를 향해 유일하게 한 이타적인 염려가 있다면 바로 건강 문제였다. 편지 두 통 중 하나에서 약초 찜질을 제대로 하는 법에 대해 재차 설명하거나, 그게 아니면 수업이든 부인이든 자식이든 다 내버려두고 산속에 들어가 좋은 공기를 마시며 요양을 해야 한다고 종용했다. 건강 문제를 제외하면, 뒤낭은 부놀프의 개인사에 대해서 전혀 관심을 보이지 않았다. 1896년 여름 루돌프 뮐러가 슈투트가르트 왕립 중등학교에 발령나자 뒤낭은 단 두 마디로 축하 인사를 전했다. 그해 가을, 자신의 이름을 따라 셋째 아이 이름을 지은 것에 대해서도 짤막한 인사를 했을 뿐이다. 편지의 나머지에는 자신의 적들이 얼마나 권모술수를 꾸미고 있는지가 절반, 그리고 온 영혼을 다하고 있는『적십자의 생성사』집필에 무엇을 추가할 것인지가 절반을 차지했다.

주인님의 변덕을 따라야 하는 뮐러는 슈투트가르트에서 새로운 출판업자를 찾아나서야 했다. 일단 독일 대형 출판사에서 거절당했다. 뒤낭은 그러한 모욕적인 대

4 프랑스어권 스위스 출신 앙리 뒤낭의 이름은 독일어로는 '하인리히'가 된다. 루돌프 뮐러는 독일 사람이므로, 아들에게 하인리히라는 이름을 붙여주었다는 뜻. '집안의 통치자'라는 뜻의 게르만어 '하이미리히Heimirich'에서 비롯된 이름은 다음과 같다. 앙리(Henri: 프랑스어), 헨리(Henry, 영어), 하인리히(Heinrich, 독일어), 엔리케(Enrique, 스페인어), 엔리코(Enrico, 이탈리아어), 헨드릭(Hendrik, 네덜란드어).

우를 받은 이유가 제네바인들이 물밑에서 방해했기 때문이라고 생각했다. 뮐러는 뒤낭이 화를 곱씹을 시간도 없게끔 즉시 대안을 찾아냈고, 그렇게 그레너 & 파이퍼라는 슈투트가르트 출판사가 1897년 초에 책을 출판하기로 했다. 이제는 수사본을 최종 검토하는 일만 남았다.

그러나 최종 검토라는 말은 성급했다. 뒤낭이 마침 책의 말미에다 '부록'을 추가할 생각을 했기 때문이다. 뒤낭이야말로 적십자의 유일한 창립자요, 제네바 협약의 하나뿐인 주창자라는 사실을 확인해 줄 만한 자료, 그러니까 지난 30년 간 그를 향했던 모든 헌사와 칭찬을 '가장 현저한 증언으로서 원본 그대로' 부록에 실을 계획이었다. 이제와 추가하겠다는 부록이 '내가 가장 애착을 갖고 있는 장'이라며, 뒤낭은 핑계인 양 뮐러에게 말했다. 뒤낭은 애초부터 부록 부분만 수백 부를 별쇄본으로 찍어낼 계획이었다. "그보다 더 기쁜 일은 없을 걸세. 내 부활을 방해하려고 온갖 노력을 기울인 사람들이 있으니 말일세."

갑자기 욕심을 부려 막판에 새로운 장을 추가하려니, 뒤낭은 엄청난 노력을 기울여야만 했다. 수백 장도 넘는 서신을 훑어보고 일일이 사본을 만들어 뮐러에게 보내야 했기 때문이다. 무엇보다 큰 문제는 뒤낭이 언제나 자신의 저작물이 시사성을 갖추도록 신경을 쓴다는 점이었다. 조금이라도 알려진 사람이 편지를 보내오거나 '나를 대적하는 이들의 입을 다물게 할 만한' 발언이 한마디라도 있으면 내용을 추가하는 일이 이어졌다. 몇 달 전만 해도 책이 출판되기 전에 죽을까 봐 두려워했던 뒤낭은 이제는 출판이 6개월 밀려도 아무 상관없다는 듯 행동했다. 난삽한 찬양들로 가득한 그 부록에 자기를 칭찬하는 그 어떤 짤막한 인용문도 누락되어서는 안 된다고 생각하는 듯했다. 대체 무슨 기벽이 발했길래 이렇게 일을 휘젓는 것이었을까?

푸른 눈의 스웨덴 사람이 문제였다. 12월 10일, 알프레드 노벨이 사망하며 그의 유언장에 담겨 있을, 수백 만 단위의 유산에 대해 온갖 소문이 나돌았다. 주르날드주네브 구독자 뒤낭은 1897년 1월 3일자 신문에서 노벨 씨의 재산은 추정컨대 과학 연구를 장려하기 위한 국제 기금 조성에 사용될 것이라는 보도를 읽었다. 평화상을 제정할 것이라고 암시하던 베르타 폰 주트너는 착각을 한 것이었나? 1월 9일자에서 주르날드주네브는 이미 팽팽한 긴장감을 한층 더 끌어올렸다. 1895년 파리에서 공술된, 즉 유일하게 법적 효력이 있는 노벨의 유언장이 공개되었다는 소식이었다. 과학 분야에서의 네 가지 상, 그리고 문학상 외에도 여섯 번째 상이 제정되었고, 이는 '온 민족들의 형제애를 위해, 항구적인 무장 해제 또는 축소를 위해, 또는 평화

회의를 성사시키고 확장하는 일에 가장 크게 또는 가장 훌륭하게 기여한 사람'에게 수여될 것이라는 내용이었다.

이 순간부터 뒤낭은 온통 흥분 상태였다. 그는 즉시 뮐러에게 '평화협회 방향으로 초점을 맞추라'고 종용했다. 그리고 친구 루돌프의 반박을 미리 예상한 듯 이렇게 덧붙였다. "만약 필요하다면, 출판사나 인쇄소는 기다리는 수밖에 없네."

그리하여 1897년 상반기는 『적십자의 생성사』 집필 방향을 최대한 평화주의 운동 쪽으로 돌리는 것으로 채워졌다. 운 좋게도 아직 인쇄에 들어가지 않았으니 다시 없을 이런 기회를 잘 활용해야 했다! 비록 적십자의 역사와 직접적인 관계가 없더라도, 뒤낭 본인이 국제 조정을 위해, 세계 평화를 위해, 민족 화합을 위해 얼마나 꾸준히 노력해 왔는지를 상기시켜야 하지 않겠는가! 그해 4월 9일, 이미 수사본은 오래전에 마무리가 되었어야 하는 시점이었는데, 뒤낭은 편지를 통해 뮐러에게 다시 양해를 구했다. "내 사랑하는 친구여, 노벨과 관련된 사연 말일세. 내가 왜 부록을 그렇게나 확장했는지, 그리고 국제 중재와 관련한 인용 문구를 왜 그리 과하게 실었는지, 자네는 아마 이해했겠지." 주트너 남작 부인이 자신을 평화 부문 상의 '후보군에 올려놓았'으며, 자신을 '유럽과 아메리카의 평화 협회들이 지지한다'는 사실을 뮐러에게 상기시키고 나서 뒤낭은 다음과 같이 결론지었다. "출판사가 곤란해 하거나 비용이 더 든다거나, 일정이 늦어지는 것 따위는 그토록 중요한 목표에 비하면 감안할 가치조차 없네." 그의 우선 순위는 이제 정해져 있었다.

불쌍한 루돌프 뮐러의 고생길은 아직도 끝나지 않았다. 내용으로 치열했던 시기가 지나자, 이제는 제본 및 장정의 문제가 남았다. 뒤낭은 항상 강박증이다 싶을 성노로 자신이 펴내는 책의 장정에 신경을 써왔다. 『솔페리노의 회상』 출판 후 그가 받은 수백 통의 편지를 살펴보면, 내용이나 문장에 대한 찬사보다 책의 장정에 대한 칭찬이 더 많았을 정도다. 게다가 이번에는 일이 더 복잡해졌다. 표지에 삽화를 넣기로 결정됐기 때문이다. 삽화에 대한 논쟁은 끝도 없었다! 루돌프는 한 명의 병사가 나오는 표지 삽화를 선호한 반면, 공정성을 강조하는 앙리는 절대 안 된다는 입장이었다. 병사 삽화를 넣는다면 어느 나라, 어느 군복으로 그릴 것인가? 독일군의 모습으로? 프랑스 군복으로? "나는 국적도 신앙도 드러나지 않기를 바라네. 그러니, 비록 자네가 쓴 책으로 나오기는 해도 궁극적으로는 나의 정신을 온전히 반영하는 책의 맨 앞 표지부터 개인의 기호를 드러내는 일은 하고 싶지 않다네."

숨어 있는 진짜 저자 뒤낭은 언제나처럼 생각이 명확했다. 표지에는 아무 장식 없는 적십자로는 절대 안 되고, '그림자가 지지 않은', 바람에 가장자리가 흔들리는 흰색 깃발 위 적십자를 표지로 사용하고자 했다. 뒤낭은 주트너 부인의 소설 『무기를 내려놓아라!』의 표지를 장식했던, 매우 귀족적이고 우아한 야자수 잎사귀 그림을 상당히 맘에 들어했기에 자신의 책에도 같은 그림을 사용하고자 했다. 또한 왕족들을 위해서는 책의 단면에 금박을 입힌 제본을 따로 하기를 원했다. 우선적으로 증정본을 보내야 할 인원이 적어도 40명은 되었다. 그 외 제본으로는 연한 녹색 표지에 단면은 붉은색을 원했고 대중을 위한 가제본판도 따로 찍어내길 원했다. 한마디로, 글자 획수 하나도 놓치지 않고, 그는 인쇄 단계를 철저히 살폈다. 어느 정도였느냐면 마지막 순간까지도 제목 페이지의 교정쇄가 마음에 들지 않자, 생사의 기로에 서 있다고 과장하며 수정하게끔 만들 정도였다. 그는 마치 방약무인한 벼락부자처럼 "돈은 얼마나 들어도 상관없소!"라며 반복해서 외쳤다. 결제는 뒤낭 재단에서 할 예정이고, 재단의 존재 이유가 바로 그것 아니었던가.

더 푸른 잔디

향수업자 그래터가 성실하고 세심하게 신경을 쓴 덕에 뒤낭 재단은 수혜자 뒤낭이 말하는 그 어떤 소망이라도 이뤄줄 만한 기금을 확보할 수 있었다. 뒤낭의 소원은 소박하지만 구체적이었다. 예를 들어 베른 적십자의 여성들이 보내준 램프가 별로 좋지 않으니 '아주 조도가 높은' 작은 등이 필요했다. 글을 쓸 때 귀와 관자놀이 근처를 따뜻하게 해주기 위해서라며 고급 양모로 성기게 짠 스카프, 그것도 가능하다면 회색이었으면 좋겠다고 요청했다. 만약 스카프를 두 개 받을 수 있다면 허리에도 두르면 좋겠다고도 알렸다. 그 외엔 과일과 품질 좋은 차, 그게 다였다. 그가 하이덴에서 사는 한, 게다가 만나는 사람도 전혀 없는 한, 그의 일상에 필요한 생필품은 별게 없었다.

그를 이 병원에서 나오게 하려는 시도는 이미 여러 번 있었지만 성공한 적이 없었다. 그럼에도 불구하고 그는 여전히 이 지역을 혐오했다. 거의 10년이 되어가는데도 뒤낭은 여전히 이 지역 주민을 맹렬히 조롱하곤 했다. 그는 이들이 똘똘 뭉쳐 자신에게 반기를 들었다고 믿었다. 그런데도 뭔가가 그의 발목을 붙잡는 듯했다. 은행가 숄더데벨레와 스위스 적십자 간사 셍커가 나서서 취리히에 아주 이상적인 하숙집을 찾아주었을 때, 뒤낭은 그것이 페로, 무아니에와 그들 패거리의 함정이라고 굳게 믿었다. 작년만 해도 그는 친구 에른스트 노이퍼가 사는 루드빅스부르크로 이사가려는 생각을 했었다. 노이퍼는 건축가로 상냥한 아홉 명의 자녀를 두었고, 뒤낭의 다이어그램 작업을 도와주는 친구였다. 하지만 그 계획 역시 포기했다. 근처에 산이 별로 없다는 이유였다.

1896년과 1897년 사이에 뒤낭 기금이 눈에 띄게 불어나자, 그래터와 뮐러는 슈투트가르트에 더 안락한 거처를 마련한다면 자신들도 좀 더 수월하게 그를 도울 수 있을 거라며 뒤낭에게 제안했다. 하지만 아무 소용없었다. 노년의 그는 이야기를 회피했고 겁을 먹었으며, 저항했다. 뒤낭은 1897년 2월, 뮐러에게 보낸 편지에서 "나를 찾아오는 사람도 맞이하기 어려울 정도인데 그런 먼길을 떠나는 과로를 어찌 나더러 감당하라 하는가. 사소한 일에도 신경이 곤두서서 온몸이 아플 지경인데 말일세!"라며 거부했다. 그러고는 이틀 후 다시 "오! 백조나 제비처럼 날개가 생겨서 날아갈 수만 있다면 벌써 슈투트가르트에 가 있을 걸세. 하지만 여행에 대해서는 아주 안 좋은 예감이 든다네. 자신의 내밀한 직감을 거역해서는 절대 안 된다네."

친구들이 보이는 성의를 완전히 꺾어놓으려는 듯 뒤낭은 필요한 조건들을 구체적으로 나열했다. 만약 그가 슈투트가르트로 이사간다면 매일 '맛있고 다양한 식사'가 제공되는 곳이어야 하며, 이삿길은 자동차로 가야 한다. "분명 자동차라고 했소. 나는 땀을 흘려선 안 되니 그런다네. 아무것도 아닌 일로도 땀이 나니까." 또 걸어서 산책할 수는 있지만 옷을 갈아입으러 돌아왔을 때 방은 항시 따뜻해야만 한다. "따뜻한 방이라고 했소. 그 말은 낮에 해가 잘 들고 난방을 위한 난로가 있어야 한다는 얘기일세. 하지만 불을 지피는 장치는 방 외부에 있도록 설치돼야 해. 방 안의 양철 난로는 이제 딱 질색이거든." 또한 항시 그의 방으로 온수가 제공돼야 하는 반면, 번거롭게 하인들이 드나드는 일은 없어야 한다. 마지막으로 방 두 칸을 연결해서 사용할 수 있어야 하는데, 그건 '먼지가 조금만 있어도' 목이 칼칼해져서 환기를 자주 해줘야 하기 때문이다. 그리고…

좋다. 뮐러는 더 이상 얘기를 꺼내지 않기로 했다. 그러나 뒤낭과 매일 깊은 이야기를 주고받는 사이가 아니었던 상냥한 그래터 씨는, 2주 후 뒤낭을 찾아왔을 때 이런 사정을 모르고 있었다. 그래서 쾌활한 표정에 특유의 사투리로 그는 뒤낭에게 번뜩이는 새 아이디어를 내놓았다. 독일 사람 같은 프랑스어로 '목 톡증'이라 부르는 뒤낭의 증세를 완화하기 위해 팔레스타인 하이파에 가서 휴양을 하는 게 어떠냐는 권유였다. 그곳에 유럽식으로 아주 잘 관리되고 있는 호텔이 있다는 것이었다. 그러나 그래터는 얼마 지나지 않아 마치 바보같은 소리를 한 것을 바로 후회한다는 듯 말을 이어야 했다. "하지만 그건 사랑하는 친구가 회복하기를 바라는 마음에서 나온 생각일 뿐입니다" 그는 뒤낭이 슈투트가르트나 혹은 '위원회와 좀 더 가까운' 어느 곳으로라도 이사 오겠다는 기쁜 소식을 들을 수 없어서 안타깝다고 말했다.

이내 뒤낭에게 이사 이야기는 꺼낼 수조차 없는 일이 되었다. 지인들의 방문도 점점 더 어려워졌다. 뒤낭의 심리적 은둔은 하루가 다르게 심해졌다.

온갖 부류의 귀찮은 사람들이 그의 방 문턱을 넘지 못한 건 실로 오래된 일이다. 이제 은둔자 뒤낭은 자신에게 소중한 사람들에게까지 사납게 대하기 시작했다. 우선 루돌프 뮐러부터였다. 뒤낭은 그에게 거의 매일 편지를 쓰면서도 뮐러가 직접 방문하겠다는 말에는 온갖 핑계를 댔다. 두 사람의 공동 작업인 적십자 역사에 대한 책이 한창 교정 중이라 직접 이야기를 나눈다면 크게 도움되는데도, 1897년 2월 편지에서 그는 "나는 심신이 너무 지쳐서 지금으로선 자네가 와도 기뻐하기조차 어려울 거라네."라고 했다. 정말이지, 루돌프가 직접 찾아와선 안 되었다. 뒤낭은 자신의 감정이 격해질 것이고, 그렇게 되면 자기 심장이 견뎌내지 못할 것이라 설명했다. 며칠 후, 또 다른 사람이 방문 예정이라는 소식이 도착했고, 이는 훨씬 더 극적인 효과를 가져왔다. 3월 12일에 뮐러에게 편지를 쓰면서 뒤낭은 이렇게 전했다. "나는 아주 고통스러웠고, 상상도 하기 어려울 정도로 힘든 무기력에 시달려서 자네에게 도무지 편지를 쓸 수가 없었네. 주트너 남작 부인께서 남편과 함께 하이덴에 방문하겠다고 알려왔기 때문이라네."

남작 부인은 베른에 위치한 국제평화국에 갔다가 돌아오는 길에 방문하겠다며, 지난 1년 반 동안 열심히 서신을 교환했던 뒤낭과 직접 만나고 싶다고 알려왔다. 뒤낭은 편지를 장황하게 쓰는 사람이었으나, 세상의 예절과 관습을 잃어버린 지 오래였다. 그에게 사람들과 직접 대화를 나누는 것은 감당할 수 없을 정도의 노력을 필요로 하는 일이었다. 불쌍한 뒤낭은 완전히 당황해서 그녀에게 세 통의 편지를 연달아 보내며 제발 오지 말라고 간청했다. 그가 진정 얼마나 당황한 것인지 가늠조차 하지 못했던 부인은, 방문 연기 소식을 전보가 아닌 편지에 써서 보냈고, 이로 인해 뒤낭은 공황 상태에 빠져 지내다 결국 한 달이나 지난 뒤에야 주트너 내외의 방문 연기 소식을 듣게 되었다.

오직 장자크 부르카르만 상황을 제대로 파악하고 있었다. 같은 시기에 그는 슈투트가르트의 뒤낭 재단이 개시한 새로운 모금 활동에 대해 뒤낭에게 편지를 보냈다. 부르카르는 하이덴의 은자를 '세상으로부터 버림받은' 사람이라고 묘사한 모금 호소문을 언급하면서 그 표현에 충격을 받았다고 적었다. 그 이유를 부르카르는 다음과 같이 설명했다.

"앙리 뒤낭은 스스로가 원하는 방식으로 살고 있는 겁니다. 그는 전 세계 어디보다 자신의 피난처를 선호합니다. 자신의 주치의 또는 한결같이 자신을 위해주는 간호인들을 가끔 보는 것 말고, 그는 누구도 만나지 않은 채 혼자서, 사방이 막힌 작은 방에 틀어박혀 살고 싶어합니다. 주변에 친구들을 여럿 두고 지낼 수 있지만, 모두를 되돌려 보내지요. 그는 혼자이고 싶어합니다. (중략) 확신하건대, 사람들이 그에게 수백 만의 돈을 던져줘도 그의 보금자리는 하이덴이고, 앞으로도 그럴 것입니다."[N5]

저자 주석 N5: 수신자가 명시되지 않은 장자크 부르카르의 1897년 3월 5일자 편지. 십중팔구 부르카르는 위의 호소문에 대해 자신이 작성해 둔 서신을 뒤낭을 위해 옮겨 적은 걸로 보인다.

부르카르의 말이 맞다. 뒤낭은 매일같이, 아침부터 밤까지 그의 일거수일투족을 살피는 '피도 눈물도 없는 적들, 그리고 채권자들'에 맞서 싸우고 있었다. 자기 방의 문턱만 넘어서도, 병원 건물 밖으로 나가 하이덴의 길거리에 들어서도, 심지어 스위스나 유럽, 또 전 세계 그 어디든 모험을 감행한다 해도 뒤낭은 '그들'의 위협에 노출되고 만다. 뒤낭은 그렇게 생각했다. "그들이 원하는 건 단 하나, 보복이라네. 난 그것을 알고 있고, 그 상황을 피하고 싶네. 병원 안의 병실은 그들에게 있어 금지구역이지 않나. 그래서 여기 머무는 거라네."[N6]

저자 주석 N6: 루돌프 뮐러에게 보낸 1897년 2월 24일 서신.

결국 결론은 그러했다. 적어도 그의 의도를 명확히 파악할 수 있다. 하이덴 지역 병원 내에서 뒤낭은 채권자들로부터 일종의 의학적인 면책 특권을 누린다고, 또는 위생상 격리 조치를 통해 보호받는다고 생각했을 것이다. 이후로 뮐러를 포함해 어느 누구도 뒤낭에게 이사를 가라고 설득하지 않았다. 새롭게 얻게 된 재원 덕에 이때까지 상상도 할 수 없던 사치를 누리게 되었으니 더더구나 그럴 필요도 없었다. 1897년 2월 중에 병원 기록상 알테어 병원장의 1번 환자인 뒤낭은 병원 3층 방 한 칸을 추가로 쓰기 시작했다. 이때부터 뒤낭은 그곳을 떠날 핑계조차 더 이상 만들어 낼 필요가 없어졌다. 이렇게 해서 뒤낭은 실로 본인이 혐오하는 환경에서, 경멸하는 주민들 사이에서, 또 견딜 수 없어 하는 나라에서, 남은 여생 13년을 보내게 되었다.

주관적인 동맹

뒤낭의 파산이 엄청난 금전적 손실을 발생시킨 사실을 고려하면, 뒤낭의 채권자들은 사실 1867년 이후 놀라울 정도로 그를 그냥 내버려뒀다고 보는 게 맞다. 본인도 고백했듯 파산자 뒤낭은 30년 가까이 어느 누구에게서도 독촉장을 받지 않았다. 그러나 근거가 있든 없든 핍박을 당한다는 강박증으로 인해, 뒤낭은 결국 자기를 시기하는 사람들과 채권자들을 구별하지 않고, 무조건 자신의 '적'으로 분류해 버렸다. 채권자들은 뒤낭이 다시 돈을 벌기를 기대하고 그를 시기한다는 사람들은 그 반대를 원하니, 이 두 집단의 동기는 완전히 상반되지만 그런 논리는 뒤낭에게 아무 소용이 없었다.[N7]

> 저자 주석 N7: 적십자 집단과 채권자 집단이 겹치는 거의 유일한 지점은 최초의 부상병구호위원회 멤버였던 의사 테오도르 모누아르의 아들이라고 할 수 있다. 테오도르의 아들 폴 모누아르는 토마 막퀼로크의 딸과 결혼했는데, 막퀼로크야말로 뒤낭의 가장 중요한 채권자 중 한 명이었기 때문이다. 토마와 함께 앙리 뒤낭은 크레디 리오네에서 30만 프랑의 대출을 받았었고, 그 보증의 책임이 100퍼센트 토마 막퀼로크에게로 떨어졌다. 그리고 이런 일이 벌어진 직후에 토마 막퀼로크는 사망했다. 토마의 딸과 폴 모누아르 부부는 그러므로 뒤낭의 적십자의 옛 동료들 무리와 채권자들의 무리를 모아놓은 지점이라고 할 수 있다. 그리고 뒤낭은 모누아르의 두 아들이 자신에게 상당한 증오심을 느낀다고 확신하고 있었으며, 그의 생각이 아마 맞았을 것이다. 하지만 이 경우를 제외하고는 적십자 동료들과 채권자들이 겹친다는 건 대체적으로 환상에 불과하다고 판단된다.

특히 페로 사건이 있은 후, 뒤낭은 제네바 신용 은행과 몽스-제밀라 제분회사의 채권자들이 — 뒤낭 본인의 표현대로 — 무아니에의 '도당'과 페로의 경건주의 '패거리'의 도움을 받는 게 분명하다며 더욱 확고히 믿게 되었다. 심지어 '내 적과 채권자들' 혹은 '내 채권자들과 내 적들'이라는 식으로 이 두 집단을 불가분한 존재로 묘사할 정도였다.

이렇게 뒤낭이 의도적으로 두 집단을 뒤섞는 이유는 아마도 생존 본능으로 설명해 볼 수 있다. 1867년 파산으로 인해 피해를 봤던 대부분의 사람은 뒤낭이 잘 알고 지내던 지인들이었다. 지인들과 친구들, 훌륭한 제네바 시민이면서 선의로 투자해 준 이들에게 해를 가했다는 수치심을 안고 뒤낭이 어찌 살아갈 수가 있었겠는가. 채무를 어떻게 해볼 수 없다 보니 그는 채권자들에 대해 자기만의 조치를 취한 것이다. 다시 말하면 세월이 흐르며 뒤낭은 자신만의 사유 과정을 통해 채권자들을 희생자에서 가해자로 재분류하는 작업을 했다는 뜻이다. 그는 본인이 채권자들에게서 느끼는, 견딜 수 없을 것 같은 양심의 가책을 최대한 경감시키고자 했을 것이다. 뒤낭의 이 불쌍한 채권자들은 이중의 기만을 당한 셈인데, 실제 존재했던 적들과 — 예를 들어 각각 기독교청년회와 적십자에 속한 뒤낭의 라이벌 두 사람 – 함께 뭉뚱그려진 채 그의 '무자비한 적들' 쪽으로 분류되었기 때문이다. 이렇게 성격이 상이한 집단들이 과연 뒤낭이 주장하는 대로 30년 동안 그를 괴롭히는 데 한통속으로 움직였을까? 의혹을 확인해 줄 증거는 전혀 없다. 게다가 1901년에 유일하게 뒤낭으로부터 변제를 요구한 여섯 명의 채권자들은 경건주의 쪽이건 적십자 쪽이건 눈에 띄는 연결고리가 없는 사람들이었다. 그럼에도 뒤낭은 이미 그 같은 사악한 연합이 결성돼 있다고 믿었고, 그 어떤 말로도 그의 확고한 믿음을 바꿔놓을 수 없었다.

게다가 그 당시에는 뒤낭의 이 같은 의심을 뒷받침할 근거가 더욱 빈약했는데, 채권자들이 모습을 드러낼 이유가 전혀 없었기 때문이다. 뒤낭이 다시 재산을 모을 가능성은 시간이 갈수록 희박해졌고, 그의 사업 계획에 대해서는 그 어떤 선전도 이루어지지 않았다. 그 말은 피해를 입고 분노한 제네바 사람들이 욕심을 부리며 달려들 위험도 거의 없었다는 뜻이다. 그런데 이제는 사정이 완전히 달라졌다. 반년 전부터 전 세계 언론에서 매주 새로운 모금 운동, 후원금 모집, 수많은 기부금 등을 언급하며 뒤낭을 둘러싼 보도를 하고 있었다. 가장 최근의 일은 러시아의 황태후 마리아 페오도로브나가 매년 4천 프랑의 연금을 지급할 계획이며, 정식 지급이 개시되기 전 맛보기처럼, 뒤낭에게 4천 프랑을 일시불로 수여했다는 소식이었다. 러시아로부터 온 후한 조치 덕분에 뒤낭은 세상을 떠날 때까지 금전적 어려움을 겪지 않아도 되었다. 그러나 그는 즉각 극심하게 괴로워했다. 사실이든 상상 속에서든 채권자 부대가 몰려들어 자신이 새롭게 받게 된 선물을 앗아갈 것이라고 믿었기 때문이다.

이렇게 상상 속에서 출몰하는 적들과 맞서는 동안 뒤낭은 다시금 희망, 번뇌, 그리고 신경 쇠약이라는 모든 단계를 거쳐야 했다. 몇 주 동안은 국제보편도서관이나 지혈 붕대, 팔레스타인 개척 등과 같은 허황된 옛 프로젝트 때와 마찬가지로, 이제 곧 채권자들에게 모든 빚을 단숨에 갚을 수 있으리라 확신했다. 폰 주트너 남작 부인은 아주 단순하면서도 뛰어난 아이디어를 생각해 냈는데, 만약 '독일의 사마리아인' 회원들이 1인당 단 1마르크씩만, 아니 0.5 마르크만이라도 자신들이 소속된 단체의 먼 조상이나 다름없는 뒤낭을 위해 기부한다면, 순식간에 100만 프랑이 넘는 기금이 조성될 수 있다는 생각이었다. 그렇게 기금이 조성되면 일단 신체 불구자가 된 '사마리아인', 즉 응급구호요원들을 위한 대대적인 활동을 요란히 펼치고, 그 후에 나머지 금액은 뒤낭의 부채 청산에 사용해도 될 것이라는 게 부인의 요지였다.

뒤낭은 '내가 빚을 갚고 싶고자 하는 자체가, 그것도 30년이나 된 오래된 빚을 청산하려는 것 자체가 그저 명예로운 자세라고 생각될 것'이라며 몽상에 빠졌다. 알테어 박사도 처음에는 주트너 부인의 아이디어가 이상주의자스럽다 생각했지만 이내 그 계획을 진지하게 생각하게 되었고, 해볼 만한 일이라 선언하기에 이르렀다. 그런데 그 활동의 구체적인 개시는 누가 할 것인가? 그리고 시간은 얼마나 걸리겠는가? 뒤낭은 결국 현실을 직시하는 수밖에 없었다. 아이디어는 아주 훌륭했으나, 그것은 이론상의 이야기일 뿐이었다.

조금 시간이 지나자 또 다른 시나리오가 등장했다. 쓸쓸한 감정에 잠겨버린 노인 뒤낭이 생각을 거듭하다가 급기야, 자신의 채권자들은 더 이상 돈을 돌려받을 권리가 없다고 여기게 된 것이다. 어찌됐든 돈을 갚으라면서도 뒤낭이 하는 일을 '누구보다도 방해한 게' 그들이기 때문이라는 논리였다. 그러니 어찌보면 자신이 피해를 입힌 채권자들을 가책을 느낄 가치도 없는 못된 악인들로 만들어 버림으로써 뒤낭은 결국 항상 해왔던 대로 특유의 심리상의 대응책을 내세운 셈이다. 이런 생각을 하고 이틀이 지난 후 2월 중순쯤, 의구심이 엄습했다. 뒤낭은 스위스의 주마다 관련 법이 다르기 때문에 채권자들의 권리가 아직 말소되지 않았을 수도 있다는 생각에 이르렀다. 다시금 공황 상태에 빠져버린 뒤낭은 결국 며칠 뒤에 과격한 결정을 내린다. "시효가 30년이라는 사실을 알게 되었네. (중략) 그러니 그 30년이 될 때까지 내 병원 방에서 단 한 발자국도 나가지 않기로 결심했지. 그리고 그 말을 하고 싶지는 않군."

그다음 날에도 공황 상태는 이어졌다. "채권자들에게 일절 돈이 돌아가지 않도록 하기 위해서 나는 조심 또 조심해야 한다네." 적십자의 역사를 다시 집필하는 과정에서 뒤낭은 채권자 중에 가장 끈질긴 사람들이 펠팔라 채석장 매매 금액 10만 프랑을 통해 ─그 금액은 어처구니없이 낮았다 ─ 이미 변제를 받았다는 것을 알게 됐다.[N8]

> 저자 주석 N8: 당시의 이 모든 속내 이야기를 들은 사람이 루돌프 뮐러다. 1897년 1월 말부터 2월 말까지 그에게 거의 매일같이 편지가 쇄도했다.

그 사실을 알게 된 순간부터 뒤낭이 집착하는 부분은 단 한 가지, 자신에게 쇄도하는 기부금이 압류될 수 없게끔 조치를 취하는 일이었다. 수차례 지불 유예가 있은 후, 그리고 채무 변제가 가능하리라는 진정한 희망이 보이기 시작하는 바로 그 시기에, 이렇게 해서 뒤낭은 채권자들을 자신의 우선 순위에서 완전히 배제하기로 결심했다. 다만 그의 악몽과 가책, 또 그의 공소장에서 그들을 몰아내는 것은 불가능한 일이었다.

새로운 캠페인

『적십자와 제네바 협약의 생성사』는 1897년 5월 초에 독일어로 출간되었다. 적십자의 탄생을 다룬 이 책은 전부 뒤낭이 집필했고, 루돌프 뮐러가 번역을 했지만, 무엇보다 뮐러의 이름으로 세상에 나왔다. 뒤낭 본인은 첫 판본을 5월 7일에 하이덴에서 받았다. 그날은 생일 전날이었다. 뮐러와 인쇄업자가 이 책의 진짜 아버지를 기쁘게 하기 위해 그렇게 출판 날짜를 잡았던 것이다. 날짜를 맞추기가 여간 어려운 일이 아니었지만 그들은 결국 해냈다.

무명작가 뒤낭은 진심으로 기뻐했다. 뒤낭 재단이 후하게 지원해 준 덕에 자신의 희망 사항이 모두 반영됐기 때문이다. 호화 장정본과 대중 판매본이 따로 나왔고, 제본도 탄탄하게 잘 되었으며 품질 좋은 종이를 썼다. 활자도 보기 좋았을 뿐 아니라, 인쇄소 청구서에 상당 비용이 추가되는 사유이긴 했지만 수많은 추가 및 수정 사항도 모두 잘 반영되었다. 아주 고급스러운 연회색 진주빛 표지와 '아주 잘 그려졌고 흰색 깃대와 매우 보기 좋게 잘 어우러지는' 야자수 잎사귀 그림을 보고 뒤낭은 '감탄해 마지 않았다.' 그는 자기 손에 이 책을 쥐기까지는 죽고 싶지 않다고 생각했다. 노인 뒤낭은 이제 영혼에 평안을 얻었으므로 죽어도 여한이 없다.

이러한 평정심은 꼬박 24시간 지속되었다. 그러고는 5월 8일, 대재난이 발생하고 만다. 독일어를 못하는 그의 눈에도 보이는 명백한 실수를 찾아냈기 때문이었다. 그것도 첫 페이지부터였다! 국왕 프란츠 요제프의 표기에 로마자 I가 하나 더 들어가 있었다. 집필 완료 후 인쇄에 들어가서 이미 2천 부를 찍은 상황이었다. 그런데 첫 장의 첫 페이지부터, 당연히 '프란츠 요제프1세'여야 하는 곳에 프란츠 요제프 2세라고 찍혀 있다니!

현재 군림 중인 군주가 몇 세인지 틀리게 표기했다니! 궁정의 일에 능통한 뒤낭이 어찌 이런 실수를 용인한단 말인가? 게다가 이 실수는 온전히 본인의 잘못이었다. 이 상황을 구제할 사람은 친구 루돌프 뮐러가 유일했다. 뒤낭은 그날 밤 즉시 뮐러에게 편지를 썼다.

친절한 생일 축하 메시지에 고맙다며 서론을 유쾌하게 시작한 뒤낭은 출판에 관련된 모든 비용을 적어두라고 뮐러에게 권유하였다. "모든 것을, 정말 모든 부분을 기록하기를 부탁하네. 그렇지 않으면 내가 불편할 것이고, 내가 원하는 바가 아니니 말일세." 그리고 본론으로 들어가서 '우선은' 능력 좋은 필경사를 고용하라고 요청했다. "아니, 차라리 능력과는 상관없이 글자 지우는 칼을 아주 잘 쓸 줄 아는" 사람을 고용하라고 적었다. 왜냐하면 그 사람이 해야 할 일이 이미 인쇄된 전권에서 글자 I를 하나씩 긁어내어 읽는 이의 눈에 '띄지 않게끔' 하는 작업이었기 때문이다. 단 한 권도 예외 없이 말이다.

이번만큼은 루돌프 뮐러가 단호히 거절해야 했다. 그럴 수가 없다. 뮐러는 밤에 촛불을 켜고 직접 그 글자를 긁어낼 생각이 없었다. 솜씨가 좋건 나쁘건 필경사를 고용할 생각도 없었다. 2천 권이나 되는 책의 첫 페이지 일곱 째 줄에 나오는 프란츠 요제프 표기 오류를 고치려고 II에서 I를 하나 긁어내는 일 때문에 그렇게 하는 것은 말도 안 되었다. 뮐러가 제시한 최선의 대안은 인쇄업자에게 부탁해서 각 판본에 그 비극적인 실수에 대한 오자 알림을 작게 첨부해 달라고 하는 방법뿐이었다.

뒤낭은 매우 불만이 컸다. 그렇게 하면 실수가 '훨씬 더 눈에 들어올 것'이라 생각했기 때문이었다. 그는 다시 한 번 뮐러의 생각을 바꿔보려고 시도했다. 그러다 결국 포기하고는 작은 오식을 포함하는 방법으로 만족해야했다. 인쇄소에서 뮐러의 부탁을 일축해 버리지 않은 것만 해도 기적과 같은 일이었다.

이제 I가 제자리를 찾았으니 — 이 부분을 해결하지 못했더라면, 우리가 아는 저자 뒤낭을 고려하건대 인쇄가 끝난 2천 권을 그대로 폐기했을 게 분명하다 — 뒤낭은 이제 새로운 캠페인을 시작할 때였다. 〈대지와 대양 너머로〉에 바움버거가 기사를 게재한 후 엄청난 반향이 일어난 때가 벌써 2년 전이었다. 이제 사람들의 관심이 좀 사그라들고 있으니 대중에게 추가 접종을 해줄 때가 되었다.

이미 검증된 방법이 최고의 방법이니 뒤낭은 본인이 익숙한 방식을 따라 행동에 나섰다. 공식적으로는 자신이 저자가 아니기에 뒤낭은 오히려 훨씬 편한 마음으로 작위가 있든 없든 그 책을 흥미롭게 아니면 호의를 가지고 받아들일 만한 사람들 모두에게 보냈다. 수신자 명단 가장 맨 위에 있는 이들의 면면을 살피면 왕과 왕비들, 종교 지도자들 — 물론 가톨릭 성직자들이다 — 언론인 중에도 당연히 보수 성향의 사람들, 그리고 온갖 분야의 명사들과 마지막으로 전 세계 국가별 적십자 위원회들이었다. 물론 뒤낭의 표현에 따르면 '무아니에 씨의 손아귀에' 있는 게 뻔한 지부들은 제외되었다. 어떤 유명 인사가 감사 혹은 축하의 편지를 보내오면 뒤낭은 그 편지를 인쇄해서 또 다시 여기저기로 보냈다. 언론에 기사가 게재될 때마다 그는 20부, 50부, 아니 100부를 요구하여 이를 발췌본 혹은 인쇄 사본으로 만들었다. 나중에 책이 재판을 찍을 때 그 문제의 '부록' 부분에 추가할 수 있도록 해두는 셈이었다. 그러니 부록은 판본을 새로 찍을 때마다 그 분량이 두 배씩 늘어날 게 뻔했다. 찰랑거리는 물결에서 소용돌이로, 소용돌이에서 또 잔물결로, 이 모든 부산스러운 움직임은 언젠가 갑작스럽게 여론을 관통하는 커다란 파도를 일으키게 되어 있다.

뒤낭에게 이번의 관건은 정부 대표자들로 하여금 제네바로 모이게 하는 게 아니었다. 처음에 뒤낭은 그저 절판된 『솔페리노의 회상』을 다시 찍어내는 것이 목표였다. 앙갚음을 하고야 말겠다는 욕구에 점점 날이 서게 되면서 상황이 바뀌었다. 그는 적십자와 제네바 협약의 유일한 창립자요, 주창자로서 자신의 지위를 세상에 한 번 확고히 알림으로써 적들에게 한 방 먹이겠다는 결심을 하게 되었다. 그 한 방이 바로 자신의 근거를 이용하고 직접 정성을 들여 『적십자의 생성사』를 출판하는 일이었다. 하지만 6개월 전에 그 목표에 마치 깜짝 손님처럼 하나가 더해졌다. 새로운 평화상 수상의 가능성이 보였기 때문이다. 그러니 이 책을 홍보하는 건 그저 해야 하는 일의 수준이 아니라 사활이 걸린 활동이었다.

1877년부터 뒤낭이 사망할 때까지
그의 가장 가깝고 가장 충실한 벗이 되어 준 루돌프 뮐러

돌격부대

35세 한창 나이에『솔페리노의 회상』의 저자로서, 뒤낭은 혼자서 가공할 만한 능률로 홍보 담당의 역할을 해냈다. 하지만 하이덴의 앙리 뒤낭은 나이가 두 배가 되었고, 이제 자기 작품의 홍보를 위해 이 도시에서 저 도시로 뛰어다닐 수가 없었다. 오히려 그 반대였다. 유난히 사회성이 발휘된다 싶은 날이면 자기 방 반쯤 내려진 빛막이창 너머로 몰래 밖을 내다보며 길거리에서 시끄럽게 떠드는 하이덴 촌사람들을 향해 낮은 소리로 욕을 한 바가지 퍼붓는 식이었다. 뒤낭에게 우편물을 갖다주는 유일한 사람인 여집사이자 수간호사 엘리즈 볼리제를 붙잡고 5분 정도 이야기를 나눈다거나, 병원 요리사 엠마 뤼벨리와 지난 5년간 자신의 주식이었던 쌀의 품질에 대해 몇 마디 나누기라도 하면, 그날은 뒤낭이 엄청난 사교적인 충동에 사로잡힌 날이라고 할 수 있을 정도였다.

이 별난 사람은 하이덴 지역 병원 3층의 두 칸짜리 방을 나서지도 않은 채 대체 어떻게 1897년 하반기 내내 루돌프 뮐러의『적십자와 제네바 협약의 생성사』의 출간에 동반된 홍보를 주도할 수 있었던 건가?

그의 천재성 중 하나를 얘기하자면, 뒤낭은 스스로에 대해, 그리고 자신의 신념에 대해 사람들로부터 절대적인 헌신을 이끌어내는 능력이 있었다. 스위스 연방 대통령도, 유럽 평화주의 운동의 뮤즈도 뒤낭에게 방문 허락조차 받지 못한 지가 벌써 몇 년째였다. 그럼에도 불구하고 수많은 남녀들이 그가 하는 일을 조금이라도 돕기 위해 존경심과 우정, 감탄과 헌신의 마음으로 기꺼이 무엇이든 하겠다 나섰고, 뒤낭은 이러한 이들을 성공적으로 끌어들이곤 했다.

수간호사 엘리즈 볼리제는 조력자로서 그에게 필수 불가결한 제1의 인물이었다. 알테어 박사는 더 이상 그를 직접 만나러 오지 않았고, 그래서 바깥 세상과의 주요 연결 고리 역할을 볼리제가 해주고 있었다. 창밖으로 스위스식 독일어로 소리 지르는 주정뱅이나 아이들이 보일 때 그들을 쫓아내는 것도 그녀였고, 뒤낭의 건강과 안락함에 신경 쓰며 기분을 맞춰주는 것도 그녀였다. 무엇보다 그녀는 뒤낭이 매일같이 망할 고딕체 글씨들과 헛되이 씨름하다가 결국 미안해하며 건네는 편지들을 번역해 주었다.

엠마 뤼벨리는 엘리즈 수간호사의 조카로 그녀와 유사한 수준의 헌신을 보여주었다. 뒤낭은 25년 전부터 자기를 제거하려는 이들이 있다고 굳게 믿었기 때문에, 엠마에게 모든 음식을 먼저 맛보게 했다. 그렇지 않으면 눈앞에서 바로 조리해 달라고 하기도 했다. 3층에 사는 노인은 이 불쌍한 엠마의 시간을 어찌나 빼앗았던지 병원에서는 주방 보조를 한 명 더 고용하기까지 했다. 허나 가장 놀라울 정도의 충성을 보여준 사람들이 있었으니, 이들은 뒤낭이 단 한 번도 직접 만나지 못했으나 그를 위해서라면 아낌없이 헌신한 사람들이라 할 수 있다.

이델슨 박사라는 사람은 1895년부터 앙리 뒤낭의 재기를 위한 새로운 선전 활동에 아주 전면적인 역할을 했다. 본명이 발레리안 스미르노프인 이델슨 박사는 1871년에 베른으로 망명한 러시아 사람으로, 국제평화국 본부가 있는 베른 사교계에서 평화주의 운동을 하는 이들과 자주 교류했다. 수많은 이의 뒤를 이어, 특히나 그의 동료 베르타 폰 주트너를 따라 이델슨도, 당사자의 말에 따르면, '모두에게 잊힌' 앙리 뒤낭이라는 사람에게 연민을 느꼈다. 그는 급기야 1897년 2월, 한 평화주의 잡지에 뒤낭을 위한 모금을 호소하는 글을 게재하기에 이르렀다. 가히 기적이라고 해야할 러시아의 연금 지급이 가능했던 것도 이델슨의 공로였다. 그 연금 덕에 1897년부터 뒤낭의 삶의 질은 상당히 개선되었다. 마지막으로 그는 뒤낭이 '30만 프랑의 상금이 달린 그 노벨상 중 하나'를 받을 수 있도록 주트너 남작 부인과 함께 노력을 기울였다. 이 계획은 미친 짓이나 다름없었으나, 앞에서 언급했다시피 뒤낭은 상당한 관심을 기울였다. 『적십자의 생성사』 책이 나오자마자, 즉 1897년 5월에 이델슨은 그 책을 홍보하기 위해 베른 근처 알프스 지방부터 우랄 산맥에 이르기까지 유럽 각지를 누볐다. 베른에서는 뒤낭 지원 업무를 도맡은 이델슨을 돕기 위해 러시아 여성 두 명이 동원되었다. 그녀들은 하이덴의 노인이 도무지 혼자서 감당할 수 없는 수많은 사본 만들기, 혹은 빌송 업무 등을 맡아주었다.

단 한 번도 직접 만난 적이 없는 이델슨의 놀라운 헌신에 대해, 앙리는 '주트너 남작 부인의 선량한 끈기' 덕분이라고 인정했다. 주트너 부인은 뒤낭에게 이델슨에 대한 언급을 할 때면, 그저 '우리 둘, 공동의 친구'라고 일컬었다. 이 친우 관계의 쐐기가 처음에 무엇이었는지와 상관없이, 1900년에 요절하기 직전까지도 이델슨 스미르노프는 온갖 글, 봉사, 연줄과 후원금을 통해 뒤낭을 지원했을 뿐 아니라, 50여 개에 달하는 러시아의 적십자 지부들이 뒤낭을 명예 회원으로 임명하게끔 개입하기도 했다.

이렇게 이미 유럽 동부는 비교 불가한 홍보 담당자가 나서서 책임지고 있었다. 갑자기 수많은 이의 시선이 쏠리고 있는 북유럽의 경우는 두 가지 전선으로 홍보에 나서야 했다. 노벨상 본부가 스톡홀름에 있기는 하지만, 평화상 수상자는 다른 분야 노벨상과는 달리 노르웨이 의회인 스토르팅에서 결정하게 되어 있었다.[N9]

저자 주석 N9: 1905년까지 노르웨이는 스웨덴과 연합 왕국을 이루고 있었다.

그리하여 테오렐 부인이라는 여성이 스웨덴어로 번역을 하기로 했고, 노르웨이 국회의원 몇 명과 친분이 있는 키라는 이름을 가진 여성도 크리스티아니아에서 신중하게 홍보의 기반을 다지기 시작했다. 네덜란드에서는 암스테르담의 젊고 혈기 왕성한 크리스티안 프리드리히 하예라는 기자가 이미 1896년에 발행 부수가 높은 한 일간지에 적십자 창립자를 다룬 대형 기사를 쓴 적이 있었다. 이러한 헌사에 아주 기분이 좋았던 뒤낭은 뮐러에게 『적십자의 생성사』가 정식 출판되기 전 교정쇄를 하예에게 보내주라고 부탁했다. 하예는 바로 답장을 보내 자신이 그 책을 네덜란드어로 번역하겠다고 알려왔다. 뒤낭의 목적이 달성된 셈이었다. 스톡홀름과 오슬로(당시에는 크리스티아니아라고 불렸다)로 향하는 뒤낭의 구불구불한 길에서 중간에 있는 네덜란드 중계자 역할을 하예가 해줄 것이다.

그래도 이러한 캠페인의 요충지는 여전히 슈투트가르트였다. 뒤낭 재단의 두 지주인 아돌프 그래터와 루돌프 뮐러가 살고 있는 도시다. 이들도 둘 다 한 가정의 가장이자 한창 사회 생활을 하고 있는 사람들이었다. 그런 두 사람이 뒤낭에게 그토록 헌신했다는 사실만 보아도, 세상에 대해 신랄하고 비사교적이고 온갖 병에 시달리는 데다가, 폭군이라 해도 될 정도로 권위적이면서도 지나치게 토라지기도 하는 뒤낭이, 주변 사람들에게 얼마나 특별한 카리스마를 발휘했는지 — 무려 원거리에서 — 알 수 있다. 아돌프 그래터와 루돌프 뮐러는 뒤낭을 부축하여 그가 위인의 반열로 올라가는 여정의 첫 걸음을 도우려 몹시 애를 썼다. 그래터는 자신이 직접 설립했고 무사히 발전하고 있는 재단을 통해 그를 도왔다. 뒤낭이 세계 곳곳에 보내기 위해 여러 서점에서 뮐러의 책을 셀 수 없이 많이 사들이면 그 대금을 치르고, 실제 그 책을 우편으로 보내는 데 들어가는 요금까지도 처리해 주었다. 그뿐 아니라 항상 그래터는 채권자에 대한 뒤낭의 걱정을 덜어주기 위해 놀랄 만한 수완을 발휘했다. 뒤낭에 대한 그의 섬세하면서도 보기 드문 애정은 회계 책임자로서 솜씨를 부려 뒤낭의 불안을 달래주려는 데에서도 드러났다. 게다가 그래터는 친구 앙리가 가장 최근에 어떤 영예를 누렸는지에 대한 소식이 게재되도록 여러 신문사를 항시 휘젓고 다녔다. 이 모든 것이 실로 가장 박한 사람으로부터 인정받기 위해서라니.

뮐러에게는 여전히 매일같이 하이덴에서 편지가 날아들었다. 뒤낭의 편지는 책을 보내야 할 사람들의 이름뿐 아니라 뮐러가 연락을 취해야 할 사람 혹은 언론사 명단을 포함했고, 게다가 번역을 부탁하는 편지들이 첨부되거나 하이덴으로 보내달라며 특정 기사들을 주문하라는 요청 등이 들어있었다. 최소한으로 잡더라도 뮐러가 뒤낭에게 제공하는 비서 서비스를 위해 일과 중 절반은 썼음이 분명하다.

고립된 생활이 길어지다 보니 노인 뒤낭은 상호성이란 개념을 아예 상실해 버린 걸까? 그는 파렴치할 정도로 자신을 위해 항시 대기 중이라고 볼 법한 친구들에게 감사의 표현을 하지 않았을 뿐더러, 심지어 아무것도 아닌 일로 그들을 비아냥거리거나 하찮은 사건에도 짜증을 부렸다. 그뿐만 아니라 자신의 잘못인데도 그들을 몰아세웠으며 내면의 불안감으로 인한 문제들로 친구들을 괴롭혔다. 이들이 함께 노벨상 공략을 위해 나섰던 5년의 기간 동안 이델슨의 경우는 뒤낭 자신에게 책임이 있는 잘못의 경우에도 비난을 뒤집어썼고, 하예는 지나치게 나서는 데다 돈을 밝히고 어설프다는 소리를 들었다. 뮐러는 그가 쓰지도 않은 편지를 보냈다며 영문도 모를 질책을 당했고, 그래터의 경우는 (그의 뒷전에서) 고결한 대의에 대해서 아무것도 이해를 못하는, 그저 비누 장수일 뿐이라는 취급을 당했다. 손데레거나 피스터와 같이 오랫동안 충실히 그를 도왔으나 어느 순간 가차 없이 내쳐진 과거의 인연은 말할 것도 없었다. 그러나 이들 중 잠시라도 뒤낭을 탓하는 이는 없었다. 모두 한결같이 충실했고, 열렬했으며, 깊은 배려심을 발휘하면서도 뒤낭을 매우 존경했다. 이는 마치 폭군같이 구는 여왕벌을 모시는 별 볼 일 없는 일벌마냥 행동했다고 비유할 수 있다. 그들은 뒤낭의 노벨상 수상이 뒤낭 본인만큼이나 자신들에게조차 사활이 걸린 일인 듯 행동했다. 뒤낭의 충실한 지인들 중에 오직 베르타 폰 주트너만이 그에게 덜 맹목적으로 복종했고, 바로 그 이유로 뒤낭은 그녀를 언제나 높게 평가했다.

그들의 캠페인이 결실을 맺기 시작했다. 1897년 12월 30일 앙리 뒤낭이 비네팡트 상을 수상하였다. 그해 최초로 시상하는 이 상은 '시민운동이나 출판 활동 분야에서 평화와 연합, 상호 지원의 가치를 시민들에게 스며들게 하는 데 가장 큰 능력을 보여주었다고 판단되는' 사람에게 스위스 연방에서 수여하는 상이었다. 수상자 심사의 책임을 맡은 스위스 연방 정부는 '이러한 영예를 받을 최고의 자격을 갖춘 인물'이라며 뒤낭을 수상자로 선정했다. 이는 적십자 창립자로서 뒤낭의 입지를 그 어떤 논란의 여지없이 인정해 주는 일이나 다름없었다. 또한 다시금 그를 둘러싸고 한바탕 소동을 피울 기회를 제공한 일이기도 했다. 비네상 수상자 뒤낭은 1898년 1월 초부터 바로 자기 조직원을 모두 동원하여 본인의 수상 소식을 온 세상에 알리게 했다. 우선 최대한 많은 수의 신문에 수상 소식을 알리고, 기사가 게재되면 이를 다시 홍보 자료로 활용하는 방식이었다. 뮐러에게는 비네상 수상을 알리는 공지 글을 독일어로 번역하라 부탁하며, 슈투트가르트의 주요 신문 편집실에 이 소식을 알리고 꼭 기사를 내달라고 — 필요하다면 대가를 지불하고서라도 — 요청하라 지시했다. 북유럽 지역을 잊지 않은 게 분명한 뒤낭은 콕 집어 "내게 아주 중요한 일이라네."라며 "그렇게 되면 다른 신문에도 소식이 전해질 걸세. 노르웨이까지 말이야. 지금은 쉬어갈 때가 아니라네."라고 적었다. 이틀 후 편지에서는 이제는 슈투트가르트만으로는 안되며 독일의 모든 신문을 목표로 해야 한다고 알려왔다. 또 테오렐 부인에게 잊지 말고 연락을 취해서 행동에 나서달라는 부탁을 하라고 종용했다. 테오렐 부인은 스웨덴 신문사들과 인맥이 있었기 때문이다. "그렇게 하지 않으면 이 상을 받은 건 아무짝에도 쓸모없게 돼버린다네." 뒤낭은 친구 뮐러에게 단호하게 선언했다. 무엇보다도, 구체적인 지시 사항을 네 쪽에 걸쳐 열거한 다음, 뒤낭은 뮐러에게 이렇게 완벽하게 조율된 홍보 작전을 뒤낭 본인이 주도하고 있음을 그 누구도 의심조차 해서는 안 된다고 강조하였다.

그가 리더로 있는 팀이 쉬엄쉬엄할 위험은 없다고 봐야 한다. 왜냐하면 이 순간부터 뒤낭의 행동 지침은 '돈을 아끼지 마라'였기 때문이다. 비용만 지불한다면, 그 어떤 신문도 뒤낭의 비네상 수상 소식을 전하지 않을 이유가 없다는 논리였다. 일단 그 소식이 게재되면, 뒤낭 팀의 베른 사무소, 즉 이델슨과 러시아 여성 비서들이 나서서 가장 호의적인 어조의 기사들을 추려 별쇄본으로 찍어낼 계획인데, 그때 필요하다면 기사를 좀 윤문할 수도 있을 것이다. 다른 팀원들은 '유용한' 언어로 그런 기사들을 번역해야 한다. 그 말은 노르웨이어와 스웨덴어로 번역해야 한다는 의미였다. 그리고 나면 자, 다시 그 문서들을 대대적으로 배포해서 분위기를 후끈 달구자는 이야기였다. 온 유럽에 퍼져 있는 뒤낭의 대리인들이 그 일은 알아서 맡을 것이다. '모두에게서 잊힌' 위인 뒤낭은 당대에는 견줄 이가 없을 정도로 선동의 미학을 제대로 파악한 사람이었다. 노벨상 정복 작전이 제대로 개시되었다.

15

결말을 위한 월계관

1897~1910

그의 기력의 나이

비네상 수상으로 어느 정도 원기 회복을 한 뒤낭은 그 당시 불어오는 바람의 방향을 이용해야 한다고 결심할 정도의 활력을 되찾았다. 세상에는 아직도 그의 말마따나 '내가 어떤 사람인지' 모르는 이들이 너무나도 많았다! 1898년이 시작된 후 몇 주에 걸쳐 뮐러의 집으로 그의 저서를 보내야 할 새로운 명단이 도착했다. 여전히 뮐러는 그런 뒤낭의 맹렬한 홍보 작전에 유연하게 동조했다. 책을 새로 보낼 때에는 어떤 핑계라도 좋았다. 섭정 중인 네덜란드 대왕대비가 곧 자리를 내놓는다고? 뷔르템베르크의 파울리네 공주[1]가 곧 비에드 공국의 왕자와 약혼 예정이라고? 이 얼마나 책을 보내기 좋은 계제인가? 기왕이면 두 권을 보내도록 하자! 당연하게도 이런 귀족들은 책을 받고 나서 멋진 편지지에 감사의 인사를 적어 보냈다. 그런 편지가 쌓이자, 뒤낭은 자신의 소중한 '부록' 부분을 따로 떼어내 감사 편지들을 추가한 후, 증보판으로 단독 출간해야겠다고 결심하기에 이르렀다.

그 다음달에는 이 대담한 늙은이가 또 신경 써야 할 새로운 전투가 발생했다. 이 당시 드레퓌스 사건은 최고조에 달했고, 그가 공개적으로 개입해야 할 순간이었기 때문이다. 그 시기 뒤낭은 스위스 인권연맹을 설립하려 애쓰고 있었고, 정관의 초안을 이미 작성해 두고 연맹의 회장을 맡아줄 사람을 물색 중이던 참이었다.

언제나 새로운 프로젝트나 아이디어가 넘쳐나던 뒤낭이지만, 이제 더 이상 실행에 나설 힘이 남아 있지는 않았다. 그는 만성 피로에 시달렸고, 언제나 방전돼 가라앉은 상태였다. 어떤 날이냐에 따라 그를 괴롭히는 증상은 다양했고, 여기저기 나타났다. 월요일에 습진 때문에 고생했다면 화요일에는 류마티즘이 문제였다. 수요일에는 두통, 목요일에는 심장 때문에 힘들었고, 금요일에는 신경이 곤두섰다. 게다가 일주일 내내 화가 머리끝까지 나 있는 상태였다. 병원 안에서 그리고 바깥 길거리에서 들려오는 참을 수 없는 소음 때문이었다. 뒤낭은 하루 종일 아이들 혹은 주정뱅이가 떠드는 소리가 쉬지 않고 들려오자 무아니에가 그들을 매수했기 때문이라고 믿었다. 이렇게 온갖 질병에다 온갖 종류의 강박에 거의 매일같이 시달렸다. 때만 되면 찾아오는 깊은 슬픔으로 괴로워하는 시기이기도 했다. 좋은 일도 나쁜 일도 유일하게 그 속내를 털어놓던 루돌프에게 고백한 내용을 보면 이렇다. "이 모든 게 치명적일 수 있는 감정을 불러일으킨다네. 1월이 가까워 오면, 그러니까 카스트

---

1 파울리네 공주는 뷔르템베르크 왕국의 마지막 군주인 빌헬름 2세의 딸로 독일 적십자에 오랜 기간 몸담았던 인물이다.

네르 부인이 1888년에 돌아가신 그 달이 돌아올 때마다 내가 느끼는 감정은 건강을 매우 해친다네."

사망한 지 10년이 지난 후에도 카스트네르 부인은 여전히 잊히지 않았다. 루돌프에게 위와 같이 고백한 지 몇 주 후, 뒤낭은 오스트리아에스테 가문 출신으로 모데나 대공녀이자 루트비히 왕자와 결혼하여 바이에른 왕국의 왕자비가 된 마리아테레사로부터 친필 서명이 들어간 왕자비 본인의 어여쁜 사진 액자를 선물로 받게 되었다. 루돌프에게 다시 속내를 털어놓으며 뒤낭은 이렇게 언급했다. "초상 사진을 받고 참으로 기뻤다네. 특히나 대공녀께서는 실로 카스트네르 부인과 많이 닮아서 말일세." 그로부터 2년 뒤에 마리아테레사가 그에게 예고도 없이 인사를 하러 그의 '다락방'에 들이닥쳤을 때, 뒤낭은 그녀를 되돌려 보낼 엄두도 내지 못한 채 어찌나 당황했던지, 이후 석 달이나 자리에 드러눕기까지 했다.

뒤낭은 어떤 이유로든 감정이 격해지는 것을 두려워했다. 그중에서도 자신이 사랑하는 이들을 실물로 대하는 것만큼 그를 뒤흔드는 일이 없었다. 카스트네르 부인은 이미 세상을 떴으니, 방문을 두려워하는 사람들 명단의 최상위 자리는 루돌프가 차지하고 있었다. 휴가나 방학이 다가올 때마다, 뒤낭은 자신의 건강 상태에 대해 훨씬 더, 훨씬 격렬하게 불평하며 루돌프의 방문을 질겁하며 막으려 들었다. 그는 1898년 부활절 직전, 뮐러에게 편지를 보내 이렇게 설득했다. "생각해 보게나. 흥분할 이유라면 뭐든 피하려고 난 방 청소조차 직접 한다네. 그리고 오직 수간호사만이 내게 식사와 우편물을 가져다 줄 수 있지." 지난 5년간 친구 뒤낭이 병원에서 이렇게 살고 있다는 사실을 루돌프가 모르겠는가! 하지만 뒤낭은 자신의 의도가 확실히 전달됐는지 걱정인 듯 한술 더 떴다.

"머리는 아무 잘못이 없다네. 심장이 너무 안 좋아서 아무것도 견뎌낼 수가 없는 게 문제라네. 아마도 난 지나치게 신경이 쇠약한 사람이 된 것 같군. 그래도 울혈이 생길까 봐 걱정인 것을 어쩌겠나. 정말 일어날 수 있는 일이니 말일세. 여름이라면 더위도 피할 겸 알프스 공기를 쐬러 온다는 것을 이해하겠네만, 겨울에 와서 뭘 하겠는가? 그리고, 이보게나. 여기 사람들은 제네바 사람들이 부추기고 또 그 대리인들이 자극시켜 놓은지라 언제든 나를 괴롭히고 힘들게 할 태세가 돼 있다네."

뒤낭은 말도 안되는 근거들을 뒤죽박죽 내놓았다. 지리멸렬하게도 이런 상황이 일년에 세 번씩 꼭 반복되었다. 여름 휴가 직전, 크리스마스, 그리고 부활절 기간이었다. 기괴할 정도로 말을 돌리고 돌리며, 뒤낭은 가장 소중한 친구가 방문하겠다는 걸 고집스레 밀쳐냈다. 곤두선 신경과 고단한 심신을 달래기 위해 뮐러에게 거의 매일 편지를 쓰면서도, 그는 뮐러를 직접 만난다면 자신이 감당할 수 있는 감격의 한계를 넘어설까 봐 두려워했던 것이다.

그의 생일인 5월 8일에 뒤낭은 뮐러로부터 두 가지 좋은 소식을 들었다. 첫 번째는 70세 생일을 기념하여 독일의 대형 일간지 몇 곳에서 기사가 나올 수 있도록 뮐러가 조치를 취했다는 것이었다. 두 번째 좋은 소식은 "여름 휴가 동안에 찾아뵙기가 어려울 것 같습니다."라는 말이었다. 휴, 루돌프가 찾아오지 않을 거라니 다행이군. 기분 나빠하는 것 같지도 않아 보이니 이제 뒤낭은 다음 위협이 나타날 때까지, 즉 다음 방학 기간까지는 평온히 지낼 수 있게 되었다.

1898년 여름이 되었다. 스위스 알프스 쪽으로 뮐러 가족이 놀러오겠다는 소리가 다시 나올 위험이 있었지만, 루돌프는 이번 여름에는 생각을 바꿔 북해 쪽으로 휴가지를 선택했다. 뒤낭은 루돌프의 선택을 장황하게 칭찬하며 여행을 즐기라고 말했다. 평소 그토록 의존하는 뮐러가 먼 곳으로 휴가를 가는데도 그의 어조는 이상할 정도로 기쁨에 겨워 있었다. 허나 벌써 다음 날부터 뒤낭은 마치 모든 걸 다 잃은 것 같다고 느꼈다. 수없이 많은 '반드시 해야 할 일'이 쌓여 있었고, 온갖 사소한 도움을 받아야 했다. 그런데 루돌프 말고 대체 누구에게 믿고 일을 맡길 수 있을까? 지나치게 격한 감정에 휘말릴까 두렵기에 루돌프와 직접 만나는 건 불가능하나, 막상 루돌프가 없으니, 뒤낭은 단 이틀조차 멀쩡히 살아가기가 힘들었다.

녹십자

제목 자체가 이미 계획표처럼 길고 구체적이었지만, 『적십자와 제네바 협약의 생성사』는 사실 표지에 적힌 그 말보다 훨씬 더 많은 주제와 넓은 내용을 담고 있었다. 노벨상을 받을 만한 사람으로서의 자격 조건을 갖추는 데 신경 쓰던 뒤낭은 이 책을 본인이 가장 선호하는 평화주의 전략을 소개할 기회로 삼았다. 그 전략이란 전쟁을 비롯한 온 세상의 역경과 불행에 맞서 싸우는 데 여성 역할의 중요성을 강조하는 방법을 말한다. 뒤낭은 뮐러의 이름으로 나온 이 책의 최종 20페이지 중 막판에 싣기로 한 부록의 찬사 모음 바로 앞부분에 분량을 할애해 두 가지 여권 신장 계획을 설명했다. 이 두 계획은 평화주의자로서의 뒤낭의 신조를 보여준다.

그중 첫 번째는 뒤낭이 베르타 폰 주트너와 서한을 주고받기 시작할 무렵 그녀에게 설명한 적이 있으나 별다른 성과가 없었던 계획이다. 뒤낭은 여성이야말로 개인과 국가 간에 화합을 이루게 할 수 있는 유일한 주체라는 자신의 신념을 포기하지 않았다. 여성들만이 — 물론 여군주들을 중심으로 — 고대 그리스의 아레오파고스[2]와 같은 지도층 연맹을 통해 힘을 모을 수 있고, 그렇게 해서 최후의 순간에 무정부주의와 '야만 세력'에 맞서 지상의 평화를 지켜낼 수 있을 만큼 탄탄한 '도덕적 방파제'가 되어줄 수 있다는 논지였다.

뒤낭이 생각해 냈고 뮐러의 이름으로 기록된 또 하나의 여성 중심 프로젝트는 이미 5년 전 사라 부르카르와 폴린 장드르가 함께 고생스럽게 준비했던, 바로 그 계획이었다. 당시 이 두 여성 모두 중도 포기를 선언했었다. 부르카르 양의 경우 그 이후로 결혼해서 본인의 아이들을 양육 중이었고, 장드르 양은 남의 아이들을 돌봤다. 즉, 러시아와 네덜란드를 오가며 대가족의 아이들을 책임지는 가정 교사로 일하고 있었다는 뜻이다. 하지만 상황이 변한 그녀들과는 다르게 뒤낭의 생각은 달라지지 않았다. 그는 이번 책 『적십자의 생성사』 9장에서 당시 아이디어를 그대로 제시하였다. 초록색 십자가 깃발 아래 여성들, 어머니들, 남편과 사별한 여성들과 젊은 여성들을 돕는 일을 담당하는 조직을 창설하자는 생각이었다. 즉 이러한 여성들이 존엄하게 삶을 꾸릴 수 있게끔 해주고, 일거리를 찾고, 이들의 사법 권리를 수호하며, 독립적인 삶이 보장될 수 있도록 지원하자는 이야기였다. 그 지원자 역할을 할 사람으로는 기혼 여성들이 자원 봉사를 하는 것으로 제안했다. 또 사무소를 밀집된 네트워크로 설치하고 멀리서도 알아보기 쉬운 초록색 십자가로 — 적십자와 비교하자면 민간인, 여성 그리고 사회 사업에 헌신하는 그 여동생으로 빗댈 수 있다 — 명시하여 여성들이 지원받고 싶을 때 찾아오기 용이하도록 한다는 원칙도 여기서 제시하고 있다.

뮐러의 책을 선전하기 위한 요란한 홍보 활동 덕에 녹십자를 만든다는 아이디어 또한 사람들의 시선을 사로잡았다. 부르카르와 장드르 양의 역할을 이어받아 뒤낭의 벨기에 친구의 딸 쥘리아 벨발이 그 책에서 제시된 뒤낭의 계획을 곧이곧대로 실천에 옮기기 시작했다. 1897년부터 1898년 사이에 쥘리아와 그녀의 아버지는 뒤낭과 적십자에 대한 기사를 벨기에와 프랑스의 여러 신문에 게재하게끔 만들었다. 뒤

---

2 민주정 이전에 존재했던 고대 아테네의 정치 기구이자 유서 깊은 법정이었다. 현재 그리스 대법원의 명칭이기도 한다. 이 기구에 참여하는 지도층은 귀족이었으며, 그 지위는 종신이었다. 여기서는 '높은 능력을 갖춘 선별된 사회 지도층이 모인 자리'를 의미하는 관용 표현에 빗대어 사용되었다. 신화에 따르면, 아레스 신이 자신의 딸 알키페를 납치하려 든 포세이돈의 아들 핼리로티오스를 죽이자, 포세이돈이 아들을 살해한 아레스를 신들의 법정에 고발했다. 이에 신들은 '아레스의 언덕'이라 불리는 아레오파고스에 모였다고 한다.

낭은 이 젊은 여성이 브뤼셀에 초벌 단계의 위원회를 결성했다는 사실을 알게 되었다. 아주 흡족해진 뒤낭은 벨발 양과 서신 교환을 시작해서 그녀에게 조언을 해주고 위원회의 정관은 어떻게 쓰는 것인지 일일이 일러주었다. 뒤낭 본인이 실로 통달한 일이었기 때문이다. 뒤낭은 벨발 양이 발족시킨 단체의 발전 과정에 대해 마치 막내 아이를 바라보듯 상당히 애착을 보인 듯하다. 게다가 이 단체에 자신이 공개적으로 관여함으로써 얻을 수 있는 평화주의자로서의 평판과는 별개로 상당한 관심을 보였다.

정말 기쁘게도 이 녹십자 아이디어는 계속해서 퍼져나갔다. 이델슨 박사는 실로 뒤낭의 생각에 상승 효과를 발휘하는 동인動因임이 분명했다. 그는 자신의 지인들을 동원해서 바르샤바와 모스크바, 베른, 마드리드 등 여러 곳에 유사한 조직을 만들고자 애쓰기 시작했다. 상트페테르부르크의 한 남작 부인도 뒤낭에게 본인이 주도하는 위원회를 구성하고 싶다고 알려왔다. 뒤낭은 참으로 기뻤다. 1863년 이후 처음으로 그가 생각해 낸 아이디어가 실제 현장에서 결실을 맺은 일이 벌어지고 있었다. 모든 일이 뒤낭이 생각한 대로 술술 굴러가고 있었다. 적어도 그 무렵에는 그랬다. 얼마 지나지 않아 문제가 드러났다. 벌써 1898년 초에 몇몇 사람들이 뒤낭에게 녹십자를 사용하는 기존 조직들이 있다는 사실을 알려 왔다. 하나는 오스트리아에서 산악 안내인들을 구별해 주는 표장이었고, 또 하나는 프랑스 단체로서 식민지 군대의 구호를 담당하는 협회 표장이었다. 뒤낭은 딱히 기분 나빠하지 않고 그런 이야기를 무시했지만, 10월이 되자 일이 복잡해지기 시작했다. 쥘리아 벨발이 베를린 〈젊은 여성의 친구들〉이라는 단체로부터 격렬한 항의 서한을 받았다고 전해왔다. 그 단체는 개신교 색채가 아주 강하면서 또한 국제 조직이어서, 스위스, 영국, 스코틀랜드, 그리고 네덜란드에도 지부가 있다. 하녀, 가정부, 가정교사 등, 취직으로 인해 아무 보호망 없이 홀로 대도시로 온 젊은 미혼 여성들을 보호하는 일을 사명으로 삼는 단체였다. 경건주의에 바탕을 둔 이 단체의 궁극적인 목적은 이러한 젊은 여성들이 방탕한 삶이나 매춘으로 빠지는 일이 없도록, 또 나쁜 사람들에게 이용당하는 일이 없도록 보호하며, 돈은 덜 벌더라도 훨씬 의미있는 기독교 윤리를 따라가도록 인도하는 데 있었다. 이 단체는 자신들을 상징하는 녹십자에 대해 선사용권과 독점권이 있다고 주장했다. 심지어 뒤낭이 제시한 내용은 쓸데없이 그저 자신들이 수행하고 있는 일을 복제한 것이나 마찬가지라고까지 비판하였다. "우리 연합은 이에 대해 온 힘을 다해 항의할 수밖에 없습니다."

뒤낭이 이 소식을 듣고 그토록 좌절하기는 했어도, 사실상 이 같은 사소한 분쟁이 피해를 일으킬 만하지는 않았다. 비네상 수상 이후, 1898년 10월 한 달 내내 유럽의 온 언론이 다시 그에 대한 기사를 쏟아냈고, 뮐러의 책으로 인해 뒤낭이 적십자의 창립자라는 점이 공고해졌다. 또한 그가 조만간 수여될 제1회 노벨 평화상의 수상자가 될 것이라는 소문이 팽배했던 시점이었다. 그럼에도 뒤낭은 까탈스런 몇몇 베를린 여성의 별 의미도 없는 항의 서한 때문에 안절부절 못하고 있었다. 실로 사소한 분쟁이었으나, 뒤낭이 개인적인 관점으로 바라보는 순간, 그의 머릿속에 과할 정도로 큰 자리를 차지하고 말았다. 그 어떤 사소한 사건도 종교적인 프리즘으로 확대 해석하고, 그날그날의 작은 난처한 일들도 자기의 적이 지휘하는 전 세계적인 음모라고 즉각 확대 해석하던 뒤낭이었기 때문이다.

〈젊은 여성의 친구들〉이 보내온 항의 서한이 그러니까 베를린에서 온 거라 했지? 마침 2~3년 전부터 뒤낭은 비엔나에 대해서와 마찬가지로 프로이센의 수도 베를린에 대해 일관되게 의심의 시선을 보내고 있던 참이었다. 1866년만 해도 프로이센의 왕가와 함께 사도바 전투 승전 군대의 개선 행진을 관람했던 뒤낭이었다. 1867년에 아우구스타 왕비가 그에게 도움을 주려고 파리로 직접 찾아오기도 했었다. 심지어 프랑스 측으로부터 프로이센에 매수된 스파이라는 취급을 받을 정도로 프로이센에 애착을 가졌던 뒤낭이었다. 그랬건만 이제 그는 태세를 전환했다. 프로이센은 더 이상 그의 동지가 아니었다. 우선 그의 철천지 원수 중 하나로 최근 비엔나에 파견된 스위스 대사 알프레드 드 클라파레드가, 뒤낭이 『솔페리노의 회상』의 진짜 저자가 아니며, 제네바 협약을 진정으로 가능케 한 사람도 아니라는 소문을 퍼뜨렸는데, 그때 그는 베를린 주재 스위스 공관에 근무하고 있었다. 뒤낭에게 그런 사실은 베를린 같은 도시 하나를 지도에서 지워버릴 만한, 충분한 사유였다. 게다가 무아니에 '도당'이 온갖 험담을 한 끝에 아우구스타 왕비조차 뒤낭에게서 등을 돌리고 말았다. 그것도 모자라 베를린은 개신교도의 도시이기도 했다. 즉 제네바와 지나치게 가깝고 또 수많은 협력 관계를 맺고 있는 도시라는 뜻이다. 이렇다 보니, 벨발 양이 뒤낭에게 베를린으로부터 편지가 한 통 왔다고 전한 순간부터, 이미 그는 방어 태세에 들어가 있었다. 편지의 내용을 듣기도 전에 뒤낭은 '제네바와 뇌샤텔의 칼뱅파 부인회의 어떤 음모'가 배후에 있을 것이라 확신했다. 마침내 뒤낭에게 필수 불가결한 뮐러가 베를린에서 온 편지의 내용을 정확히 번역하여 알려주자, 그는 마치 옷장 문을 열었을 때 안에서 갑자기 튀어나오는 오래된 시체라도 본 양 화를 내며 펄펄 뛰었다. "제네바, 뇌샤텔, 파리, 런던, 그리고 하이덴에도 있다는 〈젊은 여성의 친구들〉이라는 단체가 나에게 정말 엄청난 피해를 입혔네." 뒤낭은 베를린 편지의 번역본을 받아보자마자 10월 28일 답장에 이렇게 썼다. "이들은 내가 결코 용서하지 못할 적들이라네. 내 말을 명심하게나."

루돌프는 아마 이런! 하며 탄식을 내뱉었으리라. 친구 앙리가 적이라 여기는 이들이 이미 지평선상에 빼곡히 차 있는데도 그 위로 아직 모습도 보이지 않는 새로운 적의 부대가 생겼다는 의미이기 때문이다. 그런데 대체 이 여성들이 뒤낭에게 어떤 피해를 줄 수 있다는 말인가? 뒤낭은 그저 암시적인 발언과 두루뭉술한 말만 반복하면서도, 문제의 그 단체에 대해서는, 그 단체의 목표와 방법론과 그들이 겪은 애로 사항에 대해서는 매우, 정말 잘 알고 있는 듯했다. "그 덕망 높다는 〈젊은 여성의 친구들〉 내 상당수의 사람들은 의구심을 일으키는 방식으로 앙갚음을 한다네." 뒤낭은 마치 자기가 그녀들의 피해자라도 되는 양 걱정스런 어조로 말했다. "그 여성들 중 한 명에게 뭔가 복수할 일이 생기기라도 하면, 실로 추악한 방식을 동원해 비방하기를 주저하지 않지. 거짓말을 내뱉어도 처벌받지 않는다네."

그가 어떤 비방을 받은 일이 있었을까? 추후의 한 서한에서 앙리 뒤낭은 대상의 이름은 밝히지 않은 채 루돌프에게 오래전에 있었던 일을 얘기한 적이 있다. 하이덴 파라디스 하숙에서 지낼 때 이웃에 대한 이야기로, 가장인 아버지가 자리를 비우면 뒤낭이 부인과 다섯 딸들 그리고 조카 딸에게 치근거린다고 확신한 사람들이 있었다는 것이다. 그러한 험담을 〈젊은 여성의 친구들〉에 속한 '편협한 여성'들이 퍼뜨렸던 걸까? 그가 다니던 도시마다, 즉 런던이나 파리, 슈투트가르트에도 뒤낭이 애인을 두고 있다는 소문 역시 막스 페로와 복음주의 연맹 휘하에 있는 치마 입은 부관들이 퍼뜨렸을까? 그것도 모자라서 창문 밖으로 투신하고 만 카스트네르가의 며느리를 둘러싸고 잘못 전달되어 퍼져나간 뒤낭에 대한 헛소문도 '런던의 편협한 여성들'의 짓이었던 건가? 그렇게 소문을 퍼뜨린 장본인들은 과연 다 〈젊은 여성의 친구들〉 소속인가? 이 문제에 대해서 뒤낭은 더 이상 일절 말을 꺼내지 않았다.

그의 일생의 실마리들

별 일 아닌 듯 보이는 일이긴 해도, 〈젊은 여성의 친구들〉과의 다툼은, 뒤낭의 일대기에 있어 한두 가지 유용한 단서를 제공한다. 1898년 가을이 끝날 무렵까지 뒤낭이 여전히 격노한 상태였던 이유는 그가 이 단체의 표적이 된 게 한두 번이 아니었거나, 적어도 한두 번이 아니라고 믿었기 때문임을 증명해 준다. 자신을 향한 음모에 대해 강박증이 있던 뒤낭이 이 단체의 항의에 대해 자신의 '적들과 채권자들'이 불러일으킨 권모술수 전략이라 굳게 믿었다는 것은 놀랄 일이 아니다. 그런데 그가 언급한 소문들, 10년이 지난 후에도 화가 나서 발을 동동 구를 정도로 가슴에 품고 있던 소문들은 그가 젊은 여성들을 유혹했다는 이야기, 애인을 여럿 두었다는 수군 거림, 또는 카스트네르 부인을 둘러싼 온갖 비방이었다. 일부 역사가들이 평생 독신이었던 뒤낭의 성적 지향에 의문을 가진 것은 사실이나, 지금까지 전해지는 수천 페이지에 달하는 서한 중 뒤낭의 성 정체성이 넌지시라도 드러나는 대목은 단 한 줄도 찾아볼 수 없다. 게다가 뒤낭 본인이 그토록 치밀하게 또 강박적으로 수집하고 곱씹는 자신을 향한 수많은 비방 중에도 그 부분을 공격한 흔적은 전혀 없다. 오히려 솔직히 말하자면 세상의 온갖 중상모략을 다 겪은 뒤낭이 유일하게 피해간 추문이 동성애자라는 소문일 정도다. 그 당시 50년에 이르는 세월 동안 그토록 모욕을 당한 사람의 삶에서는 주목할 법한 사실이 아닌가 싶다. 또한 뒤낭이 별것 아닌 여성 단체의 항의로 그토록 격노할 정도라면, 실로 하이덴에서든 런던이나 파리, 또는 슈투트가르트에서든, 적어도 행실 측면에서 도덕적으로 문제될 일을 하지 않았으리라 가정할 만하다.

다만 이 〈젊은 여성의 친구들〉과의 사건은 뒤낭의 삶에서 또 한 가지 측면을 둘러싼 단서를 제공한다. 녹십자 상징을 두고 이러한 다툼이 절정에 이르렀을 당시, 뒤낭은 해당 단체가 '광신도 같이 소란을 떨고 다녔다'는 것을 자신이 알게 된 지 고작 2년밖에 되지 않았다고 언급한 적이 있다. 이 시점은, 장자크 부르카르가 뒤낭에게, '사탄과 같은' 페로가 지난 25년 간 비밀스런 소행을 벌이고 다녔다며 매우 상세히 알려준 지, 2년째 되는 시기였다. 그러니 분명 부르카르가 해준 이야기 중에 〈젊은 여성의 친구들〉에 대한 언급이 포함되어 있었을 것이다. 부르카르의 부인과 딸이 이 단체와 가까웠으므로, 부르카르의 위치가 뒤낭보다 정보를 얻기에 훨씬 수월했기 때문이다.

오고간 서한들의 시점과 사실관계를 교차해 살펴다보면, 상당히 규칙적으로 뒤낭에게 그의 적들의 음모에 대한 정보를 제공하는 장본인이 이 사랑하는 친구 부르카르라는 사실이 분명 드러난다. 그렇지 않고서야 이미 10년 전부터 아펜젤 지방의 병원에 틀어박혀 있는 뒤낭이 어찌 자신을 괴롭힌다는 패거리와 음모에 대한 환상을 보강해 줄 소재를 매달 새롭게 발굴해낼 수 있었겠는가?

폴리머스 형제단 계열의 공동체 소속이었다가 제명을 당한 부르카르는, 뒤낭과 똑같이, 과거 신앙 공동체에 함께 속해 있던 사람들에 대해 강한 혐오감을 품었던 사람이다. 다만 뒤낭과는 달리 부르카르는 여전히 곳곳에 여행을 많이 다녔고, 대가족을 이끄는 가장이었으며, 경건주의 공동체나 자선 사업계에 떠도는 온갖 소문들을 알려줄 친구들도 많이 있었다. 게다가 그는 1899년에 콜마르 적십자 이사회에 들어감으로써 뒤낭에게 편지로 '지금까지는 뒤낭 씨를 잊어버리고 있던 총회 자리에 참석할 권리를 제가' 얻게 되었다고 알려왔다. 뒤낭을 위한 일이라면 온전한 헌신을 보여준 부르카르는 친구 뒤낭에게 자기 귀에 들어오는 모든 소문과 소식을 빠짐없이 전달했다. 뒤낭 역시 그 나름대로 여러 사건이나 사람에 대해 알아봐 달라고 하거나, 자신의 적들에게 반증 자료로 사용할 수도 있을, 특정 정보를 문서로 기록해 달라는 등의 부탁을 자주 했다. 예를 들자면 이런 일이다. 〈젊은 여성의 친구들〉과의 다툼이 고조될 기미를 처음 느꼈을 때부터, 뒤낭은 즉시 부르카르에게 서신을 보내 베를린의 여권 운동 분야에 대해 조사해 달라고 부탁했다. 부르카르는 뒤낭을 도울 때면 항상 그러하듯 그 부탁을 즉각 이행했다.

세상 끝까지 뒤낭을 따라갈 충성심에 불타던 부르카르는 적들에게 앙갚음하고자하는 뒤낭의 마음에 자신을 동일시하기에 이른다. 바젤 역에서 페로를 봤다? 그럼 그는 즉시 그 이야기를 뒤낭에게 전하며 애틋할 정도의 연대감을 보였다. "페로는 나를 못 본 척하더군요. 애써 시선을 피하더니 인사도 하지 않았습니다. 뭐 그러라지요! 나한테 말을 걸었더라면 훌륭한 충고를 해줬을 텐데 말이죠. 이번 생에 저지른 온갖 잘못을 보상할 만한 선행을 하는 것을 다음 생까지 기다리지 말고 당장 실행하라고 말해 줬을 겁니다." 무아니에에 대해서도 마찬가지였다. "그를 쥘 수 있는 뭔가를 아직 찾아내지 못했습니다." 또 뒤낭의 적들에 대해서도 전반적으로 같은 태도였다. "뒤낭 씨의 편을 들 수밖에 없습니다. 아니면 대신 뒤낭 씨를 중상모략하는 인간들을 고소할 수 있도록 저를 대리인으로 삼아주시죠. 자비를 들여서라도 기꺼이 그렇게 하겠습니다."[01]

저자 주석 01: 1898년 1월 2일의 편지, 1896년 9월 28일의 편지, 그리고 1896년 12월 1일의 편지.

적들에 대한 의구심과 증오심을 뒤낭이 끝없이 늘어놓아도 별다른 품평을 내놓지 않던 합리적 성격의 루돌프 뮐러와는 달리, 장자크 부르카르는 뒤낭을 괴롭히는 괴물들이 사는, 반쯤은 착각으로 이루어진 세상에, 거리낌 없이 발을 들여놓았다. 거기에는 이유가 있었다. 알자스 사람 부르카르에게는 머릿속으로 하는 생각의 전달이라든지 영혼이 끼치는 영향, '마력'의 힘이나 히브리 신비 철학 등이 흔한 이야깃거리였다. 자기가 핍박받고 있다는 착각에 빠진 뒤낭의 이야기에 부르카르는 반박하는 일이 일절 없었고 오히려 그 반대였다. 편지를 맺는 인사말로 흔히 "뒤낭 씨를 위해 매일같이 주문을 외웁니다."라고 적곤 했다. 또 어떤 날은 "저는 온갖 종류의 사건을 위해 정신적인 투쟁에 상당히 몰입하고 있습니다. 그리고 뒤낭 씨를 위해서도 매일 그렇게 하고 있답니다."라고 언급했다. 이 두 사람은 강신술이나 죽음 이후의 삶, 혹은 우주와 관련된 책을 서로에게 추천해 줬다. 앙리는 심지어 부르카르가 쓴 책의 서문을 써주기도 했다. 부르카르는 한 번은 자신이 어떻게 '천체용액'을 흩뜨려 주는 강철 송곳을 이용해서 '끔찍하게 고통스런 저주로 인한 위기'를 종식시켰는지 뒤낭에게 편지로 설명하기도 했다. 또 어떤 날은 마치 버섯 따러간 애기를 하듯 숲속에서 '연금술 돌의 원료'를 찾으러 다녀왔다고 적기도 했다. 적십자 창립자 뒤낭과 존경받는 학술원 회원이자 레지옹 도뇌르 수훈자이기도 한 부르카르의 은밀한 결탁은 실로 현실과는 매우 동떨어진 경지에 이르렀다. 이 사실은 조심스레 감춰진 비밀로서, 뒤낭이 그 누구에게도 결코 언급한 적 없는 두 사람만의 공통 경험에 기대어 성립된 관계라고 추정된다.

1897년 3월 편지에서 부르카르는 자신이야말로 뒤낭의 '상황'과 '내밀한 감정'을 그 누구보다도 잘 이해할 수 있는 사람이라고 말했다. 그러면서 '몇 달 동안이나 같은 지붕 아래 치료를 받았던' 사람이기 때문이라는 언급을 하였다.

아, 그런 일이 있었나? 같은 지붕 아래 치료를 받았다니? 몇 달 동안이나? 대체 무엇 때문에 치료를 받았다는 이야기일까?

좀 더 오래된 서한, 그러니까 1895년에 온 편지 한 통을 살펴보면 상대적으로 긴 기간 동안 이 두 사람이 어딘가에서 함께 체류했을 것이라는 가설에 근거가 될 만한 요소를 한 가지 더 찾을 수 있다. 평소와 같이 솔직하게 부르카르가 자신의 행동을 정당화하는 내용이었는데, 그가 공개 석상에서 뒤낭을 '병자' 취급한 일이 있었던 모양이었다. 부르카르는 자기가 뒤낭을 병자 취급한 데에는 충분히 그럴 만한 이유가 있다며 말을 이었다.

"이제 말씀을 드려야겠습니다. 그 어떤 다른 사람도 아닌 제게 병자라는 확신을 준 건 바로 뒤낭 씨 본인이라는 사실 말입니다. 우리는 뒤낭 씨의 병이 대체 무엇일지 몇 달 동안이나 얘기를 나눴고, 결국 그것이 뒤낭 씨가 런던에서 최면술사 무리에게 당한 '저주' 때문일 거라고 결론 내리지 않았습니까. 그 뒤로 나는 여러 사람에게 뒤낭 씨는 25년이나 극심한 불운에 시달린 끝에 병자가 되었다고 말했습니다. 뒤낭 씨 본인께서 그렇지 않다는 증거를 보여 주기 전까지는 제 의견을 바꿀 생각이 없습니다. 그 누구에게도 본인이 병자가 아니라고 말씀하지 마십시오. 그것은 썩 좋은 생각이 아닙니다."[02]

저자 주석 02: 1895년 11월 3일 앙리 뒤낭에게 보낸 편지.

그렇다면 이들은 뒤낭이 시달리던, 진단할 수 없는 질병이 무엇인지 이야기할 시간이 있었다는 것인가? 그것도 '몇 달'이나? 어디서? 언제? 어떤 시설에서? 뒤낭이 주기적으로 언급하던 공포, 즉 적들이 자기를 수용 시설에 가둘지도 모른다는 공포와 연관해서 위와 같은 이야기를 이해해야 할까? 1898년 드레퓌스 사건으로 자극을 받은 뒤낭이 새삼스레 격렬한 서한을 쓴 적이 있다. 적어도 1897년까지만 해도 격한 감정의 대상은 프랑스, 영국, 또 독일에서 자신을 핍박하고 정탐한 것이 분명한 사람들이었다. 물론 뒤낭이 이러한 격한 이야기를 털어놓는 대상은 당연히 오직 루돌프 뮐러였다.

"이들은 참모 본부의 장교들이라네. (중략) 그들이야말로 카스트네르 가문의 장남 일로 자극을 받아 (그 역시도 프랑스 열성 분자였지[O3]) 내 신원을 착각해서 나를 제거하려 했다네. 앙리 중령의 면도칼을 쓰든, 르메르시에피카르의 끈을 쓰든 날 죽이려 했고, 그게 아니라면 적어도 먼 곳에 나를 유배시키거나 어떤 수도원 탑에다 혹은 정신병자 수용소에 가두든 해서 말일세. (중략) 수용 시설에 맘대로 넣어버려서 다시는 나올 수 없게 하는 식으로 의지할 곳 없고 소외된 사람들을 세상에서 사라지게 할 방법은 얼마든지 있지. 우리 시대에 파리, 런던, 로마 등에서 이런 일은 사실 비일비재하다네. 나 또한 그런 비슷한 일을 목격한 바 있지. (중략) 그렇기에 난 어떻게 해야 할지 잘 알고 있다네."[O4]

> 저자 주석 O3: 레오니 카스트네르와 그녀의 아들 프레데리크와는 달리, 알베르 카스트네르는 1872년에 프랑스 국적을 택했다. (호적 기록보관소, 43번 총서, '알자스로렌의 독일 국적 선택자' 참고)
> 저자 주석 O4: 루돌프 뮐러에게 보낸 1898년 9월 18일의 편지. 프랑스군 장교 위베르 앙리 중령[3]이 위조자 르메르시에피카르를 동원해 드레퓌스 대위에게 첩자라는 누명을 씌웠다. 나중에 체포된 앙리 중령은 면도칼로 목을 그어 자살했고, 르메르시에피카르는 자신의 호텔방 문고리에 목을 매단 채 발견되었다.

우리는 이 이상을 알아낼 방법이 없다. 오직 부르카르만이 진상을 알고 있었다. 그는 뒤낭의 숨겨진 얼굴을 알고 있는 유일한 인물이었다. 사업가, 사교계 인사, 그리고 기독교청년회나 적십자의 주창자로서의 뒤낭이 결코 세상에 내보이고 싶지 않았던 그 어떤 면모를 부르카르만이 알고 있었다. 이미 그의 다이어그램이 어느 정도 엿보게 해 준 비의적인 측면이라든지, 염세주의와 편집증이라는 어두운 면모뿐 아니라, '몇 달 동안'이나 치료를 받을 이유가 되었고, 이어 그 모든 증거를 의도적으로 제거한, 이 비밀스런 '질병'이 감추고 있는 뒤낭의 면모를 모두 파악하고 있는 사람은 부르카르뿐이었다. 뒤낭은 실제로 그러한 흔적을 성공적으로 모두 없애두

---

3 드레퓌스 사건의 모의자인 앙리 중령이 감옥에서 자살한 날은 1898년 8월 31일이었다. 이 사건은 유럽 전역의 관심을 받고 있었다.

었다. 가까운 친지들, 그의 변덕스런 기분을 잘 알고 있던 하이덴 병원의 수간호사, 뒤낭을 '좀 이상하다'고 생각했던 알테어 부인, 그리고 그를 만나려고 하루를 꼬박 달려왔지만 마치 귀찮은 사람처럼 문전박대 당한 명망 높은 방문객들 몇 명을 제외하고는, 세상 그 누구도 상상조차 하지 못했다. 이토록 훌륭하게, 또 이토록 합리적으로 노벨상 수상 캠페인을 이끌고 있는 사람이 때때로 극도의 신경 쇠약에 시달린다는 것을.

대위의 구제

1898년 9월 앙리 뒤낭은 세 권의 소책자를 받았다. 전혀 읽을 수 없었지만, 그는 이 책자들이 상당한 가치를 지니고 있음을 즉시 알아차렸다. 노르웨이어로 작성된 이 소책자들을 보낸 사람은 크리스티아니아에 사는 노르웨이 군의관 한스 다에였다. 뒤낭이 유일하게 이해한 단어는 몇 군데에서 사용된 '앙리 뒤낭'과 '솔페리노'뿐이었지만 그 덕에 이 소책자들이 본인과 관계가 있음을 확인할 수 있었다.

1897년 그리스—튀르크 전쟁 현장에 파견됐던 한스 다에는 터키군의 형편없는 의료 구호 수준에 좌절한 경험이 있었다. 솔페리노에서 뒤낭이 느꼈던 감정을 상기하며 대위는 노르웨이로 돌아온 지 얼마 되지 않았을 때 자신의 글 몇 점을 뒤낭에게 보낸 것이었다. 바로 이 시점에 노르웨이 장교가 홀연히 나타나다니 얼마나 놀라운 횡재인가! 다에 대위와 소통할 공통의 언어가 없었던 뒤낭은 루돌프 뮐러에게 바로 편지를 보내 노르웨이 현지에서 자신의 노벨상 후보 자격을 홍보하는 데 필요한 각종 서류와 제안 사항을 보내라고 재촉했다. 다만 그렇게 하는 동시에 신중할 필요도 있었다. 뒤낭은 솔직하게 뮐러에게 이렇게 권했다. "허나 내가 노벨상을 노리는 거라고 생각하게 해선 안 된다네. 북유럽 사람들은 빨리빨리 움직이는 사람들이 아닐세."

속도가 느릴지 모르지만, 다에 대위는 뭔가 낌새를 차렸을 가능성이 매우 높다. 3주 후에 루돌프 뮐러로부터 일체 비용을 댈 테니 슈투트가르트로 와 달라는 초청을 받았기 때문이다! 뒤낭은 다에 대위를 모시는 작전에서 뒤낭 재단이 재정적인 부분을 책임질 것이라 믿었고, 재정 외의 모든 부분에 대해서는 뮐러에게 전적으로 의지했다. 즉 대위를 맞이하고 차량으로 안내하며 다른 곳에 널리 — 예를 들자면 노벨상 선정위원회 심사위원들이라든지 — 전달해 줄 마음이 들 법한 모든 유용한 문서 자료를 전해주는 등의 일을 말한다. 뒤낭은 마지막 권유 사항을 전달하며 뮐러에게 다음과 같이 강조했다. "우리는 그 어떤 일에도 그 어떤 사람에게도 영향력을 행사해서는 안 되네. 다만 이 사람이 어떤 사람인지 알려주는 역할만 하는 것이라네."

반면 하이덴으로 다에 대위를 모시는 일만큼은 절대 있어서는 안 될 일이다! 뒤낭은 이토록 중요한 방문을 자신이 감당할 수 없으리라 생각했다. 그럼에도 그는 뮐러에게 "내가 약골이라고 생각하게 만들면 안 되네. 다만 지금 좀 아프다고 해 주게나."라고 당부했다. 벌써 오래전부터 그 어떤 이의 방문도 거부해 왔던 터라, 뒤낭은 이제 더 이상 있는 그대로의 자신의 모습을 드러낼 엄두가 나지 않았다. 실내용 가운을 입고 수많은 종이와 책들이 엉망진창인 모습으로 흐트러져 있는 모습이 그의 병원 방의 일상이었기 때문이다. 뒤낭은 뮐러에게 자신을 변명하듯 이렇게 말했다. "내가 넉넉한 아파트에서 모든 안락한 시설을 갖추고 살고 있다면 손님이 매일 찾아와도 문제가 되지 않을 걸세. 하지만 내 상황에서는 그게 불가능하지 않은가."

노르웨이 군의관 한스 다에 대위.
1901년 뒤낭이 제1회 노벨평화상을 수상하는 데 크게 기여한 인물이다.

하지만 앙리 뒤낭을 만나러 군이 노르웨이에서 직접 찾아온 다에 대위는 그런 핑계를 귀담아 듣지 않았다. 우선 상황을 충분히 검토하고, 뮐러와 함께 슈투트가르트를 돌아본 후, 그는 군인답게 하이덴의 은자를 만나 직접 악수를 청해야 한다고 결심했다. 정말 놀라운 일은 뒤낭은 절대 양보하지 않았다는 사실이다. 다에 대위가 처음 찾아갔을 때 뒤낭은 고집스럽게도 대위가 3층까지 올라오는 것조차 허락하지 않았다! 예전에 스위스 연방 대통령이 그랬듯이, 스위스 적십자 회장이 그랬듯이, 또 폰 주트너 남작 부인이 그랬듯이, 노르웨이 군의관 다에 대위 역시 아무 성과 없이 떠날 수밖에 없었다. 일주일 후 그가 재차 방문했을 때 뒤낭은 겨우 그를 만나는 데 동의하였다.

11월 초부터 차고 축축하며 빽빽한 안개가 그친 날이 없었다. 류마티즘과 인후통에 시달리던 뒤낭은 2주 전부터 창문을 연 적이 없었다. 지나치게 난방을 한 탓에 그의 작은 작업실에는 분명 극도로 쾌쾌한 냄새가 났을 것이다. 하지만 그에게는 선택의 여지가 없었다. 거기서 손님을 맞이하는 수밖에 없었다.

한스 다에가 방에 들어서자 앙리는 깜짝 놀랐다. 그가 생각했던 것보다 대위는 훨씬 젊었다. 한 서른넷, 서른다섯 정도일까? 자신이 『솔페리노의 회상』을 집필했을 당시 정도의 나이로 보였다. 틈도 주지 않고 알테어 박사가 대화를 이끌기 시작했다. 다에 대위가 프랑스어를 하지 못했으므로, 뒤낭은 병원장 알테어에게 통역사 역할을 부탁해야 했는데, 그 사실로 뒤낭은 더욱 언짢아졌다. 알테어가 마치 뒤낭은 별 만날 필요도 없다는 듯 방으로 찾아와 인사 한마디 건네지 않은 지가 2년도 넘었기 때문이다.

한 시간이 지나 알테어 박사가 대위를 배웅하러 병원 정문까지 나왔고, 뒤낭은 거리를 향해 난 창문의 반쯤 닫힌 빛막이창 사이로 손님이 떠나는 모습을 감시하듯 지켜봤다. 그는 이러한 행위를 의식처럼 항상 지켰다. 며칠 뒤 편지에서 뒤낭은 그렇게 행동하는 이유를 뮐러에게 밝혔다. 병원으로 오는 길에 다에 대위가 하이덴 길거리에서 뒤낭에 대해 '매우 호의적인' 사람들을 만나는 광경을 봤다는 이야기였다.

"하지만 바로 그것 때문에 내가 외국 여기저기서 날 만나러 오지 말라고 하는 거라네. 다에 대위가 그 관리 말고 다른 사람과 대화를 나눴더라면 하이덴의 이 못된 인간들은 분명 나를 깎아내리고 중상모략했겠지."

3층 빛막이창 뒤에 숨어서 뒤낭은 자신을 찾아온 손님들이 혹시 자신의 적이나 그들의 대리인에게 악의가 가득한 공격을 받는 건 아닌지를 확인하고 싶어했다는 이야기다. 그중에서도 다에 대위야말로 고약한 입들로부터 반드시 보호해야만 하는 손님이었다. 11월의 어느 날 오후, 빽빽한 안개 속으로 키 큰 다에 대위의 실루엣이 서서히 사라져 가는 모습을 뒤낭이 바라보는 가운데, 노벨상은 아펜젤의 작은 마을 방향으로 결정적인 한 걸음을 내딛고 있었다.

단체 사격

마치 몇 년 전부터 심어둔 씨앗들이 동시에 싹을 틔우듯 1898년 말부터 상황은 급격하게 돌아가기 시작했다. 그해 여름 동안 러시아의 젊은 황제 니콜라이 2세가 군비 제한을 위한 국제 외교 회의를 열자고 제안했고, 평화주의자들의 전반적인 환영을 받았다. 다만 각국 참모 본부의 반응은 전혀 달랐다. 이 소식에 반색하며 베르타폰 주트너는 '감탄할 법한 이 소식'을 함께 나누기 위해 뒤낭에게 편지를 보냈다. 즉시 뒤낭은 이를 공개적으로, 심지어 이번에는 최고위 수준에서 스스로를 평화주의자로 자리매김할 기회라고 보았다. 1863년 적십자와 1864년 제네바 협약 때의 경험, 1871년과 1873년 사이 국제 조정과 중재에 대해 자신이 내놓았던 주장, 1874년 브뤼셀 회의의 실패를 통해 얻은 교훈부터 예언서들에 대한 종말론적인 해석까지, 뒤낭은 군비 축소에 대한 러시아의 제안에 대해 충실한 주해를 내놓았다. 그 글의 제목은 간결하게 〈니콜라이 2세 황제 폐하의 제안〉이라고 달았다. 뒤낭은 이 글에서 소성, 숭재뿐 아니라 군비 축소의 방식을 통해 분쟁 해결의 임무를 맡을 항구적인 기관을 설치해야 한다고 호소했다. 독일의 월간지 도이치리뷰가 이 글의 독일어판을 1899년 1월호에 게재했다. 뒤낭과 뮐러가 개인적으로 여러 곳에 발송하기 위해 별쇄본으로 준비해 둔 1,000부는 3월 초에 이미 동이 났다. 이어 프랑스어로도 별쇄본을 찍었다. 뒤낭은 니콜라이 2세의 혁신적인 제안에 따라 1899년 5월에 개최된 헤이그 만국평화회의에 참석한 모든 대표단에게 그 글이 배포되도록 조치했다.

베르타 폰 주트너를 위시한 평화주의자들이 크게 실망한 부분은, 헤이그 회의의 의제 중에, 제네바 협약이 포함돼 있다는 사실이었다. 해상 전투에도 적용될 수 있게끔 제네바 협약의 조항들을 조율하자는 계획이었다. 이미 1867년에 외제니 황후가 앙리 뒤낭을 튈르리궁으로 직접 불러 요청했던 사항이지만, 이때까지도 여전히 해결되지 못한 문제였다. 전쟁법에 대한 논의로 인해 평화론이 뒷전으로 밀릴까 걱정이 된 베르타 폰 주트너는 헤이그 만국평화회의가 열리기 며칠 전 뒤낭에게 연락을 취했다. 그녀는 뒤낭에게 이제는 은둔하던 하이덴에서 나와야 할 때라며, 이제 적십자와 평화주의 사이에서 뒤낭이 진정 어느 진영에 속한 것인지 명명백백하게 선택하라고 요구했다.

"전쟁 종식을 아예 입에 담기조차 싫어하는 모든 군인과 정치인, 정부는 적십자와 제네바 협약의 뒤에 숨어서 헤이그 회의를 온통 그 이야기로 채우려 들 것입니다. (중략) 그 신사 양반들은 사람들이 이번 기회에 그 이상의 것을 기대하고 있으며, 적십자의 창립자 본인조차, 그는 시대의 흐름을 읽고 있기에, 그 이상의 논의를 기대하고 있다는 사실을 알아야 합니다."

그렇다면 이 강압적인 남작 부인께서는 뒤낭에게 충성의 증거로 무엇을 요구했을까? 주트너 부인은 뒤낭에게 제네바 협약의 주창자의 이름으로 공개 서한을 작성하여, 전쟁이 발발한 후 그 피해를 보상하는 조치보다는 평화 자체를 선호하는 조치들에 우선 순위를 둬야 한다고 명백히 주장해 주기를 요청했다.[05]

저자 주석 05: 1899년 5월 9일 베르타 폰 주트너가 뒤낭에게 보낸 편지.

뒤낭은 부인의 요청을 이행했다. 다른 방도가 없었다. 다만 적십자의 명예를 실추시키거나 제네바 협약의 중요성을 축소하는 방식으로 공개 서한을 작성하지는 않았다. 그는 적십자와 제네바 협약은 전혀 언급하지 않은 채 자신이 그해 초에 썼던 글의 내용을 평온히 반복하는, 즉 중재와 조정을 위한 항구적인 국제 기관을 설치하자는 주장을 담은 공개 서한을 내놓았다.

뒤낭의 이 글을 게재하긴 했어도, 베르타 폰 주트너는 분명 그 이상의 내용을 기대했을 것이다. 뒤낭의 이러한 애매한 답변 때문에 부인은 제1회 노벨 평화상 수상자로 경제학자 프레데릭 파시가 더 적합하다고 한층 더 확신하게 됐을 수도 있다. 주트너 부인은 뒤낭을 크게 존경하긴 하지만, 국제평화동맹의 창립자인 프랑스 사람 파시의 타협 없는 평화주의 투쟁이야말로, 노벨상의 기준에 더 잘 부합한다고 생각했다.

반면 뒤낭에게 있어 헤이그 만국평화회의의 일간 소식지에 자신의 공개 서한이 게재된 일은 헤이그에서 자신의 가시성을 높여준 결과를 가져왔고, 또 회의가 마무리될 무렵 앙리 뒤낭이 꾸준히 옹호해 온 두 가지 원칙이 도입되는 성과로 이어졌다. 그 두 가지라 하면 제네바 협약의 원칙을 해상 전투에까지 확장한다는 결의와, 강제성은 없지만 조정 및 중재 업무를 맡을 상설 법원을 설치한다는 결의였다. 이러한 성과 덕분에, 헤이그 회의가 끝난 직후 남아프리카에서 보어전쟁이 발발하자, 뒤낭은 자신이 즐겨 사용해 온 조정과 중재라는 주제를 언론을 통해서 뿐 아니라 노르웨이 군의관 한스 다에 대위에게 보내는 아주 상세한 보고서에서도 공개적으로 다시 꺼낼 수 있었다. 하이덴 병원의 방에 틀어박힌 채로도 뒤낭은 국제 무대에서 자리를 지킨 셈이다.

그 어떤 부분도 소홀히 하지 않는 뒤낭은 온갖 사전과 용어집을 철저히 살피고 확인해 보고는 알파벳 D 항목에 자신의 이름이 나오지 않으면 불쾌히 여겼다. 자기 생각에 본인이 누려야 마땅한 영예를 직접 요구하는 것은 극도로 꺼렸기에, 뒤낭은 친구 루돌프에게 라루스, 바프로, 작스, 퀴르슈너 등, 당시에 사전이나 용어집을 출간하는 회사와 저자들을 접촉해서 자신의 영예로운 직함들을 모두 수록해 달라고 요청하게 했다.

노르웨이의 다에 대위는 갈수록 점점 더 듣기 좋은 소식을 전해왔다. 1899년 1월 다에 대위는 한 노르웨이 신문에 앙리 뒤낭을 방문했던 이야기를 장문의 기사로 게재했다. 그 기사의 결론에서 그는 노벨 평화상이 뒤낭에게 수여되어야 한다는 것에 대해 의심의 여지가 없다고 적었다. 3월에는 뒤낭이 노르웨이 군의학협회의 명예 회원으로 임명됐다. 다에 대위의 말에 따르면 그때까지 선례가 없는 일이었다고 한다. 4월에도 다에 대위는 뮐러에게 편지를 보내 한 노르웨이 신문이 뒤낭에게 노벨 상은 '지나치게 빈약한 포상'에 불과하다는 평가를 했다는 소식을 전해주었다. 마지막으로 6월에 한스 디에는 앙리 뒤닝에 대한 짧은 소책사를 출산했는데, 그 목적은 뒤낭에게 노르웨이 적십자의 명예 회원 자격을 얻게 해주기 위해서였다. 비록 여론이 노벨상 수상자를 결정하는 게 아니긴 해도, 노르웨이의 국내 여론은 거의 완전히 뒤낭에게로 기울었다.

뜻밖의 번역

뒤낭의 과민한 심리가 성공이 가져다주는 혜택을 누리기는커녕 망쳐버리지만 않았다면 모든 게 훨씬 나았으리라. 뒤낭의 가장 충실한 지지자 중 한 명인 열정 넘치는 암스테르담 청년 크리스티안 하예가 2년간 공을 들여 뮐러의 책, 즉 뒤낭의 책 네덜란드어 번역본을 이제 막 마친 참이었다. 이 일로 뒤낭은 매우 기뻐했다. 여전히 자신에게 도움이 될 법한 새로운 출판물이 나오는 것을 좋아했기 때문이다. 그 2년의 기간 동안 노벨상 수상의 가능성이 점점 더 구체화되었기 때문에, 뒤낭은 네덜란드어 번역판에 그 기간 동안 축적된 자료, 예를 들어 니콜라이 2세의 제안에 대한 자신의 주해와 같은 새로운 사항을 추가하는 게 좋겠다고 제안했다. 이러한 변동 사항이 있는 김에, 하예는 두세 군데 정도 글을 수정하겠다고 나섰다. 뒤낭은 처음에는 이를 별로 문제삼지 않았다. 오히려 그 반대였다. 아마도 자기 책을 이 청년 번역가가 멋대로 수정하게끔 허락한 것에 대해 놀람을 표시했을 뮐러에게 뒤낭은 다음과 같은 말로 하예를 두둔했다. "하예 씨가 독창적인 작품을 만들겠다는 데에는 문제될 게 없다네. 서너 가지 다른 언어로 좀 특별한 작품들이 나오는 건, 그게 선의에 의한 것이기만 하다면, 즉 진정한 내용을 담은 거기만 하다면 어차피 좋은 일이라네."

불쌍한 뒤낭! 1899년 초 뒤낭은 니콜라이 2세의 제안에 대한 글을 집필하느라 완전히 녹초가 된 상태였다. 게다가 매년 카스트네르 부인의 기일이 올 때마다 흔들리곤 하는 1월이었다. 뒤낭은 우울했고 짜증이 가득했다. 게다가 흉부 통증까지 있었다. 그 가운데 하예의 번역본이 최종 완성되어 그에게 도착했다. 네덜란드어 번역본 장정은 아주 멋졌다. 뒤낭 재단의 실로 매우 친절한 회계 담당자 그래터 씨에게 제본 비용이 든 1천 부라는 부수와 관련해서든 뒤낭은 비용을 아끼지 말라고 강조했었다. 뒤낭은 아주 만족스럽게 하예의 번역본을 훑어보았다. 원작의 저자이므로 네덜란드어로 된 책을 살피는 것은 크게 힘든 일이 아니었다. 그러나 그 가운데 뒤낭은 이 네덜란드 청년이 개인적인 견해를 담은 아주 문제적 문장 두 개를 추가했다는 사실을 파악했다. 하나는 국제적십자위원회 중 한 사람에 대한 무례한 언사였고, 또 하나는 파리 사람들에 대한 고약한 발언이었다.

다시 시작이었다. 고통과 탄식, 그리고 이 때문에 죽을지도 모르겠다는 협박이 이어졌다. 하예와의 의견 충돌은 3개월이나 지속됐다. 하예는 그 두 문장에 대해서는 자신이 책임을 지겠다 고집했고, 그 이유로 번역본이 출간되는 것을 미룰 수 없다며 일체 물러서지를 않았다. 이 논의가 복잡할 수밖에 없었던 이유는, 하예가 추가

한 그 신랄한 두 문장에 대해, 뒤낭이 전적으로 동감하기 때문이었다. 다만 뒤낭은 그러한 언급을 하는 것은 부적절하며, 오히려 해가 될 수 있다고 보았다. 또 '노르웨이 관점에서 보았을 때' — 뒤낭은 노벨상과 관련해서 근래 들어 이런 표현을 썼다 — 자살골이나 다름없다고 생각하였다. 게다가 뒤낭은 워낙에도 분쟁을 견디지 못하는 성격인지라, 선량한 루돌프 뮐러를 중간에 놓고는 이야기를 주고받느라, 대놓고 하예에게 강력한 항의조차 못 하는 형편이었다. 몇 주가 흐르도록 하예는 입장을 고수했고, 뒤낭은 결국 이 네덜란드 청년이 자신의 적들에게 매수된 게 틀림없다고 생각하기에 이르렀다. "그 인간들이 아주 잘 예측한 게지. 이 열정적인 청년이 번역본에다 큰 실수를 저지를 거라고 말일세. 그러니 나를 공격하기 위해 이것을 이용하려 들게 뻔하네." 그를 괴롭혀온 강박증은 다시 가둬놓은 상자에서 뛰쳐나와 뒤낭의 통찰력까지 흐려놓았다. 마침내 이 갈등은 하예가 그 문제의 두 문장을 삭제하는 것으로 마무리 됐다. 문제가 된 두 페이지를 교체하는 바람에 결국 인쇄 비용이 상당히 더 들어간 상황에서 네덜란드 번역본이 세상에 나오게 되었다.

크리스티안 하예에 대해 온갖 욕을 퍼붓던 뒤낭은 이 순간부터 그에게 다시 무척이나 상냥해졌다. 뒤낭의 애정도에 있어 극에서 극으로 이동한 하예는 심지어 몇 달 동안은 루돌프 뮐러를 제치고 뒤낭의 애정 순위 최상위 자리에 등극한 듯했다. 슈투트가르트로 보내는 서신이 뜸해진 반면 암스테르담으로는 점점 더 자주, 또 길게 편지가 이어졌다. 이 기간 동안 하예에게 보낸 뒤낭의 편지 내용은 신뢰가 가득하고 내밀하며, 부성애가 듬뿍 느껴졌다. 특히나 뮐러조차 단 한 번도 들은 적이 없는 '나의 사랑하고 뛰어난 친구여'라는 호칭으로 편지가 시작되곤 하였다. 20년 전 루돌프에게 그랬던 것처럼 뒤낭은 젊은 친구 하예에게, 삶에 대해, 인간 관계에 대해, 그리고 사회에서 처신할 때 바람직한 태도와 기피해야 할 태도 등에 대해 조언해 주면서도, 자신의 적들이 벌이는 온갖 못된 짓들에 대한 이야기를 늘어놓기도 했다. 어찌나 괄목할 만한 화해였던지, 그해 말에 벌써 공동으로 새로운 계획을 세우기에 이르렀다. 하예는 오를레앙에 사는 자기의 친구와 협력하여 자신이 번역한 네덜란드어판을 일부 발췌한 후 프랑스어로 출간하겠다고 나섰다. 아주 완벽한 타이밍이었다. 파리의 적십자 관계자들이 딱히 지지해 주지 않은 탓에 뒤낭이 유럽에서 재기를 하는 데 프랑스가 지금까지 뒷전에 놓여있었기 때문이다. 하지만 이제 뒤낭이 프랑스인들에게 안부를 전할 때가 되었다. 마침 상황 또한 새롭게 변하는 바람에 그럴 가능성이 높아졌다. 노르웨이 의회의 결정 하에 제1회 노벨 평화상 시상이 1년 늦춰진 것이다. 그러니 뒤낭과 그의 충실한 친구들은 유럽 전역으로 그의 명성을 확장시킬 시간을 몇 달 더 얻은 셈이었다.

세상으로 복귀하다

뒤낭은 3개월이나 뮐러에게 연락을 하지 않다가 1899년 12월 편지를 보내 다음과 같이 말했다. "노르웨이 의회의 결정에 대해 난 별로 걱정하지 않는다네. 반면, 드레퓌스 사건이야말로 매일같이 나를 긴장시키는군." 노벨상 수상에 대한 희망이 뒤낭의 내면에 있던 인정받고 싶은 욕구와 놀라운 소통 전문가로서의 재능만을 일깨운 것은 아니다. 그가 지닌 최고의 덕목들, 즉 인간 고통에 대한 관심, 자선가로서의 통찰력, 외교 감각, 그리고 동정심 역시 소생시켰다. 개인사에서 발생한 불상사들은 뒤낭이 세상에 다시 마음을 열기까지 오랜 기간 장애물이 되었지만, 이제는 심지어 그러한 일들이 『솔페리노의 회상』에서조차 찾아볼 수 없었던 전례 없는 분노로 더해져 그에게 동력으로 작용하고 있었다. 1897년부터 이미 뒤낭은 드레퓌스 사건의 추이를 열렬히 따라가고 있었다. 세상의 불공정이 그를 분노하게 만들기도 했지만, 뒤낭에게 프랑스 참모 본부란 1870년대와 1880년대에 자신을 핍박했던 패거리가 집결된 곳이기도 하기 때문이었다. 1899년 4월, 그는 루돌프에게 쓴 편지에서 여전히 역겨워하는 어조로 이렇게 적었다. "이 프랑스 참모 본부 인간들의 거짓됨에 대해서 정신을 똑바로 차려야 하네! 그들의 비열한 언행과 파렴치함, 가증스런 교활함을 제대로 파악해야만 하지! 바로 그들이야말로 나와 카스트네르부르소 미망인에게 런던에서든 대륙에서든 모든 문제가 생기게끔 온 힘을 다해 휘젓고 다닌 장본인들이라네!" 그리고 6개월 후 보어전쟁이 발발하자 그는 노발대발했다. 모든 종류의 광신주의에 대한 자신의 혐오를 — 특히 경건주의자들에 대해서 — 다시금 확고히 하는 계기인 듯 뒤낭은 다음과 같이 편지를 썼다.

"이건 추악한 전쟁이라네. 이편이든 저편이든 양쪽 경건주의자들은 모두 끔찍한 사례를 보여주는 셈이지. 양쪽 다 바리새인과 같은 위선, 그리고 크롬웰과 같은 광신주의를 내보이는 거라네. 이제는 더 이상 크롬웰이 살던 시대가 아닌데도 말일세."

지난 수년간 병적일 정도로 이기적이던 뒤낭의 태도는 개인 관계에서도 변화를 보였다. 그는 주변 사람들에게 진정한 감사와 애정의 표시를 하기 시작했다. 그의 곁에서 한결같이 헌신하던 지인들로서는 아주 시기적절한 일이었다. 몇 달 전에 뒤낭은 솔선해서, 그리고 단독으로 중재에 나서서, 루돌프 뮐러와 아돌프 그래터가 뷔르템베르크의 군주로부터 올가 훈장을 받게끔 해주는 성과를 거두었다. 더 최근에 루돌프가 직장에서 실망스런 일이 있었을 때에도 이에 대해 진정으로 깊은 관심을 보였다. 이러한 태도는 루돌프의 건강 문제를 제외하고는 개인사에 대해서는 — 으레 정중하기는 하지만 — 무관심했던 여느 때와는 완전히 달라진 모습이었다. 또 뒤낭은 그래터에게 뷔르템베르크 군주의 무역 부문 자문관의 지위를 얻어주려고 갖은 노력을 기울였다. 마지막으로 한 가지 예를 더 들자면, 1900년 봄의 일이었다. 루돌프 밀러에게 보내는 편지 맨 마지막에 남긴 뒤낭의 "이델슨의 죽음은 손실이군."이라는 짧은 문장은 언뜻 보기엔 너무나 간결해서 놀랄 일이었다. 그게 다인가? 러시아 황제의 모후로부터 연금을 수령할 수 있게 해주어 뒤낭이 물질적으로 안락한 삶을 다시 누릴 수 있게 해준 사람이 이델슨 아니던가? 게다가 동방의 평화부터 녹십자에 이르기까지 뒤낭이 연이어 시도한 온갖 프로젝트에 부단히도 헌신했던 사람이 아니던가? 사실은 그게 다가 아니었다. 루돌프에게 보낸 편지에 그 짧은 언급을 한 뒤로도 몇 주 동안, 뒤낭은 이델슨의 죽음으로 인해 지극히 큰 슬픔에 빠져서, 심지어 일을 못하는 날이 상당히 많았을 정도였다. 직접 만나본 적도 없는 이델슨을 위해, 뒤낭은 몇 주 후 레트랑제 신문에 이델슨을 기리는 훌륭한 헌사를 기고했다. 가까운 이들이 자신을 방문하는 건 여전히 극도로 꺼렸지만, 멀리서도 자신을 위해 헌신하는 지인들의 도량이 얼마나 넓은지를 뒤낭은 이제서야 깨달은 듯했다.

막바지로 들어서다

1900년에 들어서자마자 뒤낭은 중압감이 서서히 높아지는 것을 느꼈다. 평소 같으면 뻔한 표현을 즐기지 않는 뒤낭인데도 자명한 일을 피하려는 듯 편지마다 "이제 끝이다."라는 말을 반복해서 적었다. 이 모든 일을 하는 데 조커 역할을 하는 사람은 물론 한스 다에었다. 나만 이 북유럽 사람들에게는 신중히 접근해야 한다. 대위의 공명정대함에 누를 끼치지 않으면서 그가 적극적으로 행동에 나서게끔 만들려면 어떻게 부추기는 게 좋을까? 이 일을 할 때 들어가는 모든 비용을 처리해 주겠다는 말을 다에 대위에게 상처를 주지 않으면서 해줄 방법은 무엇일까? 뒤낭은 다에를 자신의 노르웨이 대리인으로 삼고 싶었지만, 이렇게 불쑥 물어보는 것은 예의가 아니었다. 뒤낭은 밀러에게 이르길 "그에게는 아주 요령있게 행동해야만 한다네. 다에 대위는 진심을 다하는 사람이지, '사업가'가 아니기 때문일세."라고 조언했다. 언어 문제로 직접 소통할 수 없는 뒤낭과 다에 대위 사이에서 루돌프는 필수 불가결한 연결 고리였다. 그렇기에 암스테르담의 하예와 잦은 연락을 하느라 수개월간 공백이 있었지만, 이제 슈투트가르트와 하이덴 사이의 서신 교환이 활발히 재개되었다. 하예와 연락을 주고받는 일에 신경이 쏠려서 뒤낭이 몇 달이나 자신에게 연락이 없었던 걸 루돌프는 잊어버리지 않았다. 그는 이 기회를 빌어 뒤낭에게 그 점을 지적했다. 하지만 지금은 불만을 토로하고 있을 때가 아니었다. 뮐러가 아니면 다에 대위와 연락할 수 없고, 다에 대위가 없으면 노벨상도 불가능했다. 앙리는 심심한 사과를 표했고, 이 사건은 그렇게 정리되었다.

갑자기 뒤낭에게 막바지 불안감이 엄습해 왔다. 노르웨이 심사위원들이 산더미 같은 자료들을 이미 검토했겠지만, 그들이 제대로 판단하기에 그것도 충분치 않으리라는 생각이 들었다. 만약에 그들 중에 독일어는 못하고 프랑스어만 하는 사람들이 있으면 어쩌나? 뒤낭은 크리스티안 하예와 하예의 프랑스인 동료의 작업이 끝나기만을 초조하게 기다렸다. 그는 그들이 작업 중인 프랑스어판 발췌본에다 넉넉히 보충해 둔 필수 요소, 즉 '부록'의 장뿐 아니라 『솔페리노의 회상』의 새로운 프랑스어판도 첨부할 계획이었기 때문이다. 그는 마치 핑계라도 대듯 루돌프에게 이렇게 말했다. "내 생전에 '프랑스어로 된 좀 더 상세한 소책자' 하나 출간되는 걸 두 눈으로 보지 못한다면, 뒤낭 재단에 아무리 돈이 많아도 다 무슨 소용이겠나?" 노벨상 수상에 실패한다는 가정 하에, 뒤낭은 마치 이 일이 자신에게 최후의 낙이라도 되는 양 매달렸다. 그것은 독일어와 네덜란드에 이어 마침내 자신의 모국어로 자신이 직접 집필한 글을 읽을 수 있게 된다는 것, 게다가 뒤낭의 생각에 유일하게 적합한 형태인 인쇄물로 접할 수 있다는 걸 말한다. 자신이 글을 쓰는 것도 어차피 출판을 목적으로 하는 게 아니던가.

루돌프는 뒤낭의 요청을 모두 들어주었다. 시간을 벌기 위해 하예의 책은 슈투트가르트에서 인쇄하기로 했다. 그렇게 해야 루돌프가 최종 교정쇄를 살피고 출판 과정을 감독할 수 있으며, 그래터가 비용을 지불하기도 수월했다. 뒤낭은 안심이 되었다. 기쁘고 또 감사한 마음이었다. 이제 얼마 지나지 않아 노르웨이로 보낼 새로운 자료를 손에 넣게 되리라. 다에가 일부를 발췌해서 노르웨이어로 번역할 것이고, 그 번역본을 노르웨이 기자들이 틀림없이 언급할 것이며 국회의원들도 분명 읽게 될 테지.

다만, 아직도 여론 형성을 위해 움직여야 할 때인가? 이제는 수상자를 결정하는 유일한 사람들, 즉 노벨상 위원회의 위원들을 직접 공략해야 하는 게 아닐까? 1898년 말에 한스 다에 대위가 다녀가면서 그와 합의 하에 루돌프 뮐러가 이미 노벨상 위원 중 가장 잘 알려진 인물 중 하나인 시인 비에른스티에르네 비에른손[4]에게 서한을 보낸 바 있었다. 비에른손이 보내온 답장은 아주 상냥했지만 뮐러를 낙담시키기 충분했다. 그가 지적하길, 알프레드 노벨이 지정한 수상자의 조건에 따르면, 뒤낭

---

4 비에른손은 1903년 노벨문학상 수상자이자 노르웨이 국가의 작사가이기도 하다.

이 노리는 상은 오직 '지난 1년 사이에 평화를 위해 가장 크게 기여한' 한 명에게만 수여될 수 있으며, 게다가 그 기여는 직접적으로 평화를 위한 활동이어야만 한다고 설명해 주었다. 뮐러는 비에른손의 답장을 친구 앙리에게 전달하지 않았다. 앙리는 당시 니콜라이 2세의 제안에 대한 주해를 한창 집필하던 중이었다. 정신없는 그를 괜시리 속상하게 만들 게 뻔했다. 게다가 뮐러는 노벨 평화상의 첫 시상이 1년 미루어졌으니 시간이 좀 지나기를 기다렸다가 재차 비에른손을 공략해 봐도 될 것이라 생각했다. 1900년 여름이 되자, 뮐러가 바로 그 작업에 나섰고, 이번에는 당사자 뒤낭으로부터 직접 지원 사격을 받았다.

7월에 우선 뮐러는 비에른손에게 장문의 편지를 하나 보냈다. 여태까지 뒤낭의 행보를 큰 그림으로 요약하면서 이어지는 두 번째 서신은 다음달에 보내겠노라 약속했다. 뒤낭은 할 말의 원재료를 제공하기는 했지만 뮐러에게 그 내용을 알아서 잘 정리해 달라며 모든 일을 그의 재량에 맡겼다. 이 편지에 대한 비에른손의 답장은 벌써부터 훨씬 고무적이었다.

"뮐러 씨, 귀하의 훌륭한 편지를 막 읽었습니다. 두 번째 편지가 기다려지는군요. 저는 그 두 통의 편지를 모두 제 동료들에게 전달하겠습니다. 만약 뒤낭 씨가 제1회 수상을 하지 못한다고 해도 시상은 매년 있을 겁니다. 저는 뒤낭 씨가 수상하기는 할 것이라 기대합니다."

비에른손은 통찰력 있게도 뮐러 본인에게, "뮐러 씨의 아름다운 열성에 감탄하게 됩니다."라고 덧붙였다.

사실 감탄할 만도 했다. 발목을 삐는 바람에 티롤 지방에서의 휴가를 접고 중도에 귀가해야만 했던 뮐러는 생각보다 일찍 돌아온 김에, 두고 갔던 일을 8월부터 재공략하기 시작했다. 지난번보다 분량이 훨씬 많은 두 번째 편지가 바로 며칠 후에 크리스티아니아로 발송될 수 있었다. 루돌프가 티롤에서 휴가를 보내는 동안, 뒤낭은 자기의 경쟁자인 강경파 평화주의자들에 ― 특히 프레데리크 파시에 ― 맞설 반론의 날을 세울 시간이 있었던 덕이다. 뒤낭이 주장하는 바는 간단했다. 본인이 일생 동안 한 일이 모두 오직 평화를 위한 일이었고, 다만 그만의 길로 독창적인 노선을 따라 그리고 점진적으로 접근했을 따름이었다는 논지였다. 즉 경쟁 후보들과는 달리 그는 전쟁 자체를 맹렬히 비난하는 게 아니라 자신의 책 『솔페리노의 회상』을 통해 전쟁의 처참한 민낯을 고발하는 방식을 택했다는 뜻이었다. 또 만국연합의 경우 수많은 지부와 분과, 총회 및 실패했건 성공했건 국제회의 개최 노력 등을 통해 국제중재와 국가간 조정, 사람들 간의 사회적인 평화 및 노예제 폐지의 길을 열어 준 일이라고 주장하였다.

두 달 동안 뒤낭은 끊임없이 저작물을 다시 살피고는 뮐러에게 매일 새로운 논거를 보내주며 비에른손과 그의 동료들에게 전달하라고 부탁했다. 늦여름에 노르웨이 시인 비에른손이 병석에 눕는 바람에 참석 예정이던 파리 평화회의에 올 수 없게 되었다. 이는 뒤낭에게는 뜻밖의 천운으로 작용했다. 벌써 명백히 프레데리크 파시 에게로 마음이 기울었던 비에른손이 만약 파리회의에 참석했더라면, 프랑스 사람 들은 뮐러가 뒤낭을 위해 열심히 쌓아올린 공든 탑을 기꺼이 무너뜨렸을 게 뻔했기 때문이다. 파리 회의에 참석하는 대신에 건강을 회복하기 위해 요양지에서 머물던 비에른손은 루돌프 뮐러로부터 일반 판형 19페이지에 이르는 새로운 문서를 받았 고, 거기에는 보완 자료가 21점이나 첨부돼 있었다. 이는 뒤낭의 40년 간의 업적을 동일한 단 하나의 시점으로 분석한 문서였다. 즉, 전장의 사마리아인 뒤낭이 쉼없 이 평화를 추구하는 삶을 살아왔음을 보여 주는 게 목표였다.

두 가지 방문

1900년 9월의 어느 날 엘리즈 수간호사가 뒤낭의 방문을 두드렸을 때, 노년의 은둔 자 뒤낭은 즉시 뭔가 이상한 일이 생겼다는 것을 직감했다. 그가 들어오라고 말할 틈도 없이 엘리즈는 이미 방 한가운데에 있는 뒤낭의 눈앞에 나타났다.

"어디… 대공녀, 뭐라는지도 모르겠어요! 딸들을 데리고 왔어요! 그리고 수많은 부 인을 동반해서요! 뒤낭 씨를 만나겠다고 하십니다! 뒤낭 씨를 만나러 바이에른에 서 찾아오셨대요!"

엘리즈 수간호사는 뒤낭에게 묻지도 않고 그를 만나러 왔다는 손님들을 돌려보내 는 습관이 단단히 들어있는 사람이었다. 이미 오래전에 3층 병실의 하숙객이 지위 가 어떻든 간에 그 누구도 만날 생각이 없다고 선언했기 때문이다. 하지만 이번에 는 부인들이 워낙 상냥한 데다 수도 많고, 우아하고, 그리고…

엘리즈 수간호사는 평소와는 다른 방식으로 고개를 까딱거리는 뒤낭을 유심히 관 찰하였다. 안 된다는 말을 차마 못하면서도, 그렇다고 도무지 좋다고도 하지 못했다. 그는 어찌나 난처한지 심연과 같은 당황에 깊이 빠진 것 같았다. 계속해서 고개를 까딱거리면서 허공을 뚫어지게 쳐다보았다.

"대공녀를 내 방까지 모셔다 주시기를 부탁하오. 그렇소, 오직 그분만 모셔 오세요."

실제로 만나고 보니, 이 대공녀는 2년 전에 보내주었던 본인의 사진 속 모습보다는 레오니 카스트네르를 덜 닮은 것으로 보였다. 그럼에도 불구하고, 하이덴에 자리잡은 이후로 이 대공녀만큼 뒤낭을 뒤흔들어 놓은 사람은 없었다. 모데나의 마리아테레사는 오스트리아에스테 대공의 딸로 태어났고, 추후에 바이에른 왕국의 루트비히 3세가 될 사람이 그녀의 부군이었다. 자기 방의 빈궁함, 시골스러운 가구에다 직접 차와 커피를 끓이는 고약한 작은 주전자, 수많은 책과 종이가 쌓여있어 반쯤은 사용이 불가능한 마루바닥, 그리고 어찌 손을 쓸 수 없을 정도로 무질서한 공간을 대공비 그녀의 눈으로 바라보다니. 그녀의 비단 옷이 바닥을 스치는 사각사각 소리만 들으면, 무게감 있으면서도 명랑하며 또 곱고도 친숙한 그녀의 감미로운 프랑스어를 듣고 있노라면, 그의 머리 뒤에 댄 쿠션을 정리해 주고 그에게 찬사를 보내며 손을 잡아주는 대공녀의 향기를 이토록 가까이 느끼노라면… 뒤낭은 순간 가슴이 어찌나 아픈지 그녀를 되돌려 보내야만 한다고 생각했다.

1902년, 추후 바이에른의 왕비가 된 모데나의 마리아 테레사(우측)가 앙리 뒤낭을 만나러 하이덴을 찾았다. 위쪽 사진은 이때 방 안에서 촬영한 뒤낭의 모습. 뒤낭 본인이 고백하길 이 대공녀는 카스트네르 부인을 '무척이나 닮았다'고 하였다.

바로 그때 대공녀는 그가 민망하지 않도록 상냥한 말을 몇 마디 건네며 자리에서 일어섰다. 마리아테레사는 떠나기 전에 뒤낭의 사진을 찍겠다고, 챙 없는 모자를 쓴 채 무릎에 담요를 덮은 모습 그대로 뒤낭의 사진을 꼭 남겨야겠다고 고집했다. 그러고는 왔던 대로 돌아갔다. 마치 예측할 수도 없는 돌풍이 불고 간 듯, 다른 우주에서 날아와서는 순간 나타났다 사라지는 혜성처럼 대공녀는 자리를 뜨면서 늙은 이 뒤낭을 산산조각 부서뜨렸다.

정말로 시기상 안 좋은 일이었다. 노벨상 심사위원들을 대상으로 한창 설명자료를 집필 중이다 보니 서류가 잔뜩 들은 상자들을 매일같이 뒤적이느라 그의 방은, 그 어느 때보다도, 엉망진창이었기 때문이다! 엎친 데 덮친 격이랄까, 하예와 시몽이 막 완성된 프랑스어판 책의 교정쇄를 보내온 참이었다. 그러니까 비에른센을 위해 준비하던 평화주의자로서의 자전적인 글과 그가 그토록 집착한 프랑스어판 소책자, 둘 중 어느 것도 제대로 완성 못할 수도 있는 상황이었다. 그런데 거기다가 대공비가 직접 찾아오다니. 뒤낭의 불쌍한 심장이 어찌 허약한 몸 상태로 이를 견뎌낼 수 있겠는가? 1900년 가을 뒤낭은 마치 10년은 확 늙어버린 느낌이었다. 조금만 집중해서 뭔가를 하려 들면 머리부터 팔까지 울혈이 퍼지는 느낌이 들어서 그 어떤 작업도 할 수가 없었다. 그는 이제 낮에 해가 있는 동안에만 겨우 작업을 이어갈 수 있었는데, 하루가 다르게 해가 짧아지는 계절이었다. 비에른손이 넌지시 이야기한 대로 제1회 노벨상 수상에 실패하면 이 속도로 일하면서 어떻게 1년을 더 버티겠는가?

한편 뒤낭의 지지자들은 경계를 늦출 생각이 전혀 없었다. 1900년 12월 1일 다에 대위는 비에른손 내외를 찾아갔다. 의례적인 인사말을 나눈 뒤 차를 마시는 자리에서 시인 비에른손은 대위가 걱정하던 바를 확인해 주는 발언을 했다. 그는 자신의 친구 프레데릭 파시에게 표를 던질 생각이며, 뒤낭은 1902년에 제2회 노벨 평화상 수상자로 더 적합하다고 생각한다는 이야기였다. 남편의 말을 듣고는 비에른손 부인이 대화에 끼어들었다. 그녀는 다에 대위에게 말을 걸면서도 사실은 남편을 향해 하는 애기임을 암시하듯 묘한 미소를 띄우며 이렇게 말했다.

"친애하는 대위님, 저희를 직접 만나러 와 주시다니 정말 좋네요. 왜냐하면 대위님과 저는 둘 다 큰 뜻을 위해 투쟁하는 사람들이니까요. 저는 이미 남편에게 여러 번 말했답니다. 프레데릭 파시라는 사람도 충분히 훌륭하지만, 뒤낭 씨야말로 이 상을 받아 마땅한 분이라고 말이죠! 만약에 뒤낭 씨에게 단독으로 상을 줄 수가 없다면, 좋아요, 그 두 사람에게 공동 수여하면 되겠지요."

비에른손 부부의 자택을 나서면서 다에 대위는 시인이 참으로 훌륭한 부인을 두었다는 사실에 진심으로 기뻤다. 만약 부인의 주장에 남편이 아직은 완전히 설득되지 않았다 해도, 이건 시간 문제임이 분명했다. 그날 저녁에 바로 대위는 뮐러에게 편지를 보내서 적어도 노벨 평화상의 절반은 손아귀에 들어온 듯하다는, 당일의 작은 성과를 알려주었다. 그로부터 며칠 후 하이덴에서는 다에 대위의 행보를 자세히 요약한 뮐러의 편지를 받아든 뒤낭이 우유부단함을 벗어나지 못하고 있었다. 루돌프는 박사답게 엄정한 태도로 선택지에 대해 아주 분명히 정리해 주었다.

첫 번째 대안은 1901년 제1회 노벨 평화상을 단독 수상하고자 하는 야심을 계속해서 추진하는 것이다. 다만 이미 파시에게 기우는 분위기라서 단독 수상 가능성은 '거의 없다'는 게 뮐러의 냉철한 지적이었다. 두 번째 대안은 공동 수상을 받아들이는 것인데, 상금이 절반으로 줄어든다는 게 단점이었다. 세 번째 대안은 1901년 수상을 아예 포기하고 1902년에 단독 수상을 노리는 방안이었다.

뒤낭은 엘리즈 수간호사가 그 편지와 함께 가져다준 식사에는 손도 대지 못했다. 안락의자에 허탈하게 주저앉은 뒤낭은 정말로 누군가와 이야기를 나누고 싶었다. 대체 알테어 박사는 왜 일절 그를 만나러 오지 않는 걸까? 뒤낭은 안락의자에서 책상 앞으로 간신히 자리를 옮겼다. 운동을 하도 안 하고 지낸지라 그의 다리는 꼭 필요한 움직임 이상의 책임을 수행할 여력이 없었다. 침실에서는 침대에서 창가로, 건넛방에서는 안락의자에서 책상 앞으로 이동하는 정도뿐이었다.

이날 1900년 12월 10일 저녁, 뒤낭은 자신의 존재가 온통 울타리에 둘러막힌 듯 궁지에 몰린 심경으로 동생 피에르에게 편지를 썼다. 그날의 편지는 채권자들에 대한 걱정이 전면에 드러나 비통했으며, 그 걱정 때문에 그 어떤 기쁨도 제대로 누리지를 못한 채 자신의 옛 과오가 즐비하게 널린 지뢰밭으로 다시 끌려가는 듯한 내용을 담고 있었다.

"대체 내가 어떻게 답을 해야 하겠느냐? 내게 그토록 엄청난 채무만 없었더라면 파시와 상금을 나눠 갖는 것도 정말 기쁘게 생각했을 거다." 그러고는 옛적 불행들을 장황하게 다시 언급한 뒤, 편지 말미에 이렇게 적었다. "내가 1902년 12월에 살아 있기나 할까? 지금부터 꼬박 2년 후의 이야기인데 말이다."

바로 이 마지막 문장이 말하는 바, 정말로 생명과 관계된 이 근거야말로 마지막까지 주저하던 뒤낭의 망설임을 극복할 수 있었던 이유였다. 1900년이 끝나기 직전에 이미 앙리 뒤낭은 다음해 세상에 없을 위험을 무릅쓰기보다는, 첫 노벨상을 공동 수상하는 데 초점을 맞추기로 결심을 한 것으로 보인다. 마리아테레사 대공비의 방문이 있은 후부터 가슴팍의 통증은 가끔씩 한 번 발생하면 며칠씩 지속되었다. 그러니 그는 더 이상 잴 것 없이 '가장 빠를수록 좋겠다'는 입장을 분명히 하게 됐다.

1901년 2월 1일, 그 해 12월에 수여될 제1회 노벨 평화상 후보가 13명으로 추려졌다. 프레데리크 파시는 여전히 비에른손이 선호하고 또 전 세계 평화협회들의 지지를 받는 후보였다. 두 명의 다른 스위스 출신 평화주의자들도 후보에 포함됐다. 엘리 뒤코맹과 알베르 고바는 오랫동안 평화운동을 해 온 사람들로서 국제평화국의 회원이기도 했다.

이제 서류 제출은 끝났다. 후보들에게 남은 일은 단체나 조직들로부터 최대한으로 추천서를 받는 일이었다. 지지 후보가 있는 단체는 3월 31일까지 공식 추천 서한을 보내야 했다. 뒤낭의 주위 사람들이 이 마지막 단계에 총동원되었다. 대부분은 그의 제안에 따라 움직였다. 뮐러는 뷔르템베르크 의회를 부추겼고, 하예는 네덜란드 대학교들에 뒤낭을 추천해 달라고 주의를 환기시키는 역할을 맡았다. 비슈니에브스카 왕녀는 여권 운동 계열의 사람들을 규합하는 데 힘을 썼다. 이들 모두의 노력 덕분에 후보자 뒤낭을 위한 지지 서한이 곳곳으로부터 크리스티아니아로 쏟아졌다. 뒤낭은 상황의 흐름을 바꾸기 위해 자신이 할 수 있는 일이 더 이상 없다는 것을 알고 있었다. 단 일각의 시간도 낭비하지 않고 그는 다른 목표에 즉시 뛰어들었다. 노벨상 수상에 실패할 경우를 대비해서, 노르웨이에서든, 미국에서든, 전 세계 어디든 상관 없이 자신을 위한 후원금 모금을 개시할 계획을 세우기 시작했다. 적십자 창립자의 지위를 인정받으려 집착했던 뒤낭은 이제 적십자 창립자라는 인물로서 온 나라의 인정을 받기 위해 그 작업을 옮겨간 것이라 볼 수 있다.

그런 가운데 1901년 내내 소문이 이어졌다. 3월 30일에 뒤낭은 스웨덴 의회가 노벨상을 반으로 나눠 절반은 베른의 국제평화국 중앙 본부에, 나머지 절반은 프레데리크 파시와 영국인 크레머에게 공동 수여한다는 주르날드주네브 기사를 보고 놀란 일이 있었다. 다만 그는 미국에서 후원금 모금 활동을 개시할 생각에 사로잡힌 탓에 — 카네기가 수백만 달러의 재산을 사회에 환원하고 있는 중인지라 뒤낭도 얼마라도 그의 기금을 받아내고자 목표하고 있었다 — 신문에서 그렇게나 자신에게 부정적인 예측을 하는데도 별로 개의치 않았다. 그 기사를 읽은 날 저녁에 바로 뮐러에게 쓴 편지에서 뒤낭은 "난 별로 놀라지도 않았고 그다지 동요하지도 않았다네."라고 적었다. 10월이 되자 주르날드주네브는 역시나 막연한 예측을 내놓았다. 이번에는 뒤낭 씨가 '37표를 받았다'며 파시가 바로 뒤쫓고 있다고 보도하였다. 이 숫자는 사실 노벨상 위원회에게 특정 후보를 공식 지지하는 입장을 밝힌 협회나 단체 혹은 정부기관 등의 숫자로, 뒤낭이 가장 많은 수의 추천을 받았다는 뜻이다. 노벨상 위원회가 도무지 분위기를 감지하기조차 어려울 정도의 침묵을 유지하는 가운데, 뒤낭에게는 벌써부터 여기저기 축하 인사가 쇄도하기 시작했다. 그는 이러한 상황으로 인해 수상을 할 경우 자신이 느낄 게 분명한 애매모호한 기쁨을 예상해 볼 수 있었다. 10월 29일 편지에 뒤낭은 "물론 아주 만족스럽다네. 하지만 나의 적들이, 채권자들이 몰려들고 있다네. 게다가 결정까지는 아직 40일이나 남았군." 이라며 뮐러에게 속내를 털어놓았다.

소문은 계속되었다. 12월 4일 뒤낭이 수상할 것이라는 보도가 재차 나왔다. 마침내 1901년 12월 10일, 알프레드 노벨이 사망한 지 꼭 5년이 되는 바로 그날, 크리스티아니아로부터 하이덴으로 전보가 한 통 도착했다. 프랑스어로 작성된 아주 간결한 글이었다.

— 노르웨이 의회의 노벨상 위원회는 1901년 노벨 평화상이 앙리 뒤낭 씨와 프레데리크 파시 씨에게 공동 수여되었음을 알려드리게 되어 기쁩니다. 두 분께 절반씩, 즉 각자 10만 프랑 가량의 상금이 돌아가게 됩니다.

뒤낭이 침묵 속에 전보 내용을 살피는 동안, 엘리즈 수간호사는 평소 습관과는 달리 자리를 지키고 서 있었다. 이내 뒤낭이 그녀를 위해 전보를 소리내어 다시 읽었다. 엘리즈는 자신의 두 손을 꼭 맞잡았고, 앙리 뒤낭은 조용히 눈물을 흘리기 시작했나. 뭐라노 말을 해야할 것 같아 엘리즈는 "알테어 병원장에게 알려야겠어요."라고 말했다. 상상할 수 없는 행동이기는 했지만, 만약 가능했더라면, 그녀는 뒤낭 씨를 꼭 안아줬을 것이다.

노벨상의 진짜 가치

노벨상 상금 75,391 크로네는 약 104,000프랑 정도의 금액이었다. 연간 1,200프랑 정도로 살아온 뒤낭의 지난 34년간의 생활 수준에 비하면 물론 엄청난 돈이었다. 반대로 아직 남아있는 부채액을 기준으로 보면, 그 돈의 5분의 1도 갚을 수 없는 액수에 불과했다. 이자가 쌓였을 것을 감안한다면 10분의 1도 되지 않을 수 있었다.

노벨상 수상을 위한 캠페인에 뛰어든 순간부터 루돌프 뮐러와 한스 다에는 뒤낭의 채무 문제를 피해갈 수 없다는 사실에 신경을 썼다. 뒤낭 본인도 나름대로 가능한 모든 시나리오를 상상해 봤다. 하지만 어찌나 주저했는지 1901년 12월 10일 수상 소식을 들은 당일에도 여전히 만족스러운 해결책은 마련되지 않은 상태였다. 노벨상 수상자 뒤낭은 크나큰 좌절에 빠졌다. 12월 13일 루돌프에게 쓴 편지에 그는 "모든 게 미리 결정돼 있기를 진정으로 열렬히 소원했건만!"이라 탄식했다.

가장 시급한 문제는 노벨상 위원회에게 제발 아무 행동도 취하지 말아달라고 부탁하는 서신을 띄우는 일이었다. 그런데 위원회는 위원회대로 뒤낭에게 빨리 상을 수여하고 싶은 모양이었다! 뒤낭은 이런 상황이 벌어지는 가운데 숨이 막히고 떠밀리는 듯하여 당황했다. 그에게 우선 든 생각은 상금을 슈투트가르트 쪽으로 입금하게 하는 것이었다. 그는 즉시 루돌프에게 '탄탄한' 은행을 찾으라는 일을 맡겼다. 일단 요구대로 루돌프가 은행을 찾아내자 뒤낭의 생각이 바뀌었다. "이런저런 생각을 다 해 보니, 가장 좋은 방법은 크리스티아니아의 국영 은행에 그대로 두는 게 나을 것 같네. 난 언제나 거기서 여생을 마감하려고 했었으니 말일세."

이게 무슨 듣도 보도 못한 이야기인가! 이제 와서 하는 말이 어차피 노르웨이에서 생을 마감하고 싶었다니? 실상은 이러했다. 노벨 평화상 수상 소식을 들은 날부터 그의 머릿속엔 단 한 가지, 크리스티아니아의 명예 시민이 되어야 한다는 생각뿐이었다. 12월 16일과 18일 사이에 그는 두 번이나 다에 대위에게 편지를 써서 그런 방향으로 이야기를 전했다. 그러면서 자신이 직접 알테어 박사를 동반하고 대위에게 감사 인사를 하러 가겠노라 약속했다. 3층 방에서 한 층도 내려오지 않은 지 8년이 된 뒤낭이 갑자기 실성을 한 것일까?

12월 말 뒤낭은 이 갑작스러운 소망을 이루기 위해 ― 크리스티아니아의 명예 시민이 되는 것을 노벨상 수상만큼이나 중요하게 생각해 왔다면서 ― '작은 꿍꿍이를 실행'해 달라며 간청하는 내용의 편지를 루돌프에게 보냈다! 정말 다행인 것은 루돌프가 헛된 일을 하지 않아도 되었다는 점이다. 뒤낭이 루돌프에게 편지로 4장에 걸쳐 새로운 계획, '작은 꿍꿍이'를 장황하게 설명하던 그 시점에, 다에 대위의 편지가 이미 하이덴으로 오고 있었기 때문이다. 현실적 성격의 다에 대위는 정중한 글 한 단락으로 뒤낭의 요청을 일소했다. 대위는 노르웨이에 '명예 시민'이라는 지위를 '부여하는 관습이 없으므로' 그 개념이 아주 생소하다고 설명하며, 그런 방향의 캠페인을 벌이면 오히려 뒤낭에 대한 노르웨이 여론에 악영향을 끼칠 게 분명하다고 말했다. 한마디로 다에 대위는 뒤낭에게 '더 이상 그건 생각조차 하지 마시라'고 이야기를 일축한 것이나 다름없었다. 크리스티아니아 쪽으로 생각했던 해결책은 이제 논외가 되었다.

이 명예 시민 자격 이야기로 뒤낭은 무엇을 기대했던 걸까? 그는 진지하게 북유럽으로 이사갈 생각을 했던 걸까? 아니면 노르웨이는 기부금 압류를 허용하지 않는 나라라는 사실과, 그가 이를 얼마 전에 알게 되었다는 것이, 뒤낭의 이 급작스러운 희망 사항과 연결되는 것일까?

그가 자신이 받은 상의 열매는 오직 노르웨이에서만 온전히 누릴 수 있다고 확신했으리라는 가설은 상당히 개연성이 있다. 이미 각오를 하고 있긴 했지만, 채권자들에 대한 그의 두려움은 노벨상을 받는 그 순간부터 수상의 기쁨을 해치고 있었다. 여러 차례 미루고 또 미루다가 결국 선택된 해결책은, 다에 대위의 엄중한 감시 하에, 상금을 크리스티아니아에 그대로 두는 방법이었다. 당사자 뒤낭이 모르는 사이에 알테어 박사가 노르웨이의 다에 대위에게 법적 책임을 양도하는 데 필요한 서류들을 일부 넘겨준 상태였다. 알테어는 그해 크리스마스 날 같은 의사인 다에에게 쓴 편지에 "돈 문제에 있어서 뒤낭 씨는 한결같이 아이 같습니다. 저는 그 돈을 그에게 맡겨두면 어디로일지는 알 수 없지만 손가락 사이로 다 빠져나가 사라질 거라 보는 입장입니다. 그러니 대위님께서 관리해 주셔야만 합니다."라고 적었다.

노벨상 수상자 발표가 난 지 얼마되지 않았을 때, 코펜하겐으로부터 소식이 하나 전해졌다. 그 내용에 따르면 노벨상의 상금을 압류하기 위해 뒤낭의 채권자들이 보낸 변호사가 스웨덴으로 갔으며, 상금이 이미 스위스 쪽으로 보내졌다가 즉시 스웨덴으로 돌려 보내졌다고 한다. 그러한 속보가 선 유럽 언론으로 퍼져나가는 동안 노르웨이 신문 다그블라데트는 그 통신 내용은 헛소문에 불과하다는 기사를 실었다. 재차 언론은 황급히 수상자 뒤낭과 그 상금을 옹호하는 기사들을 한 목소리로 쏟아냈다.

흥미로운 사실은 이러한 온갖 소동이 뒤낭에게는 거의 아무 영향도 주지 않았다는 점이다. 불과 몇 달 전만 해도 채권자들의 빚을 갚기 위해서는 노벨상을 단독 수상해야 한다던 그가, 이제는 노벨상의 상금은 절대 그들에게 내어줄 수 없다고 결심했기 때문이다. 스스로를 설득하고 또 주변의 모든 친지들에게 내세운 논거는 채권자들을 둘러싼 정황이 불투명하다는 점이었다. 대체 누구 돈부터 갚아야 하는가? 가만히 기다려준 사람들? 아니면 그토록 그를 괴롭힌 사람들? 아니면 모두에게 조금씩 나눠 갚아야 한다는 것인가? 그런 데다가 뒤낭 본인조차 자신의 부채가 정확히 어떤 상황인지, 채권자들의 권리는 무엇인지도 제대로 파악하지 못하고 있었다. 그러니 대체 어찌 부채를 상환하겠는가?

설상가상으로 그 당시 즉 1902년 초에 뒤낭은 엄청난 충격을 받은 지 얼마되지 않아서 노벨상 문제는 뒷전으로 밀려난 상태였다. 노벨상 수상을 축하할 겸 크리스마스 인사를 하러 온 알테어 박사가 자기도 모르는 사이에 뒤낭에게 '치명타'를 입히고 만 것이다. 당시만 해도 뒤낭은 여전히 크리스티아니아의 명예 시민 지위를 노리고 있었기에 알테어 박사를 불러서 자신과 함께 노르웨이에 가주겠냐고 물어보고자 했다. 그리고 그 김에 또한 스위스 적십자가 지난 수년 동안 매월 보내온 보조금이 어느 정도 모였는지 알고 싶어했다. 그것은 스위스 적십자 회장 스테헬린 박사가 1895년 경에 지원하겠노라고 약속했던 내용이었다. 적십자에 지나치게 신세지는 느낌을 피하려고 뒤낭은 알테어 박사에게 보조금은 하이덴의 한 은행에 모아두는 것으로 하고, 다시는 자신에게 말을 꺼내지 말라고 당부했었다. 그런데 이날 저녁 뒤낭은 돈이 한 푼도 쌓여 있지 않았다는 말을 듣게 되었다. 1897년 2월 러시아의 황태후가 뒤낭에게 연금을 지급하기 시작한 후로 스위스 적십자는 그 정도면 뒤낭에게 충분하다고 판단하고는, 스위스에서건 다른 유럽 내 적십자에서건 뒤낭을 위해 다른 재정 지원을 찾아줄 생각조차 하지 않았다는 얘기였다. 뒤낭이 생각했던 바와는 전혀 다른 상황이었다.

지난 15년동안 이 일만큼 그를 충격에 빠뜨린 소식이나 사건은 없었다. 1902년 초에 뒤낭은 뮐러에게 이렇게 설명했다. "그건 정말 생각지도 않은 일이었네. 그 이후로, 그러니까 벌써 3주도 넘게 난 아무것도 먹지 못하겠군."

베르타 폰 주트너가 이미 예전에 적십자 협회들은 '배은망덕한 딸들'이라고 하지 않았던가? 뒤낭은 적십자의 이러한 행태를 용서할 수가 없었다. 그는 여전히 뮐러에게 탄식했다. "의무, 진정 의무라네. 만국 적십자의 의무 아니겠는가? 각국에서 대중을 대상으로 적십자가 모금 활동을 진두지휘했어야 하는 게 아닌가? 이 같은 불공편한 사실 앞에 모든 일이 다 사소해보이는군. 실로 대역무도하다는 말이 맞다네."

헌데 대체 뒤낭이 원하는 바는 정확히 무엇인가? 그 자신도 잘 모르는 듯했다. 러시아에서 연금 지급이 시작된 이후, 그는 주위의 모든 이에게 더 이상 자신은 필요한 것이 없다고 말하곤 했다. 게다가 벌써 몇 년 동안 그는 적십자의 돈은 창립자에게 경의를 표하는 데 쓸 게 아니라 부상자 구호를 하는 데 써야 한다고 주장해 왔다.

그랬던 뒤낭이 자기 발밑에 수백만 프랑의 돈을 바칠 방법을 모색하지 않았다며 이 '배은망덕한 딸들'에게 분개하는 셈이었다. 게다가 본인은 벌써 열 가지도 넘는 모금 방식을 생각해 뒀던 터였다. 과거에 구상했던 방법만 해도 '독일의 사마리아인' 회원 1인당 1마르크씩 모금하기, 전 세계 차원의 후원금, 세계 모든 평화주의자의 소액 성금, 카네기나 크룹 등의 기업 기금을 통한 엄청난 액수의 기부금, '군비 축소를 위한 여성 연맹' 소속 5백만 여성을 상대로 모금 호소, 다양한 규모의 국가별 성금 모금 등, 항상 뭔가를 생각해 내곤 했었다! 미스 나이팅게일이 받은 125만이라는 액수는 (게다가 그녀는 워낙 부잣집 영애였다!) 그를 밤낮으로 괴롭혔다. 그 정도 규모는 되어야 비로소 마음이 평온해질 수 있을 것 같았고, 또 그 정도가 되면 빚을 다 갚을 수 있을 거라고 여전히 믿고 있었기 때문이다.

1901년부터 1908년 사이에 뒤낭은 두 가지 모순되는 일을 동시에 추진했다. 하나는 노벨상 상금 10만 프랑을 채권자들로부터 보호하는 일이고, 또 하나는 그들에게 진 빚을 갚기 위해 100만 프랑이라는 금액을 모색하는 일이었다. 이미 1867년부터 뒤낭은 이렇게 말도 안되는 방정식에 사로잡혀서 심리적으로 봉쇄됐고, 그 탓에 40년 전부터 막다른 골목에서 헤어나오지를 못하고 있었다. 달리 말하자면 천문학적인 돈이 있어야만 빚을 갚을 수 있는데, 그 액수가 워낙 엄청난지라 그가 결코 벌 수 없는 수준이며, 그렇기 때문에 그는 빚을 갚을 의무에서 해방될 수밖에 없다는 논리였다! 반면, 그는 노벨상을 받은 이후로 세상을 뜰 때까지도 어딘가에서 당첨 복권이 툭 튀어나오기를, 단 한 방에 마법처럼 자신에게 필요한 백만 프랑이 난데없이 손에 들어오기를 기대했다. 노벨상을 수상한 지 한 달쯤 되었을 때, 그는 자신의 채권자들을 두고 뮐러에게 이렇게 이야기했다. "자네는 내가 결코 양보하지 않으리란 것을 이해할 길세. 또 내 열렬한 소망이 있다면 바로 채무를 갚고 싶다는 것이라는 사실을 자네도 알지 않나." 앞뒤가 안 맞는 말을 하면서도 개의치 않은 채 뒤낭은 말을 이었다. "내가 오직 빚을 갚기 위해, 희미한 희망만을 의지해 온갖 역경을 극복하고 이때까지 살아왔다는 사실을 알지 않나." 그의 이 발언이야말로 문제를 완벽하게 요약해 놓은 것이나 다름없었다. 절대로 채권자들에게 숙이지 않으리라. 하지만 끝까지 '그들의 빚을 갚겠다는 희미한 희망'을 안고 가리라…

늙어 가기, 그리고 주변 사람들과 작별하기

오래 산다는 것은 주위의 수많은 사람이 먼저 세상을 뜨는 걸 보게 된다는 뜻이다. 자신의 건강 상태에 대해 항시 근심하던 앙리 뒤낭도 그 법칙에서 벗어날 수는 없었다. 먼저 떠나는 이들로 이어지는 죽음의 행렬에는 뒤낭의 친구들과 적들이 뒤섞여 있었다.

청년 시절의 친구 에르네스트 드 트라즈가 가장 먼저였다. 그는 소리 소문 없이 1900년, 세상을 떴다. 30년 가까이 연락이 끊겼다가, 1895년 언론에서 엄청난 소동이 벌어진 덕에 오랜 친구 에르네스트는 뒤낭의 주소를 얻어낼 수 있었고, 극적으로 그를 찾아낸 사실에 매우 기뻐하면서 1896년, 그는 뒤낭에게 편지를 보냈다. 그러나 뒤낭은 그런 에르네스트에게 자필 인사는 한마디도 없이, 소책자들과 신문기사를 모아 보낸 게 다였다. 마치 제네바가 젊은 시절 우정의 추억까지도 오염시킨 듯, 또는 수십 년간의 고통의 세월이 옛 시절에 대한 애틋함도 느끼지 못하게 만든 듯했다. 에르네스트는 가슴이 찡하면서도 깊은 슬픔을 느꼈고, 그 이상 연락을 강요하지 않았다. 앙리는 별 애통함 없이 그를 떠나보냈다. 곧 그를 따라 자기도 죽을 날이 멀지 않았다고 생각했기 때문이었다.

대체불가한 지원자 이델슨이 같은 해 세상을 떴을 때, 뒤낭은 처음으로 가슴에 고통을 느꼈다. 또한 1901년에 들어서면서 국제보편도서관의 동업자였다가 다시 뒤낭과 연락이 닿은 지 얼마되지 않은 막스 그라치아가 사망했다. 뒤낭 또한 울혈로 고생하던 시점이었다. 과거의 동지였으나 적이 되어버린 헤르만 숄더데벨레는 정신이 이상해졌다가 1901년 뇌출혈로 역시 사망했다. 뒤낭은 당시 인후에 염증이 생겨 무슨 음식이든 삼킬 때마다 상당한 통증으로 고생하고 있었다. 폰 주트너 남작은 1902년 모나코에서 열린 평화 총회에 부인과 참석하던 중에 급사했다. 같은 해에 막스 페로 또한 사망하면서 그는 뒤낭의 악몽에서 물러났다. 이때의 뒤낭은 몸의 왼쪽에 생긴 심한 통증으로 고생하고 있었다. 1902년 여름에는 '학자로서 온 집안의 기대주'였던 조카 에밀이 30세의 나이로 산중에서 스스로 목숨을 끊었다. 이 사건이 백부 앙리 뒤낭에게 어찌나 충격을 주었던지, 그는 한동안 스프와 삶은 밤으로만 연명했다. 비슈니에브스카 왕녀는 1904년 세상을 뜨면서 평화 운동에 작별을 고했고, 이즈음 영국의 데일리메일, 뒤이어 프랑스의 모든 신문에서 앙리 뒤낭이 '사지를 헤메고 있다'는 기사가 나왔다. 한편 뒤낭이 연옥을 맛보게 했던 빌헬름 손데레거는 같은 해 뜻하지 않게 요절했는데, 분명히 그는 드디어 천국을 향해 갔으리라. 뒤낭의 동생이자 불행하기 짝이 없는 사업 동료였던 다니엘 뒤낭이 얼마 지나지 않은 1904년 11월, 손데레거의 뒤를 따랐다. 그때 앙리는 '무기력'한 데다 '전반적인 염증과 만성 피로에 시달려서 뭔가가 조금만 거슬러도 참을 수가 없는 상태'라며 괴로워했다. 실로 오랜 세월 동안 여기저기를 다니며 요양 치료를 받았던 이유인 오른손의 습진은 카모마일을 이용한 치료로 완치됐지만, 증세가 하체로 옮겨가면서 한층 악화됐다. 그즈음이 1906년으로, 그해에 뒤낭보다 20살이나 젊었던 요한 피스터가 세상을 떠났다.

그에게는 강박이 젊음의 묘약이었을까? 애통함이나 질병에도 불구하고, 며칠이나 연이어 글도 쓸 수 없을 정도로 쇠약해졌음에도 불구하고, 뒤낭은 남아있는 최후의 강박관념에 온 힘을 쏟았다. 바로 인류에게 크게 기여한 자, 즉 본인에 대한 감사의 표시로서 국제적이고 대대적인 기부 활동이 개시되게끔 하는 일이었다. 미국에서 적십자의 역사를 소개한 짤막한 책이 발간됐다는 사실, 그리고 미국 적십자의 창립자인 클라라 바튼과 서신을 몇 차례 주고받은 것만으로 뒤낭은 자신을 구제할 곳은 대서양 건너에 있다고 확신하게 됐다. 그 이후로는 1905년 봄 내내 미국 쪽에 집중했으나, 그가 상상했던 수백만 달러의 후원금은 모이지 않았다. 뒤낭의 생각과는 달리 미국인들은 뒤낭에게 그 어떤 '명예로운 빚'도 갚아야 할 의무를 느끼지 못했기 때문이다.

1906년 3월이 오자 새로운 희망이 생겼다. 영광스럽게도 스위스 연방군의 군의감 알프레드 뮈르세 대령이 뒤낭을 찾아왔다. 대령은 마침 제네바 협약 개정을 위한 차기 국제 회의에 스위스 대표로 참석할 사람이었다. 뮈르세 대령이 방문한 날 저녁, 비로 루돌프에게 편지를 쓴 뒤낭은 그날의 만남으로 '크나큰 기쁨'을 느꼈다고 전했다. 그러면서 다음과 같은 말을 추가했다. "뮈르세 대령은 지금이 고 이델손 박사가 전념했던 전 세계적인 기부금 모금 운동을 실시하기에 좋은 시점이라고 생각하신다는군. 대령은 그 일에 대해 아주 열성을 보이시면서 스위스에서는 본인이 '사마리아인' 응급 구호 단체들과 함께 모든 것을 다 준비하겠다고 약속해 주셨네. 내 적들에 대해 분개하시더니 본인을 전적으로 믿어도 좋다며 자진해서 선언하시기까지 하셨다네."

뒤낭이 '나의' 성과라고 여겼던 제네바 협약을 개정하기 위한 회의, 즉 위에서 뮈르세 대령이 참석할 예정이라 언급했던 회의가 1906년 여름에 마무리되어 가는데도 뒤낭은 제네바 협약에는 별 흥미가 없었다. 오히려 본인을 위한 국제적인 기부 활동에 대한 계획 세우기에 훨씬 더 큰 관심을 보였다. 7월 14일의 편지에서 그는 밀러에게 "7월 6일에 제네바 협약 개정본이 조인되었다는데, 거기 항목이 32조항이나 포함되었다는군! 지나치게 많아!"라고 첨언한 것이 전부였다. 반면에 당일 같은 편지에서 뒤낭이 훨씬 더 길게 언급한 내용은, 회의를 위해 제네바를 찾은 대표단들로부터 수많은 격려의 메시지를 받았고, 또 국제 모금 운동에 대해 그들이 호의적인 반응을 보여줬다는 이야기였다. 장차 기부금의 수혜자가 될 것이라 믿은 뒤낭은 이 회의에 참석한 다에 대위가 '왕족들이 하면 백만장자 역시 따라갈 것'이라는 자신의 의견으로 미국 대표를 '완전히 설득시켰다'면서 뭔가에 정통한 사람인 양 단언했다.

허나 1906년 가을이 되자, 기쁨에 겨워했던 태도가 수그러들었다. 스위스의 경우, 뒤낭이 보상을 받을 수 있게끔 해주려고 열의를 가지고 뛰어들었던 뮈르세 대령은 눈에 띄게 열정이 식어버린 태도를 보였다. 독설가들이 그를 만류한 게 분명했다. 그와 마찬가지로 미국 대표를 설득했다던 한스 다에 대위의 옹호 발언도 기대했던 결과를 가져다주지 못했다. 반면, 다에 대위의 노력은 노르웨이에서 훨씬 더 성공을 거뒀다. 그는 노르웨이 여성들을 대상으로 뒤낭 재단을 위한 성금 모금을 장려했고, 노르웨이 부인들은 감동적일 정도로 이 활동에 열정을 보였다. 1년 간 성금을 모으려는 온갖 노력을 기울인 결과, 노르웨이 부인들이 총 35,000프랑을 모금했고, 이를 다에 대위가 기뻐하며 알려왔다. 뒤낭의 친구 다에 대위는 그러면서 그에게 이렇게 모금된 상당한 액수를 노르웨이의 어떤 자선 활동에 나눠주고 싶은지 물었다. 다에는 단 일순간도 자신이 얼마나 착각을 하고 있는지 상상조차 못한 듯했다.

불쌍한 뒤낭! 마치 과자 가게에서 폭죽이 터진 것마냥 이제서야 뒤낭도 본인이 지닌 자선가로서의 아우라를 명백하고 강렬하게 인식하게 되었다. 다에 대위는 이 고결한 재단들을 통해서, 또 온갖 모금 활동을 통해서 뒤낭이 개인적인 이득을 취하고 싶어하는 것이라고는 아예 상상조차 하지 않았던 게 분명하다. 가련하게도 뒤낭은 1908년 초, 뮐러에게 이렇게 고백했다. "그러니 난 다시 다른 쪽으로 방향을 돌려 잡아야 한다네. 그래서 생각한 것이 사마리아인 응급 구호 단체…일세."

최후의 순간까지도 앙리 뒤낭은 크림전쟁 이후 플로렌스 나이팅게일이 받은 엄청난 액수의 보상금을 부러워했다. 최후의 순간까지도 그러한 보상 이외의 그 어떤 헌사와 영예도 그저 실망스러울 뿐이었다. 1902년 상트페테르부르크에서 열린 적십자 국제회의에서 뒤낭을 향한 축하의 메시지를 공식 의결했고, 1903년 하이델베르크 대학이 그에게 명예 박사 학위를 수여했다. 1906년 제네바 회의에서는 세계 각지에서 뒤낭을 지지하는 이들의 증언이 이어졌다. 마지막으로 1908년 5월, 그가

80세 생일을 맞자 전 세계에서 축하 인사가 쏟아졌다. 뒤낭은 그 메시지를 모두 읽고 정성스레 정리해 둘 힘은 아직 있었다. 그에게 가장 먼저 생일을 축하해 준 인물은 이제 바이에른의 왕비가 된 모데나 대공녀 마리아테레사였다. 그녀는 카스트네르 부인과 닮은 탓에 뒤낭이 유독 가슴속에 새겨둔 여성, 평범한 인간들과는 멀리 떨어져서 반짝이는 별 위에 앉아있는 듯 특별하게 간직해 둔 여성이었다. 그리고 다른 이들의 축하가 이어졌다. 러시아 황실 일가, 노르웨이 국왕 호콘 7세, 슐레스비크홀슈타인의 공녀 헬레나, 스웨덴의 칼 왕자는 물론 스위스 연방 평의회가 잇달아 생일 축사를 보내왔다. 베르타 폰 주트너 역시 서신을 보냈는데, 그녀에게 보내는 답장에 뒤낭은 놀랍게도 "이제 드디어 나에 대한 사람들의 눈이 뜨이기 시작하는군요"라는 말을 남겼다.

하이덴병원장 알테어 박사. 그는 뒤낭이 아펜젤 지방에 도착한 직후부터 그를 돌봤다.

뒤낭의 마지막

뒤낭은 그가 기대했던 만큼 국제 사회의 조공을 얻어내지는 못했다. 1909년 어느 날, 마치 그의 고집스러운 시도에 아이러니한 결말인 듯한 편지 한 통이 도착했다. 뒤낭이 1871년에 목숨을 구해준 바 있는 그의 친구 뒤틸 들 라 튀크 남작이 보낸 편지였다. 2년 전인 1907년에 남작은 자기를 노벨 평화상 후보로 지지해 달라며 뒤낭에게 부탁을 하기도 했었다. 자신이 노벨 평화상 후보 자격을 갖추지 못했다는 걸 깨달은 남작은 (남작의 평화운동은 국제적인 수준이 아니었다) 1909년에도 그닥 내켜하지 않는 뒤낭 앞에 끈질기게 새로운 아이디어를 내놓았다. 앤드류 카네기 씨가 내놓은 5백만 달러 상당의 기금으로부터 남작이 현금 보상을 받을 수 있게끔 친구들이 모두 힘을 모으기로 했다는 이야기였다! 뒤틸 남작은 희망에 가득 찬 어조로 이렇게 적었다. "제 친구들이 성공할 수 있을까요? 만약 뒤낭 씨가 나를 지지해준다면 가능할 겁니다!"

박장대소하는 소리가 그날 아마도 하이덴 지역 병원 3층 전체에 울려퍼졌으리라. 이 얼마나 얄궂은 반전인가! 뒤낭 본인이 그토록 탐냈던 보상을 받겠다며 도와달라는 부탁을 받다니! 놀라울 정도로 뻔뻔하게 남작은 1910년 6월, 다시 뒤낭에게 편지를 보내 수백만 달러를 받으면 이자만 해도 일년에 50만 프랑이 될 것이라고 자부했다. 만약 뒤낭이 지지의 편지를 필요한 만큼 써주기만 한다면, 아니 필요하다면 알테어 박사에게 대필이라도 시켜서 편지를 써준다면 가능한 일이라는 말이었다!
뒤틸 남작은 자신이 친구 뒤낭의 가장 생생한 상처 중 한 군데를 칼로 꽂는 것이나 다름없는 행동을 하고 있음을 상상도 못했을 것이다. 다만 그는 뒤낭과 서신을 주고받은 마지막 몇 명에 속하는 영광을 누리게 됐을 따름이다.

뒤낭은 아마 남작에게 답장을 보낼 시간도 없었으리라 추정된다. 이제는 본인의 일을 정리해 둘 시간이 되었기 때문이다. 하이덴의 여름은 어찌나 견디기 어렵도록 더운지 뒤낭의 울혈과 호흡 곤란 증상이 몇 배로 악화되었다. 7월 중순에 그는 알테어 박사를 호출해서 동생 피에르의 아들인 조카 모리스를 최대한 빨리 불러 달라고 부탁하였다.

바로 다음 날 모리스가 큰아버지를 찾아왔을 때, 뒤낭은 매우 쇠약하고 매우 동요한 상태였다. 뒤낭은 유언장을 작성하고 싶어했다. 모리스는 자기 아버지에게 그리고 자기 형제 중 한 명에게 전화를 걸었다. 24시간 후에 이 세 사람이 모두 앙리의 침대맡에 모였다. 앙리의 동생 피에르는 형의 바짝 마른 모습에 충격을 받았다. 2년 전 황달에 걸려 고생한 이후로 앙리는 다시 체중을 회복하지 못했다. 안에 둥둥 떠 있는 것처럼 보일 정도로 옷은 헐렁했고 볼은 홀쭉해진 채였다. 암흑의 세상에 미리 익숙해지기 위해서인 듯 눈도 푹 들어간 모양새였다.

앙리는 그저 유언장 생각뿐이었다. 작성이 완료되기 전에 죽을까 봐 걱정이 컸으니 바로 그 문제부터 해결해야 했다.

이 일은 혼자 해결할 수 있는 임무가 아니었다. 조카들은 마치 출산하는 여인을 마지막 순간까지 돕는 산파처럼 그를 격려했다. 앙리는 홀로 내버려 둬야 하면서도, 동시에 옆에서 손을 잡아줘야 하는 사람이다. 그의 동생 피에르는 자기 의견을 제시하고 싶었지만, 앙리는 이미 완전히 귀가 먹어서 모든 이야기를 세 번은 반복해야 했다.

어떤 부분은 아주 신속하게 마무리되었다. 공증은 뒤낭 가문의 공증인이자 뒤낭이 그 아버지를 잘 알고 지냈던 셰르빌리에가 맡았다. 큰아버지로서 앙리는 조카 모리스를 유언장의 집행인으로 지정했다. 모리스는 그의 일을 이미 꿰고 있었고, 독일어를 할 줄 알았다. 하이덴과 취리히에서의 일을 처리할 것이고, 심지어 다에 대위와 소통하는 것도 수월할 것이다.

처음 몇 가지 유증분은 손쉽게 처리할 수 있었다. 그는 13,000프랑을 프라이벳, 즉 공짜 침대를 신설하는 데 사용하도록 했다. 이는 무일푼 병자들이 하이덴 병원에서 치료받을 수 있도록 한 조치였다. 알테어 내외에게 1만 프랑을, 엘리즈 수간호사에게는 4천 프랑을 남기기로 했다. 뒤낭 본인을 대신해 수많은 편지와 소포를 부쳤고 식사 쟁반을 들고 수없이 그의 방으로 올라왔으며, 셀 수 없는 서신을 번역했고, 또 한도 끝도 없는 그의 불평불만을 가만히 들어준 그녀였다! 뒤낭은 까다로운 입맛과 자주 탈이 나던 위장을 섬세하게 배려했던 요리사 엠마 뤼벨리에게 이천 프랑을 유증하였다. 루돌프 뮐러, 한스 다에, 그리고 아돌프 그래터의 미망인에게는 각각 천 프랑을 남기기로 했다. 맹인 숙소에도 얼마간을 기부했고, 또 발레리 드 가스파랭 부인과 남편이 설립한 라수르스 간호 학교에도 기부금을 남겼다. 우연히도 이 두 기관은 둘 다 로잔에 위치했는데, 뒤낭의 방에 있었던 세 명의 제네바 사람 중 어느 누구도 그 사실을 지적하지 않았다.

그런데 유산을 이렇게 분배해도 노벨상 상금에서 나오는 이자 총액을 넘어서지 않았다. 그러니 원금이 그대로 남아있는 셈이었다. 마치 신성한 산자락에 발을 대는 일이라도 되는 양, 자리에 모인 사람 중 어느 누구도 첫 마디를 할 엄두를 내지 못했다.

원금에 대해서는 앙리도 한참 동안 침묵을 지켰다.

결국 적절한 해답을 찾아낸 사람은 피에르였다. 피에르는 아무 결정도 내리지 않기로 결정하자고 제안했다. 즉 노벨상의 원금은 그 어떤 특정 상속인이나 특정 목적에 배정하지 않기로 하자는 뜻이었다. 그 이유는 만약 채권자들이 나타날 경우 그들에게 이 돈을 그들 몫으로 남겨두었다는 점을 증명하기 위해서였다.

모든 조치를 하고 나니, 이제 앙리 뒤낭은 죽음이 다가오는 것을 느꼈다. 죽기를 기다리며 침대와 안락의자 사이를 오갔지만 더 이상 뭔가를 읽는 것조차 하기 어려웠다. 겨우 주르날드주네브의 기사 제목이나 부고 기사에만 잠시 시선을 두는 정도였다. 8월 23일 자에 귀스타브 무아니에의 부고 소식이 실렸다. 그리고 다음 날, 무아니에에 대한 장문의 기사가 게재되었다. 뒤낭은 고인의 약력에 '적십자의 진정한 창립자'라는 표현을 보고 무아니에 본인이 생전에 작성해 둔 글이 아닐까 의심했다. 그리고 이것이 뒤낭이 마지막으로 신경질을 낸 사건이 되었다.

가을이 되어 찬 기운이 돌았고 뒤낭은 항시 추위를 느꼈다. 스톡홀름의 부인들이 보내준 따뜻한 흰색 플라넬 실내 가운으로 온몸을 감싸봐도 소용이 없었다. 그는 아무것도 먹지 못했다. 쌀을 끓인 묽은 수프든 삶은 밤이든, 어떤 음식도 먹기가 어려웠다. 이러한 뒤낭을 위해 해줄 수 있는 게 별로 없었던 주치의 알테어 박사에게 그는 "아, 이렇게 서서히 죽어가는 것은 참으로 고통스럽군."이라고 털어놨다.

사망 며칠 전, 뒤낭은 의사에게 모든 것이 까맣게 보인다고 불평하였다. 10월 30일 늦은 오후, 그의 상태가 급격히 악화되었다. 알테어 박사와는 연락이 닿지 않았다. 앙리 뒤낭은 하이덴 병원 수간호사 엘리즈 볼리제와 요리사 엠마 뤼벨리가 임종을 지키는 가운데 숨을 거뒀다. 향년 82세였다.

1890년 즈음으로 추정되는 날짜 미상의 한 편지에서 뒤낭은 빌헬름 손데레거에게 자신은 '마치 개처럼 매장되길' 원한다고 적은 바 있었다. 죽기 2년 전에 그는 '절대 그 어떤 예식 없이' 취리히에서 화장되기를 원한다는 의사를 분명히 밝혀두었다.

그리하여 11월 2일, 그를 실은 관은 손수레에 실려 하이덴 병원에서 역으로 옮겨졌다. 하이덴 적십자의 여성 회원들이 소나무 가지로 장식해 둔 기차칸이 그를 기다리고 있었다. 앙리 뒤낭의 시신은 조카 세 명의 수행을 받으며 취리히까지 수송되었고, 곧 화장 절차를 거쳤다.

장례식 참석자는 몇 명 없었다. 가장 가까운 친지들, 친구들 몇 명, 스위스 적십자 주요 지부 대표자들이 전부였다. 한스 다에 대위가 자신이 도착할 때까지 기다려 달라 요청했지만 알테어 박사가 거부했다.

망자가 요구했던 대로 종교 의례는 없었고 추모사도 없었다. 11월 2일, 이날은 죽은 자들의 날, 위령의 날이었다. 살을 에일 듯 차가운 안개가 자욱했다. 앙리 뒤낭의 십자가의 길은 이제 드디어 끝이 났다.

하이덴 지역병원. 뒤낭은 1892년 4월에 이곳으로 이사한 후 사망할 때까지 머물렀다.

맺음말

일생 동안을 영예와 절망 사이에서 요동하며 세상에 대한 탁월한 식견과 폐쇄적인 내향성 사이를 오간 앙리 뒤낭의 여정을 살피는 작업이 마감된 지금, 해결되지 않은 한 가지 의문이 남아있다. 왜 이 사람인가 하는 점이다.

국제인도법의 선구자요, 부상병과 전쟁 포로의 옹호자이자 평화운동가였던 그의 면모 뒤로 오직 이웃에 대한 염려로 가득한 사람, 겸허하고 선하며 소박한 자애심으로 가득한 인물, 또 세상의 모든 재산이나 영예를 초월하여 오직 지상의 불행한 이들을 위해 살았던 선량한 위인을 발견했더라면 참으로 유쾌한 일이었으리라.

그렇지만 그것은 진정한 앙리 뒤낭이 아니었을 것이다. 일생 동안의 행보를 통해 자명하게 드러나는 모습이 있다. 독실했던 청년 시절을 보낸 후, 세상에 대한 야심이 우위를 차지하면서, 청년 뒤낭의 이웃 사랑은 점점 뒷전으로 밀려났다. 솔페리노의 참화를 체험한 후 그의 자비로운 성향이 다시금 세차게 발휘되기는 하지만, 이때 뒤낭은 더 이상 5년전과 같이 그리스도에게 헌신하는 주의 종이 아니었다. 그는 자신의 경력을 쌓아가고 인맥을 넓혀 사업권을 따내려고 동분서주하는 사업가였다.

하지만 오히려 다행이었다. 만약 앙리 뒤낭이 전쟁터에서 부상당한 형제들을 돌보려고 '복음주의 연합 소속'의 열성 신도로서 이탈리아에 갔다면, 분명 현장에서는 1859년 6월25일부터 30일까지 동일하게 선한 일을 행했을 것이다. 그리고 심지어 귀국해서는 똑같이 『솔페리노의 회상』을 집필했을 수도 있다. 그러고는 그 책을 한 50부 정도 인쇄해서 가족과 복음주의 협회 친구들에게 배포한 후, 뒤푸르 장군에게 보내드리는 정도로 끝났을 것이나. 세상의 군주와 왕비들, 그들의 수상과 장관들, 파리와 베를린, 런던의 기자들은 그 책을 듣도 보지도 못했을 게 분명하다. 그렇기에 뒤낭이 『솔페리노의 회상』에서 제안한 내용 역시 뒤낭 이전에 존재했던 비슷한 주장들과 동일한 운명 — 이론으로 끝나버리는 운명 —을 맞았으리라.

뒤낭의 행보를 분석하는 데 있어서 흔히 개신교의 영향이 강조되곤 했다. 그의 신앙이 실용주의 색채가 강한 개혁 교회에 기반한다고 본다면, 악의 원천에 근본적으로 대항하기보다 전쟁으로 인한 고통을 누그러뜨리려 한 행동이 개신교다운 '전형적인' 접근이라고 볼 수 있다. 이러한 뒤낭에게 신앙적인 측면이 중요했다는 가설을 확인해 주는 요소가 있다면, 그가 주요 활동을 선한 사마리아인과 같은 긴급 구호의 대의로부터 흰 깃발을 휘날리는 평화주의로 전환한 이후로, 교황과 가톨릭 주교들의 지지를 받으려 꾸준히 노력했다는 사실이다. 그런데 칼뱅주의에서 소중한 가치인 겸허함과 신중함과는 정반대로 뒤낭의 삶에서 개인의 야망과 명예욕이 두드러지는 점, 그리고 무엇보다 뒤낭이 목적 달성을 위해서라면 뻔뻔하다시피 행동했던 점 등은 완곡하게 과소평가된 나머지, 그의 선택과 인생 경로를 이해하기조차 어려운 지경이다. 대체 왜 그랬는가? 그렇게 묻는다면 뒤낭의 교육과 신앙적인 배경이 타인의 고통에 관심을 기울이도록 장려했기 때문이라고 답할 수 있다. 그리고 그게 사실이다. 하지만 거의 대부분의 종교와 도덕 철학 또한 비슷한 가치를 명령한다. 그렇다면 왜 뒤낭이었느냐는 질문에 대한 대답은 다른 데서 찾아야 한다. 그가 나고 자란 환경과 고향 제네바의 엄격한 칼뱅주의와는 거리가 멀었다. 그 어떤 조심성도 저의도 일체 없이, 그의 야심을 자극한 건, 세상에서 누리는 영예와 명성, 사회적인 위신이었다.

적십자와 제네바 협약은 단순히 아이디어가 좋아서 탄생한 것이 아니다. 더구나 뒤낭이 그러한 생각을 최초로 한 사람도 아니었다. 적십자와 제네바 협약은 포기를 모르는 끈기뿐 아니라, 인도주의 이상에 개인의 성공이라는 목표를 가미한 덕에 더욱 효과적이었던 뒤낭의 야망이 좋은 아이디어를 이끌어 갔기에 가능했던 일이다. 알제리 사업가였다가, 『솔페리노의 회상』의 저자였다가, 제네바 협약의 주창자가 된 뒤낭의 이 맹렬한 '기회주의'는 제네바 특유의 절도 있는 자세와 완전히 상반된다. 이는 일단 그가 몰락하고 난 후 제네바에서 받은 배척이 그토록 가차 없었던 이유를 설명해 준다. 뒤낭과 동향인 사람들, 즉 제네바 시민들은 터무니없지만 온전하고 당당하게 드러냈던 뒤낭의 야심이 아니었더라면 적십자가 탄생하지도 않았을 거라는 점, 혹은 적십자가 다른 형태로, 분명 제네바가 아닌 다른 곳에서, 또 아주 오랜 후에야 탄생했을 거라는 점을 납득하지 못했다. 또 납득하고 싶어하지도 않았다.

파산 후에도 실패를 거듭해서 사회적, 직업적 성공에 대한 기대가 완전히 무너졌을 때에도, 뒤낭에게 여전했던 것은 늙은 염세주의자의 신랄하고 포학한 이기주의였다. 뒤낭은 여전히 자신을 도와주는 친구들의 평온한 삶을 존중해 주기보다는 자신을 괴롭히는 적들을 곤란하게 만드는 데 더 신경을 썼다. 이 전기를 쓰면서 이러한 부분에 대해서, 그러니까 인류에 큰 공헌을 했다고 찬사를 받는 인물의 성품이 변화하는 과정에 대해서도 침묵을 지키는 게 더 적절했을까?

1895년 11월 장자크 부르카르는 그에게 "뒤낭 씨께서 1867년에 세상을 등졌더라면 더 나았을 게 명백합니다. 하지만 하나님께서는 뒤낭 씨에게 뭔가 또 다른 십자가를 지라고 하신 것 같군요."라고 했었다.

이 발언이야말로 앙리 뒤낭의 일생이 지닌 유일성을 한마디로 요약해 준다. 혈기에 넘쳐 열정을 다해 그리스도의 십자가를 맸던 청년에서 확고한 신념을 가지고 붉은색의 십자가를 짊어졌던 앙리 뒤낭은 그 후로도 여전히 파산과 중상모략, 그리고 유배 생활이라는 또 하나의 '십자가'를 견뎌내야 할 운명이었다. 그리고 이 세 번째 십자가는 결국 그를 부활로 이끌었다.

부르카르의 말이 맞다. 뒤낭이 만약 1867년에 죽었더라면 그러한 고통을 겪지 않아도 되었으리라. 그저 적십자 설립이라는 짧은 영예를 누리고, 사업상의 헛된 희망만을 안고 죽었을 것이다. 공개적인 치욕을 겪거나 빈궁과 회한, 수치와 증오를 경험하지 않아도 됐을 것이다. 부유한 카스트네르 부인을 이용한다는 의심도 받지 않았을 테고, 말도 안되는 자선 활동 계획을 세우고 그르치는 일을 반복하지도 않았을 것이며, 아펜젤 지방의 한 병원 꼭대기 층에서 신경 쇠약과 편집증에 시달리다 생을 마감하지도 않았으리라. 뒤낭의 동시대 사람들의 기억 속에 예외적인 인물로, 적십자를 설립했고 제네바 협약을 가능케 했던, 고매하고 상냥하며 헌신적이며 자비심이 가득하고, 사회 참여에 적극적인 멋진 남성으로 남았을지 모른다. 그랬을 수 있다.

하지만 뒤낭이 1867년에 죽었더라면 귀스타브 무아니에는 실제로 보여준 대로 그만의 노선을 똑같이 유지했을 것이 뻔하다. 즉 공동의 과업인 적십자를 위험에 빠뜨릴 뻔한 불미스러운 동료 뒤낭의 이름을 가능한 한 최대로 지워 버리고 적십자를 장악했을 것이라는 뜻이다. 이미 사망한 일원의 추억을 상기시켜 줄 이도 없을 게 분명하니 뒤낭의 흔적을 지우는 일은 완벽하게 성공했을 것이다. 앙리 뒤낭의 이름은 오늘날 루이 아피아나 테오도르 모누아르의 이름 정도로만 기억되어 그의 이름을 딴 거리도, 학교도, 병원도 없었을 것이다.

"하지만 하나님께서는 뒤낭 씨에게 뭔가 또 다른 십자가를 지라고 하신 것 같군요." 라고 부르카르가 말하지 않았던가. 이 세 번째 십자가, 즉 인생 후반 40년간의 불행은 그를 헛되이 괴롭히지 않았다. 오히려 어떻게 보면 빼앗겼다고 느낀 적십자가 자신의 적자임을 증명하는 데 필요한 시간과 여력을 앙리 뒤낭에게 허락한 셈이었다. 1867년의 명예 실추가 얼마나 심각했는지 감안하고, 또 40세부터 60세까지 시도한 모든 일이 계속해서 실패로 돌아간 사실을 고려하면, 그로 인한 심연이 너무나 깊어져서 뒤낭이 다시 수면에 떠오르는 일은 상식적으로 불가능했다. 그러나 회한과 분노, 그리고 앙갚음을 하고 말겠다는 의지가 기적을 일으켰다. 뒤낭에게 필요한 것은 주인님의 폭정에도 순종할 만한 헌신적인 친구들 몇 명뿐이었다. 그렇게 해서 뒤낭 인생의 두 번째 기적이 일어날 수 있었고, 하이덴 병원 3층 방에서 한 발짝도 떼지 않은 채, 그는 당대의 위인들과 함께 무대 위에 다시 설 수 있었다. 한 사람의 일생에 기적이 두 번 일어나다니. 비록 두 번째 기적이 첫 번째 기적의 결실을 재차 손에 넣기 위한 것에 불과했더라도, 이는 천재성이 있어야만 가능한 특권이다.

1862년부터 1864년 사이에 뒤낭이 이룩한 적십자와 제네바 협약의 위업은 천재성이 개입했다는 첫 번째 증거가 된다. 다시 말해 결코 재생될 수 없는 일이라는 뜻이다. 그 이후로 결코 그 어떤 국제 협약도 기초 아이디어가 최초로 표명된 지 불과 2년 반 만에 조인될 만큼 국제 사회의 지지를 얻은 일이 없다.

만약 인도주의적인 천재성이라는 게 있다면, 뒤낭이 내놓은 제안들의 내용의 면면에도 그러한 요소를 찾아볼 수 있다. 필요치 않은 시기에 구호 서비스를 조직해 두고 또 평화 시에 이를 다른 임무에도 활용한다는 아이디어는 오늘날의 시선으로 바라보면 지나치게 단순하다고 느껴질 수도 있다. 하지만 실제로는 그렇지가 않다. 1863년 이전의 인도주의 구호 철학에서는 인간의 선의가 발휘되기 위한 필수 전제 조건이 위급 상황의 발생이라고 보았다. 게다가 구호 임무를 맡는 조직을 상설로 두자는 주장은 뒤낭이 제시한 내용 중에서도 매번 어김없이 비판받았던 혁신 요소였다. 지금 와서 보면 실로 명백한 사실은 전쟁 현장에서 활동하는 국제적십자위원회와 평화시에도 여전히 활동을 이어가는 각국 적십자사들 사이에 분명한 상호 보완 관계가 있다는 점이다. 뒤낭의 통찰력이 장기적으로 얼마나 정확했는지를 증명해준다.

마지막으로, 비록 아주 새로운 아이디어는 아니었으나 앙리 뒤낭이 악착같이 또 용기있게 옹호했던, 위와 비슷하게 혁명적인 요소가 또 한 가지 있었다. 구호 인력과 의료소, 그리고 전투가 불가능한 상태의 병사들의 '중립성'을 보장해야 한다는 상각이었다. 이는 평화주의자들이 어떻게 생각하든 간에, 비극적이고 용납할 수 없는 전쟁이라는 현실을 그저 눈 가리고 아웅 하는 식으로 겉포장하는 사소한 장치에 불과한 일이 절대로 아니었다. 중립성이라는 개념이야말로 전쟁의 논리, 집단들 사이의 증오라는 정치 논리를, '인류는 오직 단 하나의 형제'라는 정반대의 논리로 찌르고 관통하며 꿰뚫어버리는 생각이었다. 중립성이라는 생각 안에는 거대하면서도 동시에 너무나 작은 무언가가 존재한다. 이는 세계관이나 철학 이론이 아니다. 오직 각자가, 모두가 존중해야만 가치를 지닐 수 있는 규정이자 원칙이며, 합의 사항이다. 뒤낭의 천재성은 그의 아이디어가 지닌 역사적인 담대함에서만 찾아볼 수 있는 게 아니다. 역사 속 바로 그 시점에 중립성이라는 원칙을 제시할 수 있고, 또 받아들여질 수 있다는 것을 제대로 파악했다는 데에서 뒤낭의 천재성을 다시 한 번 엿볼 수 있다.

오늘날 적십자 표장은 우리 일상에서 워낙 익숙하다. 학교 보건실 문에 붙어 있기도 하고, 약국 찬장에 진열된 탈지면 포장에도 찾아볼 수 있어서 보통 그 의미를 잊어버리고 살아간다. 그러다가 어느 순간 특정 사건이 갑작스레 발생하면 적십자의 의미가 무엇인지 되살아나곤 한다. 통렬하게도 말이다.

1992년 5월 19일 국제적십자위원회에서 보스니아로 파견된 프레데리크 모리스는 사라예보 근처를 지나다 그가 타고 있던 차량을 향해 발사된 로켓 공격으로 사망했다.

그의 트럭에는 앙리 뒤낭이 '협정에 근거하며 신성하다'고 했었던 적십자 표장이 아주 잘 보이도록 부착돼 있었다. 전투에 개입된 양측에게 인도주의 활동의 철저한 중립성을 상기시키고 인도주의 구호를 위해서 양측의 존중이 필요하다는 것을 상기시키는 표시다.

그 적십자 수송차는 현장의 무력 갈등 당사자들 모두로부터 공식적인 안전 보장을 받아둔 상태였지만, 보장따위는 아무 소용이 없었다.

프레데리크 모리스는 나의 가장 오래된 친구였다. 발디딜 틈도 없이 꽉 들어찬 제네바 생 피에르 교회에서 열린 장례식에서 거대한 적십자 깃발이 그가 누운 관을 감싸고 있었다. 그 깃발은 흐느끼는 추모객들을 향해 적십자의 개념과 그 표장은 여전히 유효하다고, 아무리 부침을 겪더라도 견뎌낼 것이라 말해주는 듯했다.

그날 이후로 나는 프레데리크의 관을 덮고 있던 적십자 깃발을 자주 떠올렸다. 뒤낭의 고집과 고정 관념, 끈질김과 집요함을 이 책에서 논하면서 나는 세상의 온갖 불행과 불의를 다 겪으면서도 확고부동한 원칙과 완강한 끈기와 투지를 유지하는 적십자는 실로 앙리 뒤낭이 세상에 내놓은 딸이 맞다고 생각했다. 적십자는 견딘다. 포기하지 않는다. 끝까지 견뎌낼 것이다. 만약 비틀거리더라도 바로 털고 일어선다. 바로 그것이 적십자가 짊어진 십자가이며, 이 또한 설립자 뒤낭이 견뎌야 했던 십자가와 닮아 있다.